William R. Corson
Susan B. Trento
Joseph J. Trento

MAULWÜRFE

Die geheimen Kriege
des KGB gegen die USA

Aus dem Englischen von
Charly Silber

Droemer Knaur

Inhalt

Für Robert T. Crowley,
der nie vergessen hat, daß die beiden Schüsselkomponenten eines
jeden Geheimdienstes Offenheit und Ehrlichkeit sind, und der
nach der Maxime lebte, daß nationale Sicherheit ein Ziel und nicht
ein Alibi ist.

Prolog

Im tiefsten Winkel der Archive unserer nationalen Sicher-
heitsdienste verbirgt sich die traurige Wahrheit darüber, wie die
Vereinigten Staaten seit dem Ausbruch des Kalten Krieges dem
KGB standgehalten haben. Erfolgreiche Geheimdienstarbeit erfordert mehr als Fahnenschwingen und stolze Reden über die
Eindämmung der marxistischen Flut. Ohne Erfahrung, Kompetenz und ein gutes Urteilsvermögen besteht keine Hoffnung auf
Erfolg. *Maulwürfe* gibt Ihnen die Gelegenheit, festzustellen, ob
den Männern, die mit der Leitung von drei sehr bedeutenden
Operationen in Geheimdienst und Spionageabwehr betraut waren, die genannten Eigenschaften zugesprochen werden können.
Wir versuchen die Geschichte von einer menschlichen Warte aus
zu betrachten – und zwar vom Standpunkt der Spione selbst. Um
nämlich den Zustand der Spionageabwehr im allgemeinen verstehen zu können, muß man zunächst die Akteure und die Vorgeschichte kennenlernen.
Dieses Buch handelt von der menschlichen Realität des Spionie-
rens. Es handelt von dem Geschäft, die Geheimnisse des Westens
zu schützen. Es ist die Geschichte einer Generation von Geheim-
dienst-Schlachten, geschlagen vor dem Hintergrund des Kalten
Krieges, der Entspannung, des Vietnamkrieges, einer vergreisen-
den sowjetischen Führung und schließlich, heute, im Angesicht
der Männer, die den taumelnden Riesen Sowjetunion unter dem
Banner der Perestroika führen.
Dieses Buch erzählt auch, wie zwei große Nationen versuchen, in
einer Welt, die in einem solchen Ausmaß durch ökonomische und
politische Sachzwänge bestimmt wird, daß kein Land sie mehr wie

früher beherrschen kann, mit ihren Traditionen und ihrer Kultur zurechtkommen.

Die Sowjetunion blickt auf eine lange Geschichte geheimdienstlicher Aktivitäten zurück, die bis zur berühmten Europa-Erkundungstour Peters des Großen zurückreicht. Innenpolitisch sind ihre Bürger es von jeher gewohnt, als Preis für die Sicherheit ihres Staates starke Einschränkungen ihrer persönlichen Freiheit hinzunehmen. Die Aufgaben der geheimdienstlichen Nachrichtenbeschaffung und der Spionageabwehr sind im KGB vereinigt, der Schwert und Schild zugleich ist.

Auf die USA, die sich einer »offenen Gesellschaft« rühmen, wirkt schon die bloße Vorstellung einer Geheimpolizei, einer zentralen Regierungsagentur, die jedes Mittel anwendet, um den Schutz der Staatsgeheimnisse sicherzustellen, äußerst abstoßend. Obwohl sich auch in unserer nationalen Geschichte Verirrungen finden lassen, ist doch die Trennung von Spionageapparat (CIA) und Sicherheitsapparat (FBI) in unseren einschlägigen Gesetzen verankert.

Genau diese Offenheit der amerikanischen Gesellschaft und die Trennung zwischen unseren Sicherheits- und unseren Geheimdiensten haben KGB und GRU sich zunutze gemacht. Dieses Buch soll belegen, wie gründlich dies geschah. Die hier geschilderten Fälle veranschaulichen, wie der KGB den internen bürokratischen Machtkampf in den USA ausgenutzt hat, um seine eigenen geheimdienstlichen Ziele zu verwirklichen.

Auch die drastischen Unterschiede zwischen dem sowjetischen und dem amerikanischen Verständnis von Spionageabwehr spielten eine Rolle in den erlittenen Debakeln. Der sowjetische KGB ist eine geduldige Behörde. Wie seine Geschichte zeigt, arbeitet er nach der Methode, Samen auszusetzen und sie manchmal über Jahre oder Jahrzehnte zu hegen, bis sie schließlich Früchte tragen. Bei CIA und FBI hingegen erzeugen bürokratische und parteipolitische Ambitionen und Reibungen ein Klima, das ein kurzfristiges Erfolgsdenken fördert, langfristigen Operationen dagegen nicht zuträglich ist. In Washington, D. C., und Umgebung laufen einige sowjetische Operationen seit über dreißig Jahren. Dutzende von FBI-Agenten brachten in dieser Zeit den Dienst hinter sich und wechselten sich in der Bearbeitung dieser Fälle ab. J. Edgar Hoover verlangte von seinen Spionageabwehrleuten Verhaftungen in Fällen, wo es weitaus erfolgversprechender gewesen wäre, die sowjetischen Operationen lediglich zu beobachten, um zu sehen, worauf sie abzielten. In Amerika ist es jedoch weder glanzvoll noch lohnend, seine Berufslaufbahn mit Warten und Beobachten zu verbringen.

Spionageabwehr gehört im FBI zu den unbeliebtesten Tätigkeitsbereichen. Für kaum jemanden war sie bisher ein Karrieresprungbrett. Auch bei der CIA sieht es nicht viel besser aus. Ein ehemaliger hoher Beamter aus dem Bereich der CI (Counter Intelligence, d. h. Spionageabwehr) sagte, die Kollegen behandelten jemanden, der einen internen CI-Erfolg verbuche, »wie einen, der bei einer Teeparty furzt«. In der Sowjetunion dagegen, wo die Sicherheit des Staates alles ist, gibt es keine höhere Berufung als die Spionageabwehr.

Spionageabwehr ist ein kompliziertes Geschäft, ein Geschäft, bei dem Penibilität im Detail, Argwohn und oftmals auch Raterei eine besondere Rolle spielen. Anders als bei Kreuzworträtseln oder Puzzles, führen Spionageabwehr-Operationen nur selten zu einem schönen, vollständigen Bild oder zu Nachrichten in der Zeitung von morgen. Wie John le Carré hervorgehoben hat, verstehen es die Sowjets ausgezeichnet, operative Details auszuforschen, und bedienen sich ihres Wissens dann, um »den Zirkus durcheinanderzuwirbeln«. Genau das ist es, was der CIA und dem FBI in den nachfolgend berichteten Fällen passierte. Wenn Sie dieses Buch nach der Lektüre frustriert zuschlagen, weil es Ihnen keine endgültigen Antworten, kein Schlußstück des Puzzles präsentiert, dann wissen Sie in etwa, wie sich ein CI-Mann normalerweise fühlt. Das ist aber nur ein Teil dessen, was dem CI-Spezialisten zugemutet wird. Hinzu kommen noch die systemimmanenten Spannungen und Eifersüchteleien zwischen der Central Intelligence Agency und dem Federal Bureau of Investigation. Man denke nur daran, daß J. Edgar Hoover Ende der 40er Jahre sein eigenes Agentennetz in Lateinamerika vorsätzlich zerstörte, um es nicht in die Hände der im Aufbau befindlichen CIA fallen zu lassen.

Drei Männer, die aus verschiedenen Welten kamen, fanden sich in der Rolle von Frontsoldaten des Geheimdienstkrieges zwischen der Sowjetunion und den Vereinigten Staaten wieder. Der amtlichen amerikanischen Lesart zufolge verübten zwei von ihnen Selbstmord, der dritte wurde vom KGB entführt. Die Vereinigten Staaten verlautbarten, alle diese drei Männer seien ehrbar und patriotisch gewesen: John Paisley, der leitende CIA-Beamte, der beim Segeln in der Chesapeake Bay verschwand; Nicholas Schadrin, der schneidige sowjetische Überläufer, der für das FBI zum Doppelagenten wurde, um dann in der Wiener Nacht zu verschwinden, und Ralph Sigler, der Offizier der U.S. Army, der seiner illustren Laufbahn als amerikanischer Doppelagent mit einer, wie die Armee dies nannte, »selbstverursachten Tötung durch Stromschlag« ein Ende setzte. Alle drei amerikanische Agenten. Jeder ein Kapitel aus dem Geschichtsbuch des amerikanischen Geheimdienstes, jeder ein Fall, der Schlagzeilen machte und auf höchster Staats- und Regierungsebene konsternierte Reaktionen auslöste. Und alle Fälle bleiben von vertrackten Geheimnissen umwittert.

In diesem Buch haben wir zu zeigen versucht, wie jeder dieser Fälle mit den anderen verknüpft ist. Mittels Hunderter von Tonbandinterviews mit für die Operationen verantwortlichen Personen wurde die Bedeutung der Geheimdiensttragödie, die diese Fälle repräsentieren, offenbar.

Maulwürfe erzählt die Geschichte der Fehlentwicklung, die das amerikanische Geheimdienstwesen über eine Generation hinweg genommen hat. Sie beginnt mit dem ersten hochkarätigen Maulwurf in der CIA. Wir schildern das bewegte Leben eines Mannes, der an der Seite des damaligen CIA-Chefs Allen Dulles arbeitete, dessen Aktionen jedoch vom KGB in Moskau kontrolliert wurden. Bis heute wurde diese Geschichte so sehr unter der Decke gehalten, daß man sämtliche Spuren davon aus allen außer den geheimsten Akten der CIA entfernte. Wir gehen dann weiter zum Fall Paisley. Hier haben wir einen Mann vor uns, der aus armen Verhältnissen in die höchsten Ränge der CIA aufstieg. Anhand des Falles Schadrin untersuchen wir, wie der KGB die Spionageabwehr umging. Der Fall Sigler schließlich zeigt, wie bürokratische Revierkämpfe ein Menschenleben forderten.

Spionage ist eine volkswirtschaftliche Patentlösung. Seit den Zeiten Lenins haben die Sowjets mit Erfolg von ihr Gebrauch gemacht, um die Mängel einer Volkswirtschaft und eines Regierungssystems wettzumachen, die nicht in der Lage waren, das Maß an Forschungs- und Entwicklungsarbeit aufzuwenden, das nötig gewesen wäre, um in der modernen Welt zu bestehen. Durch Wirtschaftsspionage haben sie Milliarden von Dollars gespart und jahrelange Versäumnisse wieder wettgemacht. Eine Übertreibung? Wohl kaum. Im Falle von Christopher Boyce und Andrew Daulton Lee Mitte der 70er Jahre ging es um Nachrichtensatellitentechnik im Entwicklungswert von fast fünf Milliarden Dollar, die um ein Haar verschoben worden wäre.

Jenen, die angesichts der guten Absichten des neuen Moskauer Regimes und dessen Reden von Offenheit und Reform erleichtert aufatmen, seien hier noch ein paar Realitäten ins Gedächtnis gerufen. Um erfolgreich zu sein, wird das Regime eine – dem Volk längst versprochene – konsumorientierte Wirtschaft einführen müssen. Sollte dies verwirklicht werden, dann würden noch weniger Mittel für die sowjetische Forschung und Entwicklung zur Verfügung stehen. Das sowjetische Militär würde sich einen noch größeren Teil seiner Technologie im Westen beschaffen müssen. Es ist die Überzeugung der Verfasser, daß die Sowjets sich mehr und mehr auf die Spionage als ein Mittel zur Erreichung dieses Zieles verlegen werden. Unsere Vermutung wird durch eine Lektion bestätigt, die uns die jüngste Geschichte gelehrt hat. 1956 hatte ein Wechsel an der Spitze der Sowjetunion im Westen ähnlichen Optimismus ausgelöst. Anstatt mit Frieden und Verständnis, sah sich Amerika jedoch in den Jahren danach mit einer Serie geheimdienstlicher Niederlagen konfrontiert, von denen in *Maulwürfe* berichtet werden soll.

All jene, die glauben, die Mängel in unserem Geheimdienst und in unserer Spionageabwehr seien durch die starken Reden und die großzügige Finanzierung der Reagan-Administration behoben worden, sollten folgendes bedenken: Das institutionelle Gedächtnis des FBI ist so löcherig, daß man dort, als Juri Jurtschenko 1985 sein kurzes »Überläufer«-Gastspiel gab, seine Behauptungen über SASHA, den Spion, nicht nur damals akzeptierte, sondern ihnen auch heute noch mit großem Eifer nachgeht. Für die Sicherheit der USA wäre es weitaus nützlicher gewesen, wenn man die jungen FBI-Agenten, die man mit der Untersuchung des Falles SASHA betraute, zunächst auf die Tatsache aufmerksam gemacht hätte, daß man diesen »jüngsten Enthüllungen« bereits *zwei Jahrzehnte* zuvor nachgegangen war. Man tat es nicht.

Kapitel 1

Der erste Tote

»Ich kann nicht bis 1984 warten.
In Liebe, Jim.«

Frau Lavinia Thomas war seit vielen Jahren James Speyer Kronthals Haushälterin. Sie arbeitete gern für ihn. Die Narzissen im kleinen Vorgarten des weißen Ziegelsteinhauses in Georgetown hießen sie willkommen, als sie an diesem kühlen Frühlingsmorgen zur Arbeit erschien. Gewöhnlich las Mr. Kronthal um diese Zeit die *Washington Post* und nippte am Orangensaft. An diesem 1. April 1953 um 8.30 Uhr morgens lag die Zeitung jedoch noch vor der Haustür.

Frau Thomas hob sie auf und ging ins Haus. Auf dem Wandtischchen in der engen Diele lagen einige ausgehende Briefe und ein Zettel von Mr. Kronthal, mit dem Hinweis, er habe bis spät in die Nacht gearbeitet und wünsche auszuschlafen.

Als eine Stunde später das Telefon klingelte, hatte Frau Thomas noch immer keinen Mucks von ihrem Arbeitgeber vernommen. Der Anrufer war jemand aus Mr. Kronthals Büro und verlangte den Hausherrn zu sprechen. Frau Thomas erklärte, er habe bis spät in die Nacht gearbeitet und wolle nicht gestört werden. Der Anrufer forderte Frau Thomas auf, Mr. Kronthal zu wecken, da es sich um eine wichtige Angelegenheit handle. Frau Thomas rief Herrn Kronthals Namen; es kam keine Antwort. Der Anrufer bat Frau Thomas, sie möge den Hausherrn so bald wie möglich dazu veranlassen, im Büro anzurufen, und legte auf.

Später am Vormittag, gerade als Frau Thomas drauf und dran war, ins Obergeschoß hinaufzugehen und Herrn Kronthal zu wecken, klingelte es. An der Tür waren zwei Männer, die sich als Kollegen von Herrn Kronthal aus dem State Department auswiesen. Sie drängten sich an Frau Thomas vorbei in die Diele. Einer von ihnen sagte, Herr Kronthal müsse unbedingt an einer dringenden Sitzung teilnehmen; sie würden ihn deshalb jetzt aufwecken. Widerwillig ließ sie die beiden die Treppe hinaufsteigen.

Sie pochten laut an die Tür, aber es kam keine Antwort. Einer der Männer drehte am Türknopf. Die Tür ließ sich öffnen, sie war unverschlossen. Quer über das Bett sahen sie einen Mann liegen, der voll bekleidet war. James Speyer Kronthal schlief nicht. Er war tot. Ein Mordfall? Frau Thomas konnte sich und ihre Freunde hinterher nur fragen, wie das einem so netten jungen Mann hatte zustoßen können.

Auf dem Papier war James Speyer Kronthal ein perfekter Kandidat für den gerade ins Leben gerufenen Geheimdienst der Vereinigten Staaten. Er konnte akademische Grade von zwei der vornehmsten amerikanischen Hochschulen vorweisen – einen Bachelor of Arts der Yale University aus dem Jahr 1934 und einen Magister Artium, 1941 in Harvard erworben. Er sprach fließend deutsch, französisch und italienisch. Die Aufmerksamkeit von Allen Welsh Dulles erregte James Kronthal jedoch nicht durch seine beträchtlichen linguistischen Fähigkeiten, sondern durch die Arbeit, die er in den Jahren des Zweiten Weltkrieges für das Office of Strategic Services (OSS) leistete, die Vorläuferorganisation der CIA. Dulles leitete in den Kriegsjahren die OSS-Niederlassung im schweizerischen Bern, und dort demonstrierte Kronthal ihm, was er drauf hatte.

Beide Männer entstammten derselben Oberschicht, beide waren Gegner einer isolationistischen amerikanischen Außenpolitik. Als der Krieg zu Ende war und das OSS aufgelöst wurde, kehrten seine Mitarbeiter in ihre angestammten Rollen im Milieu des amerikanischen Geldadels zurück: das Studium abschließen, in eine Anwaltskanzlei eintreten, das Familienvermögen verwalten. Keine zwei Jahre später hatten die Amerikaner einige bittere Lektionen über ihren einstigen engen Verbündeten, die Sowjetunion, gelernt. Die USA verloren ihr Monopol auf die Atombombe, dann knackten Spezialisten der Armed Forces Security Agency den sowjetischen VENONA-Code. Die dadurch möglich gewordene Entschlüsselung sowjetischer Funkbotschaften ergab, daß das Waffenbündnis mit den Westalliierten aus sowjetischer Sicht lediglich ein Zweckbündnis gewesen war und daß die Sowjets nicht etwa gute Freunde der USA waren, sondern in Wirklichkeit deren ganz entschiedene Feinde. Die meisten Amerikaner sahen denn auch alsbald in den Sowjets die neue Bedrohung. Prompt verabschiedete der Kongreß den von Präsident Harry Truman ebenso prompt unterzeichneten National Security Act von 1947, mit dem die CIA ins Leben gerufen wurde. Das Personal der ersten Stunde rekrutierte der neugeborene Geheimdienst aus der Elite der OSS-Veteranen – vorwiegend Männer aus vermögenden angelsächsisch-protestantischen Ostküsten-Familien, mit guter Ausbildung und mehr oder weniger gründlicher Spionageerfahrung aus den Kriegsjahren. Am 21. April 1947 wurde James Speyer Kronthal zum Leiter der CIA-Station in Bern berufen, einer der sieben CIA-Auslandsniederlassungen der ersten Stunde.[1]

Auf der Gegenseite verfügten die Sowjets über ältere, institutionell gefestigte, sehr gut organisierte und bewährte nachrichten- und geheimdienstliche Abteilungen, die informell »die Organe« genannt wurden. Die amerikanischen Pendants zu diesen Organen waren in den unmittelbaren Nachkriegsjahren so schwach auf der Brust, daß die Sowjets sie praktisch ignorierten und sich darauf konzentrierten, die britischen Geheimdienste MI 5 und MI 6 sowie die nach dem Krieg in vielen Teilen Europas verbleibenden US-amerikanischen Besatzungstruppen zu unterwandern. Als nun jedoch die CIA auf den Plan trat, erblickten die Sowjets hierin eine einmalige Gelegenheit, einen neu geschaffenen Dienst von Anbeginn an und von der Spitze her zu unterwandern. Der NKWD, der Vorläufer des KGB, wollte sich diese Chance, einige der von der neuen Behörde rekrutierten Mitarbeiter anwerben zu können, auf keinen Fall entgehen lassen.

Lawrentij Berija, der Chef des NKWD, erwartete von seinen Residenten in den USA, daß sie soviel wie möglich über jeden in Erfahrung brachten, die die neu gegründete CIA für den Dienst im Ausland rekrutierte. Er wollte jeden Mitarbeiter der sieben neuen Auslandsstationen gründlichst auf Schwachpunkte abgeklopft sehen – besonders in den Bereichen Sex, Finanzen oder Drogen. James Speyer Kronthal bildete keine Ausnahme. Berija ging davon aus, daß die CIA analog zum OSS strukturiert und daß Bern eine der wichtigsten Stationen sein würde. Daher erteilte er Anweisung, das Berner Personal besonders gründlich zu überprüfen.

Berija hatte in den Nachkriegsjahren sehr gute Erfolge bei der Unterwanderung des Bundesnachrichtendiensts (BND) erzielt, des Auslandsgeheimdienstes der Bundesrepublik Deutschland. Aus dieser Quelle konnten die Sowjets die Informationen über Kronthal schöpfen, die sie für ihre Zwecke benötigten. Aus alten OSS-Unterlagen entnahm der NKWD nicht nur, daß Kronthal in Bern für Dulles gearbeitet hatte, sondern auch, daß Dulles und Kronthal Freunde waren und denselben gesellschaftlichen Kreisen entstammten. Daraus ließ sich schließen, daß Kronthal über hochkarätige Verbindungen verfügen mußte. Nachdem der NKWD die wahren Identitäten der Personen eruiert hatte, die in Bern unter Dulles für das OSS gearbeitet hatten, konnte er unschwer überprüfen, ob diese Personen jetzt unter ihrem Echtnamen an irgendeiner Stelle der CIA wieder in Erscheinung traten.

Während die Sowjets damit beschäftigt waren, mögliche Anwerbekandidaten in den Reihen der CIA ausfindig zu machen, überlegte Präsident Truman, wie er seinen neuen Geheimdienst einsetzen sollte. Seiner Auffassung nach sollte die CIA Informationen sammeln und auswerten, nicht aber ein Instrument für praktische Kampfmaßnahmen gegen die kommunistische Expansion sein. Andere wünschten sich die CIA als eine Neuauflage des OSS, nur daß jetzt nicht mehr die Nazis, sondern die Sowjets der zu bekämpfende Gegner sein würden.

Sowjetische NKWD-Agenten, die unter diplomatischer Tarnung in Washington arbeiteten, begannen sich mit den Lebensläufen der Männer zu befassen, die von der CIA nach Übersee entsandt wurden. Dabei machten sie bald eine bemerkenswerte Feststellung: Mit der Sicherheitsüberprüfung der neuen Mitarbeiter beziehungsweise Bewerber war das FBI betraut, und wie die sowjetischen Agenten zu ihrem Erstaunen erfuhren, beschränkte sich die Überprüfungsprozedur darauf, daß bei diversen einschlägigen Behörden nachgefragt wurde, ob über den Betreffenden irgendwelche abträglichen Erkenntnisse vorlägen. Ergänzend befragte das FBI zum selben Thema Nachbarn, Verwandte und Schulkameraden des Bewerbers. Diese »biographischen Ermittlungen« stellten einen weit weniger rigorosen Loyalitätstest dar, als der NKWD selbst ihn für seine Agenten und Agentenführer zu praktizieren pflegte.

Während das FBI Kronthal der beschriebenen oberflächlichen Überprüfung unterzog, führte der NKWD gleichzeitig einen wesentlich gründlicheren Personencheck durch. Er gewann dabei einen ebenso günstigen Eindruck von Kronthal wie die CIA und das FBI – freilich unter entgegengesetzten Vorzeichen. Zunächst war es Kronthals zweiter Vorname – Speyer –, dem in der Moskauer NKWD-Zentrale besondere Aufmerksamkeit zuteil wurde. Die Agenten in Washington wurden per Depesche aufgefordert, mehr über den eigenartigen Vornamen herauszufinden. Als die Auskunft kam, der Name sei vermutlich eine Huldigung an einen gewissen James Joseph Speyer vom Bankhaus Speyer und Co., verstärkte sich das Interesse an Kronthal schlagartig.

Das Bankhaus Speyer hatte schon mit dem Zarenhaus Geschäfte gemacht. In den 1930er Jahren hatte es zusammen mit Morgan, Kuhn & Loeb und Lee & Higginson zu den bedeutendsten US-amerikanischen Privatbanken gehört. Gegründet worden war die Bank 1837 in Frankfurt am Main, und schon ein Jahr später hatte eine Filiale in New York ihre Pforten geöffnet.

Der NKWD konnte in Erfahrung bringen, daß 1913, als Leon Kronthal und seine Frau Maude Mabel Ranger Kronthal Eltern eines Knaben wurden, beschlossen, Leons temperamentvollem Geschäftspartner Joseph Speyer eine Namenspatenschaft für ihren Sohn anzutragen. Im Lauf der Jahre wurde der junge Kronthal für die Speyers fast zu einem Familienmitglied. Kronthal senior sollte später sehr unter dieser Entwicklung leiden; sein Verhältnis zu Joseph Speyer verschlechterte sich in dem Maß, wie sein Sohn sich enger an den Geschäftspartner anschloß.

Es ist nicht schwer zu verstehen, weshalb Leon Kronthal und Joseph Speyer nicht besonders miteinander auskamen. Ihr Naturell hätte nicht gegensätzlicher sein können. Leon war ein verbissener Arbeiter, aber ein langweiliger Mensch. Speyer dagegen, der immer aussah wie aus dem Ei gepellt, war ein Frauenheld und hatte das Kunststück fertiggebracht, als Jude in mehrere exklusive New Yorker Klubs aufgenommen zu werden, wo er jeweils das einzige jüdische Mitglied war. Für den jungen Kronthal war die Verbindung zu den Speyers eine großartige Gelegenheit, Zutritt zur besten Gesellschaft von New York City zu erlangen.

Der junge Kronthal fuhr regelmäßig mit der Familie Speyer auf Ferienreisen. Er besuchte die Lincoln School in New York, gleichzeitig mit Nelson Rockefeller und Michael Straight.[2] Wie der NKWD herausfand, hatte der junge Kronthal in Yale keine wirtschaftswissenschaftlichen Fächer belegt, wie es der Wunsch seines Vaters gewesen war, sondern hatte Kunstgeschichte studiert.

Yale war für James Kronthal ein berauschendes Erlebnis. Er war jung, einigermaßen attraktiv und ziemlich reich, und dies zu einer Zeit, als die große Wirtschaftskrise so manches Familienvermögen verschlungen hatte. Er wurde in die exklusive Studentenvereinigung Phi Beta Kappa aufgenommen und qualifizierte sich für die Rudermannschaft von Yale. Von der Persönlichkeit her hatte er mehr Ähnlichkeit mit James Speyer als mit seinem Vater. Er fand die Gesellschaft Speyers auch interessanter. Nach Abschluß seines Studiums trat er, ungeachtet der Differenzen zwischen seinem Vater und Joseph Speyer, in die Firma Speyer und Co. ein. Zugleich zog Leon Kronthal sich aus der Firma zurück und gründete 1934 ein eigenes Unternehmen.

Der NKWD bekam heraus, daß Kronthal in den 30er Jahren nach Deutschland entsandt worden war, um unter Nutzung der Speyerschen Familienbande Kunstwerke zu kaufen und zu verkaufen, die die Nazis zwischen 1933 und 1940 ihren jüdischen Vorbesitzern weggenommen hatten. Durch seine Mittler-, um nicht zu sagen Hehlerdienste kam er in persönlichen Kontakt mit NS-Größen wie Göring, Himmler und Goebbels.

In dieser Zeit entwickelte Kronthal eine sexuelle Vorliebe für Jünglinge. Er wurde von der Gestapo auf frischer Tat ertappt, und nur Görings persönliches Eingreifen bewahrte ihn vor Ungemach. Aber der Vorfall war aktenkundig, und die deutschen Behörden archivierten den Vorgang mit Bedacht.

Daß der NKWD das Kronthal-Dossier der deutschen Polizei später in die Hände bekam, verdankte er wahrscheinlich seinem in den BND eingeschleusten Agenten Heinz Felfe. Persönliche Verfehlungen homosexueller Art haben im übrigen die Eigenart, daß sich die Kunde davon gleichsam aus eigener Kraft im Milieu der Geheimdienste zu verbreiten pflegt, und zwar ohne Rücksicht auf ideologische Vorzeichen oder auf die Dignität der Quelle, aus der sie stammen. Als daher die Sowjets sich für James Speyer Kronthal zu interessieren begannen, war es nur noch eine Frage der Zeit, bis sie auf das pikante deutsche Dossier über ihn stießen; es war für sie natürlich ein gefundenes Fressen.

Der NKWD grub weiter. Er fand heraus, daß für Kronthal die Tätigkeit bei Speyer und Co. zwar offenbar finanziell lohnend gewesen war, daß aber der Charakter dieser Tätigkeit – Erzielung von Gewinnen aus Geschäften mit geraubtem oder erpreßtem Eigentum von Menschen, von denen viele in Vernichtungslagern landeten – einen hohen psychischen Tribut gefordert hatte. Kronthal hatte sich jedenfalls entschlossen, seinen Job zu quittieren, in die Staaten zurückzukehren und in Harvard weiter Kunstgeschichte zu studieren. Während dieses Studiums lernte er einen jungen Jurastudenten namens James Jesus Angleton kennen. Jahre später sollte dieser Mann in höchste Ämter innerhalb der CIA und schließlich zum obersten Verantwortlichen für die Abwehr sowjetischer oder anderer feindseliger Unterwanderungsversuche aufsteigen.

Angleton und Kronthal waren sich vom Naturell her ähnlich und teilten ein tiefes Mißtrauen gegen die Motive derer, die auf Gewinn aus waren, ohne sich um die politischen Konsequenzen ihres Tuns zu kümmern. Dieser Argwohn beruhte darauf, daß beide Verbindung zu Familien pflegten, die sich durch ebendieses amoralische Verhalten auszeichneten.

Nach dem Überfall auf Pearl Harbor folgten sowohl Angleton als auch Kronthal dem Ruf zu den Fahnen. Kronthal landete in einer Nachrichteneinheit. Nach einigen Fronteinsätzen wurde er 1944 zum OSS abkommandiert. Hier lernte er die Männer kennen, die später den Kern der CIA bilden sollten.

An der Berner CIA-Station war Kronthal wegen seiner vor dem Krieg gesammelten Deutschlanderfahrungen ein höchst nützlicher Mitarbeiter für Allen Dulles. Aus der Sicht von Dulles war Kronthal sogar ein geradezu idealer Mitarbeiter. Er kannte nicht nur viele wichtige Leute, sondern wußte auch eine ganze Menge über die nicht immer lauteren Aktivitäten des älteren Bruders seines Stationschefs, des künftigen US-Außenministers John Foster Dulles. Wie Kronthal im Auftrag der Speyers, hatte auch die Familie Dulles in der Zeit der Weimarer Republik und in den ersten Jahren des Dritten Reiches Geschäfte in Deutschland getätigt.

Nachdem die Deutschen besiegt waren, demonstrierte Kronthal, wie flexibel er sein konnte. Auf Geheiß des OSS und seiner Nachfolgeorganisationen ging er daran, die Kunstwerke wiederzubeschaffen, die die Nazis sich in den Jahren ihrer Herrschaft unter den Nagel gerissen hatten. Allen Dulles übernahm für Kronthal jetzt die Vaterrolle, die zuvor Joseph Speyer gespielt hatte; er ließ Kronthal beim Hantieren mit den kostbaren Kunstschätzen weitgehend freie Hand. Und Kronthal stellte fest, daß er sich in der europäischen Trümmerlandschaft persönlich weitaus freier verwirklichen konnte als zu Hause, und verspürte keinerlei Lust, in die USA und ins angestammte Bankgeschäft zurückzukehren. In diesem Milieu würde seine Homosexualität eine zu schwere Belastung darstellen.

Daß Kronthal 1947 zum Chef der neuen Berner CIA-Niederlassung ernannt wurde, war die perfekte Lösung für die Probleme dieses unglücklichen jungen Mannes. Von Bern aus wurden CIA-Operationen nicht nur in der Schweiz, sondern auch in weiten Teilen des übrigen Westeuropa gesteuert.

Der NKWD wußte über James Speyer Kronthal inzwischen alles, was er wissen zu müssen glaubte. Die Moskauer Zentrale setzte sich zwei Ziele: zum einen Kronthal zu Agentendiensten für die sowjetische Seite zu erpressen, und zum zweiten sicherzustellen, daß er innerhalb der CIA, ihres neuen Gegenspielers, möglichst weit aufstieg.

Den NKWD interessierten nicht so sehr die Informationen, die Kronthal kurzfristig aus Bern würde liefern können. Berija war sich darüber im klaren, daß Kronthal das Zeug hatte, es in der CIA weit zu bringen. Als er rekrutiert wurde, geschah das mit dem Ziel, ihn als »Pflanze« zu hegen und zu pflegen, bis er in die obersten Etagen der CIA aufgestiegen sein würde. Wenn gewisse politische Voraussetzungen eintraten und das nötige Glück hinzukam, mochte Kronthal eines Tages vielleicht sogar Direktor des amerikanischen Auslandsgeheimdiensts werden.

Man köderte Kronthal in der Schweiz mit chinesischen Boys. Man machte heimlich Filmaufnahmen und erpreßte ihn damit. Die Moskauer Zentrale wollte ihn vollkommen unter ihre Kontrolle bringen. Obwohl die Moskauer Zentrale auf alle Informationen zugreifen konnte, die Kronthal von Bern aus ans CIA-Hauptquartier weitergab, zwang sie ihn, zusätzlich regelmäßig »Informationspakete« nach Moskau zu schicken; auf diese Weise stellte sie sicher, daß er Landesverrat beging. Kronthal war im Würgegriff des NKWD, es gab für ihn keinen Weg zurück. Er hatte den einen Schritt getan, der geeignet war, sein Leben zu ruinieren. Die Sowjets hatten ihn in der Hand.

Im Mai 1952 wurde Kronthal aus Bern abberufen. Er kehrte nach Washington zurück und erhielt den Auftrag, an den Planungen für eine Umstrukturierung der CIA im Hinblick auf künftige Erfordernisse und Expansionen mitzuwirken. Hatte er schon früher einer Heimkehr in die USA mit Bangen entgegengesehen, so verstärkte der fortgesetzte Landesverrat, den er begangen hatte, seine Befürchtungen naturgemäß noch. Er war kein Sowjetagent aus Überzeugung.

Der Druck, unter dem Kronthal in den Jahren seiner Auslandsmission gestanden hatte, hatte ihn merklich altern lassen. Er war ein Mann, der unter schwerem Streß stand. Vordergründig jedoch hatte er einem makellosen beruflichen Lebenslauf fünf scheinbar höchst erfolgreiche Jahre in Bern hinzugefügt. Es schien, als würden ihm in der CIA alle Türen offenstehen. Die Moskauer Zentrale wähnte sich einem großen Triumph nahe.

Das Jahr 1952 war in den USA ein Wahljahr. Die bevorstehende Präsidentschaftswahl verhieß Veränderungen, auch für die CIA, und das konnte dem NKWD natürlich nicht gleichgültig sein. Der amtierende CIA-Direktor Walter Bedell Smith würde in Anbetracht seiner angeschlagenen Gesundheit vermutlich abtreten. Der NKWD drängte Kronthal, Informationen über die aussichtsreichsten Nachfolgekandidaten für Smith zu liefern. Das Interesse der Sowjets an der CIA hatte beträchtlich zugenommen. Nachdem 1951 zwei ihrer im britischen Geheimdienst plazierten Maulwürfe enttarnt worden waren – Burgess und MacLean –, war damit zu rechnen, daß die Amerikaner künftig ihre interessantesten nachrichtendienstlichen Erkenntnisse nicht mehr ohne weiteres mit den Briten teilen würden. Die Sowjets mußten daher versuchen, mehr Leute in die CIA einzuschleusen.

Kronthals Agentenführer vom NKWD waren mit den von ihm gelieferten Informationen nicht zufrieden. Aber die Art von Informationen, die sie von ihm erwarteten, gab es einfach nicht. Eisenhower hatte sich auch nicht andeutungsweise über seine Absichten in bezug auf die CIA geäußert. General Smith wünschte sich als seinen Nachfolger an der CIA-Spitze General Lucian Truscott. Aber als Eisenhower Truscott den Job anbot, schlug dieser ihn aus. Daraufhin wandte Eisenhower sich an Allen Dulles.

Für Kronthal war es eine persönliche Tragödie, daß sein alter Mentor jetzt an die Spitze der CIA trat. Der NKWD würde, das war ihm klar, jetzt von ihm verlangen, daß er sich bei Dulles um einen Spitzenjob bemühte. Sicherlich glaubte Moskau, in Kronthal einen ganz großen Trumpf im Ärmel zu haben.

Kronthal war mit seinen Vorarbeiten für eine interne Umstrukturierung der CIA weitgehend fertig. Er, der nie ein guter Politiker in eigener Sache gewesen war, wurde von seinem NKWD-Betreuer gedrängt, sich um seine Berufung zum Leiter der Abteilung für verdeckte Operationen zu bemühen. Dulles hatte zu Kronthal so großes Vertrauen, daß er bereit war, ihm jeden Posten seiner Wahl zu geben. Aber der Streß, unter dem Kronthal aufgrund seiner Furcht, als Homosexueller und Sowjetagent exponiert zu werden, stand, begann Folgen zu zeitigen: Kronthal wurde von seinen Ängsten regelrecht gelähmt. Er konnte sich nicht dazu durchringen, sich offensiv gegen andere Kollegen durchzusetzen, die sich mit vollem Einsatz um dieselbe Position bewarben.

Dann stürzte die Sowjetunion in eine politische Krise: Am 2. März 1953 starb Stalin. Berija kämpfte darum, die Kontrolle über die Sicherheitsorgane zu behalten. Der Druck auf Kronthal nahm zu. Berija brauchte einen gut plazierten Agenten jetzt dringender denn je. Berija hatte es beim Griff nach der Macht zu eilig. Zwar war er der unumstrittene Chef des NKWD, doch stellte dieser allein keine ausreichende Machtbastion für den Griff nach der Herrschaft über die Kommunistische Partei als ganze und das Politbüro dar. Berija sah sich gezwungen, zurückzustecken, und während er sich zu Hause dem Machtkampf mit der neuen politischen Führung widmete, wies er seine Agenten im Ausland an, hochkarätiges Nachrichtenmaterial zu beschaffen.

Am 31. März 1953 beschloß Allen Dulles, persönlich zu eruieren, für welche Position innerhalb der CIA Kronthal sich interessierte. Dulles mußte die letzten Spitzenjobs in der Agency vergeben, und so lud er seinen alten Freund für diesen Tag zu einer Besprechung beim Abendessen ein. Die beiden Männer wohnten nur zwei Straßen voneinander entfernt.

Was zwischen den beiden an diesem Abend besprochen wurde, wird wohl immer unergründet bleiben. Nichts deutet darauf hin, daß Dulles je mit irgend jemandem über seine letzte Unterredung mit Kronthal an diesem Abend gesprochen hat. Fest steht, daß Kronthal nach dem Abendessen zu Fuß zu seinem Haus in der 32. Straße Nr. 1662 zurückging und dort noch vor Mitternacht ankam. Er setzte danach noch zwei Briefe auf, einen an Allen Dulles und den anderen an Richard Helms. Außerdem schrieb er die knappe Mitteilung an seine Haushälterin, mit der Bitte, ihn nicht zu wecken.

Als James Speyer Kronthal um 9.30 Uhr noch nicht in seinem Büro erschienen war, rief die CIA bei ihm zu Hause an und bat Frau Thomas, ihn zu wecken. Zwei Stunden später standen die Beamten Gould Cassal und McGregor Gray von der CIA-Sicherheitsabteilung vor der Tür.

Sie fanden Kronthal auf seinem noch mit der Tagesdecke abgedeckten Bett liegend. Auf dem Boden lag eine leere Phiole. Den

Vorschriften entsprechend, riefen die beiden CIA-Leute im Präsidium der Stadtpolizei von Washington, D. C., an und verlangten den dortigen inoffiziellen Verbindungsoffizier zur CIA zu sprechen.

Polizeileutnant Lawrence Hartnett hatte Anrufe wie diesen schon öfter erhalten. Sein Job bestand darin, Vorgänge wie diesen unter den Teppich zu kehren, wenn die CIA es so wünschte. Als Gegenleistung erhielt Hartnett von der Agency hochkarätige Informationen aus der Washingtoner Szene. Seine Dossiers über Washingtoner Politiker waren fast so umfangreich wie die von J. Edgar Hoover. Er kannte so viele pikante Details aus dem Leben vieler einflußreicher Figuren der Bundeshauptstadt, daß er sich um seine Stellung keinerlei Sorgen zu machen brauchte.

Hartnett spielte mit. Er erzählte der Presse, bei der Spurensicherung sei ein handgeschriebener Brief an einen Freund des Toten gefunden worden, aus dem hervorgehe, daß Kronthal »wegen berufsbedingten Stresses psychisch aus den Fugen« geraten sei. Der betreffende, an Richard Helms gerichtete Brief wurde, ebenso wie Kronthals Schreiben an Allen Dulles, von der Polizei nicht als Beweismittel einbehalten, sondern den Adressaten zugestellt. Der Todesfall wurde schnell zu den Akten gelegt. Eine Autopsie legte Mitternacht als mutmaßlichen Todeszeitpunkt fest, doch über die genaue Todesursache und über den Inhalt der bei der Leiche gefundenen Phiole lieferte auch eine chemische Analyse keine Klarheit. So wurde als Todesursache »offenbar Selbstmord« eingetragen.

Während die Briefe an Dulles und Helms versandfertig im Haus gefunden wurden, hatte Kronthal einen weiteren kurz vor seinem Tod geschriebenen Brief offensichtlich noch auf den Postweg gebracht. In diesem an seine Schwester Susan gerichteten Schreiben hatte er seine Homosexualität offen bekannt und die »ungeheuren Probleme« angedeutet, die sie ihm bereitete. Susan, die über die sexuelle Veranlagung ihres Bruders bereits orientiert war, sah in diesen Offenbarungen keinen Anlaß zu sonderlicher Beunruhigung. Dagegen fand sie sein Bekenntnis, daß er in Wirklichkeit nicht für das Außenministerium arbeitete, sondern für die CIA, sehr alarmierend, obwohl sie dergleichen schon vermutet hatte. Der letzte Satz in James Speyer Kronthals letztem Lebenszeichen an seine Schwester lautete: »Ich kann nicht bis 1984 warten. In Liebe, Jim.«

Susan war die erste in einer langen Reihe von Hinterbliebenen, die, als sie Näheres über den Tod oder das Verschwinden eines nahen Angehörigen in Erfahrung bringen wollten, von amerikanischen Sicherheits- und Geheimdiensten mit Ausflüchten und Lügen abgespeist wurden. Susans vergebliche Bemühungen, mehr über die Umstände des Todes ihres Bruders herauszufinden, weckten in ihr die Überzeugung, daß die CIA Informationen vertuschte oder ihr vorenthielt, auf die sie ein Anrecht zu haben glaubte. Alle mit dem Todesfall James Speyer Kronthal zusammenhängenden amtlichen Unterlagen waren mit dem Stempel »Geheimsache« versehen worden und für Susan nicht zugänglich.

Für Berija war der Verlust James Kronthals ein herber Rückschlag. Die Chance, die CIA von der Spitze her zu unterwandern, war dahin. Die Moskauer Zentrale gelangte in ihrer Schadensanalyse zu der Einschätzung, man habe Kronthal wohl zu stark unter Druck gesetzt, politische Informationen zu liefern, die im Grunde nutzlos und in manchen Fällen auch gar nicht beschaffbar gewesen seien.

Ob im Fall Kronthal Selbstmord oder Mord vorlag, ließ sich angeblich nicht feststellen. Falls die Sowjets Grund zu der Vermutung gehabt hätten, daß die CIA Kronthal als sowjetischen Maulwurf enttarnt hatte, hätten sie ihn sicherlich getötet. Die »Organe« hatten keine Skrupel, die Eliminierung einer »Trumpfkarte« zu veranlassen, wenn diese ihrer Ansicht nach ausgedient hatte. Hätte die CIA Kenntnis von Kronthals »Problemen« erlangt, so ist es durchaus denkbar, daß Dulles persönlich eine »definitive Aktion« angeordnet hätte, nicht nur um das Problem aus der Welt zu schaffen, sondern auch um den Sowjets deutlich zu machen, daß die CIA wußte, daß ihr Mann vom NKWD erpreßt und umgedreht worden war. Die Promptheit, mit der zwei Mitarbeiter der Sicherheitsabteilung im Hause Kronthals aufkreuzten, verleiht dieser Deutungsalternative sicherlich zusätzliche Plausibilität. Wahrscheinlicher ist jedoch, daß Kronthal an jenem Abend

Dulles reinen Wein einschenkte und daß am nächsten Morgen, als Kronthal nicht im Büro erschien, ein beunruhigter Dulles zu dem Schluß kam, daß hier etwas oberfaul war, und die beiden Sicherheitsleute in Marsch setzte.

Für die Sowjets zählte nur eins: Sie hatten Kronthal verloren und brauchten Ersatz für ihn. Nach dem Tod Stalins wehte in der Sowjetunion ein neuer Wind, und der NKWD mußte Informationen liefern, wollte er sein eigenes Überleben sichern. Und der einzig wirklich gefährliche Gegenspieler, der ihm verblieben war, war die CIA.

Schon lange vor der Anwerbung Kronthals hatte der NKWD ein aufwendiges und systematisches Programm für die Unterwanderung der CIA in Gang gesetzt. Es beruhte auf vom NKWD zusammengestellten Dossiers über Tausende von Amerikanern, die im Krieg eine Rolle gespielt hatten. Aus diesem Personenkreis wurden nach bestimmten Kriterien Kandidaten für Anwerbungsversuche ausgewählt. Jeder Amerikaner, der irgendwann einmal Interesse am sowjetischen Gesellschaftssystem oder Sympathie für den Kampf der Sowjetunion geäußert hatte, war potentieller Kandidat. Man hegte und pflegte ihn wie ein zartes Pflänzchen, man unterstützte ihn in seiner Schul- und Ausbildung und lotste ihn ins Fahrwasser einer Geheimdienstlaufbahn. Aus diesem Kader rekrutierte der NKWD schließlich seine CIA-Maulwürfe und entsandte sie nach einem Spezialtraining auf ihre lebenslangen Missionen.

Die Akte Kronthal lagert tief in den Verliesen der CIA. Es ist eine Akte über die vermutlich erste erfolgreiche sowjetische Unterwanderungsoperation gegen den gerade erst ins Leben gerufenen US-Geheimdienst. Nur einer Handvoll heute noch lebender Menschen dürfte der Inhalt dieser Akte bekannt sein. James Kronthal war der erste sowjetische Maulwurf in der CIA. Seine nie zuvor erzählte Geschichte bietet einen Vorgeschmack auf das, worüber im folgenden berichtet wird: das systematische – und erfolgreiche – Bemühen der Sowjets, die CIA zu unterwandern. Was mit Kronthal passierte, sollte nicht nur Allen Dulles, sondern auch noch einer Reihe von CIA-Direktoren nach ihm zu schaffen machen. Dulles war sich der Möglichkeit, daß die CIA unterwandert sein könnte, während seiner restlichen Amtszeit in jedem Augenblick bewußt. Und alle seine Nachfolger im Amt – John McCone, Admiral William Raborn, Richard M. Helms, James Schlesinger, William Colby, George Bush, Admiral Stansfield Turner, William Casey und William Webster – sollten an der Last der Aufgabe zu tragen haben, dem KGB den Zugang zur CIA zu versperren.

Kapitel 2

Paisley: Der Ersatzmann?

'swar brollig und schleimdig Teufs,
Rumbten und korkten in Genäuern,
Ganz jämmsig war'n die Bürogreufs,
Und die meimen Raffels gräuern.

›Hüt' dich vorm Jabberwock, mein Sohn!
Des Kiefers Biß, der Klaue Fang!
Hüt' dich vor Jubjubvogels Hohn
Und auch vorm wilden Bänderang!‹

Er nahm sein knuchig Schwert zur Hand,
Zu fetzen so den fühsen Feind –
Zur Rast am Tumtumbaum er stand
Und tief sich in Gedanken meint.

Lewis Carroll, »Jabberwocky«
aus *Alice im Spiegelland*

John Arthur Paisley war in jeder Beziehung das genaue Gegenteil von James Speyer Kronthal. Paisley kam nicht aus einem von Wohlstand geprägten Umfeld, sondern aus armen Verhältnissen. Sein Kriegsdienst im Zweiten Weltkrieg spielte sich nicht in der Exklusivität des OSS ab, sondern in der Handelsmarine. Er hatte nicht die Yale University besucht, sondern die Universität von Chicago. Aber er zeichnete sich durch zwei Dinge aus, die ihn für die CIA interessant machten: ein immenses technisches Verständnis und ein starkes Interesse an der Sowjetunion.

Diejenigen, die ihm seinen ersten Job bei der CIA anboten, schienen sich nicht groß daran zu stören, daß er für sein Interesse an und sein Wissen über die Sowjetunion keine unmittelbare und einleuchtende Erklärung gab. Weil der Fall Kronthal innerhalb der CIA ein so wohlgehütetes Geheimnis war, schärfte niemand den Anwerbern ein, nach weiteren möglichen »Maulwürfen« (eingeschleusten Ersatzleuten) Ausschau zu halten oder ihre Methoden der Vorlebens-Überprüfung zu ändern.

Diejenigen, die tatsächlich mit John Paisley zusammenarbeiteten, erinnern sich an ihn als an einen Mann, der sich wie ein College-Professor durch die Korridore der CIA bewegte. Ihrer Erinnerung nach war Paisley ein Mann mit scharfkantiger Intelligenz, aber auch großer Umgänglichkeit, ein Mann mit einem außerordentlichen Gedächtnis, an den sich seine Vorgesetzten wandten, wenn sie Probleme hatten.

In politischer Hinsicht erinnern sie sich seiner als eines Liberalen, der sich über Ungerechtigkeiten empören konnte. Mit den meisten von der CIA in der Anfangsphase angeworbenen Mitarbeitern teilte Paisley einen leidenschaftlichen Linksliberalismus. Paisley fand die in der CIA gepflegte Aura der Geheimniskrämerei ebenso unsinnig wie das cowboyhafte Auftreten einiger paramilitärisch operierender Haudegen der Agency. Wie einer der damaligen Untergebenen Paisleys, Donald Burton, erklärt: »Wenn ich einschätzen soll, was Paisley über verdeckte Sachen dachte, ... [er hielt] das alles für einen Haufen Unsinn.«[1]

Vielleicht wäre vieles anders gekommen, wenn das Sicherheitsbüro der CIA über den Hintergrund dieses Mannes, der zu den höchsten Geheimnisträgern innerhalb der CIA gehörte, ausreichend informiert gewesen wäre. Wenige Tage vor seinem Verschwinden im September 1978 erhielt John Paisley einen Satz Fragebögen, den er vor einer routinemäßigen Sicherheitsüberprüfung ausfüllen sollte. Er hatte schon eine ganze Reihe solcher Checks hinter sich, diesmal jedoch war – erst zum zweitenmal seit seinem offiziellen Eintritt in die CIA im Jahr 1953 – ein Polygraphen- oder »Lügendetektor«-Test angesetzt. Es kam vor seinem Verschwinden nicht mehr dazu, die Fragebögen auszufüllen. Folgendes hätte in etwa darin stehen müssen:

John Arthur Paisley wurde am 25. August 1923 in Sand Springs (Oklahoma) geboren.[2] Er war der erste Sohn des Joseph Paisley und der Clara Stone Paisley. Seine Eltern stammten aus zwei texanischen Kleinstädten, aber die Familiengeschichte seines Vaters ließe sich bis nach Paisley in Schottland zurückverfolgen. Von seiner Familie und seinen Freunden wurde Paisley »Jack« gerufen. Er war das mittlere von drei Geschwistern; seine Schwester Katherine war die älteste, sein kränklicher Bruder Dale der jüngste.

John Paisleys Vater Joseph war in einem katholischen Waisenhaus aufgewachsen und zum Priesterberuf erzogen worden. Joseph Paisley weihte sein Leben zwar einer Sache, aber nicht der des Katholizismus. Statt dessen ergriff er den Wanderberuf eines Stahlbauarbeiters. Er konnte so gut mit Stahl umgehen, daß man ihn schließlich zum Bau des Panamakanals anwarb. Als er wieder in die Vereinigten Staaten zurückkehrte, wurde er feierlich in Tom Mooneys Arbeiterbewegung aufgenommen, die in der Gegend um die San Francisco Bay aktiv war. Er vertrat leidenschaftlich die Anliegen der Arbeiterschaft und stürzte sich tief in den Kampf für ihre Rechte. Seiner Frau Clara und den Kindern wendete er immer weniger Aufmerksamkeit zu. Wegen seines Eintretens für so radikale Reformforderungen wie die nach einer Sechstagewoche mit einem Zehnstundentag wurde er verhaftet.

Im Jahre 1925 entschloß sich seine Frau, ihn zu verlassen. Sie hatte ein sehr krankes einjähriges Kind, das kaum Überlebenschancen zu haben schien, und zwei weitere kleine Kinder zu versorgen und beschloß, zu ihren Eltern in Bellefonte (Arkansas) zurückzukehren und dort auf deren kleiner Farm zu leben. Sie hoffte, ihre Krankenhauserfahrung für einen beruflichen Neuanfang nutzen zu können, sah sich aber sehr bald mit der für sie betrüblichen Tatsache konfrontiert, daß in dieser Gegend fast alle ärztlichen Verrichtungen – einschließlich der chirurgischen – auf dem Küchentisch praktiziert wurden.

Für den kleinen Jack Paisley erschöpfte sich das Leben auf dem Bauernhof vor allem in dem Bemühen, sich von seiner Großmutter fernzuhalten. Diese verdrießliche alte Frau konnte sich nicht recht damit abfinden, in ihrem fortgeschrittenen Alter noch mit drei kleinen Kindern belastet zu werden. Ihr Großvater mütterlicherseits, Arthur Preston Stone, bemühte sich redlich, die Lücke zu schließen, die der Verlust des Vaters in der Psyche der Kinder hinterlassen hatte. Auch wenn er recht streng mit ihnen war, ersetzten seine Liebe und Aufmerksamkeit ihnen den Vater.

Die Familie Paisley verbrachte vier Jahre auf der kleinen Farm in Bellefonte. Clara Paisleys Lebensinhalt waren weder ihre lebhafte Tochter noch ihr schlaues Söhnchen Jack, sondern der schwerkranke Dale. Die Ärzte sagten ihr jedes Jahr aufs neue, daß ihr Sohn an seinem chronischen Nierenleiden sehr bald sterben werde. Clara Paisley beschloß gemeinsam mit ihren Eltern, daß es für die Gesundheit ihres Sohnes Dale das beste wäre, die Farm zu verkaufen und nach Phoenix (Arizona) zu ziehen. Der Umzug im Jahre 1930 in diese Stadt mit damals etwa 35 000 Einwohnern war für Arthur Preston Stone ein traumatisches Ereignis, doch seine Enkelin Katherine Lenahan spricht noch heute bewundernd von der Tatkraft, mit der er nach der Ankunft in Phoenix für seine Enkel sorgte: »Er konnte natürlich keine Landwirtschaft betreiben. Dazu fehlte ihm das Land. Er kaufte dieses kleine Haus in einer Wanderarbeitersiedlung, legte einen Garten an und hielt ein paar Hühner. Wir lebten außerhalb der Stadtgrenze. Er fand keine Anstellung, da er sein ganzes Leben lang nur Bauer gewesen war. Also richtete er sich einen Rasenmäher her, indem er ihn umbaute und eine Halterung daran befestigte, welche Rechen und Schaufeln aufnahm. Er ging von Tür zu Tür und bot seine Dienste als Gärtner an. Er ging morgens um 4 oder 5 Uhr, um in die besseren Wohngegenden zu gelangen, wo die reichen Leute wohnten. ... Ich erinnere mich noch daran, daß er manchmal bei 40 Grad und mehr nach Hause kam.«

In jenem Sommer wurde John Paisleys gestrenge Großmutter schwer krank. Die Ärzte rieten ihrem Ehemann, seiner Frau eine bestimmte Diät zu verabreichen und in der Mittagshitze von 45 Grad ihr Fieber mit Eis unter Kontrolle zu bringen. Diätlebensmittel und auch Eis waren jedoch ein Luxus, den sich die Familie nicht leisten konnte. John Paisleys Mutter Clara arbeitete als Krankenschwester und Köchin zugleich in einem Tuberkulosesanatorium. Sie vertraute einer der anderen Köchinnen die finanziellen Probleme ihrer Familie an. Eine Woche nach diesem Gespräch kamen Lebensmittel- und Eislieferungen bei ihnen an. Der stolze Protestant Arthur Preston Stone war schockiert, als er erfuhr, daß die Absender dieser Spenden Mormonen waren. Katherine erinnerte sich daran, daß »für ihn die Mormonen und die Katholiken auf einer Stufe mit dem Teufel persönlich standen«.[3]

Da er keine Almosen annehmen wollte, erschien John Paisleys Großvater eines Morgens mit seinem kleinen Rasenmäher vor dem Mormonentempel mitten in Phoenix und begann – zum größten Erstaunen der zahlreichen dort angestellten Gärtner – den Rasen zu mähen. Die Kirchenangestellten konnten ihn davon nicht abbringen. Er und seine Familie würden keine Almosen annehmen, wie verzweifelt ihre Lage auch scheinen mochte; von da an mähte er weiterhin jede Woche den Tempelrasen.

Im Alter von neun Jahren entwickelte John Paisley seine ihn das ganze weitere Leben begleitende Faszination für Elektronik. Während andere Kinder Ball spielten, ging der junge Paisley in die Stadt zu Vic's Radioladen und lernte dort die Wunderwelt der Kristalldetektoren und des Kurzwellenfunks kennen. In der Zeit, als die Paisleys in der Madison Street wohnten, baute Jack seinen ersten Kristalldetektor. Es war ein Hilfsmittel, das es dem Jungen zumindest bis zu einem gewissen Grade ermöglichte, der häuslichen Welt mit ihren Beschränkungen und Beschränktheiten zu entfliehen.

In der Schule glänzte John in Mathematik, und er las für sein Leben gern. Katherine, die mit Algebra zu kämpfen hatte, wurde von ihrem jüngeren Bruder mitgezogen. Paisley war überaus wißbegierig. Beim Abwasch und bei anderen Haushaltsarbeiten, die die Kinder besorgten, spielten John und seine Schwester Vokabelspiele, die John sich zur Schulung seines Gedächtnisses ausgedacht hatte. An der Phoenix Union High School tat John sich als gelehriger und gelehrter Schüler hervor. Während seine wissenschaftlichen Fähigkeiten herausragend waren, galt für sein Sozialleben das genaue Gegenteil. An den Mädchen der High-School zeigte er kein aktives Interesse. Sein Bruder Dale glaubt, dies habe an seiner kleinen Statur gelegen, die ihm bis zu seinem letzten Jahr an der High-School zu schaffen machte. Später schoß er auf 1,80 m in die Höhe.

Sehr zum Bedauern seiner Geschwister begann Paisley mit dem Akkordeonspielen. Katherine und Dale erinnern sich daran, daß ihr Bruder völlig unmusikalisch war. Aber er lernte das Akkordeonspiel nicht der Musik, sondern der Herausforderung wegen. John Paisley liebte es, Dinge zu bezwingen, die schwierig waren. Im Schaufenster von Vic's Radioladen stand der schönste Hallicrafters-Kurzwellenempfänger, den Jack Paisley jemals gesehen hatte. Er wollte dieses Radio haben und beschrieb es seiner Familie in allen Einzelheiten. Oft stand er vor dem Laden und starrte es einfach nur an. Aber in der Zeit der Depression hatten die Paisleys kaum genug zum Essen, da war an ein teures Radio überhaupt nicht zu denken.

Eines Tages, kurz vor Weihnachten, brach Paisleys Herz, als er sah, daß das Radio aus Vic's Schaufenster verschwunden war. Er hatte nicht einmal im Traum daran gedacht, irgend jemand könne dieses Gerät kaufen. Ein paar Tage danach, als sich die Familie Paisley zur Weihnachtsbescherung versammelte, standen Dale und Katherine um John herum, während dieser sein Paket öffnete. Darin war der Hallicrafters. Die Familie hatte beschlossen, in diesem Jahr auf ihre Weihnachtsgeschenke zu verzichten, damit John sein Radio bekommen konnte.

Das Geld war so knapp, daß es nicht einmal für ein zweites Paar Schuhe für Dale und John reichte. Die Jungs mußten mit einem Paar auskommen und gingen oft barfuß. Wie Dales Frau Mary berichtet: »Dale und John liefen in ihrer Jugend in Phoenix so lange Jahre barfuß, daß sie, als sie erwachsen waren, diesen Tick mit dem Barfußgehen hatten.«[4]

Der jungen Katherine Paisley versprachen die späten dreißiger Jahre keine besonders rosige Zukunft: »Alle, die wir in den Dreißigern Teenager waren, waren damals rötlich angehaucht, da wir nichts hatten, auf das wir uns freuen konnten. Wir hatten keine Zukunft, keine Ausbildung. ... Es gab keine Hilfsprogramme für uns, die uns den Schritt zum College ermöglicht hätten. Es gab keine Arbeit. Wir hatten die Perspektive, unseren Schulabschluß zu machen und dann, wenn wir Glück hatten, einen Job für 25 Cent die Stunde zu ergattern, um den uns fünf Familienväter beneideten. ... Wenn der Zweite Weltkrieg nicht dazwischengekommen wäre, hätte es sicher eine fürchterliche Revolution gegeben.«[5]

Im Alter von sechzehn Jahren fand Katherine Arbeit bei einer behinderten englischen Dame, die eine französische Handwäscherei betrieb. Sie wusch und plättete das feine Leinen der Phoenixer Oberschicht. In der Schule beeindruckten sie die Schriften von Karl Marx und seine Träume von einem Arbeiterparadies. Ihre neue Arbeitgeberin ermutigte sie dabei. Die alte Engländerin hielt Treffen kommunistischer Zirkel in ihrem Hause ab. Sie las Katherine aus Marx' Werken vor, und die junge, leicht zu beeindruckende Katherine war begeistert. Von dieser Frau erfuhr sie, was Amerika den Indianern angetan hatte und was die Deutschen nun mit den Juden taten. Katherine nahm sogar an einigen der besagten Treffen teil.

Jack Paisley zog seine Schwester wegen ihrer politischen Ansichten auf. Katherine sagt, sie habe die Handwäscherei verlassen und ihr Interesse an der kommunistischen Bewegung dank einer Kombination aus kapitalistischen und hormonellen Gründen verloren: die Hormone hätten ihr Interesse an Jungen zunehmen lassen, und das kapitalistische Geld habe gelockt. Jedenfalls ließ sie die Handwäscherei zugunsten einer Anstellung in einem Kramladen hinter sich, der fünfzehn Cents die Stunde mehr einbrachte.

Als der Krieg drohte, gingen die Paisley-Kinder ihre eigenen Wege. Katherine zog nach Long Beach (Kalifornien), Dale heiratete seine Jugendliebe, und John ging 1941, wenige Wochen nach Abschluß der High-School, ans Seefahrts-Ausbildungszentrum in Gallops Island bei Boston. Diese Einrichtung der Handelsmarine bildete Rekruten für die in die amerikanische Kriegführung einbezogene Handelsflotte aus. Nach einem neunmonatigen Lehrgang ging Paisley 1942 als Funker im Rang eines Oberleutnants zur See von Gallops Island ab.

Zum erstenmal hatte Paisley nun die Gelegenheit, die Welt zu erkunden, von der er schon so viel in seinen Radios gehört hatte. Katherine kann sich nicht erinnern, daß Paisley sehr viel von seinen Fahrten bei der Handelsmarine erzählt hätte: »Er war sowieso ein ruhiger Typ. Er war nicht schüchtern – nur ruhig. Wenn er nicht wollte, daß man etwas erfährt, dann brachte man es auch nicht aus ihm heraus.«[6]

Wie aus seinen Marineunterlagen hervorgeht, erhielt er am 9. April 1942 seinen Funkerbrief. Seine ersten Reisen waren nur kurz: man lieferte Kriegsgeräte in Häfen entlang der Golfküste und in der Karibik. Paisley war für kurze Zeit auch auf Kuba, wo er ein paar Brocken Spanisch aufschnappte. Dann wurden die Reisen geheimnisvoller. Im Jahr 1943 fuhr Paisley auf Schiffen wie der *Seakay*, der *Fort Washington* und der *Kenesaw Mountain*, die Amerikas Verbündete, Großbritannien und die Sowjetunion, mit Nachschub versorgten.

Keiner aus Paisleys Familie kann sich erklären, warum er ein so großes Interesse an der russischen Sprache entwickelte, oder warum er sich entschloß, die Sowjetunion zu seinem Lebensinhalt zu machen. Die Antwort ergibt sich aus seinen Personalunterlagen von der Handelsmarine. Im Lauf seiner Tätigkeit bei Schiffahrtsgesellschaften wie der American Mail Line oder der South Atlantic Steamship Company und anderen schloß Paisley zum ersten Mal Bekanntschaft mit einer Welt, für die er Jahre später bei der CIA einer der führenden Experten werden sollte – mit der Sowjetunion. Aus Sicherheitsgründen sind in den Unterlagen der Handelsmarine immer nur der Ausgangs- und der Zielhafen der unternommenen Fahrten angegeben. Während seiner Marinelaufbahn war Paisley demnach mindestens zweimal in Murmansk. Bei diesen Gelegenheiten wurde er direkter Zeuge des gigantischen Ringens der russischen Bevölkerung um ihr Überleben. Es ist seltsam, daß er bei seiner Bewerbung bei der CIA aussagte, niemals in der Sowjetunion gewesen zu sein. Vielleicht tat er dies, weil es beim Nachrichtendienst kein Geheimnis war, daß die Sowjets Anfang der 40er Jahre damit begonnen hatten, Amerikaner, die sich bei der Kriegshilfe den Sowjets gegenüber als kooperativ erwiesen hatten, für nachrichtendienstliche Zwecke anzuwerben.

In den letzten Kriegsjahren und nach Kriegsende, als Paisley bei Schiffahrtsgesellschaften mit Sitz in New York arbeitete, führte sein unersättlicher Wissensdurst über die Orte, an denen er gewesen war, ihn an die Columbia University, wo einige Professoren sich informell mit ihm abgaben.[7] Sie stellten für den jungen Mann, der nie ordentlicher Student war, Literaturlisten auf, die er während seiner langen Seereisen gewissenhaft abarbeitete. Eine Zweiwochenreise nach Europa und zurück konnte damals mitunter sechs Wochen dauern, da die Schiffe oft im Zickzack über die offene See fahren mußten, um den deutschen U-Booten auszuweichen.[8] Seine Pazifikreisen waren nicht weniger schwierig.

Was Paisley an die Columbia University zog, bleibt rätselhaft. Es ist lediglich bekannt, daß die Columbia zu den amerikanischen Universitäten gehörte, an denen es mehr als eine Handvoll Professoren gab, die, größtenteils aus idealistischen Gründen, junge Amerikaner mit dem sowjetischen Gesellschaftssystem bekannt machten. Zugleich gab es an dieser Hochschule jedoch auch einige Lehrkräfte, die Nachwuchs für den US-Geheimdienst anwarben. Noch vor dem Ende des Zweiten Weltkrieges hatte Paisley Grundkenntnisse in der russischen Sprache erworben. Die Kriegsjahre hatten aus diesem dünnen Jüngling, der Frauen gegenüber sehr schüchtern war, einen ruhigen und selbstsicheren Mann gemacht. Wie viele seiner Altersgenossen hatte auch Paisley für sein Alter etwas zuviel erlebt. John hatte Hand in Hand mit sowjetischen Seeleuten gearbeitet. Er hatte nun die Welt gesehen, von der er damals in Phoenix, vor seinem alten Hallicrafters sitzend, nur gehört hatte, und diese Erfahrung hatte ihn in einer Art und Weise von seiner Familie abgeschnitten, die sie alle ihr ganzes Leben lang spüren sollten.

Paisley kehrte 1946 nach Arizona zurück und arbeitete zwei Monate lang als Funker bei der Autobahnpolizei in Phoenix. Aber die Marine zahlte besser, und so heuerte er für einen Sommer bei der Alaskan Steamship Company an, um sich danach im September 1946 an der Universität von Oregon einzuschreiben.[9]

Paisleys Universitätszeit in Oregon währte nur kurz. Nach nicht ganz einem Jahr ersuchte man ihn zu gehen, weil er gegen die Universitätsstatuten verstoßen hatte. Es scheint so, daß Paisley, der auf der High-School nur wenig Glück bei den Frauen gehabt hatte, nun in dieser Beziehung endlich aufblühte. Im Mai 1947 erwischten ihn Universitätsangehörige mit einer attraktiven Blondine in seinem Zimmer. Er flog sofort von der Universität.[10]

Nach seinen Erfahrungen in Oregon stellte Paisley seine akademische Ausbildung für eine Weile zurück und fuhr wieder zur See. Er heuerte bei der Polaris Shipping Company in New York an. Sein teures Hobby, das Funken, finanzierte er mit Gewinnen beim

Pokern. Im Herbst 1948 ergatterte er eine Anstellung als Funker beim neu eingerichteten UNO-Sekretariat in Lake Success im Staate New York. Den darauffolgenden Winter verbrachte Paisley in Palästina, wo er der Bunche-Bernadotte-Friedensmission als Funker zugeteilt war. Seine Aufgabe führte ihn in den Irak, nach Ägypten, in den Libanon, nach Syrien und Jordanien.[11] Diese Erfahrung war Paisleys erste offizielle Einführungslektion in die Intrigenwelt der internationalen Politik.

Sowohl der KGB (der damals noch MGB hieß) als auch der israelische Geheimdienst Mossad operierten zu jener Zeit im Nahen Osten. Sie führten dort auch Anwerbungen durch. Noch beunruhigender als dies ist jedoch die Tatsache, daß der KGB eine ganze Reihe von Agenten »unter falscher Flagge« anwarb. Seine Rekruteure posierten als israelische Agenten aus und gaben vor, Mitstreiter für die Sache des Zionismus zu suchen, die dann in Wirklichkeit für Moskau und den KGB arbeiteten. Die damals noch relativ junge CIA verließ sich im Nahen Osten weitgehend auf die Zuträgerdienste des britischen Geheimdienstes. Nach seiner Rückkehr in die Vereinigten Staaten im Jahre 1948 wirkte Paisley am Aufbau der ersten Funkzentrale der Vereinten Nationen in Lake Success (New York) mit.[12] In dieser Phase wurde er von seinem Freund Jim Curran einer ansehnlichen Brünetten namens Maryann McLeavy vorgestellt. Sie arbeitete als Sekretärin und Assistentin im Manhattaner Büro von Thomas A. Yawkey, dem Eigentümer der Boston Red Sox. Auch Maryann, die aus Pittsburgh stammte, kam aus einem zerrütteten Elternhaus. Sie hatte bis zum Abschluß der High-School ungefähr zwanzigmal die Schule gewechselt. Diejenigen, die sie damals kannten, erinnern sich ihrer als einer jungen Frau, die Männern den Kopf verdrehen konnte und jeden Spaß mitmachte. Dale Paisleys Frau Mary erinnert sich, wie sie Maryann bei einem Besuch in Chicago zum ersten Mal sah und wie überrascht sie von ihrem Aussehen war. »Sie sah aus wie die Schauspielerin Gene Tierney. Sie war erstaunlich attraktiv.«[13] Über die Vielzahl der besuchten Schulen und die getrennt lebenden Eltern hinaus hatten John und Maryann nur sehr wenig gemeinsam. Maryanns Familie hatte genug Geld, um angenehm leben zu können. Sie war größtenteils von ihren Tanten oder in Internaten erzogen worden. Dieses Umfeld machte sie zu einer zähen, zuversichtlichen und selbstsicheren jungen Frau.

Der Mann, in den sie sich und der sich in sie verliebte, hatte genaue Vorstellungen davon, was er mit seinem Leben anfangen wollte. John Paisley setzte sein persönliches Leseprogramm fort, behielt seinen Job bei der UNO und machte gleichzeitig Maryann den Hof. Er, den seine arme Herkunft und der Krieg um die Universitätsausbildung gebracht hatten, kultivierte in eigener Initiative die Liebe zu Literatur und Lyrik. Seine profunden literarischen und lyrischen Kenntnisse machten ihn bei den Frauen sehr beliebt. Maryann und John heirateten am 23. März 1948.

Um zusätzliches Geld zu verdienen, fuhr John wieder als Funker zur See. Bald aber entschloß er sich, seine Ausbildung zu vervollkommnen. Er wählte die Universität von Chicago, da sie, wie er seiner Familie erklärte, eine der wenigen sei, die die Lebenserfahrung eines Kriegsteilnehmers zu würdigen wußte und ihm seine unkonventionellen Privatstudien zugute hielt: Sein in Einstufungstests ermittelter Wissensstand wurde ihm angerechnet.[14] Paisley nahm ein dreijähriges Studium mit dem Abschlußziel des Magistergrades auf, wie es für Studenten vorgesehen war, deren Ausbildung durch den Krieg unterbrochen worden war.

Finanziell wurde es für das junge Paar recht eng. Paisley arbeitete während des Semesters als Fahrlehrer bei der ABC-Fahrschule und fuhr Taxi für die Firma Checker. In den Sommerferien fuhr er zur See, um sich die Studiengebühren zu verdienen.[15] Maryann bekam eine Anstellung im Büro des Universitätskanzlers A. Kempton.[16] In dieser Zeit legten sich schon die ersten Schatten über ihre Beziehung. Es sollten noch einige dazukommen.

Maryann bewährte sich in Kemptons Büro. Ihr Arbeitgeber legte ihr nahe, im Interesse ihres weiteren Fortkommens noch einige Fortbildungskurse zu absolvieren. Um sie zu diesem Schritt zu animieren, bot die Universität John ein Vollstipendium an. Maryann war ganz aus dem Häuschen. Dieses Angebot bedeutete, daß John nicht mehr monatelang auf See und damit von ihr getrennt sein brauchte und auch während des Semesters nicht mehr nebenher jobben mußte. Aber John wollte die Anträge für das Stipendium nicht ausfüllen. Statt dessen bestand er darauf, wieder zur See zu fahren. Maryann war der Meinung, dies sei einfach Teil seiner Einstellung zum Geld, welche sie folgendermaßen beschrieb:»John mußte finanzielle Probleme haben, sonst war er nicht glücklich.«[17]

Maryann fand diese Haltung sehr beunruhigend. Sie hatte im Hinblick auf ihre gemeinsame Zukunft – ein Haus kaufen, Kinder haben – mehrere kleine Sparkonten eröffnet und versuchte, Rücklagen zu bilden. Sobald Paisley dahinterkam, zwang er Maryann, dieses Geld für den Haushalt aufzubrauchen. Maryann betont, John sei, abgesehen von seinem Interesse für Radios und später für den Segelsport, kein Verschwender gewesen.[18]

Ein alter Freund und Studienkollege aus Chicago hat andere Erklärungen für Paisleys Verhalten. Leonard Masters lernte John kennen, als sie beide an der Universität Internationale Beziehungen studierten. Beide Männer hatten im Krieg bei der Handelsmarine gedient. Paisley als Funker, Masters als Ingenieur. Schließlich zogen die Paisleys eine Etage über den Masters' in ein Appartementhaus in Süd-Chicago ein. Masters berichtet, Paisley sei finanziell in Bedrängnis gewesen, und er habe ihm Geld leihen müssen. Masters ist der Überzeugung, Paisleys Verhalten sei typisch gewesen für eine Universität »voller liberaler, linksgeneigter, idealistischer Träumer. John hatte die Armut kennengelernt. Er wußte, was es bedeutete, für sein Geld hart arbeiten zu müssen, aber er konnte nie damit umgehen. … Ich meine, er ging einfach in die Bar um die Ecke und spendierte dort einem Säufer für 20 Dollar Bier und dachte sich nichts dabei, während er andererseits in der Buchhandlung oder sonstwo noch Geld schuldig war«.[19]

Paisleys studentischer Tagesablauf erschien Masters bizarr. »Er arbeitete mitten in der Nacht. Ganz gleich, ob ich tagsüber oder nachts zu ihm kam, ich war niemals sicher, ob ich ihn aus dem Bett werfen oder am Schreibtisch antreffen würde.« Aber stets widmete er sich vorrangig seiner Tätigkeit in und für die Handelsmarine. »Für einen Job auf einem Schiff nahm er es in Kauf, Teile eines Kurses sausenzulassen. … Ich glaube, einmal versäumte er ein ganzes Semester.«

In dieser Zeit bereiste Paisley eine Reihe von Ostblockstaaten, darunter auch Jugoslawien. Masters sagt, Paisley sei nach dem Bruch zwischen Tito und Moskau von einer Reise nach Jugoslawien zurückgekommen. »Er erzählte mir, er habe dort ein paar Russen auf einem russischen Schiff getroffen.« Für Masters war klar, daß Paisley schon vor seiner Einschreibung an der Chicagoer Universität Interesse an der Sowjetunion und Kontakte dorthin gehabt hatte.

Als Paisley sich bei der CIA bewarb, hätte seine Marinelaufbahn dort sämtliche Alarmglocken schrillen lassen müssen. Man wußte, daß viele Seemannsgewerkschaften in Holland und Deutschland von der Komintern kontrolliert wurden.[20] Wie der ehemalige CIA-Beamte Robert Crowley weiß, waren während der Kriegsjahre gerade Funker wie Paisley besonders begehrte Objekte der Anwerber von GRU und KGB. Die Westküsten-Sektion der damals von Harry Bridges geführten Gewerkschaft Seafarers International sei durch und durch von den Sowjets infiltriert gewesen.[21]

Masters interessierte sich für die an der Universität aktive Progressive Party. »Die waren so eine Art Rotfront-Unternehmen, und ich kannte Leute, die dort mitmischten. John war nie bei so etwas dabei. ... Ich hatte den Krieg mitgemacht, und ich merkte, wenn jemand Bockmist erzählte. ... John war genauso, aber er regte sich nie darüber auf. John nahm die Politik irgendwie gelassener.«

Für Leonard Masters waren jedoch andere Aspekte von Paisleys Verhalten bemerkenswert. Masters berichtet vom Besuch des radikalen Amerikaners W. E. B. Du Bois an der Chicagoer Universität. Du Bois war ein Bürgerrechtler der ersten Stunde, und Masters war erstaunt, daß Paisley, der sich so für die Bürgerrechte einsetzte, sich weigerte, hinzugehen und ihn zu sehen. Masters meint dazu: »Mein Gefühl sagte mir, er wollte dort nicht gesehen werden, das war der logische Schluß, da er sich für die Sache interessierte und mich später auch darüber ausfragte, er selber aber nicht gehen wollte.« Nach Masters' Erinnerung trug diese Episode sich einige Jahre vor Paisleys Bewerbung bei der CIA zu. Wie Masters berichtet, wurde Paisley von Fakultätsberater Richard Innes zum Präsidenten des Klubs für Internationale Beziehungen vorgeschlagen. »John gehörte zu denen, die niemals Führungspositionen anstreben und sie doch immer erreichen«, erinnert sich Masters. Im Jahr 1953 fuhren Paisley und Masters zusammen auf Stellungssuche nach Washington. Masters hatte nacheinander diverse Vorstellungstermine bei verschiedenen Regierungsstellen zu absolvieren, Paisley nur einen einzigen. »Ich ging zur CIA, und er ging zur CIA, aber nicht zur selben Zeit. Ich dachte, es sei nur so etwas wie ein Vorgespräch im Hinblick auf eine eventuelle spätere Anstellung gewesen. Wenn ich es jedoch im nachhinein betrachte, glaube ich, daß John schon rekrutiert war. Er ging nur zur CIA, das war seine einzige Bewerbung, und er kriegte den Job.« Masters ist der Meinung, daß Richard Innes, ihr Fakultätsberater an der Universität, ihn angeworben hatte. »Es ist auffallend, daß sich alle seine Vorlesungen um Rußland drehten. Und wir haben reichlich hin und her diskutiert, weil Rußland ein kontroverses Thema war«, erklärt Masters.

Zu Hause in Oregon erhielt Paisleys Mutter nun immer wieder Besuch von Agenten des FBI, die sie über ihren vielgereisten Sohn ausfragten. Es war der Auftakt zu einer ganzen Serie von Hintergrundchecks, denen Jack unterzogen wurde. Was die Sicherheitsüberprüfung in seinem Fall etwas verkomplizierte, war Katherines Teilnahme an, wie sie es nannte »ziemlich rötlichen Treffen damals in den letzten Jahren auf der High-School. Aber zum Teufel, [die Russen] sind damals doch noch unsere Verbündeten gewesen«.[22]

In einem Sommer, als John gerade vor seinem Abschluß an der Chicagoer Universität stand, beschloß er, seiner Mutter in Oregon seine Frau vorzustellen. Seine Mutter hatte wieder geheiratet, und John und Maryann fanden Unterkunft auf der Farm ihres Stiefvaters in Lowell. Sein ganzes Leben lang stand John seiner Mutter sehr nahe, und er schickte ihr jeden Monat etwas Geld. Johns Schwester Katherine erinnert sich, wie Maryann bei ihrem ersten Besuch den Kontakt mit dem Landleben genoß: »Als sie die Farm sah, flippte sie vollkommen aus.«[23]

1953 fing John Arthur Paisley bei der Central Intelligence Agency an. Seiner Familie sagte er, er habe eine Anstellung beim Außenministerium angenommen, später jedoch gestand er seinen Geschwistern, daß er für die CIA arbeitete. Da er befürchtete, seine

Mutter würde sich ängstigen, verriet er es ihr nicht und bat die beiden, es auch nicht zu tun. Es dauerte einige Jahre, bis Clara die Wahrheit herausbekam.

William Tidwell stellte Paisley für die neue Elektronikabteilung der expandierenden CIA ein, wo man sein bei der Handelsmarine erworbenes Wissen dringend brauchte.[24] Offiziell wurde Paisley am 16. Dezember 1953 als Mitarbeiter für wirtschaftliche Aufklärung eingestellt. Die Tatsache, daß er auf diesem Gebiet keine Ausbildung besaß, war insofern belanglos, als er in seinem ersten Dienstjahr auf die Nachrichtentechnik des Ostblocks angesetzt wurde. John hatte noch nicht einmal seinen Magistergrad, den er erst 1963 bekommen sollte, als er eine Arbeit über die sowjetische Elektronikindustrie einreichte.[25]

Bei aller Reife, die Paisley seine Kriegserfahrungen gebracht hatten, war er, verglichen mit den Leuten, die ihn eingestellt hatten, in Geheimdienstangelegenheiten noch ein Neuling. Er bestand den einzigen Polygraphentest, den er in seiner gesamten Zeit beim CIA machen mußte. Auf seine Einstellungsunterlagen schrieb er, er sei nie im Ostblock gewesen, obwohl er bereits die Sowjetunion und Jugoslawien besucht hatte. Clarence »Bill« Baier, der lange mit Paisley bei der CIA zusammengearbeitet hat, berichtet, daß Paisley »während der Arbeit ganz offen über seine Reisen in die Sowjetunion sprach. Ich weiß noch, wie er mir erzählte, daß er während des Krieges drüben gewesen sei. Ich glaube, es war bei den Leuten, die ihn gut kannten, allgemein bekannt«.[26] Man kann die CIA der frühen 50er Jahre mit der NASA in ihrer heroischen Phase, während des Wettlaufs zum Mond, vergleichen. Sie war der primäre Nutznießer einer im Lande grassierenden Angst, die durch den Fall Rosenberg, die McCarthy-Kampagne, die vergiftete Atmosphäre der Stalin-Ära und den Koreakrieg erzeugt wurde; alle diese Dinge haben für das Budget des Geheimdienstes wahre Wunder gewirkt.

Die Paisleys richteten sich in der F Street in Washington, D. C., eine Wohnung ein. Damals befand sich die CIA nur ein paar Blocks weiter, in düsteren »provisorischen« Gebäuden aus dem Zweiten Weltkrieg an der Constitution Avenue, an deren Stelle sich heute das Denkmal für die Toten und Verwundeten des

Vietnamkriegs erhebt. In diesen rattenverseuchten Gebieten wurde Geschichte geschrieben: Hier wurden Pläne für Staatsstreiche im Ausland geschmiedet, und der spätere Chef der CIA-Abteilung für Spionageabwehr, James Jesus Angleton, traf sich dort einige Dutzend Male mit Kim Philby, dem Washingtoner Residenten des britischen Auslandsgeheimdienstes MI 6.

Paisley fand sich 1953 in einen von Henry »Hank« Knoche gehaltenen Orientierungskursus versetzt. Für Knoche sah Paisley aus wie ein Asket, einer von »den Kerlen, die nicht mehr essen als ein Stück Sellerie und ein hartgekochtes Ei. Er war sehr, sehr mager«.[27] Denselben Orientierungskurs besuchte auch Edwin Moore, der fünfundzwanzig Jahre später der Spionage überführt wurde.

Bald zogen die Paisleys in die Vorstadt Arlington (Virginia), in ein Haus in der Buchanan Street. Maryann arbeitete erst als Teilzeitsekretärin in einer örtlichen Anwaltskanzlei, danach beim Schulrat von Arlington County. John Arthur Paisley profilierte sich innerhalb der CIA in der Elektronikabteilung. Dank seiner besonderen Kompetenz konnte er der Agency Maßstäbe dafür liefern, wo die Sowjets in der Elektronikforschung standen. Seine Kollegen erinnern sich, daß Paisley scheinbar mühelos Antworten aus dem Ärmel schüttelte, wo andere dieselben Daten monatelang ergebnislos untersucht hatten. Seine Fähigkeit, Geheimdienstmaterial aus allen möglichen Quellen auszuwerten und in brauchbare Informationen umzusetzen, brachte ihm den Ruf ein, auf diesem Gebiet ein echter Hexer zu sein. Obwohl er nie die akademische Ausbildung durchgemacht hatte, die normalerweise für eine Tätigkeit dieser Art Voraussetzung ist, legte Paisley eine brillante Kenntnis des sowjetischen Systems an den Tag.

Paisleys Freunde waren eine bunte Truppe. Zu einer ihrer ersten Partys in Washington luden die Paisleys einige Nachbarn ein, aus denen lebenslange Freunde werden sollten. Mit von der Partie waren beispielsweise Bernard Fensterwald, damals juristischer Mitarbeiter des Senats, und Gladys Fishel mit ihrem Mann Edwin. Nachdem Gladys ihre eigene Karriere beim Geheimdienst aufgegeben hatte, wurde sie die persönliche Anwältin der Paisleys. Sie erinnert sich an das erste Mal, als sie Fensterwald bei den Paisleys traf. »Er war der Typ, der Paisley gerne gewesen wäre, wie er uns bei der Party erzählte. Er hatte sich als Kondom verkleidet. Wissen Sie, das amüsierte John und meinen Mann Edwin wirklich sehr.« Edwin Fishel war Johns Kollege, als dieser später zeitweise bei der National Security Agency arbeitete.[28]

In seiner Tätigkeit gelangen Paisley nie dagewesene Durchbrüche bei der Durchdringung der sowjetischen Nachrichtentechnik; allerdings mußte er sehr viel reisen. Für Maryann war die ständige Abwesenheit ihres Mannes bei Aufgaben in Übersee immer schwieriger zu ertragen. 1956 wurde Edward, der erste der beiden Kinder des Paares, geboren. Zwei Jahre später kam ihre Tochter Diane zur Welt. Wie Katherine sich erinnert, war John in den 50er und 60er Jahren bei dringenden familiären Notfällen (zu denen auch gehörte, daß er einmal bereitstehen mußte, um seinem Bruder Dale eine Niere zu spenden) über eine Telefonnummer in Paris zu erreichen. »Tatsache war, daß Maryann die beiden Kinder Edward und Diane im großen und ganzen allein aufzog«, sagt Katherine.[29]

1955 wurde Paisley für eine ganz andere Aufgabe ausgewählt. William Tidwell entsandte ihn zu einem Gastspiel bei der National Security Agency (NSA) – er wollte ihnen zeigen, daß man bei der CIA über Mitarbeiter verfügte, die sich ebensogut mit Nachrichtentechnik auskannten wie die Spezialisten von der NSA. Tidwell berichtet, Paisley habe sich bei der NSA so gut bewährt, daß »er als einer der Ihren betrachtet wurde«. Paisleys NSA-Gastspiel fiel genau in die Zeit, in der die elektronische »Beute« aus dem Berliner Tunnel einzutrudeln begann. Der Tunnel war ein elektronischer Lauschposten, den William King Harvey und seine Leute eingerichtet hatten, indem sie einen unterirdischen Gang von einem Lagerhaus in Westberlin zu einer Straßenkreuzung in Ostberlin gegraben hatten. Harvey und einem hervorragenden Team aus Technikern des britischen und des amerikanischen Nachrichtendienstes war es gelungen, die Erdleitungen anzuzapfen, die der Warschauer Pakt für alle militärischen Nachrichtenübermittlungen benutzte.

Es war eine unglaubliche technische Meisterleistung. Unglücklicherweise jedoch wußten die Sowjets von Anfang an von dem

Tunnel, was umgekehrt der CIA nicht bekannt war. George Blake, der britische Ostspion, war schon bei den ersten Planungsgesprächen dabeigewesen. Heute glaubt man, daß das Material, welches der berühmte Tunnel eingebracht hat, von Anfang an getürkt war. Paisley leistete bei der Entschlüsselung der Daten aus dem Tunnel sehr erfolgreiche Arbeit. Er fuhr morgens zusammen mit seinem Nachbarn Edwin Fishel zur Arbeit. Während seiner zweijährigen Entsendung zur NSA wurde er zweimal befördert.[30] Für Paisleys Abteilung brachte der Tunnel eine Vielzahl von Aufschlüssen über den Stand der militärischen Nachrichtentechnik der Sowjets. Das war wohl das einzig wirklich brauchbare Ergebnis des Tunnels für die westlichen Geheimdienste.

In den späten 50er Jahren sah sich Paisley in die Bemühungen eingespannt, die Sowjets nicht nur an der Ausspähung, sondern am simplen Einkaufen westlicher Technik zu hindern. In Zusammenarbeit mit der Ausfuhrkontrollabteilung des Wirtschaftsministeriums hatte die CIA die Aufgabe, einen Weg zu finden, der verhinderte, daß die Sowjets sich die von ihnen benötigte Technik auf dem freien Markt beschafften. Kommerzieller Techniktransfer war für den US-Geheimdienst ein ganz neues Gebiet, und Paisley war einer der ersten, die damit zu tun hatten.[31]

Wie man seinen CIA-Reisekostenabrechnungen entnehmen kann, verbrachte Paisley einige Monate, meist als Beamter des Außenministeriums getarnt, in Osteuropa, um zu untersuchen, welche Produkte westlicher Technik in den Ostblockländern auftauchten. Unter falschem Namen und mit falschen Pässen nahm Paisley an Besprechungen in ganz Europa teil, bei denen Konzepte ausgehandelt wurden, wie man den Sowjets getürkte Westtechnik zuspielen könnte.

Paisley hatte zwei Qualitäten, die ihn für die Agency in zunehmendem Maße unersetzlich machten. Er beherrschte die verwirrende Vielfalt an technischen Details, die diese neuen Zeitalter der Computer und der Nachrichtentechnik prägte, und er besaß die Fähigkeit, die Auswirkungen dieser technischen Errungenschaften auf die Sowjetunion auch dem technischen Laien verständlich zu machen.[32]

So solide seine Leistungen auf beruflichem Gebiet waren, so

wenig leistete er als Familienvater. Aus den Vierzig- wurden Fünfzig-Stunden-Wochen, dazu kamen häufige Dienstreisen nach Übersee. Die Bedürfnisse seiner beiden Kinder Edward und Diane konnten Paisley nicht von der Konzentration auf seine Arbeit abhalten. Er wurde vom Kalten Krieg aufgesogen. Zum Zeitpunkt der Wahl John F. Kennedys hatte sich Paisley in Maryanns Augen in einen Arbeitssüchtigen verwandelt, und dies aus gutem Grund. Sein Einsatz begann sich auszuzahlen: Während viele Leute beim CIA eine Eliteausbildung besaßen, stiegen nur wenige so schnell auf wie Paisley.

Paisleys Talent und sein hartes Arbeiten öffneten ihm schließlich die Türen zum innersten Kreis der CIA. Sein Aufstieg in die damals so genannte Erhebungs- und Berichtsabteilung (Office of Research and Reports) ging ungewöhnlich schnell vonstatten. Weil Paisley hierfür Zugang zu den intimsten nuklearen Geheimnissen seines Landes erhalten mußte, wurde eine Reihe von speziellen Sicherheitsüberprüfungen durch die Atomenergiebehörde notwendig. Paisley leistete Pionierarbeit beim Entwurf eines »dreidimensionalen« Bildes von der Sowjetunion. Mit Hilfe der neuen Technik der Spionagesatelliten, Abhörsatelliten und Abhöreinrichtungen, deren elektronische Daten er mit Informationen von »Agenten vor Ort« kombinierte, konnte er verblüffend neue Einsichten in das Funktionieren der sowjetischen Gesellschaft liefern. Nun sollte er vollen Einblick in die amerikanische Seite des Bildes erhalten, und dies geschah in kürzester Frist. Kein Geringerer als J. Edgar Hoover machte bei der Atomenergiekommission Druck, damit Paisley möglichst schnell in die Geheimnisträgerkategorie »Q« eingestuft wurde.[33]

Von 1961 an hatte Paisley Zugang zu immer geheimeren Informationen. Er befand sich nun in der exklusivsten Sphäre der CIA und schien hier gut zu gedeihen. Wie seine Kollegen glauben, war er bei der Erstellung seiner Berichte ehrlich und gewissenhaft. Manchmal seien seine Eröffnungen verblüffend und beunruhigend gewesen. Paisley begriff, so schien es, seine analytische Arbeit als eine unpolitische Übung von größter Wichtigkeit.

Seine Schwester bekam ihn etwa einmal im Jahr zu sehen, wenn er die Mutter besuchte. Sehr oft war er dabei alleine. Katherine bezeichnete es angesichts der Karriere, die Paisley bei der CIA gemacht hatte, als bemerkenswert, daß »er, wenn er zu Besuch kam, noch immer aussah wie ein ungemachtes Bett«. Was seine Familie erstaunte, war, wie gut sich dieser nunmehr akademisch gebildete, hochrangige CIA-Beamte, wenn er nach Oregon kam, mit den Einheimischen verstand. Seine Schwester Katherine berichtet: »Er konnte sich ins Barge Inn setzen, und es gibt, bei Gott, keine miesere Kneipe. Es gibt sie seit 1886, und ihr Wahlspruch lautet: ›Für Saufbrüder, Gesindel und Rumtreiber aus dem Hafenviertel‹. Er ging dort mit meinem Mann hin, und sie spielten Shuffleboard oder Billard und paßten genau zu allen anderen dort. Er war einer von ihnen.«[34]

Katherine fand, daß ihr Bruder sich für einen CIA-Mann sehr freimütig äußerte. »Eines seiner liebsten Dauerthemen war, was wir in der Dritten Welt falsch machen, indem wir denen anstelle von Ochsengespannen und Hühnern lauter komplizierte und teure Maschinen geben, mit denen sie nicht umgehen können. Er äußerte sich darüber sehr kritisch.«[35]

Auch Gladys Fishel hat John und Maryann als politisch liberal in Erinnerung. John sei jedoch über das bloße politische Philosophieren hinausgegangen. »Etwas, das John tatsächlich machte, war die Betreuung behinderter Kinder im District of Columbia. Er gab ihnen Nachhilfe in Mathe«, erzählt die Fishel.

Im Rahmen seiner Arbeit befragte Paisley Überläufer aus der Sowjetunion und anderen Ostblockstaaten.[36] Er tauchte häufig in Camp Reary oder Ashford Farm auf und besuchte CIA-Gästehäuser in Washingtoner Vororten und in North Carolina, wo Überläufer lernten, sich an ihr neues Land zu gewöhnen.[37] Paisley führte die Befragungen in der Regel unter dem Decknamen William McClure durch.

Peter Sivess, ein ehemaliger Baseball-Ligaspieler, führte die Ashford Farm des CIA. Hier waren die Übersiedler während der Anfangsphase ihrer Integration in das amerikanische Leben untergebracht. Paisley liebte die Besuche an der Küste von Maryland, wo er in dem spartanisch möblierten alten Herrenhaus den Überläufern »die Beichte abnahm«. Sivess bereitete es immer viel Vergnügen, mit dem ungezwungenen Paisley umzugehen, fand er doch diese Eigenschaft bei anderen CIA-Kollegen kaum je vor. Auf Ashford Farm nutzte Paisley seine umfassende Kenntnis der sowjetischen Elektronik, um den Überläufern auf den Zahn zu fühlen. Einige der bekannteren Überläufer, die Paisley im Laufe seiner Karriere befragte, waren Nikolai Artamonow (Nicholas Schadrin), Anatoli Golizyn und Juri Nosenko.

Paisleys einzige Leidenschaften waren seine Arbeit und sein Interesse für den Amateurfunk. Er machte sich wenig aus Kleidern, Möbeln, Autos oder anderen Statussymbolen der Mittelklasse; dagegen bestand seine Funkausrüstung immer aus dem Besten, das auf dem Markt erhältlich war.

Nach Dales Eindruck lebte John sehr billig. »Jack weigerte sich schlichtweg, Geld auszugeben. Er wollte keine Möbel kaufen. Er kaufte niemals ein neues Auto.« Die Familie zog von Arlington in die Tucker Avenue nach McLean (Virginia) und schließlich in das Haus, das Maryann heute noch besitzt, ein gemütliches und geräumiges Haus am Van Fleet Drive in McLean. Um sein Inneres schienen sich weder John noch Maryann während ihrer gemeinsamen Jahre zu kümmern. Wie Besucher berichten, war das Haus voller alter Möbel, und die Teppiche waren an manchen Stellen durchgescheuert. Betty Myers, die 1966 Maryanns Freundin wurde, hat das Haus als sehr ungezwungen in Erinnerung. Die zwei Frauen lernten sich bei Fortbildungskursen an der Universität kennen.«[39]

Betty Myers, die John Paisleys Geliebte wurde, hat Paisley als einen Menschen in Erinnerung, »der einem nicht erzählte, wie er über manche Dinge dachte, solange man ihn nicht danach fragte«.[39]

Mitte der 60er Jahre war klar, daß Paisley bei der CIA auf der »schnellen Schiene« war. Donald Burton, der Paisley in die Abteilung für Strategische Aufklärung (Office of Strategic Research, abgekürzt OSR) folgte, sagt über seinen Kollegen: »Er war ein junger, sehr effektiver Analytiker. Er kam schneller als andere voran. Für einen Abteilungsleiter war er jung. Die meisten anderen Abteilungsleiter waren wesentlich älter.«

John Paisley war in der Abteilung für Strategische Aufklärung zu einem Hauptakteur geworden. Die Abteilung nutzte alle Informationsquellen, die der CIA von Geheimagenten, Satelliten, offenen Quellen und Funkabhöranlagen zuflossen, um ihr Endprodukt »Aufklärung« zu fertigen. Die mit Abstand wichtigsten Teilelemente dieses Produkts waren Einschätzungen, wohin die Sowjetunion sich in ihrer Rüstungspolitik bewegte.

Wie Hank Knoche aussagt, war es Paisley, der die Entwicklung neuer nachrichtendienstlicher Methoden forcierte, um festzustellen, wie die Sowjets ihr Militärbudget aufteilten. »Er war einer der ersten verantwortlichen Männer für die Lösung einer sehr schwierigen Aufgabe, die der Agency aufgezwungen worden war – der Versuch, Verfahren, wirtschaftliche Verfahren, zur Bestimmung der Höhe der von den Sowjets in ihren Rüstungsapparat investierten Summen zu entwickeln.«[40]

Knoche beschreibt Paisley als eine »beinahe Dickenssche Erscheinung«. »Was mich betrifft, ich halte ihn für eine der großen Persönlichkeiten dieser Welt. Er war ein recht kauziger Mensch. Er hatte viele verschiedene Interessen. Aber er war in einer seltsamen Art und Weise sehr eigenbrötlerisch. Er war unnahbar. Wie er seine Arbeit anging, das war sehr wissenschaftlich.«

Sowohl seinen Vorgesetzten als auch seinen Mitarbeitern gegenüber verhielt sich Paisley mehr als Freund denn als Mitarbeiter oder Chef. Don Burton faßte seine Ansichten über seinen ehemaligen Chef folgendermaßen zusammen: »Wenn man Paisley äußerlich beschreiben soll, war er ein recht unattraktiver Typ. . . . Er hatte eine unglaublich schlechte Körperhaltung. . . . Er war ein düsterer, komplizierter Typ. Er hatte eigentlich keine positiven Merkmale, aber die Leute mochten ihn. . . . Frauen mochten ihn, weil er sich mit ihnen unterhielt. Er hatte eine Ader für sie. Aber er war kein guter Manager. Er war ziemlich zerstreut.«

Paisley strebte unermüdlich nach immer besserer nachrichtendienstlicher Information für die Vereinigten Staaten, und Ende der 60er Jahre war dieses Ziel erreicht. Die Sowjetabteilung der CIA hatte eine Reihe von Agenten in den höchsten Ebenen der sowjetischen Verteidigungsplanung postiert. Weil die gewonnenen Informationen so hochwertig und die Quellen so wertvoll waren, hütete die CIA, wie Kollegen von Paisley erklären, das Material wie ihren Augapfel.

In der Geheimdienstwelt sind solche Informationen regelrechte Insignien der Macht. Diejenigen, denen der Zugang zu solch exklusivem Material gewährt wird, haben Macht, während die anderen, denen er nicht gewährt wird, einen Großteil ihrer Zeit mit Nachgrübeln darüber verbringen, warum dies so ist. Allzu großzügig gewährter Zugang bedeutet den Tod des Lieferanten, d. h. des Agenten. In zwei Fällen aus den 60er Jahren, die direkt den Arbeitsbereich Paisleys betrafen, wurden sowjetische Agenten, die in recht hohen Positionen in der sowjetischen Regierung für die Vereinigten Staaten arbeiteten – Penkowsky und Popow –, von den Sowjets aufgespürt und schließlich hingerichtet.

Der Beamte der Berichtsabteilung, der das von Popow, Penkowsky und etlichen weiteren »Trümpfen« gelieferte Material auswertete, ist ein stiller, hochgebildeter Mann namens Leonard V. McCoy, der das Leben sehr ernst nimmt und der Ansicht ist, Paisley habe es nie ernst genug genommen. Es war McCoys Aufgabe, das Material, das die für die USA arbeitenden sowjetischen Agenten übermittelten, zum Schutz ihrer Identität umzuschreiben und unkenntlich zu machen. Das Problem, das ihm und allen anderen Bericht-Erstellern zu schaffen machte, war, daß aus der bloßen Tatsache, daß nur eine beschränkte Zahl von Leuten Zugang zu bestimmten Materialien hatte, Schlußfolgerungen im Hinblick auf den Standort und den Rang der Informationsquelle gezogen werden konnten. Paisley war in der Lage, durch Auswertung der von McCoy vorgelegten Berichte und zusätzlich durch Befragen von Überläufern und Freunden in den Nachrichtendiensten die Identität der sowjetischen Agenten der CIA zu erraten. Paisley war bekannt dafür, daß er immer darauf drängte, die wahre Identität einer Quelle »menschlicher Information« zu erfahren. Soviel die CIA sich auf ihren Grundsatz der »Departmentalisierung« und die dadurch verbesserte Geheimhaltung zugute hält, so sicher ist, daß Paisley gewitzt und erfahren genug war, um dieses System total aus den Angeln zu heben. Wenn die Ostblockabteilung ihm nicht sagen wollte, wer ein Agent vor Ort war, konnte Paisley sich anhand des Materials, zu dem dieser Agent Zugang haben mußte, ein ziemlich genaues Bild machen. Als er an die National Security Agency »ausgeliehen« wurde, wo man ihn wegen seines Gastspiels in den 50er Jahren als Insider behandelte, konnte er die Rohfassungen der Berichte einsehen. Diese Berichte bestanden aus den abgehörten sowjetischen Nachrichtenströmen, die mit elektronischen Mitteln – meist per Satellit – angezapft worden waren. Sie waren die bestgehüteten Geheimnisse der NSA. Mit Hilfe des Materials konnte Paisley weitere Aufschlüsse darüber gewinnen, was die Sowjets vorhatten und, zumindest in einigen Fällen, an welchen Stellen der sowjetischen Regierung die Vereinigten Staaten Agenten sitzen hatten.

Wie Paisleys Vorgesetzte sagen, waren es in den 60er und 70er Jahren diese Schlüsselinformationen, die der CIA die bis dahin besten Informationen über die strategische Bedrohlichkeit der Sowjetunion lieferten. Der Löwenanteil dieses Materials sei dabei von einem der Agenten Leonard McCoys gekommen. Paisley spielte die Verdienste McCoys um diese sowjetischen Informanten herunter, da McCoy nichts mit ihrer Anwerbung und Führung zu tun hatte.

Als Paisley sich immer tiefer in seine Arbeit vergrub, wandte sich die frustrierte Maryann an ihre Freundin Betty Myers und vertraute ihr an, wie unglücklich sie mit John war. Betty Myers hatte gerade eine Scheidung hinter sich, als sie die Paisleys kennenlernte, und ihre zurückhaltende Persönlichkeit machte sie zu einer Frau, mit der Maryann ihre Sorgen teilen konnte. Betty Myers wurde eine enge Freundin Maryanns. Maryann beichtete ihr die intimsten Probleme, die sie und John in ihrer Ehe hatten.[41] Wie Gladys Fishel, die für Betty Myers als Scheidungsanwältin fungierte, erzählt, sei Betty so oft bei den Paisleys gewesen, daß sie ihr fast wie ein Familienmitglied erschien.

Bis Januar 1969 machte Paisleys Karriere bei der CIA gute Fortschritte, doch dann kam die Amtsübernahme Richard Nixons. Eine ganze Generation lang hatte man die CIA als »unabhängige« Quelle unvoreingenommener Informationen betrachtet. Paisley und seine Vorgesetzten im Office of Strategic Research, Bruce Clarke und Edward Proctor, waren stolz darauf, daß die CIA nicht ein politisches Machtinstrument der Regierung war, sondern eine Informationslieferantin. Wie Paisleys Kollege Don Burton erklärt: »Die Sache mit der Aus- und Bewertung war doch der Grund dafür, daß die CIA überhaupt aufgebaut wurde. Das Heer, die Marine, die Luftwaffe, das State Department, das waren alles politische Arme der Regierung, und daher fielen Wahrheit und nachrichtendienstliche Informationen nicht immer zusammen. Bei der CIA dagegen ging es nicht um die Rechtfertigung einer Politik, in Wahrheit ging es um das Selbstverständnis der CIA.«

Nach Paisleys Eindruck übertrieben die Militärs in ihren Einschätzungen die Stärke der sowjetischen Rüstung, um bei Regierung und Kongreß Stimmung für höhere Verteidigungsausgaben zu machen, und seine Erbitterung über diese »taktischen« Einschätzungen nahm zu. Rüstungsindustrie und rechte politische Organisationen begannen, das »Herunterspielen« der sowjetischen Rüstungsausgaben durch die CIA öffentlich zu kritisieren. Konservative sahen in der CIA eine Bastion der Liberalen. Und, was noch schlimmer war, die militärischen Geheimdienste wurden angewiesen, eigene Einschätzungen zu entwickeln, die ohne Rücksicht auf die Tatsachen die Verteidigungspolitik der neuen Regierung unterstützen sollten. Kaum hatte Henry Kissinger das Außenministeramt übernommen, da wurde das Office of Strategic Research unter Druck gesetzt, seine Erkenntnisse an die politische »Bedarfslage« anzupassen.

Paisley und Proctor, sein Chef im OSR, schätzten einander, obwohl Proctor ein wesentlich förmlicherer Mensch war als Paisley. Proctor wurde bisweilen »Datendoktor« genannt, und das war nicht immer freundlich gemeint. Proctor war Stellvertretender CIA-Direktor für nachrichtendienstliche Aufklärung und später Resident (oder »Stationschef«) in London. Wie Knoche sagt, arbeiteten Proctor und Paisley Hand in Hand. General Samuel V. Wilson, der in einer geradezu bilderbuchhaften Karriere sowohl im Geheimdienst als auch beim Militär in höchste Positionen aufstieg, hat Paisley als für Proctors Geschmack etwas zu leger in Erinnerung. Proctor hatte den Ruf, ein höchst kompetenter Arbeiter, ansonsten aber etwas steif zu sein.[42] Dagegen sei Paisley ein Mensch ohne jeden Dünkel gewesen. »Ich glaube, [Proctor] und Paisley sind absolut fair miteinander umgegangen. Proctor hatte meiner Ansicht nach ein eher angeknacktes Ego. ... Proctor

nahm sich selbst etwas wichtiger, zumindest hatte es den Anschein.«

Hank Knoche berichtet, daß sich bei allen Persönlichkeitsunter-
schieden »ihre Verhältnisse und ihre Interessen sehr glichen.
Früher, in den 60er Jahren, hatten sie gemeinsam an der Entwicklung von Verfahren zur Einschätzung des sowjetischen Rüstungs-
budgets gearbeitet.« Wie sich Koche erinnert, hatten beide Männer versucht, an Informationen über das strategische Raketenpro-
gramm der Sowjets zu kommen, als Anfang der 60er Jahre die
Diskussion um die angebliche Raketenlücke über das Land her-
einbrach.

Als Nummer zwei im OSR erhielt Paisley unvermittelt Einblick in
Operationen, von deren Existenz er in der departmentalisierten
Welt des CIA bisher nichts geahnt hatte. Er wurde mit der
Aufsicht über ein höchst geheimes Spionageabwehrprojekt na-
mens KITTY HAWK betraut. In der Akte selbst stand nur wenig
darüber. Es hieß dort nur, das OSR solle dem FBI über den OSR-
Mitarbeiter John Funkhouser Erkenntnisse über die sowjetische
Marine und anderes nachrichtendienstliches Material zukommen
lassen.

Funkhouser, der früher im Schiffbau tätig gewesen war, leitete die
kleine OSR-Arbeitsgruppe, die sich mit der Sowjetmarine befaßte. Er war an der besagten Operation seit 1966 beteiligt. Wie der
neu in das Projekt eingeweihte Paisley zu seiner Überraschung
feststellte, lag die Leitung der Operation in den Händen von
Bruce Solie von der Sicherheitsabteilung (Office of Security) der
CIA. Binnen kurzem erfuhr Paisley, daß Funkhouser den Sowjets
im Rahmen von KITTY HAWK Desinformationsmaterial zu-
spielte und sich dabei der Dienste eines sowjetischen Überläufers
bediente, den Paisley selbst 1959 einvernommen hatte; es handelte sich um Nikolai Fedorowitsch Artamonow, der sich jetzt Nick
Schadrin nannte. Nach Angaben von Paisleys OSR-Kollegen
mußte Paisley von da an sämtliche Materialien abzeichnen, die
Funkhouser den Sowjets über Artamonow zuspielen wollte.[43]

Kapitel 3

Paisley: Die Klempner

Da war dieser Vogel, der für seinen Flug in den Süden im Winter sehr spät dran war. Er wurde müde vom Fliegen und ließ sich auf einem Telefondraht nieder, um dort die Nacht zu verbringen. Nun, es geschah das Unvermeidliche: der Vogel gefror und fiel vom Draht herunter auf die Erde. Gerade als er wieder aufwachte, kam ein Pferd vorbei und ließ einen Pferdeapfel auf den Vogel herunterfallen. Der Vogel sagte: »Nicht genug, daß ich fast erfriere, nun passiert mir auch noch das.« Aber bald merkte er, daß die Pferdescheiße ihn wärmte, und so streckte er seinen Kopf heraus, um sich umzusehen. Er stieß einen Trällerer aus, da kam eine Katze herbei und fraß den Vogel auf. Die Moral von der Geschichte ist eine zweifache: Nur weil jemand auf dich scheißt, bedeutet das nicht gleich, daß er dein Feind ist; und wenn du bis zum Hals in der Scheiße steckst, singe nicht auch noch.

John A. Paisleys Lieblingswitz

Wenn Henry Kissinger von den Analytikern der CIA verlangte, sie sollten gemeinsam mit politisch berufenen Kollegen geheimdienstliche Lageberichte erstellen, kam das nach Ansicht Paisleys und seiner Kollegen der Forderung gleich, »die Bücher zu frisieren«. Diese Lageberichte, im Bürokratenchinesisch NISMs (für National Intelligence Security Memoranda) genannt, sollten zwar vom Nimbus des Office of Strategic Research profitieren und das entsprechende Gewicht besitzen, inhaltlich jedoch den Stempel Kissingers tragen. Sie waren ein Mittel, um die CIA zur Kronzeugin für die Politik des Weißen Hauses zu machen. Sie stellten eine hybride Kombination dar, und da sie sowohl die Unterschrift der

CIA als auch die des Weißen Hauses trugen, würden sie höher bewertet werden als die CIA-eigenen Einschätzungen.

Nach Überzeugung Kissingers war es nicht gut, den Sowjets bedeutsame Fortschritte auf dem Gebiet der Raketentechnik zu attestieren, würde doch der Senat unter solchen Voraussetzungen einer Reihe von Verträgen die Zustimmung versagen, die er als Frucht der »Entspannung« zwischen den USA und der Sowjetunion aushandelte und vorantrieb. Die Rüstungskontrolle hatte seit den 50er Jahren große Fortschritte gemacht. Über das hinauszugehen, was Kennedy mit seinem Vertrag über das Verbot oberirdischer Atomtests im Jahre 1963 erreicht hatte, würde sehr kühne Schritte erfordern. Kissinger schien zu solchen Schritten bereit, ungeachtet gewisser Erkenntnisse über die wahren Absichten der Sowjets, die einige CIA-Analytiker zutage förderten.

Nach Maryanns Aussage war Paisley Ende 1969 ein »Nervenbündel«. Der Machtkampf zwischen Kissinger und dem OSR war in vollem Gange. Paisley hatte die Aufgabe, das NISM-3 zu erstellen. Dieses Memorandum über den Stand der sowjetischen Luftverteidigung sollte unter anderem die Schlagkraft der sowjetischen Raketenabwehr analysieren. Für die laufenden SALT-I-Verhandlungen war NISM-3 von eminenter Bedeutung. Laut Paisleys Kollegen Philip A. Waggener lief die Diskussion letzten Endes auf die Frage hinaus, ob die Sowjets mit ihrer neuen SAM-5-Rakete die Fähigkeit zur Abwehr feindlicher Raketen gewonnen hatten oder nicht.[1] Von einem sowjetischen Überläufer hatte Paisley erfahren, daß die SAM-5 in der Tat Raketen abschießen konnte. Innerhalb der CIA tobte indes eine Kontroverse darüber, ob diese Information auch stimme. Paisley mußte plötzlich feststellen, daß er ernsthafte Schwierigkeiten hatte, seine Vorgesetzten dazu zu bringen, seine Erkenntnisse über die Errichtung eines Raketenabwehrsystems um einige große sowjetische Städte in das Memorandum aufzunehmen. Sie versuchten, ihm klarzumachen, daß jetzt, da die NISMs in Zusammenarbeit zwischen Politik und Geheimdienst entstanden, auch andere Dinge in Betracht gezogen werden müßten. Nach Angaben seiner Frau resignierte Paisley daraufhin. Seine CIA-Kollegen erzählen eine andere Geschichte. Ihrer Ansicht nach setzten Paisley seine persönlichen Probleme stärker zu als politische Machtkämpfe.

Ende 1969 ließ John Paisley der Beruf nach wie vor wenig Zeit für Maryann, Edward und Diane. Seine Frau verlangte von ihm, seine Prioritäten neu zu setzen. Wie Maryann berichtet, drohte sie ihm in diesem Jahr damit, ihn zu verlassen, falls er nicht bereit sei, seine Lebensweise zu ändern.[2] Paisley sprach mit seinen Vorgesetzten und erhielt die Erlaubnis, ein Jahr am Imperial Defense College in London zu verbringen – was so gut war wie ein Jahr Urlaub.[3]

Aus CIA-Sicht war das Jahr beim Defense College Bestandteil der Heranbildung Paisleys für seinen möglichen Aufstieg ins Amt des OSR-Direktors. Für Maryann und die Kinder war der Studienaufenthalt in London eine gute Gelegenheit, John neu kennenzulernen. Es gab in London nur wenig zu tun für ihn. Die meisten Leute bei der CIA betrachteten die Entsendung als Belohnung für Paisleys harte und aufopfernde Arbeit. Der Lehrplan des Imperial Defense College umfaßte Seminare in strategischer Philosophie sowie detaillierte Studien der Regionen dieser Erde. Hier konnten Kollegen aus zahlreichen westlichen Streitkräften und Geheimdiensten ihre Ideen austauschen. Nach dem Verschwinden Paisleys äußerte der Chef der CIA-Spionageabwehr, James Angleton, die Vermutung, die entspannte akademische Atmosphäre am Londoner Defense College habe dieses für die Sowjets zu einem idealen Platz für die Anwerbung oder Plazierung von Agenten gemacht. Die Sowjets müßten, so argumentierte er, geradezu »Narren« sein, wenn sie nicht versuchten, diesen Tummelplatz westlicher Geheimdienstexperten zu unterwandern.

Der Lehrbetrieb erfolgte am Imperial Defense College trimesterweise; die Trimesterferien wurden zu Kurzbesuchen bei diversen NATO-Einrichtungen und auch für längere Überseereisen genutzt.[4]

Die Familie Paisley mietete sich in London eine Wohnung. Edward Paisley erinnert sich, daß er einen Großteil seiner Zeit mit der Besichtigung von Sehenswürdigkeiten verbrachte. Aber die Erwartungen, die Maryann gehegt hatte, wurden bald enttäuscht, als sie feststellen mußte, daß John keineswegs mehr Zeit für sie aufbrachte. »Er konnte nicht abschalten«, erinnert sie sich. Paisleys Verhalten während dieses Jahres war sehr seltsam. Obwohl ihm die Nutzung der sicheren technischen Einrichtungen der US-Botschaft in London offenstand (die sich in der Nähe der von der CIA gemieteten Wohnung der Paisleys befand), eröffnete er ein Postfach im 80 km entfernten Greenham Common, einer Ortschaft, die als Namenspatronin für einen nahe gelegenen geheimen Atomraketenstützpunkt diente. Paisley hatte offiziell keinen Zutritt zu diesem Stützpunkt und keinen plausiblen »offiziellen« Grund für die Anmietung dieses Postfachs.[5]

Wenn ein CIA-Mann wie Paisley trotz des Vorhandenseins besserer und sichererer Einrichtungen in der Botschaft ein weit von seinem Wohnort entferntes »heimliches« Postfach unterhält, dann ist das genau die Art von Verhalten, die jeden Sicherheitsbeamten in Alarm versetzt. Als nach Paisleys Verschwinden im Jahre 1978 ein Journalist von diesem Postfach erfuhr, bemühte sich die Sicherheitsabteilung der CIA, der Sache nachzugehen. Die Tatsache, daß Ermittlungen angestellt wurden, zeigt, daß Paisleys Vorgesetzte nichts von dem Postfach gewußt hatten. Eine beängstigende Schlußfolgerung einiger Sicherheitsbeamter besagte, Paisley könnte es für unzulässige Zwecke verwendet haben.[6]

Was tat Paisley in London? Möglicherweise hatte die CIA ihn beauftragt, jemanden anzuwerben, mit dem er während seiner Londoner Zeit zu tun hatte. Spionageabwehrexperten glauben, Paisley sei über eine Art »toten Briefkasten« mit Anweisungen für diese Mission versorgt worden. Andere jedoch bezweifeln dies.

Wie sein Sohn Edward sagt, war Paisley in London guter Dinge. Edward kann sich nicht erinnern, je mit seinem Vater in Greenham Common gewesen zu sein. Er erklärt, seine Familie habe in London kein Auto gehabt, da ihre Wohnung nicht weit von der amerikanischen Botschaft entfernt gewesen sei.[7]

Maryann hat weniger rosige Erinnerungen an London. Ihre Ehe setzte die Talfahrt fort. Sie erinnert sich, daß John ständig zur amerikanischen Botschaft gerufen wurde. Einige Male hörte sie, wie er sich am Telefon mit falschem Namen meldete. Sie erinnert sich auch, daß er zur Botschaft ging, um deren abhörsichere Nachrichtenkanäle zu benutzen.[8]

Während dieser Zeit schrieb sie an die Familie Paisley in Oregon, alles sei in Ordnung. Maryann Paisley war sehr stolz auf ihre

Familie und wollte Johns Mutter nicht beunruhigen.[9] Am Ende ihres Aufenthalts in London hatte sie jedoch erhebliche Zweifel daran, ob sie ihre Ehe noch aufrechterhalten konnte. Ihr Mann arbeitete nun zwischen siebzig und fünfundsiebzig Stunden in der Woche. Wie die Familien anderer CIA-Männer, die sie kennengelernt hatte, war auch die ihre »abgeschottet« – sie wurde von Johns wahrem Lebensinhalt, der Agency, ferngehalten.[10]

John Paisley kam im Januar 1971 mit einem Vollbart aus London zurück. Seine Ehe war weiter zerfallen, aber seine Karriere stand noch immer in voller Blüte.[11]

Die vormals eher unangenehmen Zusammenstöße mit dem Nixonschen Weißen Haus wurden für Paisley in dem Maß seltener, wie er und die meisten seiner Kollegen vom OSR sich der Vorbereitung der langwierigen SALT-I-Verhandlungen widmeten.[12] Paisley arbeitete Denkschriften für Henry Kissinger aus.[13] Die Tatsache, daß er, wie seine Schwester sich erinnert, öfter über Kissinger herzog, hinderte ihn nicht daran, bei der Zusammenarbeit von Arbeitsgruppen für die SALT-I-Gespräche eine immer verantwortlichere Rolle zu übernehmen. Der Aufwand, der für die Vorbereitung und Unterfütterung dieser Rüstungsbegrenzungsverhandlungen betrieben wurde, war enorm. Und es war Paisleys Abteilung, die mit der Aufgabe betraut war, die Stärke der Sowjets in den verschiedenen strategischen Bereichen abzuschätzen. Diese Einschätzungen sollten die Verhandlungsposition der USA gegenüber den Russen entscheidend beeinflussen.

Trotz seiner früheren Probleme mit Kissinger bei den NISMs war es Paisley, der dem Außenminister eines der besten Argumente lieferte, um den Konservativen im Senat den SALT-Vertrag schmackhaft zu machen. Paisley und seine Kollegen von der CIA kamen zu dem Schluß, daß sich die Sowjets es nicht mehr lange würden leisten können, so viel für den Ausbau ihrer Rüstung auszugeben. Ihre Kollegen im Pentagon waren nicht dieser Ansicht. Der wissenschaftliche Stab des OSR berichtete, die sowjetischen Raketen, die in immer größerer Stückzahl produziert wurden, seien zwar schwerer als die amerikanischen, hätten jedoch eine erstaunlich geringe Zielsicherheit. Man müsse daher annehmen, daß sie über Gefechtsköpfe mit größerer Sprengkraft verfügen müßten, um trotz ihrer Grobschlächtigkeit ein Ziel zerstören zu können. Diese Information wurde auch von »Fedora« und »Top Hat« bestätigt, zwei vom FBI angeworbenen sowjetischen Agenten. Wie der ehemalige CIA-Analytiker David S. Sullivan aussagt, berichteten beide Agenten über die mangelnde Zielgenauigkeit der sowjetischen Interkontinentalraketen. Diese Information schuf zusammen mit Paisleys Auffassung, die sowjetische Wirtschaft könne keine weitere massive nukleare Aufrüstung mehr tragen, die Grundlage für die amerikanische Verhandlungsposition und die Verhandlungsführung Kissingers.

Das Bild, das Paisley und seine Kollegen aufgrund ihrer Einschätzungen von der Sowjetunion zeichneten, basierte auf Methoden, die, wie Phil Waggener meint, »fehlerhaft« waren. Waggener, einer von Paisleys Mitarbeitern im OSR, sagt, es habe »grundlegende Probleme« bei manchen von Paisley benutzten Meßverfahren zur Einschätzung der sowjetischen Rüstungswirtschaft gegeben. Die Sowjets waren nämlich in viel stärkerem Maße in der Lage, eine strategische Aufrüstung zu finanzieren, als die CIA es für möglich gehalten hatte.

Waggener und andere Mitarbeiter des OSR sehen hinter diesen Fehlern keine böse Absicht. Andere Kollegen sind jedoch nicht so gutgläubig. David Sullivan sagt, aufgrund der Einschätzungen Paisleys seien die Vereinigten Staaten mit der Überzeugung in die Verhandlungen gegangen, die Sowjets verfügten nicht über die für eine geheime Aufrüstung größeren Ausmaßes erforderlichen Mittel. »Genau dies taten sie jedoch, wie die Geschichte zeigt«, fügt Sullivan an.

Paisleys Sohn Edward erinnert sich, nach dem Verschwinden seines Vaters ein Dokument gesehen zu haben, worin zum Ausdruck kam, daß die Sowjets sich an John gewandt hatten. Er glaubt, dies sei während der SALT-I-Gespräche gewesen. Die Dokumente enthielten die Aufforderung an Paisley, weiterzumachen und den (von der CIA ausgelegten) Köder zu nehmen. Und das war, so Edward Paisley, das letzte Mal, daß die Sache erwähnt wurde. Später seien die Dokumente aus der Kanzlei des Rechtsanwalts seiner Mutter gestohlen worden.[14]

Paisleys Chef Hank Knoche sagt, wenn eine solche Annäherung

durch die Sowjets stattgefunden hätte, wäre ihm davon berichtet worden: »Ich glaube, er hätte mir gegenüber wohl etwas Derartiges erwähnt. Vielleicht auch nicht. Er befolgte die logischen Regeln des Spiels konsequent. Er war ein Sicherheitsfanatiker. Schweigsam. Es ist schwierig, sein Leben außerhalb des Gebäudes in Langley zu rekonstruieren, nicht wahr? Alles sehr komisch.«

Was Paisleys ehemalige Kollegen stutzig macht, ist die Tatsache, daß er 1970 als völlig veränderter Mensch aus England zurückkehrte. Vorher hatte er sich als zäh und von Kissinger unabhängig erwiesen, nun war er wie umgewandelt. »Er redete einfach nicht offen, exponierte sich kaum noch«, erinnert sich Clarence Baier, ein Kollege vom OSR. Unter dem Strich führten die Informationen, die Kissinger von der CIA erhielt, dazu, daß die Sowjets ihre strategische Bewaffnung auf ein Niveau hochschrauben konnten, das die seitherige Überlegenheit der Vereinigten Staaten zunichte machte.

In dem Maße, wie Paisley Kissinger und seine Leute näher kennenlernte, wurde er vom Weißen Haus auch immer mehr in die Pflicht genommen. Seit der Regierung Johnson war der CIA bekannt, daß das Weiße Haus innenpolitische Spionage betrieb. Eine der auf diesem Sektor durchgeführten Operationen war immerhin von einer im Untergeschoß des CIA-Amtsgebäudes untergebrachten Zentrale aus geleitet worden – Operation CHAOS. Man hatte Präsident Johnson davon überzeugt, daß die amerikanische Friedensbewegung von den Rotchinesen und vom KGB unterwandert war. Über hundert büroraumgroße Aktenschränke wurden in den Jahren, in denen Operation CHAOS lief, mit persönlichen Daten von Amerikanern und angeblichen Hinweisen auf subversive Auslandskontakte gefüllt.[15] Die Regierung Nixon intensivierte ihre innenpolitische Spionage mit gleichlautender Begründung.

Im Januar 1971 bekam David R. Young, der im Weißen Haus als Mitarbeiter Henry Kissingers und des Nationalen Sicherheitsrats tätig war, eine Aufgabe übertragen, die zunächst nach einer bürokratischen Routinetätigkeit aussah: Egil »Bud« Krogh jr. wies ihn an, bestimmte Dokumente zu »entklassifizieren«, d. h. ihre Geheimhaltung aufzuheben.[16] Young war im Weißen Haus der für die Freigabe und Geheimerklärung von Dokumenten zuständige Beamte. Seine neue Aufgabe sah jedoch vor, daß er in Zusammenarbeit mit anderen Regierungsstellen, einschließlich der CIA, undichte Stellen identifizieren sollte, aus denen geheime Dokumente oder Informationen an die Öffentlichkeit drangen. George Gordon Liddy und E. Howard Hunt wurden Young als Mitarbeiter zugeteilt. Liddy, ein Rechtsanwalt, stieß auf Empfehlung von Bud Krogh im Frühsommer 1971 zu Young. Er hatte zuvor beim Finanzministerium gearbeitet. Krogh kannte Liddy von einer früheren Zusammenarbeit über das internationale Drogenproblem – an den damaligen Ermittlungen war auch Paisley beteiligt gewesen. Krogh war der Überzeugung, Liddys Erfahrung werde Young sehr zugute kommen.

Hunt wurde Young von Charles Colson empfohlen. Colson glaubte, Hunts CIA-Vergangenheit würde dem Projekt sehr nützen. Hunts Rolle bestand darin, auf informeller Ebene mit der CIA zu kooperieren, während Young der formelle Kontaktmann der CIA-Spitze war, zu Männern wie Direktor Richard McGarrah Helms und dessen Stellvertreter Vernon Walters.[17]

Auf den ersten Blick nahm sich das Deklassifizierungsprojekt, das Young leiten sollte, harmlos aus. Das Weiße Haus erklärte, es wolle damit nur das normalerweise recht lange Freigabeverfahren für geheimgestempelte Dokumente beschleunigen. In Wirklichkeit jedoch verfolgte die Regierung Nixon andere Absichten: Sie versuchte, Akten in die Hand zu bekommen, die kompromittierende Informationen über ehemalige demokratische Präsidenten enthielten, um diese dann an die Öffentlichkeit zu bringen. Als im Juni 1971 die *New York Times* mit dem Abdruck der »Pentagon Papers« begann, drückten Young und andere Mitarbeiter des Weißen Hauses ihren Mißmut darüber aus, daß darin nur Dokumente enthalten schienen, die die Regierung Nixon in ein schlechtes Licht setzten. Colson und Young machten sich daraufhin bei ranghöheren Mitarbeitern der Regierung, wie zum Beispiel bei Bob Haldeman und John Ehrlichman, dafür stark, durch eine Reihe selektiver Enthüllungen über demokratische Vorgängerregierungen die politische Position Nixons zu stärken.[18]

Wie ehemalige Beamte des FBI, darunter auch William Branigan, erklärten, wandte das Nixonsche Weiße Haus sich auf der Suche nach Beistand bei der Zusammenstellung einer »Klempnertruppe«, die undichte Stellen im Regierungsapparat beheben sollte, zunächst an J. Edgar Hoover, der das Ansinnen jedoch kategorisch zurückwies. Nixon hatte vorgeschlagen, die »Klempner« in Form einer verdeckten FBI-Operation laufen zu lassen. Hoover schluckte jedoch die ihm als Köder vorgelegte Behauptung nicht, die Pentagon Papers seien den Sowjets zugespielt worden und aus diesem Grund müsse das FBI in die Ermittlungen eingreifen. Außerdem hatte Hoover seine eigenen Sorgen.[19]

Daraufhin bat das Weiße Haus die CIA um Unterstützung. Als David Young Richard Helms ersuchte, ihm jemanden von der CIA zu schicken, der beim Löcherstopfen helfen sollte, wandte sich Helms an Angleton und fragte ihn um Rat. Angleton gab den Abgesandten von Helms zu verstehen, der Stellvertretende Direktor des Office of Strategic Research habe einschlägige Erfahrung aus früheren Ermittlungen in Geheimnisverratsfällen. So kam es, daß Young auf seine Anfrage nach jemandem, der helfen könne, schließlich der Name Paisley genannt wurde.

Weshalb gerade Paisley?[20]

Ein Grund dafür könnte der gewesen sein, daß Angleton Paisley in Youngs Nähe haben wollte, weil er dort sehr gut für Angleton arbeiten konnte. Als Chef der Spionageabwehr hegte Angleton zunehmend größeren Argwohn gegen Henry Kissinger. Paisley könnte einfach ins Weiße Haus hinübergeschickt worden sein, damit er Angleton über die dortigen Entwicklungen unterrichten konnte.

Angleton hatte guten Grund, Kissinger zu fürchten. Er wußte, daß Young mit Kissinger über die illegale Verschiebung von mehreren hundert Kilogramm angereicherten Urans nach Israel – die als Grundstock für das israelische Atomwaffenprogramm dienen sollten – gesprochen hatte. In Geheimdienstkreisen war es ein offenes Geheimnis, daß Angleton bei der Abwicklung dieses Transfers eine entscheidende Rolle gespielt hatte. Angleton hatte seit Bestehen des Staates Israel die geheimdienstlichen Beziehungen der USA zu Israel dirigiert. Falls die Sache mit dem illegalen Transfer an die Öffentlichkeit gekommen wäre, hätte Angleton alles verlieren können – auch seine Führungsrolle im »Israel-Geschäft« der CIA.

Am 9. August 1971 wurde Paisley von Young persönlich ersucht, die Lecks zu ermitteln, durch die sicherheitsrelevante Informationen an die Presse flossen. Paisley machte sich an die Arbeit und untersuchte 19 verschiedene Indiskretionsfälle. Der Bericht, den er anschließend vorlegte und der von CIA-Direktor Helms gegengezeichnet war, beeindruckte das Weiße Haus so sehr, daß Paisley zum CIA-Vertrauensmann der Klempner auserkoren wurde.[21]

Youngs Klempnertruppe sollte ein möglichst negatives Bild von denjenigen zeichnen, die geheime Informationen an die Öffentlichkeit trugen, und dafür sorgen, daß dieses Bild auch die gebührende öffentliche Aufmerksamkeit fand. Bald fand Paisley sich tief im Dickicht von Nachforschungen wieder, deren Ziel es war, jegliches kompromittierende Material über Daniel Ellsberg zusammenzutragen, bis hin zu den intimsten Details seines Sexuallebens.[22] Am 18. August 1971 wurden die Ausforschung Ellsbergs und die Kampagne gegen die »Verschieber« der Pentagon Papers auf eine neue Dringlichkeitsstufe gehoben. Das Weiße Haus gab dem Unternehmen den Decknamen ODESSA.

All diese Operationen fanden unter den Fittichen einer federführenden Dienststelle statt, die sich Task Force on Leaks (»Sonderkommission undichte Stellen«) nannte. John Paisley gewann den Eindruck, daß es sich bei dieser Kommission lediglich um eine Truppe von Nebendarstellern handelte, die abträgliches und kompromittierendes Material über »feindselige« Informanten aufspüren und sammeln sollte, und daß auf der Hauptbühne ein ganz anderes Stück inszeniert werden sollte: die Ausspähung und Bloßstellung innenpolitischer Gegner.

In einem Memorandum von Colson und Young an Ehrlichman findet sich eine Bemerkung über die Leistungen der CIA im Rahmen des Projekts. Es heißt darin, die Agency habe »wenig aussagekräftiges Material« zur Verfügung gestellt. Des weiteren habe die »CIA verständlicherweise gezögert, sich in den innenpolitischen Bereich einzumischen, ist aber dann den Wünschen des Präsidenten nachgekommen. Alles in allem ist die Leistung bis dato zufriedenstellend«. Donald Burton, der unter Paisley bei der

CIA gearbeitet hat, sagt, es habe ihn nicht überrascht, daß die Wahl des Weißen Hauses auf Paisley fiel. »Da passiert eine gezielte Indiskretion, und jeder fragt, was machen wir gegen diese verdammten undichten Stellen, und wie stopfen wir diese Löcher. Das wird direkt über dem Haupt des Direktors für Spionageabwehr abgeladen und nicht den Sicherheitsleuten aufgehalst. Das passiert in jeder Regierung. ... Das kommt also und wird an den Chef [des OSR] weitergereicht, und der Chef muß dann jemanden darauf ansetzen, und das ist dann meistens sein Stellvertreter. Und John ist der Stellvertreter, und für John ist das ein Scheiß-Auftrag.«[23]

An welchen Operationen wurde Paisley sonst noch beteiligt? Es hat eine Menge Spekulationen darüber gegeben, wonach die Klempner in jener Nacht ihres berühmten Einbruchs im Watergate-Hotel in Lawrence F. O'Briens Büro eigentlich suchten. Die bedeutsamsten Schlüsse lassen sich vielleicht aus Nixons fast wahnhafter Phobie gegen die Kennedys ziehen. Zu jener Zeit hing über Nixons Kopf das Damoklesschwert einer nicht angegebenen Wahlkampfspende von 100 000 Dollar, die Bebe Rebozo, Nixons bester Freund, für ihn angenommen hatte.[24] Gegen Rebozo ermittelte das Justizministerium. Im Wahlkampf von 1960 war ein Darlehen von Howard Hughes an Nixons Bruder Donald Gegenstand einer Kontroverse gewesen. Robert Maheu, ein ehemaliger FBI- und CIA-Mann, der jahrelang Hughes' Angelegenheiten regelte, behauptet, er habe 1969 auch Robert Kennedys Wahlkampf mit 25 000 Dollar gefördert.[25] Maheu hält es für absurd, anzunehmen, O'Brien könnte irgendwelche detaillierten Kenntnisse über weitere Spenden für die Kennedy-Kasse gehabt haben. Die Klempner könnten in jener Nacht nach Anhaltspunkten gesucht haben, die geeignet waren, Hughes mit den Kennedys in Verbindung zu bringen. Maheu erklärt, zu jenem Zeitpunkt habe bereits eine von Hughes angeheuerte Gruppe von Mormonen die Leitung der Hughesschen Geschäfte übernommen. Aber ging Nixon nicht einfach zu Hughes, zu dem er in der Vergangenheit so enge Beziehungen unterhalten hatte, und befragte ihn über die Darlehen? Maheu erklärt dies damit, daß Hughes »damals nicht auf allen Zylindern« gelaufen sei und seine »Mormonenmafia« ihn weitgehend von der Außenwelt und sogar vom Präsidenten der Vereinigten Staaten abgeschottet habe.

Warum glaubte Nixon, daß es mit O'Brien und den Spenden für die Kennedys mehr auf sich hatte? Könnte Angleton ihm diese Idee durch Paisley in den Kopf gesetzt haben? Könnte die CIA tatsächlich die Klempner zu ihrer unüberlegten Aktion verlockt haben, indem sie ihnen vorgaukelte, sie könnten Dokumente finden, die eine für die Kennedys peinliche Verbindung enthüllen würden? Angesichts der Tatsache, daß Young, Colson, Liddy und Hunt keinen Stein auf dem anderen ließen, um kompromittierendes Material gegen die Kennedys aufzustöbern, wäre es für einen Mann wie Paisley, der ihr Vertrauen besaß, wohl ein leichtes gewesen, ihnen einen solchen Köder vorzuwerfen.

Es gibt deutliche Anzeichen dafür, daß eine Art Klempner-Truppe auch noch nach den Watergate-Verhaftungen beschäftigt wurde. Wie aus hochrangigen CIA-Quellen verlautet, besteht der Verdacht, daß auf das Konto der »Klempner« eine Operation ging, deren vielleicht ungewolltes Ergebnis darin bestand, die Pläne der CIA für eine zweite Tauchfahrt der von den Hughes-Werken gebauten *Glomar Explorer* zur Bergung von Wrackteilen eines 1968 gesunkenen sowjetischen U-Boots zunichte zu machen. Am 17. Juni 1974, zwei Monate vor Richard Nixons Rücktritt, wurde in eine Hochsicherheits-Lagerhalle in der Romaine Street Nr. 7000 im kalifornischen Hollywood ein Einbruch verübt. Es war der dritte Einbruch in ein Hughes-Gebäude innerhalb von vier Monaten. Nach Angaben von Maheu befand sich unter den Dingen, die aus dem bewachten und mit imposanten Tresorkellern ausgestatteten Lagerhaus verschwanden, ein Schrank voller Hughes-Akten, die seine Wahlkampfspenden und politischen Zahlungen über die Jahre hinweg dokumentierten, die an die Kennedys eingeschlossen. Dieser Aktenschrank enthielt aber auch detaillierte Unterlagen über das *Glomar-Explorer*-Vorhaben. Für den damaligen CIA-Direktor William Colby begann mit diesem Einbruch der alptraumhafte Versuch, die Operation vor den amerikanischen Medien und damit vor den Russen geheimzuhalten.[26] Nach Ansicht von Maheu hatten die Diebe es jedoch nicht auf die *Glomar*-Papiere abgesehen, sondern auf das politische Material. Er glaubt, daß es die »Mormonenmafia« war, die den Tätern den heißen Tip gab, um ihre Macht über das Hughes-Imperium zu festigen. Maheu glaubt nicht daran, daß der Einbruch ohne Kooperation aus der »Firma« heraus zu verüben gewesen wäre.

Maheu glaubt aber auch nicht, die Dokumente aus dem Aktenschrank seien ausschließlich für die »Mormonenmafia« bestimmt gewesen. »Das ist zu komisch«, kommentiert er. »Hier landet streng geheime Information in den Händen einer Bande mormonischer Schwachköpfe, die nicht einmal imstande wären, den einfachsten Sicherheitstest zu bestehen.«

Wer also verübte den Einbruch?[27] Maheu meint, die »Mormonenmafia«, die die Macht über das Hughes-Imperium an sich gerissen hatte, habe der Regierung Nixon den Hinweis auf den Aktenschrank gegeben, um sich mit dem Weißen Haus gut zu stellen. Einige Beamte des FBI, die an den Watergate-Untersuchungen beteiligt waren, glauben, die Aktion in der Romaine Street könnte der allerletzte Versuch der Regierung Nixon gewesen sein, ihren Niedergang aufzuhalten. Die wohl vernünftigste Vermutung stammt jedoch von einem ehemaligen Spionageabwehrmann des FBI: Er gibt zu bedenken, daß, wenn Paisley für die Sowjets arbeitete, die Enthüllung des *Glomar*-Projekts durch den Einbruch in der Romaine Street das perfekte Mittel gewesen wäre, um zu verhindern, daß der CIA einige sowjetische Atomraketen, die sie beim ersten Tauchversuch nicht hatte bergen können, doch noch in die Hände fallen würden.

Im Jahre 1973 tauchte bei den Paisleys erstmals ein Indiz dafür auf, daß John bei den »Klempnern« mitgemischt haben könnte. Dale Paisley, der damals in der Gegend von San Francisco lebte, hat eine lebhafte Erinnerung an diesen Vorfall. »Einmal kam [John] Ende 1973 in die Gegend, besuchte mich und fragte, ob ich ihn auf dem Heimweg beim Lawrence Livermore Laboratory [der Universität von Kalifornien in Berkeley] absetzen könne. Nun, ein paar Tage später erzählte mir mein Sohn, einer seiner Freunde, der einer Hubschrauberstaffel der Polizei angehört, habe ihm erzählt, sie hätten drüben in Berkeley einen Einsatz gehabt. [Der Freund sagte] ... im Hintergrund sei ein Typ mit einem weißen

Vollbart gewesen, offenbar einer von der CIA oder so. Er beschrieb Jack haargenau. ... Nun, als ich das nächste Mal mit Jack sprach, sagte ich: ›Eh, was hat es mit dem Alarm drüben in Berkeley an dem Abend damals auf sich, von dem ich gehört habe?‹ Und er sagte: ›Wie zum Teufel hast du davon erfahren?‹ Mehr sagte er dazu nicht.«[28] Was Dales Vermutung bestätigt, ist ein Reisebeleg Paisleys vom 3. bis 5. Dezember 1973 nach »San Francisco und Berkeley, Kalifornien«.[29]

Wie Paisleys Schwester Katherine berichtet, war ihre Mutter »beinahe ein Mensch mit übersinnlichen Fähigkeiten, wenn einer von uns in eine gefährliche Situation hineingeriet. Und Mutter wurde fast verrückt, weil sie meinte, daß John in diese Watergate-Geschichte verwickelt sei, und ich sagte immer wieder ›Ach nein, Mutter, er hat nichts damit zu tun‹«. Paisleys Mutter, die inzwischen wußte, daß ihr Sohn bei der CIA arbeitete, glaubte ihm nicht, was er ihr über sein Verhältnis zur Regierung Nixon erzählte. Katherine sagt, Clara Paisley habe ihren Sohn über seine Beziehungen zu Ehrlichman, Dean und Haldeman befragt, und er habe damals geleugnet, etwas mit ihnen zu tun zu haben.[30]

Für Clarence »Bill« Baier, der mit Paisley im OSR arbeitete, war dies eine Phase, in der John »ziemlich oft« abwesend war. Paisley erzählte seiner Familie nie etwas von seiner Tätigkeit für das Weiße Haus und auch nichts von dem Schaden, den er damit möglicherweise der CIA zufügen konnte. Er und Maryann drifteten immer weiter auseinander, als er in den Strudel von Watergate geriet.

Von allen mysteriösen Verhaltensweisen, die Paisley an den Tag legte, war keine bizarrer als seine Betätigung in Washingtoner »Swinger-Clubs«. Paisley, der den Ruf eines sexuellen Abenteurers hatte, war kein Idiot. Ein so indiskretes Sexualleben hätte für seine Karriere sehr schnell das Ende bedeuten können. Und doch trat er 1972 und danach in eine Reihe von Sexclubs ein, die eine im Hinblick auf die nationale Sicherheit äußerst bedenkliche Rolle spielten.

Angesichts der heutigen Angst vor AIDS kann man sich die Washingtoner Sexszene der frühen 70er Jahre kaum noch vorstellen. Noch unglaublicher ist die Tatsache, daß Menschen mit den höchsten Sicherheitsfreigaben, wie John Paisley, das Risiko einer Erpressung in Kauf nahmen, indem sie sich an freizügigen sexuellen Aktivitäten beteiligten. Zu Beginn handelte es sich einfach um Partys im Kollegenkreis, die abwechselnd in deren Vorstadthäuser stattfanden und bei denen Partnertausch praktiziert wurde – ein rundes Dutzend Paare, die sich trafen, um eine Nacht in diversen Betten zu verbringen, garniert mit Drogen und manchmal auch mit sexuellen Perversionen. Es war üblich, daß jedes Paar 20 Dollar oder mehr für die Getränke und die Drogen – in der Regel Marihuana – beisteuerte. Mit wachsender Popularität des Swingens wurden die Partys immer abwechslungsreicher, da durch Mund-zu-Mund-Propaganda immer neue Mitspieler hinzukamen.

Mit der Zeit entwickelte sich eine regelrechte Organisationsstruktur um diese Sexclubs; einige wenige Leute zogen die Fäden und operierten dabei von einer Reihe von Bars und Nachtlokalen aus. Clubs wie »Capital Couples«, dessen Hauptquartier eine ehemalige Journalisten-Stammkneipe namens »The Class Reunion« war, florierten im Zeichen zunehmender sexueller Freizügigkeit ebenso wie viele andere, die unter anderem von den »Wasserstellen« der Washington Rednecks und ihrer Fans im Prince George's County in Maryland aus gemanagt wurden.

Eine Party, an der Paisley teilnahm, fand im Hause eines Paares statt, das Paisley über seinen Mitarbeiter Donald Burton kennengelernt hatte. Burton war ein Pionier und alter Hase der Swingerszene. Wie Beteiligte sagen, die aus Rücksicht auf ihre Familie nicht genannt werden wollen, war es eine ziemlich normale Party. Paisley kam mit einer dunkelhaarigen attraktiven Frau, die nicht seine Ehefrau Maryann war. Das Haus in Falls Church (Virginia) mochte mit seinen versetzten Geschossen und seinen vier Schlafzimmern wie das Muster eines gutbürgerlichen Vorstadthauses wirken, bis der Blick auf Paare fiel, die sich am Küchenherd, in den oberen Schlafzimmern, auf dem goldfarbenen Teppich im Wohnzimmer, an der Geländerbrüstung des Obergeschosses und sogar auf dem hölzernen Couchtisch mit Glasplatte dem Geschlechtsverkehr widmeten.

Nicht alle Partys, die Paisley frequentierte, fanden in Vorstadt-häusern statt. Paisley selbst veranstaltete in späteren Jahren einige Sexpartys auf seinem Segelboot *Brillig*. Wie eine der Teilnehme-rinnen kommentierte: »Wenn zehn Leute auf einem 30-Fuß-Boot Sex zu treiben versuchen, kann das recht intim werden.« Paisley liebte es, seine Gespielinnen nackt zu fotografieren, und bei manchen Partys lief sogar eine Videokamera mit. Paisley könnte auch der Gastgeber der mißglücktesten Sexparty der 70er Jahre in Washington gewesen sein.

Heute ist die Rush-River-Hütte ein friedliches Landhaus in der Nähe von Washington (Virginia), etwa eine Autostunde südlich der virginischen Vorstädte von Washington, D. C. Im Mai 1972 gründeten Donald Burton und John Paisley die *Rush River Lodge Corporation* und kauften die alte Hütte mit Unterstützung einiger anderer CIA-Freunde, in der Hoffnung, sie zu einem Skizentrum ausbauen zu können.[31] Aus dem Plan wurde nichts, aber Burton und Paisley veranstalteten auf der Hütte einige Sexpartys. Wie Burton sagte, geschah dies ohne Wissen ihrer »unschuldigen« Kapitalgeber.

Zu der Zeit, als Paisley und Burton dort ihre Swingerpartys gaben, war die Hütte noch sehr primitiv ausgestattet. Ein Gast beschreibt seine Erfahrungen so: »Wer zu einer Swingerparty geht, tut das doch in erster Linie, um in einer zwanglosen und unaufdringlichen Umgebung sehr komfortabel Sex zu genießen.« Die Frau dieses Gastes erzählt die Geschichte zu Ende: »Paisley und Burton dachten, ihre Hütte würde ein sehr lustiger und intimer Schauplatz sein. Nun, es war nichts dergleichen. Zehn, zwölf Leute, die es in jeder nur denkbaren Position miteinander treiben und feststellen müssen, daß das Wochenende der Leidenschaft kein fließendes Wasser mit einschließt! Die verdammte Leitung war kaputt.«

Warum in aller Welt richtete Paisley diese Partys aus? Als sich herumsprach, daß es diese Partys gab und daß Angehörige von CIA, FBI und NSA, Pentagon-Angestellte, Parlamentarier und Regierungsbeamte daran teilnahmen, kam der KGB-Resident in Washington auf die Idee, sie zu unterwandern. Die Situation war ideal für Erpressung und Rekrutierung. Sie war ebenfalls ideal, um Kontakte zu anderen Geheimdienstagenten herzustellen.

Paisley lernte auf einer dieser Partys ein attraktives tschechisches Paar kennen, das sich später als hochrangiges Team von Infiltrationsagenten des tschechischen Geheimdienstes entpuppen sollte. Karl Koecher war ein großer, schlanker und unnahbarer Mann, seine Gattin Hana eine schöne Frau und vom Naturell her das Gegenteil ihres Mannes. Beunruhigte Geheimdienstbeamten glauben heute, daß Paisley mit den Koechers zusammengearbeitet haben könnte.

Die Koechers waren als sogenannte »Schläfer« in den Vereinigten Staaten plaziert worden – Agenten also, die jahrelang am Aufbau eines soliden Rufes und einer Deckexistenz arbeiten, bevor sie tatsächlich eine geheimdienstliche Tätigkeit aufnehmen. Die Koechers verließen die Tschechoslowakei im Dezember 1965 und gingen nach New York. Den Einwanderungsbehörden gegenüber gaben sie sich als politische Flüchtlinge aus, die wegen Karls geheimer Tätigkeit für Radio Free Europe zur Ausreise gezwungen worden seien. Tatsächlich jedoch war Koecher seit 1961 tschechischer Geheimagent.[32]

Karl Koecher, der in Prag Physik studiert hatte, lehrte von 1969 bis 1973 am Wagner College in New York. Wie Paisley profitierte auch Koecher von Beziehungen zur Columbia University. Im Verlauf eines zweijährigen Studiums am dortigen Rußland-Institut lernte er Zbigniew Brzezinski kennen. Dieser hatte, bevor er als Nationaler Sicherheitsberater Präsident Carters bekannt wurde, eine Zeitlang auf der Gehaltsliste der CIA gestanden.[33] Koecher mußte sich für seine Rolle als Schläfer-Agent nicht besonders anstrengen. Die CIA hatte einen so dringenden Bedarf an Fremdsprachenspezialisten, daß sie nur wenige Nachforschungen über ihn anstellte, ehe sie ihn im Februar 1973 als Übersetzer engagierte.

Koecher überstand die Lügendetektor-Untersuchung, auf die die CIA-Sicherheitsabteilung so große Stücke hält, ohne Schwierigkeiten. Er kam beim DDO unter, dem auf verdeckte Aktionen spezialisierten Zweig der CIA, und übersetzte dort die Funksprüche der Agenten. Seine Beschäftigung an einer so sicherheitsempfindlichen Stelle ist schon bemerkenswert. Sie zeigt, wie lässig man bei der CIA mittlerweile in Sicherheitsfragen geworden war.

Koecher erhielt Einblick in Material von Amerikas wertvollsten Doppelagenten, Männern, die in die Kremlbürokratie eingeschleust worden waren.

Hana Koecher, Karls attraktive blonde Partnerin, blieb in New York, wo sie im lukrativen Diamantenhandel beschäftigt war und ihrem Mann half, die ausspionierten Geheimnisse hinauszuschleusen. Die CIA hatte Karl in einem neutralen Bürogebäude in Rosslyn (Virginia) untergebracht. Koecher hatte hier Zugang zu wichtigen Nachrichtenströmen, die aktive Spione im Ostblock und ihre Agentenführer von der CIA betrafen. Die Operation lief unter dem Codenamen AE Screen Unit. Das Material, welches durch die Hände der damit befaßten Leute ging, war so sensibel, daß es selbst innerhalb der CIA-Abteilung für verdeckte Operationen nur sehr wenige Leute gab, die befugt waren, es in seiner Rohform einzusehen. Koecher erhielt die Freigabe für Material der Kategorie »Top Secret« und damit Zugang zu etlichen verschlüsselten Erkenntnissen. So etwas war nach Angaben des ehemaligen Stellvertretenden Chefs der CIA-Spionageabwehr, Leonard V. McCoy, bei Überläufern jeglicher Art fast noch nie dagewesen.

Einzelheiten über die Sexpartys und die Teilnahme von CIA-Angehörigen daran sind in den Akten eines Gerichtsverfahrens nachzulesen. Als die Eigentümer eines für Sexpartys benutzten Anwesens, ein im Ausland stationierter Offizier und seine Frau, erfuhren, zu welchen Zwecken ihr Haus benutzt wurde, gingen sie vor Gericht.

Die Eigentümer hatten ihr ansehnliches Haus mit sieben Schlafzimmern für die Zeit ihres Auslandsaufenthaltes einem Makler in Virginia zur Verwaltung anvertraut. Sie hatten mit diesem Makler vor ihrer Abreise vereinbart, keine Alleinstehenden als Mieter zu akzeptieren. Und dann mußten sie feststellen, daß ihr Heim in den Händen eines Sexclubs namens »Virginia In-Place« gelandet war. An einem Wochenende wurde das Haus aufgrund von Beschwerden der Anwohner von der Polizei des Fairfax County unter Observation gestellt. Bei dieser Gelegenheit wurden einige Freunde Paisleys als Teilnehmer der Party identifiziert. Ein Auto, dessen Kennzeichen die Polizei notierte, gehörte Donald Burton. Burton wurde als Zeuge geladen.[34]

Burton bestätigt, bei den Partys gewesen zu sein, und erinnert sich, später auch einige Male Paisley mitgebracht zu haben. Ein anderer Freund Paisleys stellte bei der Durchsicht seiner alten Terminkalender fest, daß er Paisley 1972 in der Swingerszene begegnet ist. In den aufwendigen Untersuchungen, die nach Paisleys Verschwinden angestellt wurden, findet man weder Hinweise auf die Partys noch auf die Koechers. Ein Grund dafür könnte sein, daß Donald Burton nach eigenem Bekunden die Sicherheitsabteilung der CIA nie über das Auftauchen seines Namens in einschlägigen Gerichtsakten informiert hat. Was alles noch schlimmer machte, war der Umstand, daß das FBI, obwohl es ein Ermittlungsverfahren gegen die Koechers einleitete, das schließlich zu deren Verhaftung und am 11. Februar 1986 zu ihrer Abschiebung im Austausch gegen den sowjetischen Dissidenten Anatoli Schdaranski führte, Burton in dieser Sache niemals verhört hat.

Burton machte keinen Hehl daraus, warum er den Sicherheitsleuten der CIA seine Teilnahme an den Partys verschwiegen hat. »Sie hätten mich gefeuert, wenn ich ihnen das gesagt hätte.« Er sagte, *falls* jemand versucht hätte, ihn zu erpressen, wäre er sofort »zur Sicherheit gerannt und hätte es ihnen gesagt«.

Daß so viele Geheimdienstbeamte mit Sexclubs zu tun und mit den Koechers Kontakt hatten, jedoch bei keiner Untersuchung dazu befragt wurden, verrät eine Menge über den Zustand der Spionageabwehr in den Vereinigten Staaten. Obwohl es ein leichtes gewesen wäre, Paisleys Beteiligung festzustellen, waren weder die Sicherheitsabteilung der CIA noch das FBI, noch der Geheimdienstausschuß des Senats imstande, den vorhandenen Hinweisen auf die Swingergruppen nachzugehen.

Noch bedeutsamer ist vielleicht die Tatsache, daß Paisley bei mehreren Partys mit Carl Bernstein, dem ehemaligen Reporter der *Washington Post*, zusammentraf. Nach Ansicht einiger Leute, die für dieses Buch befragt wurden, wirft der Umstand, daß Paisley just zu der Zeit, da er als CIA-Kontaktmann mit der »Klempnertruppe« des Weißen Hauses zusammenarbeitete, Bernstein bei Sexpartys traf, viele interessante Fragen auf. Sie fragen sich, ob Bernstein aufgrund seines Sexuallebens erpreßbar geworden und von einem Mann wie Paisley, der möglicherweise Zeitungsberichte mit gewisser Tendenz veröffentlicht sehen wollte, benutzt worden sein könnte. Bernstein bestreitet, Paisley überhaupt begegnet zu sein. In einem im Dezember 1979 geführten Gespräch bestritt Bernstein, an derartigen Partys jemals teilgenommen zu haben.

Ein halbes Dutzend von Paisleys engsten Freunden wollen Bernstein und Paisley schon ab 1971 auf denselben Partys getroffen haben. Donald Burton erinnert sich: »Carl Bernstein ging seit etwa 1971 zu diesen Partys; dort traf ich ihn zum ersten Mal. Ich wußte nicht, wer er war. ... Eines Tages sagte er zu mir oder meiner Frau Nancy, er sei etwas Großem auf der Spur. Er sagte, er arbeite an etwas, und etwas werde dabei herauskommen. Wissen Sie, alles, was wir wußten, war, hier ist dieser Typ mit den langen Haaren, und ich sah ihn auf drei oder vier dieser Partys, und dann verschwand er.«[35]

In einer späteren Unterredung gab Bernstein zu, an Swingerpartys teilgenommen zu haben, behauptete jedoch, Paisley nicht zu kennen, »Paisley war nicht ›Deep Throat‹«, fügte er hinzu. »Außerdem muß ich Ihnen sagen, daß ich nicht einmal weiß, wer der Typ ist.«[36]

Wie Bob Woodward, mit dem zusammen Bernstein in der Watergate-Affäre recherchiert hatte, sich nach Paisleys Verschwinden verhielt, wirft jedoch Fragen auf. Woodward war 1978 Redakteur bei der *Washington Post*. Nach Paisleys Verschwinden setzte er zwei Reporter auf Carl Bernstein an. Bernstein antwortete auf die Frage, ob er von diesen Recherchen etwas bemerkt habe: »Oh, das ist verrückt, mein Gott. ... Ich glaube, Sie haben da etwas in die ganz falsche Kehle gekriegt. Ich glaubte nicht, daß es so etwas gegeben hat.« Er riet uns, die Frage an Woodward zu richten.

Woodward bestätigt, daß er und andere Redakteure der *Post* die Nachforschungen über Bernsteins Privatleben autorisierten. Woodward erklärte, zwei Reporter seien mit »Behauptungen über Carl und Paisley« zu ihm gekommen, und er habe sich »zu Nachforschungen verpflichtet gefühlt«.[37]

Timothy Robinson, einer der Reporter, die mit den Recherchen beauftragt wurden, stand in dem Ruf, sehr sorgfältig zu arbeiten.

Sein neuer Auftrag ging ihm so unter die Haut, daß er sich zunächst um eine Unterredung mit dem Reporter des *Wilmington News-Journal* bemühte, der die Paisley-Geschichte als erster aufgebracht hatte. Diesem gegenüber bezeichnete er Woodward als den Auftraggeber seiner Recherchen. Robinson erfüllte die bevorstehende Verabredung mit solcher Unruhe, daß er unter Einschaltung eines neutralen Vermittlers als Ort des Treffens das Untergeschoß des Bundesgerichtsgebäudes in Washington vorschlug, wo auch die Watergate-Verhandlungen stattgefunden hatten.[38]

In Woodwards und Bernsteins berühmtem Buch *All the President's Men* war »Deep Throat« der anonyme Informant Woodwards aus dem Staatsapparat. Die Autoren sagen, es sei der Chefredakteur der *Post*, Howard Simmons, gewesen, der Woodwards Informanten nach einem damals aktuellen Pornofilm »Deep Throat« getauft habe.

War die Tatsache, daß Bernstein zusammen mit dem CIA-Kontaktmann der »Klempner« des Weißen Hauses an Sexpartys teilgenommen hatte, nur Zufall, oder könnte dies der wahre Hintergrund für die Namensgebung des Informanten gewesen sein? Sowohl Bernstein als auch Woodward bestreiten dies.

Eine weitere bizarre Verbindung zwischen Paisley und der Person »Deep Throat« ergibt sich aus der Tatsache, daß Paisley im Besitz einer auf seinen eigenen Namen ausgestellten Nummernkarte war, die ihn als Auslieferungsgrossisten der *Washington Post* auswies. Dieser Ausweis erwies sich als gefälscht. Aber wozu sollte ein Spion wie Paisley einen solchen Ausweis benötigen? Wenn nicht, um sich unbemerkt mit einem Reporter der *Post* treffen zu können, dann vielleicht einfach nur, um jederzeit Zutritt zum Gebäude der *Washington Post* in Washington in der 15. Straße zu haben. Die Laderampe der Zeitung liegt in einer Seitengasse, an die auch die sowjetische Botschaft grenzt. Paisley zog später in ein nur zwei Blocks von der Botschaft entferntes Appartement. Eine weitere Möglichkeit wäre, daß Paisley das Zustellsystem der Zeitung für die Mitteilungen an Agenten zur Verabredung von Treffs benutzte.

Ein weiteres interessantes Detail taucht in *All the President's Men* auf: »Wenn ›Deep Throat‹ ein Treffen wünschte – was selten vorkam –, gab es dafür ein anderes Verfahren. Jeden Morgen überprüfte Woodward die Seite 20 seiner *New York Times*, die ihm vor 7.00 Uhr zu Hause zugestellt wurde. Falls ein Treffen gewünscht wurde, war die Seitenzahl eingekreist, und in einer der unteren Ecken der Seite war mit Hilfe skizzierter Uhrzeiger der Zeitpunkt der Verabredung angegeben. Woodward wußte nicht, wie ›Deep Throat‹ an seine Zeitung kam.«

Woodward hat mit Bestimmtheit erklärt, Paisley sei nicht »Deep Throat« gewesen. Er sagte aber auch: »Wissen Sie, wenn ›Deep Throat‹ jemand gewesen wäre, der heute tot ist, würden wir seinen Namen nennen.« Das Problem ist nur, daß es keinen schlüssigen Beweis dafür gibt, daß Paisley tatsächlich tot ist.

Was die Leute von der Spionageabwehr beunruhigt, ist nicht einfach die Vorstellung, Paisley könnte mit Bernstein Kontakt gehabt oder ihm Informationen gegeben haben. Es ist vielmehr der quälende Gedanke, Paisley könnte für den sowjetischen Geheimdienst gearbeitet haben und damit beauftragt worden sein, der Öffentlichkeit Material zuzuspielen, das die Regierung Nixon kompromittieren würde. Es wäre ja auch denkbar, daß Paisley die besagten Partys besuchte, um über andere Geheimdienstleute oder über Journalisten wie Bernstein brisante Informationen zu sammeln. Tat er dies für David Young und seine Klempner – oder für den KGB?

Kapitel 4

Paisley: Der Maulwurf

Was glauben Sie denn, was Spione sind – Priester,
Heilige und Märtyrer? Sie sind eine schmutzige Gil-
de eitler Narren und – Verräter, ja, auch dies;
Schwule, Sadisten und Saufbolde, Leute, die Räu-
ber und Gendarm spielen, um Licht in ihr verkom-
menes Leben zu bringen.

John le Carré, *Der Spion, der aus der Kälte kam*

Während John Paisley seinem Alice-im-Wunderland-Job an der
Seite der »Klempner« nachging, mußte die CIA selbst eine Reihe
von Untersuchungen über sich ergehen lassen, die sie bis auf die
Grundfesten erschütterten. Dem Yale-Absolventen James Jesus
Angleton, Sohn eines leitenden Angestellten der NCR Corporation und einer Mexikanerin, stand die Eröffnung bevor, seine
Dienste würden nicht mehr benötigt.
Angleton kultivierte seinen Nimbus als geheimnisumwitterter
Chef der Spionageabwehr innerhalb der CIA. Er war kein politischer Novize. Er war kein Mann, der aufsehenerregende Beschuldigungen in die Welt setzte, ohne eindeutige Anhaltspunkte zu
haben. Eine Serie von Vorgängen hatte Angleton zu dem Schluß
gezwungen, daß die Sowjets die CIA unterwandert haben mußten. Eine Untersuchung durch seine Abteilung konnte er jedoch
nur vertreten, wenn er selbst fest an die Tatsache der Unterwanderung glaubte.
Die Verwundbarkeit der CIA lag auf der Hand. KGB und GRU
waren gut geführte Behörden, und Angleton wußte, daß Unterwanderung ihr vorrangiger Auftrag war. Irgendwo in der CIA und
vielleicht auch anderswo im Regierungsapparat der USA war

gerade ein Maulwurf dabei, sich einzugraben, und dieser unglaublich kluge und komplizierte Mann wollte ihn fangen.

Jedermann in der CIA wußte, was für einen strapaziösen Job Angleton hatte. Wie Hank Knoche die Einstellung des Spionageabwehr-Chefs rückblickend beschrieb: »Angleton hatte eine besondere Art, die Welt zu betrachten, ... sehr stark gefärbt von der Verantwortung, die er als CI-Chef über lange Jahre hinweg zu tragen hatte. Man muß für diesen Job schon fast hundertprozentig paranoid sein. Man muß immer mit dem Schlimmsten rechnen. Man muß immer das Negativste von seinen Feinden erwarten. Man muß immer damit rechnen, ohne daß man den Beweis dafür in Händen hält, daß die eigene Organisation unterwandert ist und sich irgendwo ein Maulwurf versteckt hält. Und das erzeugt diese schrecklich mißtrauische Haltung.«

Angletons Macht reichte weit über seinen eigentlichen Verantwortungsbereich der CIA hinaus. Er, der nie mehr als 120 Mitarbeiter unter sich hatte, wurde zur gefürchteten und verehrten Legendengestalt. Agency-Mitarbeiter deuteten in den Gängen auf Angleton – um dann Jahre später festzustellen, daß sie auf den falschen Mann gezeigt hatten. Er warf einen riesigen Schatten über die ganze CIA, und dennoch haben nur wenige Leute persönlich mit ihm zu tun gehabt. Die Warnungen eines sowjetischen Überläufers spornten ihn zur Suche nach einem Maulwurf im System an: Angleton ließ sich von den Verschwörertheorien, die ein gewisser Anatoli Golizyn spann, geradezu behexen.

Golizyn war Ende 1961 über Helsinki in den Westen geflohen. Von denen, die mit ihm zu tun hatten, als arrogant, unangenehm, aber voller Detailkenntnisse über Operationen des KGB in der ganzen Welt beschrieben, war Golizyn der einzige Überläufer, dem Angleton je vertraute. »Von Golizyn als einziger Ausnahme abgesehen, neigte Angleton zu der Annahme, jeder Überläufer sei eine Kreatur des KGB«, erzählt Clare Edward Petty, der für Angleton arbeitete.[1] Angleton war in diesen Mann offenbar so vernarrt, daß er in seiner so sorgsam kultivierten Wachsamkeit, die ihn in der Vergangenheit immer davor bewahrt hatte, sich von Überläufern einwickeln zu lassen, nachließ.

Andere Überläufer, die vor und nach Golizyn kamen, hatten

einen schwereren Stand. Michail Goleniewski, der den Decknamen *Sniper* trug und der höchstrangige polnische Agent war, der je in den Westen übergelaufen ist, hatte seinen Sympathievorschuß in den frühen 70er Jahren so gründlich verspielt, daß niemand von der CIA auch nur mit ihm in Kontakt geblieben ist. Laut Petty hielt Angleton Goleniewski für einen Provokateur, einen sowjetischen Agenten, den man in den Westen geschickt hatte, um dort perfekt zubereitete Desinformation auszustreuen. Man durfte ihm nicht vertrauen. Allein, was Goleniewski nach seinem Überlaufen mit seiner Geliebten im Jahr 1960 in West-Berlin an Informationen lieferte, erwies sich durchweg als verläßlich. Er hatte den Westen vor einem sowjetischen Maulwurf, einem Agenten der »Mittelklasse«, gewarnt, aber seine Warnungen wurden ignoriert. Der Maulwurf war der berüchtigte britische Agent George Blake, von dem sich später herausstellte, daß er ein KGB-Zuträger war.

1970 wandten sich die Briten an Petty mit der Bitte, ihnen im Rahmen einer Untersuchung über die Loyalität Sir Michael Hanleys, einen höheren Beamten beim MI 5, Goleniewski für eine Befragung zu überlassen. Petty erklärte, die CIA habe ihre Beziehungen zu Goleniewski abgebrochen, aber das FBI in New York halte noch Kontakt mit ihm. Monate später sprachen die Briten bei Petty vor, um ihm mitzuteilen, wie außerordentlich hilfreich Goleniewski gewesen sei. Dann ließen sie die Bombe platzen: Goleniewski hatte, als Zugabe zu seinen äußerst belastenden Aussagen über Hanley, behauptet, Nixons Nationaler Sicherheitsberater Henry Kissinger sei ein sowjetischer Agent. Wie die Briten Petty erzählten, hatte Goleniewski in Polen einen Kollegen gehabt, der in den letzten Kriegsjahren und nach dem Krieg für die Sowjets Spionageoperationen im östlichen Deutschland organisiert hatte. Dieser Agentenführer hatte einige sehr heikle Aktionen durchgeführt und bewahrte Unterlagen darüber in einem Safe auf. Nach seinem Tod erhielt Goleniewski vom UB (dem polnischen Geheimdienst) den Auftrag, den Safe zu öffnen, den Inhalt zu prüfen und eine Aufstellung darüber zu erstellen. Bei dieser Prüfung stieß Goleniewski auf Unterlagen über zwei sowjetische Agenten, die von seinem verstorbenen Kollegen geführt worden waren. Aus den Unterlagen gingen der Deckname beider Agenten, der genaue Zeitpunkt ihrer Anwerbung sowie Einzelheiten ihrer Tätigkeit hervor. Goleniewski identifizierte einen der beiden als Henry Kissinger. Er behauptete, Kissinger sei nach seiner Rückkehr in die Vereinigten Staaten immer wieder kontaktiert und aufgefordert worden, seine Arbeit für die Sowjets in den Vereinigten Staaten fortzusetzen.

Goleniewski wußte, daß Kissinger in Harvard mit einem CIA-Projekt befaßt gewesen war. Petty und seine Kollegen waren sich ziemlich sicher, daß Goleniewski alle seine Informationen auch aus öffentlich zugänglichen Quellen bezogen haben konnte – bis auf die Sache mit den Kontakten Kissingers zur CIA. Das war ein Staatsgeheimnis. Zögernd begann die Mannschaft Angletons 1971, Kissinger unter die Lupe zu nehmen. Nach Meinung Pettys blieb ihnen gar nichts anderes übrig: »Auch wenn Goleniewski allgemein als geistig verwirrt oder als möglicher sowjetischer Agent verschrien war – die Präzision seiner Angaben war vergleichbar mit dem, was für seine beste Arbeit charakteristisch war, und das durfte man keinesfalls ignorieren«, sagte Petty.

Unter Ausschöpfung aller Informationen und Informationsquellen begannen die Leute von der CIA-Spionageabwehr ein Dossier über den extravaganten und egozentrischen Nationalen Sicherheitsberater zusammenzustellen. Als sie Kissinger aufforderten, beim Umgang mit den Sowjets die normalen Sicherheitsvorkehrungen einzuhalten, fühlten sie sich von ihm wie aufdringliche Wichtigtuer behandelt.

Petty meldete Angleton die Verdachtsmomente. Aber statt das FBI zu informieren und eine Untersuchung zu veranlassen, blieb Angleton, wie Petty sagte, »darauf sitzen«. Während die Briten sich für Goleniewski verbürgt hatten, meinten einige beim CIA, der Überläufer sei geistig instabil, und hielten sein Beharren auf seiner Verwandtschaft mit der Zarenfamilie für ein Symptom geistiger Verwirrung. Angleton ließ die Briten durch den damaligen Stellvertretenden Direktor des MI 5, Peter Wright, wissen, daß nach seiner Überzeugung und der des CIA-Chefs Richard Helms Goleniewski kein echter Überläufer sei.[2]

Wenn die CIA auf die mögliche Anwesenheit eines Spions in den eigenen Reihen aufmerksam gemacht wird, ist sie gehalten, das FBI einzuschalten. Petty, der glaubte, Angleton habe diese normierte Vorgehensweise befolgt, erwähnte die Verdächtigungen Goleniewskis einem Freund vom FBI gegenüber, in der Annahme, dieser müsse schon damit befaßt gewesen sein. Dem war aber nicht so. »Daraufhin machte das Bureau Angleton wirklich die Hölle heiß, und Angleton war furchtbar wütend auf mich, weil ich davon gesprochen hatte«, sagt Petty.

Angletons Ärger überraschte Petty, wußte er doch, daß Kissingers Beharren auf Gesprächen unter vier Augen mit hochrangigen sowjetischen Vertretern Angleton sehr beunruhigte. In einem 1977 mit Angleton geführten Gespräch machte dieser aus seiner Meinung über Kissinger keinen Hehl: »Er lehnte Einsatzbesprechungen mit der CIA ab. Er war wirklich arrogant. Wir machten uns Sorgen, daß er vielleicht versehentlich etwas sagen könnte. Zuerst hielten wir das für Arroganz. Später begann ich das Schlimmste zu befürchten.«[3]

Es kam zu keinerlei Anschlußermittlungen gegen Kissinger. Angleton diskreditierte dem FBI gegenüber die Aussagen Goleniewskis. Niemand schien bereit, Ermittlungen über den Nationalen Sicherheitsberater des Präsidenten anzuordnen, als dieser gerade drauf und dran schien, das uneingeschränkte Vertrauen Nixons zu gewinnen, als schwierige Rüstungskontrollverhandlungen mit den Sowjets liefen und als die USA dank unzulänglicher Analysemethoden die militärischen Stärken und Schwächen der Sowjets falsch einschätzten.

Leonard V. McCoy, der schließlich zum Stellvertreter von Angletons Nachfolger avancierte und einige Jahre später selbst über Ermittlungsakten in Sachen Kissinger brüten sollte, vertritt die Ansicht, Angleton hätte den Anklagen gegen Kissinger auf jeden Fall nachgehen müssen.

Für Angleton jedoch, der Jahre mit der Suche nach Maulwürfen in der CIA verbracht hatte, war Kissinger nur einer der vielen, die im Lauf der Zeit verdächtigt worden waren. 1962 hatte Anatoli Golizyn den Mitarbeitern von James Jesus Angleton mitgeteilt, ein im Westen plazierter sowjetischer Unterwanderungsagent habe in Westeuropa verheerende Schäden angerichtet. Er behauptete, dieser Mann sei verantwortlich für das Fehlschlagen von Operationen und für die Verhaftung und den Tod einiger Dutzende westlicher Agenten. Sein Codename sei *Sasha*.

James Angletons Vertrauen in Golizyns Informationen war unerschütterlich, auch wenn diese noch so weit hergeholt schienen. Für Angleton wurde die Suche nach Maulwürfen zur Suche nach *Sasha*, dem sowjetischen Agenten in der CIA. Falls *Sasha* noch lebte und dingfest gemacht werden könnte, wäre die Suche beendet. Angleton war überzeugt, daß, wer immer mit *Sasha* zusammenarbeitete, wer immer ihm seine Aufgaben zuwies und ihm seine Türen öffnete, wohl ebenfalls für den KGB arbeitete.

In Zusammenarbeit mit Spionageabwehrleuten wie William Lander, William Branigan und Sam Papich sowie Bruce Solie vom Sicherheitsbüro der CIA begann Angletons Team mit einer sorgfältigen und systematischen Suche nach *Sasha*. Bis Ende 1963 hatte man drei potentielle *Sashas* aus dem Dienst entfernt. Anfang 1964 gelangte man zu der Überzeugung, *Sasha* sei Igor Orlow, ein Agent, der in den 50er Jahren in der Münchner und Berliner CIA-Niederlassung gearbeitet hatte.

Für die junge CIA war »Berlin Base« der Nabel der Spionagewelt gewesen. Hier wurden große Karrieren geschmiedet und zerstört. »Wenn man General werden wollte, mußte man der 82. Airborne Division angehören, und wenn man bei der CIA etwas werden wollte, tat man gut daran, eine Zeitlang in der Berliner Niederlassung zu dienen« – so charakterisierte Generalleutnant Samuel Wilson den Stellenwert von »Berlin Base«. In ihrer Blütezeit waren dort bis zu hundert Mitarbeiter der CIA stationiert. Geleitet wurde die Basis von William King Harvey, der wohl legendärsten Gestalt in der CIA schlechthin.

Die Berliner Niederlassung war in den 50er Jahren der Ort, wo CIA-Leute sich einen Namen machen konnten, wo Ehen zu Bruch gingen und wo die bizarreste aller CIA-internen »Alte-Kameraden-Seilschaften« entstand. Wer am »Stützpunkt Berlin« stationiert war, hatte schon einmal die grundlegende Voraussetzung für eine hervorragende CIA-Karriere in der Tasche. Unglücklicherweise war trotz aller Legenden und Geschichten, die sich um »Berlin Base« rankten, dieser Einsatzort nach Meinung der meisten Spionageabwehr-Experten durch und durch unterwandert.

84

Igor Orlow wurde 1925 in Kiew unter anderem Namen geboren. Sein Vater war Offizier der Roten Armee und hatte sich im Bürgerkrieg und im Zweiten Weltkrieg Verdienste erworben. Orlow war ein kleiner, gutaussehender Mann mit durchdringenden blauen Augen und guten europäischen Manieren. Er war ein Frauenheld. Im Alter von 20 Jahren wurde er Nachrichtenoffizier bei der russischen Armee. Im zweiten Weltkrieg sprang er als sowjetischer NKWD-Agent mit dem Fallschirm über Deutschland ab. 1944 bei einem Absprung schwer verletzt, gelang es ihm, in Deutschland zu überleben, indem er sich als polnischer Kriegsgefangener ausgab und sich den Namen Alexander Kopaskie zulegte. Danach begann er, in Deutschland mit antisowjetischen Emigrantengruppen zusammenzuarbeiten.

Nach dem Krieg ließ sich Orlow von der CIA als freier Mitarbeiter mit Zeitvertrag an der Berliner Niederlassung anwerben. Unter seinen Vorgesetzten waren Männer wie Stationschef Bill Harvey, David E. Murphy, Theodor Shackley, Carl Nelson, Gus Hathaway, George Weisz, Paul Garbler, Richard Kovich, Hugh Montgomery und Samuel Wilson. Alles in allem hatte Orlow mindestens ein Dutzend verschiedene Agentenführer.[4] Er arbeitete auch in München für David Murphy.

Seine deutschstämmige Witwe Eleonore sagt, Orlow sei für die CIA als Agentenführer besonderer Art tätig gewesen. Unter Einsatz seines guten Aussehens und mit Hilfe von Geldmitteln aus der CIA-Kasse habe er sich in München und Berlin an die attraktivsten Frauen herangemacht, um mit ihrer Hilfe sowjetische Offiziere im Westen zu ködern und sie dann anzuwerben. Er habe bis zu fünfzig dieser weiblichen Agenten gleichzeitig »am Laufen« gehabt. Ende der 50er Jahre wurde eine ganze Reihe der Sowjets, die Orlow als Agenten angeworben hatte, von den Sowjets festgenommen.[5]

1956 wurde Orlow nach Frankfurt versetzt, wo er sein Büro und seinen Safe mit Nicholas Kozlow teilte, einem höherrangigen Überläufer, der schon länger im Westen war und auch schon in den Vereinigten Staaten gelebt hatte. Beide Männer waren einem ehemaligen Offizier des amerikanischen Heeres, Oberstleutnant Alexander Sogolow, unterstellt. Ironischerweise wurde Sogolow ebenso wie Orlow mit dem Kosenamen »Sasha« gerufen.

Im Jahre 1959 verließ Orlow Frankfurt für eine dreiwöchige Mission beim Internationalen Jugendfestival in Wien, um dort einige seiner sowjetischen Agenten zu treffen. Als er nach seiner Rückkehr seinen Bürosafe öffnete, den er mit Kozlow teilte, stellte er fest, daß die vier Glimmersplitter, die er in seine Fächer im Safe gelegt hatte, um feststellen zu können, ob sich jemand daran zu schaffen gemacht habe, verschwunden waren. Er fand sie am Boden wieder.

Im Safe befanden sich Dossiers mit den Namen von über drei Dutzend Agenten, die im Augenblick für ihn arbeiteten, sowie Details über etliche Operationen. Orlow fragte seinen CIA-Chef Sogolow, ob er einen Bericht schreiben und darin seine Mutmaßung äußern solle, daß Nicholas Kozlow in seinen Safe eingebrochen war. Aber sein Chef, der privaten Verkehr mit Kozlow pflegte, meinte, dies sei nicht nötig.

Orlow hatte eine Postkarte in seinem Safe, die sein Hausmädchen abgefangen und ihm gegeben hatte; ein Mann, von dem er niemals gehört hatte, hatte sie seiner Frau geschickt. Er glaubte, seine Frau habe eine Affäre mit diesem Mann, und war verrückt vor Eifersucht. Wer immer auch den Safe geöffnet hatte, die darin befindliche Postkarte war bei den Vorgesetzten Orlows in der CIA gelandet.

Der Verfasser der Postkarte erwähnte ein früheres Treffen und bedankte sich bei Frau Orlow für eine Flasche Gin und amerikanische Zigaretten. Frau Orlow sah sich daraufhin mit dem Vorwurf konfrontiert, sich auf dem schwarzen Markt betätigt zu haben. Die CIA unterzog sie einer Reihe von Lügendetektortests und Befragungen, die sich über fast ein Jahr hinzogen. Sie verlor ihren Posten als Übersetzerin bei der CIA. Am Ende konnte man ihr lediglich nachweisen, einmal eine Flasche Gin und ein paar amerikanische Zigaretten gegen eine Opernkarte eingetauscht zu haben.

Orlow war überzeugt, daß Kozlow seinen Safe geöffnet und die Postkarte vorsätzlich der CIA zugespielt hatte. Er war so wütend auf seinen Chef, daß er ihn zwang, die sechs Stockwerke zu dem Appartement hinaufzusteigen, das er mit seiner Frau zusammen bewohnte, um sich bei ihr zu entschuldigen.[6] Igors Karriere tat dies keinen Abbruch. Zu seiner Wut auf Kozlow gesellte sich noch seine Frustration darüber, wieviel mehr Geld Kozlow zu haben schien als er. Er schloß dies daraus, daß Kozlow bei Überstunden- und Spesenabrechnungen schummelte, zum Beispiel, indem er, so Orlow, seinen Agenten statt teurer Minox-Kameras billigere Modelle gegeben, der CIA jedoch die teureren Ausrüstungen berechnet und den Differenzbetrag in die eigene Tasche geschoben habe. Orlow, der als Agent sehr pingelig war, sammelte Beweise gegen Kozlow und legte sie ihrem gemeinsamen Chef vor, der sich jedoch weigerte, das Material an seine Vorgesetzten weiterzuleiten. Statt dessen teilte Sogolow Orlow mit, die CIA habe eine neue Aufgabe für ihn in Amerika, und seine Familie könne mit der Verleihung der amerikanischen Staatsbürgerschaft rechnen. Das war Lug und Trug. Sobald die Orlows sich nach Amerika aufgemacht hatten, um dort ihr neues Leben zu beginnen, meldete Sogolow, Orlow sei ein Sicherheitsrisiko und für einige aufgeflogene Operationen verantwortlich. Er ging so weit, Orlow als einen KGB-Offizier zu bezichtigen.

Die Orlows hatten bei ihrer Ankunft in Washington, D. C., am 15. Januar 1961, fünf Tage vor der Amtseinführung Präsident Kennedys, nur noch wenig Geld. Als Orlow jedoch seine CIA-Kontaktleute aufsuchte, um mehr über seinen neuen Job zu erfahren, sagte man ihm, man habe keine Arbeit für ihn. Er versuchte, telefonischen Kontakt zu seinem alten Freund von der Berliner Niederlassung, Sam Wilson, aufzunehmen, der inzwischen im Pentagon arbeitete. In den 50er Jahren in Deutschland hatte sich Wilson eng mit den Orlows angefreundet. Er hatte ihnen 1957 geholfen, in die Vereinigten Staaten zu reisen, damit Eleonore ihren zweiten Sohn George dort zur Welt bringen konnte. Ironischerweise hatte sich Wilson auch mit Nicholas Kozlow angefreundet und auch ihm zur Einbürgerung in die Vereinigten Staaten verholfen. Auf jeden Fall nahm Wilson die Anrufe Orlows nicht entgegen.

Die CIA bot Orlow für seine jahrelange gefahrvolle CIA-Tätigkeit einen Berlitz-Sprachkurs für Englisch und eine Abfindung in Höhe von 2500 Dollar an. Er wünschte sie zur Hölle. Von der Hand in den Mund lebend, bemühten sich Igor und Eleonore, mit ihren geliebten Söhnen in einem neuen und fremden Land Fuß zu fassen. Orlow bekam schließlich einen Posten als Lieferwagenfahrer bei der *Washington Post*. Er arbeitete fünf Stunden die Nacht für 60 Dollar in der Woche. Die Familie sparte, bis sie eine kleine Ladenwerkstätte für Bilderrahmungen aufmachen konnte.

Als James Angleton von Golizyn, dem einzigen Überläufer, dem er je vertraut hatte, 1962 erfuhr, daß sich in den 50er Jahren in der Berliner Niederlassung und in München ein KGB-Maulwurf eingenistet hatte, ließ diese Mitteilung im Gehirn des CIA-Chefs eine ganze Kette von roten Lichtern aufleuchten. Angletons Leute nahmen sich die Akten aller Agenten vor, die im Nachkriegsdeutschland angeworben worden waren, und gaben sie an Bruce Solie weiter, den hochrangigen Beamten der Sicherheitsabteilung, der vollstes Vertrauen genoß. Solie ging die Akten durch. Er stand in dem für einen Sicherheitsexperten ungewöhnlichen Ruf, im Zweifelsfalle zugunsten des Verdächtigen zu entscheiden. Als er jedoch erfuhr, daß Orlow mit dem Kosenamen »Sasha« gerufen wurde und daß seine Agenten aufgeflogen waren, war die Jagd eröffnet.[7] Igor Orlow hatte in der Berliner Niederlassung mit einigen zukünftigen Koryphäen der CIA zusammengearbeitet, und keiner blieb von Nachstellungen verschont.

Die Liste derer, die in Angletons Augen verdächtig waren, der Maulwurf in den Reihen der CIA zu sein, schrumpfte schließlich auf drei Männer zusammen. Der namhafteste von ihnen war David Murphy. Murphy, dessen Karriere in den 50er Jahren in der Berliner Niederlassung begonnen hatte, war einer der »Goldjungs« der CIA gewesen. 1959, als Bill Harvey in die Vereinigten Staaten zurückkehrte, um dort die Fäden für den Sturz Fidel Castros zu ziehen, wurde Murphy Operationschef in Berlin.

Auf den ersten Blick schien Murphy der unwahrscheinlichste Kandidat für die Rolle eines sowjetischen Agenten zu sein. Seine ungeschickten Versuche, sowjetische Bürger anzuwerben, stürzte die CIA von Tokio bis Wien in öffentliche Verlegenheiten. In diesen Ländern machte Murphy Schlagzeilen, weil er bei zwei Anwerbeversuchen in Schlägereien verwickelt worden war. Leonard V. McCoy, ein Kollege Murphys in der Sowjet-Abteilung, bezeichnete ihn als einen »notorischen Pechvogel«. Dennoch machte seine Karriere, vor allem dank seiner Berliner Vergangenheit, gute Fortschritte – bis zu dem Zeitpunkt, als Anatoli Golizyn Angleton eröffnete, es gebe einen Russen, der in München für Murphy und in Berlin für andere gearbeitet habe und KGB-Agent sei. Angleton begann seine Schlüsse zu ziehen. Mitte der 60er Jahre machte er die Kontakte Murphys zu Igor Orlow zur Grundlage seiner Beschuldigung, Murphy – der damals Chef der Sowjet-Abteilung der CIA war – sei der gesuchte Maulwurf.

Wie Clare Petty, der ehemalige Mitarbeiter Angletons, sagt, gab es »unzählige Gründe, die nahelegten, daß Orlow ein sowjetischer Agent war«. Petty erinnert sich daran, daß Orlow in der Tat KGB-Offizier gewesen war. Petty sagt, bei seiner Suche nach dem Maulwurf habe Angleton sich hauptsächlich auf Agenten konzentriert, die Orlow von München aus für Murphy geführt hatte.[8]

Angleton schloß Freundschaften, wo sie ihm von Nutzen waren. Einer dieser Freunde war Sam Wilson. Von den Leuten, die in der Berliner CIA-Niederlassung mit Orlow zusammengearbeitet hatten, war dieser ranghöchste Army-Offizier der »Base« der wichtigste gewesen. Wilson hatte mit Orlow zusammen die National Labour Union betreut, eine sowjetische Emigrantengruppe, die das kommunistische Regime in der Sowjetunion stürzen wollte. Wie die meisten anderen Veteranen von »Berlin Base« machte auch Wilson in den nachfolgenden Jahren eine beachtliche Karriere.

Angleton erstellte ein umfassendes Dossier über Igor Orlow. Dann ließ er Wilson über einen Mittelsmann wissen, er habe ihm etwas sehr Wichtiges zu zeigen. Zu der Zeit war Wilson in Hollywood, wo gerade ein Film über seine Abenteuer im Zweiten Weltkrieg gedreht wurde. Nach seiner Rückkehr wurde er Berater im Stab von Verteidigungsminister Robert McNamara. Er erinnert sich an den Tag, als Igor Orlows Akte bei ihm auf dem Schreibtisch landete: »Der Typ kommt den ganzen Weg von Langley ins Pentagon, dann hoch in die Büroräume McNamaras und [Roswell] Gilpatrics. Ich warf alle hinaus, die sich in meinem Büro aufhielten, und setzte mich hin und verbrachte drei Stunden damit, die Akte durchzuarbeiten. Die Haare standen mir zu Berge, als mir klar wurde, daß dieser Typ die ganze Zeit über eine

Verräterratte gewesen war.« Angleton sah darin kein Menetekel, sondern war Wilson für den Gefallen dankbar: »Er rief mich an und sagte mir das. ... Es stimmte mich traurig, da mir klar wurde, wo die Dinge schiefgelaufen waren. ... Ich bin ein Optimist, auch wenn ich diese mißtrauische Ader habe. Ich neige dazu, zu sagen, wir werden diese Sache schaukeln, wenn wir nur ein bißchen weiter in diese Richtung bohren.«[9]

Entweder hatte Angleton Wilson ins Vertrauen gezogen, oder er hatte ihm das gegeben, was der ehemalige CIA-Beamte Robert Crowley ein »Kontrastmittel« nennt – ein Verfahren, um herauszufinden, wohin Wilson mit diesem Material ging und wo es schließlich landete.[10] Wilson könnte genausogut Angletons Maulwurf gewesen sein wie Murphy oder jeder andere der Agentenführer Orlows. Schließlich war es Wilson gewesen, der sich mit Orlow angefreundet hatte. Anstatt jedoch Wilson für verdächtig zu erklären und seine Karriere wie die Murphys zu zerstören, teilte Angleton sein Geheimnis mit ihm. Es gibt keinen Hinweis darauf, daß über Wilson jemals Nachforschungen angestellt worden wären. Genau das Gegenteil ist der Fall: Im darauffolgenden Jahrzehnt stieg Wilson innerhalb und außerhalb der CIA scheinbar mühelos in immer höhere Positionen auf.

Warum bekam Murphy den Schwarzen Peter zugeschoben? Wilson sagt, er wisse es nicht, könne es nur vermuten: »Orlow war in West-Berlin, Murphy war in West-Berlin. Ich war nicht die ganze Zeit mit ihm [Orlow] zusammen. Daher wußte ich während meiner Zeit dort nichts von einem Kontakt zwischen den beiden. Murphy dagegen wußte ganz genau über meine Beziehungen zu Orlow Bescheid, war über einige Dinge informiert, die schiefgelaufen waren, wußte, daß ich mit Igor Orlow zusammenzuarbeiten versuchte.«

Das FBI erhielt die Informationen über Orlow. Er wurde in der Altstadt von Alexandria (Virginia) aufgespürt, nur ein paar Kilometer von den Zentralen von CIA und FBI entfernt. Angleton drängte das Bureau immer wieder, Orlows Bilderrahmengeschäft und sein Haus zu überwachen, um festzustellen, ob irgendwelche verdächtigen CIA-Leute oder Sowjets den kleinen Laden besuchten. Allein einiges an der FBI-Operation gegen Orlow mutete nicht sehr sinnvoll an. Da war zum Beispiel die Tatsache, daß die CIA einem anderen sowjetischen Überläufer, der in Frankfurt mit Orlow zusammengearbeitet hatte, keinerlei Beachtung schenkte, nämlich Nicholas Kozlow.

Es lagen eindeutige Beweise dafür vor, daß in Berlin noch Agenten »hochgingen«, lange nachdem Igor Orlow gegangen war. Orlow war im Oktober 1956 von Berlin nach Frankfurt versetzt worden. Laut George Kisevalter, der in der Berliner Niederlassung gearbeitet hat, nahm die sowjetische Spionageabwehr zwischen 1956 und 1959, also nach dem Weggang Orlows, mindestens sechsundzwanzig Agenten hoch. Nach Angaben von Kisevalter war dies die Schuld eines hohen Berliner Polizeibeamten, der auf der Gehaltsliste der CIA stand.

Es war ein klassisches Geheimdienst-Fiasko. Kisevalter beharrte darauf, daß Igor Orlow mit dem Debakel nichts zu tun hatte. Wie Kisevalter meint, beweist diese Episode nur, »wie schlampig bei der Rekrutierung manchmal gearbeitet wurde«. Schließlich gestand der Agent, daß einer seiner Kollegen im Büro voll über die Art seiner Tätigkeit für die CIA informiert war. Der betreffende Kollege legte ein Geständnis ab, so daß Orlow in bezug auf diesen Fall aus dem Schneider war.[11]

Trotz dieses Geständnisses glaubte Angleton weiterhin an Golizyns Version der Dinge: daß in der Berliner Niederlassung ein hochkarätiger sowjetischer Agent namens *Sasha* sein Unwesen trieb. Im März 1965 gipfelten Angletons Nachforschungen in einem Einbruch in Orlows Haus und seinem Laden, verübt von FBI-Spezialisten. Orlow selbst wurde nahezu zwei Monate lang regelmäßig in die ehemalige Washingtoner Außenstelle des FBI im alten Postamt-Hochhaus im Zentrum der Bundeshauptstadt vorgeladen und ständigen Verhören unterzogen. Mitarbeiter der Sowjetabteilung der CIA setzten ihn mit der Drohung unter Druck, seine verwitwete Mutter, die, wie man ihm sagte, in Moskau lebte, könne Probleme bekommen. Orlow hatte seit 1944 keinen Kontakt mehr zu ihr gehabt und war nicht einmal sicher, ob sie überhaupt noch am Leben war. Schließlich brach er zusammen und flippte aus: Am darauffolgenden Nachmittag, als er seinen Zeitungslieferwagen belud, beging er, wie er dem FBI später sagte, eine Verzweiflungstat.

Das Verlagsgebäude der *Washington Post* liegt Rücken an Rücken zur sowjetischen Botschaft, von ihr nur durch eine schmale Ladestraße getrennt. Orlow erblickte einen sowjetischen Offiziellen, der den Abtransport von Müll durch eine Hintertür überwachte. Kurz entschlossen lief er von seiner Laderampe zu dem Mann hin und sprach ihn auf russisch an. Orlow sagte ihm, er brauche Hilfe. Der Mann führte ihn ins Botschaftsgebäude. Orlow landete in einem kleinen Empfangsraum, wo ein großer Spiegel an der Wand hing. Es war ihm klar, das man ihn durch das Spiegelglas fotografierte. Orlow stellte seine Befürchtungen dar, daß man seiner Mutter in der Sowjetunion wegen seiner Probleme mit dem FBI etwas antun könne. Igor erzählte, sein Vater sei ebenso wie er ein Held des Großen Vaterländischen Krieges gewesen. Er sagte, wenn das FBI ihn verhaften würde, hätten seine Frau und seine Kinder niemanden mehr, der für sie sorge. Die Sowjets boten der Familie Asyl an. Orlow verabredete mit den Russen, daß seine Familie am Nachmittag des darauffolgenden Tages abgeholt werden solle.

Der Beamte der Botschaft gab ihm eine Adresse, an die er schreiben sollte, und entließ ihn durch die Vordertür aus der Botschaft. Erleichtert ging Orlow nach Hause und erzählte seiner Frau von den Vereinbarungen, die er in ihrem Interesse getroffen hatte. Als Eleonore dagegen protestierte, sagte ihr Mann zu ihr: »Wovon wollt ihr leben? Du mußt es für die Kinder tun.« Am nächsten Tag setzte sie ihn beim alten Postamt ab, wo das FBI ihn einem strengen Verhör über seinen Besuch in der sowjetischen Botschaft am Vortag unterzog. Ein Überwachungsteam des FBI hatte ihn beim Betreten des Gebäudes beobachtet. Nach Stunden gnadenloser Befragung war dem FBI-Agenten Courtland Jones und den anderen Spionageabwehrleuten klar, daß ein Nachweis dafür, daß Orlow ein sowjetischer Agent war, nicht zu erbringen sein würde.

Frau Orlow holte ihre beiden Kinder von der lutheranischen Schule ab, die sie in Alexandria besuchten, aber anstatt sie zu den Russen zu bringen, ging sie mit ihnen nach Hause. Zu ihrer großen Erleichterung wurde ihr Mann an diesem Frühlingsnachmittag vom FBI entlassen. Man sagte ihm, er stehe jetzt außer Verdacht.

Angleton jedoch blieb wegen Golizyns Warnung und anderer Informationen auf Orlow fixiert. Er weigerte sich, dem FBI grünes Licht für die Einstellung der Nachforschungen über Orlow zu geben. Offenbar kam es Angleton zu keinem Zeitpunkt in den Sinn, Nachforschungen über Orlows Widersacher Nicholas Kozlow anzustellen, dem Orlows Kosenamen Sasha sicherlich geläufig war. 1966 war Nicholas Kozlow in den amerikanischen Geheimdiensten eine fest etablierte Größe. Er arbeitete für die Defense Intelligence Agency (DIA) im alten Postamt, übersetzte dort Dokumente und fertigte Expertisen über die sowjetische Militärstrategie an. Er war der erste Russe in den Reihen der CIA, der eine Sicherheitsfreigabe für die höchsten Geheimhaltungsstufen erhielt.

Angleton drängte das FBI, die »Spur« Orlow weiterzuverfolgen, obwohl das Bureau den Fall für abgeschlossen hielt. Da Angleton aber zu mächtig war, als daß man sich ihm widersetzen konnte, wurde Orlow weiterhin überwacht. Als eine Art Ausgleich für das grobe Unrecht, das man Orlow damit antat, ließen Courtland Jones, Joseph Purvis und andere führende Leute beim FBI regelmäßig ihre Bilder in seinem Laden einrahmen. Mitte der 60er Jahre verdankte Orlow einen Großteil seines Umsatzes den Agenten der Washingtoner FBI-Außenstelle.

Das Jahr 1966 erlebte eine mit Hochdruck fortgesetzte Jagd nach dem Angletonschen Maulwurf. CIA-Chef Admiral William F. Raborn und sein Stellvertreter Richard Helms ließen Angleton freie Hand. Angleton stellte eigens zum Zweck der Maulwurfsjagd eine kleine Mannschaft zusammen. Clare Edward Petty sollte die Operation leiten. Als er von Angleton in die Spionageabwehrabteilung berufen wurde, hatte er gerade einige hochkarätige Unterwanderungsagenten des KGB im bundesdeutschen Auslandsgeheimdienst BND zur Strecke gebracht. Was er zwischen 1966 und Juni 1974 für Angleton und die CIA tat, sollte die weitere Entwicklung der CIA entscheidend prägen.

Petty war ein Praktiker und betrieb das Handwerk der Spionageabwehr mit ebenso verbissenem Engagement wie Angleton. Petty nahm den Auftrag, herauszufinden, ob es beim CIA einen Maulwurf gab und wer dieser war, an, wohl wissend, daß es einer jener Jobs war, die für die CIA sehr viel bedeuteten, für die eigene Karriere jedoch tödlich sein konnten.

Petty und seine kleine Mannschaft, die zu keiner Zeit mehr als vier Leute umfaßte, führten ihre Ermittlungen mit erstaunlicher Hartnäckigkeit durch. Die Suche nach dem Maulwurf begann mit einer Durchsicht alter, nicht aufgeklärter CIA-Verfahren wie der Spionagefälle Alger Hiss und Elizabeth Bently. Pettys Team erhielt Zugang zu den *Venona*-Protokollen, von den Briten entschlüsselten sowjetischen Agentenfunkbotschaften aus einer Zeit, als Moskau offiziell noch als Freund und Verbündeter gegolten, aber dennoch massive Spionage gegen die West-Alliierten getrieben hatte. Die wichtigste Informationsquelle des Teams waren jedoch die Akten der Überläufer. Niemand hatte sich bisher die Zeit genommen, einmal zu untersuchen, welche Widersprüche zwischen den Geschichten der Überläufer bestanden. Niemand hatte je die jahrelange Arbeit auf sich genommen, die man brauchte, um die Aussagen eines jeden Überläufers Wort für Wort abzuwägen. Petty überprüfte die Akten aller Überläufer und Informanten. Allein das Golizyn-Material füllte einen kleinen Sicherheitsraum.

Petty arbeitete sich durch eine Schattenwelt. Sieben von zehn Mitarbeitern der Abteilung für Spionageabwehr hatten ihren Chef Angleton nie zu Gesicht bekommen. Petty erhielt seine Anweisungen von Newton »Scotty« Miler, William Hood, Jean Evans oder James Ramsey Hunt, den ranghöchsten Stellvertretern Angletons. Angleton, der sehr viel auf Reisen war, kontrollierte Pettys Tätigkeit in all den Jahren sozusagen per Fernsteuerung. Miler und Evans gaben die Weisungen des CI-Chefs an Petty weiter.

In seltenen Fällen durfte Petty den Großmeister der Spionageabwehr jedoch sehen und sprechen. Pettys Büro im CIA-Hauptquartier hatte ein Fenster, das den Blick auf die Fenster des Angletonschen Allerheiligsten freigab. Wenn die Jalousien in einer bestimmten Weise heruntergelassen waren, wußte Petty, daß Angleton da war. Er ging dann hinüber und meldete sich im Vorzimmer des Chefs. Bertha, eine Frau, von der viele meinten, sie sei für eine Sekretärin viel zu klug gewesen, ließ Angleton dann wissen, daß einer seiner Mitarbeiter warte. An ihr Büro grenzte ein Tresorraum, zu dem nur sie und Angleton Zugang hatten. Dort bewahrte er die Akten auf, die ihn am meisten interessierten.

Einzig Angleton und sonst niemand in der CIA, nicht einmal der Direktor, erhielt ein Exemplar jedes Funkspruchs, der von irgendeiner Außenstelle auf der Welt, in welcher Geheimhaltungsstufe auch immer, einging. Die Spionageabwehrabteilung hatte ihre eigene Chiffrierung, da Angleton die Nachrichtenverbindungen der CIA nicht für abhörsicher hielt.

Angleton nahm die Anwesenheit Pettys kaum zur Kenntnis. Wie Petty sich erinnert: »Angleton hatte nur mit sehr wenigen Mitarbeitern bei der CIA direkten Kontakt. Für jene, die Gelegenheit hatten, ihn unter vier Augen treffen zu können, ob auf Betreiben des Mitarbeiters oder auf Wunsch Angletons, konnte ein solcher Besuch eine recht beunruhigende Erfahrung sein. Normalerweise war Angleton hinter einem Stoß von Funksprüchen vergraben und las in irgendeiner Akte. Er konnte auch damit beschäftigt sein, in seiner höchst ungewöhnlichen winzigen Handschrift etwas penibel zu Papier zu bringen. Es konnte vorkommen, daß er die Anwesenheit seines Besuchers eine Zeitlang gar nicht bemerkte, so daß dieser sich oftmals die Frage stellte, ob nicht vielleicht ein stiller Rückzug angebracht wäre. Schließlich eröffnete [Angleton] jedoch eine Unterhaltung. Oftmals sprach er Dinge an, die in keinem Zusammenhang mit dem anliegenden Problem zu stehen schienen, und plauderte manchmal ein oder zwei Stunden lang drauflos, wobei er überdies noch Informationen preisgab, die den betreffenden Beamten nicht unbedingt etwas angingen.«[12]

Bei aller Verschiedenartigkeit ihrer Charaktere stellte Petty fest, daß Angleton einen scharfsinnigen Verstand besaß und leidenschaftlich um das Wohl der CIA besorgt war: »Abgesehen von seinen zahlreichen Eigenheiten, verstand Angleton wohl mehr von Spionageabwehr als jeder andere lebende Mensch. Er war zutiefst davon überzeugt, daß die Spionageabwehr auf institutioneller und personeller Kontinuität bei den damit befaßten Stellen und auf dem Vorhandensein eines breiten Wahrnehmungshorizonts beruhe. Er wußte, daß eine isoliert arbeitende Abteilung nicht in der Lage ist, das ganze Bild zu sehen, und in einer illusorischen Spionageabwehrwelt lebt.« Doch wurde, wie Petty sagt, gerade das umfassende Wissen, über das Angleton verfügte, zum Risikofaktor: »Die Schwierigkeit dabei war natürlich, daß eine solche Kontinuität und Zentralisierung in sich selbst eine große Gefahr barg. Es war kein Wunder, daß die Spionageabwehrorganisationen auf der Liste der Zielobjekte des KGB ganz oben standen.«

Um dieselbe Zeit, als Petty an die Arbeit ging, ließ Angleton sich von Golizyn dazu überreden, ihm, Golizyn, die Personalakten in Verdacht geratener CIA-Mitarbeiter zugänglich zu machen. Und tatsächlich gewährte Angleton dem sowjetischen Überläufer Einblick in die Dossiers über CIA-Mitarbeiter, die russisch sprachen, Verwandte in der Sowjetunion hatten oder in CIA-Außenstellen arbeiteten, in denen andere unter Verdacht standen. Dies war ein unerhörter Verstoß gegen die Sicherheitsvorschriften der Agency. Angleton versuchte sogar, das FBI zu überzeugen, das gleiche zu tun; das Bureau weigerte sich jedoch.

Angleton wirkte einschüchternd auf andere. Wichtiger für die neue CIA-Führung war jedoch, daß er die Agency in Fesseln verstrickte. Männer wie William Colby gelangten in den frühen 70er Jahren zu der Überzeugung, daß Angletons übervorsichtige Methodik die Agency lähmte. So lehnte er es ab, Sowjets als Agenten anzuwerben, da er fürchtete, sie könnten sich, anstatt sich als brave Doppelagenten zu betätigen, als »Dreifach«-Agenten oder Provokateure entpuppen. »Alles kam zum Stillstand. Aus uns war ein Geheimdienst geworden, der keinerlei Informationen mehr sammelte«, sagt Colby.[13]

Beim Durchkämmen der Akten der Überläufer stieß Petty auf Beunruhigendes. Die Akten von Peter Deriabin, einem Überläufer, dessen Informationen zur Entlarvung zweier KGB-Infiltrationsagenten im westdeutschen BND geführt hatten – des legendären Duos Peter und Paul –, waren besonders aufschlußreich. Deriabin hatte nach seinem Überlaufen zur Ostblockabteilung der CIA eine Liste der KGB-Leute erstellt, die 1953 in der Außenstelle Wien gedient hatten. An dritter Stelle auf dieser Liste stand Anatoli Golizyn, der acht Jahre später selbst überlaufen sollte. Er hatte in Wien unter seinem richtigen Namen gearbeitet. Als die Moskauer KGB-Zentrale vom Überlaufen Deriabins erfuhr, wurden Golizyn und andere Mitarbeiter der Wiener Außenstelle sofort nach Moskau zurückbeordert, da sie enthüllt oder »aufgeflogen« waren. Der Inhalt der Deriabin-Berichte wurde in der CIA als flexible Geheiminformation behandelt; das heißt, daß nur bestimmte Leute in der Ostblockabteilung bei konkretem dienstlichem Wissensbedarf und Angleton selbst Zugang zu dem Material hatten.

Petty stieß beim Durchgehen der Tausende von Seiten füllenden Protokolle der Golizyn-Verhöre auf etliche Unstimmigkeiten in dessen Geschichte. Petty brauchte Jahre, um die Versatzstücke zusammenzusetzen, aber als er damit fertig war, waren die Konsequenzen schockierend.

Golizyn hatte der CIA erzählt, er sei als heller junger KGB-Kopf von Anfang an in die Spionageabwehr übernommen worden. Er behauptete, einen Aufsatz verfaßt zu haben, der auf den Schreibtisch von Stalin gelangt sei; darin habe er den Standpunkt vertreten, der britische Geheimdienst sei auf dem absteigenden Ast, und der neue und stärkere Gegner sei nun die CIA. Er brüstete sich, diese These habe die KGB-Führung beeindruckt, und sie habe ihn als Leiter der KGB-Infiltrationsabteilung nach Washington entsenden wollen; doch dann sei Stalins Tod dazwischengekommen.

Nach Stalins Tod änderten sich die Aufgaben Golizyns. Er wurde in die Säuberungsaktionen nach dem Sturz Berijas verwickelt. Dann erhielt er den Auftrag, jüdische KGB-Offiziere zu führen. Der KGB hatte zu dieser Zeit eine größere Operation mit dem Ziel gestartet, sowohl die jüdische Gemeinde in Moskau als auch den israelischen Geheimdienst MOSSAD und die israelische Armee zu unterwandern. Wie Golizyn berichtete, wurde er nach den Säuberungsaktionen und seiner Arbeit mit den jüdischen KGB-Offizieren im Frühjahr 1958 für eine neue Aufgabe in Wien geschult, wo er unter seinem richtigen Namen eingesetzt werden sollte. Aber dann fand Petty in Golizyns Geschichte etwas, das ihm sehr merkwürdig vorkam: die Behauptung Golizyns, seine Wiener Mission sei abgeblasen worden, weil der KGB in den

Besitz einer Kopie des Deriabin-Verhörprotokolls gekommen sei – einschließlich jener Liste der Mitarbeiter der Wiener KGB-Außenstelle, auf der Golizyn als Nummer drei aufgeführt war. Petty erschien diese Information, die über dreizehn Jahre lang in Golizyns Akte geschlummert hatte, sehr seltsam. Sie bedeutete, daß es entweder bei der Spionageabwehr oder in der Sowjetabteilung eine größere undichte Stelle geben mußte. In Pappkartons aus dem Archiv der polnischen Sektion entdeckte Petty dann einen weiteren wichtigen Schlüssel für seine Suche. In diesen vernachlässigten Schachteln befanden sich die Akten über den bedeutendsten polnischen Überläufer in die Vereinigten Staaten und den wohl wichtigsten in der Geschichte des Kalten Krieges. Im März 1959 trafen bei der amerikanischen Botschaft in Bern erstmals Briefe an, die wertvolle Geheiminformationen enthielten. Die Briefe waren mit dem Codenamen *Sniper* unterschrieben. Sie enthielten einige wirre Informationen über die Aktivitäten des KGB in Polen und England. Über eine Anzeige in einer Frankfurter Tageszeitung, die in verschlüsselter Form den Erhalt der Briefe bestätigte, begann die CIA, Kontakt zu *Sniper* aufzunehmen. Dieser Kontakt hielt achtzehn Monate lang an. *Sniper* sollte sich als Michail Goleniewski entpuppen, dem polnischen Verbindungsoffizier zwischen dem KGB und dem polnischen Geheimdienst. Unter den Informationen, die er lieferte, war auch eine, die darauf hindeutete, was für ein wichtiger Mann Golizyn innerhalb des KGB war.

Wie aus Pettys Bericht hervorgeht, waren es ursprünglich verletzte Gefühle wegen erlittener Ungerechtigkeiten und Vernachlässigungen seitens des KGB, die *Sniper* veranlaßt hatten, die Briefe zu schreiben. Als jedoch die Vereinigten Staaten bei ihm angebissen hatten, zeigte der KGB plötzlich wieder Interesse an ihm. Da vieles von dem, was er dem Westen geschickt hatte, entstellt ankam, bat ihn die CIA um korrigiertes Material, und das begann er auch prompt zu liefern. Petty sagt, es sei offensichtlich gewesen, daß der KGB ihm auf der Spur war. »Sie benutzten ihn zu aggressiver Spionageabwehr.«

Aber wie war der KGB Goleniewski auf die Schliche gekommen? Nur der polnischen Sektion der Ostblockabteilung der CIA waren die Briefe *Snipers* bekannt. Das bedeutete, daß nur vier Leute zur Operation *Sniper* Zugang hatten.

Die Antwort auf Pettys Frage tauchte in Form einer aufgeflogenen Aktion auf. Zeitgleich mit der Operation *Sniper* hatte Pete Bagley einen Mitarbeiter des polnischen Geheimdienstes UB angesprochen. Bagley benutzte eine Tarnlegende: Er gab sich als Mann des Bundesnachrichtendienstes (BND) aus. Bagley wollte den polnischen Nachrichtenoffizier für den Westen anwerben. Auf dem sichersten Nachrichtenkanal schickte die Osteuropaabteilung einen Bericht über Bagleys Vorhaben an Angleton. Zwei Wochen vor dem geplanten Treffen Bagleys mit seinem Mann traf im Hauptquartier des polnischen Geheimdienstes ein Brief vom KGB ein, der die Warnung enthielt, die Westdeutschen wollten einen polnischen UB-Mann anwerben, und dies müsse verhindert werden. Als Bagley die Anwerbung versuchte, gab sein Kontaktmann ihm einen Korb.

Wenige Wochen später schränkte der polnische Geheimdienst die Reisebefugnisse Goleniewskis ein. Was ihn aber nach eigener Aussage schließlich 1960 zu seinem Absprung nach Westen in Berlin bewog, war die Tatsache, daß er von den Russen einen Brief erhielt, in dem es hieß: »Es gibt ein Schwein in Ihrem Geheimdienst; wir wollen, daß Sie uns helfen, ihn zu finden.« Jahre später kam Petty zu dem Schluß, daß die Sowjets über *Sniper* vollständig auf dem laufenden waren, daß sie aber kein Interesse mehr hatten, dieses Wissen für weitere Operationen zu nutzen. Jemand aus der CIA erzählte den Russen alles, was sie wissen wollten, und manipulierte CIA-Operationen gegen den polnischen Geheimdienst.

Wenn nun aber die Russen von *Sniper* gewußt haben, warum ließen sie ihn dann laufen? Petty schrieb in seinem Bericht an Angleton, daß sie wohl dachten, Goleniewskis Absprung werde den Stellenwert der Informationen, die sie in seine *Sniper*-Briefe eingestreut hatten, steigern – und Golizyn aufwerten. Beim Durchgehen des Goleniewski-Materials entdeckte Petty, daß sich die von *Sniper* gelieferten Erkenntnisse in etlichen Punkten als unrichtig erwiesen hatten. Petty schloß daraus, daß ein Großteil seines Materials aus KGB-eigener Desinformation bestand. Dies bedeutete, daß die von Goleniewski erbrachte Bestätigung für die Golizyn-Storys womöglich vom KGB fabriziert worden war, ohne daß Goleniewski etwas davon geahnt hatte.

Golizyn lief ein Jahr nach *Sniper* über. Golizyns letzte KGB-Tätigkeit im Moskauer Hauptquartier hatte die Prüfung von NATO-Unterlagen beinhaltet. Dies war eine perfekte Möglichkeit, einem ausgesandten Agenten eine Erklärung dafür zu verschaffen, warum er über so weitreichende und für die westliche Seite so verlockende Informationen verfügte. Kurz vor seinem Absprung wurde Golizyn nach Helsinki geschickt, wo er aber zur Abwechslung nicht unter seinem wirklichen Namen auftrat. Er nannte sich Klimow. Er war zusammen mit seiner Frau und seiner Tochter nach Helsinki versetzt worden. Allein diese Aktion hätte die westlichen Geheimdienste stutzig machen müssen. Es war nicht gerade üblich, daß der KGB einem seiner Agenten erlaubte, seine Familie ins Ausland mitzunehmen. In seiner später sprichwörtlich gewordenen unverfrorenen Art und Weise antwortete Golizyn dem skeptischen CIA-Stationschef in Finnland, nachdem er sich abgesetzt hatte: »Mit mir muß alles in Ordnung sein, sonst hätte man mich nie mit Frau und Kindern hinausgelassen.«

Für Petty las sich die Akte Golizyn nun wie ein Alptraum. Eigentlich hätte die Ostblockabteilung der CIA den Überläufer verhören sollen, aber er war ein so harter Brocken und so unausstehlich, daß die CIA-Führung schließlich auf sein Verlangen einging, nur mit der Spionageabwehrabteilung und mit Angleton persönlich zu verhandeln. Dies stand im Gegensatz zu allen Gepflogenheiten. Petty schloß daraus, daß Golizyn ein »entsandter Überläufer« war, dessen wichtigste Aufgabe darin bestand, die westlichen Geheimdienste mit Desinformation zu füttern. Petty erkannte, daß Golizyn die CIA an ihrer schwächsten Stelle erwischte, indem er Angleton gegenüber mit Informationen über Unterwanderungsagenten innerhalb der CIA winkte.

Angletons Stellvertreter Jean Evans, Newton »Scotty« Miler und William Hood setzten in den westlichen Geheimdiensten eine Suche nach einer Reihe von Unterwanderungsagenten in Gang, deren Existenz man aufgrund vager Hinweise vermutete, die Golizyn Angleton angedreht hatte. Wie Petty herausfand, waren im Rahmen dieser Untersuchungen in der Tat einige Unterwanderungen aufgedeckt worden – aber nicht die, auf die Golizyn das Augenmerk gelenkt hatte. »Er hatte die westlichen Geheimdienste in Aufruhr versetzt und das Herzblut unseres eigenen Geheimdienstes in Wallung versetzt«, schrieb Petty in seinem Bericht über die Aktivitäten Golizyns.

Golizyn warnte Angleton vor, die Sowjets würden eine Reihe von falschen Überläufern schicken, mit dem Auftrag, ihn zu diskreditieren. Das bedeutete, so erkannte Petty, daß, wenn Golizyn Angleton hiervon überzeugen konnte, in Zukunft kein sowjetischer Überläufer mehr, ob echt oder vorgetäuscht, guten Glaubens aufgenommen würde. Dieses Kalkül ging für die Sowjets auf. Nachdem Golizyn erfolgreich das Verhältnis der CIA zu anderen westlichen Geheimdiensten unterminiert und alle zukünftigen sowjetischen Überläufer in Mißkredit gebracht hatte, begann er damit, zwischen dem FBI und der CIA Unruhe zu stiften. Das FBI, das noch unter dem schlechten Image zu leiden hatte, das es sich in der Öffentlichkeit durch seine Fehlleistungen im Zusammenhang mit der Ermordung Kennedys zugezogen hatte, suchte verzweifelt nach Geheimdienstinformationen über die Beziehungen des angeblichen Attentäters Lee Harvey Oswald zum KGB während seiner in der Sowjetunion verbrachten Jahre. Hoover wollte ein für allemal eine Antwort auf die Frage: Hatte Oswald Kennedy im Auftrag des KGB umgebracht?

Im Juni 1962 nahm Juri Nosenko, der zügellose Sohn eines ehemaligen sowjetischen Schiffbauministers, erstmals Kontakt zu Pete Bagley auf.[14] Bagley nahm in Genf an den Verhandlungen über einen Vertrag zum Verbot oberirdischer Atomtests teil. Nosenko erzählte Bagley, er würde gerne für die Vereinigten Staaten arbeiten, würde aber niemals an ein Überlaufen denken können, solange seine Frau und seine Kinder noch in Moskau seien. Nosenko lieferte Bagley gegen ein kleines Entgelt einige wertvolle Informationen. Bagley war über diese, wie er meinte, hochkarätige Anwerbung ganz aus dem Häuschen.

In Wirklichkeit jedoch war Nosenko eines der goldenen Kinder der sowjetischen Führungselite. Um dem Kriegsdienst zu entkommen, hatte er sich während seiner Zeit bei der sowjetischen

Marineakademie in Frunse selbst in den Fuß geschossen. Er war bei den Frauen erfolgreicher und im Umgang mit der Flasche geschickter als in seiner KGB-Karriere. Die sterblichen Überreste seines Vaters wurden 1956 an der Kremlmauer beigesetzt. Seine Mutter mußte sich zusammen mit anderen einflußreichen Ehefrauen für ihren Sohn einsetzen, um zu verhindern, daß er aus dem KGB hinausgeworfen wurde.

Wie Petty berichtet, ließ die Wertschätzung Bagleys für Nosenko bald nach. Bagley gehörte zu den wenigen in der Ostblockabteilung, die sich ernsthaft für Spionageabwehr interessierten, und da Angleton innerhalb der Agency der Hohepriester der Spionageabwehr war, entwickelte Bagley eine starke professionelle Hochachtung vor Angleton. Leonard McCoy berichtete, daß Bagley, damals als ranghoher Analytiker eingestuft, nach seiner Rückkehr aus Genf in Angletons Büro gebeten wurde.

Petty fand heraus, daß Angleton Bagley im Laufe eines einzigen Wochenendes umkrempelte, indem er ihn in die tiefsten Geheimnisse der Spionageabwehr einweihte und ihm die Ankündigung Golizyns vorlegte, wonach der KGB Agenten schicken würde, um ihn zu diskreditieren. »Golizyn hatte vorhergesagt, daß eine Person wie Nosenko kommen würde, um ihn im Auftrag des KGB in Mißkredit zu bringen. Angenommen, Nosenko würde wie ein entsandter Scheinüberläufer behandelt, dann wäre die Konsequenz die, daß die Position Golizyns gestärkt würde. Bei der Prüfung der Frage, ob Nosenko tatsächlich ein faules Ei des KGB war, entging allen ausgefeilten Analysen der Gesichtspunkt, daß, wenn Anhaltspunkte für das Vorhandensein eines gut plazierten Maulwurfs vorlagen, ein ›echter‹ Nosenko, nachdem er 1962 nach Moskau zurückgekehrt war, niemals wieder hätte ausreisen dürfen.«

Im Dezember 1963 verfaßte Bagley einen Aktenvermerk, den Petty als »eines der bizarrsten Papiere« bezeichnete, die er jemals gesehen habe. Die Quintessenz dieser Analyse lautete, die CIA müsse darauf gefaßt sein, daß Nosenko als Scheinüberläufer in den Westen entsandt würde. Normalerweise war es üblich, einen Überläufer, den man für entsandt hielt, einfach nicht anzunehmen. Bagley konnte sich aufgrund seines gerade zitierten Vermerks wie ein Hellseher fühlen, als Nosenko im Januar 1964, zwei Monate nach dem Attentat auf Kennedy, in einer Brandmeldung mitteilte, er sei bereit, herauszukommen.

Bagley, der gut Deutsch, aber nur wenig Russisch sprach, wurde von George Kisevalter nach Genf begleitet, um dort mit Nosenko zu sprechen. Kisevalter sprach fließend Russisch, schließlich war es seine Muttersprache. Darüber hinaus war er über eine Generation lang der hochkarätigste Agentenführer der CIA gewesen. Aber weder Kisevalter noch Bagley waren im geringsten auf die Botschaft vorbereitet, die Nosenko ihnen auftischen sollte.

Am Nachmittag des 23. Januar 1964 traf Juri Nosenko in einer Wohnung am Stadtrand von Genf ein, die von der CIA als sichere Zuflucht genutzt wurde. Nachdem man über einige kleinere Operationen gesprochen hatte, kam Nosenko »zur Sache«. Auf russisch erzählte er Bagley und Kisevalter, er sei Lee Harvey Oswalds Agentenführer gewesen, als dieser sich 1959 in die Sowjetunion abgesetzt hatte. Bagley war sprachlos. Er wandte sich an Kisevalter, um sich bestätigen zu lassen, ob er Nosenko richtig verstanden hatte. Nosenko sagte den beiden CIA-Männern, er könne ihnen eine vollständige Liste von Oswalds Aktivitäten in der Sowjetunion geben.

Die Wunde des Kennedy-Attentats war in den Vereinigten Staaten noch nicht verheilt. Die allgemeine Trauer schlug in den verbreiteten Verdacht um, daß Oswald nicht allein gehandelt hatte. CIA und FBI konnten keine Auskunft darüber geben, was Oswald während seines Aufenthalts in der Sowjetunion getan hatte. Und nun sollte ihnen diese gebratene Taube in den Mund fliegen?

Nosenko sagte Kisevalter und Bagley, er halte es für angebracht, sich abzusetzen. Das CIA-Hauptquartier hatte ihnen die Anweisung gegeben, Nosenko solle bleiben, wo er war, da er für die Agency dort nützlicher sein könne. Aber Nosenko erzählte Bagley und Kisevalter, er sei nach Moskau zurückberufen worden und fürchte, die Sowjets hätten Verdacht geschöpft. CIA-Direktor Richard Helms blieb keine andere Wahl: Er traf Vorkehrungen für die Übernahme Nosenkos.

Am Anfang erhielten viele Agenten Zugang zu Nosenko, auch

James Wooten und Elbert »Bert« Turner vom FBI, die mehr über Nosenkos Behauptung wissen wollten, er sei beim KGB Lee Harvey Oswalds Agentenführer gewesen. Nosenko behauptete, der KGB habe beschlossen, Oswald *nicht* zu rekrutieren, da er zu instabil gewesen sei. Ähnliches hatte FBI-Direktor Hoover auch von *Fedora* gehört, einem von ihm sehr geschätzten Informanten, der unter dem Deckmantel einer Mission bei den Vereinten Nationen für den KGB arbeitete. Hoover hatte das Angebot der CIA, *Fedoras* Glaubwürdigkeit zu überprüfen, ausgeschlagen. Golizyn behauptete nun, die FBI-Informanten mit den Decknamen *Fedora* und *Top Hat* seien Schwindler. Daß Hoover unüberprüfte Informationen von *Fedora* über das Attentat direkt an Präsident Johnson weitergab, brachte Angleton und die CIA erst recht in Rage.

Ohne die Überprüfung Nosenkos abzuwarten, leitete Hoover dessen Geschichte über Oswalds Tun und Lassen in der Sowjetunion an die mit der Aufklärung des Kennedy-Attentats beauftragte Warren-Kommission weiter, was in der CIA überaus böses Blut schaffte. Bagley, dem Angleton und Golizyn eingeredet hatten, daß mit Nosenko etwas faul war, schloß sich der Überzeugung an, Nosenko sei ein vom KGB geschickter Desinformant. Die CIA schnitt das FBI in der Folge von jedem Kontakt zu Nosenko ab. Nosenko wurde in eine besonders gesicherte Betonzelle in einem Blockhaus in den Wäldern um Camp Peary, dem Ausbildungslager der CIA in der Nähe von Portsmouth (Virginia), einquartiert. Es folgte ein bemerkenswertes Verhör. Camp Peary, das unter Agenten auch scherzhaft »Bettnässer-Camp« genannt wird, dient normalerweise ausschließlich der Grundausbildung von CIA-Agenten.

Als Petty die Geschichte des Falles Nosenko vor seinen Augen ablaufen ließ, wiesen alle Indizien auf Pete Bagley. »Pete war ein guter Freund von mir. Aber schließlich und endlich eliminiert man eine Möglichkeit nach der anderen«, erinnert sich Petty.

Petty lieferte seinen Bericht bei James Ramsey Hunt ab, der hinter Angleton die Nummer zwei, aber nicht gerade ein Experte in Sachen Spionageabwehr war. Hunt las den Bericht durch und meinte, die darin vertretene Theorie sei die beste, die ihm jemals untergekommen sei. Aber an diesem Punkt stellte Angletons System sich selbst ein Bein. Dies lag an der Art und Weise, wie er seine Abteilung organisiert hatte. Anstatt Pettys gesamten Bericht zu erhalten, bekam Angleton von Hunt lediglich einen zusammenfassenden Abriß. Der Bericht selbst wanderte in Angletons Büro und blieb dort einige Wochen liegen.

Petty konnte nicht so lange auf eine Reaktion Angletons auf seinen Bericht warten. Er hatte an der Zusammenstellung des Materials jahrelang gearbeitet und wollte seine Bemühungen anerkannt sehen. Er suchte Angleton auf. Sie redeten hauptsächlich über Nosenko. Nach ein paar Stunden drehte sich Angleton schließlich in seinem Sessel um und sagte, geradewegs auf Petty herabblickend: »Pete ist kein sowjetischer Agent.«

Petty war fassungslos. »Er hatte vier Jahre Arbeit mit diesem einen Satz abgetan. Ich verbrachte drei volle Wochen damit, über die Sache nachzudenken. Ich fragte mich, was ich nun anfangen sollte. Dann entschloß ich mich, den Fall nochmals zu überarbeiten und mein Augenmerk nicht auf Nosenko, sondern direkt auf Golizyn zu richten.« Also ging Petty das Golizyn-Material nochmals durch. Er schloß sich in den Aktensaal ein und »schlüpfte monatelang in die Haut Golizyns«.

In dieser Welt der Täuschung und des Doppelspiels konnte es nicht ausbleiben, daß Petty begann, sich Fragen über die Loyalität von James Jesus Angleton zu stellen.[15] Als Petty sich Golizyn nochmals vornahm, begann ihm die Tragweite des angerichteten Schadens zu dämmern. Angleton hatte Golizyn zahlreiche Personal- und Falldossiers der Agency zugänglich gemacht. Er hatte sogar das FBI gebeten, Golizyn Einblick in Akten zu gewähren. Und was wohl am bemerkenswertesten war: Angleton hatte das oberste Gebot für den Umgang mit Überläufern über Bord geworfen, indem er drei der wichtigsten sowjetischen Überläufer zusammengebracht hatte: Golizyn, Peter Deriabin und Nicholas Schadrin. Während Deriabin und Golizyn sich zufällig kennenlernten, weil sie in Vienna (Virginia) dasselbe Friseurgeschäft frequentierten, wurden Golizyn und Schadrin von der CIA zusammengeführt, und die CIA ließ es auch zu, daß sich zwischen ihnen eine sehr enge Freundschaft entwickelte.

Wie Petty in seinem Bericht rekonstruierte, hatte Golizyn Ende des Jahres 1962 Angletons Stellvertreter Raymond Rocca aufgesucht, um ihm seinen Wunsch mitzuteilen, die CIA möge ihm einen Job beim britischen Geheimdienst besorgen. Golizyn hatte mit einem der Agentenjäger vom MI 5, Arthur Martin, über Kim Philby gesprochen, der zu diesem Zeitpunkt in London schon unter Verdacht stand. Golizyn gab Rocca zu verstehen, er müsse bis zum 25. Januar 1963 in England sein; Angleton arrangierte das. Golizyn ging nach England und wohnte bei Martin. Was Petty schockierte, war, daß Philby, der seine Verräterkarriere bereits in einem Geständnis offengelegt hatte, sich am selben Tag von Beirut aus nach Moskau absetzte, an dem Golizyn in London eintraf.[16] Wie Petty erfuhr, hatte an ebendiesem Tag auch der KGB-Resident in Washington einen schnellen Abgang gemacht.[17]

Petty schöpfte beim Durchforsten der Golizyn-Akten einen neuen, auch durch andere Indizien genährten Verdacht. Er kramte die alten Personalakten von James Jesus Angleton hervor. Was er da fand, schockierte ihn. Harold »Kim« Philby, der 1933 von den Sowjets an der Universität von Cambridge angeworben worden war, war Angletons Lehrer in Spionageabwehrdingen gewesen! Angleton hatte Philby 1943 in London kennengelernt, als er vom OSS als einer von mehreren Amerikanern ausgewählt worden war, um von den erfahreneren Briten in die Feinheiten des Spionageabwehrgeschäfts eingeweiht zu werden.

Im Jahre 1934 heiratete Philby Litzi Friedman, eine junge Jüdin und Kommunistin. Die Hochzeit fand in Wien statt, und unter den Gästen war auch Teddy Kollek.[18] Später dann, während des Krieges, wurde Angleton Kollek durch Philby vorgestellt. Kollek arbeitete zusammen mit Angleton in jüdischen Untergrundoperationen, während Angleton gegen Ende des Krieges in Italien mit Spionageabwehroperationen für das OSS beschäftigt war. 1945 besuchte Philby auf der Rückreise von einer Mission in Istanbul Angleton in Rom.

Im Jahre 1949 entschlüsselte die United States Armed Forces Security Agency, die Vorläuferin der National Security Agency, einen sowjetischen Code namens *Venona*.[19] Das *Venona*-Material enthüllte, daß der sowjetische Bündnispartner seit den 30er Jahren sowohl die Vereinigten Staaten als auch Großbritannien auf höchster Ebene ausspioniert hatte. Es enthüllte auch, daß der britische Geheimdienst durch und durch vom KGB unterwandert war. Die schlimmsten Verratsfälle jedoch mußten im Atombombenentwicklungslabor in Los Alamos und in der britischen Botschaft in Washington hingenommen werden.

Ironischerweise war es Kim Philby, der 1949 vom britischen SIS (MI 6) für zwei Jahre als Außenstellenleiter nach Washington geschickt wurde. Ein wesentlicher Bestandteil seines Auftrags war es, gemeinsam mit dem FBI Namen zu überprüfen, die in den entschlüsselten *Venona*-Mitteilungen aufgetaucht waren. Einer dieser Namen lautete »Stanley«; es war einer von Philbys Decknamen beim NKWD gewesen. Es war Pech für die westlichen Geheimdienste, daß dieser Zusammenhang erst aufgedeckt wurde, als Philby sein schädliches Werk längst vollbracht hatte.[20]
Im Rahmen seiner Nachforschungen vertiefte Petty sich auch in die archivierten Unterlagen des CIA-eigenen Sicherheitssystems aus den Jahren 1949 bis 1951, jener Zeitspanne, für die nachvollziehbar war, wieviel offiziellen Kontakt Angleton mit Philby pflegte, während dieser sich in Washington aufhielt. Wie Petty berichtet: »Ich ging alle Sicherheitsberichte durch, die darüber Auskunft gaben, wann und wie oft Philby ins Haus kam und wieder ging, und fand heraus, daß er Dauergast in Angletons Büro war. Sie standen sich außerordentlich nahe.« Petty stellte fest, daß Angleton und Philby fast jede Woche zusammen im Restaurant »Old Harvey's« zu Mittag gegessen hatten, wie von Philby in seiner Autobiographie *My Silent War* geschildert. In diesem Buch behauptete Philby auch, Angleton habe keine Ahnung von seiner Tätigkeit für die Sowjets gehabt.
Mit ein Grund dafür, daß Philby und Angleton sich so oft trafen, war in Pettys Augen die Tatsache, daß Philby Angleton mit dem *Venona*-Material vertraut machte. »Zu der Zeit hatte die CIA keinen Zugang zu dem Material«, erläutert Petty. Philby jedoch hatte diesen Zugang in seiner Eigenschaft als MI-6-Resident und dank seiner Rolle als Verbindungsmann zur Armed Forces Security Agency.

Was die ganze Sache noch seltsamer erscheinen läßt, ist die Tatsache, daß Angleton über die Freundschaft zwischen Guy Burgess und Donald MacLean Bescheid wußte. Er war mit Sicherheit darüber informiert, daß gegen Burgess Ermittlungen liefen. Eine von MacLeans Aufgaben war es gewesen, das MI 6 über das Atomwaffenprogramm der USA ins Bild zu setzen. Getreu seiner Rolle als Doppelagent lieferte er daneben den Sowjets Informationen über die Pläne der Westalliierten während des Koreakrieges. Das FBI hatte im Rahmen seiner Untersuchungen im Fall Burgess Philby unter Beobachtung gestellt. Zu jener Zeit weilte Burgess als Gast in Philbys Haus in Washington.

Nach achtjährigen Nachforschungen in Sachen »Maulwurf« kam Petty zu dem Schluß, der wahrscheinlichste Kandidat für diese Rolle sei James Jesus Angleton selbst, der Meister der Spionageabwehr. Petty erinnert sich an einen Aktenvermerk aus dem Jahr 1953, auf den er im Zuge seiner Recherchen gestoßen war. Burgess und MacLean hatten sich kurz zuvor abgesetzt, und William King Harvey, der ehemalige FBI-Agent, der nach seiner Versetzung durch J. Edgar Hoover dem Bureau den Rücken gekehrt hatte, um für die CIA zu arbeiten, war der erste, der Philby verdächtigte. Petty sagt »ich glaube, Harvey fiel es sehr schwer zu glauben, daß Angleton nicht erkannt hatte, woran er mit Philby war«.

Wie Petty berichtet, forderte der damalige CIA-Direktor, General Walter Bedell Smith, alle CIA-Mitarbeiter, die viel mit Burgess, MacLean oder Philby zu tun gehabt hatten, auf, in einer Denkschrift ihre Beziehung zu diesen Männern genau zu beschreiben. »Angleton [tat] dies, und heraus kam ein wirklich seltsames Schriftstück. In meine, lang und unzusammenhängend. Na ja, jedenfalls hat Harvey dieses Papier irgendwann gelesen und in seiner eigenen Handschrift drauf geschrieben. ... ›Wie geht die Geschichte weiter. OSOD.‹ Letzteres bedeutete ›Oh Shit, Oh Damn‹.«

Petty zog Ende 1973 einen Schlußstrich unter seine Maulwurfsjagd. William Colby hatte gerade die CIA übernommen, sein neuer Stellvertretender Operationsdirektor, William Nelson, bekam den Bericht Pettys auf den Tisch. Nelson bat einen hochrangigen Mitarbeiter der Agency, den er für unabhängig und unbefangen hielt, sich mit Pettys Bericht zu befassen. Petty begab sich mit diesem Mann und einem Tonbandgerät für eine Woche in Klausur. Er brachte zwei Aktenschränke voller Belegmaterial und dreißig Stunden Bandmaterial mit. Diese Tonbänder, die zu den bestgehüteten Schätzen der CIA gehören, ruhen seither im Tresor des CIA-Direktors und dürfen auch Beamten mit der höchsten Sicherheitsfreigabe nicht ohne dessen Zustimmung ausgehändigt werden.

Wie Peter Kapusta, ehemaliger Spionageabwehr-Sachbearbeiter, zu berichten weiß, ließen die Reaktionen auf den Bericht und die Aktivitäten Pettys nicht lange auf sich warten: Colby bat 1973 die Behörden des Staates New York um Amtshilfe bei der Beschattung sowohl Angletons als auch Golizyns. Damals war Angleton häufig Gast auf Golizyns Farm nördlich von New York.

Petty ist sich heute ziemlich sicher, daß Angleton keine Ahnung davon hatte, daß und wie die Ermittlungen gegen ihn liefen. Wie Petty betont, sagte ihm der CIA-Mann, der sich im Auftrag des Direktors seine Geschichte anhörte, er halte das von Petty zusammengetragene Material für so aussagekräftig, daß die daraus abgeleiteten Schlüsse hinsichtlich Angleton mit neunzigprozentiger Wahrscheinlichkeit als richtig gelten müßten.

In Pettys Augen spielt es jedoch »so gut wie gar keine Rolle, daß Jim [Angleton] für sie arbeitete«. Denn gleich, ob es so war oder nicht, seine Freundschaft zu Philby und sein absolutes Vertrauen zu Golizyn spielten gleichermaßen dem KGB in die Hände. Dort hatte man die westliche Spionageabwehr aufs Korn genommen. Und man wollte die Beziehungen der CIA zu den befreundeten Diensten stören. Und das war vollauf gelungen.

Petty wurde gebeten, ein weiteres Jahr zu bleiben und nach weiteren Spuren zu suchen. Was ihn am meisten beschäftigte, als er dann doch seinen Abschied nahm, war die Überlegung, daß man jetzt »nach Ersatzleuten suchen« müsse, nach vom KGB eingeschleusten Nachfolgeagenten. Petty riet dem CIA-Direktor, von seiner willkürlichen Entlassungsbefugnis Gebrauch zu machen und die drei Stellvertreter Angletons, Newton S. Miler, William Hood und Raymond Rocca, in den Ruhestand zu versetzen, weil nicht auszuschließen sei, daß einer von ihnen für den KGB arbeitete.

Im Dezember 1974, sechs Monate nachdem Petty die CIA verlassen hatte, rief William Colby James Jesus Angleton zu sich ins Büro und teilte ihm mit, er sei nicht mehr für die Spionageabwehr zuständig. Auch die engsten Mitarbeiter Angletons wurden entlassen. Colby meinte später, er hätte Angleton schon früher hinauswerfen sollen.

Im September 1975 räumte James Jesus Angleton schließlich seinen Schreibtisch und sein Büro, setzte sich in seinen alten Mercedes und fuhr heim nach Arlington.[21] Hatte der Maulwurf wirklich abgedankt?

Sam Wilson glaubt nicht daran. »Nein. Jim war ein exzentrisches Genie. Er hatte nur das Beste für die Vereinigten Staaten gewollt. Seine Gedankengänge waren bisweilen recht grotesk. Er konnte schneller und präziser denken als die meisten anderen Menschen. Ich glaube, er war an einem Punkt angelangt, wo sein übertriebenes Mißtrauen schlichtweg chronisch wurde, und er hatte möglicherweise einen Punkt erreicht, wo ein Umdenken für ihn kaum mehr möglich war.«

Sam Wilson, in den 70er Jahren als Stellvertreter Colbys und Verbindungsmann zur übrigen »Intelligence Community« zur CIA zurückgekehrt, beschreibt, wie Angletons Einstellung sich auf die Atmosphäre innerhalb der CIA auswirkte. »Die Leute fingen dadurch an, sich gegenseitig zu mißtrauen. Die Moral bröckelte ab. ... Dieser Dunst des Mißtrauens begann die Atmosphäre zu trüben. ... Er verbarrikadierte sich. Wissen Sie, jeder wurde verschlossen. Das ganze System verhärtete sich irgendwie.«

1975 nahmen die Nachfolger Angletons die Versuche wieder auf, Sowjets anzuwerben. Beim Aufbau ihres neuen Ladens stieß die »grünschnäbelige« Spionageabwehr-Mannschaft unter der Leitung von George Kalaris und Leonard V. McCoy auf Dokumente, die Verweise auf Pettys höchst geheimen Bericht über Angleton enthielten. Des weiteren erfuhr die Spionageabwehrabteilung, daß der *Newsweek*-Reporter David Martin an einem Buch über Bill Harvey und Angleton arbeite und über sensationelle Informationen aus einem supergeheimen Bericht verfüge. Weder McCoy noch Kalaris hatten bis dahin offiziell Zugang zu dem Bericht erhalten.

Was Angletons Nachfolger allerdings fanden, war ein Safe voller Dokumente, die Ed Pettys Bericht über Angleton untermauerten. McCoy zog für sich den Schluß, der Petty-Bericht selbst müsse vernichtet worden sein. Das war jedoch nicht der Fall. Der Bericht war in einem besonderen Aktenraum eingeschlossen, der nur mit persönlicher Genehmigung des Direktors zugänglich war. Er konnte nur in Anwesenheit eines bewaffneten Wachmannes eingesehen werden, und es durften dabei keine Notizen gemacht werden.

In der Hoffnung, herauszufinden, was ihr Vorgänger an der Spitze der CIA vorgehabt hatte, schickten McCoy und Kalaris den CIA-Veteranen Cleveland Cram zu Petty. Dieser durchschaute schnell, daß Crams Behauptung, er arbeite an einem historischen Rückblick, Unsinn war, spätestens als dieser sich auf Fragen verlegte, die auf die Verdachtsmomente gegen Angleton abzielten. Petty sagte: »Verdammt, Cleve, was soll das alles?« Cram, der nicht gerade für ein ausgeprägtes schauspielerisches Talent bekannt war, erzählte Petty von seinem Auftrag. Petty sagte, er habe dem Bericht bereits Jahre seines Lebens gewidmet und ihn dann zwei der höchsten Beamten der CIA übergeben.

Angleton brachte nach seiner Pensionierung viele Nachmittage mit Reportern im alten Army Navy Club unweit des Farragut Square in Washington zu und gab seine eigene Sicht der Dinge zum besten. Angleton sprach nie über die Ermittlungen in Sachen Maulwurf, die zu dem Schluß geführt hatten, daß er selbst zu den Verdächtigen gehörte. Er leugnete sogar, daß derartige Ermittlungen jemals stattgefunden hatten. Als ein Reporter ihm erzählte, Cram sei zurückberufen worden, um sich noch einmal mit allen Überläufern zu beschäftigen, mit denen Angleton zu tun gehabt hatte, behauptete er, eine auf seine Person bezogene Untersuchung durch Cram habe es niemals gegeben.

Kapitel 5

Paisley: Der Plappermaulwurf?

Hüt' den Familienschmuck, mein Sohn!
Und koste nicht Nosenkos süße Torten.

Verabscheu' jede Indiskretion
Glaub' kein Wort Epstein und Konsorten.

Ganz hoch in Langley sitzt er dort,
Der Plappermaulwurf, unbehelligt wie ein Mäuschen,
Mit Stansfield Tür an Tür und Bord an Bord,
Und lacht sich eins ins Fäustchen.

Und während auf der *Brillig* die Agenten
Des Bären alle Paisley-Zettel sich geschnappt,
Bevor die Zettel sprechen könnten,
Da grinst der Maulwurf, unertappt.

William Safire in der *New York Times*.

Im August 1971 stieß ein intelligenter junger Vietnamveteran zur CIA. David S. Sullivan war Marineinfanterist und im Vietnamkrieg für Tapferkeit ausgezeichnet worden. Er wurde an der Universität von Columbia angeworben. Der kampferprobte junge Mann, frisch mit der Magisterwürde im Fach Internationale Beziehungen gekürt, trat ins Office of Strategic Research (OSR) ein. Aber Sullivan war anders als die meisten anderen. Weder entsprach er dem traditionellen, politisch liberalen Typus des OSR-Mitarbeiters, noch war er ein praxisferner Akademiker. Einigen vom OSR war seine Art etwas zu schrill und draufgängerisch. Er wurde der einzige nicht verdeckt arbeitende CIA-Mitarbeiter, den die Agency in ihr paramilitärisches Reservekorps aufnahm.

Da er Offizier gewesen war, verstand Sullivan einiges davon, wie man ein hierarchisches System benutzt, um seine eigene Karriere voranzutreiben. Und genau das tat er. Sullivan war klar, daß es zu seinem Job gehörte, das geheimdienstliche Material, aus dem er seine Berichte zusammenstellte, vollständig zu beherrschen. Anstatt also einfach das zu verwenden, was ins OSR hereinkam und auf dem Weg zu seinem Schreibtisch noch mehrere bürokratische Filter durchwanderte, ging Sullivan an die Quellen: Er lernte die Bildauswerter kennen, die im National Reconnaissance Office die von Spionagesatelliten geschossenen Fotos auswerteten, die dort rund um die Uhr in Minutenabständen hereinkamen. Er gewann Freunde in der Sowjetabteilung und erfuhr hinfort aus erster Hand, wenn ein neuer Agent angeworben oder ein hochkarätiger Kontakt erschlossen worden war.

Als Sullivan sich für eine CIA-Laufbahn entschied, tat er es, weil er darin einen Traumberuf sah. Von außen erschien ihm die geheimnisumwobene und aufregende Agency als die Stätte, von der aus die geistig und körperlich Tüchtigsten des Landes zum Schutz der nationalen Sicherheit den Kampf gegen den Kommunismus führten. Er hatte keine Ahnung, daß in der CIA in Wirklichkeit alles drunter und drüber ging. 1974, zum Zeitpunkt von Nixons erzwungenem Rücktritt, wurde deutlich, daß aus der Agency eine hochgradig politische Organisation geworden war, die in ungesetzliche innenpolitische Operationen verwickelt und am Sturz ausländischer Regierungen beteiligt war – eine ihrer »erfolgreichen« Operationen auf diesem Feld war der Sturz des Allende-Regimes in Chile, mit dem die amerikanische Außenpolitik ihre Glaubwürdigkeit in Lateinamerika für die Dauer einer Generation verspielte.

Sullivan sah zu Paisley auf, wie man als junger Untergebener zu einem hochgestellten Veteranen aufsieht. Und er erkannte, daß dieser Mann völlig anders war als sein Abteilungschef in den 70er Jahren, Bruce Clarke. »Er war das genaue Gegenteil zu Bruce Clarke. Clarke war immer so amerikanisch und so CIA-mäßig, wissen Sie. Er war der Inbegriff eines Managers, eines WASP (eines weißen, angelsächsischen Protestanten). Paisley war dagegen ein Lebenskünstler.«[1]

Sullivan erwarb sich den Ruf, schnell zu lernen; im Lauf der Zeit sollte er mehr als hundert Geheimpapiere über die strategische

Stärke der Sowjets produzieren. In den Jahren seiner Tätigkeit für das OSR fand Sullivan etwas sehr Seltsames über diese Institution heraus. »Ich bekam mit der Zeit das Gefühl, daß sie ›die Bücher fälschten‹. Es herrschte die Tendenz, die Sowjets zu unterschätzen. Das war im OSR schon fast ein politisches Prinzip.«[2] Sullivans konservative Einstellung führte zu Reibungen mit den meisten Liberalen im OSR. Sullivan erinnert sich: »Ich war naiv. Zuerst glaubte ich, es ginge nur darum, meine Ansichten zu unterdrükken. 1976 dann fing ich an zu glauben, daß [das OSR] unterwandert sein könnte.«[3]

Als junger Analytiker arbeitete Sullivan im OSR mit über dreihundert anderen zusammen. Geleitet wurde das Institut von John Paisley, der seine Klempner-Hilfsdienste, so gut es ging, mit seinen normalen Aufgaben im OSR in Einklang zu bringen versuchte. Paisleys Karriere war an ihrem Höhepunkt angelangt. Nicht alles, was Paisley für das Weiße Haus tat, hing mit den Klempnern zusammen. Mehr und mehr wurde er auch zu den großen Schadensbewertungs-Konferenzen herangezogen, bei denen die Auswirkungen der aufeinanderfolgenden Krisen in Indien, Zypern und anderen Ländern analysiert wurden. Während des arabisch-israelischen Krieges von 1973 wandten sich hohe Politiker an Paisley. Paisley konnte besser als jeder andere einschätzen, wie weit die Sowjets sich für Syrien und Ägypten ins Zeug legen würden. Paisley wurde nach Israel entsandt, um bei der Installation eines satellitengestützten Kommunikationssystems für die UN-Friedenstruppen mitzuhelfen, die im Kriegsgebiet patrouillierten.[4] Wie der ehemalige CIA-Chef William Colby sagt, war es Paisleys Job, »einen Teil der zusammenfassenden Analysen für den Rest des nachrichtendienstlichen Apparats aufzubereiten. Im Vorfeld diverser Sitzungen des Nationalen Sicherheitsrats einige Lageeinschätzungen für den Präsidenten auszuarbeiten«.[5]

Beim OSR fand unterdessen das Ringen mit Henry Kissinger ebenso seine Fortsetzung wie der Alptraum um die sogenannten Denkschriften zur Nationalen Sicherheit. Normalerweise gingen die Lagebeurteilungen des OSR zusammen mit den Einschätzungen der militärischen Sicherheitsdienste und der Geheimdienste an das Office of National Estimates. Diese Koordinierungsstelle erarbeitete dann die umfassenden sogenannten National Intelligence Estimates (»nationale nachrichtendienstliche Einschätzungen«). Dieser Arbeitsschritt artete in der Regel in eine gewaltige und erbitterte Schlacht aus, bei der sich CIA, DIA, NSA und die anderen beteiligten Nachrichtendienste (wie die des Heeres und der Luftwaffe) von ihrer schlimmsten Seite zeigten.

Die von Kissinger abgefaßten Denkschriften zur Nationalen Sicherheit (NISMs) wurden nicht solchen bürokratischen Filterungsprozessen unterzogen. Es lief vielmehr so, daß die Politiker im Weißen Haus Einsicht in das geheimdienstliche Material erhielten und sich mit den Analytikern kurzschließen konnten und daß sie dann gemeinsam ein NISM ausarbeiteten; dabei griffen sie gern auf die von der CIA gelieferten Statistiken und Informationen zurück, um damit ihre Standpunkte untermauern und das OSR als maßgebliche Quelle zitieren zu können.

Wie Don Burton zu berichten weiß, war dies für Paisley eine Tragödie, bedeutete es doch, daß Paisley mehr und mehr in politische Prozesse hineingezogen und vom reinen Vorgang der Informationsverarbeitung abgelenkt wurde. »Es ist Teil unseres Credos als Geheimdienstler, daß wir den Lauf der Dinge nicht beeinflussen wollen. Wir wollen, daß jemand anders alle diese Entscheidungen trifft. Und dann gerät man plötzlich in eine Sache hinein, wo man sich auf einmal die Hände schmutzig macht. Paisley wollte sich aber nicht die Hände schmutzig machen«, sagt Burton. Ein anderer Kollege weiß jedoch anderes von Paisley zu berichten. Für Clarence Baier gehörte Paisley zu jenen Menschen, die keinen Streit heraufbeschwören möchten. »Paisley war ein sehr vorsichtiger Typ. Er wußte, welche Antworten erwartet wurden. Ich behaupte nicht, er sei voreingenommen gewesen, aber er war sehr sorgfältig darum bemüht, daß die richtige Antwort herauskam«, meint Baier.[6]

Das Aus kam für Paisley mit der Entlassung von Richard Helms als CIA-Direktor im Jahr 1972. Helms hatte mehr als jeder andere das OSR vor den Übergriffen der Nixon-Administration zu bewahren versucht. Mit Kissinger und Haig war er dank seines persönlichen Charmes gut zurechtgekommen. Aber sein standhaftes Nein zu einer quasi-polizeilichen Betätigung der CIA im Inland und seine spätere Weigerung, die Verantwortung für die Klempner zu übernehmen und damit Nixon zu decken, waren der Grund für seinen politischen Untergang. Am 20. November 1972 wurde Helms nach Camp David gerufen und mit seiner Entlassung konfrontiert. Helms machte den Präsidenten darauf aufmerksam, daß er im März 1973 das 60. Lebensjahr vollenden und damit die offizielle Altersgrenze für den freiwilligen vorgezogenen Ruhestand erreichen würde. Am Anfang Februar 1973 übertrug der Präsident ihm das Botschafteramt im Iran, und er schied aus der CIA aus.

Diesen Insider ersetzte man durch einen kantigen Mann von außen namens James Schlesinger. Von Anfang an sorgte der neue CI-Chef mit seinem cholerischen und egozentrischen Naturell für Unruhe im Haus der CIA. Schlesinger begann seine Tätigkeit mit einer Begrüßungsrede, zu der er nur CIA-Mitarbeiter einlud, die weniger als zwanzig Jahre bei der »Firma« waren. Er erzählte den fünfhundert anwesenden Nachwuchsleuten, daß eine Laufbahn beim Geheimdienst höchstens zwanzig Jahre währen dürfe und daß Geheimdienstarbeit eine Sache für junge Leute sei.

Schlesinger machte tiefe Einschnitte in den Kern der CIA-Leitung und hatte dabei die volle Rückendeckung Präsident Nixons. Schlesinger war derart um seine eigene Sicherheit besorgt, daß er um zusätzliche Leibwächter bat und diese auch bekam. Dies ging so weit, daß sogar in Schlesingers Vorzimmer im siebten Stock der hermetisch gesicherten CIA-Zentrale ein Leibwächter sitzen mußte. Eine Kamera der internen Videoüberwachungsanlage war ständig auf Schlesingers offizielles Porträt gerichtet, um es vor mutwilligen Angriffen verärgerter Mitarbeiter zu schützen.[7]

Wie Don Burton berichtet, brachte Schlesinger Paisley auf die Palme, weil er dem OSR vorzuschreiben versuchte, wie es die zusammengetragenen geheimdienstlichen Informationen zu interpretieren habe. Schlesinger erklärte Paisley, ihm gefielen die Lagebeurteilungen des OSR nicht, und er wünsche sie sich anders. Wie Burton weiter darlegt, zeigte sich das OSR zunächst schockiert. Der Respekt Paisley und der anderen im OSR vor Schlesinger sei jedoch so gering gewesen, daß sie seine Weisungen einfach ignoriert hätten. »Also änderte niemand seine Arbeitsweise«, sagte Burton. Nicht einmal ein halbes Jahr später war Schlesinger verschwunden, und mit ihm der Druck auf das OSR. Aber nun wurde Paisley von lange vernachlässigten persönlichen Angelegenheiten eingeholt. Er kümmerte sich zu wenig um seine Frau Maryann und seine Kinder.

Ein Faktor, der schließlich zur Auflösung der Ehe von John und Maryann beigetragen haben könnte, war Maryanns Ehrgeiz. Sie rang dem neuen Direktor William Colby die Genehmigung ab, selbst einen Job bei der CIA anzutreten. Ihre Verbindung zu John nutzend, schloß sie einen auf ein Jahr befristeten Arbeitsvertrag mit der CIA und trat 1973 in die Sowjetabteilung ein, wo sie unter Katherine Hart arbeitete. Als sie in einer Gerichtsverhandlung Jahre später unter Eid nach ihrer Tätigkeit bei der CIA gefragt wurde, sagte Maryann aus, sie habe bei der Agency in einem Kellergewölbe für die Sowjetabteilung gearbeitet.[8]

Nach Angaben von Leonard McCoy arbeitete Maryann Paisley Ende der 60er Jahre in der Sowjetabteilung auch für ihn; ihre Tätigkeit bestand darin, die Berichte von Agenten vor Ort zusammenzustellen und zu redigieren.[9] McCoy, ein ruhiger Typ, wurde als ranghoher Berichtsoffizier in einige der größten Streitfälle der Agency hineingezogen. Die von McCoy geleitete Sektion hatte die schwierige und heikle Aufgabe, den Kontakt mit den im Ostblock operierenden CIA-Agenten aufrechtzuerhalten. McCoy gibt offen zu, daß er John Paisley nicht mochte, den Mann, der weitgehend auf die Berichte Leonard McCoys und seiner Kollegen angewiesen war. Aber er mochte Maryann und beschrieb sie als klug und ehrgeizig.[10]

1973 war für Maryann das letzte Jahr bei der CIA, aber die Tätigkeit, die sie zuletzt ausübte, hätte delikater nicht sein können. Ihre Aufgabe war es, an der Neuordnung der Namen von Tausenden sowohl aktiver als auch inaktiver Agenten mitzuwirken, die jahrelang für die Sowjetabteilung gearbeitet hatten. Dadurch erhielt sie Zugang zu den bestgehüteten Geheimnissen der CIA. Als ein Kongreßausschuß im Zusammenhang mit den vom Church-Ausschuß und von der Rockefeller-Kommission angestellten Untersuchungen über die Umtriebe der US-Geheimdienste von Colby die Preisgabe der Klarnamen bestimmter Agenten verlangte, weigerte Colby sich standhaft, sie herauszugeben. »Wir hatten keine nennenswerten Geheimnisse mehr. Ich selbst wollte ihre Namen nicht wissen. Es gab keinen Grund dafür«, sagt Colby.[11]

Maryann Paisley jedoch kannte die Namen und die Codenamen. Wie sie sagt, mußte sie sich vor dem Antritt ihres neues Jobs einem Lügendetektortest unterziehen. Es war eine extrem sicherheitsempfindliche Tätigkeit, die für einige Reibereien mit John sorgte.[12]

Norman Wilson, ein Oberst der Luftwaffe im Ruhestand und Segelkamerad Paisleys, erzählt, Maryann sei »sehr stolz darauf gewesen, an den Abläufen im Büro und so weiter einiges geändert zu haben, etwas, wovon John behauptete, sie habe es nur durch Ausnutzen seines Namens erreicht, und worüber er ziemlich verärgert war. Er sagte uns, sie brüste sich ein bißchen zu sehr damit«. Wilson fügt hinzu, Maryann habe mit John gewetteifert und »in Gesprächen mit ihren Erfolgen dort geprahlt. ... Sie versuchte, mit ihm in Konkurrenz zu treten.«[13]

Das Verhalten Paisleys in dieser Zeit erregte die Aufmerksamkeit Clarence Baiers, eines OSR-Mitarbeiters. »Einmal nahm John sich einen sechswöchigen Segelurlaub. Er rief mich an, und ich wurde auf seine Funkfrequenz geschaltet. Er sagte, er sei alleine auf den Bahamas zum Segeln. Ich fand das etwas seltsam. Aber John war in mancherlei Hinsicht ein Einzelgänger, ein Poet.«[14]

Im Sommer wurden die Paisleys von einer Tragödie heimgesucht, die John Paisleys Leben tiefgreifend veränderte. Am 19. August 1973 setzten sich der junge Edward Paisley, den alle Eddie riefen, und einige seiner Freunde in ein paar Autos und fuhren Richtung Washington. Mit Eddy fuhr sein alter Freund Brian Patrick Demmler; zusammen kauften die Freunde auf dem Weg nach Washington einige Sechserpacks Bier, die sie während der Fahrt leerten.

Hinter Eddies Wagen fuhr ein Auto mit einer weiteren Gruppe von Freunden. Es begann eine immer rasanter werdende Autoverfolgungsjagd. Um 0.10 Uhr verlor Eddie die Gewalt über seinen Wagen, als er in die Landstraße 123 einbiegen wollte.

Ironischerweise ist dies die Abzweigung zum CIA-Hauptquartier im nahen Langley. Das Auto des jungen Paisley prallte frontal gegen einen Baum. Sein bester Freund Brian Demmler kam ums Leben.[15]

Die Polizei kam zu dem Schluß, daß Eddie Paisleys Wagen mit einer Geschwindigkeit von 120 bis 160 km/h auf den Baum geprallt war. Eddie legte ein Geständnis ab: »Wir fuhren in die Stadt und haben etwas zuviel getrunken und verfolgten uns dann auf dem Rückweg über den George Washington Parkway. ...«[16] Eddie Paisley wurde nach dem Jugendstrafrecht verurteilt und kam mit einer Bewährungsstrafe davon. Für John Paisley sah es so aus, als sei dies der schreckliche und tragische Höhepunkt einer Familienkrise, die sich schon seit langer Zeit abgezeichnet hatte.

Johns Vorgesetzter Hank Knoche meint dazu: »John hielt das immer aus seiner Arbeit heraus, aber man wußte, was für eine schreckliche und quälende Sache es für ihn war.«[17]

Leonard Masters, der Studienfreund von John Paisley, der den Kontakt zu ihm in all den Jahren nie hatte abreißen lassen, sagt, zwischen John und Eddie habe eine normale Vater-Sohn-Beziehung bestanden. Johns Probleme mit Eddie schienen tiefgreifender Art zu sein. »John sprach nie mit Stolz über den Jungen«, sagt Masters. Er erinnert sich daran, wie John Paisley nach dem Unfall darüber redete, wie kurz und unsicher das Leben sein könne und daß er seine Zeit nutzen wolle, um alles vom Leben zu bekommen, was er konnte.

Masters erschien der John Paisley der 70er Jahre sehr verschieden von dem, den er am College gekannt hatte. »Ich wußte, daß John mich in den letzten Jahren oftmals beschwindelte«, erinnert sich Masters. Zuerst hatte Masters geglaubt, er lüge »wegen seiner Arbeit, ... aber man konnte merken, daß es mehr war als das«.

Paisleys Rechtsanwältin Gladys Fishel glaubt, daß die Belastungen um Eddie Paisleys Unfall der Ehe schließlich den Rest gaben. Ihr waren Maryann und John vor dem Unfall als ein verschworenes und glückliches Paar erschienen. Gladys Fishel hatte den Eindruck, Paisley habe Maryann gegenüber seinen Sohn in Schutz genommen. Aber sie wußte von Maryann auch, daß diese Geschichte »einen Keil zwischen die beiden trieb«.

Maryann drohte mit Scheidung, und John Paisley, der sowohl persönlich als auch beruflich unter immensem Druck stand, konnte nicht hoffen, die Stabilität, die er brauchte, im Office of Strategic Research zu finden.

Laut David Sullivan war das OSR in den frühen 70er Jahren eine »sexuelle Fallgrube«. Viele höhere Beamte unterhielten Verhältnisse mit Assistentinnen. »Es war nicht gerade der Ort, wo man sich hinwünschte, wenn man eine Ehe oder Familie zusammenhalten wollte.« Sullivan sagt, seine Erinnerung an Paisley aus dieser Zeit seien die »an einen Mann, der ganz eindeutig zu den Obermackern bei der CIA gehörte, der aber immer wieder für lange Zeiträume fort war«.[18] Während die meisten seiner Kollegen am OSR Paisley offenbar sehr schätzten, mochte Sullivan ihn nicht besonders.

Sullivan verbrachte einige Monate mit der Prüfung der Frage, ob die Sowjets sich an den SALT-I-Vertrag hielten. Unter Verwendung des aussagefähigsten ihm zur Verfügung stehenden Materials kam er zu dem Schluß, daß die Russen falsch spielten. Das OSR hatte es jedoch mit der Veröffentlichung seiner Erkenntnisse nicht besonders eilig. Sullivan geriet über diese Hinhaltetaktik des OSR zunehmend in Rage. »Ich konnte einfach niemanden dazu bringen, mir zuzuhören«, erzählt er.

1974 gab John Paisley seine Tätigkeit bei der CIA unvermittelt auf. Dies erstaunte viele seiner Kollegen und Freunde, nach deren Eindruck Paisley mit seinen 51 Jahren auf dem Höhepunkt seiner geistigen Fähigkeiten war. Niemand weiß wirklich, warum Paisley sich zurückzog. Sein Abschied fiel mit den letzten Zuckungen der Nixon-Administration zusammen, und vielleicht war er besorgt darüber, seine Verbindung zu Watergate könnte seine einstmals goldene Zukunft bei der CIA verhunzt haben. Es könnte aber auch sein, daß er einfach von seiner beruflichen Verantwortung und seinen persönlichen Problemen überfordert war. Einige sagen, er habe sich zur Ruhe gesetzt, um mehr Zeit zum Segeln zu haben. Andere jedoch glauben, daß er sich niemals wirklich zur Ruhe gesetzt hat, sondern nur zum Schein seinen Abschied nahm. Sam Wilson sagt, er habe von 1974 an, als CIA-Direktor Colby ihn zu seinem Stellvertreter und Kontaktmann zum Rest der »Geheimdienst-Gemeinde« berief, John Paisley ziemlich gut kennen-gelernt. Nach Wilsons Eindruck schätzte Colby Paisleys Sachver-stand sehr und trat in eine zunehmend engere Beziehung zu seinem CI-Chef, nicht zuletzt weil »Paisley einer war, der Infor-mationen in brauchbarer Form vermitteln konnte«.[19]

Im Sommer 1974 fand an Bord eines Potomac-Riverboats eine Abschiedsfeier für Paisley statt. Eine Menge Mitarbeiter des OSR und anderer CIA-Abteilungen kamen. Knoche hielt eine Rede, in der er betonte, was für ein großer Verlust Paisley für die CIA sei, daß John aber mit 51 noch viel vor sich habe. Knoche sprach davon, wie passend eine Abschiedsfete auf dem Wasser für Paisley wegen seiner Vergangenheit bei der Handelsmarine, seinen Er-fahrungen als Funker und seiner Liebe zur See doch sei. Dann blickte Knoche auf Paisley herab, der einen Kopf tiefer stand als er, und sagte zu seinem Stellvertreter: »John, du kannst dies, wenn du möchtest, als Abschiedsparty sehen, aber ich würde es gern als etwas anderes sehen, das besonders gut zu dir paßt: Es ist eine Wikingerbeerdigung.«

Eddie war nicht das einzige Kind, das John Paisley Sorgen berei-tete. Er wurde auch mit den Schwierigkeiten konfrontiert, die zwischen seiner Tochter Diane und Maryann auftauchten. Nach seinem Abschied von der CIA machte Paisley mit Diane eine Reise durchs ganze Land, um ihre Tante und ihre Großmutter in Oregon und Verwandte in Phoenix zu besuchen. Unterwegs schaute Paisley bei alten Freunden aus seiner Jugendzeit vorbei. Paisleys Schwester Katherine Lenahan meint, daß Paisley Diane nicht zuletzt deshalb auf die Reise mitnahm, weil sie zu der Zeit mit ihrer Mutter nicht gut auskam. Das war kein Wunder; die Aufgabe, die Kinder zu erziehen, fiel allein Maryann zu. Paisleys Bruder Dale erklärt dies so: »[Johns] Theorie war: Ich sehe sie nicht täglich; warum sollte ich, wenn ich sie mal sehe, meine Zeit damit verbringen, ihnen die Leviten zu lesen?«[20]

Nach Paisleys Abschied von der CIA änderte sich die persönliche Seite seines Lebens drastisch. Die Paisleys kamen überein, ihrer Ehe eine letzte ernsthafte Chance zu geben. John entschloß sich zum Kauf eines neuen Segelbootes.

1974 rief Paisley Richard Bennett in North Carolina an und fragte ihn, ob er ihm einen Tip für den Kauf eines günstigen gebrauchten Segelboots geben könne. Bennett war ein im Dienst ergrauter CIA-Mann, der die Agency 1969 verlassen hatte, weil ihm die Arbeit als verdeckter Agent langweilig wurde. Paisley erzählte Bennett, er suche nach einem neuen, größeren Boot als Ersatz für sein kleineres, die *Quiescent*, die er zwei Jahre zuvor gekauft hatte. Ein paar Wochen später besuchten die Paisleys Bennett und trafen bei einer Cocktailparty im Jachthafen von Trails End einen Freund von Bennett namens Ike Ives. Er hatte, wie er Paisley erzählte, eine wunderschöne 9,5-Meter-Schaluppe zu verkaufen.[21] John verließ sofort mit Ives zusammen das Fest, um sich das Boot anzusehen. Noch bevor die Cocktailparty zu Ende war, hatte er das Boot für 16 000 Dollar gekauft. Paisley, der Lewis Carroll liebte, taufte es auf den Namen *Brillig* um, nach einer Gedichtzeile aus »Jabberwocky«. Dick Bennett erinnert sich noch, wie »überglücklich Paisley war, daß er die *Brillig* gefunden hatte. Sie schien genau das zu sein, was er gesucht hatte«. Paisleys einzige Sorge war, daß die *Brillig* keinen Dieselmotor hatte und das Benzin für ihren Betrieb viel Geld kosten würde.

Auf die Bennetts wirkten die Paisleys in jenen paar Wochen im Sommer gelöst, fröhlich und unternehmungslustig. Eheliche Probleme waren nicht zu erkennen. Dick Bennett rühmt sich, nur Freunde zu haben, die gern lachen, »und Jack Paisley war ein lustiger Mensch«. Die Bennetts erinnern sich, daß Paisley gerne trank und scherzte, jedoch niemals einen betrunkenen Eindruck machte. »Ich habe Paisley niemals auch nur im mindesten beschwipst erlebt«, sagt Dick Bennett.

Paisleys Rückzug aus dem Berufsleben war allenfalls ein vorübergehender. Regelmäßig unterbrach er seine Segeltörns, um in Washington Dinge zu erledigen, die er als CIA-Geschäfte bezeichnete. Ein Faktor, der hinter diesen Zurückberufungen steckte, war William E. Colby. »Colby liebte ihn. Er war wirklich von ihm begeistert«, berichtet Sam Wilson.[22] Wie Wilson weiter berichtet, erklärte Paisley sich bereit, wieder einzusteigen und auf Ersuchen von John M. Clark, Wilsons damaligem Stellvertreter, einzelne Aufträge zu übernehmen. Wilson weiß noch, daß er bei seinem ersten Zusammentreffen mit Paisley eine halbe Stunde für ihn eingeplant hatte, dann jedoch so von seinen Fähigkeiten begeistert war, daß er das Treffen auf zwei Stunden ausdehnte. Er empfand Paisley als »belesen, niveauvoll, kultiviert und geistreich«. »Ach, was für ein Humor! Er hatte einfach alles. Nicht gierig, nicht hungrig, nicht egozentrisch. ... Ich mochte ihn«, erzählt Sam Wilson.

Nach Wilsons Eindruck fand Paisley an seinen neuen Aufgaben großen Gefallen. »Er stürzte sich mit stillem Eifer auf die neuen Herausforderungen. Er war voll bei der Sache, keine Pause, kein Zögern – ganz so, als ob er sich erneut angesteckt hätte.«

In einem Landhaus für höhere CIA-Beamte in Warrenton (Virginia) hatte Sam Wilson Gelegenheit, Paisley näher kennenzulernen. »Ich habe ihn als sehr scharfsinnig und gut argumentierend in Erinnerung. Er ging weniger induktiv als deduktiv vor. Das weiß ich, weil wir ein paar Probleme gemeinsam bearbeitet haben. Manchmal kreiste er das Problem ein und kam dann intuitiv auf eine Antwort. Ich fragte mich, wie er das machte. Er zielte mitten ins Herz der Dinge. ... Er hatte eine starke Intuition, wie ich sie manchmal bei Frauen erlebt habe, aber bei Männern ist so etwas sehr selten. Ich nenne es kreisende Logik, oder ein kreisförmiges Argumentationsschema. Man kreist etwas ein, indem man darüber nachdenkt, und auf einmal kommt einem ein Gedanke und – peng, ein Licht geht auf. Ich kann das nicht und habe auch kein Zutrauen dazu, wenn ich einmal glaube, es getan zu haben.«

Betty Myers erzählt, sie habe 1974 mit Paisley zu Abend gegessen, als dieser bei einer seiner Geschäftsreisen in Washington war und Maryann auf der *Brillig* gelassen hatte. Betty hatte vorher schon gelegentlich Briefe von John und Maryann von unterwegs erhalten. Aber offensichtlich bedeutete dieses Abendessen den Beginn eines intimen Verhältnisses zwischen Maryanns bester Freundin und ihrem Mann.

Bobbie Wilson hatte den Eindruck, daß Maryann möglicherweise durch ihr Verhalten das Entstehen eines solchen Verhältnisses zwischen Betty Myers und John provoziert haben könnte. »Betty erzählte mir einmal, Maryann habe sie eines Tages nach Hause mitgenommen und sie gebeten, als eine Art freie Eheberaterin zu fungieren. Offensichtlich wurde eine ganze Menge getrunken, und Maryann ging einfach zu Bett und ließ Betty und John im Wohnzimmer alleine. ... Ich weiß nicht, wann ihr Verhältnis angefangen hat, aber es hatte den Anschein, als ob Maryann John an Betty abschob.«

Hank Knoche weiß noch, daß Paisley »ein ziemlicher Frauentyp war. ... Und doch konnte keine Frau, mit der ich je über ihn gesprochen habe, auch nur ansatzweise erklären, was John Paisley attraktiv machte. Was immer es auch gewesen sein mag, es muß ziemlich gut gewirkt haben«.[23]

Maryann brach die Erholungsreise auf der *Brillig* vorzeitig ab und fuhr heim nach McLean. Die Arbeit, das Segeln und die Kinder, das alles zusammen war zuviel für sie. Ab 1976 lebten Maryann und John Paisley nicht mehr als Ehepaar zusammen. Paisley erzählte mehr als einem seiner Freunde, es sei nicht er, sondern Maryann gewesen, auf deren Wunsch die Ehe beendet worden sei. Einer Bekannten antwortete er einmal, als diese bemerkte, Paisley habe Maryann verlassen: »Im Gegenteil; ich habe Maryann nicht verlassen.«[24]

Maryanns Streben nach einem neuen Leben in ihrer zweiten Lebenshälfte erreichte im Februar 1976 seinen Höhepunkt, als sie an der George-Mason-Universität ihre Diplomprüfung ablegte.[25] Doch trotz dieses offensichtlichen Schrittes von Maryann in Richtung auf mehr Unabhängigkeit, und obwohl John nicht mehr mit ihr lebte, blieben sich die Paisleys erstaunlich nahe. »Ich würde sie als zwei Leute bezeichnen, die getrennt, aber einander nicht entfremdet waren«, sagt Gladys Fishel.

Zwischen seinen Törns gen Süden auf der *Brillig* wohnte Paisley bei alten Freunden. Von Zeit zu Zeit gewährten John Whitman, Bruce Clarke und Norman Wilson ihm Unterkunft. Manchmal kam er auch für eine Nacht nach Hause nach McLean.

Als Leonard Masters Paisley nur sechs Monate vor seinem Verschwinden besuchte, weilte er gerade im Haus in McLean in einem Souterrainzimmer. Masters weiß noch, daß Paisley »irgendwie den Eindruck zu erwecken versuchte, daß sie noch immer zusammen waren, immer noch eine Familie; dabei war doch der Familienzusammenhalt schon längst über Bord gegangen.«

Wie Betty Myers sagt, erreichte ihre Liebesbeziehung zu Paisley im Herbst 1977 ihren Höhepunkt. Sie und Paisley hatten ein paar Dinge gemeinsam. Eine Sache war, daß sie beide in Oklahoma geboren waren. Als Betty die Paisleys das erste Mal traf, war sie eine »Frau, die ihr ganzes Leben lang umsorgt worden war und nun auf eigenen Füßen stehen wollte«. Schließlich wurde sie Sozialarbeiterin in der Psychiatrie. Sie sagt, sie habe mit John lange Gespräche geführt und sei über die extrem depressive Tendenz beunruhigt gewesen, die sie bei Paisley beobachtete. Sie überredete ihn, zu einem Psychiater zu gehen.

Beruflich übernahm Paisley einige Aufträge für die CIA und das Verteidigungsministerium. Wieder einmal stand er mitten im Kreuzfeuer der Diskussion, ob die Beurteilungen des CIA über die tatsächlichen Verteidigungsausgaben der Sowjets verläßlich seien oder nicht. Mitte der 70er Jahre stand diese politische Zeitbombe kurz vor der Explosion. Mit neuen Daten bewaffnet, behaupteten die Konservativen, nur die fehlerhafte Beurteilung der sowjetischen Stärke durch das CIA habe die Ratifizierung des SALT-I-Vertrages durch die USA möglich gemacht und damit den Sowjets die Möglichkeit eröffnet, in der strategischen Bewaffnung gleichzuziehen.

Das Foreign Intelligence Advisory Board des Präsidenten (PFIAB), ein hochkarätiges außenpolitisches Beratergremium, dem damals der Admiral i. R. George W. Anderson vorsaß, schrieb im August 1975 einen Brief an Präsident Ford, der den Vorschlag enthielt, einer unabhängigen Gruppe von Experten den Zugang zu denselben Informationen zu verschaffen wie den CIA-Analytikern, und diese Experten sollten dann eine eigene Lagebeurteilung, ein National Intelligence Estimate (NIE), erstellen. Anderson wollte diese Gruppe das B-Team nennen; die Analytiker der CIA und der anderen regulären Geheimdienste wären dann das A-Team. Das Projekt wurde unter der Bezeichnung »A-Team/B-Team-Experiment« bekannt.

CIA-Chef Colby war von der ganzen Idee verständlicherweise nicht gerade begeistert, schlug dann jedoch zur Vermittlung vor, das PFIAB möge zuerst eines der letzten von der CIA vorgelegten NIEs begutachten und dann eine eigene Einschätzung vornehmen. Colby hatte das Gefühl, es werde zu einer Politisierung dieses weitgehend unpolitischen, streng empirischen Prozesses führen, wenn man Kritikern die Möglichkeit einräumte, zu den Beurteilungen Stellung zu nehmen.

Wie Colby erwartet hatte, fand das PFIAB die CIA-Lagebeurteilungen mangelhaft. Anderson drängte weiterhin darauf, das Experiment durchzuführen. An ein und demselben Tag entließ Präsident Ford sowohl seinen CIA-Chef William Colby als auch seinen Verteidigungsminister James Schlesinger, jedoch aus völlig verschiedenen Gründen. Als Colby ihm nicht mehr im Wege stand, erreichte der Vorsitzende des PFIAB schließlich sein Ziel: Colbys Nachfolger George Bush erklärte sich im Juni 1976 mit dem Vergleichsexperiment einverstanden.[26]

Das Projekt, dem Bush seinen Segen gab, war für den amerikanischen Geheimdienst revolutionär. Erstmals sollte Außenstehenden, von denen nicht wenige eindeutig gegen die CIA eingestellt waren, der Zugang zu den National Intelligence Estimates bis zurück ins Jahr 1959 gestattet werden. Außenseiter sollten Einblick in sämtliche als geheim eingestuften Informationen der USA über die sowjetische Rüstung erhalten. Die CIA hatte jahrelang den Standpunkt vertreten, ihre Analyseergebnisse und Informationen wiesen so lange keine politische Einfärbung auf, wie sie selbst sich aus dem politischen Meinungsstreit heraushielt. Einige Kritiker und Konservative unterstellten jedoch, daß Lagebeurteilungen von Männern wie Proctor, Clarke und Paisley von deren liberalen Ansichten gefärbt sein müßten. Es wurden drei B-Teams gebildet, von denen eines sich mit den Zielen der Sowjets befassen sollte, während die beiden anderen sich um technische Fragen kümmerten. Die A- und B-Teams sollten Gelegenheit haben, während dreier Arbeitssitzungen aufeinander loszugehen und ihre Standpunkte auszutauschen.

Die CIA hatte zwei Hauptbedenken gegen das Experiment: erstens, daß konservative Mitglieder der B-Teams streng geheimes Material an die Presse weiterleiten könnten, um ihren Anliegen Nachdruck zu verleihen, und zweitens, daß der Ruf der CIA, untadelige strategische Analysen zu betreiben, für immer Schaden nehmen könnte.

Für das Experiment mußten Tausende von Ordnern mit Geheimdokumenten vervielfältigt und Tausende von Stunden Nachbereitungsarbeit geleistet werden. Eine der wichtigsten Rollen, die im Rahmen dieses Projekts zu vergeben war, war die des Kontaktmanns zwischen der CIA und den B-Teams. Diese Person würde die Dokumente kontrollieren und darüber Buch führen, welche Dokumente an wen weitergegeben wurden. Die CIA bestimmte Paisley zum CIA-»Koordinator« für die B-Teams.[27] Hank Knoche, Paisleys alter Chef und jetzt Bush' erster Stellvertreter, gab seine Zustimmung zu dem A-Team/B-Team-Experiment – etwas, das er noch sehr bereuen sollte. Die Ernennung Paisleys zum »Koordinator« war jedoch ein brillanter Zug. Dieser Mann, der sein ganzes Berufsleben mit der Weiterentwicklung genau jener Verfahren verbracht hatte, deren Effizienz die B-Teams beurteilen sollten, war nun die Schaltstelle, über die alle diesen Teams zufließenden Informationen laufen würden.

Es ist gut möglich, daß die CIA mit der Berufung Paisleys das Ziel verfolgte, in dem Experiment ihre Interessen gewahrt zu sehen. Wie spätestens im Dezember 1976 überaus deutlich wurde, ging das mit der Einschätzung der sowjetischen Zielsetzungen betraute B-Team mit ausgesprochen politischen Ansichten an seinen Auftrag heran. Es war offensichtlich, daß die B-Teams sehr kritisch mit den Beurteilungen der CIA umgehen würden. Das ganze Unternehmen sollte im übrigen auch noch höchst geheim bleiben.

David Sullivan, der 1976 als geachtetes Mitglied zum Stab des OSR gehörte, stellte Material für das A-Team/B-Team-Experiment bereit. Er war Mitglied des A-Teams. Sullivan sollte von einem Büro in Rosslyn aus, am Potomac genau gegenüber von Washington gelegen, dem Projekt zuarbeiten. Eine seiner Aufgaben war die Unterstützung Paisleys bei der Beschaffung von Material für die B-Teams. Diese Position gab Sullivan einen guten Überblick darüber, welche Materialien Paisley den B-Teams zur Verfügung stellte bzw. (was noch wichtiger war) *nicht* zur Verfügung stellte. Nach Aussage von Sullivan hatte Paisley Zugriff zu »allem, was er wollte«.

Weil Sullivan die Dinge ähnlich sah wie die konservativen Mitglieder des B-Teams, beispielsweise der Harvard-Professor Richard E. Pipes oder der Luftwaffengeneral Daniel Graham, nahm er

Kontakt zu ihnen auf. Er wollte ihnen von seinen Recherchen berichten, wonach die Sowjets bei den SALT-I-Verhandlungen die USA getäuscht hätten.

Sullivan wollte Pipes an seiner Erkenntnis teilhaben lassen, daß die Sowjets mit ihren neuen Interkontinentalraketen vom Typ SS-19, über deren Existenz den Vereinigten Staaten vor Abschluß des SALT-I-Vertrages nichts mitgeteilt worden war, über ein wesentlich schlagkräftigeres Waffensystem verfügten, als es die alten SS-11-Raketen waren, die jetzt durch die neuen Systeme ersetzt werden sollten. Vor SALT I hatte die sowjetische Nuklearstreitmacht hauptsächlich aus diesen SS-11-Raketen bestanden. Was Sullivan aufbrachte, war ein Telefonat des damaligen sowjetischen Generalsekretärs Leonid Breschnew, das amerikanische Abhöranlagen aufgefangen hatten. In seinem Bericht schilderte Sullivan die Episode, die das betrügerische Verhalten der Sowjets zu bestätigen schien.

Gamma Guppy war der Codename einer Abhöraktion des US-Geheimdienstes gegen das Moskauer Autotelefonnetz. Am 26. Mai 1971, auf dem Höhepunkt der SALT-I-Verhandlungen in Moskau, wurde eine Telefonkonferenz zwischen dem sowjetischen Generalsekretär Leonid Breschnew, Außenminister Andrej Gromyko und Verteidigungsminister Marschall Gretschko mitgeschnitten. Breschnew begann von einer »Hauptrakete« zu reden, von der die Vereinigten Staaten nichts wüßten. Breschnew war gerade mit Henry Kissinger darin übereingekommen, daß die Sowjetunion ihre bestehenden Abschußrampen nur noch um höchstens fünfzehn Prozent aufstocken durfte. Breschnew hegte Zweifel daran, ob die neue »Hauptrakete«, die SS-19, in dieses Limit passen würde. Er wollte von Gretschko wissen: »Können wir die neue Rakete da reinkriegen?« Gretschko fragte bei seinen Experten nach und rief den Generalsekretär dann zurück, um ihm zu versichern, daß es möglich sei. Als Breschnew dies hörte, war seine Reaktion ein erleichtertes »Gott sei Dank«.

Da die SS-19 die erste wirklich zielsichere ballistische Interkontinentalrakete der Sowjetunion war, schrieb Sullivan in seinem bis heute als geheim deklarierten Bericht, Breschnew habe seine Verhandlungspartner belogen, als er ihnen sagte, daß die Sowjetunion nicht die Absicht habe, die SS-11 durch die neue und schlagkräftigere SS-19 zu ersetzen. Nach der Ratifizierung des SALT-I-Vertrages ersetzten die Sowjets 360 der kleineren Raketen durch die SS-19.

Sullivan erfuhr, daß die SS-19 etwa die drei- bis vierfache Schlagkraft der SS-11 hatte. Darüber hinaus jedoch war die SS-19 auch noch gefährlicher als die superschwere SS-18, weil sie weitaus zielgenauer arbeitete.

Ein Grund, weshalb die Vereinigten Staaten die mündliche Zusage der Russen akzeptierten, war die im Westen vorherrschende Überzeugung, die Sowjets hinkten technologisch weit hinter den USA her. Zusätzlich zu Paisleys Berichten, die die Überzeugung zum Ausdruck brachten, die Sowjets könnten sich keine Aufrüstung mit strategischen Waffen leisten und ihre Raketen wiesen in puncto Zielgenauigkeit und Zerstörungskraft größere technische Mängel auf, schaltete sich noch das FBI mit unterstützenden Informationen ein. Die wichtigsten Informanten des FBI, *Top Hat* und *Fedora*, bestätigten dem US-Geheimdienst die Ungenauigkeit der sowjetischen Raketen. Laut Sullivan »paßte dies den Sowjets genau ins Verhandlungskonzept bei SALT«.

Sullivan sagt: »Diese beiden sowjetischen Agenten, die das FBI laufen hatte, sind später als Schwindler entlarvt worden, die die Sowjets geschickt hatten. Damals jedoch wollte das FBI dies nicht wahrhaben. Anfang der 80er Jahre wurde ihr Fall unter Webster wieder aufgegriffen, und man kam zu dem Ergebnis, daß es faule Eier waren.«[28]

Auch in der Hitze des Gefechtes zwischen A- und B-Teams wußten beide Seiten genau, daß jedes Ausplaudern von Informationen an die Presse eine Gefährdung der nationalen Sicherheit darstellen konnte. Als dann die *New York Times* am 26. Dezember 1976 in ihrer Titelgeschichte behauptete, die B-Teams hätten die nationalen Sicherheitsberichte um 180 Grad umgedreht, löste dies Irritationen und gegenseitige Beschuldigungen aus und brachte die Behörden in Verlegenheit.

Die CIA erhob daraufhin den Vorwurf, das PFIAB habe mit seinem Beharren auf dem Experiment dem Durchsickern wichtiger nationaler Sicherheitsgeheimnisse Vorschub geleistet. Konservative Mitglieder der B-Teams wurden bezichtigt, für die undichten Stellen verantwortlich zu sein. Verfasser des Artikels, der den Streit auslöste, war David Binder, ein alter Zeitungshase, der für seine guten Kontakte zu konservativen Mitgliedern der Geheimdienste, darunter auch zu James Angleton, bekannt war. Aber es war kein Konservativer, der Binder die Informationen zugespielt hatte.

Nach Aussage David Binders hatte kein anderer als John Paisley ihm die Details für seinen Bericht geliefert, einen Bericht, den Binder als einen der »wichtigsten in meiner ganzen Laufbahn« beschrieb.[29] Binder machte die Bekanntschaft Paisleys durch Michael Yohn, der für die Gesandtschaft der USA bei der Organisation Amerikanischer Staaten (OAS) arbeitete. Yohn sagte, Binder habe ihn angerufen und ihm erzählt, er arbeite gerade an einer Geschichte über »Moralprobleme« bei der CIA und brauche dafür noch Informationen. Yohn gab ihm Paisleys Telefonnummer. Yohn sagt, Binder habe später berichtet, Paisley sei ihm eine große Hilfe gewesen.[30] Wie Michael Yohns Exfrau Gretchen sagt, war Binder ein Duzfreund der Yohns und besuchte als Gast mindestens eines der Feste, die sie bei sich zu Hause gaben.[31]

Maryann Paisley war sehr aufgebracht, als sie erfuhr, daß ihr Mann öffentlich als derjenige bezichtigt wurde, der Binder Informationen zugespielt hatte. Wie sie berichtet: »Als die erste Geschichte erschien, war von John in dem ganzen Artikel nicht die Rede, und David Binder, der mit der Geschichte herauskam, rief bei uns an. John war nicht zu Hause; er war außer sich wegen der Indiskretion. Und als er heimkam und ich ihm sagte, daß Binder angerufen hatte, ging er an die Decke. Er sagte, sein Name hätte niemals an die Öffentlichkeit kommen dürfen.«[32]

Seymour Weiss, ehemaliger US-Botschafter und Mitglied eines der B-Teams, sagt, beim Erscheinen von Binders Artikel in der *New York Times* »haben wir uns alle zusammengesetzt und darüber geredet. Ich glaube nicht, daß irgendein Mitglied unseres Teams etwas ausgeplaudert hat, aber einige von uns hielten es für möglich, daß es Paisley gewesen sein könnte«.[33] Nach Ansicht von John Vogt, Luftwaffengeneral im Ruhestand und ebenfalls B-Team-Mitglied, spielte Paisley in dem Team »keine politisch bestimmende oder entscheidende Rolle. Es stimmt, daß er mit einigen Teammitgliedern nicht gut auskam«. Vogt hält es »sicher für eine Möglichkeit«, daß Paisley für die Sowjets arbeitete, betont jedoch, zum damaligen Zeitpunkt habe dies niemand vermutet.

Andere Mitglieder der B-Teams wiesen jedoch auf den Gesichtspunkt hin, daß gezielte Indiskretionen über die B-Teams den Sowjets von Nutzen hätten sein können. Schließlich machten die B-Teams der CIA den Vorwurf, die militärische Stärke der Sowjets zu unterschätzen. Wenn es nun gelang, die B-Teams zu diskreditieren, würde die CIA weiterhin an ihren für die sowjetische Seite »günstigen« Einschätzungen festhalten können.

Paisleys altem Chef Hank Knoche fällt es indes schwer, zu glauben, daß Paisley der Informant für eine Geschichte gewesen sein sollte, die der Agency so großen Schaden zufügte. »Ich glaube, Binder macht uns da etwas vor. Das, was da nach außen gedrungen war, ... was uns so viele Schwierigkeiten gemacht hat, kam aus der rechten Ecke. Von ganz rechts. Von Leuten wie Danny Graham. ... Von denen, die später in der Reagan-Administration auftauchten. Und es wurde mit der Absicht hinausgeschleust, zu zeigen, wie beschönigend, wissen Sie, schönfärberisch die Beurteilungen der CIA gewesen seien. Nun, ich *weiß*, daß Paisley auf die Integrität dieser Beurteilungen sehr stolz war. Sicher kann sich im nachhinein herausstellen, daß man da und dort zu hoch oder zu niedrig gepeilt hat. Das liegt in der Natur der Sache. Aber die Integrität des Prozesses und die Objektivität dieser Beurteilungen war etwas, worauf John sehr, sehr große Stücke hielt und wofür sein Herz schlug. Also für mich ergibt es nicht den geringsten Sinn, ihn zu verdächtigen, etwas ausgeplaudert zu haben, das sich nachteilig auf die CIA auswirken würde.«

Ein B-Team-Mitglied, mit dem Paisley sich überhaupt nicht verstand, war Generalleutnant Daniel Graham, der ehemalige Vorsitzende der Defense Intelligence Agency (DIA). Graham und Paisley waren schon früher bei mehreren Gelegenheiten dienstlich aneinandergeraten. Zu den besagten Indiskretionen meinte Graham: »Ich weiß, daß eine dieser Informationen aus dem Team A (dem CIA-Team) kam.« Graham nannte Paisley einen »weinerlichen Liberalen, der den Sowjets gegenüber zu weich war«.[34]

»Er neigte dazu, die sowjetische Bedrohung zu überschätzen«, sagte andererseits Paisley einmal über Graham, wie sich Gladys Fishel erinnert.

Die Beziehung zwischen Binder und Yohn lebte in gedruckter Form wieder auf, als Binder nach Paisleys mysteriösem Ende dessen Geliebter Betty Myers vorgestellt wurde. Diese Begegnung mündete in einen Zeitschriftenartikel für die kurzfristig wiederauferstandene Zeitschrift *Look*.[35]

Auch nach dem Zwischenspiel mit den B-Teams war Paisley weiterhin gefragt. Bei der Mitre Corporation, die CIA-Aufträge abwickelte, arbeitete Paisley mit Clarence Baier zusammen, einem alten Kollegen vom OSR. Sie analysierten die Frage, ob und wie das Pentagon ein Frühwarnsystem entwickeln konnte, das das strategische Verhalten der Sowjets vorhersagen würde. Darüber hinaus blieb er als Berater für die CIA tätig. Seine Tätigkeit für Mitre nahm solche Ausmaße an, daß er gebeten wurde, in einem Memorandum die potentiellen Interessenkonflikte zwischen seiner Arbeit bei Mitre und bei der CIA aufzulisten.[36]

Nach dem B-Team-Experiment wandte David Sullivan sich wieder seinen normalen Tagesgeschäften zu, doch mußte er jetzt einen deutlichen Rückgang in der Qualität der Informationen, die er erhielt, konstatieren. *Rough* war der Codename für die amerikanische Spionagesatellitenfotografie. Von 1975 an begannen die Sowjets ihre Raketenabschußrampen so zu tarnen und zu verstecken, daß man annehmen mußte, daß sie über die amerikanischen Fotosatelliten vom Typ »Big Bird« Bescheid wußten, die ihre Aufnahmen aus verschiedenen Blickwinkeln machten, um Schatten messen zu können. Sullivan wurde klar, daß nur jemand, der mit der Auswertung solcher Satellitenfotos für das OSR zu tun gehabt hatte, den Sowjets verraten konnte, wie sie ihre Abschußrampen tarnen mußten. 1978 ergaben sich auch bei einem neuen, hochentwickelten Beobachtungssatellitensystem namens *Keyhole II* Anzeichen für sowjetische Abwehrmaßnahmen. Die OSR-Informationen über die Zahl der Raketen in den sowjetischen Abschußsilos waren von da an nicht mehr so verläßlich wie zuvor. Den größten Rückschlag bedeutete es jedoch nach Überzeugung Sullivans, als sich herausstellte, daß im nachrichtendienstlichen

Kommunikationszentrum der britischen Regierung in Chelten-ham (GHQ) in Gestalt von Geoffrey Arthur Prime ein sowjetischer Spion saß. Prime war ein schrecklich schüchterner Rekrut der Royal Air Force gewesen, der im britischen Gegenstück zur amerikanischen NSA offensichtlich den idealen Nährboden für eine fruchtbare Selbstentfaltung fand. Er machte eine steile Karriere und stieg zum Abteilungsleiter in einer Sektion auf, in der die abgehörten sowjetischen Informationen zu Papier gebracht wurden. GHQ Cheltenham war verantwortlich für alle den Sowjets während der SALT-I- und SALT-II-Verhandlungen abgelauschten Informationen. Prime hatte, so stellte sich heraus, während seiner gesamten Karriere beim GHQ Cheltenham für den KGB gearbeitet. Dies bedeutete, daß die Sowjets genau wußten, worauf sich die westlichen Geheimdienste konzentrierten und was sie beabsichtigten.

Als Jimmy Carter im November 1976 zum Präsidenten gewählt wurde, war Sullivan bereits zu der Überzeugung gelangt, daß vieles ungeheuer im argen lag.

George Bush hatte sich große Hoffnungen gemacht, Jimmy Carter werde ihn als CIA-Direktor behalten, Hank Knoche und Bush suchten gemeinsam den gewählten, aber noch nicht amtierenden Präsidenten auf, um ihn ins Bild zu setzen. »Wir wurden zwei oder drei Tage nach der Wahl nach Plains eingeladen. ... Wir sollten ein dreistündiges Gespräch mit Carter und Mondale führen, um mit ihnen die Weltlage, wie wir sie sahen, zu erörtern. Und ich sollte ihn in einige der verdeckten Aktivitäten einweihen, die gerade liefen und die er übernehmen mußte. Aus den drei Stunden wurden acht. Wir unterhielten uns bis weit in den Abend hinein. Eine faszinierende Unterredung. Als wir ankamen, fragte George, ob er die beiden vor der Besprechung allein sprechen könne, und sie verschwanden für etwa zehn bis fünfzehn Minuten. Als sie zurückkamen, erzählte mir Bush, er habe ihnen mitgeteilt, daß er am Tage der Amtsübernahme zurücktreten wolle. ... Das akzeptierten sie bereitwilligst.«

Carter hatte einen früheren Redenschreiber Kennedys, Theodore Sorenson, zu seinem neuen CIA-Direktor erkoren, aber aus dieser Ernennung wurde nichts, da schnell deutlich wurde, daß der liberale Sorenson gegenüber dem Senat nicht durchsetzbar sein würde. Am Tage der Amtsübernahme bat Präsident Carter Bush' Stellvertreter Hank Knoche, den Posten bis zur Amtsübernahme des neuen Direktors, Admiral Stansfield Turner, kommissarisch zu bekleiden.

Nach Meinung vieler CIA-Mitarbeiter erwies sich Turners Naturell als verhängnisvoll für die CIA. Er brachte der Agency, als er sie übernahm, großes Mißtrauen entgegen. Er wußte nicht genau, wie die Probleme aussahen, die auf ihn zukommen würden, wem er vertrauen konnte oder was die Jungs in den Hinterzimmern vorhatten. Turner war sicher kein Geheimdienstexperte. Die CIA war ein für ihn völlig fremdes Milieu. Zu seinem Schutz brachte er eine ganze Batterie von Marinesoldaten mit, die er auf Posten in der ganzen Agency verteilte. Als diese sich in die Vorgänge dort einzuarbeiten begannen, wurden die Bürokraten in der CIA nervös. Wie Hank Knoche zu berichten weiß, hegte Turner großen Argwohn »gegen alles, was mit dem von ihm so genannten ›Alte-Kameraden-System‹ zusammenhing«. Immerhin hatte die Agency in den 70er Jahren einen Skandal nach dem anderen produziert. Turner ließ die Seilschaften der alten Kameraden links liegen und begann, »Jungtürken« zu fördern. Er verschickte Hunderte von Entlassungstelegrammen an Mitarbeiter geheimer Dienste. Und als dann in seiner Amtszeit ein Fiasko nach dem anderen passierte, fehlten ihm die »alten Kameraden«, die ihm beim Wegräumen der Scherben hätten helfen können.

Admiral Turner erbte Hank Knoche als Stellvertreter. Laut Sam Wilson stellte Turner bald fest, daß Knoche unter Umgehung seines Direktors unmittelbaren Kontakt zu Mitgliedern des Nationalen Sicherheitsrats und zum Weißen Haus pflegte. »Diverse Male tauchte Turner im Weißen Haus auf und stellte fest, daß Knoche schon dagewesen war.« Sam Wilson sagt, genau aus diesem Grund habe Turner im Executive Office Building unweit des Weißen Hauses ein »Stadtbüro« eingerichtet. Knoche liebte die CIA. Er konnte nicht untätig herumsitzen und zulassen, daß Außenstehende das ruinierten, was in jahrelanger Arbeit aufgebaut worden war.

Es kann sein, daß die Probleme, mit denen Turner als CIA-

Direktor konfrontiert wurde, sein Gedächtnis getrübt haben, behauptete er doch später allen Ernstes, er habe niemals etwas mit Paisley zu tun gehabt. Tatsächlich jedoch finden sich in Paisleys Adreßbuch sowohl Turners Privatnummer als auch dessen Geheimnummer im »Stadtbüro« beim Weißen Haus. Paisley war noch immer Mitglied des den CIA-Direktor in militärischen und wirtschaftlichen Fragen beratenden MEAP (Military and Economic Advisory Panel), und die Akten zeigen, daß Paisley in den Jahren 1977 und 1978 Vortrag bei Turner hielt.

Am 15. Juli 1977 ging eine blonde Amerikanerin über die Brücke, die bei den Lenin-Bergen über die Moskwa führt. Sie beugte sich vor und begann, einen Stein auf dem Boden zu verschieben. Plötzlich kam eine andere Frau auf sie zu und riß ihr, ohne ein Wort zu sagen, die Bluse auf; darunter wurde ein am Körper festgeschnalltes Funkgerät sichtbar. Die überaus erstaunte Blondine war Martha Peterson, eine verdeckt arbeitende CIA-Agentin, offiziell als Vizekonsul bei der US-Botschaft in Moskau beschäftigt. Das Funkgerät, das ihre Gegenspielerin vom KGB in so tatkräftiger Weise enthüllt hatte, wurde von Frau Peterson benutzt, um die Bewegungen ihrer Beschatter vom KGB über Funk mitzuverfolgen. Auf der Moskwa-Brücke hatte Frau Peterson sich an einem in Agentenkreisen sogenannten »toten Briefkasten« zu schaffen gemacht – einem ausgehöhlten Stein, in dem Botschaften und Ausrüstungsgegenstände versteckt wurden. Der KGB stellte später die darin sichergestellten Dinge aus: Goldmünzen, zwei Kameras, Giftpillen und einen Zeitplan für die Absendung von Botschaften über einen Minirichtfunksender (ein Gerät, das seine Botschaft direkt und gezielt an einen Satelliten abstrahlt und damit praktisch nicht mehr zu lokalisieren ist). Die damals dreiunddreißigjährige Frau Peterson führte den zu jener Zeit bedeutsamsten »Trumpf« der Sowjetabteilung der CIA, einen innerhalb der sowjetischen Regierung plazierten »Maulwurf« namens Alexander Dmitrewitsch Ogorodnik.

Nach Angaben von Leonard McCoy wurde Ogorodnik 1973 in Bogota (Kolumbien) angeworben. Er hatte sich in eine Kolumbianerin verliebt und brauchte Geld, um sein Liebesabenteuer zu finanzieren. Diese Rekrutierung, übrigens nicht die einzige erfolgreiche Operation in Lateinamerika Mitte der 70er Jahre, bescherte den Vereinigten Staaten einen verläßlichen und gut plazierten Informanten im diplomatischen Dienst der Sowjetunion. Ogorodnik wurde schließlich ins Moskauer Außenministerium zurückversetzt und arbeitete dort in der Weltpolitischen Abteilung.

Ogorodnik war nicht gerade ein Anbeter der amerikanischen Demokratie, aber er hielt sehr viel vom Kapitalismus. Er verriet sowjetische Staatsgeheimnisse für etliche größere Summen in Goldwährung. Die Sowjetabteilung der CIA verpaßte Ogorodnik den Decknamen *Trigon*. Zwei Jahre lang kam von *Trigon* eine Fülle von Material, darunter viel Klatsch über Schlüsselpersonen des sowjetischen Auswärtigen Dienstes. Aber die CIA ging mit diesem Informanten weder vorsichtig noch geschickt um. Daß es gefährlich war, in Moskau konventionelle Agentenhilfsmittel wie tote Briefkästen anzuwenden, liegt im nachhinein auf der Hand. Der KGB ist personell so überbesetzt, daß die routinemäßige Beschattung aller CIA-Leute in Moskau rund um die Uhr für ihn kein Problem ist.

Nach der Verhaftung von Frau Peterson hielt die CIA *Trigon* für entlarvt. McCoy war sich darüber im klaren, daß die Sowjets seine Agentin mit Bedacht beim Aufsuchen des toten Briefkastens in die Falle hatten tappen lassen. Was die CIA freilich nicht wußte, war, wie lange der KGB *Trigon* schon im Visier hatte und wie er ihm auf die Schliche gekommen war. Was die CIA darüber hinaus noch in Erfahrung bringen wollte, war, ob der KGB *Trigon* gezwungen hatte, der CIA getürktes Material zuzuspielen, und, wenn ja, seit wann. Umgehend wurde Leonard McCoy, der schon in so vielen ähnlichen Fällen als Berichtsoffizier tätig gewesen war, nun als Spionageabwehroffizier auf den Fall *Trigon* angesetzt. Seit Anfang 1975 war McCoy die Nummer zwei hinter Kalaris, dem Nachfolger von James Jesus Angleton. Weder Kalaris noch McCoy hatten konkrete Erfahrungen in Sachen Spionageabwehr, als sie die Nachfolge des legendären Agentenjägers antraten. Und in den darauffolgenden Jahren trugen sie wenig dazu bei, die Spionageabwehrveteranen oder das FBI von der Qualität ihrer Arbeit zu überzeugen. Wie in diesem Buch an anderer Stelle noch genauer erläutert werden wird, war die größte Pleite für Kalaris und McCoy die eigenartige Handhabung des Falles Nick Schadrin.[37]

Im Jahre 1977, als Martha Peterson verhaftet wurde, litt der Ruf McCoys als Spionageabwehrexperte enorm. Er selbst sagt, CIA-Direktor Admiral Stansfield Turner habe ihm nur zwei Wochen Zeit gelassen, den Grund für das Auffliegen *Trigons* herauszufinden. In dem Bemühen, zu ergründen, was zur Verhaftung von Frau Peterson und der darauf folgenden Hinrichtung *Trigons* geführt hatte, begab sich McCoy in ein politisches Minenfeld. Für kurze Zeit hegte er den Verdacht, Henry Kissinger könnte bei der Enttarnung *Trigons* eine Rolle gespielt haben. In diesem Zusammenhang kam ihm eine interessante Information unter: eine eigenartige Nachricht, die die NSA im April 1977 bei der sowjetischen Botschaft in Washington abgefangen hatte. Es handelte sich um ein Telegramm von Botschafter Anatoli Dobrynin an das Außenministerium in Moskau. Der Text bezog sich auf einen Rat, den Henry Kissinger Dobrynin zu der Frage gegeben hatte, wie die Sowjets sich bei der Fortsetzung der SALT-II-Verhandlungen der neuen Carter-Administration gegenüber verhalten sollten. Für McCoy war dieses Telegramm ein schockierendes Dokument. Der Gedanke, daß ein ehemaliger Außenminister und Nationaler Sicherheitsberater sich als Privatmann unter vier Augen mit dem sowjetischen Botschafter traf, um mit ihm Verhandlungstechniken zu besprechen, schien McCoy fast unglaublich.

Das Telegramm bekräftigte die Glaubwürdigkeit eines Vermerks in einer alten Akte, die McCoy übernommen hatte, als er zur Spionageabwehrabteilung gestoßen war. Es war die Originalakte über die Ermittlungen zur Person und zur Loyalität Henry Kissingers, die im Gefolge der von Michail Goleniewski erhobenen Beschuldigungen 1969 durchgeführt worden waren. Was die Sache noch problematischer machte, war die Tatsache, daß Angletons alte Akten auch über lange Unterredungen zwischen Kissinger und Dobrynin unter vier Augen während der Amtszeit Nixons berichteten. Angleton hielt fest, daß Kissinger sich geweigert hatte, sich nach solchen Treffen abfragen zu lassen. Alles, was McCoy wußte, war, daß Kissinger eine fragwürdige Verhaltensweise an den Tag gelegt hatte. Nun war ein wichtiger Informant im sowjetischen Außenministerium verlorengegangen, und zwar ein Informant, von dessen Existenz Kissinger wußte, so daß es im Prinzip möglich schien, daß er die Sowjets auf ihn aufmerksam gemacht hatte.

Kapitel 6

Paisley: Der Ermittler

Ich glaube, ich kannte niemanden besser als ihn, fast
niemanden. Aber ich bin mir sehr wohl darüber im
klaren, daß es mehr Situationen gegeben hat, wo
Leute... Doppelagenten waren und die ihnen am
nächsten stehenden Personen nichts davon wußten.
Ich bin mir also dessen bewußt, daß es einen John
Paisley gegeben haben kann, den ich nicht kannte.
Aber es fällt mir schwer, mir dies einzugestehen.
Verstehen Sie, was ich meine?

Betty Myers

Im August 1977 besuchte ein durch und durch frustrierter David
Sullivan Leonard McCoy. Die beiden Männer hatten sich über die
Jahre kennen- und schätzengelernt. Sullivan wandte sich mit der
Frage an McCoy, wie er es erreichen könne, seinen Bericht über
das falsche Spiel mit dem SALT-I-Vertrag vom OSR veröffentlichen zu lassen. Der junge Analytiker glaubte, die Nummer zwei
der Spionageabwehrabteilung verfüge über genügend Einfluß, um
ihm über die seiner Meinung nach mehr als bürokratischen Hürden hinweghelfen zu können. »Ich hatte von den hohen Tieren
beim OSR nichts als Widerstand erfahren und dachte, Leonard
könnte mir helfen, es den richtigen Leuten zum Lesen vorzulegen«, erzählt Sullivan.[1] McCoy sagt, er habe das Papier an Rusty
Williams weitergegeben, den maßgeblichen Berater von CIA-
Direktor Stansfield Turner.
Als Sullivan eine Woche später bei McCoy vorbeischaute, berichtete ihm dieser, Williams habe versichert, der Bericht werde an die
»richtigen Leute« weitergegeben.[2] Wie schon oft, debattierten die

beiden, und Sullivan stellte eine Theorie darüber auf, warum sich niemand die Ergebnisse seiner jahrelangen Arbeit an der Studie über den SALT-I-Schwindel zu eigen machte. Er fragte McCoy, ob es seiner Meinung nach innerhalb der US-Regierung einen Maulwurf geben könne. Sullivan vertraute McCoy an, daß er in einem rechtsgerichteten Buch in der CIA-Bibliothek auf die Theorie gestoßen war, Henry Kissinger arbeite für die Sowjetunion. Er fügte hinzu, er mache sich angesichts des schlechten Abschneidens der USA bei den SALT-I-Verhandlungen und der offensichtlich erbärmlichen Ausbeute der US-amerikanischen Nachrichtenbeschaffung über Satelliten, Menschen und Abhöranlagen so seine Gedanken über Kissinger. »Ich fragte ihn: ›Bin ich verrückt, wenn ich das von Kissinger denke?‹ Er sagte ›Du bist nicht verrückt, wenn du das tust.‹ McCoy sagte: ›Komm in ein paar Tagen wieder.‹ Also kam ich nach ein paar Tagen wieder zu ihm, und er zeigte mir Teile seiner Schadensbeurteilung über *Trigon*. Er zeigte mir seine Schlußbemerkung. Darin hieß es, die einzige plausible Erklärung für Kissingers Verhalten, wie dieses Telegramm es belegte – dessen Echtheit vorausgesetzt – laute: Verrat.«[3]

McCoy erzählt, er habe versucht, Sullivan zu veranlassen, ihm einige spezielle Informationen über das Telegramm der Sowjets, in dem der Ratschlag Kissingers an den sowjetischen Botschafter erwähnt wurde, zu beschaffen. »Er ließ durchblicken, daß dieses Telegramm ihn beunruhigt hatte. Bevor er seinen Bericht über Kissinger weitergab, wollte McCoy sicherstellen, daß das Telegramm auch echt war. Die Schlüsselfrage war: Hatte der KGB das Telegramm getürkt, um Kissinger zu demontieren, oder war es eine authentische Information? Dann dachten wir beide Hypothesen und deren Konsequenzen durch, und beide sahen gar nicht gut für Kissinger aus«, berichtet Sullivan. Er erinnert sich, daß McCoy ihm sagte, zum Beweisproblem geselle sich noch die Tatsache, daß Kissinger sich nach privaten Treffen mit sowjetischen Gesprächspartnern stets geweigert habe, sich einer Lügendetektoruntersuchung zu unterziehen.

Nun waren bei der CIA also zwei Männer von völlig verschiedenen Richtungen her zur selben Schlußfolgerung gelangt. Sullivan ließ sich die Theorie McCoys nochmals durch den Kopf gehen und machte sich klar, wie wichtig es für McCoy war, das Telegramm zu verifizieren, bevor er weitere Schritte einleiten konnte. Im Januar 1978 ging Sullivan zu McCoy: »Ich hatte mir überlegt, daß wir, wenn wir wirklich so eine Information in der Hand haben, damit zur NSA gehen und sie dort überprüfen lassen sollten. Also ging ich wieder zu Leonard und sagte: ›Laß es uns machen‹, und er sagte: ›Gut.‹«

Die einzige Möglichkeit, die Echtheit des Telegramms zu überprüfen, bestand in der Tat darin, zur NSA zu gehen, die Transkripte von anderen Telegrammen herauszuholen, die die sowjetische Botschaft nach Moskau geschickt hatte, und sie in bezug auf Stil, Inhalt und zeitlicher Stimmigkeit mit dem fraglichen Telegramm zu vergleichen. David Sullivan war als Geheimnisträger höchster Kategorie anerkannt und hatte sich mit Mitarbeitern jener NSA-Abteilung angefreundet, in der die Transkriptionen aufgefangener Botschaften aufbereitet wurden. Er schlug vor, für sich und McCoy einen Wagen aus dem Fuhrpark zu nehmen und gemeinsam zur NSA hinzufahren. In letzter Minute meldete McCoy sich unabkömmlich und gab Sullivan eine Kopie des Telegramms, mit der Bitte, damit allein zur NSA zu fahren.

»Ich arbeitete also den ganzen Tag an der Untersuchung, kam zurück, schrieb einen zweiseitigen Aktenvermerk und gab ihm [McCoy] eine Kopie und brachte eine Kopie auf den Instanzenweg.« Sullivan und die Experten der NSA waren zu dem Schluß gekommen, daß das Telegramm echt war und kein sowjetischer Desinformationsversuch.

Auf der Basis von Sullivans Prüfung beendete McCoy seinen Schadensbericht über den Fall *Trigon*. Darin war auch das belastende Material über Henry Kissinger enthalten. Eine Kopie des Berichts wurde sofort an das Weiße Haus übersandt, wo es sogleich für betretene Gesichter sorgte. Aber Henry Kissinger hatte noch einen Freund im Weißen Haus Carters sitzen, der seine Interessen vertrat. Es war William Hyland, der lange Zeit Kissingers Assistent gewesen war und unter Carter seinen Posten behalten hatte. Als er von dem Bericht erfuhr, reagierte er wütend.[4]

Der Bericht von McCoy war für Regierungsbürokraten ein »ausgesprochen heißes Eisen«, wie Sullivan es formuliert. Und McCoy meint: »Weil Admiral Turner mir nur zwei Wochen gab, um die *Trigon*-Schadensabschätzung zu erarbeiten, wurde nie eine ordentliche Untersuchung durchgeführt. Erst nachdem ich die CIA verlassen hatte, wurde mir klar, daß Karl Koecher es war, der die *Trigon*-Sache verpatzt hatte.«

McCoy sagt, die Hast, mit der die Untersuchung durchgezogen wurde, habe verhindert, daß Koechers Beziehungen zu CIA-Kollegen und Mitarbeitern anderer Geheimdienste herauskamen – seine Beziehungen etwa zu John Paisley. Koecher und seine schöne Frau und Komplizin Hana hatten in den 70er Jahren dieselben Sexpartys wie Paisley besucht. Unerklärlicherweise hatte Koecher in der »AE Screen Unit«, der Hauptabteilung für Operationen, einen Posten als Übersetzer bekommen. Wie McCoy sagt, hielten Koechers Vorgesetzte dies für eine frevelhafte Vergeudung seiner Fähigkeiten. Anstatt nur zu übersetzen, durfte Koecher die von sämtlichen sowjetischen Kontaktpersonen der CIA – *Trigon* eingeschlossen – gelieferten Informationen auswerten. Die CIA-Beamten, die Koecher auf diesen Posten gesetzt hatten, mußten sich dafür nie rechtfertigen.

Das *Trigon*-Material war so wertvoll, daß es regelmäßig auch dem Weißen Haus zugeleitet wurde. Wie McCoy sagt, konnte Koecher, dem man unerklärlicherweise eine Sicherheitsfreigabe erteilte, dem Material, das er erhielt, die intimsten Einzelheiten aus *Trigons* Privatleben entnehmen. Wie McCoy meint: »Koecher wußte genug von *Trigon*, seine Kragenweite eingeschlossen, um eine sofortige Identifikation zu ermöglichen, wenn er die Informationen nach Moskau weiterleitete.« Dies schien Kissinger von jeglichem Verdacht freizusprechen.

Während McCoy wohl mit dem Schluß richtig lag, *Trigon* sei von Koecher verraten worden, machten das FBI und die Sicherheitsabteilung der CIA bei der Erforschung der »Paisley Connection« ihre Sache weniger gut. Die Spionageabwehrleute vernachlässigten völlig zwei bedeutsame, die Person Koechers betreffende Punkte. Erstens: Wie kam ein tschechischer Immigrant zu einer so hochkarätigen Sicherheitsfreigabe, wo doch einer ganzen Reihe von Überläufern, die über bessere Kontakte verfügten und bekannter waren, eine solche Freigabe routinemäßig verweigert wurde? Und wie kam Koecher zu einem Vertrag mit dem OSR, der ehemaligen Domäne Paisleys, nachdem er aus der AE Screen Unit ausgeschieden war? Obwohl sich McCoy und Sullivan bemühten, brachte niemand Paisley mit der Enttarnung *Trigons* in Verbindung.

McCoys Bericht ließ noch eine weitere wichtige Tatsache außer acht. Nach Aussagen des Washingtoner Rechtsanwalts John Carbo war die Sache mit *Trigon* bei einer Dinnerparty in der Anfangsphase der Regierung Carter im Januar 1977 zur Sprache gekommen. Ein Mitglied des Nationalen Sicherheitsrats hatte bei dieser Party verschiedenen sowjetischen Diplomaten gegenüber damit geprahlt, die Vereinigten Staaten hätten mitten im sowjetischen Außenministerium einen Informanten sitzen. Wie Carbo sagte, war der bei der Party anwesende General Vernon Walters über diesen Vorfall derart beunruhigt, daß er der Sicherheitsabteilung der CIA darüber Bericht erstattete.

Wie Sullivan und Clarence Baier, ein Kollege beim OSR, aussagten, war es höchst unüblich, daß ranghöhere Analytiker Einsicht in das von Informanten gelieferte Originalmaterial erhielten, wie es bei Sullivan der Fall war. Baier äußerte sich auch kritisch über Sullivan. Dieser habe die Angewohnheit, so eigensinnig auf seinem Standpunkt zu beharren, daß »wir ihn an die [Abteilung für] wissenschaftliche und technische Aufklärung weitergereicht haben, weil niemand irgendein Ergebnis aus ihm herauskriegen konnte«. Baier hält es für wahrscheinlich, daß Sullivan dort an das Material herankam, das er brauchte, um die Sowjets des falschen Spiels im Zusammenhang mit SALT I zu überführen.

Phil Waggener, der damals Stellvertreter CIA-Direktor für Strategische Forschung war, räumt ein, daß er die Veröffentlichung von Sullivans Bericht blockierte, weil er ihm zu politisch war. »[Sullivan] wollte uns zu einer politischen Organisation mit einem Standpunkt machen, und das paßte nicht zu unserer Rolle.« Waggener erkennt an, daß Sullivan neue Tatsachen über die Sowjets und über SALT I zutage förderte. »Aber während sie vielleicht nur die Lücken in einem schlecht ausgehandelten Vertrag gefunden hatten, schrieb er, sie hätten uns betrogen.«[5]

Paisley segelte gegen Ende des Jahres 1977 mit seiner *Brillig* zu den Florida Keys, wo er Tauchunterricht nahm. Am 21. Februar 1978 schickte er seiner alten Abteilung bei der CIA eine Ansichtskarte mit dem Bild eines Tauchers vor dem Hintergrund der Florida Keys. Auf einem Teil der Reise wurde Paisley von Betty Myers begleitet. Sie sagt, John sei während dieser Fahrt besonders schlecht gelaunt gewesen.

Anfang 1978 hatte sich Paisley entschlossen, wieder voll zu arbeiten. Mitten in seine Kreuzfahrt platzten ein Arbeitsangebot der Washingtoner Buchprüfungsfirma Coopers & Lybrand und schlechte Nachrichten über das Befinden seiner Mutter, die in Oregon mit einem Krebsleiden im Sterben lag. Paisley vertraute Richard Bennett die *Brillig* an, der damit nach Beaufort (South Carolina) schipperte, wo er Paisley wieder an Bord nehmen und mit ihm zusammen die fast einen Monat in Anspruch nehmende Heimfahrt nach Washington antreten sollte. Paisley fuhr nach Washington. Bennett gegenüber zeigte sich Paisley ganz begeistert von seiner neuen Aufgabe und machte einen glücklichen Eindruck. Nichts deutete auf eine mögliche Niedergeschlagenheit hin. Dr. K. Wayne Smith, ein alter Bekannter Paisleys, war als geschäftsführender Gesellschafter bei Coopers & Lybrand eingestiegen und bot Paisley an, als sein Assistent in diese Firma einzutreten. 1976 hatte Paisley Smith einen Brief geschrieben und sich nach einem Job erkundigt. In dem handschriftlichen Brief hatte er nach Aussage von Smith ausgeführt, er langweile sich und sei knapp bei Kasse. Damals hatte Smith das Gefühl gehabt, daß »das eine Art Standardbrief war«, die Paisley an eine ganze Reihe von Leuten geschickt hatte. Dann trafen sich die beiden Männer zufällig bei einer Sitzung der MEAP und kamen einander näher. Smith stellte John als Mitarbeiter des Vorstands mit einem Jahresgehalt von 36 000 Dollar ein (wozu sich noch seine über 1400 Dollar monatlich betragende CIA-Pension gesellte).

Paisley war einer von 304 Leuten, die bei Coopers in Washington arbeiteten. Die Tatsache, daß er nicht einmal sein eigenes Scheckheft ordentlich zu führen vermochte, schien seiner Eignung für den Job bei der Buchprüfungsfirma keinen Abbruch zu tun. Smith behauptet, er habe Paisley wegen seiner guten Schreibe eingestellt

146

und nicht wegen seiner Kenntnisse über Buchhaltung und Finanz-verwaltung. Er sagt, Paisley habe die Fähigkeit gehabt, riesige Faktenmengen zu klaren und kompakten Darstellungen zu ver-dichten. Die Zahlungen, die Paisley für seine Auftragsarbeiten für die CIA erhielt, sollten über Coopers & Lybrand abgewickelt werden.[6] Allein, die CIA-Dokumente über die Einstellung Pais-leys bei Coopers waren rückdatiert. Der Vermerk, der besagt, daß Paisleys Anstellungsvertrag am 30. April 1978 auslaufen solle, stammt vom 26. Juli 1978. Es ist offensichtlich, daß die Anstellung bei Coopers in diesem Frühjahr als eine Art Tarnung für Paisley benötigt wurde, und man kann annehmen, daß dies ohne Wissen von Dr. Smith geschah.

Im April flog Maryann Paisley nach Oregon, um bei ihrer sterben-den Schwiegermutter zu sein. Maryann hatte Johns Mutter nie etwas vom Scheitern ihrer Ehe erzählt. Sie verbrachten die Zeit damit, Überliefertes aus der Geschichte der Familie auf Tonband zu sprechen. Maryann blieb einen Monat bei ihren Schwiegerleu-ten.[7]

Kurz bevor Paisley seinen Job bei Coopers antrat, flog er nach Oregon, um seine Familie zu besuchen. Bei der Gelegenheit erfuhr seine Schwester erstmals, daß er und Maryann sich getrennt hatten. Katherine wollte die ganze Familie zusammenholen, da es offensichtlich war, daß Clara Paisley sterben würde, und vorher noch einige Entscheidungen getroffen werden mußten. Dales Frau Mary erinnert sich, daß »Dale und Jack überhaupt nicht zu gebrauchen waren. ... Also vergaßen wir sie einfach, ... und Kay [Katherine] und ich gingen zum Leichenbestatter und arrangier-ten alles«.[8]

Für Paisley war der Gang zu seiner sterbenden Mutter keine einfache Sache. Katherine erinnert sich an eine Nacht, in der »Mutter schreckliche Schmerzen litt, ich meine Schmerzen, wie ich sie keinem Hund und keiner Katze zumuten würde. Ich konnte ihr keine Schmerzmittel geben. Sie verlangte nach ihrem Tablet-tenfläschchen, damit sie eine Tablette nehmen konnte, wenn sie sie brauchte. Ich wußte, was sie vorhatte, und Jack fragte mich: ›Warum gibst du ihr denn das Fläschchen nicht?‹, und ich sagte ›Ich kann nicht. Wenn du es ihr geben willst, dann gib es ihr.‹ Nun, er konnte es auch nicht. Aber es fiel ihm schwer, sie litt so sehr, und das erschütterte ihn wirklich«.[9]

Paisley sagte seiner Schwägerin, er wolle nicht mehr so viel trinken und deshalb die *Brillig* loswerden, um aus »dem Bootsmilieu herauszukommen, weil da zuviel gesoffen wird«. Katherine sagte, ihr Bruder habe in den zwei Jahren vor seinem Verschwinden sehr viel getrunken.

Von Mai 1978 an arbeitete Paisley für Coopers, wo Kay Fulford, die Sekretärin von Dr. Smith, für seine Betreuung zuständig war.[10] Wie Frau Fulford bestätigt, stellte Paisley einen Teil seiner Arbeitszeit bei Coopers der CIA in Rechnung. Was tat die Firma Coopers für die CIA? Dr. Smith, der vor einigen Jahren die Firma verlassen hat, sagt, Paisley habe noch einigen Rest-Verpflichtungen für die CIA nachkommen müssen. Nach seinen Angaben bestand eine Vereinbarung, der zufolge Paisley CIA-Verträge auf Coopers & Lybrand übertragen wurden und die CIA die Honorare an Coopers statt an Paisley überwies. Was die Tätigkeit Paisleys für seine neue Firma noch undurchsichtiger macht, ist die Tatsache, daß Dr. Smith nach Paisleys Verschwinden Kay Fulford anwies, dessen sämtliche Büroakten und Unterlagen zu vernichten. Smith behauptet, diese Akten hätten nichts Wertvolles oder Interessantes erhalten.

Obwohl John und Maryann getrennt lebten, unterhielten sie weiterhin eine eheliche Beziehung, auch in der Zeit seines Liebesverhältnisses mit Betty Myers. Als Maryann John auf dieses Verhältnis ansprach, sagte er, er liebe Betty Myers nicht. Am 1. Mai 1978 teilte Maryann Paisley Betty Myers mit, daß sie sie nicht mehr sehen wollte, und bat sie, sich nicht mehr in ihr Leben einzumischen.[11]

Bevor Paisley seine Stellung bei Coopers & Lybrand antrat, war er, wann immer er geschäftlich in Washington zu tun gehabt hatte, reihum bei ehemaligen CIA-Kollegen abgestiegen. Stets hielt er nach einer eigenen Mietwohnung Ausschau. Unter allen Städten und Stadtteilen in der Region Washington wählte er die interessanteste zu seinem neuen Wohnort: John Paisley entschied sich für ein Junggesellen-Apartment in einem Wohnkomplex an der Massachusetts Avenue im Nordwesten der Stadt.

Trotz der Tatsache, daß seine Wohnung nur wenige Blocks von den Büroräumen von Coopers & Lybrand entfernt lag, benutzte Paisley sie nach Aussage anderer Cooper-Mitarbeiter nur selten. Meistens erreichte man ihn unter diversen Telefonnummern in der CIA-Zentrale in Langley (Virginia). Vier Jahre nach seiner »Pensionierung« hatte er noch immer ein Büro in Langley. Wenn Paisley dort nicht zu erreichen war, hinterließ seine Sekretärin Kay Fulford bei einem seiner CIA-Bürokollegen eine Nachricht für ihn.[12]

Paisleys Umzug ins Stadtzentrum bewirkte, daß er seine geliebte Amateurfunkausrüstung nicht installieren konnte. Im siebten Stock eines Apartmenthauses in der Innenstadt waren die Voraussetzungen, die seine komplizierte und sperrige Antennenanlage für ihre weitreichenden Sende- und Empfangsmöglichkeiten benötigte, nicht gegeben. Aus welchen Gründen gibt ein Mann die Möglichkeit auf, sein lebenslanges Hobby zu pflegen, zieht in eine weiter von seiner Arbeitsstelle gelegene Wohnung um und zahlt dafür auch noch mehr?

Aus der Sicht der nationalen Sicherheit der Vereinigten Staaten fällt die Antwort auf diese Frage möglicherweise recht beängstigend aus. Sie kreist nämlich um einen bärtigen Russen namens Vitali S. Jurtschenko, damals Sicherheitsoffizier des KGB an der sowjetischen Botschaft in Washington. Neben seiner Tätigkeit als Leiter der Spionageabwehr in der Botschaft war Jurtschenko noch für die Sicherheit der sogenannten »Nachtschwärmer« verantwortlich, einem Dutzend KGB-Spezialisten, die im selben Apartmenthaus wohnten wie Paisley. Diese Agenten verließen den Wohnblock am Abend und klapperten die umliegenden Schwulenlokale ab, immer auf der Suche nach einsamen und unglücklichen Soldaten, Geheimdienstlern und anderen Angestellten und Sekretärinnen im Staats- und Militärdienst, die sie abschleppen, kompromittieren und anschließend zur Preisgabe von Staatsgeheimnissen verleiten oder zwingen konnten.

Aus Gründen der Sicherheit und der Spionageabwehr mußte Jurtschenko 1978, als Paisley dort wohnte, regelmäßig den Block in der Massachusetts Avenue Nr. 1500 aufsuchen. Noch ungewöhnlicher als die Tatsache, daß ein hochrangiger CIA-Mann in einem Apartmenthaus wohnte, das als Domizil von KGB-Agenten bekannt war, muten gewisse Briefe an, die man fand und die an »John Paisley, Vertriebsagent der *Washington Post*« gerichtet waren. Ein Brief enthielt sogar einen Geldbetrag für zugestellte Zeitungen. John Paisley hatte keinen Vertrag als Vertriebsagent der *Washington Post*. Das Redaktionsgebäude der Zeitung liegt allerdings Hintertür an Hintertür mit der sowjetischen Botschaft in der 16. Straße im Stadtzentrum von Washington. Hohe Beamte der US-Spionageabwehr halten für wahrscheinlich, daß Paisley die Zeitungs-»Ente« als Tarnung für die unauffällige Übermittlung von Nachrichten an Jurtschenko und seine Agenten benutzte. Die Antworten erhielt er dann in der codierten Form von Beschwerden über den Service und die Zustellung.

Als Jurtschenko im August 1985 in die Vereinigten Staaten überlief, wurde er in einem Haus am Rande von Fredericksburg (Virginia) einer amateurhaften Befragung unterzogen. Dort erzählte er seinen CIA-Betreuern, er wisse, wie Nicholas Schadrin am 20. Dezember 1975 in Wien abgetaucht sei. Die CIA nahm Jurtschenkos Bemerkungen über Schadrin für bare Münze und teilte umgehend dem FBI mit, der Fall Schadrin sei geklärt. Die einzig denkbare sporadische Verbindung zwischen Schadrin und Jurtschenko könnte 1978 in Washington bestanden haben, und zwar vermittelt durch John Arthur Paisley. Obwohl sich die beiden Männer damals so nahe gewesen waren, wurde Jurtschenko von seinen CIA-Betreuern nie über Paisley ausgequetscht; dabei wußten diese Männer ganz genau, daß Jurtschenko in dem Mietshaus, in dem Paisley zu der Zeit wohnte, aus und ein gegangen war. Heraus kam am Ende eines der dilettantischsten Verhörprotokolle in der Geschichte der CIA-Überläufer.

Falls man Paisley in die Massachusetts Avenue geschickt hatte, um dort den CIA-Mann im Ruhestand zu mimen, der bereit war, mit Jurtschenko oder einem seiner Agenten Kontakt aufzunehmen und Staatsgeheimnisse zu verhökern, so geschah dies jedenfalls nicht unter der Regie der Spionageabwehrabteilung der CIA. Leonard McCoy bestreitet, von einer solchen Operation im Zusammenhang mit Paisley etwas zu wissen. Nach Überzeugung McCoys war »Paisley wie ein großer Bernhardiner. Er grub nie etwas ganz Hochkarätiges aus. Er war immer vorsichtig und loyal.« McCoy hält es für möglich, daß das Verhörteam erwartete, Jurtschenko werde von sich aus alles erzählen, was er über Paisley wußte. Das wäre eine höchst einleuchtende Taktik gewesen, wenn es sich bei Jurtschenko um einen echten Überläufer gehandelt hätte. Wie auch immer, Jurtschenko bot keinerlei Informationen über Paisley an. Anfang November 1985 war es zu spät, Jurtschenko über Paisley zu befragen. Er war heimgekehrt, weil er, wie er sagte, von der CIA die Nase voll hatte.

McCoy hält es für denkbar, daß Paisley, falls er ein sowjetischer Agent war, »möglicherweise überhaupt nicht von Jurtschenko, sondern von einer ganz anderen Instanz geführt wurde«, und weist darauf hin, daß die Sowjets auch die berühmt-berüchtigte Walker-Familie auf ähnliche Weise dirigierten.

Maryann Paisley erinnert sich an Scherze, die John darüber machte, daß er in der Massachusetts Avenue Nr. 1500 wohnte. Wie sie erzählt, witzelte John 1978 darüber, daß er so nahe bei der Zentrale der National Rifle Association und bei der sowjetischen Botschaft wohnte, zwei Nachbarn, mit denen er wenig anfangen konnte.[13]

Im Sommer 1978 vermittelte Paisleys Verhalten den eigenartigen Eindruck, als würde ihm die Zeit knapp. Er wandte sich mit der seltsamen Anfrage an Leonard Masters, ob dieser für ihn, Paisley, eine Möglichkeit sähe, wieder als Funker zur Handelsmarine zu gehen. »Ich sagte, es gebe Urlaubsvertretungen und jede Menge anderer Möglichkeiten. Und er sagte: ›Nun, es gibt bestimmte Teile der Erde, wo ich nicht hinfahren kann.‹« Masters sagt, er habe Paisley kurz vor seinem Verschwinden noch brieflich mitgeteilt, welche offenen Stellen sich gerade aufgetan hätten.

Masters war nicht der einzige, den Paisley dazu befragte, wie er wieder in seinen alten Beruf als Schiffsfunker zurückkehren könne. Paisleys Tochter Diane arbeitete als Bedienung in einem Restaurant, wo ein Funkerclub seinen wöchentlichen Stammtisch abhielt. Sie stellte ihren Vater dem Clubmitglied und erfahrenen Amateurfunker William Miller vor. Paisley stieß zu dem Stammtisch und vertraute sich Miller an.

Miller hatte bei Firmen gearbeitet, die mit Geheimdienstgeschäften befaßt waren, unter anderem mit der Lieferung streng geheimer Minirichtfunksender an die CIA. Er berichtet, Paisley habe ihn um Hilfe bei der Beschaffung einer privaten Funklizenz für kommerzielle Zwecke gebeten. Miller versorgte Paisley im Herbst 1977 mit einschlägigen Handbüchern, zur Lektüre für seine Winterkreuzfahrt in der Karibik auf der *Brillig*.

Paisley erzählte Miller von der wechselhaften Karriere, die er bei der CIA gemacht hatte, und erwähnte dabei auch die Arbeit mit einem Überläufer um das Jahr 1975 herum. »Er erzählte mir davon nur ein wenig«, sagt Miller, »daß er mit einem der Überläufer in North oder South Carolina gewesen sei.«[14] Paisley ließ von Zeit zu Zeit Miller gegenüber auch Bemerkungen über den Watergate-Einbruch fallen, die bei Miller den Eindruck hinterließen, daß »er mehr darüber wußte als der normale Bürger«. Aber Miller sagt, er habe keinen Grund gehabt, deswegen argwöhnisch zu werden. »Schließlich war ich in diesem Punkt ebenfalls Geheimnisträger.«

Während Paisley nach der Erinnerung anderer Freunde und seiner Angehörigen niemals besser aussah als im Sommer 1978, berichten Betty Myers und Norman Wilson, er habe einen niedergedrückten und gereizten Eindruck gemacht. »Ich redete mit einem befreundeten Psychologen«, erzählt Betty Myers, »und der sagte: ›Ja, natürlich ist er gereizt; du gehst ja weg und läßt ihn allein.‹ Er sagte, nach seiner Erfahrung sei das nur normal, wenn ein Paar sich eine Zeitlang trennen muß, ohne es eigentlich zu wollen.«

Paisley war durchaus nicht dagegen, daß seine Freundin die Stelle in Cumberland annahm und ohne ihn dorthin zog. Er mochte Betty sehr, doch störte es ihn, daß sie für ihre Beziehung die Stabilität einer Ehe anzustreben schien. Paisley erzählte Freunden, ihre Beziehung sei so gut wie zu Ende, und eine Ehe sei das letzte, woran er im Augenblick denke.[15] Aber Betty sah die Dinge anders. Sie sagt, sie habe im Sommer 1978 mit dem Gedanken gespielt, Paisley zu verlassen, und das habe ihn besorgt gemacht. Über den John Paisley dieses Sommers kursieren widersprüchliche Geschichten. Die Wilsons sagen, Paisley habe, als sie zur Hochzeit ihrer Tochter einluden, nicht gewußt, ob er Maryann oder Betty mitbringen solle. Bobbie Wilson sagte: »›Das steht dir frei, John, uns ist das gleich.‹ Er kam dann allein. Ganz in Schale. ... Ich habe ihn nie zuvor so herausgeputzt gesehen; er trug ein weißes Jackett und eine Krawatte.« Norman Wilson stellte an Paisley eine bemerkenswerte Veränderung fest. Die Wilsons hatten Paisley seit jener Tour nach Florida auf der *Brillig* nicht mehr gesehen. Damals hatte er immer zuviel getrunken und geraucht. »Gesundheitlich ging es ihm nicht besonders, und er war ständig nervös.« Aber jetzt schien er Norman Wilson »völlig verändert. Er war immer etwas unpersönlich und irgendwie unnahbar gewesen. Aber bei der Hochzeitsfeier war alles anders. Er ging aus sich heraus und war sehr gefühlsbetont. Er legte ein paarmal seinen Arm um meinen Hals. Er war wie ausgewechselt, fast wie ein anderer Mensch«.

Anfang September 1978 erhielt Gladys Fishel ihren letzten Anruf von John Paisley. Bei diesem Telefonat erklärte Paisley ihr, er habe in der Gegend um den Dupont Circle in Washington, wenige Blocks von seiner Wohnung entfernt, seine Brieftasche verloren. Er sagte, er wolle deswegen eine Anzeige in die *Washington Post* setzen. Dies erschien Frau Fishel merkwürdig, und sie riet ihm, einfach nur seine Kreditkarteninstitute über den Verlust zu informieren. Dieser Anruf bildete indes nur den Auftakt zu einer Reihe seltsamer Vorfälle in jenem Herbst des Jahres 1978.

Im selben Frühjahr gingen bei David Sullivan von der CIA erste – negative – Reaktionen auf seinen Aufsatz über den SALT-I-Reinfall ein. Wie Sullivan berichtet, meldete sich Paul Warnke, der bei der zweiten SALT-Runde in Genf für Jimmy Carter verhandelte, »mit dem Kommentar, mein Beitrag könne sehr ungünstige Auswirkungen auf SALT II haben«. Im Juli 1978 besuchte Sullivan einen Lehrgang für analytische Methoden, der für CIA-Mitarbeiter mit Codewortberechtigung veranstaltet wurde. Bei dem Kurs traf er Richard Perle, und da dieser als ehemalige rechte Hand des verstorbenen Senators Henry »Scoop« Jackson codewortberechtigt war, gab er ihm eine Kopie seines Berichts über den SALT-I-»Schwindel«. Sullivan, der von der CIA gründlich enttäuscht war und sie für vollständig vom KGB unterwandert hielt, sagt, er habe damals begonnen, Perle bei gemeinsamen

Mittagessen und bei Besuchen in dessen Haus mit OSR-Material zu versorgen.

Ende Juli 1978 kam Paisley bei der CIA vorbei, um einen alten Widersacher zu treffen. Der »Pensionär« Paisley hatte noch immer seine Codewortfreigaben und seinen VNE-Status, das heißt, er verfügte über einen Hausausweis mit dem Vermerk »Visit, No Escort«, der ihm im Hauptquartier in Langley eine fast unbegrenzte Bewegungsfreiheit ohne Begleitperson gestattete. Als Paisley hereinschneite, um Leonard McCoy zu besuchen, war dieser eher verärgert als überrascht. McCoy sah den Hausausweis auf Paisleys Brusttasche und überlegte sich, ob er die Anwesenheit eines Pensionärs im zweiten Stock des Allerheiligsten der CI nicht als Sicherheitsrisiko beanstanden mußte. Er unternahm jedoch nichts. Sehr zur Überraschung McCoys erwähnte Paisley, daß er dabei sei, nach undichten Stellen zu suchen, durch die Geheimnisse aus dem Bundesparlament zum KGB durchsickerten. McCoy hörte Paisley höflich zu; als sein Besucher wieder ging, hatte er ein ungutes Gefühl. »Er war irgendwie sonderbar und, wie ich zugeben muß, ziemlich vage, aber da ich beschäftigt war, fragte ich mich bloß, was das alles zu bedeuten hatte.«

Paisley vermittelte McCoy den Eindruck, als ob er für die Firma Mitre, einem wichtigen Vertragspartner der CIA, an einer Studie über undichte Stellen arbeitete. Aber Clarence Baier, ein Kollege Paisleys sowohl bei der CIA als auch bei Mitre, sagt, Paisleys Tätigkeit für Mitre 1978 habe sich auf das Studium von Frühindikatoren für die strategischen Absichten der Sowjets im Auftrag des Pentagons beschränkt. Sehr zu seinem Bedauern fand McCoy erst ein paar Wochen später heraus, was es mit Paisleys Besuch in Wirklichkeit auf sich gehabt hatte.

Eines ist klar: Paisley führte weder für Coopers & Lybrand noch für Mitre noch für das Office of Strategic Research der CIA Sicherheitsanalysen durch. William Tidwell, der Paisley ursprünglich bei der CIA eingestellt und ihn später als Consultant zu Mitre gebracht hatte, bestätigt, daß die Paisley erteilten Aufträge nichts mit Sicherheitsanalysen zu tun hatten. In Paisleys Telefonregister finden sich jedoch Hinweise darauf, daß er 1978 zum Büro des damaligen CIA-Direktors Stansfield Turner Kontakt hatte; Turner bestreitet allerdings, John Paisley jemals kennengelernt zu haben. Was Paisley dazu bewogen haben könnte, McCoy zu besuchen, waren die Informationen, die der OSR-Angehörige David Sullivan gegenüber Parlamentsbediensteten ausgeplaudert hatte. Wenn aber Paisley nicht für Turner arbeitete, für wen schnüffelte er dann in McCoys Büro herum? Für den KGB?

Ende Juli erhielt Sullivan die Mitteilung, daß für seine alle fünf Jahre stattfindende Lügendetektoruntersuchung, die schon zwei Jahre überfällig war, jetzt ein Termin angesetzt sei. Wie Sullivan erzählt, wurde er in die Sicherheitsabteilung bestellt und sah sich dort mit dem besten Lügendetektorspezialisten der Agency konfrontiert. Wohl wissend, daß man ihn ohnehin danach fragen würde, schilderte er seine Kontakte zu McCoy, den Ausflug zur NSA und auch, was er Richard Perle übergeben und erzählt hatte. Sullivan mußte sich drei Lügendetektortests unterziehen, die er nach eigenem Bekunden allesamt bestand.

Dann bekam McCoy Besuch von einem Vertreter der Sicherheitsabteilung. Ihm wurde mitgeteilt, daß er gegen ein ungeschriebenes Gesetz verstoßen habe, nämlich den sogenannten »Need-to-know«-Grundsatz, der besagte, daß Informationen nur an solche berechtigten Personen weiterzugeben seien, bei denen ein begründeter »Kenntnisbedarf« bestand. Indem er einen Teil der Studie über Kissinger Sullivan zugänglich gemacht habe, habe er diesen Sicherheitsgrundsatz verletzt. Tatsache ist freilich, daß Sullivan die Sicherheitsfreigabe für sämtliches Material besaß, das McCoy ihm über diesen Fall hatte zukommen lassen, einen Fall, der nach dem Tod des in ihn verwickelten Spions zu den Akten gelegt worden war. Schließlich wurde McCoy zu einem Treffen mit CIA-Direktor Stansfield Turner und seinem Stellvertreter Frank Carlucci zitiert. Er erhielt die Versicherung, Carlucci sei vom Inspector General voll ins Bild gesetzt worden, so daß es für ihn keinen Grund gebe, Disziplinarmaßnahmen zu befürchten. McCoy rechnete allenfalls mit einem Tadel von Turner.

Turner begann die Unterredung, indem er zu McCoy wie zu einem Kind sagte: »Ich glaube, Sie wissen, daß sie etwas Unrechtes getan haben.« McCoy, der Turner für einen aufgeblasenen Amateur hielt, antwortete: »Ich sehe das überhaupt nicht ein.« Zu McCoys

Verblüffung sagte Carlucci, der die Geschichte kannte, kein Wort. Wie McCoy sich erinnert, »saß er einfach nur passiv da«. Admiral Turner degradierte Leonard McCoy um einen Dienstgrad und beendete damit de facto seine Karriere bei der CIA.[16]

Für David Sullivan waren die Vorwürfe, die die Sicherheitsleute im August 1978 gegen ihn erhoben, eher Anlaß zur Verärgerung als zur Furcht. Ihm war klar, daß er niemals auch nur ein einziges Dokument einer Person gezeigt hatte, die nicht die volle Sicherheitsfreigabe dafür hatte. Bei einem Treffen mit dem Sicherheitschef der CIA, Robert Gambino, machte er diesem deutlich, daß es nach seiner Überzeugung in der Agency von KGB-Agenten wimmelte. Gambino schoß zurück, indem er Sullivan bezichtigte, die undichte Stelle zu sein. Sullivan, dessen irisches Temperament in diesem Moment in ihm aufwallte, blickte Gambino an und sagte: »Wir haben bei den Spionagesatelliten und bei den menschlichen Quellen und bei der Abhörtechnik Erkenntniseinbußen erlitten. Glauben Sie, daß das alles auf Zufall beruht?« Gambino antwortete nicht.[17] Dann sagte Sullivan: »Ich glaube, es ist etwas faul im Staate Dänemark. Zuviel ist schiefgegangen. Man sollte meiner Arbeit nicht so viel Widerstand entgegensetzen. Man sollte meine Arbeit bejahen.«

Sullivan sagte damals zu Gambino: »Sie haben hier Maulwürfe.« Dann wurde er deutlich: »Ich gab Gambino eine Liste mit zehn Namen. Ich werde Ihnen nicht sagen, wer auf dieser Liste stand, aber am 25. August 1978 teilte ich ihnen mit, ich sei der Überzeugung, daß John Arthur Paisley, der ehemalige Stellvertretende CIA-Direktor für Strategische Forschung, für den KGB arbeitet.«[18]

Für Sullivan war diese Anklage gegen Paisley eine sehr ernste Angelegenheit. »Ich wußte, daß er die Freigabe für alle möglichen Dinge hatte. . . . Ich glaube, daß ich ihm letzten Endes nie getraut habe. . . . Ich mochte ihn nie so recht. Da stimmte einfach etwas nicht. Er erschien mir wie eine Art alter, ausgebrannter Furz mit Bart, der wie ein Schwuler aussah. Ich bin überzeugt, er war der Maulwurf.«

Gambino konnte die von Sullivan erhobenen Beschuldigungen nicht ignorieren. Er nahm Sullivans Liste und ließ seine Mitarbeiter oberflächliche Überprüfungen der darin aufgeführten Personen vornehmen. Was Paisley betraf, so kam eine beunruhigende Tatsache zum Vorschein: Er war seit 1953 keinem Lügendetektortest mehr unterzogen worden. Gambino erfuhr auch, daß Paisley im Prinzip unbeschränkten Zugriff zu verschlüsselten Informationen hatte. Nichts hiervon war betriebsüblich, wenngleich es andererseits nichts Ungewöhnliches war, daß ein früherer ranghoher Mitarbeiter durch die bürokratischen Ritzen des Sicherheitssystem schlüpfte. Gambino hielt Sullivan nicht für einen sehr verläßlichen Informanten. Und schließlich hatte er keinen direkten Beweis dafür, daß Paisley ein Maulwurf war. Aber auch Angleton hatte seinerzeit keine Beweise gegen diejenigen gehabt, die er der Spionagetätigkeit für den KGB beschuldigte. Die Spionageabwehr besteht im wesentlichen aus Spekulation und Vermutung. Sie lebt von der Verarbeitung einiger weniger Fakten zu einer plausiblen Theorie.

Leonard McCoy übernahm eine Mission in der Bundesrepublik Deutschland und zog mit seiner neuen Frau dorthin. Nach seiner Pensionierung hielt er von Zeit zu Zeit Spionageabwehr-Lehrgänge in der CIA ab. Bevor McCoy seinen neuen Posten in Deutschland antrat, schickte er den *Trigon*-Schadensbericht an das FBI. Darin legte er seine Überzeugung dar, daß die Rolle Kissingers noch weiter untersucht werden müsse. Niemand aus dem Bureau nahm wegen des Berichtes je Kontakt zu ihm auf. Nichts spricht dafür, daß das FBI jemals den Spuren nachging, die die CIA in jahrelanger Arbeit in der Sache Kissinger aufgedeckt hatte.

Kapitel 7

Paisley: Die Bucht

Und wie er so in Stühle stand,
der Jabberwock kam angetraubt,
Ein äugelblitzend Gurgelfand
Kam kreuschend so herangestaubt!

Und eins und zwei und durch und drauf,
Die knuchig Schneide hickehackt!
Sie fetzte ihm den Gierhals auf,
Daß er sich schnell von hinnen packt.

»Du freitest uns vom Jabberwock?
In meine Arme, Strahlemann!
O scheuner Tag, kallieh kallock!«
So pfiff ihn drauf die Freude an.

's war brollig und schleimdig Teufs,
Rumbten und korkten in Genäuern,
Ganz jämmsig war'n die Bürogreufs,
Und die meimen Raffels gräuern.«

Lewis Carroll, »Jabberwocky«
aus *Alice im Spiegelland*

Donnerstag, 21. September 1978, 10.00 Uhr

In der Nachrichtenredaktion des *Washington Star* begann sich der
Druck der morgendlichen Fertigstellungstermine gerade zu legen,
als der erste Anruf kam. Ein Mann mit einem ausländischen
Akzent sagte der Telefonistin der Lokalredaktion, er wisse, daß
ein »CIA-Mann angegriffen« würde. Es war weder ein nordameri-
kanischer noch ein karibischer Akzent und auch sonst nicht eindeutig geographisch lokalisierbar. An diesem Tag gingen noch
weitere Anrufe ein. Einer der Anrufer gab sich als Ghazwi Ullah
vom Muslimischen Kriegsrat zu erkennen.

159

FBI und CIA hatten einen gemeinsamen Informanten in der Nachrichtenredaktion des *Washington Star* sitzen. Wann immer etwas Interessantes hereinkam, rief dieser Informant das Washingtoner Außenbüro des FBI an. Bei der CIA rief er seltener an, aber die Prozedur war ähnlich. Dieser 21.September machte keine Ausnahme. Der Informant berichtete dem FBI von den seltsamen Anrufen. Danach setzte er auch die CIA ins Bild. Er bekam übrigens keinen Lohn für seine Dienste, zumindest nicht in Form von Geld. Statt dessen verhalf das FBI ihm hin und wieder zu einer Story. Er hatte schon viel journalistisches Kapital aus dieser Kooperation gezogen. Er wußte nie, was FBI und CIA mit den Informationen taten, die er ihnen gab.[1] Was er wußte, war, daß die Zeitung häufig von Spinnern angerufen wurde, und er dachte sich, für irgend jemanden würden die von ihm gelieferten Informationen schon von Nutzen sein.[2] Außerdem war der Reporter ein Pragmatiker und zählte auf die Hilfe seiner Freunde beim FBI.

Donnerstag, 21. September 1978, 19.00 Uhr

John und Maryann Paisley trafen sich zu einem frühen Abendessen. Während sie nach wie vor getrennt lebten, blieben sie weiterhin einander freundschaftlich verbunden. Maryanns Zorn über die Affäre mit Betty Myers war noch nicht verraucht, aber ihre Wut richtete sich mehr gegen ihre ehemalige Freundin als gegen ihren Ehemann. Paisley hatte Freunden Widersprüchliches über seine Ehe erzählt. Don Burton sagte er, eine Heirat komme für ihn nicht mehr in Frage. Den anderen erzählte er, daß Maryann ihn hinausgeworfen hätte und er gerne wieder zu ihr zurückkehren würde. Klar ist, daß Paisley noch immer eine sehr enge Beziehung zu Maryann unterhielt.[3]

Donnerstag, 21. September 1978, 20.30 Uhr

Als die CIA über das FBI offiziell von dem Anruf beim *Star* erfuhr, reagierte der diensthabende Beamte routinemäßig. Telefonische Drohungen gegen CIA-Mitarbeiter wurden streng nach Vorschrift behandelt. Der Beamte rief im FBI-Hauptquartier an und gab die Information durch, die man dort schon von dem Spitzel beim *Washington Star* bekommen hatte. Der Anrufer, der sich als Ghawzi Ullah ausgab, hatte erklärt, falls seine Forderungen nicht binnen 72 Stunden erfüllt würden, werde der Muslimische Kriegsrat drei in den Vereinigten Staaten als CIA-Agenten tätige Ausländer hinrichten.

Freitag, 22. September 1978, 11.00 Uhr

Weil die Behauptung in der Luft lag, Paisley sei ein Maulwurf, wurde dessen Sicherheitsakte nochmals hervorgeholt und die Frage einer erneuten Untersuchung geprüft. Detaillierte Sicherheitsfragebögen wurden Paisley zugeschickt. Zum ersten Mal seit 1967 wurde er aufgefordert, sich einer vollständigen Sicherheitsüberprüfung zu unterziehen. Angesichts der Tatsache, daß Paisley 1974 »pensioniert« worden war, war dies ein seltsames Verfahren. Aber ein Blick auf seine Sicherheitsakte zeigte, daß er sich 1978 mehr geheimhaltungsbedürftiges Material als je zuvor hatte aushändigen lassen. Er hatte noch immer Zugang zu Satellitenfotos, zu abgehörtem Material und zu Agentenberichten. Am Freitag vormittag wurde ein Lebenslauffragebogen an Paisley abgeschickt – Auftakt zu einer Überprüfung Paisleys auf Herz und Nieren.

Freitag, 22. September 1978, 14.00 Uhr

John Paisley rief Maryann an ihrer Arbeitsstelle an, einem Pflegeheim für unheilbar Kranke, und verabredete sich mit ihr für Sonntag abend zum Abendessen, nach seiner Rückkehr vom Segeln. Er schlug ihr vor, am Sonntag nochmals zu telefonieren, um Genaueres zu verabreden.[4]

Freitag, 22. September 1978, 19.00 Uhr

Betty Myers erhielt einen Anruf von Paisley. Sie sagte ihm, er habe ihr vor ein paar Tagen für den festlichen Abend in dem Krankenhaus, in dem sie seit neuestem arbeitete, die falschen Kleider geschickt. Er erzählte ihr, er wolle an diesem Wochenende versuchen, die *Brillig* zu verkaufen. Schon Wochen zuvor, als Betty in Cumberland noch auf Wohnungssuche gewesen war, hatte John den Gedanken geäußert, die *Brillig* zu verkaufen und von dem Geld zusammen mit ihr ein Haus zu kaufen. Betty hatte ihm gesagt, sie sei sich nicht sicher, ob sie in Cumberland ein Haus haben wollte.

Samstag, 23. September 1978, 15.00 Uhr

Als John Paisley den Mietwagen in der Tiefgarage der Massachusetts Avenue Nr. 1500 belud, hoffte er wohl, daß dieses frühherbstliche Wochenende einen anständigen Segelwind bringen würde. Da Betty sich für ihren Umzug sein Auto geborgt hatte, war John auf einen Mietwagen umgestiegen. In der Limousine Baujahr 1978 machte er sich auf den Weg nach Lusby (Maryland), wo seine *Brillig* an Norman Wilsons Pier lag.

Mit seinen 55 Jahren sah Paisley nicht besonders beeindruckend aus. Zwar war er über 1,80 m groß, aber er hatte eine so schlechte Haltung, daß er viel kleiner wirkte. Er war dünn, und in seinen Bewegungen war etwas Katzenartiges. Er rauchte zuviel. Wer diesen nicht gerade attraktiven Mann mit Bart auf der Route 4 in Richtung Süden fahren sah, mochte meinen, da sei irgendeiner der zahllosen Washingtoner Bürokraten zur Chesapeake Bay unterwegs, um dort sein Wochenende zu verbringen.

Samstag, 23. September 1978, 19.00 Uhr

John Arthur Paisley saß im Wohnzimmer der Wilsons, schlürfte einen Daiquiri und las den neuesten Roman von James Clavell,

162

Shogun. Die Wilsons waren in ihrem Haus in Falls Church (Virginia), wo sie sich um Besuch aus Japan kümmern mußten. Paisley war ziemlich in seine Lektüre vertieft, als Gordon Thomas mit seinem großen Sohn Richard ins Zimmer kam. Thomas, ein Nachrichtenoffizier der Armee im Ruhestand, hatte gehört, daß Paisley seine *Brillig* verkaufen wollte. Thomas, Wilson, Paisley und viele andere in Lusby hatten mit der Welt des Geheimdienstes zu tun gehabt. Lusby war deswegen auch als das »Dunkelmänner-Nest« bekannt.[5] Auch Thomas war mit Norman Wilson befreundet.

Thomas hatte Paisley kennengelernt und hielt ihn für einen Sonderling – für einen genialen allerdings. Er kannte auch Maryann und empfand sie als »noch sonderbarer als John. ... John ist meiner Meinung nach ein typischer Berufsspion. ... Sie tun sehr geheim und sind sehr introvertiert, ... und sie sind zwar nicht unbedingt vernünftig, aber schlau wie die Füchse, da sie mehr eine Rolle spielen als in der Wirklichkeit leben«.

Während Thomas und Paisley sich unterhielten, sah sich Thomas' Sohn die *Brillig* an. Er mußte über einen Satz Tauchergewichte steigen, um in die Kabine zu kommen. Während Richard Thomas die Erkenntnis gewann, daß die *Brillig* »ein tolles Schiff« war, verhandelte Thomas senior mit Paisley. Thomas bot 15 000, Paisley wollte 17 000 Dollar. Paisley bemerkte, er wolle die *Brillig* nur verkaufen, um sich ein größeres Boot zu kaufen, auf dem er leben könne, wenn die Kinder einmal aus der Schule seien. Er gab Thomas zu verstehen, daß er die *Brillig* in den kommenden Jahren nicht brauchen werde. Thomas bot Paisley an, sie für ihn zu verchartern, falls er sie nicht verkaufen wolle.[6]

Diesen Vorschlag fand Paisley interessant. Gordon Thomas erklärte, das Boot müsse ein wenig gereinigt, und ein paar kleinere Reparaturen müßten vorgenommen werden. Vater und Sohn Thomas verabschiedeten sich, und man kam überein, in der folgenden Woche nochmals darüber zu reden. Paisley widmete sich sogleich wieder seiner Romanlektüre. Thomas hatte den Eindruck, Paisley sei bei dem Gespräch gar nicht richtig bei der Sache gewesen: »Er wirkte beunruhigt, so als ob er mit seinen Gedanken ganz woanders war.«[7]

Sonntag, 24. September 1978, 10.00 Uhr

1972 hatte Michael Yohn sein erstes Segelboot von John Paisley gekauft, die *Quiescent*. Yohn und seine damalige Frau Gretchen hingen sehr an dem Boot und liebten die Chesapeake Bay.

Für Yohn war Segeln die beste Möglichkeit, nach der anstrengenden Beschäftigung als politischer Berater der US-Gesandtschaft bei der Organisation Amerikanischer Staaten abzuschalten.[8] Während die *Quiescent*, für die er 6000 Dollar bezahlt hatte, neben Paisleys Schaluppe *Brillig* wie ein Spielzeug aussah, bot sie doch Yohn alles, was er brauchte. Yohn bezweifelte, daß er jemals dieselbe Begeisterung für das Wasser empfinden würde wie Paisley.[9] Zwei Jahre zuvor hatten die Yohns, die die Wilsons über Paisley kennengelernt hatten, ein Stück vom Grundstück der Wilsons gekauft, um sich ein eigenes Haus am Wasser zu bauen.[10] Yohn bezeichnete sich nie als engen Freund Paisleys. Sowohl er als auch Gretchen gaben an, sich sehr mit den Wilsons angefreundet zu haben.

Paisley und Norman Wilson hatten viel gemeinsam. In seinen über zwanzig Jahren bei der CIA war John Paisley zum maßgeblichen Experten für die Beurteilung der strategischen Stärke der Sowjetunion avanciert. Während eines Großteils dieser Zeit hatte der Oberst der Luftwaffe Norman Wilson Angriffsziele für amerikanische B-52-Bomber in Vietnam und Kambodscha ausgesucht. Aber bis 1972 waren der Zielbestimmer und der Spion einander nicht begegnet. Damals war Paisley von seinem einjährigen Lehrgang am Imperial Defense College in London zurückgekehrt. Paisley lernte Wilson über Phil Waggener kennen, der Wilsons Stellvertreter bei NORAD war.

Wilson und Paisley hatten denselben skurrilen, fast bizarren Sinn für Humor. Wilson amüsierte sich königlich, wenn er Besuchern, die zum ersten Mal bei ihm waren, empfahl, einen Weg in dem Wäldchen auf seinem Anwesen entlangzugehen, um die »Aussicht« zu genießen. Was dann zwischen den Bäumen auf sie wartete, war Diana, die lebensgroße Plastiknachbildung eines Dinosauriers. Wilson hatte sie gerettet, als die Sinclair Oil Company zu der Erkenntnis gelangt war, daß ein so schwerfälliges

Monstrum wohl doch nicht das richtige Werbesymbol für Benzin mit hoher Oktanzahl war.

An diesem Morgen brachten die Yohns einen Seglerfreund mit. Es war John Elsbree, der für die US-Gesundheitsbehörde arbeitete. Die Yohns und Elsbree sahen Paisley im Ferienhaus der Wilsons. Sie plauderten ein paar Minuten lang auf einer Klippe, von der aus sich die Bucht von Lusby überblicken ließ, einschließlich der Pier, an der die *Brillig* und die *Quiescent* festgemacht lagen. Yohn wollte wissen, weshalb Paisley ein neues Auto fuhr. Paisley erzählte ihm, sein Auto sei in der Werkstatt, und er habe ein tragbares Funkgerät in dem Mietwagen installiert. Als Yohn sagte, er wolle zur *Brillig* hinunter, um seine Windjacke zu holen, schien Paisley, so kam es Gretchen Yohn vor, sehr überrascht. Er rannte hinter Michael her, hinunter zur Pier. Die ganze Zeit über hatte Paisley einen Aktenkoffer in der Hand. Yohn kletterte gerade wieder von der *Brillig* herunter, als Paisley am Boot ankam. Plötzlich fiel Paisleys lederne Aktentasche ins Wasser. Während er schnell danach griff und sie aus dem Wasser zog, erklärte er, er habe sechs Monate lang an einem Bericht gearbeitet und wolle ihn heute zu Ende bringen. Für Gretchen Yohn paßte das seltsame Hinterherrennen Paisleys nicht zu seinem sonst so ruhigen Verhalten.[11]

Paisley und Yohn hatten vereinbart, dieselben Funkkanäle zu benutzen. Paisley stellte die Funkgeräte der *Brillig* sorgfältig auf 146,04 und 146,52 ein. Sie beschlossen, beide im Ostteil der Chesapeake Bay zu segeln. Die *Quiescent* verließ ihren Liegeplatz bei den Wilsons als erste. Ungefähr zehn Minuten danach machte Paisley die *Brillig* los. Yohn erinnerte sich, daß Paisley Khakihosen, Sporthemd und Schuhe trug.

Von der kleinen Bucht herüber winkte Mrs. Caroline Niland Paisley zu, als dieser die *Brillig* in Richtung Bay hinaussteuerte. Paisley winkte zurück. Während die *Quiescent* und die *Brillig* von Lusby wegsegelten, plauderten Yohn und Paisley über Funk miteinander. Paisley sprach über Funk etwa gegen 11.00 Uhr mit einem anderen Lusbyer Funkamateur namens George Schellhas. Die beiden unterhielten sich darüber, daß Paisley seine *Brillig* verkaufen und ein neues Boot kaufen wolle.

An der Mündung des Patuxent River meldete sich Yohn über

Funk bei Paisley. Er sagte ihm, er finde den Wind nicht besonders gut und werde heimfahren. Paisley pflichtete ihm bei, was den Wind betraf, überredete Yohn jedoch, noch zu bleiben. Yohn teilte Paisleys Leidenschaft für den Amateurfunk. An jenem windstillen Sonntag jedenfalls führten sie eine regelmäßige Unterhaltung über Funk. Aber Yohn langweilte sich bald ohne Wind. Und schließlich gewann bei ihm die Anziehungskraft einer Fernsehübertragung des Footballspieles Washington Redskins gegen New York Jets die Oberhand. Yohn verabschiedete sich über Funk mit der Bemerkung, man werde sich später sehen. Paisley fragte scherzhaft zurück, ob Yohn ein »Footballer oder ein Segler« sei. Die *Quiescent* erreichte Wilsons Dock um 13.45 Uhr.

In der Halbzeit, um etwa 15.15 Uhr, beschloß Yohn, über sein neues kleines, tragbares Funkgerät mit Paisley Funkkontakt aufzunehmen, um die Reichweite des Gerätes zu testen. Er rief Paisley immer wieder in willkürlichen Zeitabständen. Paisley antwortete um etwa 16.30 Uhr, er habe etwas Wind gefunden, und damit sei der Tag für ihn gerettet. Er bat Yohn, Wilson bei dessen Ankunft auszurichten, er werde erst spät zurück sein. Paisley ließ erkennen, daß er den Tag genoß. Zwei weitere Amateurfunker erinnern sich, an jenem Nachmittag mit Paisley gesprochen zu haben. Paisley versuchte, noch einmal mit George Schellhas, dem Amateurfunker in Lusby, Funkkontakt aufzunehmen, aber dieser schaute sich das Footballspiel an und meldete sich nicht. Schellhas fand Paisley immer ein wenig eigenartig. »Er kam vom linken Flügel, ein bißchen ein verrückter Typ.«[12]

Sonntag, 24. September 1987, 17.15 Uhr

Ray Westcott und seine Frau unternahmen gerne Familienausflüge, hauptsächlich einer ihrer Töchter zuliebe, die im Rollstuhl saß. An diesem Sonntag nachmittag verließen Ray, seine Frau und die vier Kinder ihr Haus in Brandwyne (Maryland) und fuhren in Richtung Bay. Das Kernkraftwerk Calvert Cliffs steht in der Nähe von Solomons Island (Maryland). Ray, der damals Wissenschaftler am Goddard Spaceflight Center der NASA war, lenkte den

Familienwagen auf einen Parkplatz, der einen freien Ausblick auf die Chesapeake Bay und das Kernkraftwerk bot. Es standen dort auch Münzfernrohre.

Nachdem Ray eine Münze in eines der Fernrohre geworfen hatte, beobachtete er ein hübsches weißes Segelboot, das von einem Frachter geschleppt zu werden schien. Dies war eine optische Täuschung. Tatsächlich segelte das Boot hinter dem Frachter her. Dann geschah plötzlich etwas sehr Seltsames. Die sonntägliche Ruhe wurde jäh durch ein Auto gestört, das auf den kleinen Parkplatz gefahren kam. Ray kam es so vor, als würde der Wagen absichtlich so weit entfernt geparkt, daß er dem Blickfeld des Wachmanns an der Einfahrt entzogen war. Zwei Männer und eine Frau sprangen aus der Limousine. Einer der Männer holte etwas aus dem Kofferraum, das wie ein Kasten aussah, der elektronische Gerätschaften enthielt. Ray gefiel das nicht. Er schnappte den Rollstuhl seiner Tochter, schob eiligst seine Familie ins Auto und machte sich so schnell wie möglich aus dem Staub. Noch auf dem ganzen Heimweg machte das gerade Erlebte ihn frösteln.[13]

Sonntag, 24. September 1978, 17.30 Uhr

Verwundert darüber, daß John sich noch nicht wegen ihrer Verabredung zum Abendessen bei ihr gemeldet hatte, rief Maryann bei ihm zu Hause an. Es meldete sich niemand.

Sonntag, 24. September 1978, 20.00 Uhr

Als die Wilsons in Lusby ankamen, erfuhr Wilson von Yohn, daß Paisley ihn sprechen wolle. Yohn bemühte sich daraufhin, Paisley unter dessen Rufcode K4BM zu erreichen. Wilson erinnert sich, daß die Unterhaltung entspannt ablief. Paisley sagte, er sei noch mit Schreibarbeit beschäftigt und werde noch eine Weile in Hooper's Light vor Anker liegen. Wilson versprach, er werde die Lichter an der Pier brennen lassen, da es bis zu Paisleys Rückkehr schon dunkel sein dürfte. Paisley bedankte sich, und Wilson kündigte ihm an, er werde eine Blaskapelle für ihn bestellen.

Wie Wilson sich erinnert, machte Paisley einen fast sentimentalen Eindruck: »Er erzählte mir, er sei draußen vor Hooper's Light, und es sei dort sehr schön und friedlich. Im nachhinein glaube ich, daß er uns irgendwie Lebwohl sagte, ohne irgendwelche eindeutigen Hinweise zu geben.« Die Männer beendeten ihr Funktelefonat schließlich, und die Yohns fuhren nach Bethesda zurück.

Sonntag, 24. September 1978, 20.15 Uhr

Wilson traf Vorkehrungen für die Einlösung seines Versprechens; er baute einen Kassettenrecorder auf und legte ein Band mit einem Marsch von John Philip Sousa ein, um Paisley bei seiner Ankunft damit zu überraschen. Aber der Abend verging ohne ein Zeichen von Paisley. Da Wilson selbst kein Funkgerät besaß, konnte er keinen Versuch unternehmen, in Kontakt mit ihm zu treten.

Es waren schon einige Stunden vergangen, seit Bobbie Wilson Norman dabei zugesehen hatte, wie er an der Pier einen Lautsprecher aufgebaut hatte, um Paisleys Ankunft mit »Stars and Stripes Forever« zu untermalen. Bobbie begann sich Sorgen zu machen. Norman beruhigte sie mit der Feststellung, John sei ein »großer Junge« und das Wetter gut.

Augenzeugen sahen die *Brillig* mit ihrem Schlauchboot im Schlepp in der Nähe der zweiten Insel der Hooper's-Inselgruppe vor Anker liegen. An Bord des Bootes befand sich ein Mann. Das Boot lag die ganze Nacht dort und legte am Morgen des 25. ab.[14]

Montag, 25. September 1978, 9.00 Uhr

An diesem kühlen, frischen Herbstmorgen genoß Robert McKay auf seinem Boot, der *Miss Judy*, die zwei Meilen von seiner Heimatstadt Ridge (Maryland) entfernt dümpelte, das morgendliche Krabbenfischen, als er die *Brillig* auf sich zukommen sah. Die *Brillig*, die alle Segel gesetzt hatte, preschte gefährlich nahe an ihm vorbei. Es schien niemand an Bord zu sein. McKay schätzte das Tempo der *Brillig* auf sieben bis zwölf Knoten. »Sie sah so schön aus, als ob sie einen Regattalauf fahren würde«, erinnert sich McKay.[15]

Während der nächsten 45 Minuten behielt McKay die *Brillig* im Auge. Als der Wind sich drehte, stellte er fest, daß sie Kurs auf die Küste nahm, und beschloß, ihr zu folgen. Vor seinen Augen lief sie am Strand auf Grund. McKay fuhr so dicht wie möglich an die *Brillig* heran und schrie zu ihr hinüber, um herauszufinden, ob jemand an Bord war. Als er keine Antwort erhielt, benachrichtigte er per Funk die Küstenwache.[16]

Montag, 25. September 1978, 10.25 Uhr

Die Küstenwache benachrichtigte, von Robert McKays Funkruf aufgeschreckt, den Maryland Park Service. Dieser kontaktierte Gerald J. Sword, einen Aufsichtsbeamten des Staatsparks Point Lookout, und bat ihn, sich um ein Segelboot zu kümmern, das offenbar zwei Meilen nördlich des Scotland Beach gestrandet war.

Montag, 25. September 1978, 10.30 Uhr

In den Büros von Coopers & Lybrand in der Washingtoner Innenstadt warteten Paisleys Vorgesetzte, Dr. K. Wayne Smith und sein Chef, ungeduldig auf das Erscheinen Paisleys, der zu einer Besprechung geladen war, bei der die wichtigsten Posten des Firmenbudgets durchgecheckt werden sollten.[17] Über das Ausbleiben Paisleys beunruhigt und verärgert, erteilte Smith seiner Mitarbeiterin Kay Fulford den Auftrag, Paisley aufzuspüren.

Kay Fulford wußte, daß es nicht Johns Angewohnheit war, Termine ohne Benachrichtigung platzen zu lassen. Sie versuchte es mit allen Telefonnummern, die sie von ihm hatte, auch die seiner Wohnung in der Massachusetts Avenue Nr. 1500, aber es nahm niemand ab. Schließlich rief sie die Hausmeisterin Mary Truxton Cummings an und bat sie, William Richbourg von der Firma Coopers in Paisleys Wohnung einzulassen, damit er nachsehen konnte, ob etwas nicht stimmte.

Montag, 25. September 1978, 10.45 Uhr

Norman Wilson stellte überrascht fest, daß John Paisley mit seiner *Brillig* noch immer nicht nach Hause gekommen war. Aber Wilson war nicht beunruhigt: »Ich dachte, er sei mit Betty oder einer seiner Freundinnen draußen und hätte die Nacht draußen verbracht. Es war allerdings das erste Mal, daß er so etwas getan hat.« Obzwar Paisley sich normalerweise immer bei den Wilsons meldete – über einen befreundeten Amateurfunker, der dann bei ihnen anrief –, empfanden sie sein Ausbleiben an sich noch nicht als ungewöhnlich. Paisley legte nicht besonders viel Wert auf Annehmlichkeiten. Bobbie Wilson hatte immer wieder darüber gestaunt, daß Paisley sich nie gescheut hatte, beim Segeln beispielsweise kalte Ravioli mit der freien Hand aus der Dose zu essen. Für Paisley war das eine Mahlzeit.

Montag, 25. September 1978, 10.55 Uhr

Der Parkranger Sword erschien und sah die *Brillig* etwa 180 Meter von der Küste entfernt liegen. Es führten keine Spuren vom Boot zum Strand. Sword rief, um festzustellen, ob jemand an Bord des Bootes war. Als er keine Antwort erhielt, ging er an Bord und stieg in die Kabine hinab. Er rief wieder und erhielt immer noch keine Antwort. Was er sah, gefiel ihm nicht: Die Kabine machte einen unordentlichen Eindruck; Kleider lagen verstreut herum, ein Stoß Papier und ein Bleistift lagen auf dem Tisch.
Sword warf einen Blick auf das oberste Blatt. Erschrocken über das, was er sah, schob er den Bleistift beiseite. Auf der ersten Seite fanden sich Informationen über die strategischen Waffen des Ostblocks. Hinter dem Tisch erblickte Sword einen offenen ledernen Aktenkoffer mit Briefen und persönlichen Papieren. Das oberste Blatt im Aktenkoffer war ein Brief an »John A. Paisley, Vertriebsagent Nr. 1401 der *Washington Post*, Postfach 93 55, 1500 Massachusetts Avenue #847, Washington, D. C.« Der Brief enthielt eine Beschwerde darüber, daß die *Post* nicht regelmäßig zugestellt werde, und die Bemerkung, daß ein der gelieferten Menge entsprechender Geldbetrag beigelegt sei.

Sword fiel die aufwendige Funkanlage der *Brillig* auf. Er stieg aus der Kabine hoch, verließ das Boot, ging zu seinem Auto und fuhr zu Frau Edith Dean, um die Küstenwache zu rufen.

Montag, 25. September 1978, 11.00 Uhr

Richbourg und Cummings betraten John Paisleys Wohnung. Vor der Tür lagen die Sonntags- und die Montagsausgabe der *Washington Post*. Paisleys Taucherausrüstung befand sich in der Wohnung, Paisley war nicht da. Richbourg nahm Paisleys Terminkalender mit, in der Hoffnung, dort etwas Aufschlußreiches über seinen Verbleib zu finden.[18]

Montag, 25. September 1978, 11.20 Uhr

Parkranger Sword erstattete der Küstenwache einen umfassenden Bericht über das, was er gesehen hatte. Da er das Boot mit den offensichtlich geheimen Dokumenten und der teuren Funkausrüstung an Bord nicht unbewacht lassen wollte, schlug er vor, selbst sofort zur *Brillig* zurückzukehren. Zu seiner Verwunderung wies die Küstenwache ihn an, dies erst in fünfzehn Minuten zu tun.[19]

Die Leute von der Küstenwache, die mit einem Boot kamen und an Bord der *Brillig* gingen, bevor Sword wieder an Ort und Stelle sein konnte, bemerkten einige Dinge, die Sword nicht aufgefallen waren. Obwohl niemand an Bord war, war der Selbststeuerungsmechanismus eingeschaltet. Aber warum waren alle Segel gesetzt? Jeder Segler mußte wissen, daß das Boot sich so nur immer im Kreis bewegen konnte. Die *Brillig* befand sich nun 40 km von Hooper's Light entfernt, von wo aus Paisley sich zuletzt gemeldet hatte.

Den Männern der Küstenwache fiel auf, daß der Tisch in der Kombüse kaputt war. Auf dem Boden lagen die Überreste einer Konservenmahlzeit. Es sah aus, als sei jemand mitten beim Essen gestört worden. Das Boot machte einen unordentlichen Eindruck. An Bord befand sich ein kleines Vermögen an hochmodernem

Funkgerät. Superschnelle Verschlüsselungsmaschinen und anderes teures Funkzubehör verliehen der Kabine ein Flair, wie die Wachleute es von anderen Booten nicht kannten. Sie stießen noch auf einen Koffer mit einer Reihe kleinerer elektronischer Kästchen und Antennen darin. Sie hatten keine Ahnung, worum es sich dabei handelte. Sie fanden die Meldepapiere des Bootes, die den Eigentümer als John Arthur Paisley identifizierten. Zwei der Funkgeräte waren eingeschaltet.

Es fanden sich keine Spirituosenflaschen, aber in einigen Aschenbechern waren Zigarettenkippen, und überall lag Papier herum, massenhaft Papier. In einer Brieftasche, die sie fanden, steckten ein paar Visitenkarten einer Buchhaltungsfirma, zwei eigenartige Ausweise mit Farbcode für Behördengebäude, ein Führerschein und eine Master-Kreditkarte. Offensichtlich hatte Paisley Gladys Fishel belogen; seine Brieftasche war gar nicht gestohlen worden.

Dann stießen die Durchsucher auf etwas Bemerkenswertes: Nach den Briefen in der Aktentasche und dem Namen auf all den Papieren zu schließen, hatte deren Besitzer für die *Washington Post* Zeitungen verteilt. Einer der Leute von der Küstenwache fragte sich, wie sich ein Lieferwagenfahrer und Zeitungszusteller ein so teures Boot leisten konnte.

Was auch immer dem Schiffseigner zugestoßen sein mochte, die *Brillig* mußte wieder flottgemacht und sicher vertäut werden. Das Boot war wertvoll, und es stellte eine Gefahr für die Schiffahrt dar. Während die Männer darangingen, die *Brillig* ins Schlepp zu nehmen, fiel ihnen ein, daß der Eigentümer des Bootes betrunken gewesen sein und in der Nacht versucht haben könnte, eine Runde zu schwimmen. Einer von ihnen fragte sich, ob er wohl mit einer Freundin schwimmen gegangen war. Sein Kollege meinte, das Wasser sei am Vortag zum Schwimmen zu kalt gewesen. Diese Spekulationen resultierten aus den dienstlichen Erfahrungen der Küstenwachtmänner. Es kam nicht selten vor, daß Leute sich auf ihrem Boot betranken und dann verrückte Sachen machten. Ein Akt der Piraterie schien ausgeschlossen, da die wertvolle Funkausrüstung nicht angetastet worden war.

Den beiden Männern kam es seltsam vor, daß die Funkgeräte eingeschaltet waren. Die hellbraune Hose mit der Brieftasche –

darin ein eingelöster Scheck und Bargeld – lag auf dem kaputten Klapptisch. Dieser hing nur noch lose in seinen Scharnieren.[20] Unter dem Tisch lagen ein Paar Segelschuhe und ein Feuerzeug aus Metall. Auf dem Achterdeck fand sich ein helles Hemd. Die beiden Küstenwächter gaben über Funk die Meldung durch, daß offenbar ein Mann über Bord gegangen war. Die Funkwachstation St. Inigoes leitete sofort eine Luft-Wasser-Rettungsaktion ein. Das Suchgebiet sollte das Wasser zwischen der Mündung der Flüsse Patuxent und Potomac abdecken.

Als Sword wiederauftauchte, stellte er fest, daß sich am Strand Neugierige versammelt hatten, und fragte sich, ob von diesen Leuten vielleicht schon jemand vor dem Eintreffen der Küstenwache an Bord der *Brillig* gegangen war.

Die Männer von der Küstenwache überführten die *Brillig* fachmännisch nach St. Inigoes. Der Mann, der die kleine Küstenwachstation dort unter sich hatte, Hauptbootsmann Yeoman Maxton, hatte bereits die Naturschutzpolizei des Staates Maryland verständigt, daß wieder ein Seemann von seinem Boot verschwunden war. Von dort aus wurde wiederum die Staatspolizei von Maryland alarmiert, die erst einmal nicht reagierte.[21] Die Naturschutz-Polizei behandelte den Fall unter der Prämisse, daß es sich um einen tödlichen Unfall durch Ertrinken handeln mochte.

Für Maxton war die bevorstehende Ankunft der *Brillig* lediglich Anlaß, einen Akt über einen neuen Fall seemännischen Leichtsinns anzulegen. Die Küstenwache von St. Inigoes hatte alle Hände voll mit solchen Fällen zu tun, mit unvorsichtigen Seglern, verschwundenen Fischern und Bootspannen. Maxton entschloß sich, die Familie des Vermißten zu verständigen und auf das teure Boot aufzupassen, bis die ganze Sache aufgeklärt war.

Die *Brillig* war für ihn ein wirklich schönes Boot. Zuerst fiel ihm die Funkausrüstung auf. Eine so aufwendige hatte er noch nie auf einem Boot gesehen. Für einen Seemann erschien ihm das alles viel zu anspruchsvoll. Dann fielen ihm der kaputte Klapptisch auf und das Konservenessen auf dem Boden. Weder Maxton noch seine Kollegen kamen auf den Gedanken, daß sie sich möglicherweise am Schauplatz eines Verbrechens befanden und dabei waren, Spuren zu zertrampeln.

Hauptbootsmann Maxton hatte einen Sinn fürs Detail. Mit der *Brillig* stimmte einiges nicht. Die Funkausrüstung war gepflegt und ordentlich. Die Funkgeräte schienen unberührt und richtig verkabelt. Aber der Rest der Kabine war in völliger Unordnung. Dieser Gegensatz in der Kabine der *Brillig* gab Maxton zu denken.[22] Und dann war da noch der verbeulte Aktenkoffer hinter dem kaputten Tisch.

Maxton fing an, nach jemandem zu suchen, den man über Paisleys Verschwinden informieren konnte. Er beschloß, als ersten Anhaltspunkt die *Washington Post* zu nehmen und sich dort nach einem Angestellten namens John Arthur Paisley zu erkundigen. Es verging einige Zeit, bis der Vertriebsleiter der *Post*, Joseph Haraburda, die Auskunft erteilte, bei seiner Zeitung gebe es keinen Vertriebsagenten namens John Paisley. Die von Maxton genannte Kennummer gehöre einem alten Mitarbeiter der *Post* namens Archie Alston.[23]

Maxton ging zur *Brillig* zurück und sah die übrigen Papiere durch. Dabei wurde ihm klar, warum niemand bei der *Washington Post* diesen Paisley kannte. Der Bericht in dem Aktenkoffer handelte von der militärischen Stärke der Sowjetunion. In den Schriftstücken kam immer und immer wieder die CIA vor. Sie waren mit bleistiftgeschriebenen Anmerkungen übersät, als ob sie überarbeitet worden wären. Unter einigen Blättern fanden sich ein Scheckbuch mit Verwendungsnachweis und ein Telefonregister – ein altmodisches flaches Metallkästchen mit einem Hebel, der das Verzeichnis am gewählten Buchstaben des Alphabets aufschlägt. Das Register enthielt, wie Maxton sah, Hunderte von Telefonnummern, darunter einige mit einer Vorwahlnummer, von der Maxton wußte, daß sie für das Pentagon galt. Und dann gab es viele Nummern mit der Vorwahl 351. Maxton wußte nicht, daß diese Vorwahl für die CIA reserviert war. Weiter hinten fanden sich diverse Durchwahlnummern. Maxton konnte nicht erkennen, daß diese Nummern geheim waren. Sie waren Bestandteil des »roten Drahts«, dem streng geheimen Telefonsystem der CIA. Es gab auch weniger geheime Nummern, die zum sogenannten »grauen Draht« gehörten.

Und dann waren da die Visitenkarten von Coopers & Lybrand.

Maxton wurde klar, daß er hier mehr als einen normalen Bootsunfall vor sich hatte. Aus den Papieren ging eindeutig hervor, daß dieser Mensch Kontakte zu hohen Stellen der US-Regierung unterhielt. Maxton ließ alles, wie er es vorgefunden hatte, und postierte einen bewaffneten Wachmann auf der *Brillig*. Dann nahm er Kontakt zu seinem Hauptquartier in Portsmouth (Virginia) auf und erzählte von dem Aktenkoffer und den Schriftstücken und der Funkausrüstung. Um für Bootsunfälle, die jeden ihrer 30 000 Mitarbeiter, Berater und Pensionäre treffen konnten, gewappnet zu sein, hatte die CIA eine Absprache mit allen höheren Polizei- und Notdienstleitstellen, wie die Agency zu kontaktieren war, wenn einer ihrer Leute in einen Unfall verwickelt wurde. Ein Leutnant Murray in Portsmouth entschied den Vorschriften gemäß, daß die CIA benachrichtigt werden müsse.

Nachdem Leutnant Murray von den Papieren und der Funkausrüstung an Bord der verlassenen *Brillig* erzählt hatte, vertraute er dem diensthabenden Offizier an, in der Nacht von »Mr. Paisleys Verschwinden« sei »ein sowjetisches Boot die Chesapeake Bay hinaufgefahren, und es hat auch ein ungewöhnlich lebhafter Funkverkehr von dem sowjetischen Ferienhaus auf der Ostseite der Chesapeake Bay aus stattgefunden«.[24]

Die Küstenwache fand in Paisleys Brieftasche ein Telefonbüchlein und darin Diane Paisleys Nummer.

Montag, 25. September 1978, mittags

Norman Wilson erhielt einen Anruf von Phil Waggener, seinem früheren Stellvertreter in Colorado Springs. Waggener war 1977 in Paisleys frühere Position als Nummer zwei im Office of Strategic Research (OSR) der CIA eingerückt. Wilson traf der Anruf wie ein Keulenschlag. Nachdem er eingehängt hatte, erzählte er Bobbie, die *Brillig* sei 40 km südlich, bei Point Lookin, führerlos auf Grund gelaufen. Waggener, der Paisley sehr mochte, schien sehr aufgeregt.

Wilson versuchte sogleich, Betty Myers zu erreichen, bevor dies Maryann gelang. Aber er hatte ihre Telefonnummer nicht. Betty

Myers fand an ihrem Arbeitsplatz im Krankenhaus so viele Nachrichten vor, daß sie ahnte, daß John etwas passiert war.[25] Der Anruf von Norman Wilson kam dann eigentlich nicht mehr überraschend. »Ich war schockiert und auch wieder nicht. Ich habe wohl geahnt, daß er tot war. Maryann glaubte das nicht, aber ich habe von dem Augenblick an, als sie mir sagten, sie hätten sein Boot gefunden, gedacht, daß er tot ist. Aber ich versuchte, mit allen anderen gemeinsam zu hoffen.«

Als Richbourg mit Paisleys Terminkalender zu Coopers & Lybrand zurückkam, hatte Phil Waggener bereits K. Wayne Smith angerufen und ihm mitgeteilt, daß man die *Brillig* verlassen und gestrandet in der Chesapeake Bay gefunden habe. Für Smith war dies eine schockierende Nachricht. Seine Wut über Paisleys Nichterscheinen schlug in Besorgnis um.

Montag, 25. September 1978, 15.00 Uhr

Bis Phil Waggener Paisleys Frau Maryann erreichte, wurde es Nachmittag. Waggener teilte ihr mit, daß John vermißt werde und daß die Küstenwache die *Brillig* gefunden habe. Waggener sagte, die Küstenwache habe ihm mitgeteilt, es seien an Bord geheime Dokumente gefunden worden. Er informierte Maryann darüber, daß dieses Material sichergestellt werden müsse, ebenso wie alle in Johns Wohnung befindlichen Dinge.

Später am Abend rief Maryann Waggener an und sagte, sie müsse die *Brillig* sehen, da an der Sache etwas faul sei.[26] Waggener holte Maryann ab und machte sich mit ihr auf den langen Weg von McLean nach St. Inigoes.

Dienstag, 26. September 1978, 00.00 Uhr

Waggener und Maryann Paisley trafen sich mit Norman Wilson vor der Küstenwachtstation von St. Inigoes. Maxton gestattete nur Wilson und Maryann, die *Brillig* zu betreten. Waggener untersagte er den Zutritt, da niemand ihm vorher gesagt hatte, daß jemand von der CIA kommen würde, und es ihm zu dieser späten Stunde unmöglich war, dessen Identität zweifelsfrei nachzuprüfen.

Die Staatspolizei von Maryland hatte noch immer kein Team für die Spurensicherung auf der *Brillig* geschickt. Wilson und Mrs. Paisley gingen mit Maxton zum Boot hinüber und begannen es zu durchsuchen. Maxton wies die Besucher auf einen Koffer voller hochmoderner Zubehörteile für die Funkausrüstung und auf den Bericht hin, den man in Paisleys Aktenkoffer gefunden hatte und in dem von der CIA die Rede war.

Waggener sagte, dieses Material sei genaugenommen nicht geheim, aber nur deshalb nicht, weil es noch nicht registriert worden war. In dem Bericht äußerte Paisley Empfehlungen, wie eine neue Generation von Spionagesatelliten einsetzbar sei, um Daten über das strategische Waffenprogramm der Sowjets zu sammeln.

Waggener erzählte Maxton, die Sicherheitsleute der CIA hätten sehr großes Interesse daran, den Berichtsentwurf und die Notizen einzusehen. Die Küstenwache erklärte sich damit einverstanden, die *Brillig* an Frau Paisley herauszugeben, und sie verabredete mit Norman Wilson und ihrem Sohn Edward, das Boot im Lauf des kommenden Wochenendes wieder zu Wilsons Pier zurückzubringen.

Maxton erschien Mrs. Paisleys Verhalten sehr sonderbar. »Ihre Sorge, die *Brillig* zurückzubekommen, war größer als die um das Schicksal ihres Mannes. Ihre Einstellung gefiel mir wirklich nicht.«[27]

Dienstag, 26. September 1978, 9.00 Uhr

Die Abfuhr, die die Küstenwache Phil Waggener in der Nacht zuvor erteilt hatte, sollte sich nicht wiederholen. Mit Papieren bewaffnet, fuhren die CIA-Juristen Joseph Mirabile und Frank Rucco von der Sicherheitsabteilung der CIA zur Küstenwachtstation von St. Inigoes.[28]

Die Aufgabe von Sicherheitschef Robert W. Gambino bestand darin, die Agency vor Unterwanderung zu bewahren. Seine Sorge

Nummer eins war, die Sowjets und ihre Agenten von der CIA fernzuhalten. Gambino schaltete sich aktiv in die Untersuchung des Falles Paisley ein; David Sullivans alte Verdächtigungen kamen nun wie ein Spuk zurück und verfolgten ihn.

In einem Bericht an Gambino schilderten die beiden Sicherheitsleute ihren Besuch in St. Inigoes, bei Maxton und auf der *Brillig*, und ihre Einsichtnahme in die besagten Papiere. An Bord der *Brillig* bemerkten sie zunächst das Sende- und Empfangsgerät, das die Küstenwache in eingeschaltetem Zustand gefunden hatte. Neben diesem Standardbootsfunkgerät fanden sie ein Sendeempfangsgerät der Marke Kenwood, Gambinos späterer Vermutung nach dasjenige, über das Paisley am Sonntag nachmittag mit Wilson kommuniziert hatte. Außerdem stellten sie einen Funkempfänger vom Typ Gladding Islander sicher. In einem Koffer in der Kabine befand sich neben anderen Gerätschaften ein Sende- und Empfangsapparat der Marke Atlas 210X mit einem Hochgeschwindigkeits- und einem Standard-Codierer.[29]

Die beiden Sicherheitsleute begaben sich in Maxtons Büro, wo der Inhalt von Paisleys Aktentasche auf dem Schreibtisch ausgebreitet lag. Die Papiere trugen keinen »Geheim«-Vermerk und offenbarten, daß Paisley der »Koordinator« jenes kontroversen Unternehmens war, das unter der Bezeichnung »A-Team/B-Team-Experiment« in die Geschichte eingegangen ist. Die CIA-Leute fanden sowohl einen Bericht über den Verlauf des Experiments als auch Dokumente und Notizen, die damit zusammenhingen.[30]

Sie stießen außerdem auf den Entwurf eines Artikels, den Paisley für den OSR-Direktor Sid Graybell geschrieben hatte und der Wege aufzeigte, konkurrierende Analysen wie das A-Team/B-Team-Experiment in die nationalen Sicherheitsbeurteilungen der CIA zu integrieren. Auch wenn diese Überlegungen auf geheimstem Material der CIA beruhten, bildeten sie nach Ansicht Gambinos kein Sicherheitsrisiko. Anders sah das bei Paisleys Manuskript über die erweiterte Bedeutung von Spionagesatelliten aus. Obwohl auf der *Brillig* kein hochkarätiges Geheimmaterial gefunden wurde, mußte sich Gambino mit dem Gedanken vertraut machen, daß ein Mann, der Zugang zu fast allen Geheimnissen der CIA gehabt hatte, nun vermißt wurde. Mit dieser Vorstellung im Kopf wies er die Sicherheitsabteilung an, den Fall Paisley weiterhin sorgfältig zu verfolgen. Da die Sowjets an Paisley ein natürliches Interesse haben würden, entschied er, das FBI »in die allgemeinen Umstände dieses Vorfalles« einzuweihen. In der Sorge, Paisley könnte weitere Geheimdokumente besitzen, wies Gambino seine Leute an, mit Frau Paisley Kontakt aufzunehmen, um in Johns Apartment zu gelangen und zu sehen, was dort zu finden war.

Mittwoch, 27. September 1978, 9.00 Uhr

Auf Maryann Paisleys Bitte hin teilte Philip Waggener der *Washington Post* mit, daß der pensionierte CIA-Analytiker John A. Paisley am 24. September beim Segeln in der Chesapeake Bay verschwunden war. Zum ersten Mal wurde das Verschwinden Paisleys publik gemacht. Die Geschichte wurde von der *Post* wie eine kleinere Polizeimeldung behandelt.
Maryann und Edward suchten die Wohnung in der Massachusetts Avenue Nr. 1500 auf. Es sah so aus, als wäre vor ihnen schon jemand da gewesen. Edward erschien es seltsam, daß die Audiokassetten mit den Aufzeichnungen fehlten, die seine Mutter im letzten Frühjahr von seiner Großmutter gemacht hatte. Zudem fehlten noch ein Kassettenrecorder und ein Paar Kaffeetassen aus einem Service, das John für die Wohnung gekauft hatte.[31]

Donnerstag, 28. September 1978, 9.00 Uhr

Als Robert Gambinos zweiseitiger Bericht am Donnerstag morgen durch einen Boten dem Washingtoner Außenbüro des FBI überbracht wurde, trat das FBI in Aktion. Wenn man dem FBI etwas bescheinigen kann, dann, daß es nach ausgefeilten Verfahrensvorschriften funktioniert. J. Edgar Hoover hatte dem Bureau den Grundsatz eingebleut: alles schriftlich festhalten. Jeder Kontakt, jedes Telefongespräch, jeder kleinere Vorgang, an dem ein Agent beteiligt ist, schlägt sich in einer Aktennotiz nieder. Das ist das FBI-System.

Es schwärmten keine Agenten nach Inigoes aus, um die *Brillig* zu untersuchen. Es setzte sich nicht einmal jemand mit der örtlichen Polizei in Verbindung. Die Staatspolizei von Maryland hatte sich noch nicht in die Ermittlungen eingeschaltet. Und niemand gab die Information, daß ein Spitzenmann der CIA vermißt wurde, an die Sonderabteilung des FBI weiter. Der Sachbearbeiter, der die Mitteilung erhielt, suchte erst einmal die Akten nach eingegangenen Drohungen gegen CIA-Mitarbeiter durch. Es war eine klassische Übung in bürokratischer Selbstabsicherung. Er handelte dabei vollkommen rational: Als einst einer der besten altgedienten FBI-Beamten eine Akte über Lee Harvey Oswald übersehen hatte, die sich im FBI-Archiv befand, war es mit seiner bis dahin zügigen Karriere ein für allemal vorbei gewesen. Und dieser Agent hatte nicht die Absicht, einem ähnlichen Malheur zu erliegen.

Seit bei der Lokalredaktion des *Washington Star* jene telefonischen Drohungen gegen »einen CIA-Mann« eingegangen waren, war eine Woche vergangen. Der FBI-Sachbearbeiter ließ sich den Akt »Ghawzi Ullah« kommen. Das FBI hatte die Drohungen als Anrufe eines Spinners abgeheftet.[32]

Im Zuge der Bearbeitung dieses Falles schickte das Bureau einen Agenten los, der den Mitteilungen der Küstenwache über ein sowjetisches Schiff nachgehen sollte, das in der Nacht von Paisleys Verschwinden die Bay heraufgekommen war. Der Mann hatte darüber hinaus den Auftrag, herauszufinden, was es mit dem ungewöhnlich regen Funkverkehr von und zu dem sowjetischen Feriendomizil in Pioneer Point an der Chesapeake Bay auf sich hatte, den die Küstenwache registriert haben wollte. Das Bureau fand heraus, daß es kein sowjetisches, sondern ein polnisches Schiff gewesen war, das in der Bay gesehen worden war. Die *Franciszek Zubrzycki* war von Wilmington (Delaware) über den Chesapeake- und den Delaware-Kanal nach Baltimore gefahren. Am darauffolgenden Tag hatte es in Richtung Rotterdam abgelegt. Das FBI kam zu dem Schluß, daß dieses Schiff nicht in die unmittelbare Nähe der *Brillig* gekommen war, betonte aber auch, daß es nicht während der ganzen Zeit, die es sich in amerikanischen Gewässern aufhielt, einen amerikanischen Lotsen an Bord gehabt hatte.

Die wohl seltsamste Behauptung des FBI war die, das Bureau höre den Funkverkehr der sowjetischen Feriensiedlung in Pioneer Point grundsätzlich nicht ab. Es behalf sich denn auch, was den von der Küstenwache festgestellten verstärkten Funkverkehr betraf, mit der Mutmaßung, es habe sich dabei »möglicherweise um Bootsfunkverkehr« gehandelt, der »in Ihren Verantwortungsbereich fällt«.[33]

Ein interessantes Detail im Zusammenhang mit dem geringen Interesse des FBI am Fall Paisley ist die Tatsache, daß ein FBI-Agent und Freund von Paisley aus Amateurfunkerkreisen im Washingtoner Außenbüro des FBI Dienst tat, als am 21. September die Routinemitteilung über die Drohungen Ullahs einging. Dieser FBI-Mann, Ken Rupach, bestätigte später, daß er von den Drohungen wußte.[34] Wie es scheint, gab das FBI sich alle Mühe, alles herunterzuspielen, was auf eine Verwicklung der Sowjets in den Fall Paisley hätte hindeuten können. Aufgrund der Informationen, die Gambino vom Bureau erhielt, hielt er in einem Aktenvermerk fest, das FBI sei der Meinung, daß den Anregungen der Küstenwache keine besondere Bedeutung beigemessen werden solle.

Donnerstag, 28. September 1978, 13.00 Uhr

Das FBI teilte Gambino mit, es prüfe nunmehr, ob Paisley entführt worden sei. Gambino verständigte umgehend einige ranghohe CIA-Beamte. Er wies seine Mitarbeiter an, Dale Peterson von der CIA-Pressestelle zu informieren. An jenem Nachmittag erhielt er einen Anruf von Maxton, der ihm mitteilte, die Küstenwache habe die aktive Suche nach Paisley eingestellt.

Aus Paisleys Besitz fehlte noch immer jene VNE-Ausweisplakette (Visit, No Escort), deren Farbcodes ihm das Betreten der CIA-Zentrale ohne hauseigenen Begleiter und den unkontrollierten Zutritt zu den meisten toten Winkeln der verschachtelten CIA-Welt ermöglichten.

Nachdem Mirabile und Rucco sich von Maryann Paisley die Schlüssel und die Erlaubnis geholt hatten, machten sie sich auf den

Weg zu Paisleys Wohnung. Das Apartment im siebten Stock war bescheiden. Das Gebäude hatte schon bessere Tage gesehen. Paisleys Wohnblock in der Massachusetts Avenue Nr. 1500 zeichnete sich nicht nur durch seine Nähe zur Washingtoner Residentur des KGB im dritten Stock des alten viktorianischen Herrenhauses aus, das damals noch die sowjetische Botschaft beherbergte, sondern auch durch die kurzen Wege zu einer Reihe von Schwulenkneipen und Striplokalen in einer der zwielichtigeren Gegenden von Washington. 1978 war die durchgreifende Sanierung der Washingtoner Innenstadt noch nicht auf das Kneipenviertel durchgeschlagen, in dem die sowjetischen »Nachtschwärmer« normalerweise auf Beutezug gingen.

Stand das Haus in der Massachusetts Avenue Nr. 1500 unter fotografischer Überwachung durch das FBI? Auch wenn das Bureau den Ruf genießt, seine Augen überall zu haben, bleibt es doch eine Tatsache, daß seine Anstrengungen auf dem Gebiet der Spionageabwehr durch die hoffnungslose Überzahl sowjetischer KGB-Agenten, die unter dem Deckmantel von Diplomatie und Handel operieren, unterlaufen werden. Das FBI verfügt nicht über genügend Finanzmittel, um alle Sowjets im Auge zu behalten. Während das große neue Gelände der Sowjets an der Tunlaw Road nördlich von Georgetown, die alte Botschaft und das Büro des Militärattachés in der Belmont Road sich besonderer Aufmerksamkeit erfreuen, bleiben andere sowjetische Einrichtungen weitgehend unbeobachtet.[35]

John Paisley hatte der Sicherheitsabteilung der CIA nie mitgeteilt, daß er in der Nähe so vieler Russen lebte. Die Sicherheitsvorschriften der CIA waren aber so lax, daß sie eine solche Mitteilung gar nicht verlangten.

An jenem Nachmittag hatten die beiden Leute von der CIA nicht die leiseste Ahnung, mit welchen Leuten Paisley Tür an Tür wohnte. Ihr ganzes Interesse galt der Frage, ob sich in Paisleys Wohnung noch Geheimdokumente befanden. Nachdem sie die kleine Wohnung durchsucht hatten, nahmen sie Dokumente im Umfang von 1,20 Meter Stapelhöhe mit. Ein großer Teil des Materials bestand aus persönlichen Papieren, von alten Rechnungen und Einkommensteuerbescheiden bis hin zum Foto einer schönen Frau, die sich nackt an Bord der *Brillig* ausruhte. Das gesamte Material wurde ins Haus der Paisleys unweit verfrachtet. Vor den Augen von Frau Paisley durchwühlten die beiden Männer zusammen mit Phil Waggener die Papiere, auf der Suche nach Geheimmaterial. Einige Dokumente, die den Stempel »vertraulich« trugen, nahmen die CIA-Leute in Verwahrung. Zum Glück für die Sicherheitsabteilung tauchten sowohl Paisleys VNE-Plakette für das CIA-Hauptquartier als auch sein Hausausweis für das Pentagon auf.

In dem Papierstapel entdeckte Waggener einen gelben Zettel mit einer knappen Notiz in Paisleys Handschrift. In großer Blockschrift stand dort ein Name mit einem Fragezeichen dahinter: »Shevchenko?« Die Notiz bezog sich offensichtlich auf Arkadi Schewtschenko, einen sowjetischen UNO-Funktionär, der seit einiger Zeit insgeheim für die Vereinigten Staaten arbeitete.

Seltsamerweise enthielt der Bericht, den Gambino über den Fall Paisley anfertigte, lediglich eine lakonische Feststellung über die Existenz dieser Notiz. Es wurden keine weitergehenden Ermittlungen in dieser Sache angeordnet. Phil Waggener beschloß, die Notiz in einen Verbrennungssack der CIA zu stecken und sie zu vernichten. Das tat nicht viel zur Sache: Weniger als zwei Wochen später sollte die Bedeutung des Schewtschenko-Zettels klarwerden.

Kapitel 8

Paisley: Tod in der Bucht?

Ich muß wieder zum Meer hinaus, zum einsamen
Meer und zum Himmel,
Und alles, was ich verlang', ist ein hohes Schiff und
ein Stern, nach dem ich es steuern kann,
Und das Zerren des Rades, das Singen des Winds
und das Rütteln des weißen Segels,
Und ein grauer Nebel auf dem Antlitz der See, und
eine graue Morgendämmerung.

Ich muß wieder zum Meer hinunter, denn der Ruf
der rollenden Flut
Ist ein wilder Schrei und ein reiner Ruf, dem man
sich nicht entzieht.

John Masefield, *Meerfieber*

Freitag, 29. September 1978, 10.00 Uhr

Es gingen noch zwei weitere Anrufe von einem Mann ein, der sich
wieder als »Ghawzi Ullah« ausgab. Beim *Washington Star* war es
wieder der besagte Informant, der die Anrufe entgegennahm. Es
war der zweite Anruf, der es ihm geboten erscheinen ließ, das FBI
zu verständigen.

Ullah sagte mit einer Stimme, die dem Informanten »weiß« erschien, der CIA-Agent John Paisley sei von Kommandoeinheiten
des Moslemischen Kriegsrates in der Chesapeake Bay gefangen-
genommen worden. Weiter erklärte Ullah, Paisley werde als
wertvoll betrachtet, weil er »zionistische Agenten in anderen
Ländern« identifizieren könne.

An jenem Wochenende schien der Anrufer beim *Star* mehr über
John Paisley zu wissen als irgend jemand vom FBI – auch über

seine einstige Arbeit in Palästina. Nach heftigen Auseinandersetzungen zwischen den beiden Behörden und dem Kongreß erklärte sich die CIA erst am 5. Februar, über fünf Monate nach Paisleys Verschwinden, widerwillig bereit, bereinigte Versionen von Paisleys Personal- und anderen Akten herauszugeben. Gambino versäumte nicht, das FBI wissen zu lassen, daß die »Übergabe dieses Materials den ersten Fall darstellt, in dem vollständige und bereinigte Kopien von Sicherheits- und Personalakten an eine andere Behörde ausgehändigt worden sind«.[1]

Fünf Tage nach Paisleys Verschwinden tappte das FBI noch im dunkeln. Falls das FBI an eine normale Entführung glaubte, so verhielt es sich recht sonderbar. Die örtlich zuständigen Strafverfolgungsbehörden von Maryland wurden nie verständigt, und niemand vom FBI dachte daran, sich die *Brillig* anzusehen, um den möglichen Tatort zu untersuchen.

Eine Aktennotiz der CIA vom 29. September besagt, der Anrufer habe behauptet, seine Gruppe habe einen CIA-Mitarbeiter namens »John Taysle« entführt. Daneben war vermerkt, man habe daraufhin die Listen des Sicherheitsbüros mit den Namen aktueller und ehemaliger CIA-Angestellten durchforstet und als ähnlichsten Namen den von John Paisley ausgemacht. Weiterhin heißt es in dem Vermerk, »während diese Notiz getippt wurde«, habe ein Agent der Washingtoner FBI-Außenstelle angerufen und die CIA informiert, daß Ghawzi Ullah wieder beim *Washington Star* angerufen und behauptet habe, seine Organisation habe »Mister Paisley in der Chesapeake Bay entführt. Der Anrufer bemerkte außerdem, Paisley habe bei der Identifikation von Zionisten in anderen Ländern wertvolle Hilfe geleistet.«

Wie in dem CIA-Vermerk des weiteren zu lesen war, hatte Ullah neben der Zahlung von einer Million Dollar auch noch die Freilassung aller muslimischen Gefangenen und die Auslieferung Henry Kissingers verlangt. Der Notiz zufolge kündigte der Anrufer an, er werde sich wieder melden, um weitere Einzelheiten bekanntzugeben. Der Anrufer schloß das Gespräch mit der Bemerkung: »Dies ist kein Spaß, kein Spiel, es geht um die Zukunft des Islam.« Der Aktennotiz zufolge war das FBI zu der Schlußfolgerung gekommen, der Anrufer habe möglicherweise die kurze Meldung über

Paisleys Verschwinden in der *Washington Post* gelesen. Aber das erklärt nicht, wie »Ullah« von den Aktivitäten Paisleys im Nahen Osten (er hatte einige Zeit im Irak, im Iran und in Israel verbracht) wissen konnte.[2] Und niemand beim FBI oder bei der CIA deutete an, daß möglicherweise Paisley selbst der Anrufer gewesen sein könnte. Schließlich waren die ersten Anrufe bereits einige Tage vor seinem Ausflug mit der *Brillig* eingegangen.

Samstag, 30. September 1978, 11.00 Uhr

Norman Wilson hatte großes Mitleid mit Edward Paisley. Der junge Mann hatte es nicht einfach. In den letzten Jahren war er in einen verhängnisvollen Verkehrsunfall verwickelt worden, er hatte die Trennung seiner Eltern miterlebt, und nun war sein Vater verschwunden.

Bobbie Wilson fuhr mit Edward Paisley, Norman Wilson und Michael Yohn nach St. Inigoes, um die *Brillig* zurückzuholen. Der massige ehemalige Oberst der Luftwaffe beobachtete, wie Edward die Empfangsbestätigung unterschrieb, die ihm die Obhut über die *Brillig* verlieh. Dann legten Yohn, Wilson und Eddie Paisley von der Pier in St. Inigoes ab. Die Fahrt nach Solomons Island würde einige Stunden dauern.

Niemand vom FBI verständigte die Paisleys davon, daß man die Möglichkeit einer Entführung nicht ausschloß und entsprechende Nachforschungen anstellte. Niemand rief bei der Familie an, um sie über die Drohungen »Ghawzi Ullahs« zu informieren.

Sonntag, 1. Oktober 1978, am Nachmittag

Der bedrohlich wolkenverhangene Himmel und die Kälte des Wassers hielten viele Freizeitkapitäne an diesem Tag davon ab, in die Chesapeake Bay hinauszusegeln. Aber auf Booten wie der *Miss Channel Queen* war man es gewohnt, dem Wetter zu trotzen. Diese kreuzte etwa drei Kilometer südöstlich des Patuxent und fast fünf Kilometer von der westlichen Küste der Chesapeake Bay, als die drei Fischer an Bord einen grünen und aufgedunsenen Gegenstand im Wasser treiben sahen. Es dauerte nicht lange, bis einem der drei Berufsfischer aufging, worum es sich handeln konnte.[4]

Die *Miss Channel Queen* benachrichtigte über Funk die Küstenwache von Taylor's Island, die sofort ein Schiff der Küstenwache an die betreffende Stelle beorderte. Mit einem Drahtkorb zog das Küstenwachtschiff das Fundstück an Bord. Eine Wasserleiche hat normalerweise nur noch wenig Ähnlichkeit mit einem menschlichen Wesen. Die Bay geht mit schutzlosen menschlichen Körpern besonders rücksichtslos um. Diese Leiche war aufgeblasen wie ein Ballon und unbehaart. Aus einem kleinen Einschußloch hinter dem oberen Rand des linken Ohres rann Gehirnmasse. Die Haut über den Händen begann sich zu lösen. Offenbar hatten die berühmten Krebse der Bay an der Leiche herumgenagt, bis der Zersetzungsprozeß so weit fortgeschritten war, daß sich Gase entwickelten, die die Leiche an die Wasseroberfläche trieben. Dabei gab es genug, was die Leiche hätte unten halten sollen – zwei Tauchgurte von je acht Kilo Gewicht.

Als das Boot der Küstenwache auf Solomons Island ankam, regnete es. John Murphy, ein junger Corporal der Staatspolizei von Maryland, wurde mit der Untersuchung des Falles beauftragt. Dr. George Weems, der amtliche Leichenbeschauer des Kreises, traf in Begleitung des Fischkutter- und Jachtbesitzers Harry Lee Langley ein; Langley hatte Paisley bisweilen in und um seinen Bootshafen gesehen und kannte auch die *Brillig*.

Was die Männer erwartete, war kein schöner Anblick. Die Leiche trug eine hellblaue Latzhose, blaue Socken, ein weißes T-Shirt und eine Armbanduhr Marke Chalet mit schwarzem Zifferblatt und grünen Ziffern und Zeigern. Die Leiche trug keine Schuhe. Um den unteren Teil der Brust und den Bauch waren zwei Tauchergurte gewickelt. Der um die Brust war mit langen, schlanken Gewichten versehen, die an einem schwarzen Gürtel mit einem silberfarbenen »S« an der Schnalle befestigt waren. Der andere Gurt war rot und mit größeren Gewichten bestückt. Dem Fischer, der die Leiche entdeckt hatte, war sie so »grotesk, daß sie fast nicht menschlich schien«, vorgekommen. Leichenbeschauer

Weems und Oberst Murphy stellten »zahlreiche Male am Hals«
fest.[5]

»Die Leiche war in einem schlechten Zustand, aber nicht unkenntlich«, sagte Weems später. Er erklärte, der Hals »sah so aus, als ob
er gereizt worden war, wie durch Druck, es kann auch ein Seil
gewesen sein, das um den Hals geschlungen war. Man bekommt
solche Verletzungen am Hals, wenn man sich erhängt. . . . Mir kam
da etwas spanisch vor«.

Wie Langley berichtet, wies ihn einer der Polizeibeamten, als er
die Leiche betrachtete, an, niemandem etwas zu sagen. »Sie
sagten mir, daß dieser Kerl für die CIA arbeitete – gearbeitet
hätte, und ich solle davon nichts weitererzählen. Es sollte alles
Staatsangelegenheit sein, ganz geheim.«[6]

Weems erwähnte ins einer schriftlichen Beschreibung der Leiche
für den damals amtierenden staatlichen Gerichtsmediziner
Dr. Russell Fisher nichts von den Druckmalen am Hals der Leiche. Später erklärte Weems, er würde seinen in zwanzig Jahren
erworbenen Ruf als Leichenbeschauer darauf wetten, daß die
Striemen um den Hals der Leiche von einem Vorgang stammten,
der vor Einsetzen des Todes stattgefunden hatte.[7] Dr. Weems
sorgte dafür, daß das Bestattungsinstitut Beall die Leiche zur
gerichtsmedizinischen Untersuchung nach Baltimore expedierte.

Sonntag, 1. Oktober 1978, nachts

Für Robert Gambino bedeutete das Wochenende keine Befreiung
von den Belastungen des Falles Paisley.

Die letzten drei Jahre waren für die Sicherheitsabteilung nicht
gerade erfreulich gewesen. Durch die Spionagetätigkeit eines
Angestellten der Firma TRW Systems Inc. namens Christopher
Boyce und des mit ihm befreundeten Drogendealers Andrew
Daulton Lee waren dem amerikanischen Steuerzahler Milliarden
von Dollars, die in die Erforschung und Entwicklung der Spiona-
gesatellitentechnologie investiert worden waren, verlorengegangen – die Sowjets hatten für die fertigen Unterlagen lediglich
Tausenderbeträge bezahlt. Ein untergeordneter CIA-Angestell-

ter namens William Kampiles, der entlassen worden war, hatte den Russen das Handbuch verkauft, das es ihnen ermöglichte, die von Boyce und Lee gelieferten Informationen zu nutzen. Was die Öffentlichkeit über den Fall nie erfuhr, war die Tatsache, daß ein hoher Beamter der Spionageabwehrabteilung der CIA einige Wochen lang Details über den Verkauf des Handbuches für den Spionagesatelliten Keyhole-II (oder KH-II) durch Kampiles an die Sowjets zurückhielt, während er im Krankenhaus lag. Diese Verzögerung gab den Sowjets die Möglichkeit, zu kontrollieren, ob das Material, das sie von Boyce und Lee gekauft hatten, zu dem paßte, was Kampiles ihnen geliefert hatte. Ein milliardenteures Satellitensystem war gefährdet. Die Vereinigten Staaten hatten sich von diesen supermodernen Satelliten die Möglichkeit versprochen, die Einhaltung des von Präsident Carter so herbeigesehnten SALT-II-Vertrages kontrollieren zu können.

Die größte Katastrophe für die Sicherheitsabteilung jedoch hatte sich im Dezember 1975 in Wien ereignet. Ein gutaussehender sowjetischer Überläufer, der zusammen mit seiner Geliebten 1959 in die Vereinigten Staaten gekommen war, war spurlos verschwunden. Nicholas Schadrin hatte seit Frühsommer 1966 die Tätigkeit eines Doppelagenten für die Vereinigten Staaten und den KGB ausgeübt. Da maßgebliche CIA-Leute das Gefühl hatten, daß sich in der Agency ein sowjetischer Maulwurf eingenistet hatte, war nur die Sicherheitsabteilung in sämtliche Details der Operation Schadrin eingeweiht worden. Ein hochrangiger Beamter der Sicherheitsabteilung war nach Wien geschickt worden, um Schadrin zu schützen. Als im Laufe des Sommers 1977 die Presse Wind vom Verschwinden Schadrins bekam, fügte diese Enthüllung dem Ruf der Sicherheitsabteilung großen Schaden zu. John Paisley hatte den Auftrag gehabt, sämtliches Material zu genehmigen, was Schadrin den Russen in den zehn Jahren bis zu seinem Verschwinden übermittelt hatte.

Als nun an diesem Sonntag spätnachts bei Robert Gambino das Telefon klingelte, nahm er zu Recht an, daß noch mehr Ärger ins Haus stand. Wie er erfuhr, hatten die Nachrichtenagenturen in kurzen Meldungen darüber berichtet, daß in der Chesapeake Bay eine nicht identifizierte Leiche gefunden worden war. Gambino ärgerte sich darüber, daß seine Mitarbeiter keine Unterstützung seitens der Staatspolizei von Maryland und der Küstenwache erhielten.

An diesem Sonntag abend hatte sich die Staatspolizei von Maryland erstmals mit dem Fall befaßt.

Montag, 2. Oktober 1978, morgens

Paul Terrance O'Grady, Rechtsanwalt in Falls Church (Virginia), stand auf einer Liste CIA-geprüfter Rechtsanwälte, die CIA-Angestellte für die Erledigung von Routinerechtsgeschäften konsultieren konnten. Maryann war auf ihn durch ein Immobiliengeschäft aufmerksam geworden, das ihr Mann und andere CIA-Beamte gemeinsam getätigt hatten. O'Grady war nicht gerade die wahrscheinlichste Wahl, wenn jemand für einen Prozeß gegen die CIA einen Rechtsbeistand suchte. Aber als Maryann zu ihm ging, tat sie es in dem heranreifenden Bewußtsein, daß sich die Behörde, für die ihr Mann gearbeitet hatte, ihr gegenüber nicht besonders großzügig zeigte.

O'Grady rief Gambino an und ließ ihn wissen, Mrs. Paisley sei über den Verlauf der Untersuchungen von CIA, FBI und den Polizeibehörden von Maryland nicht informiert worden. Der geduldige Gambino erklärte, das FBI sei eine unabhängige Behörde, und im übrigen gelte die Sorge der CIA einzig und allein den geheimen Dokumenten, die Paisley bei sich gehabt haben könnte. Gambino rief das FBI an und gab bekannt, daß Mrs. Paisley einen Rechtsanwalt eingeschaltet hatte.

Montag, 2. Oktober 1978, 10.00 Uhr

John Murphy, Corporal der Staatspolizei von Maryland, eröffnete seine Untersuchung des Falles Paisley mit einem Anruf beim Sicherheitsdirektor der CIA. Murphy teilte Gambino mit, daß die Leiche wohl nicht ohne eingehende Untersuchungen identifiziert werden könne, da das Wasser ihr schon sehr zugesetzt habe.

Murphy beschloß, mit Norman Wilson zu sprechen.

Noch bevor die in der Bay treibende Leiche gefunden worden war, hatte Norman Wilson eine Eingebung gehabt, eine Idee, was John Paisley zugestoßen sein konnte. Er erzählte seiner Frau Bobbie, wie er es sich vorstellte: »Daß er sich ... über die Bordwand gebeugt hatte und sich mit der [freien] Hand erschoß und dann einfach mit seinen Gurten ins Wasser fiel. ... Ich beschrieb diese Szene, bevor sie die Leiche mit dem Einschuß auf der linken Seite fanden.«

Als Murphy im Ferienhaus der Wilsons ankam, erzählte ihm Norman, daß er Paisleys Tauchergewichte auf der *Brillig* gesehen hatte. Corporal Murphy ging zur Pier hinunter und an Bord der *Brillig*. Wilson erklärte, er habe im Boot bereits »aufgeräumt«. Murphy war der erste Polizist, der das Boot betrat – und das über eine Woche, nachdem die Küstenwache es entdeckt hatte.

Wilson sagte Murphy, er habe an Bord der *Brillig* kein Anzeichen einer Auseinandersetzung gefunden, unter dem Tisch jedoch eine Kugel aus einer 9-Millimeter-Waffe, die er dann Murphy übergab.[8] Wilson erzählte Murphy, Paisley habe eine Waffe des Kalibers 9 mm oder des Kalibers 32 besessen, die er sich für eine Segeltour um die Florida Keys angeschafft hatte. Nach Auskunft von Wilson hatte er sich diese Waffe zum Schutz vor Piraten gekauft. Wie Wilson Murphy des weiteren mitteilte, hielt er es für sonderbar, daß die Waffe sich nicht an Bord befand, da Paisley sie sonst immer auf der *Brillig* aufbewahrt habe.[9]

Montag, 2. Oktober 1978, 23.00 Uhr

Das Gebäude in der Innenstadt von Baltimore, das dem Gerichtsmedizinischen Institut des Staates Maryland als Hauptsitz diente, war verwaist, als Dr. Stephan Adams an seine unangenehme Aufgabe heranging, festzustellen, woran der nicht identifizierte Tote, den man aus der Bay gezogen hatte, gestorben war. Auf seinem Untersuchungstisch lag die Leiche eines 1,70 m großen und 72 kg schweren Mannes weißer Hautfarbe. Die bräunlichgraue Zunge der Leiche hing über das aufgedunsene Gesicht. Die

Dale, Katherine und John Paisley. (© Katherine Lenahan)

Rush River Lodge in der Nähe
von Washington, Virginia.
(© Joseph Trento)

In Anerkennung seiner Verdien
erhält John Paisley aus der Ha
von CIA-Direktor William Colby
einen Orden. (© Joseph Trent

John Paisley (links) und Norman Wilson während der Hochzeit von Wilsons Tochter im August 1978. (© Barbara Wilson)

John Paisleys Jacht »Brillig«.
(© Richard Sandza)

Norman Wilson an Bord der
»Brillig«, kurz nach dem Ver-
schwinden von John Paisley.
(© Richard Sandza)

Norman und Barbara Wilson.
(© Joseph Trento)

Wasserleiche, von Dr. Russell Fisher
als die John Paisleys identifiziert.
(© Maryland State Medical
Examiner's Office)

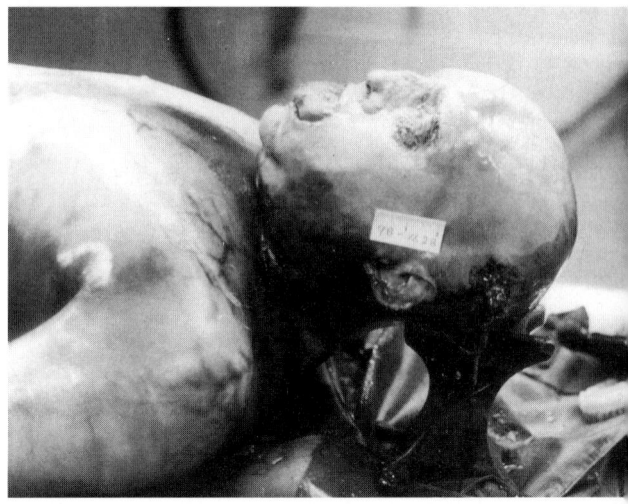

Igor und Eleanore Orlow in den späten vierziger Jahren.
(© Eleanore Orlow)

Nikolaj Fedorowitsch Artamonow beim Tanz mit Ewa Gora
im polnischen Gdynia. 1958. (© Ewa Schadrin)

einzelne Einschußwunde über und hinter dem linken Ohr hatte den Schädel aufgespalten. Hülse und Kugel fanden sich getrennt voneinander im Schädel. Als Adams die Kugel aus dem Gehirn entfernte, stellte er fest, daß sich die Hirnmasse in einen dünnflüssigen Brei verwandelt hatte.

Dr. Adams kam zu einigen wichtigen Schlußfolgerungen. Die erste war, daß die Schußverletzung den Tod ausgelöst hatte. Der Magen war ohne Inhalt. Im Körper war nicht mehr genügend Blut vorhanden, um die Blutgruppe zu bestimmen. Die Ablösung der Haut an den Händen war so weit fortgeschritten, daß eine Identifizierung durch die Fingerabdrücke kaum mehr möglich war. Da Unter- beziehungsweise Oberkiefer nur teilweise erhalten waren, würde eine Identifizierung durch einen Gebißabdruck schwierig werden.[10] Das einzige ernstere Krankheitssymptom, das Adams entdeckte, waren sechs Gallensteine. Die anderen wichtigen Organsysteme erschienen in normalem Zustand.

Adams' Vorgesetzter Dr. Russell Fisher mochte keine ungelösten Fälle. Obwohl Adams kein schlüssiger Beweis dafür vorlag, daß die Leiche, die er untersucht hatte, die von John Arthur Paisley war, entschied sich Fisher, die verlassene *Brillig* und die aufgefundene Leiche als zusammengehörige Elemente eines Falles zu behandeln. Als Todesursache wurde die Schußverletzung im Kopf angegeben. Fisher und Adams legten sich in der Frage, ob Paisley sich selbst erschossen hatte oder ermordet wurde, nicht fest. Adams trennte die Hände von der Leiche ab und schickte sie an die Staatspolizei von Maryland, um eine Identifizierung der Fingerabdrücke vornehmen zu lassen. Von hier aus wurden sie ans FBI weitergeleitet.

Von den Malen um den Hals der Leiche, die Dr. George Weems, John Murphy und Harry Lee Langley so in Aufruhr versetzt hatten, erwähnte Fisher in seinem Bericht nichts. Bemerkenswerterweise fügte er seinem Bericht vom 1. Oktober 1978 ein separates Blatt bei, auf dem er ohne Bezugnahme auf eine etwaige Identifizierung der Fingerabdrücke die Leiche als die von John Arthur Paisley bezeichnete. Die Tatsache, daß sich aus seinem Büro bis zum 2. Oktober 1978 noch niemand die Leiche angesehen hatte, schien Dr. Fisher nicht zu kümmern. Er schrieb, die Identifikation der Leiche sei anhand der Fingerabdrücke von John Paisley im FBI-Archiv erfolgt.[11]

Mittwoch, 4. Oktober 1978, 10.00 Uhr

Die einzigen Nachrichten über Paisley in der Presse waren bisher kleinere politische Routinemeldungen gewesen. Als jedoch eine kleine Zeitung in Wilmington (Delaware) einen ausführlichen Bericht über Paisley brachte – daß CIA-Beamte in Sorge seien, Paisley sei wegen wichtiger Informationen möglicherweise ein Opfer des KGB geworden –, wurde die Geschichte von Zeitungen in der ganzen Welt aufgegriffen.[12] Die private Geschichte vom Verschwinden John Paisleys war nun nicht mehr privat.

Nicht nur von den Presseberichten, sondern auch von der Reaktion der Öffentlichkeit wurde die CIA völlig überrascht. Dale Peterson, ein Marineoffizier, der als Sprecher fungierte, bezeichnete die Meldungen als Unsinn und bezeichnete Paisley als einen »kleinen Analytiker«.

Während die Zeitungen in Washington und Umgebung sich für den Fall zu interessieren begannen, bohrte das *Wilmington News-Journal* mit zwei Fragen nach: Welche Probleme hatte es mit der Identifizierung der Leiche gegeben, und was hatte Paisley bei der CIA tatsächlich getan? Die Pressestelle der CIA, verkörpert hauptsächlich durch Peterson, gab nach wie vor unrichtige Informationen über Paisley zum besten, und das mit einer solchen Durchsichtigkeit, daß es relativ leicht war, die Version der Agency durch Fakten, die die Zeitungsreporter gesammelt hatten, zu widerlegen. Es brach ein offener Krieg zwischen einem Großteil der Presse und der CIA aus. Die mit Fehlinformationen gespickten Statements über Paisley taten der Glaubwürdigkeit Admiral Turners ernsthaften Abbruch. Diese Presseerklärungen versetzten, wie Phil Waggener bezeugt, auch Paisleys Kollegen bei der CIA in Rage. Turner, der, weil er Tausende von altgedienten Angestellten entlassen hatte, in der Agency sehr unbeliebt war, stand in der Sache Paisley plötzlich auf ziemlich einsamem Posten. Die in solchen Dingen erfahrenen Manager der Agency ließen

Turner und seine unerfahrenen Mitarbeiter, anstatt ihnen ihren Rat anzubieten, auflaufen.

Donnerstag, 5. Oktober 1978, mittags

Newport (Oregon): Katherine Lenahan war eine starke Frau. Aber die vielen familiären Probleme und der lange und schmerzhafte Kampf ihrer Mutter gegen den Krebs begannen ihren Tribut zu fordern. Als sie durch Maryann von dem mysteriösen Verschwinden ihres Bruders erfuhr, war diese Nachricht zuviel für sie. Von Anfang an glaubte sie nicht daran, daß die Leiche, die man aus der Chesapeake Bay gefischt hatte, die ihres Bruders war. Katherine hatte für ihre Ungläubigkeit einigen Grund. Erstens hatte der Tote keine Schuhe an den Füßen getragen. John aber hatte immer Schuhe getragen. Er hatte eine Abneigung gegen das Barfußgehen, die noch von der Armut in seiner Kindheit herrührte, als sich die Familie keine Schuhe leisten konnte.

Alles, woran Katherine denken konnte, war, wie sie diese Geschichte vor ihrer sterbenden Mutter geheimhalten konnte. Katherine wies das Pflegeheim, in dem Clara Paisley ihre letzten Lebensmonate verbrachte, an, sie nicht fernsehen, Radio hören oder Zeitung lesen zu lassen. Aber irgendwie erfuhr Clara, die wegen der Schmerzmittel, die sie bekam, immer zwischen Traum und Wirklichkeit hin und her schwankte, doch, daß einer ihrer Söhne gestorben sei. Sie glaubte bestimmt, daß es sich um Dale handelte, da dieser seit seiner Geburt eine schwere Krankheit nach der anderen durchgemacht hatte.

Clara Paisley verehrte ihren ältesten Sohn John, ebenso wie er sie verehrte. Katherine konnte den Gedanken nicht akzeptieren, daß John sich noch zu Lebzeiten seiner Mutter hätte umbringen können. Ihr Urteil über die Leistungen der Marylander Staatspolizei bei der Aufklärung der Umstände des Verschwindens ihres Bruders ist nicht gerade wohlwollend: »Als plötzlich die Hölle los war, nahmen sie einfach die erste beste Wasserleiche, die auftauchte, und verpaßten ihr die Gewichte. Wenn ich je einen Mord verüben will, würde ich nach Maryland gehen und es da tun.«[13]

Freitag, 5. Oktober 1978, 13.00 Uhr

Robert Gambino sah sich nun mit einem ausgewachsenen Skandal konfrontiert. Er hatte niemandem außerhalb der CIA von dem Verdacht erzählt, daß es in der CIA einen Maulwurf gab. Senator William Roth, Republikaner aus Delaware, ein bedeutendes Mitglied des Geheimdienstausschusses des Senates, der mit der Aufsicht über die CIA beauftragt war, verlangte eine Untersuchung des Verschwindens von John Paisley. Natürlich geschah dies in Reaktion auf Berichte in den Zeitungen seines Heimatstaats. Die kleinen Lügen, die die CIA-Pressestelle über die Vergangenheit Paisleys verbreitet hatte, rächten sich nun. Was einfach als der Tod eines Pensionärs begonnen hatte, wurde nun für die CIA zum politischen Alptraum.

Es machte die Sache noch komplizierter, daß Fishers Behauptungen, die Leiche als Paisley identifiziert zu haben, die Marylander Staatspolizei nicht überzeugten. Gambino unternahm die eineinhalbstündige Fahrt zu deren Hauptquartier in Pinkesville, um die verantwortlichen Beamten zu sprechen. Diese stellten viele Fragen und waren offensichtlich nicht davon zu überzeugen, daß die CIA in Sachen Paisley mit offenen Karten spielte. Zu ihrer Enttäuschung mußten die Beamten erfahren, daß die CIA keine registrierten Fingerabdrücke von Paisley hatte, sondern nur eine Fingerabdruck-Klassifikationskarte, die für eine Identifikation nicht brauchbar ist. Gambino erklärte den Beamten, alle registrierten Fingerabdrücke neu eingestellter Mitarbeiter seien an das FBI weitergegeben worden.[14]

Vom FBI hatte die Staatspolizei von Maryland bereits erfahren, daß auch dort keine registrierten Fingerabdrücke von Paisley vorhanden seien. Im Jahre 1972 seien die Paisley-Abdrücke zusammen mit denen von sechs Millionen weiterer Amerikaner im Zuge eines Großreinemachens beim FBI vernichtet worden. Corporal Murphy erschien es unbegreiflich, daß in den Akten der Agency keine Fingerabdrücke von so hochrangigen Mitarbeitern wie Paisley vorliegen sollten.

196

Samstag, 7. Oktober 1978, 19.00 Uhr

Leonard Parkinson, Eugene Leggett und andere Freunde und Kollegen Paisleys von der CIA hatten in aller Eile eine Gedenkfeier im Gemeindezentrum von McLean organisiert. Parkinsons Frau Judy spielte Geige, ein anderer Kollege Gitarre. Gladys Fishel erinnert sich, daß »bei der Feier kein Geistlicher anwesend war und daß die Musik wunderschön war«.

Betty Myers ging zu der Feier und saß bei den Wilsons. Sie war wütend darüber, daß die Familie ihr nicht erlaubte, ihre Sachen aus Johns Wohnung zu holen. Statt dessen wollten sie nur den Schlüssel zurückhaben. Betty fragte sich, wo die schwere goldene Halskette geblieben war, die sie John geschenkt hatte. Es war der einzige Schmuck, den sie je an ihm gesehen hatte.

Frau Myers fand, daß diese nichtreligiöse Gedenkfeier sehr gut zu Paisley paßte: »John hatte keine gute Beziehung zur Religion. Er war in wirklich trauriger Weise ein Ungläubiger. Es hätte ihm vielleicht geholfen, wenn er in irgendeiner Weise an ein spirituelles Leben geglaubt hätte. ... Das tat er aber nicht.« Betty Myers empfand bei der Gedenkfeier die zwischen Maryann und ihr herrschende Spannung. Sie waren sich sogar über die genauen Umstände seines Todes uneinig. Maryann glaubte, daß die Leiche, die man gefunden hatte, nicht die ihres Mannes war. Betty mutmaßte, daß Maryann einen dramatischen Effekt herbeireden wollte und die Rolle der trauernden CIA-Witwe nur spielte.

Wilson war alles sehr unangenehm: »Betty war die ganze Zeit an unserer Seite, sie ging auch mit uns zur Tür hinaus und hing die ganze Zeit bei uns herum, und Maryann stand auf der anderen Seite und wollte nicht zu uns kommen, solange die andere da war.«

In der Woche vom 9. Oktober 1978

Aus Gesprächen mit Familienangehörigen war zu entnehmen, daß der amtliche Leichenbeschauer des Staates Maryland, Dr. Russell Fisher, ihnen allen davon abgeraten hatte, die Leiche zwecks Identifizierung zu besichtigen. Als Paisleys verzweifelte Tochter Diane die Autopsiebilder ihres Vaters trotzdem sehen wollte, lehnte er dieses Ansinnen ab und wies seine Empfangsdame an, Diane wegzuschicken.[15] Später sagte Fisher, die Leiche sei in einem Zustand gewesen, der eine Besichtigung durch Familienangehörige nicht erlaubte.

Fisher hatte noch ein weiteres Problem, jedoch ein ernsteres. Er hatte keine Fingerabdrücke von den Händen der Leiche machen können. Die Haut hatte sich einfach abgeschält, und es gab nichts mehr, wovon man Abdrücke nehmen konnte. Seine letzte Hoffnung, die positive Identifizierung, die er voreilig schon publik gemacht hatte, noch nachliefern zu können, war jetzt die Staatspolizei von Maryland, die vorhatte, ein chemisches Lösungsmittel auf die Hände aufzutragen, das diese so weit austrocknen lassen sollte, daß die Rillen der Fingerhaut wieder zum Vorschein kamen.[16] Dann konnten die Fingerabdrücke an das FBI zur Identifizierung weitergeleitet werden. Fisher betete darum, daß dieses Verfahren Erfolg haben würde.

Was die Ratlosigkeit von Dr. Fisher noch verstärkte, war die Tatsache, daß er keine Aktenexemplare von Paisleys Fingerabdrücken ausfindig machen konnte. Sowohl CIA als auch FBI hatten die Staatspolizei von Maryland bereits wissen lassen, sie hätten keine Fingerabdrücke. Als ihm ein Reporter die Frage stellte, worauf er seine Identifikation Paisleys stützte, erwiderte Fisher:»Das FBI interpretiert die Abdrücke. Ich muß mich darauf verlassen.« Aber Fisher konnte nicht erklären, wie ein Fingerabdruckvergleich gemacht werden konnte, wenn erstens von der Leiche, die nach seinem Bekunden die von John Paisley war, gar keine Abdrücke genommen werden konnten und zweitens kein Vergleichsmuster existierte.

Während weder das FBI noch die CIA noch die Staatspolizei von Maryland Fingerabdrücke von Paisley aufzutreiben vermochten, waren die Reporter des *Wilmington News-Journal* erfolgreich. Als das Reporterteam Dr. Fisher eine Karte von Paisleys Fingerabdrücken zeigte (er hatte sie 1942 bei seinem Eintritt in die Handelsmarine abgegeben), die sie sich innerhalb eines Tages aus dem Personalarchiv der Küstenwache in Washington beschafft hatten, zeigte sich Fisher sehr erstaunt. Als die Reporter ihm gegenüber betonten, der echte John Paisley sei laut Handelsmarineakten 1,80 m groß und 85 kg schwer gewesen (während der Tote, den Dr. Adams autopsiert hatte, 1,70 m groß und 72 kg schwer war), kramte Fisher den Autopsiebericht hervor, strich vor den Augen der Reporter die von Dr. Adams eingetragenen Angaben zu Größe und Gewicht durch und trug statt dessen die Daten ein, die ihm von den Reportern soeben mitgeteilt worden waren. Fisher beglaubigte diesen Vorfall auch noch selbst, indem er der Ermittlungsakte Paisley eine besondere Notiz beiheftete, auf der er die vorgenommenen Veränderungen und den Zeitpunkt des Besuches der Reporter festhielt.[17]

Gegenüber Maryann Paisley hatten Dr. Fisher und die Staatspolizei von Maryland den Eindruck erweckt, Norman Wilson habe die Leiche identifiziert. Wilson wiederum glaubte, ein Familienangehöriger habe dies getan. Als die Paisleys herausfanden, daß niemand, der Paisley selbst gekannt hatte, die Leiche gesehen hatte, war diese schon vom Bestattungsunternehmen Colonial abgeholt worden.[18] Es hatte von der »Identifizierung« durch Dr. Fisher bis zur Bestattung des Toten über zehn Tage gedauert. Aus dieser langen Zeitspanne läßt sich schließen, daß die Leiche noch intakt gewesen sein muß, als Familienmitglieder und die Medien die Identifizierung Fishers in Frage stellten.

Montag, 9. Oktober 1978, 18.30 Uhr

Für Robert Gambino muß diese Abendstunde ein Alptraum gewesen sein. In Lebensgröße war in den NBC-Nachrichten Arkadi Schewtschenko zu sehen, der wichtigste Diplomat, der je aus der Sowjetunion in die Vereinigten Staaten übergelaufen war. Schewtschenko stand eigentlich unter dem Schutz der CIA, die seine Anonymität garantiert hatte. Aber NBC-Reporter James Polk begnügte sich nicht damit, einen hochrangigen Überläufer öffentlich vorzuführen. Er deckte auch einen erstklassigen Skandal auf. Schewtschenko hatte Kontakt mit Judy Chavez, einer Prostituierten, die in den sechs Monaten, in denen sie Schewtschenko zu Diensten stand, von der CIA über 40 000 Dollar sowie Geschenke und ein Auto erhielt.[19]

Plötzlich wuchs John Paisleys handschriftlicher Notiz über Schewtschenko, die Phil Waggener in einen CIA-Verbrennungsbeutel gesteckt hatte, große Bedeutung zu. James Polk behauptete, sein Informant für die Prostituiertengeschichte habe Kontakt zum Weißen Haus Nixons und Verbindungen zu Watergate gehabt. Angesichts der Verbindungen, die Paisley zu Watergate hatte, erscheint es denkbar, daß dieser, um die Glaubwürdigkeit des Überläufers zu unterminieren, den Informanten Polks direkt oder indirekt mit den delikaten Informationen versorgte. Es gibt jedoch keine Hinweise darauf, daß Paisley je amtliche Kontakte zu Schewtschenko hatte. Die Chavez-Geschichte war eine Katastrophe für das Image Schewtschenkos, des FBI und der CIA.[20]

Freitag, 13. Oktober 1978

Die sterblichen Überreste, die als die von John Arthur Paisley identifiziert worden waren, wurden zum Krematorium des Cedar-Hill-Friedhofs in Washington, D. C., überführt, wo sie bestattet wurden. Maryann Paisley unterschrieb ein Dokument, in dem sie den Leichnam als den ihres Mannes identifizierte, wie dies die Gesetze des Staates Maryland vorschrieben. Mrs. Paisley sagte später, sie habe den Leichnam nie gesehen.[21]

Trotz der Behauptung Fishers, es sei ihm am 1. Oktober 1978 gelungen, Paisley durch einen Vergleich der Fingerabdrücke zu identifizieren, dauerte es nicht weniger als fünf Monate, bis das FBI seine Untersuchungen beendet hatte und dem Pathologen einen Formbrief schickte, in dem bestätigt wurde, daß die eingesandten Fingerabdrücke mit denen von Paisley übereinstimmten.

Montag, 30. Oktober 1978, am späten Nachmittag

Katherine Lenahan schickte ihrer Mutter in Johns Namen ein paar Blumen. Die Familie hatte beschlossen, ihr nichts davon zu sagen, daß die Polizei nun der Meinung war, Jack habe sich umgebracht. Als an jenem Nachmittag Katherine an Claras Bett kam, sagte ihre Mutter, indem sie auf die Blumen deutete: »Schau, was Jack mir geschickt hat.« Für John Paisleys Schwester war dies der schwerste Augenblick. Johns Mutter sollte am 24. November 1978 sterben, zwei Monate nachdem ihr Sohn zu seiner letzten Segeltour auf der *Brillig* gestartet war.

Ende Oktober begannen die Leute, die Paisley kannten, zu reden. In der *Washington Post* wurde Betty Myers, sehr zum Verdruß von Maryann, als die Frau bezeichnet, »die John A. Paisley in den letzten zwei Jahren am nächsten stand«. Frau Myers machte gegenüber dem Reporter Blaine Harden eine Aussage, wonach Paisley die 9-Millimeter-Pistole, die er während einer Segeltour in den Florida Keys gekauft hatte, wieder verkauft habe. Ihre Aussage kam für Admiral Turners unbeholfenen PR-Apparat, der immer noch an den Berichten des *Wilmington News-Journal* zu kauen hatte, zu einem denkbar ungünstigen Zeitpunkt.

Maryann Paisley war ärgerlich, daß ihr Mann von Dale Peterson, einem Sprecher der Agency, als »kleiner Angestellter« beschrieben worden war. Sie war erbost darüber, daß die CIA offiziell leugnete, daß Paisley Kontakt zu Überläufern gehabt hatte. Sie erinnerte sich noch daran, wie John ihr einmal erzählt hatte, er wolle auf die »Farm« der CIA an der Atlantikküste von Maryland fahren, wo er Dutzenden von Überläufern begegnen werde. Auf diesen Reisen benutzte Paisley nie seinen eigenen Namen.[22]

Maryann Paisley hatte auch von der Staatspolizei von Maryland die Nase voll, und sie mißtraute inzwischen auch Norman Wilson. Sie war sich von Anfang an sicher gewesen, daß Wilson »nicht alles sagte, was er wußte«.[23] Sie wußte, daß John nie den Steuerplatz eines Segelbootes verließ, ohne vorher das Ruder festzuzurren. Das Ruder der *Brillig* war jedoch auf automatische Eigensteuerung geschaltet, als das Boot gefunden wurde. Wilson hatte zu Protokoll gegeben, der Bordtisch sei mit Nägeln am Boden festgemacht gewesen, die sich immer wieder gelockert hätten. In jener schrecklichen Nacht, als Maryann bei der Küstenwache die *Brillig* besichtigt hatte, waren die Schrauben, die den Tisch in seiner

Verankerung gehalten hatten, aus dem Holz herausgerissen. Maryann war fest überzeugt, daß auf der *Brillig* ein Kampf stattgefunden hatte und daß John wohl ermordet worden war.[24]

Maryann Paisley engagierte in ihrem Kampf gegen die CIA ihren alten Nachbarn Bernard »Bud« Fensterwald jun., einen Mann, der sich als Kämpfer und »Privatermittler« in Sachen des Kennedy-Attentats einen umstrittenen Namen gemacht hatte.[25] Die Paisleys hatten Fensterwald kennengelernt, als sie 1961 in der Buchanan Street in Arlington Nachbarn wurden und er als junger Rechtsanwalt gerade seine Kanzlei eröffnet hatte. Fensterwald hatte James Earl Ray, den angeblichen Mörder Martin Luther Kings, vertreten.

Maryann fühlte sich von der CIA allein gelassen. Sie glaubte nie und nimmer, daß John sich mit einer Pistole hätte umbringen können. Sie kannte John als einen sanftmütigen Mann ohne Aggressivität. Frustriert schrieb Mrs. Paisley am 16. Januar 1979 einen bissigen Brief an CIA-Direktor Turner. Aus der Feder einer CIA-Ehefrau, die selbst in der Agency gearbeitet hatte, war der Brief eine vernichtende Anklage:

»Ich empfinde das Abfassen dieses Briefes als eine schwierige, aber notwendige Aufgabe. In all den Jahren, in denen ich eine CIA-Ehefrau war, hatte ich das Gefühl, mich jederzeit auf die Agency verlassen zu können, wenn mein Ehemann nicht da war. Als die Staatspolizei von Maryland sich weigerte, mir zu sagen, ob der Tote, den man aus der Chesapeake Bay gefischt hatte, einen Bart trug oder nicht, war natürlich meine erste Reaktion ein Anruf bei der [CIA]-Wachbereitschaft, mit der Bitte um Hilfe. Von diesem Moment an war [die] Einstellung [der CIA] mir gegenüber ein Verrat an dem Pflichtbewußtsein meines Mannes und seiner vorbehaltlosen Treue zur Agency.«[26]

Sie fuhr fort: »... noch habe ich je irgend etwas von dem weitererzählt, was ich über Johns Aktivitäten in der CIA mitbekommen habe, die, wie Sie wissen, sicher nicht überwiegend für die Öffentlichkeit bestimmt waren.« Mrs. Paisley schrieb in ihrem Brief, der Größen- und Gewichtsunterschied zwischen dem aus der Bay gezogenen Toten und John Paisley habe sie und ihre Kinder zu der Überzeugung gebracht, daß die Leiche nicht die ihres Mannes war.

Maryann wies darauf hin, daß die Behauptung von CIA und FBI, man habe keine Fingerabdrücke von Paisley, in ihren Augen einfach unglaubhaft sei. Dann kam sie zum Kernstück ihres Briefes:

»Wie Sie wissen, gab die Staatspolizei von Maryland eine ganze Menge Beweismaterial zu diesem Fall zurück, nachdem die Leiche beigesetzt worden war. Sie übergaben mir ein Telefonnotizbuch [das flache Register aus Metall] mit einem roten Band auf dem Deckel. Ich weiß bis heute nicht, wo man das gefunden hat. Wenn ich es zuvor gesehen hätte, hätte ich es sicherlich mit seinen Dienstmarken zusammen abgegeben. Wie Sie wissen müßten, hat dieses Büchlein mehr Fragen in mir aufgeworfen, als ich vorher hatte. Es war wesentlich, daß mein Rechtsanwalt sich eine Vorstellung von der Bedeutung der rot gekennzeichneten Namen verschaffte, die in diesem Buch aufgeführt waren. ... Die wenigen roten [streng geheimen] Nummern gehörten zu Leuten, die ich aus meiner kurzen Zeit beim DDO sicherlich noch gekannt hätte. Es fiel auf, daß Namen von DDO-Leuten fehlten, die sehr eng mit meinem Mann zusammengearbeitet haben, mit mir jedoch nicht. Ich denke, ich habe ein Recht, zu erfahren, warum das so ist. Sie haben John lange genug gekannt, um zu wissen, daß er ein solches Buch nicht ohne zwingenden Grund außerhalb seines Tresors aufbewahren würde.«

Die Fragen, die Maryann zum Verhalten ihres Mannes aufwarf, waren nicht von der Hand zu weisen. Warum hatte er an jenem Nachmittag auf der *Brillig* hochgeheime Telefonnummern bei sich? Warum hatte er Maryann nicht angerufen, um ihre Verabredung zum Abendessen abzusagen? Warum hatte er die Wilsons nicht angerufen und ihnen gesagt, daß er die Nacht über draußen bleiben würde?

Hätte Maryann von dem Maulwurfverdacht gewußt, das geringe Interesse des CIA-Direktors hätte sie wohl noch mehr in Erstaunen versetzt. Turner antwortete Maryann am 2. Februar 1979 mit einem Brief, in dem stand, er »bedauere jeden Schatten über Paisleys ehrenhafter Karriere«, aber das CIA habe in dem Fall keine Untersuchungsgewalt und müsse »sich der Staatspolizei von Maryland beugen«.

Die Zeitungen und Maryann standen mit ihrem Ruf nach »Offenlegung« nicht allein. Der Geheimdienstausschuß des Senats war von dem oberflächlichen Bericht des FBI in Sachen Paisley sehr enttäuscht und verärgert über die Leistung der Staatspolizei von Maryland. Diese war, vorwiegend aufgrund von Aussagen von Betty Myers und Norman Wilson, zu dem Schluß gekommen, daß Paisley sich selbst getötet hatte. Entgegen allen physischen Anhaltspunkten und gegen jede Logik stellte die Polizei fest, daß Paisley sich zwei 8 ½ kg schwere Gewichte anlegte, von der *Brillig* sprang und sich während des Sprungs in den Kopf schoß.

Was gegen diese Theorie spricht, ist zunächst einmal die Tatsache, daß auf der *Brillig* keine Spuren von Hirngewebe gefunden wurden. Paisley trug weite Shorts, als er an jenem Morgen zum Segeln ging. Da er nicht gerade ein modebewußter Mann war, erscheint es unwahrscheinlich, daß er sich, nur um sich zu erschießen, modische Jeans mit Reißverschlußtaschen anziehen würde, wie man sie an der Leiche gefunden hatte. Die Polizei gab zu, daß ihre Theorie nicht ohne gewisse Probleme sei. Aber sie interpretierte die Tatsache, daß Paisley kurz vor seinem Verschwinden einen Tauchergurt gekauft hatte, den er eigentlich nicht brauchte, als Indiz für seine Absicht, sich umzubringen und seine Leiche auf merkwürdige Art zu entsorgen.

Hatte die Staatspolizei von Maryland den Fall auf politischen Druck hin als Selbstmord ausgelegt? Dieses Gerücht haftete dem Fall noch jahrelang an. Die kürzlich veröffentlichten Untersuchungsberichte der Staatspolizei von Maryland zeigen, warum an diesen Gerüchten etwas Wahres war. Eines der Schlüsselindizien, die die Polizei für den Selbstmord angeführt hatte, war der Erwerb des schon erwähnten zweiten Tauchergurtes in einem Sporttauchergeschäft. Die Polizei führte als Zeugen dafür Dr. K. Wayne Smith an. Sie verweist auf ein Gespräch, das sie am 10. Oktober 1978 um 15.30 Uhr bei Coopers & Lybrand mit Smith geführt habe, und berichtet:»In der Firma unterrichtete uns Dr. Smith davon, daß er Informationen habe, wonach Paisley in der Nationalen Taucherzentrale in der Wisconsin Avenue Nr. 4932 Taucherbedarf gekauft habe. Mit dieser Information gingen die Beamten zu dem Tauchergeschäft.«

Aber Dr. Smith weist es weit von sich, der Polizei jemals eine solche Information gegeben zu haben.»Das ist nicht wahr. Ich habe keine Ahnung, wo er seinen Taucherbedarf gekauft hat. Ich kann das nicht gesagt haben, weil ich es gar nicht weiß.«[27] Die Selbstmordtheorie der Staatspolizei von Maryland fußt jedoch größtenteils auf dem Kauf des zusätzlichen Tauchergurtes.

Tatsächlich existiert jedoch kein eindeutiger Beweis dafür, daß Paisley den Gurt gekauft hat. Die Nationale Taucherzentrale legte einen Barkaufbeleg vor, von dem die Polizei behauptete, dies sei das Dokument, welches den Kauf des Gurts durch Paisley schlüssig beweise. Aber Paisley kaufte seine Ausrüstungsgegenstände in aller Regel per Kreditkarte. Auch Betty Myers wurde als Zeugin für die Information über die Tauchergewichte zitiert. Aber sie hatte der Polizei lediglich mitgeteilt, daß Paisleys Regelventil kaputtgegangen und daß er zum Taucherladen gefahren war, um ein neues zu kaufen. Auf dem Kassenzettel, den die Staatspolizei von Maryland aufgetrieben hat, findet sich jedoch nichts, das auf den Kauf eines Regelventils hinwiese. Der seltsamste Aspekt an diesem Kassenzettel ist aber wohl die Tatsache, daß das Datum geändert wurde. Aus dem 9. 8. 1978 wurde der 8. 9. 1978 gemacht.[28]

Ein genauso wahrscheinliches Szenario wie das der Staatspolizei von Maryland wäre die Vorstellung, daß Paisley sich mit seinem sowjetischen Agentenführer getroffen hat. Dieser hatte den Auftrag erhalten, Paisley zu töten, weil die Sowjets festgestellt hatten, daß Paisley nunmehr in Verdacht geraten war. Paisley wußte sehr wohl, was mit ihm passieren würde, wenn seine tatsächliche Rolle ans Licht käme. Die verlorene Brieftasche, die Telefonanrufe bei einem Reporter des *Washington Star*, der von der Agency als Informant benutzt wurde, und die Diskussionen darüber, daß Paisley wieder zur Handelsmarine zurückwollte, all das hätte die Polizei in ihre Untersuchung einbeziehen müssen. Sie tat dies jedoch nicht. Die Vorstellung, daß Paisley in der Tat keine andere Möglichkeit hatte, als seinerseits seinen Agentenführer umzubringen und zu fliehen, erscheint genauso sinnvoll wie die Selbstmordtheorie.

Als Maryann ihren Kampf gegen die CIA begann, um sie zu zwingen, ihr zu sagen, was John wirklich getan hatte, passierten ihr plötzlich seltsame Dinge.

Als sie Mitte Januar 1980 spät nach Hause kam, merkte sie, daß jemand an Johns Funkgeräten und seiner Taucherausrüstung gewesen sein mußte. Sie hatte den Einbruch bis dahin nicht bemerkt, weil sie die Taucher- und Funkausrüstung ihres Mannes in Räumen aufbewahrte, in denen sie sich normalerweise nicht aufhielt. Sie glaubte jedoch, daß der Einbruch um den Freitag herum verübt worden sein mußte, während sie bei der Arbeit war.

»Ich fand Johns Taucherflaschen so vor, daß man darüber steigen mußte, und sowohl ich als auch mein Sohn wissen, daß wir sie in einen Werkstattraum neben der Waschküche geräumt hatten. Ich hatte alle Funkgeräte in Schachteln aufgeräumt. Kurz zuvor hatte ich eine Aufstellung davon gemacht und sie schätzen lassen, um sie möglicherweise zu verkaufen. Ich fand ein Radio Marke Atlas auf der Werkbank, und darauf lag ein Gurt.«[29]

Später behauptete ihr Rechtsanwalt Bud Fensterwald: »Das war ein offensichtlicher Versuch der CIA, ihr Angst einzujagen.« Aber die CIA wies Fensterwalds Anschuldigung weit von sich. Maryann Paisley äußerte damals die Ansicht, es sei »fraglos beabsichtigt gewesen, daß ich sehen sollte, daß in das Haus eingebrochen worden war«. Sie sagte, es habe nichts gefehlt, und sie habe das Gefühl gehabt, die ganze Woche beschattet worden zu sein.

Etwa um dieselbe Zeit aßen Bud Fensterwald, Frau Paisley und ein Reporter der *Washington Post* namens Tim Robinson in einem Restaurant in der Washingtoner Innenstadt zu Mittag. Wie Fensterwald sich erinnert, verfolgte »das Paar, das am Nachbartisch saß, offensichtlich unser Gespräch. Später sah ich den Mann vor meinem Bürogebäude warten«. Robinson bestätigte den Vorfall und sagte: »Jemand folgte uns ganz ohne Zweifel, und man schien zu wollen, daß wir es merkten.«

Maryanns Probleme beschränkten sich nicht auf die CIA. Zwei Versicherungsgesellschaften, bei denen John Paisley Lebensversicherungen abgeschlossen hatte, weigerten sich anfangs, diese auszuzahlen, da sie, wie Maryann, die Tatsache nicht akzeptieren wollten, daß Paisley tot war. Sowohl bei der Mutual Life Insurance Company of New York als auch bei der Mutual of Omaha hatte Paisley sich für jeweils 100 000 Dollar versichert, und beide Gesellschaften verweigerten monatelang die Zahlung. Schließlich arrangierten sie sich mit Frau Paisley. Eine dritte Versicherung jedoch, die Travelers Insurance Company, war dazu nicht bereit. Frau Paisley klagte gegen die Travelers. Ihr Rechtsanwalt Bud Fensterwald nutzte die Verhandlung, um eine ganze Truppe von Zeugen aufmarschieren zu lassen, die dann unter Eid alles sagten, was sie über Paisley wußten.[30]

Ende April 1980 erhielt Maryann Paisley einen Brief von Birch Bayh, dem Senator von Indiana, in dem stand, der Geheimdienstausschuß des Senats habe keinen Beweis für einen Landesverrat Paisleys finden können. Bayh teilte Mrs. Paisley darüber hinaus mit, der Ausschußbericht könne aufgrund der äußerst geheimen Arbeiten, die John bei der CIA gemacht hatte, nicht veröffentlicht werden. Nach Aussage eines der Mitglieder des Ausschusses war »der einzige Grund, weshalb [dieser Bericht] für geheim erklärt wurde, der unbedingte Wunsch der CIA, ein paar Personalakten nicht öffentlich bekannt werden zu lassen. . . . Aber in dem Bericht selbst gab es nichts [was wirklich geheim war]«. Der juristische Beistand des Geheimdienstausschusses, Michael Epstein, der die Untersuchung leitete, äußerte sich offener: »Aller Wahrscheinlichkeit nach werden wir nie herausfinden, was hinter der Sache steckt. Sie ist rätselhaft. Wir hatten nicht die Mittel, sie wirklich zu untersuchen.«[31]

Die dürftigen Informationen über ihren Mann, die Maryann von der CIA erhielt, waren eigentümlich irreführend. Während die CIA öffentlich behauptete, John Paisley sei nie im Ostblock gewesen, befanden sich unter den Dokumenten, zu deren Herausgabe sie die CIA in einem teuren Gerichtsverfahren zwang, Reisepapiere, aus denen hervorging, daß Paisley in Osteuropa war. Noch eigentümlicher war die Tatsache, daß Unterlagen über wichtige Reisen, wie zum Beispiel in den Iran und den Irak, fehlten.

Paisleys Freunde haben keine einfache Antwort auf die Frage nach seinem Ende parat. Manche, wie zum Beispiel Norman Wilson, Leonard Parkinson und Betty Myers, verfechten die Selbstmordhypothese. Viele andere jedoch, wie Clarence Baier, Gladys Fishel und Sam Wilson, sind sich da nicht so sicher. Gladys Fishel glaubt, daß Paisley »ein Agent der Gegenseite gewesen sein könnte. ... Es ist schwer zu glauben, daß jemand so weit gehen würde, ... alle Brücken derart gründlich hinter sich abzureißen.« Betty Myers fand es komisch, daß die Kassetten fehlten, die Maryann von Johns Mutter vor deren Tod hatte besprechen lassen. Wie sie sagt, wurde sie von den Paisleys nach diesen Bändern gefragt. »Maryann rief mich an ... und fragte mich, wo die Bänder seien, und ich sagte: ›Ich habe nicht die leiseste Ahnung. Vielleicht am Grund der Bay, zusammen mit der Pistole und allem anderen‹, weil ich mir das vorstellen konnte, daß er in einem Anfall von Wut und Enttäuschung einen Haufen Sachen einfach so hinausgeworfen hat.«

Hinweise auf mögliche Hintergründe für John Paisleys mysteriöses Verschwinden fanden sich überall: die Information, daß er nach Auslandsjobs bei der Handelsmarine gesucht hatte; die verlorene Brieftasche; die Vermutung, daß er von jemandem aus der CIA vor einer bevorstehenden neuen Sicherheitsüberprüfung gewarnt wurde; die obskuren Telefondrohungen gegen einen namentlich nicht spezifizierten CIA-Mitarbeiter, die kurz vor Paisleys Verschwinden eingingen, die Tatsache, daß diese Anrufe ausgerechnet bei einer Zeitung eingingen, die zuvor schon von Tips der CIA profitiert hatte, und die Tatsache, daß dort ein professioneller Informant der CIA den Anruf entgegennahm; Paisleys Plan, die *Brillig* zu verkaufen oder zu vermieten; die fehlenden Tonbänder mit den Aufnahmen von seiner Mutter.

Das einzige, was feststeht, ist die Tatsache, daß die CIA mit Unterstützung des FBI die Untersuchung des Falles Paisley verpfuscht hat. Der Geheimdienstausschuß des Senats bescheinigte Paisleys Patriotismus, ohne von den Ungereimtheiten seines politischen Vorlebens erfahren zu haben und ohne davon zu wissen, daß man ihn einen Monat vor seinem Verschwinden noch als sowjetischen Maulwurf innerhalb der CIA verdächtigt hatte.

In der Angelegenheit Paisley hängt ein noch größerer Schatten über der nationalen Sicherheit der Vereinigten Staaten: die Möglichkeit, daß jemand ihm zutrug, daß Verdacht gegen ihn bestand und eine neue Sicherheitsüberprüfung geplant war. Was sonst hätte ihn veranlassen können, diese ganze Ereigniskette in Gang zu setzen? Für den in Spionageabwehr geschulten Kopf kann die Schlußfolgerung nur lauten, daß Paisley mit jemandem innerhalb der CIA zusammengearbeitet haben muß.

Den vielleicht erstaunlichsten Teilaspekt des Falles Paisley stellten jedoch die mysteriösen Postkarten dar.

Nach Johns Verschwinden und dem Tode von Clara Paisley versuchten Katherine und Pat Lenahan, sich nach dem traurigen Jahr 1978 etwas aufzumuntern, und so besuchten sie Anfang Januar 1979 Verwandte in Arizona. Einige Wochen nach ihrer Heimkehr kam eine Postkarte an, die in Valparaiso (Chile) abgestempelt war. Der Text lautete: »Wie geht es allen, wie geht es der Familie? Hoffentlich sehen wir uns mal.« Unterschrieben war sie mit »Sandy«.

Die Lenahans versuchten sich zu erinnern, ob sie je eine oder einen Sandy kennengelernt hatten, sie kamen aber schließlich zu dem Schluß, daß dies nicht der Fall war. Der einzige Sandy, an den sie sich erinnern konnten, war ein enger Freund Johns, der auf einem Flug nach Sri Lanka verschollen war.

Von nun an kamen derartige Karten etwa einmal im Monat. Zögernd begann Katherine zu glauben, daß zwischen den Karten und John ein Zusammenhang bestand. Als sie eines Nachts mit Maryann telefonierte, sagte Maryann, sie sei überzeugt, daß John jemandem von der Familie Zeichen geben würde, wenn er noch am Leben wäre. Katherine fielen die Postkarten ein, und sie erzählte Maryann davon und sagte: »Vielleicht schickt er mir Postkarten. ... Ich bekomme so seltsame Postkarten.« John Paisley hatte sehr gerne Postkarten verschickt.

Maryann bat Katherine, ihr die Karten zu schicken; darunter befand sich eine mit einem Gedicht, das von Seeleuten handelte. Es war eines der Lieblingsgedichte John Paisleys; die Schrift glich allerdings nicht der ihres Bruders. Auf einer Postkarte stand eine Zeile über einen Sonnenuntergang. Da Katherine die mögliche Bedeutung der Karten nicht gleich erkannt hatte, hatte sie nur zwei oder fünf oder sechs Karten aufbewahrt, die sie erhalten hatte. Sie schickte sie an Maryann, die sie an Bud Fensterwald weitergab. Später erzählte Maryann Kay Lenahan, die Postkarten seien aus Fensterwalds Büro gestohlen worden. Nach ihrem Telefongespräch kamen keine weiteren Karten mehr.

Kapitel 9

Schadrin: Die Flucht

POLITISCHES ASYL FÜR
RUSSEN UND POLIN

STOCKHOLM (Schweden), 25. Juni 1959 (Reuter). Ein Kapitän der sowjetischen Marine und eine zweiundzwanzigjährige polnische Medizinstudentin, die diesen Monat in einer Barkasse vom polnischen Ostseehafen Gdingen nach Schweden geflohen sind, haben, wie die Einwanderungsbehörde heute mitteilte, in Schweden politisches Asyl erhalten.[1]

So nahm die Geschichte von Nick Schadrin ihren Anfang. In den sechzehn Jahren, die er im Westen zubrachte, nahm der Mann, der zuvor Nikolai Fjodorowitsch Artamonow geheißen hatte, die Herzen und die Phantasie vieler politischer Insider von Washington gefangen. Nach seinem Verschwinden an Weihnachten 1975 in Wien wurde er zur Legende. Anfänglich wußte nur das amtliche Washington um das Geheimnis, während die Öffentlichkeit über ein Jahr lang nichts von seinem Verschwinden erfuhr. Dann hieß es offiziell, die Sowjets hätten Nick Schadrin entführt. In einem 1981 veröffentlichten Buch wurde die Behauptung aufgestellt, Schadrin sei Doppelagent gewesen und habe für das FBI gearbeitet.[2]

1985 erhielt Ewa Schadrin in ihrem Ziegelsteinhaus in McLean (Virginia) Besuch von zwei FBI-Beamten. In den ersten einenhalb Jahren nach Nicks Verschwinden hatten Frau Schadrin und ihr Anwalt Richard Copaken scheibchenweise Teile der Wahrheit herausgekitzelt. Dann jedoch hatten FBI und CIA die Schotten dichtgemacht. Jetzt, sieben Jahre später, überbrachten die beiden FBI-Beamten ihr eine Nachricht, die von dem sowjetischen Überläufer Vitali Sergejewitsch Jurtschenko stammte: Ihr Mann, so erfuhr Frau Schadrin, sei tot.[3]

Für Ewa Schadrin war dies das Ende eines langen Alptraums. Der Mann, in den sie sich vor fast dreißig Jahren verliebt hatte, der Mann, der sie in einer fürchterlichen Nacht in einem kleinen Boot in den Westen gebracht hatte, war nach offizieller Erkenntnis nicht mehr am Leben. Wer hätte an der Wahrheit der Mitteilung des Überläufers zweifeln sollen? Die FBI-Leute versicherten ihr, sie verfügten über Bestätigungen für die Geschichte Jurtschenkos aus anderen Quellen. Und Jurtschenko war schließlich von CIA-Direktor William Casey persönlich überprüft und für glaubwürdig befunden worden.

Drei Monate später setzte sich Jurtschenko plötzlich wieder in die Sowjetunion ab. Aber vorher fand er noch Zeit, zu behaupten, CIA-Mitarbeiter hätten ihn »gezwungen, jene Geschichte zu erzählen, der zufolge Schadrin vom KGB entführt worden und bei der Fahrt von Wien auf die andere Seite des Eisernen Vorhangs durch einen Unfall umgekommen sei. Wieder einmal sah Ewa Schadrin sich in einem Meer von Lügen treiben, aufgetischt vor allem von der Regierung des Landes, in dem sie Asyl gesucht und gefunden hatte.

Im März 1958 erhielt Kapitän Nikolai Fjodorowitsch Artamonow ein neues Kommando in der sowjetischen Kriegsmarine zugewiesen. Er erhielt von Admiral Gorschkow, der sein Schwiegervater war, das Kommando über ein aus zwei Zerstörern bestehendes Geschwader und den Auftrag, den Verkauf und die Übergabe der Schiffe an die indonesische Marine abzuwickeln. Das Ganze spielte sich im Rahmen eines militärischen Kooperationsvertrags zwischen der Sowjetunion und dem indonesischen Staatspräsidenten Sukarno ab. Bei den beiden Zerstörern handelte es sich um sowjetische Uraltschiffe der Korvettenklasse, die ursprünglich Mitte der 20er Jahre im Auftrag der Weimarer Republik gebaut worden waren und die die Sowjetunion später als Teil der im Zweiten Weltkrieg für sie abgefallenen Beute an sich genommen hatte. Zu den beiden von Artamonow kommandierten Korvetten gesellten sich noch ein dieselgetriebenes U-Boot aus Vorweltkriegszeiten sowie diverse Schlepp- und Hilfsboote. Zusammen firmierten diese Schiffe und Boote als Flotillenkommando.

Das Geschwader schleppte sich von Leningrad, dem Hauptstützpunkt der sowjetischen Ostseeflotte, nach Kaliningrad, wo in einer Reparaturwerft der Sowjetmarine Wartungs- und Ausbesserungsarbeiten vorgenommen werden mußten, ehe die Reise über die ruhige Danziger Bucht zum polnischen Flottenstützpunkt Gdingen weitergehen konnte. Die Fahrt verlief ohne Vorkommnisse.

In Polen angekommen, mußte Artamonow rasch feststellen, daß es schwieriger war als erwartet, den wartenden indonesischen Offizieren etwas über den Aufbau und die Führung einer Flotte beizubringen. Es blieb ihm nicht verborgen, daß die Indonesier nicht sonderlich darauf brannten, den Umgang mit den Schiffen zu erlernen. Schlimmer noch war, daß im Polen des Jahres 1958 uniformierte Sowjets jeder Rangstufe nicht beliebt waren.

Jadwiga Gora traute ihren Ohren nicht, als ihre scheue einundzwanzigjährige Tochter ihr eröffnete, daß sie ein Verhältnis mit einem Kapitän der sowjetischen Flotte hatte, der in Gdingen indonesische Seeleute ausbildete.

Ewa Gora konnte sich nicht überwinden, ihrer Mutter zu sagen, daß Artamonow ein verheirateter Mann war. Sie verriet ihr nicht mehr, als daß sie sich bei einem Tanzabend Hals über Kopf in den Kapitän verliebt hatte.[4] Miteinander bekannt gemacht wurden Nikolai und Ewa von dem polnischen Marinekommandeur Janusz Kunde, der mit einer von Ewas besten Freundinnen verheiratet war. Kunde war offiziell Verbindungsoffizier, im »Hauptberuf« aber Chef des Gdingener Büros der Sluzba Bezpieczenstwa (SB), der polnischen Ausgabe des KGB.

Daß Ewa Gefallen an Artamonow fand, war verständlich. Artamonow sah aus wie ein Filmstar. Sein volles dunkles Haar mit dem spitzen V-Ansatz umrahmte ein wohlproportioniertes Gesicht. Seine Körpergröße wird offiziell mit 1,88 Meter angegeben, doch sagt Ewa, er sei größer gewesen. Er war nach allen Beschreibungen ein Mann von imposanter Statur und gehörte zu den Menschen, die mit ihrem Charme und ihrer Intelligenz fast jeden zu bezaubern vermögen. Wenn er einen Raum betrat, wurden die Frauen aufmerksam.

Daß Artamonow ein Auge auf Ewa geworfen hatte, war eindeutig. Sie erinnert sich, daß Artamonow nur kurz verweilte:»Er blieb bloß für zwei Tänze, und beide Male forderte er mich auf.«[5] Trotz seines Engagements zeigte sie sich anfänglich nicht übermäßig an ihm interessiert.

Ihre Beziehung bekam erst Flügel, als Ewas Freunde ihr verrieten, Artamonow habe, als er erfuhr, daß sie zu einer bestimmten Geburtstagsfeier im Dezember kommen würde, extra einen Jagdausflug abgesagt. Ihre Verliebtheit in»Nick«blitzte ihr auch noch dreißig Jahre später aus den Augen, als sie erzählte, wie er sie nach dieser Party nach Hause brachte.

Artamonow hatte mit der alltäglichen Ausbildung der Indonesier wenig zu tun. Deshalb verbrachten Artamonow und Ewa immer mehr Zeit miteinander. Ewa, die sich in ihrem kurzen und behüteten Leben noch nie so starker männlicher Zuwendung erfreut hatte, wurde die Geliebte des Russen.

Im allgemeinen werden solche Beziehungen nicht zugelassen. Das polnische Marinepersonal war zwar gehalten, die»Kameraden« von der sowjetischen Flotte mit Respekt zu behandeln, aber menschliche Beziehungen zwischen den Sowjets und ortsansässigen Polen waren nicht erwünscht. Jeder Versuch eines sowjetischen Seemanns, dem»Fraternisierungsverbot«zuwiderzuhandeln, zog fast automatisch eine Disziplinarstrafe nach sich.[6]

Es gab für Artamonow so wenig zu tun – sowohl offiziell, im Umgang mit seinen indonesischen»Kunden«, als auch inoffiziell im für ihn fremden und unwirtlichen Gdingen –, daß seine Beziehung zu Ewa einen großen Teil seiner Aufmerksamkeit in Anspruch nahm. So wenig mochte er seine Ewa missen, daß er sich eine besondere Telefonleitung von seiner Kajüte auf dem Schiff in Ewas Zimmer schalten ließ.[7] Diese Sonderleitung umging die schiffseigene Telefonzentrale wie auch das Vermittlungsamt in Gdingen. Nach Ansicht amerikanischer Geheimdienstleute ist die Wahrscheinlichkeit groß, daß die Leitung von der GRU, vom KGB oder vom polnischen Geheimdienst angezapft war. Auf jeden Fall sprachen Ewa und Nick über dieses Telefon oft stundenlang miteinander.

Es dauerte nicht lange, und Artamonow machte Ewa einen Heiratsantrag. Wie sie in der Rückerinnerung an diesen ersten Antrag sagte, war es »im März. Er glaubte, daß wir uns vielleicht um eine Heiratserlaubnis bemühen sollten und dann zusammen in die Sowjetunion gehen. Und da sagte ich: ›Ich könnte nie in die Sowjetunion gehen. ... Nein, nein, nein. ... Ich werde nie in der Sowjetunion leben.‹«[8]

Seinen zweiten Heiratsantrag machte Artamonow ihr am 19. Mai, seinem Geburtstag, auf dem Rücksitz der ihnen von der polnischen Marine gestellten Limousine auf der Fahrt zu einem Abendessen in Zoppot. Dieses Mal lautete sein Angebot jedoch, aus Gdingen in den Westen zu fliehen und dort politisches Asyl zu beantragen. »Ich war schockiert«, erinnert sich Ewa. »Da er eine so hohe Stellung und eine so glänzende Zukunft hatte, hätte ich nie gedacht, daß er etwas Derartiges auch nur in Erwägung ziehen würde. Aber er sagte, es würde ihn einfach nicht glücklich machen, alle diese Dinge ohne mich zu erreichen. ... Ich sagte, ich würde mit ihm gehen. Hätte ich jedoch nein gesagt, dann hätte er diesen Schritt niemals getan. Er bat mich darum, ihm 24 Stunden vorher Bescheid zu sagen, damit er das Boot vorbereiten konnte.«

Ewa machte sich in dieser ersten Zeit keinerlei ernsthafte Hoffnungen über die Zukunft ihrer Beziehung zu Artamonow. Zu viele Dinge schienen ihrem Glück im Wege zu stehen. Jetzt aber hatte Artamonow ihr seine Bereitschaft eröffnet, seine scheinbar unbegrenzten Zukunftschancen in der Sowjetunion in den Wind zu schlagen und statt dessen mit ihr in den Westen zu fliehen und ein neues Leben zu beginnen. Sie konnte kaum glauben, daß dieser Mann, der so viel Macht und Prestige besaß, für sie ein derartiges Opfer zu bringen bereit war. Sie wußte um die Risiken: Würden sie bei ihrem Fluchtversuch ertappt, so mußten sie beide mit schwerer Bestrafung rechnen. Nick lehnte es ab, mit ihr über irgendwelche Details seines Fluchtplans zu sprechen. Er ließ ihr nur einen Tag Zeit, sich für oder gegen seinen Antrag zu entscheiden. Sie dachte an das verhältnismäßig bequeme und gesicherte Dasein in Polen, von dem sie würde Abschied nehmen müssen.

Dann stellte sie zum Vergleich das dagegen, was er aufgeben würde; es schien unendlich mehr zu sein. Schließlich erklärte er sich bereit, zu warten, bis sie ihr zahnmedizinisches Diplom erworben hatte; dieses Zugeständnis genügte, um ihre Bedenken zu überwinden.

Vom Ja seiner Geliebten ermuntert, begann Artamonow den Plan für ihre gemeinsame Flucht in die Tat umzusetzen. In seiner Funktion als Schiffskapitän inspizierte er die Barkasse und die übrigen Gerätschaften, die sie für die Überfahrt von Gdingen nach Schweden, dem von ihm anvisierten Ziel, brauchen würden. Sein Verhalten deckte sich mit seinen dienstlichen Aufgaben und erregte daher keinen Argwohn.

Artamonow mußte nicht nur die 22-Fuß-Barkasse, mit der er und Ewa auf »große Flucht« gehen wollten, in Schuß bringen, sondern auch den Kurs vom Gdingener Hafen zum anvisierten Zielort auf der Insel Öland vor der Südostküste Schwedens abstecken. Es war eine Strecke von rund 115 Seemeilen Länge. Die Barkasse würde auf offenem Meer eine Geschwindigkeit von sieben bis neun Knoten erreichen.

Artamonow eruierte aufgrund von Fahrplänen und Anmeldungen, mit welchen Bewegungen polnischer und anderer Schiffe in der Nacht ihrer Flucht in diesem Teil der Ostsee zu rechnen war. Der Termin, für den sie sich entschieden hatten, war Samstag, der 6. Juni. Kapitän Artamonow führte alle erdenklichen Berechnungen durch, um einen erfolgreichen Ausgang des Fluchtunternehmens sicherzustellen. Nichts blieb dem Zufall überlassen. Allein, in letzter Minute, als schon alles bereit schien, ereignete sich etwas, das seinen Plan über den Haufen zu werfen drohte: Zu Ehren des kommandierenden Offiziers des polnischen Marinestützpunkts Gdingen sollte ausgerechnet am Samstag, dem 6. Juni 1959, dem geplanten Fluchttag, ein Fest veranstaltet werden. Das warf Probleme auf; sowohl Ewa als auch Artamonow mußten sich auf einem solchen Fest sehen lassen. Ihr Fehlen hätte bei den sowjetischen und polnischen Sicherheitsleuten die Alarmglocken schrillen lassen. Artamonow verschob ihr Fluchtunternehmen um einen Tag.

Noch von einer anderen Seite her stellte die 24stündige Verzögerung den Erfolg des Unternehmens in Frage: Das Wetter und damit auch der Seegang drohten sich ungünstig zu entwickeln, ein Aspekt, den Artamonow nicht einkalkuliert hatte. Das für Sonntag abend vorausgesagte Wetter ließ sich bestenfalls als mittelprächtig bezeichnen, aber Artamonow traute sich zu, die Überfahrt zu schaffen. Die Umstände, unter denen das Fluchtabenteuer vonstatten ging, waren später für die CIA und die US-Marine mit ein maßgeblicher Grund dafür, Artamonow als echten Seemann anzuerkennen, anstatt ihn als einen auf diese Rolle gedrillten Scheinüberläufer zu verdächtigen.

Der erste Teil der Flucht verlief wie geplant. Ein junger Bootsmann der Sowjetmarine, Ilja Aleksandrowitsch Popow, holte Ewa und Kapitän Artamonow an einer Anlegestelle unweit des Ankerplatzes ab. Popow ging davon aus, daß die beiden eine nächtliche Angelpartie vorhatten, und da es nicht die erste war, schöpfte er keinen Verdacht. Artamonow wies ihn an, Kurs auf die Spitze der Halbinsel Hel zu nehmen, und ging sodann mit Ewa unter Deck. Es war ungefähr 20 Uhr, als sie ablegten. Auf dieser ersten Etappe ihrer Reise hatten sie gutes Wetter.

Um 22.00 Uhr näherte sich die Barkasse dem vermeintlichen Angelrevier nahe der Ostspitze der Halbinsel Hel, die durch Markierungsbojen und andere Navigationshilfen beleuchtet war. Als die Barkasse gegen 23.00 Uhr die Spitze der Halbinsel passierte, kam Artamonow herauf und forderte Popow auf, unter Deck zu gehen und sich aus dem Picknickkorb, der auf Anweisung des Kapitäns an Bord der Barkasse geschafft worden war, etwas zum Essen zu nehmen.

Mit Artamonow am Steuer schipperte die kleine Barkasse auf ihrem planmäßigen Anfangskurs von 320 Grad der rauhen offenen Ostsee entgegen.

Eigentlich hätte die Überfahrt nur siebzehn Stunden dauern sollen. Popow, der nun schon einige Stunden unter Deck ausharrte, mußte wohl glauben, sie seien durch den Sturm vom Kurs abgetrieben worden. Artamonow tat ein übriges, um diesen Eindruck zu verstärken, indem er Popow an Deck rief und ihn bat, ihm bei der Identifizierung der Küstenlichter zu helfen. Artamonow lenkte die kleine Barkasse den friedlicheren Gewässern des Kalmar-

Sundes entgegen, des Meeresarms zwischen der langgestreckten Insel Öland und dem schwedischen Festland. Sie hielten nördlichen Kurs, als Artamonow das schwedische Fischerdorf Färjestaden erspähte und Popow befahl, an einer hölzernen, weit ins Meer hineinragenden Pier anzulegen. Artamonow glaubte an der Pier einen Anlegeplatz für ein Motor-Fährschiff zu erkennen. Es war jetzt fast 24 Stunden her, daß sie zu ihrer »Angelpartie« aufgebrochen waren.

Artamonow, Ewa und Popow waren erschöpft. Im Westen, vom Festland her, funkelten die Lichter von Kalmar, während die Schatten über dem Kalmar-Sund länger wurden. Kaum war die Barkasse festgemacht, als einige Bewohner von Färjestaden herauskamen, um die Fremden in Augenschein zu nehmen. Artamonow öffnete zur Begrüßung eine Flasche Cognac.

In Gdingen hatte das Fehlen Artamonows unterdessen noch keinen Alarm ausgelöst. Derselbe Sturm, mit dem die Flüchtenden sich hatten herumschlagen müssen, hatte in Gdingen den Hafenbetrieb bis weit in den Montag, den 8. Juni, hinein lahmgelegt. Man nahm dort an, Artamonow habe sich irgendwo auf der Windschattenseite der Halbinsel Hel ein sicheres Plätzchen gesucht und werde, wenn nicht im Laufe des Montags, dann spätestens am Dienstag zurückkehren. Somit hatte er jene Frist bis zur Entdeckung seiner Flucht zurückgewonnen, die in seinen ursprünglichen Plan eingebaut gewesen war. Es war ein günstiges Vorzeichen für die psychologisch schwierigere Phase ihrer Odyssee, die ihnen jetzt bevorstand.

Die Leute von Färjestaden waren höchst gastfreundlich. Es gab unter ihnen einen oder zwei, die ein wenig Russisch konnten, nicht genug freilich, um eine sinnvolle Unterhaltung zu führen. Aber der Charme Artamonows und sein Cognac machten die verbalen Verständnisschwierigkeiten ein Stück weit wett. Ohne sich um die Sprachbarriere zu kümmern, fütterten und umsorgten die Dorfbewohner ihre Besucher.

Am nächsten Morgen lief die »finnische« Fähre in aller Frühe zu ihrem ersten Besuch auf der Insel ein. Der Kapitän und Besitzer der Fähre, ein Finne, der Russisch konnte, lud Kapitän Artamonow und seine »Mannschaft« ein, mit ihm zum schwedischen

Festland hinüberzufahren. Er versprach dem russischen Kapitän, einen Freund anzurufen, der in Stockholm bei der schwedischen Marine arbeitete; dieser werde dann nach Kalmar kommen und den »Gestrandeten« weiterhelfen.

Der Finne hielt Wort; allerdings schickte die schwedische Marineverwaltung nicht seinen Freund, sondern einen sehr erfahrenen Seeoffizier namens Sven G. T. Rydström, der sich mit diplomatischen und nachrichtendienstlichen Verwicklungen auskannte. Rydström, der fließend russisch sprach, traf am Dienstag abend in Kalmar ein und zog sofort die Initiative an sich. Artamonow vertraute ihm an, daß er und Ewa vorhätten, um politisches Asyl zu bitten. Diese Mitteilung machte die Angelegenheit für Rydström und, was wichtiger war, für die schwedische Regierung unangenehm und kompliziert. Rydström hielt es für das beste, das internationale Aufsehen, das das Asylbegehren Artamonows sicherlich erregen würde, möglichst hinauszuschieben. Das führte dazu, daß Artamonow, Ewa und Popow in der Nacht von Dienstag auf Mittwoch den Komfort des Stadtgefängnisses von Kalmar in Anspruch nehmen mußten.

Am späten Nachmittag vertraute Fregattenkapitän Rydström den Matrosen Popow zwei untergeordneten sowjetischen Funktionären an, die in Marsch gesetzt worden waren, um die beiden verirrten Seeleute in ihre Obhut zu nehmen. Sehr zur Überraschung der beiden Sowjetbeamten wollte Artamonow von ihnen nichts wissen.

Mit einem ganz und gar eingeschüchterten Popow unter ihren Fittichen fuhren die Sowjets die mehr als 400 Kilometer nach Stockholm zurück. Die beiden Sowjets benachrichtigten vor ihrer Abfahrt nicht ihre Botschaft über das, was ihnen in Kalmar widerfahren war. Wären diese untergeordneten Funktionäre, die man nach Kalmar geschickt hatte, KGB-Männer gewesen, alles wäre vermutlich ganz anders gelaufen. Doch war man bei der Botschaft offenbar zunächst davon ausgegangen, daß es sich um zwei sowjetische Seeleute handelte, die der Sturm in schwedische Gewässer verschlagen hatte.

Gegen Ende der Woche hatte sich die Flucht Artamonows bis Moskau herumgesprochen. Ein KGB-Sicherheitsteam führte nachträgliche Ermittlungen durch, um festzustellen, was vor sich gegangen war und ob Artamonow bei seinem Akt des Hochverrats mit Komplizen zusammengearbeitet hatte. Diese Ermittlungen brachten aber keine Resultate.

Auf Artamonows Schiff und in seiner Kapitänskajüte war alles in vollkommenster Ordnung. Sein ganzer offizieller »Papierkram« – Parteiausweis, interner Reisepaß, Marinepapiere, Soldbuch und Geld – lag griffbereit, und seine Uniformen hingen ordentlich im Spind. Nichts schien zu fehlen, außer einem seiner zivilen Ausgehanzüge. Die KGB-Leute wunderten sich, eine Durchsicht der auf dem Schiff vorhandenen Geheimdokumente ergab, daß keines dieser Papiere fehlte. Dem KGB blieb nichts anderes übrig, als anzunehmen, daß Artamonow aus persönlichen Motiven – sprich: Liebe zu Ewa – weggelaufen war.[9] Diese Theorie war besser als gar keine, aber die Moskauer KGB-Zentrale war damit nicht zufrieden.

Als Admiral Gorschkow von KGB-Chef Aleksandr Nikolajewitsch Scheljepin erfuhr, daß sein Schwiegersohn unter Mitnahme eines der sowjetischen Marine gehörenden Bootes und in Begleitung einer jungen Polin in den Westen übergelaufen war, zeigte er sich bestürzt. Scheljepin, in KGB-Kreisen als »Speichellecker« Chruschtschows bekannt, hatte schon früher Fälle wie diesen als Sprungbrett für seine KGB-Karriere benutzt, aber in diesem Fall gelang es ihm und der Sicherheitsabteilung des KGB nicht, Admiral Gorschkow in irgendeiner Weise mit Artamonows Flucht in Verbindung zu bringen. In Stockholm unternahm die sowjetische Botschaft energische Schritte, um eine Unterredung mit Artamonow herbeizuführen und ihn davon zu überzeugen, daß alles vergeben und vergessen sein würde, wenn er sich zur sofortigen Rückkehr nach Rußland entschloß. Aber Artamonow lehnte dies ebenso ab wie Ewa. Den Schweden wurde alsbald klar, daß diese beiden wenig mit den gewöhnlichen Überläufern gemein hatten, die in der Vergangenheit in Schweden aufgetaucht waren. Um einer peinlichen Konfrontation mit dem KGB vorzubeugen, quartierten die Schweden das Überläuferpärchen in einem »sicheren Haus« in einer Stockholmer Vorstadt ein; dort sollten sie bleiben, bis die Einbürgerungskommission der schwedischen Regierung über ihren Antrag auf politisches Asyl entschieden hatte. In jener Zeit gehörte es noch nicht zu den nicht ganz ausgeschlossenen Dingen, daß der KGB einen Sowjetbürger, der sich abgesetzt und um politisches Asyl gebeten hatte, zu entführen oder zu ermorden versuchte.

Während der Wartezeit unterzogen die schwedischen Marinebehörden Artamonow einem »weichen Verhör« über den Umfang und die Leistungsfähigkeit der sowjetischen U-Boot-Flotte und namentlich über deren Einsätze in schwedischen Gewässern. Fregattenkapitän Rydström pflegte Artamonow und Ewa abzuholen und in einem Wagen des schwedischen Marinegeheimdiensts ins Hauptquartier der schwedischen Marine zu begleiten.[10]

Was Artamonow betraf, so war all die Aufmerksamkeit, die man ihm angedeihen ließ, Balsam für sein Ego; dagegen blieb für Ewa wenig zu tun. Sie war in gewisser Hinsicht die Leidtragende des »interessanten« militärischen Status, den Artamonow besaß. Falls der KGB Entführungs- oder gar Mordpläne schmiedete, mußte sie als ebenso gefährdet gelten wie ihr Partner; somit konnte sie sich kaum Hoffnungen machen, in Stockholm auf Besichtigungstour gehen oder einen Einkaufsbummel unternehmen zu können.

In Moskau erfuhr die Öffentlichkeit nichts von der Flucht Artamonows. Kein Wort darüber erschien in der sowjetischen Presse. Innerhalb der kommunistischen Parteihierarchie, der Nomenklatura, war der Fall Artamonow jedoch Gegenstand mehr oder weniger anzüglicher Gerüchte, die sich im »großen Dorf« Moskau rasch verbreiteten.

Kapitän Artamonow hatte sich bereits entschlossen, nicht in Schweden zu bleiben. Eines Morgens, als er und Ewa sich auf ihre tägliche Fahrt zum Hauptquartier der schwedischen Marine vorbereiteten, wies er sie an, sich ein Taxi zu nehmen, zur amerikanischen Botschaft zu fahren, dort nach jemandem zu fragen, der Russisch konnte, und ihr Interesse an einer Übersiedlung in die USA deutlich zu machen.

Noch im Lauf des Vormittags begab sich Ewa auf die kurze Taxifahrt vom schwedischen Marinehauptquartier zur US-Botschaft im Gebäude Strandvagen 101. Als das Taxi die kreisrunde Zufahrt zum Eingang der US-Botschaft hinauffuhr, empfand Ewa eine gewisse Scheu vor dem imposanten Gebäude. Es war im Stil der modernen schwedischen Architektur der frühen 50er Jahre erbaut, mit viel Glas und kräftiger, gerader Linienführung. Als sie dann den L-förmigen Eingangsbereich der Botschaft betrat, sah sie einen Sicherheitsposten in blauer Marineuniform in einer Art lockerer Habachtstellung hinter einem Lesepult stehen.

Corporal Larson blickte von seinen 1,80 Meter oder mehr Augenhöhe auf die kleine Ewa herab und sagte auf schwedisch:»Guten Morgen. Womit kann ich Ihnen dienen?« Als Ewa einige russische Worte hervorstieß, die Larson nicht verstand, rief er den Stellvertretenden Marineattaché der Botschaft, Fregattenkapitän Anthony Caputo, an und teilte ihm mit, eine Dame, möglicherweise Russin, sei hereingeschneit.

Caputo, ein 28jähriger Veteran des Marine Corps, beherrschte mehrere Sprachen, darunter glücklicherweise auch die russische, die er an der Sprachenschule der US-Marine und während einer besonders»geheimnisvollen« Mission in Moskau erlernt hatte. Er befahl Corporal Larson, an Ort und Stelle zu bleiben; er, Caputo, werde unverzüglich kommen.

Fregattenkapitän Caputo geleitete Ewa in ein an das Eingangsfoyer angrenzende Besprechungszimmer. Froh darüber, jemanden gefunden zu haben, der Russisch verstand, sprudelte sie ihre Geschichte heraus und dachte keinen Augenblick daran, daß sie viel mehr erzählte, als Artamonow ihr aufgetragen hatte.

Was er hörte, war für den Fregattenkapitän nicht ganz neu; seine Kontaktleute vom schwedischen Marinegeheimdienst hatten ihm schon einiges von den Überläufern Artamonow und Ewa erzählt. Es schien so, als ob Artamonow für den Nachrichtendienst der US-Marine ein interessanter Mann sein könne; andererseits erkannte Caputo, daß die beiden Asylbewerber nach den allgemeinen Richtlinien ein Fall für die CIA, und für diese wohl auch wichtiger waren als für die Marine.

Nachdem Kapitän Caputo Ewa eine Tasse Kaffee besorgt hatte, teilte er dem Zweiten Sekretär der Botschaft, Paul Garbler, mit, daß sich im Nebenzimmer des Eingangsfoyers eine potentielle Überläuferin befinde.

In den meisten US-Botschaften herrscht ein nicht gerade herzliches Verhältnis zwischen den Militärattachés und den als Diplomaten getarnten CIA-»Spionen«. In Stockholm war das nicht anders als in anderen Hauptstädten.[11] Aber in diesem Fall klappte die Zusammenarbeit; der Zweite Sekretär Paul Garbler ließ sich nicht zweimal bitten und kam, um Ewa zu befragen.

Garbler war Ewas Eindruck nach ein Hüne, größer noch als Artamonow. Er war ein Diplomat wie aus dem Bilderbuch, mit geschliffenem Äußeren und ebensolchen Umgangsformen. Nur wenige Jahre später sollte James Angleton ihn beschuldigen, ein sowjetischer Agent zu sein, ein Vorwurf, der das Ende seiner CIA-Karriere bedeutete. Er wurde zwar letzten Endes von allen Vorwürfen entlastet, doch ließen sich die verlorenen Jahre nicht wettmachen.[12]

Da Garblers Versetzung schon feststand, übergab er Ewa und den »Fall Artamonow« als ganzen seinem designierten Nachfolger als CIA-Stationschef in Stockholm, Edward G. Goloway.[13] Ewas Zuversicht nahm mit jeder der aufeinanderfolgenden Unterredungen – erst mit Caputo, dann mit Garbler und schließlich mit Goloway – zu. Die Höflichkeit und Großzügigkeit, die man ihr angedeihen ließ, beeindruckten und beruhigten sie. Goloway gab ihr zu verstehen, sie und Artamonow sollten, sobald die schwedische Regierung ihrem Ersuchen auf politisches Asyl zugestimmt hatte, wieder in die US-Botschaft kommen und alles Weitere ihm, Goloway, überlassen.

Artamonow war nach CIA-Maßstäben ein wirklich »heißer« Fall. Fregattenkapitän Caputo sah in der Artamonow-Geschichte kein so heißes Eisen wie seine Kollegen von der CIA. Es gab Richtlinien und Vorsichtsmaßregeln für den Umgang mit Überläufern, geradeso wie für die Behandlung von Kriegsgefangenen. Am wichtigsten war es, solche Leute so gezielt und systematisch zu verhören, daß die erlangten Informationen auf Herz und Nieren geprüft werden konnten.[14]

Die ungefilterten Artamonow-Informationen wurden über den heißen Draht ins CIA-Hauptquartier in Langley übermittelt. Artamonow wurde dabei als NIP eingestuft – als Person, die über Informationen von potentieller »nationaler« Bedeutung (»National Intelligence Potential«) verfügte.[15] Empfänger der »heißen«

Botschaft war Leonard V. McCoy, ein für ein breites Spektrum sowjetischer Themen zuständiger CIA-Sachbearbeiter. Wie McCoy sich erinnert, hatte er erhebliche Befürchtungen, daß die Schweden, um politischen Problemen aus dem Weg zu gehen, Artamonow und Ewa in die Sowjetunion zurückschicken könnten.

Anstatt bei der Behandlung des Falles Artamonow die üblichen Wege zu gehen, wählte McCoy eine Abkürzung. Ohne seinen Vorgesetzten Jack Maury, den Leiter der Sowjetabteilung, zu informieren, ging McCoy direkt zu einem der mächtigsten Männer der CIA. Ohne vorherige Anmeldung begab er sich zum Büro des engsten Mitarbeiters von CIA-Direktor Allen Dulles, James Jesus Angleton. Er wollte Angleton auf die große Gefahr aufmerksam machen, daß dieser wichtige Informationsträger wieder an die Sowjets verlorenging, und daß auf die schwedische Regierung Druck ausgeübt werden müsse, damit sie die Auslieferung des Überläufers an die Vereinigten Staaten garantierte.

McCoy empfand, als er das Büro von James Angleton betrat, mehr als nur eine leichte Beklemmung. Er war ein namenloser Sachbearbeiter, Angleton der Chef der Spionageabwehr. Im Grunde genommen war sein kühner Vorstoß ein schlauer bürokratischer Schachzug, denn Angleton betrachtete Jack Maury, wie McCoy berichtet, als eine Null. Und McCoy lieferte Angleton einen klassischen Hebel, um Maury in einem hochkarätigen Überläuferfall ins Abseits zu manövrieren.

Im Schweden der 50er Jahre lag die Entscheidung über die Gewährung politischen Asyls bei der Einbürgerungskommission, einem staatlichen Gremium, das sehr langsam und bürokratisch agierte, wenn es darum ging, politischen Überläufern Asyl zu gewähren. Zwar hatten die Schweden noch nie jemanden abgewiesen, der in ihrem Land Zuflucht gesucht hatte, und hatten früheren Forderungen der Sowjets (oder auch der Nazis), ihnen geflohene»Untertanen«auszuliefern, nicht nachgegeben, aber sie ließen sich auch nicht gern drängen. Auch wenn diese letztere Erfahrungstatsache gegen den Vorschlag von McCoy sprach, hörte Angleton ihm interessiert zu.

Nachdem McCoy sein Anliegen vorgetragen hatte, forderte Angleton ihn auf, draußen zu warten; er werde währenddessen Direktor Dulles anrufen. Nach einiger Zeit rief Angleton McCoy wieder zu sich und teilte ihm mit, Dulles werde einem Mitarbeiter des schwedischen Premierministers Tage Erlander, einem gewissen Olof Palme, den Wunsch der US-Regierung übermitteln, Artamonow in die USA zu holen.

Für McCoy war dies ein großer Erfolg:»Hier bot sich die Gelegenheit zu einem Geheimdienstcoup von äußerst großer Bedeutung für die Vereinigten Staaten. Was wir bis zu diesem Zeitpunkt [an Informationen] über die sowjetische Marine hatten, war ganz, ganz trivial. Und jetzt tauchte ein Offizier auf, dem wir eine ganze Menge Fragen stellen konnten.« Die wenigen Leute innerhalb der CIA, die sich für die sowjetische Marine interessierten, hungerten nach handfester Information. Was sie bis dato in Erfahrung gebracht hatten, stammte größtenteils von einem früheren Überläufer, der sehr wenig wußte.

Dulles schickte eine Depesche an Olof Palme. Er ersuchte ihn, sich darum zu bemühen, daß die Einbürgerungskommission möglichst schnell über den Asylantrag von Artamonow und Ewa entschied. Mit der Absendung dieser Depesche sorgte Dulles dafür, daß vielerorts rote Lämpchen zu blinken begannen. Die Depesche verriet nämlich, daß Palme in einer»besonderen Beziehung« zur CIA stand, im Klartext: daß er möglicherweise im Sold der Agency stand oder gestanden hatte.[16] Da es den Sowjets gelang, die Depesche abzufangen, kamen auch sie in den Genuß des Wissens um die besagte »besondere Beziehung«. Außerdem wußte der KGB jetzt definitiv, wer sich brennend für den »Verräter« Artamonow interessierte.

Leonard McCoys Vorstoß bei Angleton, durch eine Intervention in Schweden des Überläufers habhaft zu werden, war von Erfolg gekrönt. Er hatte, seine junge Karriere ganz auf die Karte Artamonow setzend und damit volles Risiko eingehend, den mächtigen Spionageabwehrchef Angleton für sein Projekt interessiert und eingespannt. Er hatte darüber hinaus sogar erreicht, daß CIA-Direktor Dulles sich höchstpersönlich engagiert hatte. Damit schien gewährleistet, daß Artamonow in die Vereinigten Staaten kommen würde, vorausgesetzt, er nahm die verbleibenden Hürden einer Durchleuchtung seiner Vita und einer Vorabbefragung. In jedem Fall hatte McCoy erreicht, daß der Direktor der CIA sich für diesen Überläufer interessierte.

Aus welchen Beweggründen auch immer Palme gehandelt und was er unternommen haben mag, Tatsache ist, daß die Einbürgerungskommission sich beeilte, Artamonow und Ewa die Asylberechtigung zuzusprechen. Sobald sie als Asylanten anerkannt waren, konnten sie sich legal und ungehindert an die Stockholmer Botschaft wenden und ein Einreisevisum für die Vereinigten Staaten beantragen.

Die CIA-Zentrale quartierte sie in ein »sicheres Haus« der CIA ein, das erste von vielen Domizilen dieser Art, durch die das Paar im Lauf der folgenden Monate geschleust werden sollte. Man stellte ihnen einige Routinefragen und sorgte im übrigen dafür, daß sie sich wohl und willkommen fühlten.[17]

Weitere Anweisungen aus dem CIA-Hauptquartier ließen nicht lange auf sich warten. Dulles ordnete an, daß Artamonow und Ewa per Geheimflug aus Schweden nach Frankfurt verfrachtet und in der sogenannten Westport-Station, einer Spezialeinrichtung für die Befragung von Überläufern, »verarztet« werden sollten. Die nächste Etappe ihres Abenteuers stand bevor.

Kapitel 10

Schadrin: Westport

Eines Abends saßen wir bei einigen Gläsern Wodka
zusammen, und ich sagte:»Nick, wenn du alles noch
einmal vor dir hättest, würdest du es wieder tun?« Er
blickte mich nur an und schüttelte den Kopf.

Kapitän Thomas Dwyer

Am 1. August 1959 um 21.30 Uhr setzte eine umgebaute, mit dem
Hoheitszeichen des Internationalen Roten Kreuzes versehene
DC-3 zur Landung auf dem Frankfurter Rhein-Main-Flughafen
an. Die Maschine, die »humanitäre medizinische Versorgungsgü-
ter« geladen hatte, setzte sanft auf, rollte aus und folgte, nachdem
sie von der Landebahn abgebogen war, einem Flughafenjeep. Das
Gespann passierte eine Reihe von Hangars kommerzieller Flugge-
sellschaften und kam schließlich vor einem unbeschrifteten Han-
gar zum Stehen, der etwas abgesetzt am südlichen Ende des
Flughafengeländes lag.
Während die Kabinentür der DC-3 aufging, rollte die CIA-eigene
Bodencrew eine mobile Gangway an das Flugzeug und schob
Sicherheitsklötze vor die Räder des Fahrwerks. Es war eine
Mannschaft, die aus »guten Deutschen« bestand, also aus Leuten,
die den Entnazifizierungsprozeß durchlaufen und bestätigt bekommen hatten, daß sie »unbelastet« waren, und die andererseits
über jeden Verdacht kommunistischer Sympathien erhaben waren. Am Fuß der Gangway standen drei Männer. Zwei Mercedes-
Limousinen, jede mit Chauffeur, standen bereit. Es war ein
ruhiger Abend, und es schien, als habe außer den direkt betroffenen CIA-Mitarbeitern niemand etwas von der Ankunft des Flug-
zeugs mitbekommen.

227

Der CIA-»Babysitter« von der Stockholmer Residentur, der den Auftrag hatte, die »humanitären medizinischen Versorgungsgüter« – Kapitän Artamonow und seine Gefährtin Ewa Gora – an die Frankfurter CIA-Niederlassung zu übergeben, spähte neugierig aus der Kabinentür und war erleichtert, als er unten auf dem Asphalt die stämmige Gestalt des Frankfurter Stationschefs erblickte. Die Ankunft der beiden Überläufer war ein Ereignis, bedeutsam genug, um die Anwesenheit des Frankfurter CIA-Stationschefs George Carroll zu rechtfertigen. Die Zeremonie war in etwa dieselbe wie in tausend anderen Fällen, in denen irgendwelche besonders interessanten und prominenten Personen an einem CIA-Stützpunkt in Empfang genommen wurden. Gewöhnlich war es Aufgabe des diensthabenden Beamten, eintreffende VIPs in Empfang zu nehmen, aber in diesem Fall wurde, weil Direktor Dulles sich persönlich für Artamonow und Ewa interessierte, ein besonderes Empfangskomitee aufgeboten.

Zu dieser besonderen Prozedur gehörte auch, daß man dem Hauptquartier in Langley meldete, daß die beiden Überläufer mit allen Ehren im Empfang genommen worden waren und daß man auch bei der weiteren Befragung der beiden mit besonderem Engagement vorgehen werde.

Carroll wußte, daß ihm die CIA-Zentrale von diesem Augenblick an beständig über die Schulter gucken würde. Er wußte auch, daß jeder Fehler, den einer seiner Leute begehen mochte, zur Kenntnis des Direktors – oder des DDR-Geheimdienstes – gelangen würde, noch ehe er selbst davon erfuhr. Der Frankfurter CIA-Stationschef, ein ziemlich abgebrühter Geheimdienstprofi, begriff sogleich, daß die Ankunft von Artamonow und Ewa die ruhigen Gewässer der Frankfurter CIA-Niederlassung möglicherweise in Wallung bringen würde.[2] Zu oft hatten er und der Rest des amerikanischen Geheimdienstkorps in Deutschland gegen die Konkurrenz aus dem Osten den kürzeren gezogen.[1]

Carroll wußte, daß SSD und KGB die Infrastruktur des »Westport«-Programms, das in Frankfurt für die Betreuung von Überläufern eingerichtet worden war, bis ins Detail kannten.[3] Er wußte aber auch, daß sie nichts gegen Artamonow und Ewa unternehmen würden, solange nicht irgendein unvorhersehbarer oder außergewöhnlicher Umstand es ihnen zwingend notwendig erscheinen ließ. Diese Einsicht schöpfte er nicht aus den üblichen nachrichtendienstlichen Quellen, die die CIA sich erschlossen hatte, sondern sie beruhte auf Tips, die er von seinen »Kiebitzen« bekommen hatte, Leuten aus der unpolitischen Frankfurter Schwarzmarkt- und Unterweltszene, die Carroll sich als Spitzel herangezogen hatte und die solche Informationen gegen Bezahlung lieferten.

In seinem ersten Bericht an Dulles ließ Carroll erkennen, daß Artamonow und Ewa seinem Eindruck nach mit den für sie getroffenen Vorkehrungen zufrieden waren. Er rechnete nicht damit, daß im Zusammenhang mit ihrer »Verarztung« in Frankfurt Probleme auftauchen würden. Wie schon aus Stockholm gemeldet, war Artamonow ein nüchterner, aber arroganter Charakter, während Ewa dem Geschehen eher hilflos gegenüberstand, das für sie so etwas wie eine Kombination aus einem Debütantinnenball und einem Besuch in einem Gruselkabinett zu sein schien. Carrolls Überzeugung, es werde im Fall Artamonow keine Probleme geben, speiste sich weitgehend aus seiner Einschätzung, daß es in dieser Sache für die Frankfurter Station keine harten geheimdienstlichen Nüsse zu knacken geben und daß Artamonow und Ewa vermutlich mehr Aufmerksamkeit zuteil würde, als ihnen gebührte.

Drei Tage später sicherte Carroll in seinem Büro im obersten Stock der ehemaligen I. G.-Farben-Hauptverwaltung die »Ausbeute« der ersten Verhörsitzung mit Artamonow und Ewa.[4] Es beschlich ihn ein unbehagliches Gefühl, als er diese Angaben mit denen verglich, die die Stockholmer Station von den Schweden erhalten hatte, aber er beschloß, sich so lange kein Urteil über Artamonow und Ewa zu bilden, bis die Verhörspezialisten mit ihrer Arbeit fertig waren.

Der neue Leiter der Berliner CIA-Station, David E. Murphy, hatte kollegialerweise seinen besten Spionageabwehrmann, George Kisevalter, zur Unterstützung geschickt.[5] Kisevalter gehörte innerhalb der CIA zu den populäreren Figuren. Er war in Kiew geboren, trug den Spitznamen »Teddybär« und war in viele bedeutsame CIA-Operationen eingeweiht. Unter Benutzung eines Alias-Namens suchte Kisevalter Ewa und Artamonow in dem ihnen von der CIA zur Verfügung gestellten Haus auf. Er ging davon aus, daß Artamonow schon kunstgerecht »verarztet« worden war. »Ich brauchte mich nicht so sehr um seine Referenzen zu kümmern, das war nicht meine Aufgabe«, sagte Kisevalter.[6] Seine Aufgabe war es, festzustellen, was Artamonow über sowjetische Geheimdienstoperationen wußte.

Drei aufeinanderfolgende Tage lang quetschte Kisevalter Artamonow drei bis vier Stunden täglich über sowjetische Kommandostrukturen, Geheimdienstorganisationen und über Personen aus. Nach zwei Tagen war er der Meinung, daß Artamonow über beachtliche, aber begrenzte Kenntnisse verfügte. Kapitän Artamonow wußte die Dinge, die ein militärischer Laufbahnoffizier seines Ranges nach Einschätzung Kisevalters wissen mußte, aber »die ganzen Kniffe und Einblicke, die ein ranghoher Offizier des militärischen Nachrichtendienstes normalerweise [kennt], waren ihm kein Begriff«.

»Artamonow erzählte mir, was er wußte, und hielt nichts zurück«, meinte Kisevalter. Die beiden Männer diskutierten über sowjetische Kommandostellen in den westlichen Randregionen des Ostblocks, in denen die Fäden der sowjetischen Geheimdienstoperationen zusammenliefen. Jede dieser Kommandostellen lag einem westlichen Nachbarland gegenüber. Die Sowjets bedienten sich einer eigenwilligen Kommandostruktur, die beinhaltete, daß beispielsweise die Operationen gegen die Bundesrepublik Deutschland nicht von Moskau, sondern von der DDR aus gesteuert wurden.

Der Polygraph ist zwar kein absolut treffsicherer »Lügendetektor«, in den Händen eines fähigen Bedieners aber doch ein nützliches Instrument. Er kann registrieren, welche Fragen emotionsbehaftete Antworten auslösen, und kann damit Hinweise auf lohnende Themenbereiche für eine weitere Befragung liefern. In diesem Sinn kann der Polygraph auch mithelfen, Themenbereiche aufzuspüren, in denen die zu untersuchende Person Dinge zu verschweigen oder zu beschönigen versucht. Paul Bellin, der als einer der begabtesten Polygraphenbediener der CIA galt, erhielt den Auftrag, die »Lügendetektor«-Tests mit Artamonow und

Ewa durchzuführen. Artamonow war der bislang letzte in einer langen Reihe von Überläufern, die er »elektrifizierte«.

Bellin war nicht nur Lügendetektorexperte, sondern konnte sich als einer, der einst selbst aus der Sowjetunion übergelaufen war, sehr gut in die Lage von Artamonow und Ewa versetzen. Dazu kam, daß er dank seiner persönlichen Vertrautheit mit sowjetischen Geheimdienstmethoden eine höchst empfindliche Antenne für die von sowjetischen Scheinüberläufern zur Täuschung ihrer Befrager angewendeten Kniffe besaß.

Die Resultate der ersten Polygraphensitzungen mit Artamanow und Ewa gaben Carroll und Bellin zu denken. Sie legten in einigen Befragungsbereichen ernste Zweifel an den grundlegenden Angaben zur Person nahe, die Artamonow und Ewa gegenüber dem schwedischen Marinegeheimdienst und der Stockholmer CIA-Station gemacht hatten. Da Lügendetektoruntersuchungen an Überläufern in der Anfangsphase erfahrungsgemäß oft unbefriedigende Ergebnisse bringen, bat Carroll Bellin, das Pärchen einem weiteren Test zu unterwerfen. Über diesen Stand der Dinge wurde CIA-Direktor Dulles unterrichtet. Die erste Polygraphensitzung hatte im übrigen nichts erbracht, woraus sich eindeutig hätte schließen lassen, daß Artamonow oder Ewa ihre Befrager in irgendeinem Punkt regelrecht belogen hatten.

Artamonow begann an den Lügendetektortests herumzunörgeln; er sagte seinen Befragern, daß er diese Prozedur für blödsinnig hielt. Der zweite Test lieferte dann auch noch widersprüchlichere Ergebnisse. In den fragwürdigen Bereichen, in denen der zweite Test für Klarheit hätte sorgen sollen, blieben weiterhin Fragen offen, zumal Artamonow und Ewa in manchen Punkten ausweichender antworteten als beim ersten Mal. Auch diese Feststellungen und Folgerungen wurden an Dulles übermittelt. Daraufhin wurde beschlossen, Artamonow einer dritten und letzten Lügendetektorsitzung zu unterziehen. Auch sie offenbarte Bereiche, in denen die Möglichkeit unwahrer Angaben sich nicht ausschließen ließ.

Parallel zu den Polygraphentests wurden Artamonow und Ewa getrennten Befragungen durch andere Westport-Mitarbeiter unterworfen. Hier konnte Artamonow zeigen, was er drauf hatte.

231

Seine Verhöre waren weniger ein Frage-Antwort-Spiel als eine Abfolge von »Vorträgen« Artamonows über die sowjetische Marine. Was er erzählte, schlug voll ein. In allen möglichen Punkten, von der Steuerung der polnischen Nachrichtendienste durch den KGB bis zur Nachschubstation der Streitkräfte des Warschauer Pakts, bestätigte er die Annahmen und Erwartungen seiner Befrager. Er erwies sich als erschöpfende, oder vielmehr unerschöpfliche, Quelle von Informationen über alle sowjetischen Angelegenheiten. Die Westport-Leute waren beeindruckt.

Paul Bellin aber gelangte zu der Überzeugung, daß Artamonow ein falsches Spiel spielte. Aber die politische Situation innerhalb des Westport-Teams war so, daß er es vorzog, mit dieser Meinung nicht hausieren zu gehen. Lediglich seinem alten Freund Peter Kapusta, einem Spionageabwehrspezialisten der Sowjetabteilung der CIA, vertraute er an, daß er Artamonow für »unecht« hielt, und teilte ihm Einzelheiten über die Lügendetektorresultate mit. Noch lange Zeit nachdem aus Artamonow Nick Schadrin geworden war, bemühten sich Kapusta und Bellin, das Vertrauen der CIA zu Schadrin zu erschüttern. Aber Schadrin war tabu.[7]

Was Artamonow lieferte, waren grundlegende Informationen über die sowjetische Marine – nichts Sensationelles, aber doch weit mehr konkretes Material, als die Amerikaner bis dahin zusammengetragen hatten. So kam man überein, die Probleme, die er mit dem Lügendetektor hatte, einfach zu ignorieren. Man würde seine Glaubwürdigkeit danach beurteilen, als wie zuverlässig sich die von ihm gelieferten Angaben über die sowjetische Marine erwiesen. Man war sogar bereit, Artamonow die Unannehmlichkeiten der sonst üblichen gründlichen »Verarztung« durch die Spionageabwehrabteilung der CIA zu ersparen.

Artamonow wurde mit einem Zeugnis, das verhaltene Anerkennung signalisierte, aus der Westport-Prozedur entlassen. Die positive Einschätzung wurde mit den von ihm gelieferten Informationen begründet, das irritierende Ergebnis der Lügendetektortests teilweise als ein Problem abgetan, das bei der Überprüfung sowjetischer Überläufer generell auftrete. Insbesondere bei Fragen nach dem »Lebensstil« in ihrem Herkunftsmilieu zeigten sie Reaktionen, die vom Lügendetektor als unaufrichtig registriert wurden.

In den Tagen, in denen zwischen Washington, Berlin und Frankfurt Botschaften ausgetauscht wurden, die für die Entscheidung über die Zukunft der beiden Überläufer wichtig waren, zeigte sich Artamonow, wie Ewa sich erinnert, äußerst gereizt. Er konnte die »idiotischen« Verzögerungen nicht verstehen und vertraute ihr eines Abends an, er beginne, die CIA zu hassen. »Die sind nicht anders als der KGB«, sagte er.[8]

Schließlich kam die Anweisung, Artamonow und Ewa in die Vereinigten Staaten zu verfrachten, wo sie in der CIA-Zentrale einer weiteren Serie von Befragungen und Verhören durch die Mitarbeiter der Sowjetabteilung unterzogen werden sollten. Als die beiden erfuhren, daß sie bald in die Staaten abreisen würden, besserte sich die Laune Artamonows erheblich, aber in seinen Verhören, die auch nach dieser Mitteilung weitergingen, gebärdete er sich eher noch verschlossener.

Der Abflug Artamonows und Ewas aus Frankfurt am 21. August 1959 verlief ohne Zwischenfälle. Die C 54 der US-Luftwaffe, die zu einer VIP-Karosse umgebaut worden war, bot jede erdenkliche Bequemlichkeit. Die Ankunft des Pärchens auf dem Luftwaffenstützpunkt Andrews bei Washington in der Morgendämmerung des 22. August 1959 ähnelte in etwa der Landung in Frankfurt drei Wochen zuvor.

Die zur Begrüßung erschienenen CIA-Betreuer, mit Walter Onoshko von der Sowjetabteilung an der Spitze, freuten sich, Artamonow und Ewa zu sehen. Onoshko fand die beiden Ankömmlinge auf den ersten Blick sympathisch. Das junge Paar erwiderte dieses Gefühl.

Die CIA brachte Artamonow und Ewa in einem ihrer besten »sicheren Häuser« in Leesburg (Virginia) unter. Es war kein so prachtvolles Domizil wie die Villa in Frankfurt, aber für zwei müde Reisende ein sehr erfreuliches Plätzchen. Die Gastfreundschaft der Amerikaner kam von Herzen. Die Berichte über die Romanze zwischen Artamonow und Ewa, die den beiden über den Ozean vorausgeeilt waren, hatten die Neugierde ihrer Betreuer noch geschürt und ihre Bereitschaft verstärkt, in den beiden ein modernes tragisches Liebespaar zu sehen.

Walter Onoshko, der vom Alter her Artamonows Vater hätte sein können, verhielt sich den beiden Überläufern gegenüber eher wie eine Glucke als wie ein Agentenführer. Von Anfang an verwischte er die Trennlinie zwischen seinen dienstlichen Aufgaben und seinen persönlichen Gefühlen gegenüber Ewa und Artamonow. Die beiden waren Überläufer und Flüchtlinge, aber ehe sie nicht gründlich verhört und »verarztet« waren, konnten sie bestenfalls als potentielle nachrichtendienstliche Trumpfkarten gelten und sich schlimmstenfalls als kommunistische Agenten entpuppen.

Das Pärchen brauchte einige Tage, um sich an seinen neuen Alltag zu gewöhnen. Die CIA kaufte ihnen eine Grundausstattung an Kleidern und anderen Bedarfsgegenständen. Die Sicherheitsabteilung hielt ein wachsames Auge auf das Domizil des Pärchens, und weder das FBI noch die Stadtpolizei von Leesburg registrierte irgendwelche Anhaltspunkte dafür, daß sich der KGB oder der Geheimdienst irgendeines anderen Ostblocklandes für die Anwesenheit Artamonows und Ewas interessierte.

Nach Ablauf der Eingewöhnungsfrist begannen unter Leitung Onoshkos die ersten Verhöre im Refugium der beiden Überläufer. Onoshko kümmerte sich sehr um das Wohlergehen des Pärchens und sorgte dafür, daß die Verhöre freundlich, fast im Plauderton, geführt wurden. In den Pausen zwischen einzelnen Befragungssitzungen erhielten Schadrin und Ewa Englischunterricht. Es schien nicht notwendig, die beiden hart anzupacken, da sie sich offensichtlich nach Kräften bemühten, kooperativ und nützlich zu sein. Das Negative an Onoshkos fürsorglichem Verhalten war freilich die Tatsache, daß er damit Artamonow faktisch in die Rolle eines Kollegen erhob, so daß es ihm und den anderen Befragern psychologisch nicht mehr möglich war, in ihn zu dringen oder Dinge, die er vielleicht für sich behalten wollte, aus ihm herauszuquetschen. Über die Vertrauenswürdigkeit beider Überläufer schien man sich im Grundsatz einig und stellte sie kaum mehr in Frage. Unter diesen Vorzeichen wurde der Wert dieser Verhöre eher noch fragwürdiger.

Im Lauf der folgenden Monate erhielten auch andere Geheimdienste, darunter das Office of Naval Intelligence (ONI), der Nachrichtendienst der US-Marine, Gelegenheit, Artamonow ausführlich zu befragen. C. Thomas Dwyer erhielt als einziger ONI-

Mann von Anfang an Zugang zu Artamonow und war sein Hauptgesprächspartner. Auch der hochgewachsene und legere Dwyer freundete sich schnell mit Artamonow an. Obwohl sich die beiden in der ersten Zeit eines Dolmetschers bedienen mußten, entwikkelte sich zwischen ihnen eine sehr enge Beziehung. Artamonow lernte sehr schnell, englisch zu sprechen. Und Dwyer ging, wie so viele andere, davon aus, daß »man [Artamonow] nach Amerika geholt und irgendwann festgestellt hatte, daß er in Ordnung war. Mich quälte dieser Gedanke nie, auch wenn wir alle um die Möglichkeit wußten, daß Nick ein falscher Fünfziger sein konnte und wir uns entsprechend hätten verhalten müssen«.[9]

Die US-Marine unterwarf Artamonow in dieser Phase einer eigenen »Echtheitsprüfung«: Ein ehemaliger stellvertretender Marineattaché an der Moskauer US-Botschaft geleitete Artamonow nach Newport (Rhode Island) und brachte ihn an Bord eines Zerstörers. Er durfte das Kommando über das Schiff übernehmen und ein Kampfmanöver gegen ein amerikanisches Atom-U-Boot durchführen. Artamonow schlug sich drei Stunden lang höchst achtbar. Nach Angaben von Manöverbeobachtern rührten seine größten Probleme aus der Tatsache her, daß er sich eines Dolmetschers bedienen mußte, der seine Befehle an die Mannschaft weitergab. Die Marine war von dem, was sie sah, beeindruckt genug, um ein sehr ernsthaftes Interesse an diesem Überläufer anzumelden.[10]

Innerhalb der Sowjetabteilung der CIA war man freilich geteilter Meinung über den nachrichtendienstlichen Wert des von Onoshko betreuten Russen. Die einen empfanden Artamonow als streitbar, ausweichend und über manche Themen, die ihm angesichts seiner Vergangenheit und seiner Schulung in der Kommunistischen Partei vertraut hätten sein müssen, schlecht informiert. Andere gaben zu bedenken, daß Artamonow von seinen Befragern gedrängt worden sei, zu Dingen Stellung zu nehmen oder Informationen zu bestätigen, die außerhalb seines Erfahrungshorizonts lagen. Den Angehörigen dieser letzteren Gruppe ging es darum, möglichst viel über die maritimen Aktivitäten und Fähigkeiten der Sowjets herauszufinden, ein Bereich, der für die meisten Sowjetanalytiker der CIA von bestenfalls begrenztem Interesse war.

Was Artamonows technisches Wissen betraf, so zeigten sich viele seiner CIA-Befrager davon enttäuscht. Der für ihn abträglichste Faktor war jedoch der, daß ausgerechnet das Schiff, mit dem er sich am besten auskannte, kein halbes Jahr nach seiner Flucht von der Sowjet-Marine außer Dienst gestellt und ausgemustert wurde. Dieser Vorgang ließ bei Peter Kapusta, dem auf Artamonow angesetzten Spionageabwehrspezialisten der Sowjetabteilung, eine Warnlampe aufleuchten. Kapustas Gedächtnis reichte weiter zurück als das vieler seiner Kollegen, die Artamonow aufgrund seines Wissens über die sowjetische Marine schätzten und für glaubwürdig befanden. Die Tatsache, daß dieses Wissen jetzt in großen Teilen entwertet war, schien mehr als bloß ein Schönheitsfehler zu sein. Kapusta setzte sich mit seinem Kollegen Paul Bellin in Frankfurt in Verbindung und informierte ihn über die Entscheidung der sowjetischen Marine, ihre Schiffe der »Artamonow«-Klasse samt und sonders auszumustern. Außerdem ließ er Leonard McCoy und andere CIA-Beamte wissen, welche Fragen diese Entwicklung im Hinblick auf Artamonows Echtheit aufwarf. Nach Abschluß der Verhöre und Befragungen wurden Ewa und Nick an die Abteilung für Inlandskontakte weitergereicht, die für ihre Einbürgerung und Eingliederung zuständig war. Hierzu gehörte unter anderem, daß sie einen Strich unter die Vergangenheit zogen und eine neue Identität annahmen: Kapitän Nikolai Fjodorowitsch Artamonow und Ewa Gora sollten aufhören zu existieren. Man erklärte Ewa seinerzeit, die neuen Namen, die man ihr und Nikolai verpassen werde, würden nur ein vorübergehendes Provisorium sein und dazu dienen, daß beide in die amerikanische Sozialversicherung aufgenommen und weiterhin dem Blickfeld der sowjetischen Nachrichtendienste entzogen bleiben würden. Es war eine, wenn auch harmlose, Täuschung – die Namen blieben ihnen erhalten. Sowjetische Stellen hatten seit ihrer Flucht weder für Artamonow noch für Ewa besonderes Interesse gezeigt. Die neuen Namen, die offensichtlich Onoshko für sie ausgesucht hatte, waren Nicholas George Schadrin und Ewa Blanka.
In einem Artikel in der Sonderbeilage der *New York Times*, der mehrere Jahre nach dem Verschwinden Schadrins erschien, wurde die Vermutung geäußert, daß der Name Schadrin auf den gleich-

namigen Protagonisten der Erzählung *Die Hauptmannstochter* von Alexander Puschkin zurückgeht.[11] Die Wahrheit ist vermutlich prosaischer. Im Falle Schadrins wurde die Namenswahl gemäß der »Telefonbuch-Regel« der CIA durchgeführt; sie schreibt vor, daß man einen Namen sucht, der im Telefonbuch von Manhattan nicht vorkommt.

Die CIA vertraute Nick Schadrin und Ewa der liebevollen Obhut von Peter Sivess an, der die CIA-eigene Ashford Farm an der Atlantikküste von Maryland leitete. Dieses Domizil durchliefen sämtliche Überläufer im Zuge ihrer Einbürgerungsprozedur.

Zu Anfang der 60er Jahre machte die CIA mit den meisten Überläufern aus dem Ostblock kurzen Prozeß. Sie wurden zügig ausgequetscht, bis sie alles offenbart hatten, was sie an potentiell brauchbaren Informationen besaßen, und dann ließ man sie fallen. Nur sehr wenige Überläufer hatten das Glück, einen längerfristigen Mitarbeitervertrag bei der CIA zu bekommen. Normalerweise lief es so ab, daß die CIA sie zunächst auf die nächstgelegene Berlitz-Schule schickte, wo sie Konversationsenglisch lernten, und ihnen dann nahelegte, sich einen Job zu suchen. Bei Schadrin und Ewa kam eine solche Lösung freilich nicht in Betracht.

Anfang 1960 begann die CIA die weitere Betreuung von Nick Schadrin und Ewa Blanka als eine Belastung zu empfinden. Ewa hatte zwar ihr polnisches zahnärztliches Diplom, brauchte aber, um in den USA eine Approbation zu bekommen, noch eine weiterführende zahnärztliche Ausbildung und einen Englischkurs. Schadrin hatte keine vergleichbare berufliche Perspektive.

Nick Schadrin machte sich natürlich Gedanken darüber, welche Zukunft auf ihn wartete, wenn die CIA ihn fallenließ, ohne ihm die amerikanische Staatsbürgerschaft oder eine ordentliche Stellung zu verschaffen. Was erstere betraf, so zeigte sich jetzt, daß die düstere Warnung des schwedischen Korvettenkapitäns Rydström, die Amerikaner würden ihn ausquetschen und dann beiseite schieben, sich zu bewahrheiten drohte. Es wäre der CIA ein leichtes gewesen, Nick und Ewa zur amerikanischen Staatsbürgerschaft zu verhelfen; aber sie hielt es nicht für notwendig.

Zum ersten Mal sprach Schadrin offen den Gedanken aus, daß er vielleicht einen Fehler gemacht habe und sich überlegen müsse, ob es für ihn nicht besser wäre, in die Heimat zurückzukehren. Er vertraute Peter Sivess an, er fühle sich in den Vereinigten Staaten sehr unwohl; er sagte, was er in Amerika zu tun bekomme, fordere ihn nicht, und er fürchte, er werde nie in den Genuß der US-Staatsbürgerschaft kommen, wenn die CIA das Interesse an ihm verlor. Sivess ließ die CIA unverzüglich wissen, daß er sich Sorgen über Nick machte. Er hatte schon genug enttäuschte Überläufer erlebt, um die Anzeichen zu erkennen.

Auch Tom Dwyer weiß von diesen Stimmungen Schadrins zu berichten. »In der Anfangsphase konnte er in diese Perioden düsterer Niedergeschlagenheit versinken. Es kam vor, daß er auf einem Baumstumpf hinter dem Haus saß, mit gesenktem Kopf und in schrecklich bedrückter Stimmung. Es gelang mir gewöhnlich, ihn ein bißchen aufzuheitern, so daß wir uns unterhalten konnten, und dann gaben wir ihm ein Projekt: Er baute ein 24-Fuß-Motorboot. Und ich weiß noch, wie das ONI sagte: ›Ich hoffe, der Hurensohn fährt damit nicht nach Kuba.‹«[12]

Schadrins Niedergeschlagenheit verflog in dem Augenblick, als die US-Marine sich ernsthaft für ihn zu interessieren begann. Sein gutes Abschneiden bei dem Manöver in Rhode Island hatte sich herumgesprochen, und bei der U. S. Navy hatte man einen brennenden Hunger nach Informationen und Urteilen über die Sowjetmarine. Man begann, Schadrin Fragen nach den organisatorischen und personellen Grundstrukturen der sowjetischen Marine zu stellen, und bald war er für die U. S. Navy eine wesentlich interessantere Nachrichtenquelle, als er es für die CIA je gewesen war.

William R. Corson, damals in Diensten des ONI, fiel die Aufgabe zu, Nick Schadrin über die Radartechnik auf seinem an die Indonesier übergebenen Schiff auszufragen.[13] Corson, der damals unter Kapitän Rufus L. Taylor als einer der Co-Direktoren des ONI arbeitete, wurde für die Befragung Schadrins zu einem »sicheren Haus« der CIA in Deal (Maryland) gefahren.[14]

Das alte Herrenhaus lag am Ende einer langen, von Dobermännern und Sicherheitsleuten bewachten Zufahrt. Es wirkte so düster und bedrohlich, als hätte Charles Addams es gezeichnet.

Schadrin fühlte sich zu Beginn der Befragung etwas unbehaglich, weil niemand ihm Corson vorgestellt hatte; man hatte ihm lediglich zu verstehen gegeben, daß sein Gesprächspartner sich mit ihm über »sein Schiff« unterhalten wollte. Corson merkte gleich, daß Schadrin genauso war, wie man ihn ihm geschildert hatte – intelligent, nüchtern und immer schnell bestrebt, das Thema zu wechseln, wenn es für ihn ungemütlich wurde. Corsons Gefühl nach zeigte Schadrin »zuviel Zuvorkommenheit. Es war nicht so sehr, daß er bewußt gefällig zu sein versuchte, was bei Überläufern, die besonders unsicher sind, ein übliches Fehlverhalten ist, sondern es war vielmehr ein Ausdruck seines persönlichen Selbstbewußtseins«.

Die Befragung verlief ziemlich reibungslos. Schadrin zeigte sich in den meisten Punkten gesprächig. Wenn jedoch präzise Detailfragen gestellt wurden, konnte er sie häufig nicht beantworten. Zu diesen Fragen, die ihm als Kapitän eigentlich keine Probleme hätten bereiten dürfen, gehörten die nach der Funktionsweise des Radars seines eigenen Schiffes. Erst viel später, nachdem die betreffenden Schiffe der indonesischen Marine übergeben worden und schließlich auch in Djakarta eingetroffen waren, sollte sich herausstellen, daß das Radar auf Schadrins Schiff nicht funktionsfähig war. Die Russen hatten es den Indonesiern als funktionierendes System verkauft, während es in Wirklichkeit nicht viel mehr als eine Attrappe war. Wie Schadrin später in seiner Dissertation für die George Washington University schrieb, war der sowjetische »Räumungsverkauf« gebrauchter Kriegsschiffe und Zubehörausrüstungen an die Indonesier eigentlich ein Milliarden-Dollar-Schwindel.

Nachdem die offizielle Befragung beendet war, wurde Schadrin lockerer und offenherziger. Corson lächelte den fast 1,90 Meter großen Schadrin an und fragte ihn, weshalb er wirklich übergelaufen sei. Nick antwortete lachend: »Haben Sie sich meine persönlichen Sachen angeschaut?« Als Corson dies verneinte, ging Schadrin ins Haus zurück und kam mit einem Foto wieder. Es zeigte zwei vor einem Gebäude stehende Frauen, die aussahen, als gehörten sie zu einer Arbeitsbrigade auf einem Güterbahnhof. Nick fragte: »Sind Sie je in Leningrad gewesen?« Corson sagte, er sei ausschließlich da, um Fragen zu stellen, nicht um welche zu beantworten. Auf das Foto mit den beiden wenig anziehenden Frauen, einer älteren und einer jüngeren, deutend, sagte Nick unter Lachen:»Können Sie sich vorstellen, in Leningrad, wo der Wohnraum bis heute äußerst knapp ist, mit diesen beiden Frauen in einer kleinen Wohnung zusammenzuleben?« Und er ließ durchblicken, daß die beiden Frauen seine Schwiegermutter und seine Frau seien.

Die US-Marine war von Schadrin beeindruckt genug, um ihm im Frühjahr 1960 einen Vertrag als Berater des ONI anzubieten. Ewa schrieb sich in ihren zahnmedizinischen Zusatzkurs ein, und alles deutete darauf hin, daß Nick die CIA endlich vom Hals haben würde.

Kurz bevor Nick seine Tätigkeit für das ONI aufnahm, überraschte die CIA ihn und Ewa im Mai 1960 mit einem weiteren Auftrag: Fast aus heiterem Himmel erschien bei ihnen ein CIA-Beamter namens Daniel»Bucky« Awanto und erklärte ihnen, sie müßten heiraten. Weshalb das von ihnen verlangt wurde, und warum gerade zu diesem Zeitpunkt, erfuhren sie nicht. An sich hatten Nick und Ewa nichts dagegen, zu heiraten, wenngleich Schadrin von seiner in der Sowjetunion zurückgelassenen Frau noch nicht geschieden war.

Dieses große Heiratshindernis wischte der CIA-Beamte mit der Bemerkung beiseite:»Darum können wir uns kümmern.« So begaben sich Schadrin und Ewa gehorsam mit Awanto nach Raleigh (North Carolina), und am 31. Mai 1960 wurden daselbst Nicholas G. Schadrin aus Arlington (Virginia) und Blanka E. Pawlovska (den Namen ließ man sich eigens für diesen Anlaß einfallen) aus Washington, D. C., von Friedensrichter James A. Rowland getraut.

Aus der beim Standesamt von Deeds (Wake County, North Carolina) unter der Nr. 536 archivierten Heiratsurkunde geht hervor, daß Schadrin, Sohn von F. E. Schadrin und Nina Schadrin – beide verstorben –, zum Zeitpunkt der Eheschließung 32, Ewa, die Tochter von Zigmunt und Jadwiga Pawlowska – beide im polnischen Gdingen lebend –, 22 Jahre alt war. Ohne Rücksicht auf die bestehenden rechtlichen Hindernisse fand die Trauung statt. Auf die standesamtliche Eheschließung folgte später auf besonderen Wunsch von Ewas Mutter noch eine katholische Trauung in Baltimore (Maryland).

Am 1. Juni 1960 nahm ein überglücklicher Nick Schadrin seine Beratertätigkeit für das Office of Naval Intelligence auf. Endlich hatte er das Gefühl, etwas Nützliches zu tun. Wie Tom Dwyer über seinen neuen Kollegen sagte: »Er war absolut der Meinung, die Leute von der CIA seien von allem Anfang an ein Haufen Blinde gewesen. ... Er war sehr glücklich, zum ONI kommen zu können.«

Kapitel 11

Schadrin: Der Ratgeber

Es verblüffte mich immer wieder. Er kannte maß-
geblichere Leute als ich. Bis heute weiß ich nicht,
wie er zu solchen Verbindungen kam.

Peter Sivess

Das alte Marine-Observatorium liegt, von einem parkartigen
Gelände eingerahmt, knapp unterhalb des höchstgelegenen Punk-
tes dieser Gegend, die eine der attraktivsten in Washington ist.
Nick Schadrin verließ nun jeden Morgen sein kleines, zweige-
schossiges Häuschen im Kolonialstil in der freundlichen, ganz und
gar amerikanischen Vorstadt Arlington (Virginia) und fuhr zum
alten Marine-Observatorium hinüber, wo das nachrichtendienstliche Herz der U. S. Navy schlug. Ein großes, weißes viktoriani-
sches Haus auf dem Gelände des Marine-Observatoriums beherbergte zu jener Zeit die Büros des Chief of Naval Operations.
Heute ist dieses Gebäude die offizielle Residenz des Vizepräsiden-
ten der USA.
Nick Schadrins Freund Tom Dwyer, ein Mann mit jungenhaftem
Charme, hatte sich beim ONI für den Abschluß eines Beratervertrags mit Schadrin stark gemacht, doch erst nachdem Kapitän
Rufus Taylor sein beträchtliches Gewicht in die Waagschale geworfen hatte, war die Sache durchgegangen.[1] Für Taylor war
Schadrin der Inbegriff des »Insider«-Experten für Fragen der
sowjetischen Marine, und er war froh, diesen Mann und seinen
Rat nun ständig zur Verfügung zu haben. Zu lange hatte der
ehrgeizige Taylor sich mit unfruchtbaren Mutmaßungen über die
sowjetische Flotte zufriedengeben müssen. Jetzt hatte er einen

echten sowjetischen Marineoffizier an der Hand. Er war der festen Überzeugung, Schadrin könne sich, wenn man es nur richtig anstellte, als äußerst nützlich für das ONI erweisen.

Als Veteran der bürokratischen Kleinkriege des Geheimdienstmilieus wußte Taylor, daß man den Sicherheitsleuten den Beratervertrag mit Schadrin nicht bloß aufdrängen, sondern »verkaufen« mußte. Der stärkste Widerstand kam von William Abbott, einem Zivilisten, der die Spionageabwehrabteilung des ONI leitete. Nach seiner Überzeugung war es grundsätzlich falsch, einem Überläufer Zutritt zum Allerheiligsten des ONI zu gewähren.

Als Dwyer erstmals die Untervertragnahme Schadrins anregte, sprach sich Abbott nach Dwyers Erinnerung dafür aus, den Russen auf Distanz zu halten. Es gelang Taylor schließlich jedoch, die Bedenken Abbotts auszuräumen, indem er Schadrin als einen solchen nachrichtendienstlichen Glücksfall darstellte, daß es geradezu fahrlässig vom ONI wäre, ihn nicht unter Vertrag zu nehmen. Für den liebenswürdigen Russen öffneten sich damit die Türen der Kommandobrücke der US-Marine. Er gehörte zum innersten Kreis.[2]

Die Kollegen Schadrins am Marine-Observatorium zogen ihre Schlüsse aus der Art und Weise, wie der Russe von Taylor behandelt wurde. Es erstaunte sie, daß Taylor mit Schadrin geheimste Dinge erörterte. Weil Taylor ein so hohes Tier im ONI war und die Kompetenz besaß, zu entscheiden, wer was wissen durfte oder mußte, hielten damals alle den Mund.

Schadrin reüssierte in seiner Rolle als »Sonderberater« des ONI. Er war ein hilfsbereiter und harter Arbeiter und bei seinen Kollegen beliebt, zumindest in dieser ersten Phase. Er übersetzte und erläuterte die Dokumente der sowjetischen Marine, die den Amerikanern seit einiger Zeit in gesteigerter Zahl zuflossen. Kurz nachdem Schadrin seine Tätigkeit für das ONI aufgenommen hatte, hielt er vor einem einschlägig interessierten Kreis von Beamten, Analytikern und Kongreßmitarbeitern einen Vortrag über die sowjetische Marine und die feindseligen Bestrebungen der sowjetischen Regierung. Viele seiner Zuhörer fanden seine Ausführungen faszinierend, bestätigten sie sie doch in ihrem Argwohn und ihren Befürchtungen über die wahren Absichten der Sowjets. Die U-2-Affäre und die verhärtete Haltung Chruschtschows hatten dem Antikommunisten in der US-Regierung Mitte 1960 wieder einmal Oberwasser verschafft. Dazu kam, daß sich das Land mitten in einem hitzigen Präsidentschaftswahlkampf befand, in dem Fragen der nationalen Sicherheit eine große Rolle spielten.

Mit seiner durchdringenden Stimme, seiner antikommunistischen Botschaft und seiner charismatischen Persönlichkeit avancierte Schadrin trotz seines gebrochenen Englischs in Washington alsbald zu einem gesuchten Vortragsredner. Man bat Taylor, seinen Schützling als Zeugen in den Ausschuß für Unamerikanische Aktivitäten des Repräsentantenhauses zu entsenden, einem der letzten Überbleibsel der McCarthy-Ära im Kongreß. Taylor versprach sich einen politischen Nutzen von einem Auftritt Schadrins vor dem Ausschuß. Andere, darunter Leonard McCoy und Tom Dwyer, hielten es dagegen für gefährlich und riskant, Nick Schadrin, den übergelaufenen sowjetischen Marineoffizier, vor den Augen der Öffentlichkeit und der Presse zu exponieren. Allein, die letzte Entscheidung lag bei der Leitung der CIA, und Schadrin selbst erklärte sich zu einem Zeugenauftritt bereit. Dwyer erinnert sich, daß er diese Entscheidung für »eine Dummheit« hielt, »eine absolute Dummheit; aber man fragte uns nicht um Rat. Diese Abmachung wurde zwischen dem Ausschuß für Unamerikanische Aktivitäten und der CIA getroffen«.[3]

Im Rahmen der Vorbereitungen auf die öffentlichen Anhörungen, in denen der Beweis dafür erbracht werden sollte, daß von den Russen eine beträchtliche militärische und nachrichtendienstliche Gefahr für die USA ausging, wurde Schadrin von Mitarbeitern des Ausschusses ins Gebet genommen. Sein Auftreten und sein Charme betörten sie. Die grellen Farben, in denen er die sowjetische Bedrohung schilderte, waren Milch und Honig für den Ausschuß. Er war der perfekte Zeuge. Er versprach genau das zu sagen, was der Ausschußvorsitzende hören wollte; man mußte ihm weder die Würmer aus der Nase ziehen noch ihn ins richtige Fahrwasser lotsen.

Diese Vorbereitungssitzungen gaben Schadrin die Möglichkeit, seinen Bekanntenkreis und damit seine Einflußsphäre erheblich auszuweiten. Seine Kontakte wuchsen über den engen Kreis der CIA- und ONI-Experten hinaus und erstreckten sich bald bis in jene Sphären des Kongresses, in denen man seine Ansichten teilte.

Im Rahmen ihrer grundlegenden Recherchen versuchten die Ausschußmitarbeiter eine kurze Biographie Schadrins zusammenzustellen. Die würdevollste öffentliche Institution der amerikanischen Demokratie brachte es fertig, die Selbstdarstellung Schadrins trotz Dutzender von Widersprüchen als faktisch und wahr abzusegnen. Die Ungereimtheiten in dem von dem Zeugen zu den Akten gegebenen Lebenslauf wurden als zweitrangig abgetan und ignoriert. Die Hauptaufgabe der für den Ausschuß tätigen Ermittler bestand darin, den Ausschußmitgliedern zu wirkungsvollen Auftritten zu verhelfen, und nicht etwa darin, die kommunistische Bedrohung ernsthaft zu analysieren.

Am Vormittag des 14. September 1960 eröffnete der Ausschußvorsitzende Walter die Sitzung und erklärte, die bevorstehende Anhörung werde »in Erfüllung der uns vom Kongreß der Vereinigten Staaten auferlegten Aufgabe durchgeführt, die kommunistischen Aktivitäten ständig im Auge zu behalten«.[4]

Walter rezitierte den vertrauten Refrain von einem vom Kommunismus enttäuschten Schadrin, der für ein freies Leben in Amerika eine vielversprechende Offizierskarriere in der sowjetischen Marine geopfert habe. Die Stationen des als wahr akzeptierten Schadrinschen Lebenswegs wurden aufgezählt. Somit trug die »Legende« des Offiziers Schadrin den Imprimaturstempel des Kongresses der Vereinigten Staaten. In der Folge sollte die Schadrin-»Legende«, indem sie von ihm selbst und von anderen mit immer neuen Varianten nacherzählt und weitergesponnen wurde, ein Eigenleben gewinnen.[5] Ein paar der Heldenstücke aus Schadrins Leben, die aufgetischt wurden, waren äußerst unterhaltsam, zugleich aber auch von bemerkenswerter Unschärfe in bezug auf konkrete Details. Im großen und ganzen gaben sich die Ausschußermittler keine echte Mühe, Schadrins »Autobiographie« auf Herz und Nieren zu prüfen. Man schenkte seinen Angaben Vertrauen, weil er ein desillusionierter Kommunist war, der der Sowjetunion den Rücken gekehrt hatte.

Die durchsichtigen Erklärungen, die Schadrin vor dem Ausschuß abgab, fanden dort willkommene Aufnahme. In einer davon führte er aus:

Am Montag trifft Chruschtschow in den Vereinigten Staaten ein. Er sagt, er will über Abrüstung sprechen. Ich fühle mich verpflichtet, aufgrund der zur Verfügung stehenden Informationen und als sowjetischer Offizier und Mitglied der Kommunistischen Partei darauf hinzuweisen, daß die sowjetische Militärstrategie nicht zu den Absichtserklärungen Chruschtschows in puncto Abrüstung paßt. Seit Februar 1955 basiert die sowjetische Strategie auf der Doktrin vom atomaren Überraschungsangriff. Diese Doktrin wurde in einer sowjetischen Militärzeitschrift dargelegt, die Offizieren vom Rang eines Vizeadmirals an zugänglich ist. Im Lauf der letzten vier Jahre ist [diese Doktrin] mehrfach bekräftigt worden. Sie gilt unverändert. Ich bin überzeugt, die sowjetische Diktatur würde einen Überraschungsangriff wagen, wenn sie das Gefühl hätte, mit einem Streich siegen zu können. Lassen Sie sich nicht täuschen – es sind Machtpolitiker, keine politischen Idealisten.[6]

Das Medienecho auf diese Bombe war donnernd. Die *New York Times* reagierte mit der Schlagzeile: »Sowjet-Überläufer in USA warnt vor atomarem Überraschungsangriff Moskaus.«[7]

Der Ausschußvorsitzende Walter hatte registriert, daß ein Sekretär der sowjetischen Botschaft während der gesamten Dauer der Anhörung im Saal weilte. An seine Adresse gerichtet sagte er: »Ich hoffe, er wird aus [Schadrins] Aussage gelernt haben, daß man in dieser unserer freien Gesellschaft Zeugen nicht vorschreibt, was sie zu sagen haben, sondern daß sie sich über jedes Thema ihrer Wahl äußern können.«[8] Bei dem »Sekretär« handelte es sich um Wladimir L. Bykow, der, abgesehen von seinem offiziellen Rang in der Sowjetbotschaft, die Nummer drei in der darin untergebrachten KGB-Niederlassung war. Bykow war präsent, um gesehen zu werden und mitzuschreiben. Hätte Vorsitzender Walter einen Blick in den hinteren Teil des Sitzungszimmers geworfen, so hätte er dort drei Männer und eine Frau bemerken können, die ebenfalls während der gesamten Dauer der Anhörung im Saal waren. Es handelte sich um Konteradmiral Jaschin, den sowjetischen Marineattaché in Washington, Kapitän Alexander R. Astafiew, seinen Stellvertreter, Fregattenkapitän Lew A. Wtorygin, einen ehemaligen persönlichen Freund Schadrins und jetzigen Marineunterattaché an der Washingtoner Sowjetbotschaft, und Admiral Jaschins attraktive Tochter Tanja.

Die sowjetische Reaktion auf den Auftritt Schadrins vor dem Ausschuß für Unamerikanische Aktivitäten folgte prompt. Am Montag, dem 18. September 1960 (just an dem Tag, an dem Chruschtschow in den USA eintraf), brachte eine in Kaliningrad erscheinende Zeitung einen Bericht, in dem es hieß: »Nikolai Fjodorowitsch Artamonow wird beschuldigt, bei der Abwicklung eines Sonderauftrags auf einem Schiff im polnischen Hafen Gdingen sein Vaterland verraten zu haben, indem er nach Schweden floh und dort politisches Asyl beantragte, das ihm gewährt wurde; er wird beschuldigt, ein Verbrechen gemäß Artikel 1 des Gesetzes über ... Verbrechen gegen den Staat begangen zu haben.«[9] Und am 23. September 1960 berichtete die *Prawda* in einer wenige Zeilen umfassenden Meldung: »Nikolai Fjodorowitsch Artamonow ist von einem Sondervolksgericht in Abwesenheit des Verbrechens des Hochverrats für schuldig befunden worden. Gemäß den Gesetzen über Verbrechen gegen den Staat wurde er zum Tode verurteilt.« So schnell können die Mühlen der sowjetischen Justiz mahlen.

Nach seiner Aussage vor dem Ausschuß avancierte Schadrin im Milieu der eingeschworenen Antikommunisten Washingtons endgültig zum Star. Das ONI war's zufrieden, die CIA war's zufrieden, und in den »interdisziplinären« Sonderkommissionen der diversen Geheimdienste, die sich mit der sowjetischen Bedrohung befaßten, tauchte Schadrin zunehmend häufiger als »Gastdozent« auf. Er war ein gewandter und faszinierender Redner. Institutionen und Vereinigungen aus den ganzen USA, von den Rotariern bis zum Naval War College, rissen sich um ihn. Und fast alle, die ihm bei seinen Redeauftritten lauschten, nahmen ihm, wie zuvor CIA, ONI, Kongreß und FBI, bereitwillig das von ihm genannte Motiv seiner Flucht ab: daß er mit 32 Jahren entdeckt hatte, daß die sowjetischen Führer ihrem Volk Lügen auftischten.

Wäre das Geld des amerikanischen Steuerzahlers für gründlichere Arbeit ausgegeben worden, so hätten einige sicherlich gemerkt, daß an der persönlichen Biographie Schadrins manches nicht stimmen konnte. Schon bei einem oberflächlichen Blick auf den von Schadrin vorgelegten Lebenslauf springen einem Ungereimtheiten ins Auge. So gab er darin an, am 19. Mai 1928 in Leningrad geboren zu sein.[10] In Schweden hatte er als sein Geburtsjahr zunächst 1926 angegeben, doch auf dem Visumantrag, den er und Ewa 1959 in Stockholm ausfüllten, war daraus 1928 geworden. Nun könnte es sein, daß diese Diskrepanz lediglich auf einem Tippfehler beruht oder daß absichtlich ein falsches Geburtsjahr angegeben wurde, um die Identifizierung des Überläufers zu erschweren. Wie auch immer, die Verlegung des Geburtsdatums auf 1928 unterstrich die Behauptung Schadrins, er sei der jüngste Kapitän der sowjetischen Kriegsflotte gewesen.

Henry Hunt schildert in seinem 1981 erschienenen Buch über Schadrin die Heldentaten des Jünglings wie folgt:

Er war ein außergewöhnlich begabter Schüler und wurde 1941 in eine Eliteschule der Marine auf der Wasilij-Insel aufgenommen. Er begann, von einer Laufbahn als Marineoffizier zu träumen, und verschwendete von da an nie wieder einen ernsthaften Gedanken an andere Berufswünsche. Der Besuch der vorgenannten Schule galt als eine Ehre, und Nikolai lernte in dieser Zeit auch erstmals etwas über die Realität des Krieges.
Während der Belagerung Leningrads durch die Deutschen kletterten Nikolai und seine Mitschüler auf das Dach ihres Schulgebäudes und schossen mit kleinen Feuerwaffen auf angreifende deutsche Flugzeuge. Abgesehen davon, daß die Waffen untauglich waren, blieben an Nikolais Beinen für den Rest seines Lebens kleine Narben zurück, von den Splittern, die er und seine Klassenkameraden abbekamen, wenn ihre Waffen fehlzündeten und von den umliegenden Gebäuden Querschläger zurückkamen.[11]

Dazu meint Albert Graham, Kapitän i. R. der U. S. Navy und derzeit Mitglied einer Kommission, die in der Sowjetunion vertragsgemäß atomare Anlagen inspiziert: »Es gab weder vor noch während, noch nach der Belagerung Leningrads eine Eliteschule der Marine auf der Wasilij-Insel.«[12] Tatsache ist außerdem, daß das Exekutivkomitee des Leningrader Sowjets kurz nach Beginn der Belagerung der Stadt durch deutsche Truppen im Juli 1941 die Evakuierung aller Kinder unter fünfzehn Jahren aus Leningrad anordnete.[13] Außerdem veranlaßte das Exekutivkomitee die Schließung aller Schulen, bis auf einige wenige technische Institute und Gewerbeschulen, die für spezielle kriegswichtige Ausbildungsgänge geöffnet blieben. Es ist zwar möglich, daß Schadrin nicht unter den aus Leningrad evakuierten Kindern war – vielleicht wegen seiner überdurchschnittlichen Körpergröße –, aber für eine Eliteschule der Marine, die während der Belagerung Leningrads in Betrieb gewesen wäre, gibt es keinerlei glaubhafte Anhaltspunkte.

Ein Argument zugunsten der behaupteten Anwesenheit des jungen Artamonow in Leningrad in den Kriegsjahren wäre sein Geburtsjahr 1926, wenn es denn stimmte. Er hätte in diesem Fall 1941 nicht mehr zu den evakuierten Jahrgängen gehört. Dem steht jedoch eine Passage aus seiner Aussage vor dem Ausschuß für Unamerikanische Aktivitäten entgegen, in der es heißt: »In der Anfangszeit des Zweiten Weltkriegs empfand ich den starken Nationalstolz aller Sowjets, der sich zuweilen mit Erbitterung über das Ausmaß unseres Leidens mischte. Trotz der durch die Blockade Leningrads verursachten Not und *unserer Evakuierung aus der Stadt* [Hervorhebung durch die Autoren] habe ich an der Politik Stalins und unserer Regierung nie gezweifelt.«

Auch die Aussagen Schadrins über seine Schullaufbahn müssen mit Fragezeichen versehen werden. Während seines Auftritts vor dem Kongreßausschuß wurde er von Ausschußanwalt Nittel gefragt: »Welche Grundschulen haben Sie besucht, und ab wann?« Schadrins Antwort lautete: »Ich bin in Leningrad sieben Jahre zur Schule gegangen, von 1934 bis 1941. Dann wechselte ich in eine Spezialschule der Marine über, an der ich meine Schulbildung abschloß. Von 1945 bis 1949 studierte ich an der Frunse-Marineakademie, und zwischen Herbst 1955 und Herbst 1956 besuchte ich Sonderlehrgänge für Zerstörerkapitäne.«

Zur Abrundung dieser nüchtern-sachlichen Auskunft erklärte

Schadrin, einen vorbereiteten Text ablesend: »Seit meinem Abgang von der siebenjährigen Grundschule im Jahr 1941 stand mein Leben weitgehend im Zeichen der sowjetischen Marine. In den Weltkriegsjahren, von 1941 bis 1945, besuchte ich eine Marinespezialschule, und von 1945 bis 1949 studierte ich an der Marineakademie. Nach Erlangung meines Offizierspatents diente ich zehn Jahre lang als Marineoffizier – zuerst als Wachoffizier, dann über mehrere Beförderungsstufen bis zum Rang eines Kommandeurs eines Kampfverbandes, und schließlich erreichte ich den Dienstgrad eines Zerstörer-Kapitäns.«[14]

In Schadrins 1965 abgefaßtem Lebenslauf findet sich folgende »verfeinerte« Version seiner Bildungslaufbahn:

1945: Abschluß an der Spezialschule der Marine. Empfang des Allunions-Oberschuldiploms. Aufnahmeprüfung für die Marineakademie bestanden.

1945–49: Besuch der Marineakademie, Abschluß im vorderen Drittel (als 57ster von 550 Absolventen) im Rang eines Oberleutnants zur See mit dem Recht, mir eine Flotte auszusuchen, und mit Verwendungsprivilegien.

1949–51: Dienst bei einer operativen Einheit (Zerstörer) als Leiter einer Minen-Torpedo-Sektion (Dienstgrad: Kapitänleutnant).

1951–52: Dienst im Gefechtsinformationszentrum als Adjutant des Kommandierenden Offiziers; Aufgabe: Koordinierung der Fernsteuerung; Organisation: ASW.

1952–54: Kommandierender Offizier (Dienstgrad: Korvettenkapitän).

1954–55: Weiterführende Lehrgänge an einer dem Naval War College entsprechenden Schule.

1955–59: Dienst als Kommandeur eines Zerstörers. 1957 zugleich Kommandeur einer taktischen Zerstörergruppe (2 Schiffe). In den letzten eineinhalb Jahren Schulung ausländischen Militärpersonals (Dienstgrad: Fregattenkapitän).[15]

Daß jemand, der sich anschickt, ins Rampenlicht der Öffentlichkeit zu treten, seinen Lebenslauf aufputzt, ist nicht neu. Viele, die als Zeugen gehört werden oder sich um eine Stellung bewerben, versuchen, ihre bisherigen Leistungen und Erfahrungen ins best-möglichte Licht zu rücken. Schadrins biographische Selbstdarstellung erschien jedoch nicht wenigen Leuten, die das sowjetische Bildungssystem und die Sowjetmarine aus eigener Anschauung kannten, unglaubwürdig. Peter Sivess, der während und nach dem Zweiten Weltkrieg die sowjetische Marine aus nächster Nähe kennengelernt und mit vielen Überläufern zu tun hatte, hält die Angaben Schadrins über seine Schul- und Studienlaufbahn für unplausibel, ebenso wie Frank Steinert, Überläufer und Marine-offizier wie Schadrin. Steinert entdeckte im Lauf der Jahre zahlreiche Widersprüche in den Angaben Schadrins über seinen Ausbildungsgang. Er, der selbst die Frunse-Militärakademie in Moskau absolviert hat, schließt die Möglichkeit, daß Schadrin, wie behauptet, die Leningrader Marineakademie besuchte (die eine »Filiale« der Moskauer Militärakademie ist), kategorisch aus. »Ich war auf der Frunse [der Mutterakademie in Moskau]. Ich fragte ihn nach seiner Studienzeit dort. Er konnte einfachste Fragen nicht beantworten. ... Für mich war sonnenklar, daß er kein Frunse-Absolvent sein kann«, sagt Steinert.[16]

Eine für einen Agenten zurechtgezimmerte Legende, so sorgfältig und kunstfertig sie auch konstruiert sein mag, hat, wie ein gefälschtes Dokument nach, den Pferdefuß, daß sie einer akribischen fachmännischen Prüfung niemals standzuhalten vermag. Was die Schadrin-Legende betrifft, so hat es den Anschein, daß sie entweder nicht sorgfältig genug geprüft wurde oder daß die US-Behörden zum damaligen Zeitpunkt nicht über den notwendigen Sachverstand verfügten.

Ein weiterer Aspekt der Schadrin-Biographie, den man Schadrin als wahr durchgehen ließ, betraf seine Familienverhältnisse. Im Protokoll seiner Anhörung findet sich folgende Passage:

Mr. Nittel: »Sind Ihre Eltern am Leben?«
Kapitän Artamonow: »Nein, sie sind verstorben.«
Mr. Nittel: »Wann starb Ihr Vater?«
Kapitän Artamonow: »1958.«
Mr. Nittel: »Wann starb Ihre Mutter?«
Kapitän Artamonow: »1956.«

Henry Hurt schreibt zu diesem Thema in seinem Schadrin-Buch: »Er kam aus einem gebildeten Elternhaus – seine Mutter, Aleksandra Grigorjewa mit Mädchennamen, war Lehrerin, sein Vater Fjodor Maschinenbau-Ingenieur.«[17]

Als Schadrin auf den diversen Etappen seiner über Schweden und die Bundesrepublik Deutschland in die USA führenden Exil-Odyssee diese Angaben über seine Eltern machte, wurden sie ihm von Geheimdienstlern, die es eigentlich hätten besser wissen müssen, bereitwillig abgenommen. Schadrin präsentierte sich als ein Überläufer, dessen Eltern wenige Jahre vor seiner Flucht gestorben waren und der auch keine Geschwister hatte. Diese »Familienverhältnisse« lieferten eine bequeme Erklärung dafür, daß ihm die Flucht aus der Sowjetunion etwas leichter gefallen war als anderen Überläufern.

Das unbequeme daran ist freilich, daß dies alles sehr wenig mit der Wahrheit zu tun hat. Eine erste Spur in Richtung auf die Wahrheit weist uns die Tatsache, daß Schadrin in Leningrad die Nachimow-Schule besucht hat. Für sie galt, wie für Nachimow-Schulen in anderen Städten, daß ihr Besuch in der Kriegszeit und bis in die frühen 50er Jahre hinein Kindern vorbehalten war, deren Väter im »Großen Vaterländischen Krieg« als Soldaten gefallen waren. Wie aus den Unterlagen hervorgeht, muß Schadrin ein Kriegswaise gewesen sein; sein Vater starb nicht erst 1958, wie er unter anderem auch Ewa weisgemacht hatte.

Von 1944 an diente der sowjetische Schlachtkreuzer *Aurora*, der in Leningrad vor Anker lag, als Mannschaftsunterkunft für die »Nachimowiten«, den blutjungen Nachwuchs für das Offizierskorps der Sowjet-Marine. Die *Aurora* ist für das offizielle Rußland ein symbolbeladenes Heiligtum, das die Sowjetbürger ehrfürchtig besichtigen, ähnlich wie Amerikaner die USS *Constitution* im Hafen von Baltimore. Geht man an Bord des Schiffes, so erblickt man längs des zur Mannschaftsmesse führenden Ganges an der Schott-Außenseite eine Reihe von Tafeln, in die die Namen von Marinekadetten und ihren Vätern eingraviert sind. Auf einer dieser Tafeln – es ist die für den Aufnahmejahrgang 1944 – finden sich die Namen Nikolai F. Artamonow und Oberst Fjodor V. Artamonow (1906–1944).[18]

Trotz des in der Sowjetunion über ihn gefällten Todesurteils führten Nick und Ewa ein öffentliches und umtriebiges Leben. Die CIA hatte Schadrin als Abfindung für »geleistete Dienste« eine pauschale Summe gezahlt. Dieses steuerfreie CIA-Geld verwendeten die Schadrins für den Kauf eines bescheidenen Bungalows in Arlington (Virginia), 23. Straße Nord, Hausnummer 5432. 1962 trat James Angleton in Schadrins Leben. Anatoli Golizyn, der einzige Überläufer, dem Angleton je vertraute, wollte unbedingt mit Schadrin zusammentreffen. Angleton, dem Schadrin als der Inbegriff des vorbildlichen und angepaßten Überläufers geschildert worden war, entschloß sich entgegen allen Regeln der Spionageabwehr, die beiden zusammenzubringen.

Es war ein voller Erfolg, was Schadrin und Golizyn betraf, doch für Ewa war es ein Alptraum. Sie empfand Golizyn als nervtötend, ja zuweilen furchterregend. Es kam jetzt häufig vor, daß Nick Ewa abends aufforderte, ihre Lehrbücher zuzuklappen und mit ihm zu den Golizyns zu fahren. Dort pflegte sich Frau Golizyn, eine ausladende und gesellige Russin, »ans Klavier zu setzen und diese russischen Lieder zu spielen und zu singen; für Nick war das herrlich, weil Nick gerne sang, und sie gab ihm ein Textbuch mit diesen russischen Liedern«, erinnert sich Ewa.

1964 bat Nick Schadrin auch um eine Begegnung mit Juri Nosenko, der sich kurz vorher aus der Sowjetunion in die USA abgesetzt hatte; die CIA schlug diese Bitte jedoch ab.

1961 entschloß sich Schadrin auf Drängen Ewas, seinen Bildungsstandard und seine Englischkenntnisse zu verbessern, um in der Washingtoner Szene, wo seit Beginn der Kennedy-Ära akademische Bildung großgeschrieben wurde, eine bessere Figur zu machen. Er sah ein, daß er sich neue und weiterreichende Kontakte erschließen konnte, wenn er sich akademische Referenzen zulegte. So schrieb er sich an der ingenieurwissenschaftlichen Fakultät der George Washington University ein.

Dort kam Schadrin mit Offizieren und Militärbürokraten aller Schattierungen in Berührung, die, wie er, durch Abendkurse ihr Bildungsprofil verschönern wollten. In jenen Jahren fühlte man sich, wenn man abends durch die Korridore der George Washington University ging, in ein imaginäres »Pentagon Ost« oder eine

254

»CIA-Zentrale Süd« versetzt; viele Offiziere kamen direkt von der Arbeit zu den Abendkursen und trugen noch ihre Uniformen einschließlich der Namensschildchen.

Schadrin zeigte an der George Washington University verblüffende Studienleistungen. Die Aufsätze, die er in Kursen über wissenschaftliche Operationsanalyse, lineare Programmierung oder Spieltheorie vorlegte, waren vom Feinsten. Interessant an dem Studiengang, mit dem Schadrin seinen ingenieurwissenschaftlichen Magistergrad erlangte, war die Tatsache, daß er unterwegs keine einzige Prüfung ablegte. Er erfüllte die formalen Leistungsanforderungen der verschiedenen Kurse vielmehr durchweg durch die Vorlage schriftlicher »wissenschaftlicher Arbeiten« zu von den einzelnen Lehrkräften vorgeschlagenen Themen.[19]

Unter dem Eindruck der Mühelosigkeit, mit der er das Magisterpensum an der George Washington University bewältigt hatte, wechselte Schadrin im September 1964 an das zur GWU gehörige College of Arts and Sciences über und schrieb sich in ein Doktorandenseminar über internationale Politik ein. Voraussetzung für die Zulassung zu diesem Seminar war die Fähigkeit, zwei Fremdsprachen lesen zu können. Da Schadrin Russisch als seine Muttersprache angab, wählte er als seine erste Fremdsprache Englisch; er bestand die entsprechende Prüfung im Oktober 1964. Als zweite Fremdsprache gab er Polnisch an; die dazugehörige Prüfung absolvierte er erst im September 1968.

Ewa schloß unterdessen ihr zahnmedizinisches Studium ab und erhielt ihre Praxiszulassung für die Vereinigten Staaten. Nach außen hin wirkten Nick und Ewa wie ein ehrgeiziges und fleißiges Ehepaar auf dem Weg zum beruflichen Erfolg; das einzige Kapital, das sie nach Amerika mitgebracht hatten, waren ihre Intelligenz und ihre Tatkraft gewesen, und es schien, als hätten sie dieses Kapital gut angelegt. Ewa hatte sich zur selbständigen Karrierefrau gemausert, Nick sich zum populären, jovialen, geselligen und offenherzigen Experten für Fragen der sowjetischen Marine. Mit seinen fachlichen Leistungen am ONI machte er sich viele Freunde.

Mary Louise Howe, die Frau von Kapitän William Howe, über ausgesprochen gute Beziehungen verfügend, führte das Paar in

die Washingtoner Gesellschaft ein und rührte lautstark die Werbe-
trommel für die Schadrins.[20] Sie war eine Frau, die wußte, wo
welche Drähte zusammenliefen und welche Telefonnummern
man wählen mußte, um im Kongreß etwas zu bewegen. In der
zweiten Sitzungsperiode des 88. Kongresses brachte Senator
James Eastland, ein Hausnachbar von Frau Howe, die Gesetzesvorlage Nr. S 2789 ein, deren erklärter und einziger Zweck die
Einbürgerung Nick Schadrins war.[21]

Zum ersten Mal war Schadrin nicht mehr auf das Wohlwollen der
CIA angewiesen. Für die Agency kann es sehr nützlich sein, einen
Mann wie Artamonow in dem labilen Status eines aufenthaltsbe-
rechtigten Ausländers zu belassen. Jetzt aber war Schadrin im
Besitz der vollgültigen Rechte eines Staatsbürgers der USA. Aus
der Perspektive Schadrins gesehen, brachte seine Einbürgerung
nur Vorteile, vor allem weil sie ihn aus seiner Abhängigkeit von
der CIA befreite.

Anfang 1965 stand Schadrin auf dem Gipfel seines Prestiges
innerhalb des ONI. Sein Starimage hatte seit der Kongreßanhö-
rung 1960 kein bißchen gelitten. Im Gegenteil, nachdem sich seine
Prophezeiungen über den weiteren Ausbau der sowjetischen
Kriegsflotte bewahrheiteten, hielt man ihn für ein Genie. Unter
dem lange nachwirkenden Schock der Kubakrise gelangten viele
mit Fragen der nationalen Sicherheit befaßte Politiker und Beamte inner- und außerhalb des Weißen Hauses zu der Überzeugung,
daß die sowjetische »Bedrohung«, wie Schadrin sie jahrelang
gepredigt hatte, real und akut war.

Im Frühjahr 1965 näherte sich Schadrins Beratervertrag mit dem
ONI seinem Ablaufdatum. Admiral Taylor wollte seinen Sachverständigen Schadrin nicht verlieren. Der 1960 abgeschlossene Vertrag war bis 30. Juni 1965 befristet. In einem Versuch, Zeit zu
gewinnen und die Kontrolle über Schadrin nicht zu verlieren,
sorgte Taylor dafür, daß der Vertrag zunächst um sechs Monate
verlängert wurde, und vermittelte ihm zusätzlich einen kurzfristi-
gen Beratervertrag beim Zentrum für Wissenschaftliche und
Technische Aufklärung der US-Marine.

Allein, die Ära Taylor am ONI neigte sich ihrem Ende zu, und in
den Plänen der Männer, die bereitstanden, das ONI zu überneh-

men, spielte Schadrin, sosehr sie ihn mochten, keine Rolle. Taylor wurde im Juni 1966 zum Vizeadmiral befördert und zum Stellvertretenden Direktor der Defence Intelligence Agency ernannt.

Auch in den Korridoren des Kreml in Moskau begannen neue Winde zu wehen, und sie sorgten für eisige Zugluft in der KGB-Zentrale. Breschnew hatte Chruschtschow 1964 vor allem deshalb zu stürzen vermocht, weil er die Unterstützung des sowjetischen Militärs besaß, das Fortschritte bei der Wiederaufrüstung des Vaterlandes sehen wollte. In der Ära Chruschtschow war die sowjetische Marine, in aller Stille und ohne Fanfaren, im Kampf um die Anteile am sowjetischen Rüstungsbudget besser gefahren als die anderen Waffengattungen, und diese setzten während des Machtkampfs, bei dem Chruschtschow schließlich den kürzeren zog, voll auf Breschnew.

Als Gegenleistung forderten Heer und Luftwaffe Mitte 1966 von Breschnew ein abgestimmtes Vorgehen von KGB und GRU, um die technischen und naturwissenschaftlichen Informationen zu beschaffen, die die Militärs zur Modernisierung ihrer Streitkräfte benötigten.

Das Spiel um die Macht, das die Angehörigen der sowjetischen *Nomenklatura*, ihre Familien und ihre Mentoren im Zentralkomitee und im Politbüro spielen, ist von tödlicher Härte. Die aus der Chruschtschow-Ära Übriggebliebenen fürchteten den Verlust ihrer Macht und ihrer Stellung. Sie wußten nur zu gut, was für sie auf dem Spiel stand: Privilegien wie das Recht, in den *Nomenklatura*-Läden einzukaufen, eine Datscha außerhalb Moskaus zu unterhalten, und all die tausend anderen Dinge, die das Leben in Moskau lebenswert machten. Eine Frau, deren Sorge nicht so sehr ihrer eigenen Zukunft galt, sondern der ihrer Tochter, ihres Schwiegersohns und ihres Enkelkinds, war Jekaterina Aleksejewna Furtsewa.

Jekaterina und ihr Mann Nikolai Firjubin waren ausgewiesene Mitglieder des innersten Zirkels der sowjetischen Machtelite. Sie hatten eine Tochter namens Swetlana, die mit Igor, dem Sohn von Frol Romanowitsch Koslow, verheiratet war. Wie viele Kinder aus *Nomenklatura*-Familien war Igor Koslow beim KGB gelandet; seine Karriere war jedoch Anfang 1966 ins Stocken geraten. Er diente als Major in einer Sektion der Ersten Hauptabteilung (Nachrichtendienstliche Operationen im Ausland) und hatte wenig Aussicht, zum Oberstleutnant befördert zu werden. Der KGB rekrutiert viele, aber das eigentliche Sprungbrett zu einer KGB-Karriere ist die Beförderung zum Oberstleutnant. Wenn einem Major dieser Sprung gelingt, hat er sich den Zugang zum innersten Machtzirkel des KGB gesichert und besitzt gute Aussichten, sich bedeutsame Privilegien verschaffen zu können. Major Koslow war der CIA flüchtig bekannt, weil er der Agency in den frühen 60er Jahren in Pakistan gewisse vorsichtige Avancen gemacht hatte. Zu jener Zeit hatte Koslow geglaubt, er würde in absehbarer Zeit in die USA entsandt; schließlich hatte er jedoch erfahren, daß an seiner Stelle sein Kollege Oleg Sokolow die begehrte Berufung erhalten hatte. Anfang März 1966 sah Jekaterina Furtsewa die Zeit zum Handeln gekommen.

Während eines Spaziergangs im Freien – ihre Datscha wurde offensichtlich abgehört – erfuhr Koslow von Frau Furtsewa, der Ehemann der Tochter von Admiral Gorschkow, Kapitän Nikolai Fjodorowitsch Artamonow, sei in den Vereinigten Staaten ein einflußreicher Mann und habe Zugang zu geheimsten Daten über die US-Kriegsmarine. Es war Koslow sofort klar, daß dieser Hinweis ihm seine KGB-Karriere sichern konnte. Wenn es ihm gelänge, Artamonow zu rekrutieren, stünde sein Erzrivale im KGB, Oleg Sokolow, wie ein begossener Pudel da.

Damit hatte Frau Furtsewa ihrem Schwiegersohn einen goldenen Schlüssel in die Hand gegeben: die Chance nämlich, mit einem sensationellen Geheimdienstcoup seine gestoppte KGB-Karriere wieder in Schwung zu bringen.

Kapitel 12

Schadrin: KITTY HAWK

Ich war von Nick nicht besonders angetan. Nick war
ein öliger Typ, ein Küßchengeber. Nick war einer,
der schmutzige Witze nach KGB-Art erzählte. Wenn
man auf einer Cocktailparty einen Sowjetmenschen
trifft, und er raunt einem dreckige Witze ins Ohr,
dann ist er mit ziemlicher Wahrscheinlichkeit vom
KGB.

Generalleutnant Samuel Wilson

Die Jagd nach dem sowjetischen Maulwurf, dem Phantom SA-
SHA, hielt auch in den 60er Jahren weiter an. James Angleton von
der CIA war entschlossen, nicht zu ruhen, bis SASHA entlarvt
und erledigt war. Angletons Lieblingsüberläufer Anatoli Golizyn
tat ein übriges, um bei der CIA das Gefühl des Unterwandertseins
zu schüren. Courtland Jones, in der Washingtoner FBI-Außenstelle für Spionageabwehr zuständig, wurde jedoch gegen Mitte
der 60er Jahre der Maulwurfsjagd zunehmend überdrüssig. Die
Ermittlungsmaßnahmen gegen den Bilderrahmer Igor Orlow, die
er auf Geheiß Angletons durchgeführt hatte, waren fruchtlos
geblieben.[1] Abgesehen von einigen schönen Bilderrahmen, hatte
die ständige Beschattung Orlows keine brauchbare Ausbeute
erbracht. Jones und viele seiner FBI-Kollegen hatten von der
Phantomjagd – um mehr handelte es sich in ihren Augen nicht –
genug. Und selbst wenn Igor Orlow einmal SASHA gewesen war
– welchen Schaden konnte der Mann jetzt noch anrichten? Er
bastelte Bilderrahmen und fuhr mit einem Kombi umher.
William Lander, William Branigan und andere in der FBI-Zentrale stimmten mit Jones' Einschätzung überein und plädierten da-

für, die Akte Orlow zu schließen. Sie litten an Personalknappheit und hatten für ihre Agenten interessantere Aufträge in petto. Freilich waren die Beziehungen zwischen Angletons Spionageabwehrladen bei der CIA und dem FBI im Mai 1966 auf einen Tiefpunkt gesunken. Sam Papich, vom FBI mit der Pflege der Kontakte zur CIA betraut, vermochte die größer werdende Kluft zwischen FBI und CIA nicht zu überbrücken.[2] Angleton schenkte Golizyn Glauben. Bei den Leuten von der FBI-Spionageabwehr verstärkte sich der Eindruck, Angleton werde an der Nase herumgeführt.

Elbert »Bert« Turner, Courtland Jones' bester CI-Mann, hatte zusammen mit seinem Kollegen James Wooten Gelegenheit gehabt, Juri Nosenko zu befragen, als dieser sich 1964 aus der Sowjetunion abgesetzt hatte. Dann jedoch hatte Angleton dem FBI den Zugang zu Nosenko versperrt. Er war sauer darüber, daß J. Edgar Hoover die von Nosenko mitgebrachte Nachricht, die Russen hätten mit der Ermordung Präsident Kennedys durch Lee Harvey Oswald nichts zu tun, ohne Genehmigung der CIA an das Weiße Haus und an den Kongreß hatte durchsickern lassen. Nosenko hatte seinen Befragern von CIA und FBI erklärt, er sei in der Sowjetunion mit dem Fall Oswald befaßt gewesen, und man habe damals beschlossen, Oswald nicht zu rekrutieren, da er zu instabil gewesen sei. Daß dem FBI der Kontakt zu Nosenko abgeschnitten wurde, war für Bert Turner eine besonders bittere Pille. Mehr als jeder andere Beamte brannte er darauf, herauszufinden, welche Rolle der KGB in Lee Harvey Oswalds russischem Leben gespielt hatte. Schließlich war es der Fall Oswald gewesen, der Turner den Aufstieg in die FBI-Spitze verbaut hatte.[3]

Allein, das FBI hatte sich, was seinen Umgang mit Überläufern und Agenten betraf, bislang nicht den besten Ruf erworben. Angleton machte keinen Hehl daraus, daß er die beiden in Moskau eingeschleusten FBI-Agenten TOP HAT und FEDORA (zuweilen auch SCOTCH und BOURBON genannt), auf die Hoover so stolz war, für falsche Fünfziger hielt. Was Angleton dem FBI jetzt zu verstehen gab, war, daß er von Nosenko keinen Deut mehr hielt. Dem FBI war es aber ein brennendes Anliegen, in bezug auf den Kennedy-Mord wieder eine weiße Weste präsentieren zu können, und seine größte Hoffnung ruhte dabei auf Nosenko. Freilich, solange man keinen Zugang zu ihm hatte, war nichts zu machen. Und jetzt behauptete Angleton auch noch, Nosenko sei ein Falschspieler. Damit war der Schwarze Peter des Präsidentenmordes wieder in der Hand des FBI.

Angleton hatte sich in den Kopf gesetzt, daß der Leiter der Sowjetabteilung, David E. Murphy, während seiner Zeit in der Berliner CIA-Niederlassung von den Sowjets als Agent rekrutiert worden war; deshalb hatte er die Sowjetabteilung von möglichst vielen Informationskanälen abzukoppeln versucht. Diese über die Sowjetabteilung verhängte Quarantäne machte es der CIA unmöglich, neue sowjetische Agenten zu rekrutieren. Diejenigen neuen Fälle, die hereinkamen, wurden anderen Abteilungen anvertraut. Angletons Maulwurfsjagd lief auf vollen Touren, wenn auch im Leerlauf. Es war den Sowjets gelungen, Sand ins Getriebe der amerikanischen Spionageabwehr zu streuen.

Zu alldem gesellte sich auch noch ein Wechsel an der Spitze der CIA: Admiral William Raborn nahm im Juni 1966 seinen Hut, und Richard McGarrah Helms, der reibungslose CIA-Karrierist, schickte sich an, ihm ins Amt des CIA-Direktors nachzufolgen. Auch in Helms' persönlicher Sphäre vollzogen sich zu dieser Zeit einige Veränderungen. Seine langjährige Ehe mit Julia Bretzman Helms war am Ende.

Am Samstag, den 18. Juni 1966 um 8.30 Uhr morgens klingelte im Hause der Helms' in Georgetown das Telefon. Frau Helms nahm den Hörer ab. Auf ihre Frage stellte der Anrufer sich als Major Igor Koslow vor. Der Anrufer hatte es offenbar darauf abgesehen, bei Frau Helms Eindruck zu schinden, erkundigte er sich doch danach, ob die Beinverletzung ausgeheilt sei, die sie sich unlängst beim Versuch, ein Bild aufzuhängen, zugezogen hatte. Frau Helms ließ sich nicht becircen.[4] Sie war zu lange mit einem »Dienstler« verheiratet gewesen, um auf solche Annäherungsversuche anzusprechen. Sie sagte dem Anrufer, Richard Helms sei nicht da, er könne ihn jedoch im Country Club des Kongresses erreichen.

Der KGB hatte gut genug recherchiert, um über einen kleinen Unfall im Hause des künftigen CIA-Direktors Bescheid zu wissen, aber daß Richard Helms vor kurzem aus der ehelichen Wohnung ausgezogen war und in Scheidung lebte, war den Sowjets entgangen.

Igor rief tatsächlich im Country Club an, erreichte Richard Helms und gab sich ihm als KGB-Major zu erkennen.[5] Igor Romanowitsch Koslow, damals Ende Dreißig, eröffnete Helms, daß er für den amerikanischen Geheimdienst arbeiten wolle. Er erklärte, er habe vor mehreren Jahren in Pakistan mit einem CIA-Beamten gesprochen, einem Agenten namens Gardener Rugg Hathaway. Koslow kannte und benutzte Hathaways Spitznamen »Gus«. Helms, der Hathaway kannte und wußte, daß er als eines der hellsten Lichter am amerikanischen Geheimdiensthimmel galt, war fasziniert: Erst das Wissen um die Verletzung seiner Noch-Frau, jetzt die Bekanntschaft mit Hathaway. Koslow teilte Helms weitere Details seiner Biographie mit, die sich überprüfen ließen. Es gibt wenige Leute, die vorsichtiger sind als Richard Helms. Er hatte sich den Weg an die Spitze der CIA nicht mit Vertrauensseligkeit gebahnt. Jetzt kündigte Igor ihm an, er werde ihn in zwei Stunden wieder anrufen.

Wenn Helms mit einem Sicherheitsproblem konfrontiert wurde, wußte er, was zu tun war. Er rief James Angleton in dessen Haus in Arlington an. Der Spionageabwehrchef wartete mit einer gehörigen Portion Skepsis gegenüber Igor auf und schärfte Helms ein, das wichtigste sei, daß die Sowjetabteilung unter keinen Umständen von einer so sensiblen Geschichte Wind bekommen dürfe, solange die Spitze dieser Abteilung selbst unter Verdacht stehe. Angleton schlug vor, Bruce Solie von der Sicherheitsabteilung der CIA und William Branigan vom FBI auf den Fall anzusetzen, die gut miteinander auskamen. Als Igor wieder anrief, vereinbarte Helms ein Treffen zwischen ihm und Solie für 13 Uhr; der Treffpunkt lag nur wenige Kilometer von der sowjetischen Botschaft im Nordwesten von Washington entfernt.

Bruce Solie war ein ernster und verschlossener Mensch von mittlerer Größe. Er, der mit den Akademikern innerhalb der CIA wenig gemein hatte, arbeitete streng »nach Vorschrift« und war sich bewußt, daß es der CIA rechtlich nicht erlaubt war, Igor als Agenten einzusetzen, solange er sich in den USA aufhielt. Er rief daher unverzüglich Bill Branigan an, den Leiter der Spionageabwehr beim FBI, und erzählte ihm von dem verabredeten Treff um 13 Uhr.

Der irisch aussehende Branigan, der wohl beste Denkschriftenverfasser des FBI, hatte es zu dieser Zeit schwer. J. Edgar Hoover starrte so gebannt auf die angeblichen inneren Umsturzgefahren, die den Vereinigten Staaten von Vietnamkriegsgegnern, radikalen Studenten und schwarzen Aktivisten drohten, daß Branigan nur noch herzlich wenig Personal für die Abwehrarbeit gegen Sowjet- und Ostblock-»Diplomaten« und »Handelsvertreter« zur Verfügung hatte.

Der berüchtigte Washingtoner Sommer war bereits in der Stadt eingezogen und machte das Leben in ihr unbehaglich. An den Wochenenden versuchten viele Washingtoner, der in der Stadt brütenden Hitze und Feuchtigkeit zu entfliehen. Courtland Jones war keine Ausnahme. Er und seine Familie packten gerade ihre Sachen zusammen, um zu ihrem »Sommersitz« bei Kitty Hawk (North Carolina) zu fahren, als das Telefon klingelte. Es war Samstag vormittag, 10.30 Uhr. Bill Branigan war am Apparat. Er schilderte die Kontaktaufnahme durch Igor und berichtete von dem verabredeten Treff um 13.00 Uhr. Dann bat er, sich einen Decknamen für den neuen sowjetischen Kontaktmann einfallen zu lassen.[6] Jones zögerte eine Sekunde und sagte dann: »Nun ja, meine Frau und ich fahren heute nach Kitty Hawk. Warum nennen wir den Fall nicht so?«[7] Branigan war einverstanden. Sie kamen überein, daß Solie zu dem ersten Treffen mit KITTY HAWK allein gehen sollte. Jones wies seinen erfahrensten Spionageabwehrbeamten, Bert Turner, an, mit Solie zusammenzuarbeiten und letztlich auch KITTY HAWKs Betreuungsoffizier in den USA zu werden.[8] Nicht lange, und im FBI bürgerte sich für KITTY HAWK das Kürzel KH ein.

Um Punkt 13 Uhr traf KITTY HAWK in dem von der CIA für den von Solie arrangierten Treff bereitgestellten »sicheren Haus« nicht weit von der sowjetischen Botschaft ein. Solie zeigte sich bei dieser ersten Begegnung vom »außergewöhnlich guten Englisch« seines Kontaktmanns beeindruckt. Es war klar, daß dieser junge Mann in einer höheren Kategorie anzusiedeln war als der sonstige durchschnittliche KGB-Agent. Nach seinen Umgangsformen und seiner Weltgewandtheit zu urteilen, mußte er aus höchsten gesellschaftlichen Kreisen in Moskau stammen. »Er war sehr intelligent«, erinnert sich Solie.[9] KITTY HAWK alias Igor Koslow erläuterte Solie, er halte sich im Rahmen einer auf nur 65 bis 70 Tage befristeten Inspizierungsmission an der Washingtoner Sowjetbotschaft auf. Sein normales Arbeitsgebiet sei die »KR« (Konta Raswjebka) – der KGB-Terminus für Spionageabwehr. KH hob seine Bereitschaft hervor, mit der CIA, unter keinen Umständen jedoch mit dem FBI, zusammenzuarbeiten. Courtland Jones erklärte sich diesen Vorbehalt Igors gegen das Bureau später mit der unter KGB-Beamten allgemein verbreiteten Angst vor der Befugnis des FBI, sie festzunehmen. Ein plausibleres Motiv könnte die Tatsache gewesen sein, daß der KGB es eben nicht auf das FBI, sondern auf die CIA abgesehen hatte. Das FBI hatte dem KGB in puncto Informationen nichts wirklich Wertvolles zu bieten.

KH elektrisierte Solie mit der Mitteilung, er sei zwar nur vorübergehend in die Vereinigten Staaten abkommandiert worden, werde aber, wenn für ihn alles nach Wunsch gehe, in wenigen Jahren als Leiter der Spionageabwehr in der KGB-Station in der sowjetischen Botschaft in Washington zurückkehren. KH unterbreitete dann ein Angebot, von dem jeder CIA-Agent träumt: Er erbot sich, in der Moskauer KGB-Zentrale für die CIA zu arbeiten. Mit Hilfe der Amerikaner werde es ihm, so erläuterte er, nicht schwerfallen, seine anvisierten Karriereziele innerhalb des KGB zu erreichen und damit wiederum für die CIA um so nützlicher zu sein. Den Wunsch, sich in die USA abzusetzen, äußerte KITTY HAWK nicht.

Dann ließ KITTY HAWK endgültig die Katze aus dem Sack: Falls die CIA an seinem Vorschlag interessiert sei, wäre es für beide Seiten gut, ihn bei der Erfüllung seines momentanen Auftrags zu unterstützen. Dieser Auftrag besage, daß er im Laufe seines jetzigen Washington-Aufenthalts versuchen solle, einen ehemaligen sowjetischen Marineoffizier, der vor sieben Jahren übergelaufen sei, für den KGB zu rekrutieren – einen Mann namens Nikolai Fjodorowitsch Artamanow. Was Igor insinuierte, war, daß die

CIA ihm bei der Rekrutierung von Nick Schadrin behilflich sein möge.[10]

Kühl und ruhig fragte Solie, aus welchem Grund die CIA KH helfen solle, Artamonow zu rekrutieren. Daraufhin zog der smarte Koslow das Register, das wie kein anderes Solies Herz berührte: Er versprach, als Gegenleistung der CIA bei ihrer Maulwurfsjagd beizustehen. Da er beim KGB für die Unterwanderung der CIA zuständig sei, wisse er um die Identität der hier eingeschleusten Agenten. Das war die Trumpfkarte, von der KH wußte, daß sie stechen würde. Solie, der mehrere Jahre mit SASHA-Ermittlungen gegen Igor Orlow zugebracht hatte, versuchte Koslow einige Details zu entlocken. Doch KITTY HAWK erklärte, er werde nichts mehr sagen, ehe sein Vorschlag nicht akzeptiert sei. Was Koslow allerdings noch erwähnte, war, daß es ihm lieber wäre, künftig mit jenem CIA-Bekannten zu verhandeln, den er vor Jahren in Pakistan kennengelernt hatte; vielleicht, so seine Bitte, könne die Agency eine Begegnung arrangieren.

Zurück in der CIA-Zentrale, schrieb Solie ein Gedächtnisprotokoll der Unterredung mit KITTY HAWK nieder. Als geschulter Sicherheitsoffizier notierte er jeden Satz und jeden Aspekt ihres Gesprächs, den er für relevant hielt. Dann meldete er sich bei Angleton und Branigan zurück. Angleton, der KITTY HAWK von Anfang an für unecht gehalten hatte, bekräftigte seine Mutmaßung, daß Koslow im Auftrag des KGB handelte. Dessenungeachtet mußte der Fall, wie jedem Spionageabwehrprofi klar war, weitergespielt werden.

Angleton bat einen alten Freund, den Spionageabwehrspezialisten Peter Kapusta, ihm die Details über die erste Kontaktsuche Igor Koslows vor Jahren in Pakistan herauszusuchen. Er widmete sich unterdessen der Aufgabe, »Gus« Hathaway, der ebenfalls für die Sowjetabteilung arbeitete, in die USA zu lotsen, ohne dem Direktor der Abteilung, David Murphy, auf die Nase zu binden, worum es ging. Angleton löste dieses Problem dadurch, daß er den CIA-Direktor veranlaßte, den zu dieser Zeit in Brasilien stationierten Hathaway zu sich zu bestellen.

Gus Hathaway war Spezialist für die Unterwanderung des KGB durch das Rekrutieren und Einschleusen von Agenten. Er hatte sich seine Sporen als tatkräftiger Außendienstler am Stützpunkt Berlin unter William King Harvey verdient. Nach Einsätzen in Osteuropa war er nach Pakistan entsandt worden, wo er die besagte Begegnung mit Igor Koslow gehabt hatte. Als die Regierung Kennedy sich auf die Probleme der westlichen Hemisphäre konzentrierte und, unter anderem, massive politische Aktivitäten in Chile und Brasilien entfaltete, fand Hathaway sich in Lateinamerika wieder.[12]

Bei der Analyse des neuen Koslow-Vorstoßes fragten sich Angleton und seine Mannschaft: Weshalb Schadrin? Was versprach sich der KGB von einem übergelaufenen sowjetischen Kapitän, an dem die CIA so wenig Freude gehabt hatte, daß sie ihn nach einem Jahr zur Marine hatte ziehen lassen? Auf seine eigenen Ermittlungen fixiert, stellte Angleton die CIA-eigene Einschätzung Schadrins zu keinem Zeitpunkt in Frage und verließ sich vor allem auch auf das positive Urteil, das Golizyn nach kurzer Bekanntschaft mit Schadrin über diesen gefällt hatte. Schließlich gelangten die CI-Leute zu der einstimmigen Einschätzung, der KGB wolle mit der Koslow-Aktion zeigen, daß kein Überläufer sich seinem Zugriff entziehen konnte. In den Augen Angletons war der eigentlich interessante Punkt der, daß Nick Schadrin ein Köder war, dessen sich die CIA bedienen konnte, um Koslow Informationen über den KGB zu entlocken. Aber davon abgesehen, würde es ja Sache des KGB sein, sich um Koslow zu kümmern. Angleton hatte keinen rechtlichen Anspruch auf diesen Agenten. Die Koslow-Schadrin-Geschichte würde ein FBI-Fall sein.[13]

Allein, bei Schadrin ergab sich ein großes Problem. Er hatte im Vorjahr die US-Staatsbürgerschaft verliehen bekommen, und damit besaß das FBI keine rechtliche oder andere Handhabe mehr, um ihn zur Übernahme einer »Köderrolle« für das Bureau zu zwingen. Nick befand sich zu diesem Zeitpunkt beruflich in der Schwebe. Er hatte einen Übergangsjob in der Übersetzungsabteilung der Defense Intelligence Agency und hoffte, demnächst von Rufus Taylor eine Stelle angeboten zu bekommen.

Beim FBI sicherte sich Bert Turner die Mitarbeit seines jüngeren Kollegen Jim Wooten. Die beiden vereinbarten, daß Turner KITTY HAWK und Wooten Schadrin betreuen würde. Zunächst einmal mußten die FBI-Beamten jedoch soviel wie möglich über KH – Major Igor Romanowitsch Koslow – herausfinden. Die Unterlagen der Einwanderungsbehörden zeigten, daß er mit einem zeitlich befristeten Diplomatenvisum in die Vereinigten Staaten eingereist war. In seiner Begleitung hatte sich ein Mann namens Wladimir P. Saistew befunden. Soweit CIA und FBI feststellen konnten, entsprach alles, was KITTY HAWK ihnen erzählt hatte, der Wahrheit. Erst ein knappes Jahr später sollte das FBI herausfinden, daß es sich bei dem Reisegefährten Koslows um einen der aggressivsten, zähesten und gefürchtetsten KGB-Offiziere handelte, den die Sowjets je in den Westen entsandt hatten.[14]

Das Bureau mußte bei der Rekrutierung Schadrins für die Operation KITTY HAWK mit möglichst viel Fingerspitzengefühl vorgehen. Es wandte sich zunächst an den Direktor der DIA, General Joseph Carroll, und seinen Stellvertreter, Admiral Rufus Taylor. Die beiden erklärten sich bereit, eine Zusammenkunft zwischen Schadrin und Bert Turner zu arrangieren.

Für Taylor bedeutete Schadrins neue Rekrutierung, daß er ihm den Zugang zu den Geheimunterlagen der US-Marine und der DIA sperren mußte. Er erteilte Weisung, Schadrin bis auf weiteres ständig in der kleinen Übersetzungsabteilung der DIA zu beschäftigen, in der er bisher schon übergangsweise gearbeitet hatte.

Ein Freund Schadrins, ein Oberst, wurde angesprochen und gebeten, Nick zum Mitmachen zu bewegen. »Der arme Kerl litt an Krebs in fortgeschrittenem Stadium«, erinnert sich William Lander.[15] »Er machte Nick die Sache ziemlich schmackhaft. Er sagte ihm, seine Verhandlungsposition gegenüber dem FBI würde sich dadurch verbessern.« Als nächstes setzte sich Bert Turner mit Schadrin in Verbindung und machte ihn darauf aufmerksam, daß die Übersetzungsabteilung, in der er arbeitete, unter sowjetischer Beobachtung stehe. Mit Schadrins ausgeprägter Egozentrik kalkulierend, sagte Turner zu ihm: »Du bist in der Abteilung der einzige, der für die Sowjets wichtig genug ist, um dieses Risiko einzugehen.« Als Turner Schadrin fragte, wie er reagieren würde, falls ein KGB-Agent versuchen sollte, ihn zu rekrutieren, entgegnete Schadrin: »Ich würde ihn in seinen verdammten Arsch treten.«

Turner »überzeugte« Schadrin davon, daß es besser wäre, wenn er dem Sowjetrussen auf den Zahn fühlte, bevor er ihn in den Hintern trat. Auf diese Weise »rekrutierte« das FBI einen ehemaligen Kapitän der sowjetischen Kriegsmarine für den KGB. Die praktisch einzigen Informationen, die das FBI zu diesem Zeitpunkt über Nicholas G. Schadrin besaß, waren in dem Aktenvermerk über Schadrin enthalten, den Admiral Taylor sechs Jahre zuvor an J. Edgar Hoover übersandt und aus dem Hoover entnommen hatte, daß Schadrin als Sonderberater des ONI engagiert worden war.

Obwohl sein guter Freund Tom Dwyer ihn davor warnte, sich von der CIA den Sowjets »zum Fraß vorwerfen« zu lassen, ließ Nick Schadrin sich als FBI-Doppelagent anheuern. Schadrin war dabei klar, daß der KGB ihm hart zusetzen konnte. Ein Zuwiderhandeln gegen KGB-Weisungen konnte seine Frau und seinen Sohn in Kaliningrad in Gefahr bringen. Schadrin hatte daher, aus Gründen, die weder CIA noch FBI jemals verstanden, gar keine andere Wahl, als in die Operation KITTY HAWK einzusteigen. Dieses Engagement machte alle eventuellen Hoffnungen Schadrins zunichte, in den engsten Mitarbeiterkreis um Rufus Taylor aufgenommen zu werden. Denn kaum war Schadrin rekrutiert, da erteilte Admiral Taylor Weisung, ihn von allen Zugangsmöglichkeiten zu DIA-Geheimnissen abzuschneiden. Diese Weisung markierte einen tiefgreifenden Wandel im dienstlichen Umgang Taylors mit Schadrin. Der Admiral verhielt sich bei ihren wenigen Begegnungen in den drei Monaten, die Taylor noch in der DIA zubrachte, zwar freundschaftlich, aber die Zeit der stundenlanden Diskussionen über strategische Probleme war vorbei. Admiral Taylor war alter Hase genug, um sich keine neugierigen Gedanken darüber zu machen, was das FBI vorhatte. Es war »ihr Fall«. Der nächste Treff mit KITTY HAWK sollte verabredungsgemäß eine Woche nach dem ersten stattfinden. Gus Hathaway begrüßte den ihn körperlich überragenden Koslow mit einem herzlichen Handschlag. Hathaway erklärte KITTY HAWK, es bestehe zwar die Möglichkeit, daß er als FBI-Mann mit ihm nach seiner Rückkehr nach Moskau Kontakt hielt, doch sei es besser, diese Aufgabe einem dafür qualifizierteren Mann von der CIA zu überlassen – Bert Turner.

Bei einem nachfolgenden Treff in einem Restaurant in einer Washingtoner Vorstadt auf der Virginia-Seite machte Solie KH mit seinem neuen CIA-Betreuer Turner bekannt. Solie drang bei dieser Gelegenheit wiederum in KH, um ihm Details über sowjetische Maulwürfe innerhalb der CIA zu entlocken. KH antwortete mit der Gegenfrage, ob Schadrin sich habe rekrutieren lassen. Solie sagte, Schadrin werde nicht fortlaufen, wenn man ihn auf die Sache anspreche. Daraufhin kam Koslow ohne weitere Umschweife zur Sache und breitete vor Solie und Turner Detailinformationen über die Unterwanderungserfolge des KGB gegen die CIA aus. Ein Maulwurf sei, so erklärte KH, noch aktiv. Und dann sprach KITTY HAWK das magische Wort aus: SASHA. Er bestätigte, was Golizyn vor Jahren über SASHA behauptet hatte, lieferte allerdings Informationen, die darüber noch weit hinausgingen. Er identifizierte SASHA rundheraus als Igor Orlow, den Bildereinrahmer, und behauptete, Orlow nutze seine kleine Rahmenwerkstatt als Kommunikationszentrale und Anwerbebüro.

Überzeugt davon, daß KH in diesem Moment versuchte, ihnen heiße Luft zu verkaufen, klärten Solie und Turner ihn darüber auf, daß Igor Orlow schon vor einem Jahr aus jedem Verdacht entlassen worden war, nachdem langjährige Überwachung und ein siebenwöchiges Verhör nichts ergeben hatten. Ungerührt versetzte KITTY HAWK darauf: »Dann wissen Sie auch, daß er im April 1965 der sowjetischen Botschaft einen Besuch durch die Hintertür abgestattet hat.« Dieser Satz steigerte die Glaubwürdigkeit von KITTY HAWK erheblich. Um ihn nochmals auf die Probe zu stellen, konfrontierten sie ihn mit der Behauptung, daß, wenn Orlow wirklich die sowjetische Botschaft betreten hätte, im FBI-Archiv ein Foto davon existieren müßte; da es ein solches Foto nicht gebe, könne der Botschaftsbesuch nicht stattgefunden haben. KITTY HAWK warf daraufhin Solie und Turner einen vielsagenden Blick zu und forderte sie mit äußerst selbstbewußter Stimme auf: »Schauen Sie noch mal nach, dieses Foto wurde gemacht.«

Dann ließ Koslow eine kleine Bombe hochgehen. Sich an Turner wendend, sagte er, er wisse, daß Turner mit einem ungelösten Problem im Zusammenhang mit der Ermordung Kennedys befaßt sei. Turner war zu sehr Profi, um den Köder zu schlucken, doch Koslow benötigte keine Aufforderung: Er teilte mit, er habe persönlichen Zugang zu Dokumenten, mit denen sich eindeutig belegen lasse, daß Nosenko in der Tat vom KGB den Fall Oswald übertragen bekommen hatte und daß, weil man Oswald als zu instabil einschätzte, jeder Versuch, ihn zu rekrutieren, untersagt wurde.

Was die Fotografie von Igor Orlow betraf, so stellte sich heraus, daß KITTY HAWK recht hatte. Die beiden Agenten stöberten das Foto nach ihrer Rückkehr in die Washingtoner FBI-Außenstelle auf. Der Beamte, der an dem betreffenden Tag in dem Beobachtungsposten gegenüber der sowjetischen Botschaft Dienst tat, hatte an Durchfall gelitten und die von der automatischen Kamera aufgenommenen Bilder nicht ordnungsgemäß protokolliert. So kam es, daß das Foto, das Igor Orlow beim Verlassen der Botschaft zeigte, unter einem falschen Namen abgelegt wurde.

Turner, Wooten und Solie blieb für gründliche Analysen keine Zeit. Es waren nur noch fünf Wochen, bis KITTY HAWKs befristeter Einsatz in Washington beendet sein würde. Die Liste mit den vielen Skepsis begründenden Argumenten, die Solie und Turner am Beginn der Operation zusammengestellt hatten, geriet unter dem Termindruck und dem Bestreben, soviel wie möglich aus KITTY HAWK herauszubekommen, in Vergessenheit.

Wenige Tage nach der Unterredung zwischen Bert Turner und Nick Schadrin wartete letzterer auf Koslow. Schadrin tappte im dunkeln, was die wirklichen Motive und Pläne der Sowjets betraf. Als Igor Koslow schließlich aufkreuzte, legte er ein freundliches und professionelles Verhalten an den Tag. Schadrin tischte weisungsgemäß die Geschichte auf, die Turner ihm eingepaukt hatte: Er erzählte Koslow, seine Flucht aus Rußland sei ein schrecklicher Fehler gewesen. Seine Ehe mit der Polin sei schiefgegangen, und er vermisse seine Frau und seinen Sohn. Er wolle für das, was er der Sowjetunion angetan habe, Wiedergutmachung leisten.

Koslow stellte Schadrin in Aussicht, daß das wegen Hochverrats gegen ihn verhängte Todesurteil aufgehoben werden könne, wenn er seine Loyalität gegenüber dem Sowjetstaat unter Beweis stellte. Die Aufhebung eines Todesurteils zu erwirken sei freilich, so gab Koslow zu bedenken, sehr schwierig. Voraussetzung dafür sei, daß Schadrin einen formellen Gnadenantrag stelle, den Koslow dann in die richtigen Kanäle leiten würde. Erst wenn Schadrin einen Beweis seiner Reue liefere, würde der KGB seine Begnadigung befürworten.

Wie Wooten und Turner es ihm eingeschärft hatten, erklärte Schadrin, er sei für die CIA als freiberuflicher Berater tätig und habe Zugang zu Geheimdokumenten der Marine. Er glaube, seinem Vaterland große Dienste leisten zu können. Koslow räumte ein, daß der KGB großes Interesse an Material dieser Art habe, doch sei es für Moskau vordringlicher, Informationen über andere Überläufer und politische Flüchtlinge zu erhalten, mit denen Schadrin möglicherweise zu tun hatte. Daraufhin nannte Schadrin weisungsgemäß bereitwillig die Namen seiner Kollegen und seines unmittelbaren Vorgesetzten, Reggie Kicklighter. Er achtete darauf, keine anderen Namen als die preiszugeben, die Turner ihm zu nennen empfohlen hatte. Schadrin konnte sich nicht sicher sein, ob Koslow im Auftrag des KGB handelte oder ob das FBI ihn gerade einem Härtetest unterzog.

Koslow skizzierte grob, was der KGB von Schadrin erwartete. Er sollte bleiben, wo er war, soviel CIA-Material wie möglich sammeln und weitergeben und über die Aktivitäten bestimmter politischer Emigranten und Überläufer berichten, an denen die Moskauer Zentrale besonders interessiert war. Irgendwann – möglicherweise erst in einigen Jahren, wie Koslow betonte – würde der KGB dann versuchen, die Sache mit dem Todesurteil aus der Welt zu schaffen, so daß Schadrin wieder nach Hause kommen könne. Schadrin zeigte sich gebührend dankbar und erklärte, er werde gleich mit dem Sammeln der Dokumente beginnen. Man vereinbarte ein einfaches Signalsystem für die Verabredung künftiger Treffs, die in einem Supermarkt nicht weit von Schadrins Vorstadthäuschen stattfinden sollten.

Major Koslow brachte beim zweiten Treff die ersten konkreten

Aufträge für Schadrin mit. Er wollte die Anschriften von Juri Nosenko und Anatoli Golizyn haben. Schadrin erklärte ihm wahrheitsgemäß, daß er zu keiner von beiden Zugriff habe, aber versuchen werde, sie ausfindig zu machen. KITTY HAWK forderte Schadrin außerdem auf, sich mit einem älteren sowjetischen Überläufer namens Nikolai Kozlow anzufreunden, der auf derselben Etage wie er arbeitete.[16] Wie KITTY HAWK erläuterte, wünschte der KGB Koslow zu rekrutieren; Schadrin sollte sein möglichstes tun, um dies zu ermöglichen.

Insgesamt traf Schadrin sich fünfmal mit KITTY HAWK, ehe dessen Washingtoner Mission zu Ende war; Turner, Solie und Hathaway brachten es in dieser Zeit auf sechs Unterredungen mit Koslow. Vor seiner Abreise wies KITTY HAWK Schadrin darauf hin, daß sein neuer Agentenführer ein knochenharter Typ namens Oleg Sokolow sein würde, der innerhalb des KGB als Spezialist für die Rekrutierung von Emigranten und Überläufern galt. Sokolow, so die Warnung Koslows, neigte zu einem autoritären Führungsstil und akzeptiere bei seinen Operationen keine Fehler.

Unmittelbar vor seiner Rückreise nach Moskau im Oktober 1966 traf sich KITTY HAWK ein letztes Mal mit Turner. Bei dieser Gelegenheit äußerte er sich noch rückhaltloser über Sokolow: »Sie müssen dafür sorgen, daß er innerhalb der nächsten sechs Monate aus den Vereinigten Staaten hinausfliegt.« Turner fragte erstaunt nach dem Grund. KITTY HAWK erklärte, daß Sokolow sein Erzkonkurrent für den angestrebten Posten an der sowjetischen Botschaft in Washington war. Falls es gelänge, einen Grund für die Ausweisung Sokolows aus den USA zu finden, wäre die Chance groß, daß er, Koslow, bald nach Washington zurückkehren würde, wie alle Beteiligten es erhofften.[17]

Schadrin erhielt bei seinem letzten Treff mit KITTY HAWK von diesem einen dicken Umschlag ausgehängt. Darin befanden sich zwei Briefe, einer von seiner Frau und einer von seinem Sohn. Auch Fotos von beiden waren darin. Sein Sohn war ebenso hochgewachsen wie er und sah aus wie Nick vor zwanzig Jahren, als er sein Patent als Marineoffizier erhalten hatte. Schadrin las die Briefe durch, musterte die Fotos und gab dann alles an Koslow zurück. KH wiederholte, daß die Moskauer Zentrale einen ausführlichen Bericht über die Aktivitäten und die Übersetzungstätigkeit mehrerer namentlich benannter Emigranten aus dem Kollegenkreis Schadrins wünschte; er instruierte Schadrin ferner darüber, welche Kategorien von Geheimdokumenten der Marine der KGB von ihm zu bekommen hoffte. Am Ende ihrer Unterredung hatte KITTY HAWK noch ein Wort der Ermunterung für Schadrin übrig: Er kündigte ihm an, der KGB habe größere Dinge mit ihm vor.

Noch am selben Nachmittag wurde Schadrin in Courtland Jones' riesigem Büro von Jim Wooten abgefragt. Schadrin erzählte, daß KITTY HAWK versucht habe, ihm Briefe und Fotos von seiner Familie aufzudrängen, daß er sich jedoch geweigert habe, sie an sich zu nehmen. Weiter berichtete er, KH habe militärische Geheimdokumente eines ganz bestimmten Typs »bestellt«. Wooten versicherte Schadrin, man werde ihm Dokumente dieser Art zur Verfügung stellen.

Der Anruf von Peter Sivess kam für Schadrin überraschend. Sivess wollte einmal nicht über Fischerei oder Jagd sprechen, der Anruf hatte einen anderen Grund. Es ging um Geschäftliches. Sivess wollte eine Unterredung zwischen Schadrin und dessen neuem CIA-Mittelsmann John T. Funkhouser arrangieren. Funkhouser, ein zerbrechlicher und kränklicher Mann, hatte seine Laufbahn als Konstruktionszeichner im alten Schiffbauamt der Marine begonnen. Das Auftauchen Schadrins im Jahr 1959 hatte dazu geführt, daß Funkhousers Wissen über die sowjetische Marine sprunghaft zugenommen hatte. Jetzt war Funkhouser dazu vergattert worden, Schadrin jene geheimen Informationen zu liefern, die er im Rahmen der Operation KITTY HAWK dem KGB zuspielen sollte.

Es war der Beginn einer neunjährigen Operation, in deren Verlauf Schadrin den Russen Tausende von Seiten aus echten, geheimen Dokumentbeständen lieferte. Routinemäßig trafen sich Funkhouser, Wooten und Schadrin und zogen sich gemeinsam in eins der sicheren Häuser des FBI zurück, um Nick auf Fragen vorzubereiten, die seine sowjetischen Betreuer ihm möglicherweise stellen würden, und seine Antworten darauf einzustudieren. Ein problematischer Umstand war der, daß Schadrin offiziell nicht als Geheimnisträger eingestuft war. Was würde er antworten, wenn die Sowjets ihn fragten, wie er an gewisse Dokumente herangekommen sei? Die Antwort, die sie sich auf diese Frage ausdachten, entsprach teilweise der Wahrheit. Schadrin würde dem KGB sagen, er pflege Kontakte und Freundschaften zu hochrangigen Beamten, die ihm geheime Unterlagen zugänglich machten.

Während der Jahre, in denen Schadrin als FBI-Doppelagent arbeitete, erhielt er weiterhin Einladungen zu Vorträgen und schloß bei seinen Redeauftritten zahlreiche neue Bekanntschaften. Um seine dem KGB aufgetischte Geschichte von den einflußreichen Freunden, die ihm Geheimmaterial zugänglich machten, glaubhafter zu gestalten, begann er ferner, ernsthaft um die Gunst der gesellschaftlichen Elite Washingtons zu buhlen und sich mit so vielen hochrangigen Regierungsbeamten zu umgeben, wie er nur konnte. Eine dieser neuen Bekanntschaften war Robert Kupperman, seinerzeit der leitende wissenschaftliche Analytiker einer Institution, die sich Weapons Evaluation Group nannte. Nachdem Schadrin 1965 am Sitz dieser Einrichtung einen Vortrag gehalten hatte, wurden er und der rundliche Waffen- und Terrorismusexperte Kupperman enge Freunde. Je höher Kupperman auf der Karriereleiter stieg, desto glaubwürdiger wurde Schadrin in den Augen des KGB.

Nach Aussagen seiner FBI-Betreuer forderte Schadrin ständig höherwertiges Material. Jim Wooten berichtete vor einem Untersuchungsausschuß, der den Fall Schadrin durchleuchtete: »Praktisch alles, was er weitergab, war von Funkhouser ausgegraben und von der Agency freigegeben worden. Wir vom FBI hatten nicht das Fachwissen und den Zugang zu diesem Zeug. Manches davon war Desinformation, die [die Sowjets] nicht so leicht als Desinformation erkennen würden. Ein wichtiger Aspekt, den man nicht vergessen darf, ist, daß KH Nick brauchte und daß Nicks Sicherheit für KH lebenswichtig war. Denn wenn Nick etwas zugestoßen wäre, dann wäre KH aufgeflogen.«[18]

Im Interesse der Sicherheit KITTY HAWKs stellte man Schadrin hochkarätige Geheiminformationen zur Weitergabe an die Sowjets zur Verfügung. Wie Wooten dem Untersuchungsausschuß später erläuterte:»Wenn die Sowjets irgendeinen Verdacht gegen Nick hegten, würden sie sich der Person zuwenden, die ihn rekrutiert hatte, und festzustellen versuchen, ob sich dieser Verdacht auch auf sie erstreckte. Wenn ... sie Nick verdächtigten, würde auch Igor in Verdacht kommen.«

Funkhouser und Schadrin gewöhnten sich an, sich jeden Mittwoch zu einem »Tüten-Mittagessen« zu treffen, das sie entweder im Wagen oder auf einer Parkbank zu sich nahmen, dabei über den Fortgang der Operation KITTY HAWK diskutierend. In den ersten Jahren dieser Doppelspiel-Operation arbeitete Funkhouser noch im Office of Strategic Research (OSR) der CIA. Hier prüfte er zusammen mit seinem Boß John Arthur Paisley die echten und getürkten Geheimsachen, die Nick an die Sowjets weitergeben sollte.[19] Funkhouser ging dann in Pension, blieb aber, auf der Basis eines Beratervertrags mit der CIA, weiter in die Operation Schadrin involviert. Zu den Amtspflichten von John Paisley gehörte die Verantwortung für alle Beraterverträge, die das OSR abschloß.[20]

Das FBI half Nick bei der Formulierung seines Gesuchs um Aufhebung der gegen ihn verhängten Todesstrafe, das er dann seinen russischen Kontaktleuten übergab. Je weiter die Operation fortschritt, desto nachdrücklicher forderte Schadrin immer besseres und hochkarätigeres Material für die Sowjets. Die normalen Prüfungs- und Freigabeprozeduren für geheimgestempelte Papiere fanden im Fall Schadrin keine Beachtung. Bei mehr als einer Gelegenheit erklärte Schadrin seinen FBI-Betreuern:»Mit dieser Information hier kann ich denen nicht kommen. Das ist so durchsichtig, daß sie es mir nicht als echt abkaufen werden.«[21] Zusätzliche Komplikationen wirft die Tatsache auf, daß John Paisley, der Mann, der über die Freigabe hochwertigen Geheimmaterials für die Russen entschied, ihnen möglicherweise auch verraten haben könnte, welche der Dokumente getürkt waren.

Peter Kapusta, Spionageabwehrspezialist der Sowjetabteilung der CIA, weiß von einem ranghohen Analytiker des OSR zu berichten, der förmlichen Einspruch dagegen erhob, daß im Rahmen der Operation KITTY HAWK geheimes Material »in haarsträubenden Mengen« an Schadrin übergeben wurde. Kapusta, der über

Schadrins bedenkliche Resultate beim Lügendetektortest Jahre zuvor orientiert war, meint dazu:»CIA und FBI eröffneten Schadrin eine legitime, legale Möglichkeit, sich regelmäßig mit den Sowjets zu treffen. Sie gewährten den Sowjets über Schadrin Zugang zu US-Geheimnissen, die [die Sowjets] für den Aufbau ihrer Kriegsmarine benötigten. Und sie lieferten ihm Material in solchen Mengen, daß es sich fotografisch gar nicht mehr bewältigen ließ.«[22]

Aus der Sicht des FBI gesehen, bestand das einzig greifbare Resultat der Operation Schadrin darin, daß die ohnehin schon stark unterbesetzte und überlastete Spionageabwehrabteilung des FBI unter zusätzlichen Arbeitsdruck geriet. J. Edgar Hoover, dessen Hauptinteresse der Inlandsaufklärung galt, lehnte es ab, der CI-Abteilung die geforderten personellen Verstärkungen zu gewähren. Wie William Branigan zu berichten weiß, verfügte er in seiner Abteilung in einer Phase der Operation KITTY HAWK über nicht einmal mehr zwanzig Mitarbeiter. Diese Operation fungierte nicht nur als Arbeitsbeschaffungsprogramm für Nick Schadrin, sondern hatte darüber hinaus auch die FBI-Ermittlungen gegen den Bilderrahmer Igor Orlow, der im Verdacht stand, SASHA zu sein, wiederbelebt. Es blieb Bert Turner überlassen, diesen Faden wiederaufzunehmen, worüber Courtland Jones nur ungläubig den Kopf schütteln konnte.

Das Bild, das James Angleton sich von Schadrin machte, veränderte sich im Lauf der Operation KITTY HAWK. Als Schadrin bekräftigte, er und Juri Nosenko seien Kommilitonen an der Militärakademie gewesen, und als er die Behauptung Nosenkos bestätigte, dieser habe sich eine Kugel in den Fuß geschossen, um nicht zum Militärdienst eingezogen zu werden, leuchteten bei Angleton, wie Jim Wooten sich erinnert, die roten Warnlämpchen auf. »Nach Überzeugung von Angleton war jeder, der sich für Nosenko stark machte, nicht nur eine sowjetische Filzlaus, sondern Teilnehmer an einer KGB-Verschwörung.« Großen Eindruck auf Angleton machte auch die Tatsache, daß Golizyn seine Meinung über Schadrin änderte und zu der Auffassung gelangte, daß Nick von Anfang an ein Unterwanderungsagent gewesen sei. Die Reaktion des FBI auf diese Wendung war geprägt von dem im

Bureau verbreiteten Vorurteil, daß Golizyn immer nur Meinungen und nicht Tatsachen verbreite.

Was die Spionageabwehrleute der CIA über die Glaubwürdigkeit von KITTY HAWK zu sagen hatten, stimmte Angleton ebenfalls bedenklich. Es schien ihm, als sei KITTY HAWK auf die Fragen seiner CIA-Betreuer ein wenig zu gut vorbereitet und liefere die Antworten darauf ein wenig zu prompt, um echt sein zu können. Was ihn aber in Angletons Augen vor allem verdächtig machte, war die Tatsache, daß er über zu viele wasserdichte Abteilungen des KGB zu viel wußte.[23] Angleton wies darauf hin, daß KITTY HAWK von Rechts wegen nichts über Juri Nosenko und den Fall Oswald wissen konnte. Er war ein Mann der Spionageabwehr, nicht der Agentenrekrutierung. Angleton brachte dieses Argument als Indiz dafür vor, daß KITTY HAWK ein »Störsender«, eine KGB-Provokation, war.

Die Arbeitskollegen Schadrins in der Übersetzungsabteilung der DIA erinnern sich an ihren ehemaligen Mitarbeiter mit gemischten Gefühlen. Den engsten Kontakt innerhalb der Abteilung unterhielt Schadrin zu Richard Oden und Frank Steinert. Die drei bildeten, um Geld zu sparen, jahrelang eine Fahrgemeinschaft. Oden war ein ehemaliger polnischer Militärpilot, der sich 1964 mit seiner Frau und seinen zwei Söhnen in einem Flugzeug der polnischen Luftwaffe abgesetzt hatte. Frank Steinert war Oberstleutnant der DDR-Volksarmee gewesen, ehe er, seine Frau und seinen Sohn im Osten zurücklassend, über die Berliner Mauer geklettert war, bei deren Bau er zuvor selbst mitgeholfen hatte. Steinert war mit Schadrin zwar eng befreundet, doch hinderte es ihn nicht daran, sich mächtig über Nick zu ärgern, als er herausfand, daß dieser gegenüber seinen einflußreichen neuen Freunden mit Steinertschen Arbeitsergebnissen prahlte, ohne dessen Urheberschaft zu erwähnen. Steinert war Fachmann für sowjetische Militärtaktik und konnte sich des Eindrucks nicht erwehren, daß Schadrin sich seiner Arbeiten bediente, um seinen eigenen Einfluß und sein Prestige in der politischen Szene Washingtons aufzubessern. »Es gab viele Ungereimtheiten bei Nick«, meinte Steinert, und Oden bemängelt, daß Schadrin »immer eine große Rolle spielen mußte«.

Die Irritationen zwischen Nick und seinen Kollegen waren freilich nichts im Vergleich zu den Prüfungen, die Nick seinem Intimfeind Reggie Kicklighter auferlegte. Kicklighter, dessen Aufgabe darin bestand, die »Glucke« für die zusammengewürfelten Überläufer und Emigranten zu spielen, die in der Übersetzungsabteilung gelandet waren, wurde, wie Richard Oden und andere bestätigen, von Schadrin regelrecht mit Haß verfolgt.[24] Kicklighter fungierte in der Abteilung als Zahlmeister, Steuereinnehmer und verlängerter Arm von Uncle Sam in einer Person. Nach Aussage von John Novak, einem pensionierten DIA-Beamten, der die Arbeit der Übersetzungsabteilung kontrollierte, rührte der Haß, den Schadrin gegen Kicklighter empfand, von dessen Angewohnheit her, die von Nick im Rahmen seiner dienstlichen Aufgaben angefertigten Berichte und Übersetzungen sehr penibel zu überarbeiten.[25]

Zu den anstößigsten Dingen, die Schadrin sich in den Jahren seiner Tätigkeit für die Übersetzungsabteilung leistete, gehörte es, daß er mindestens einmal die Schreibtische seiner Kollegen durchstöberte und Einblick in ihre laufenden Arbeiten nahm. Dem FBI war bekannt, daß Schadrin den Sowjets Informationen über einzelne Kollegen aus der Übersetzungsabteilung der DIA lieferte. Oden, Steinert und andere Mitarbeiter waren nicht sehr erfreut, als nach dem Verschwinden Schadrins ihre Namen und Dienstbezeichnungen, die eigentlich der Geheimhaltung unterliegen sollten, in der sowjetischen Presse erschienen.

Verglichen mit den emotionalen und psychischen Belastungen, denen Schadrin in seiner Rolle als Doppelagent ausgesetzt war, hatte er als »einfacher« Überläufer zuvor ein bequemes Leben geführt. Das Dasein als Doppelagent erzeugt zuallermindest Persönlichkeitsveränderungen und strapaziert die Beziehungen des Betroffenen zu Kollegen, Bekannten und Freunden und natürlich auch zu den engsten Angehörigen.

Die Leute, die Schadrin kannten und mochten, bevor er sich als Doppelagent verdingte, versuchten sein verändertes Verhalten vielfach dadurch zu erklären und zu rationalisieren, daß sie es auf seine Unzufriedenheit mit der Tätigkeit in der Übersetzungsabteilung und auf andere persönliche Probleme zurückführten. Wie seine Freunde zu berichten wissen, fand er seine Arbeit »entwürdigend« und verübelte Ewa den geschäftlichen Erfolg, den sie mit ihrer Zahnarztpraxis hatte. Zu Hause wurde er immer unumgänglicher. Richard Odens Frau Maria schloß mit Nick und Ewa enge Freundschaft. Ihrer Ansicht nach war es Nicks extreme Launenhaftigkeit, die zur Zerrüttung der Ehe führte.[26]

Viele von Schadrins Freunden verloren die Lust an ihm, da er im Grunde alles verabscheute, was typisch amerikanisch war, und behauptete, die russische Lebensweise sei viel besser. Mit Richard Oden geriet Schadrin einmal in einen erbitterten Streit über den Baseballsport. Schadrin machte sich darüber lustig, daß Oden dieses »dumme« Spiel spannend fand.[27]

Bert Turner und Jim Wooten versuchten, Schadrin einigermaßen im emotionalen Gleichgewicht zu halten, was jedoch keine leichte Aufgabe war. Die verbalen Auseinandersetzungen in der Übersetzungsabteilung zwischen Schadrin und seinen Kollegen wurden oft mit großer Gehässigkeit geführt und drohten zuweilen in Schlägereien auszuarten. Wie Peterson sich erinnert, bereiteten die Schadrinschen Zornesausbrüche sogar dem FBI Sorgen, weil der Verdacht bestand, die Übersetzungsabteilung könnte vom KGB unterwandert sein.

Auf beruflichem Gebiet war Schadrin allerdings noch immer zu großen Leistungen fähig. Einer der leitenden Beamten der Übersetzungsabteilung war Barnard »Buzz« I. Weltman. Er und Schadrin diskutierten ausgiebig über so unterschiedliche Themen wie russische Literatur, Philosophie oder die relativen Vorzüge und Nachteile der senkrechten gegenüber der waagrechten Anordnung der Läufe bei doppelläufigen Gewehren. Weltman war für Schadrin ein willkommener emotionaler Ankerplatz abseits der stürmischen Gewässer, in denen der Doppelagent Schadrin umhergetrieben wurde.

Die Weltmans und die Schadrins verkehrten auf gesellschaftlichem Parkett miteinander; zuweilen besuchten sie gemeinsam Feste, die andere Überläufer oder Emigranten aus Anlaß von Feiertagen oder ähnlichem veranstalteten. Weltman sagt heute, er habe keine Ahnung davon gehabt, daß Schadrin als Doppelagent fungierte, sei darüber aber auch nicht besonders überrascht gewesen, als die Sache nach dem Verschwinden Schadrins herauskam.

Ihm seien, so sagt er, in den Jahren ihrer Zusammenarbeit nur zwei Merkwürdigkeiten in Schadrins beruflichem Verhalten aufgefallen.

Die erste stand im Zusammenhang mit einigen höchst unscharfen Fotos einer sowjetischen Schiffswerft, die ein westlicher Nachrichtendienst aufgenommen hatte. Weltman hatte diese Fotos zur Begutachtung erhalten, weil man hoffte, er oder einer seiner Mitarbeiter könnten das auf der Werft im Bau befindliche Objekt identifizieren. Obwohl die Bilder ziemlich verschwommen waren, erklärte Schadrin, nachdem er nur einen kurzen Blick darauf geworfen hatte, ohne Zögern, sie zeigten das neue sowjetische Riesen-U-Boot der Taifun-Klasse, ein superlanges, mit ballistischen Raketen bestückbares Modell.

Bei den westlichen Experten herrschte zu dieser Zeit die Meinung vor, daß ein U-Boot solcher Größe bei den Sowjets weder auf dem Reißbrett existierte noch im Bau war. Ein politischer Flüchtling, der auf dem Weg nach Israel durch Westport geschleust worden war, hatte von einem solchen übergroßen U-Boot erzählt, aber man hatte ihm nicht geglaubt, obwohl er gelernter Schiffsmechaniker war und behauptete, an diesem Boot gearbeitet zu haben. Einige Jahre später tauchte in einer sowjetischen Flottenparade just ein solches U-Boot der Taifun-Klasse auf, und die Vereinigten Staaten rieben sich die Augen und fragten: »Woher haben die das?«

Eine weitere Merkwürdigkeit hatte mit einer ziemlich komplexen, angeblich von Admiral Gorschkow selbst verfaßten Abhandlung zu tun, die US-amerikanischen Stellen in die Hände fiel. Weltman vertraute sie Schadrin an und bat ihn, eine Rohübersetzung davon zu erstellen. Schadrin begann sogleich zu diktieren, und bei Büroschluß am selben Tag hatte er die Rohübersetzung fertig. Es war ein gutes Tagespensum. Wie gut, wurde erst deutlich, als Weltman feststellte, daß in einem anderen Zweig des Geheimdiensts, nicht in der Übersetzungsabteilung der DIA, andere Fachkräfte, die die Freigabe für Geheimsachen hatten und versierte Russischkenner waren, für die Übersetzung des nämlichen Dokuments mehrere Wochen gebraucht und dennoch eindeutig schlechtere Versionen abgeliefert hatten als Schadrin. Die Arbeit von Schadrin war in der Tat so gut, daß man annehmen mußte, er sei mit dem Inhalt des Dokuments bereits vorab vollkommen vertraut gewesen.

Schadrin setzte sein Studium mit dem Ziel der Promotion während der Dauer seiner Doppelagententätigkeit fort. Kollegen aus der Übersetzungsabteilung leisteten ihm Hilfe. Frank Steinert stellte ihm übersetztes Quellenmaterial zusammen, und die Sekretärinnen der Washingtoner FBI-Außenstelle halfen mit, die siebenhundert Manuskriptseiten zu Papier zu bringen.[28] Bei sorgfältiger Lektüre der Schadrinschen Dissertation fallen einige interessante Sachverhalte ins Auge. Sie bietet eine prognostische Anlayse der langfristigen maritimen Absichten und Pläne der Sowjets, wie man sie in der sonstigen Literatur zu diesem Thema nirgendwo findet; einige der Informationen, aus denen Schadrin seine Schlüsse ableitete, gelangten erst zur Kenntnis der US-Geheimdienste, nachdem Schadrin seine Dissertation abgeschlossen hatte.[29]

Mitte 1971 war klar, daß der Lack von der Operation KITTY HAWK abgeblättert war. Die herbste Enttäuschung war Branigan zufolge die, daß es nie zu KITTY HAWKs in Aussicht gestellter Versetzung nach Washington kam. Branigans Stellvertreter Eugene Peterson machte dafür die Weigerung des State Department verantwortlich, den KGB-Mann Oleg Sokolow des Landes zu verweisen, wie es das FBI es sich gewünscht hatte. Nach fünf Jahren Laufzeit mußte das FBI feststellen, daß die Operation KITTY HAWK keine wirklich wertvollen Resultate erbracht hatte.

Nachdem KITTY HAWK nach Moskau zurückgekehrt war, sikkerte die Information durch, daß er zum Oberstleutnant befördert worden sei und den ersehnten Posten in der Zweiten Hauptabteilung des KGB erhalten habe. Es hieß, er habe einen Deckmanteljob bei der Internationalen Atomenergie-Agentur zugeschanzt bekommen, um unter dieser Tarnung sowjetische Delegationen auf Reisen in alle Welt begleiten zu können. Als diese Nachricht einlangte, wuchs beim FBI wieder die Hoffnung, die Investition in KITTY HAWK würde doch noch Zinsen tragen.

Dann lieferte Angletons Laden eine elektrisierende Neuigkeit, die dem Namen KITTY HAWK den fast schon verloren geglaubten magischen Klang wiedergab: wie eine israelische Geheimdienstquelle aus Moskau berichtete, hatte Oberstleutnant Igor Romanowitsch Koslow zum zweiten Mal geheiratet. Seine neue Angetraute war die Tochter eines der prominentesten sowjetischen Ehepaare: der Jekaterina Aleksejewa Furtsewa und ihres Mannes Nikolaj Pawlowitsch Firjubin. Der KGB war sich natürlich darüber im klaren, um wieviel attraktiver KITTY HAWK/Koslow den Amerikanern erscheinen würde, wenn die Nachricht von dieser hochkarätigen ehelichen Verbindung sie auf dem Umweg über einen »unabhängigen« Geheimdienst erreichte.

Als Bruce Solie die Neuigkeit erfuhr, rief der normalerweise zurückhaltende Spionageabwehrmann sofort Sam Papich und Branigan an. Er teilte ihnen mit, daß es wichtige Neuigkeiten über KITTY HAWK gebe. Für Papich, Branigan, Solie, Wooten und Bert Turner war der Name Furtsewa nicht neu. Sie hatten ihn 1964 aus dem Munde Juri Nosenkos gehört, bevor Angleton ihnen den Zugang zu dem Überläufer versperrt hatte. Nosenko hatte berichtet, Lee Harvey Oswald sei seinerzeit vom KGB vor allem deswegen nicht rekrutiert worden, weil eine der einflußreichsten Frauen in der Sowjetunion, angeblich eine Geliebte Chruschtschows, dem schwächlichen KGB-Chef Wladimir J. Semitschastnij davon abgeraten hatte, diesen psychisch instabilen Amerikaner anzuheuern.

Für das FBI bedeutete diese Aufwertung von KITTY HAWK, daß die offene Frage nach einer Verwicklung Moskaus in die Kennedy-Ermordung definitiv abgehakt werden konnte. Die enge Verbindung KITTY HAWKs mit der Furtsewa war Beweis genug dafür, daß Nosenko in Sachen Oswald die Wahrheit gesagt hatte. Nun war für FBI und CIA auch klar, woher Igor Koslow seine Informationen bezog. Er verfügte über bessere Quellen als nur den KGB. Die Einwände, die Angleton gegen KITTY HAWK erhoben und mit dessen verdächtiger Bewandertheit in einem breiten Spektrum von Geheimbereichen begründet hatte, konnten jetzt unter Hinweis auf Koslows mächtige und kenntnisreiche Schwiegermutter als ausgeräumt gelten.

Solie nahm dies alles als weitere Bestätigung dafür, daß er mit seiner positiven Einschätzung Nosenkos richtig gelegen hatte. Angleton sah bei allen fortbestehenden Vorbehalten ein, daß man eine so hochkarätige potentielle Quelle nicht vertrocknen lassen durfte. Die Operation KITTY HAWK mußte weiterlaufen, und die USA durften das Risiko nicht scheuen, sie mit dem besten Material, das sie liefern konnten, am Kochen zu halten. Noch nie hatten die Vereinigten Staaten die Chance gehabt, so hoch oben im Sowjetsystem einen Agenten zu plazieren. Die Männer in der Spionageabwehrabteilung des FBI – Branigan, Peterson, Jones, Turner und Wooten – waren überzeugt, die hochkarätigste Quelle in der Geschichte des Kalten Krieges auftun zu können.

Kapitel 13

Schadrin: Der Hochseilakt

An irgendeinem Punkt müßte es dir auffallen, daß
das Orchester nicht dein Stück spielt. Ein nettes
Stück, aber nicht deine Komposition. In diesem Fall
scheint das niemandem aufgefallen zu sein.

James E. Nolan jun.

Beim FBI wuchs der Ärger darüber, daß das State Department es
unterlassen hatte, Oleg Sokolow des Landes zu verweisen, noch
um eine Größenordnung, als klar wurde, über welche Verbindungen KITTY HAWK verfügte.[1] Nach dem Eindruck des FBI war
Schadrin ein couragierter Doppelagent, und seine Courage wollten sie sich nun zunutze machen. Dieser ehemalige sowjetische
Marineoffizier beeindruckte die Spionageabwehrexperten des
FBI mit der erstaunlichen Schnelligkeit, mit der er die unter-
schiedlichsten und kompliziertesten nachrichtendienstlichen Methoden und Kunstgriffe, in die Sokolow ihn einwies, zu beherrschen lernte.[2] Branigan, Wooten und Turner beschlossen, daß
Schadrin versuchen solle, an KITTY HAWK/Koslow heranzukommen. Sie wiesen ihn an, auf einer Zusammenkunft außerhalb
der USA zu bestehen und vom KGB eine verbindliche Erklärung
über den Stand seiner Begnadigung und über seine Zukunft als
Agent zu verlangen. Falls eine solche Zusammenkunft zustande
kam, sollte Schadrin darüber hinaus, wenn die Umstände es
zuließen, um die Bestellung eines neuen Betreuungsoffiziers bitten.
Schadrin hatte selbst Gründe, sich Oleg Sokolow vom Hals zu
wünschen. Der war trotz seines fast perfekten Englischs ein KGB-

Laufbahnoffizier reinsten Wassers. Er hatte nicht nur alle erdenklichen Details über die Kollegen Schadrins in der Übersetzungsabteilung angefordert, sondern Schadrin auch angewiesen, sich mit bestimmten amerikanischen Zielpersonen des KGB anzufreunden. Daß Sokolow Nick bedrängte, alles, was er konnte, über Nikolai Kozlow, den sowjetischen Weltkrieg-II-Überläufer und ehemaligen Bürokollegen von SASHA/Igor Orlow, herauszubekommen, lag für Nicks Freund Richard Oden auf der Hand:»Nick war geradezu auf Koslow fixiert. ... Nick wurde unter Druck gesetzt, etwas über Koslow herauszufinden.«

Im Juni 1971 trafen sich Sokolow und Nick am Skyline Drive, einer Panoramastraße durch die Blue Ridge Mountains rund 80 Kilometer westlich von Washington. Sokolow teilte Nick mit, er, Schadrin, müsse im September nach Kanada fahren, um sich mit einem sehr wichtigen Mann zu treffen. Schadrin war erfreut, das zu hören. Es eröffnete die Aussicht auf ein Wiedersehen mit KITTY HAWK und auf eine Gelegenheit, sich Sokolows als Betreuungsoffizier zu entledigen. Fünf Jahre arbeitete Schadrin jetzt schon als FBI-Doppelagent und hatte in dieser Zeit den Sowjets Tausende von Dokumenten zugespielt, ohne dem Bureau dafür eine Gegenleistung geliefert zu haben. Für das FBI war KITTY HAWK nicht viel mehr als ein Phantom.

Nach Einschätzung von James E. Nolan jun., der in der betreffenden Zeit zu den Spitzenbeamten des FBI gehörte, war KITTY HAWK von dem Augenblick an, als Igor Koslow nach Moskau zurückkehrte und Schadrin in den Händen anderer Betreuer zurückließ, eine schlechte Operation.»Wenn Sie sich diese Sache von außen ansehen, würden Sie sagen, daß KITTY ein Wunder vollbracht hat. Da hatten die Sowjets in den USA 400 Agenten ... stationiert, und die konnten Schadrin nicht finden. Und da kommt so ein Teufelskerl aus Moskau und findet ihn in weniger als 100 Tagen, rekrutiert ihn und läßt eine Operation anlaufen. Das war ein Hochseilakt mit verbundenen Augen und auf einem Bein. Demnach hätte [KITTY HAWK] eigentlich im [sowjetischen] System wie eine Rakete aufsteigen müssen. ... Aber er steigt nicht auf wie ein Rakete, und er ist nie verfügbar gewesen. Sichtbar, aber nie verfügbar.«

Wie Nolan des weiteren betont, nahm der Wunsch der Spionageabwehrabteilung des FBI, daß KITTY HAWK ein echter Agent
sein möge, fast pathologische Formen an. Typisch dafür war die
Vorgeschichte des Treffs in Kanada: »Es waren nicht die Sowjets,
die die Idee zu der Zusammenkunft in Montreal hatten, und sie
hatten auch nicht die Idee zu den späteren Treffs in Wien. Es war
unsere Idee«, erklärt Nolan. »Die Sowjets zeigten kein Interesse,
an der Sache dranzubleiben, zum Teufel, sie zeigten keinerlei
Initiative.« Branigan habe hieraus, so deutet Nolan an, wohl nie
die richtigen Schlüsse gezogen. »An irgendeinem Punkt müßte es
dir auffallen, daß das Orchester nicht dein Stück spielt. Ein nettes
Stück, aber nicht deine Komposition. In diesem Fall scheint das
niemandem aufgefallen zu sein.«[3]
Kanada ist der einzige Fremdstaat, auf dessen Boden das FBI tätig
werden kann, ohne mit der CIA oder mit den amerikanischen
Gesetzen in Konflikt zu kommen. In der Regel bittet das Bureau
bei Operationen dieser Art die Royal Canadian Mounted Police
(RCMP) um Amtshilfe. Schadrin hegte die Hoffnung, daß bei
dem für Anfang September 1971 anberaumten Treffen in Montreal KITTY HAWK aufkreuzen könnte. Zusammen mit Funkhouser und Wooten stellte er eine Themenliste für das Treffen zusammen, wobei die meisten Punkte etwas mit dem Vorhaben zu tun
hatten, sich Sokolows zu entledigen.
Während dem FBI beim Gedanken an einen bevorstehenden
Durchbruch in der Operation KITTY HAWK schon das Wasser
im Mund zusammenlief, hatte James Angleton eine fatale Kette
von Vorgängen in Gang gesetzt, die die Beziehungen zwischen
FBI und CIA auf Jahre hinaus schwer belasten sollten. Wieder
einmal war es Golizyn, der, dieses Mal von Kanada aus, Alarm
schlug: Er ließ Angleton wissen, daß der kanadische Geheimdienst unterwandert sei. Angleton und seine Spionageabwehrspezialisten kamen zu dem Schluß, daß James Leslie Bennett, der
langjährige Leiter der Sicherheitsabteilung der RCMP, der Maulwurf sein müsse.
Angleton hielt das bevorstehende Schadrin-Rendezvous für eine
ausgezeichnete Gelegenheit, Bennett auf die Probe zu stellen. Die
RCMP traf technische Vorkehrungen für eine lückenlose fotogra-

fische Überwachung Schadrins in Montreal und erklärte sich bereit, Bennett die Details der Operation vorzuenthalten. Kurz vor dem Treffen Schadrins mit dem KGB sollte dann jemand aus Angletons Abteilung Bennett anrufen und ihn unauffällig wissen lassen, daß keine Überwachung Schadrins geplant sei. Wenn sich die normalerweise sehr vorsichtig agierenden KGB-Leute daraufhin sorglos verhielten, konnte das als sicheres Indiz dafür gedeutet werden, daß Bennett ihnen verraten hatte, daß kanadischerseits keine Überwachung geplant war. Branigan vom FBI wurde freilich von Angleton aus »Sicherheitsgründen« nicht in diesen Plan eingeweiht.

Schadrin sagte Ewa, er müsse geschäftlich nach Kanada reisen, und fragte sie, ob sie nicht mit ihm fahren und die Reise mit einem kurzen gemeinsamen Urlaub verbinden wolle. Sie willigte ein, und so fuhren sie zusammen nach Montreal. Während Ewa im Hotelzimmer blieb und sich im Fernsehen einen alten Film ansah, ging Nick zu seinem Rendezvous mit dem KGB. Wooten schildert den Treff wie folgt: »Es war ein Treffen, das der Abschätzung diente. Er wurde regelrecht abgeschätzt, und zwar von jemand, der höher stand als alle, mit denen er in Washington zu tun hatte. Wie hoch, wissen wir nicht. Unserer Erkenntnis nach war dieser Bursche noch nie in den Vereinigten Staaten gewesen.« Nachdem die beiden Männer sich begrüßt hatten, gingen sie, wie Wooten sich erinnert, »eine runde Stunde lang spazieren, das war alles«. Das FBI hatte nicht zuletzt deshalb auf einer Überwachung Schadrins bestanden, weil nach seiner Einschätzung die reale Gefahr bestand, daß die Sowjets Nick zu entführen versuchen würden. Eine bewegliche Beschattung durch Agenten, die Schadrin zum Ort seines Treffens folgten, wurde als zu riskant verworfen. Falls die Sowjets etwas davon merkten, würde dies das Ende der gesamten Operation KITTY HAWK bedeuten. Daher entschied man sich für einen ortsfesten, versteckten Beobachtungsposten. Bedauerlicherweise spricht jedoch einiges dafür, daß die Sowjets auch in Kanada über so leistungsfähige Abhörtechniken verfügten, daß sie herausfanden, was die RCMP vorhatte. Ungenügendes handwerkliches Geschick hatte dem FBI vor Jahren schon einmal einen schlimmen Streich gespielt: Damals hatten die USA ihren wichtigsten sowjetischen Agenten, Oberst Popow, verloren, weil der KGB hinter eine vom FBI aufgezogene Beschattungsaktion gekommen war. Derselbe Fehler sollte nicht noch einmal passieren.

Der von Angleton eingefädelte Teil der Operation, bei dem Schadrin als Köder für den des Verrats verdächtigen Bennett dienen sollte, lief nach Plan ab: Der KGB ließ bei dem Treffen in der Tat nicht das gewohnte hohe Maß an Vorsicht und Sicherheit walten, woraus Angleton den Schluß zog, daß Bennett den Sowjets einen Tip gegeben hatte.[4] Als jedoch die FBI-Leute dahinterkamen, wofür Angleton sie benutzt hatte, sanken die Beziehungen der beiden Behörden auf einen nie dagewesenen Tiefpunkt. Bennett wurde einer Reihe von Verhören unterworfen, die mehrere Tage andauerten. Er nahm ein Jahr später seinen Hut. Leonard V. McCoy berichtet, er habe 1975 in Ottawa ein Schriftstück gesehen, in dem der von Angleton ausgesprochene Verdacht gegen Bennett formell widerrufen wurde und die CIA und die RCMP sich bei Bennett entschuldigten.[5]

Nicht lange nach dem Rendezvous von Montreal wurde Schadrin von einem neuen Betreuungsoffizier der sowjetischen Botschaft kontaktiert, einem Mann namens Oleg Koslow (der mit Igor Koslow/KITTY HAWK nicht verwandt war). Oleg Koslow war für Schadrin ein neuer Mann, nicht jedoch für das FBI. Er befand sich seit 1970 in Washington und stand in dem Ruf, ein noch härterer Knochen zu sein als Schadrins bisheriger Agentenführer Oleg Sokolow. Seltsamerweise kam Schadrin mit Koslow besser aus als zuvor mit Sokolow.

Oleg Koslow stand in dem wohlverdienten Ruf, sich bestens auf die Rekrutierung sentimentaler älterer Überläufer und Emigranten zu verstehen. Er war hinterhältig, skrupellos und unermüdlich. Für seine Rekrutierungen bediente er sich einer altbewährten KGB-Methode namens Erpressung. Schadrin erhielt von seinem neuen Betreuer die Mitteilung, er könne in Bälde mit einem sehr wichtigen Auftrag rechnen; in den kommenden Wochen werde für ihn in Teillieferungen ein ganz besonderes »Paket« eintreffen. Die erste Portion erhielt er durch einen toten Briefkasten auf dem Parkplatz eines Safeway-Supermarkts nicht weit von seinem

Haus. In der hintersten Ecke des Parkplatzes stand ein Haufen ausgemusterter Schachteln; Schadrin zog darunter eine Papiertüte hervor. Es war das erste von mehreren Bauteilen, die sich am Ende zu einem Impulsrichtfunksender zusammenfügen sollten. Das FBI hatte ein solches Gerät noch nie abgefangen, wußte aber nur zu gut, wofür die Sowjets es benutzten.[6] Die Sowjets benutzten Impulsrichtfunksender für die Kommunikation mit ihren illegalen Agenten. Der auf den ersten Blick redundant wirkende Begriff »illegale Agenten« bezeichnet einen Sowjet- oder Ostblockagenten, der illegal, unter falschem Namen, in die Vereinigten Staaten eingereist ist und dort verdeckt lebt. Ein illegaler Agent kann ein Scheinemigrant sein, den man gewöhnlich zunächst durch einen vorgeschalteten Aufenthalt in einem westeuropäischen Land »gewaschen« hat, oder ein von einem U-Boot abgesetzter ausgebildeter sowjetischer Spion oder jemand, der über die relativ offene Grenze aus Mexiko oder Kanada in die USA eingereist ist und sich unter einer »Legende«, einer gefälschten Identität und Lebensgeschichte, niedergelassen hat. Ursprünglich verfolgten die Sowjets mit der Einschleusung solcher »Illegalen« das Ziel, sich für den Fall, daß die diplomatischen Beziehungen zwischen der UdSSR und den USA abgebrochen und die »legalen«, das heißt unter diplomatischer Tarnung arbeitenden, sowjetischen Spione nach Hause geschickt würden, einen Agentenring aufzubauen. Die Suche nach illegalen Agenten ist das eigentliche und höchste Ziel der Spionageabwehrspezialisten des FBI. Als Schadrin seinen US-Betreuern von den Bauteilen aus Moskau berichtete, waren Wooten, Turner und Branigan aus dem Häuschen. Das FBI würde jetzt nicht nur Zugriff auf einen original sowjetischen Impulsrichtfunksender haben, sondern hatte auch alle Aussichten, bald einem »Illegalen« auf die Schliche zu kommen. Die Operation KITTY HAWK war plötzlich wieder brandheiß, und das Bureau witterte eine echte Chance, für seine jahrelangen Investitionen in diesem Fall endlich etwas zurückzubekommen.

James Nolan bezeichnet die Vorstellung, daß seine FBI-Kollegen damals die reelle Chance gehabt hätten, einen »Illegalen« aufzuspüren, als lächerlich: »In dieser Stadt wirken zweihundert KGB-

Offiziere, und da soll dieser Fall plötzlich für die Sowjets so wichtig sein, daß sie dafür mitten in Washington einen Illegalen etablieren? Zu schön, um wahr zu sein.« Und Eugene Peterson, stellvertretender Spionageabwehr-Chef des FBI, meint dazu: »Solche Dinge halten [die Sowjets] einem immer vor die Nase. ... Einen Illegalen, einen Richtfunksender. ... Und wir bekommen natürlich Schaum vor dem Mund und geifern, weil es ein Richtfunksender ist.«

Im Januar 1972 erfuhr das FBI weitere elektrisierende Neuigkeiten: KITTY HAWKs mittlerweile legendäre Schwiegermutter hatte sich, zur Feier des neuen Geistes der Entspannung, zu einem Besuch in Washington angesagt. Vielleicht, so hoffte man, würde KITTY HAWK mit ihr kommen. Leider brachte Frau Furtsewa dann aber nicht Igor Koslow mit, sondern nur ihre Tochter, KITTY HAWKs Ehefrau. Die Regierung Nixon und namentlich Henry Kissinger bekamen bei der Gelegenheit eine Kostprobe davon, wie hart Frau Furtsewa austeilen konnte: Bei einem Empfang in der sowjetischen Botschaft bemerkte sie gegenüber dem Nationalen Sicherheitsberater, sie habe gehört, daß er »großen Erfolg bei Hollywood-Stars gehabt [habe]. Stimmt das?« Juri Woronzow von der sowjetischen Botschaft, der als Dolmetscher fungierte, übersetzte die Frage für Kissinger ins Englische. Frau Furtsewa musterte Kissinger anschließend von oben bis unten und sagte abschätzig: »Ich hatte Sie mir größer vorgestellt, ... ja, viel größer.«

Die Enttäuschung beim FBI darüber, daß KITTY HAWK nicht mit seiner Schwiegermutter nach Washington gekommen war, verflog bald, als Schadrin die Weisung erhielt, sich für eine erneute Top-Zusammenkunft bereitzuhalten, die diesmal im österreichischen Wien stattfinden sollte. Man ließ ihn wissen, daß man ihn bei diesem Treffen auch einmal über Nacht für Trainingszwecke in Anspruch nehmen wolle. Ewa gegenüber erklärte Schadrin, er treffe sich derzeit mit einem Russen, der seit fünfundzwanzig Jahren für die US-Regierung arbeite. Er und Ewa planten ohnehin eine Urlaubsreise nach Europa.

Die CIA wurde über Schadrins Wien-Reise informiert, aber eine operative Unterstützung seitens der CIA wurde nicht angefordert und auch nicht geleistet. Aufgrund der Erfahrung der Montreal-Reise im Vorjahr war man beim FBI überzeugt, daß Schadrin die Sache in Wien ohne Hilfe oder Einmischung seitens der CIA über die Bühne bringen konnte. Hätten die Sowjets die Absicht gehabt, Schadrin zu entführen oder zu töten, so hätten sie es sicherlich schon in Kanada getan.

Während Ewa einkaufen ging, ließ Nick sich zu einer sowjetischen Villa 35 Kilometer westlich von Wien chauffieren, wo er die Nacht verbrachte. Nach Darstellung von FBI und CIA verlief die Kontaktaufnahme Schadrins mit dem KGB in Wien ausgesprochen glatt. Schadrin wurde seiner eigenen Schilderung zufolge vor der Votivkirche von dem für die Rendezvousaktion verantwortlichen Beamten, Wladimir Aleksandrowitsch Krjutschkow, dem Stellvertretenden Direktor der Ersten KGB-Hauptabteilung, begrüßt. Er wurde für seine gute Arbeit gelobt, in seinen neuen Code eingeweiht und eingearbeitet und erhielt Instruktionen für den Zusammenbau der Teile seines Impulsrichtfunksenders. Bei seiner Rückkehr ins Hotel Bristol war Schadrin, wie Ewa sich erinnert, außerordentlich guter Laune.

Allein, diese Geschichte ist unvollständig. Ein fehlendes Stück ist jüngst durch die bizarre Schilderung eines anderen FBI-Doppelagenten ans Licht gekommen, eine Schilderung, die der Nachwelt durch seine Frau überliefert wurde.

Ilse Sigler entdeckte unter den Reiseandenken, die ihr Mann nach einem ähnlichen Rendezvous mit dem KGB in Wien im Sommer 1974 nach Hause mitgebracht hatte, ein besonderes Souvenir. Beim Aufräumen eines Schranks fand Frau Sigler in einem schwarzen Plastikaktenkoffer ihres Mannes einen großen Umschlag aus braunem Papier mit mehreren Schwarzweißhochglanzfotos darin. Eines davon zeigte ihren Mann beim Handschlag mit Generalsekretär Leonid Breschnew, der ihm irgendeine Auszeichnung überreichte. Als sie ihren Mann wegen des Bildes zur Rede stellte, wurde er wütend und sagte, wenn sie je irgendeinem Menschen von diesen Bildern erzähle, würden sie beide ihres Lebens nicht mehr sicher sein.

Als der Ex-Spionageabwehrchef des FBI, Eugene Peterson, gefragt wurde, ob er etwas über ein Foto wisse, das Sigler mit

Breschnew zeigte, überlegte er einen Augenblick und sagte dann: »Das war nicht Sigler, das war ein anderer von unseren Leuten. ... Es war Schadrin.«[7] Wie andere FBI-Beamte bestätigen, pflegte Breschnew regelmäßig mit angeworbenen KGB-Agenten zusammenzutreffen und ihnen Auszeichnungen zu verleihen. Der KGB transportierte diese Kandidaten auf »schwarzen Flügen« nach Moskau, wo sie ihre Medaillen in Empfang nahmen und mit Generalsekretär Breschnew fotografiert wurden.

Für einen Geheimdienstler ist eine solche Auszeichnung der höchste Lohn für ein Leben im Dunkel der Anonymität und der Hinterhöfe. Auch Schadrin erhielt sein Foto mit Generalsekretär Breschnew und wurde nach Auskunft des FBI zum Oberstleutnant des KGB ernannt. Nach seiner Rückkehr aus Wien übergab er das Foto mit Breschnew pflichtgemäß dem FBI.

Nachdem FBI-Techniker den an Schadrin gelieferten Richtfunksender in Augenschein genommen hatten, mußten sie melden, daß er nicht ihren Erwartungen entsprach. Es war ein älteres, sehr sperriges und umständlich zu bedienendes Modell. Es funktionierte, aber es barg keine technischen Geheimnisse. Wooten wies Schadrin an, das Gerät mit nach Hause zu nehmen und es auf seinem Dachboden zu verstauen, für den Fall, daß der »Illegale«, auf dessen Auftauchen das FBI bislang vergeblich gewartet hatte, sich doch noch melden sollte. Falls dies geschah, würde der Betreffende sicherlich erwarten, daß Schadrin ihm das Gerät sofort aushändigen konnte.

Gefüttert wird ein Impuls-Richtfunksender mit einem Papierstreifen, in den der Agent die Botschaft, die er übertragen will, in Form eines Lochmusters einstanzen muß; es ist ein ähnlicher Lochstreifen wie bei alten Telexgeräten, nur ist er schmaler. Der Streifen mit der Botschaft – es handelt sich zumeist um eine Serie von Zahlen – wird in das Gerät eingelegt, die Antenne wird herausgezogen, und dann muß der Agent warten, bis ein bestimmter Nachrichtensatellit eine bestimmte Position über ihm erreicht hat. In diesem Augenblick drückt der Agent auf den Knopf, und die Botschaft wird, zu einem einzigen kodierten und modulierten elektromagnetischen Impuls gebündelt, zu dem Satelliten hinaufgeschickt. Dieser leitet sie an die Moskauer KGB-Zentrale weiter, wo sie entschlüsselt wird. Bei manchen Sendern wird vor der eigentlichen Botschaft automatisch ein verschlüsselter Nonsenstext gesendet.

Wie zahlreiche sowjetische Agenten vor und nach ihm, saß Schadrin häufig stundenlang an dem großen Schreibtisch im Arbeitszimmer seines Hauses in McLean und horchte in sein Kurzwellenradio hinein, auf die verschlüsselte Botschaft wartend, die ihm den Zeitpunkt und den Ort des nächsten Treffens verraten würde. Freunde der Familie erinnern sich, daß das Arbeitszimmer Nicks Refugium war. Die Regalbretter an der Wand hinter seinem alten hölzernen Schreibtisch bargen Dutzende alter russischer Bücher in kyrillischer Schrift. Einer der Folianten war ausgehöhlt. In diesem Versteck bewahrte Schadrin sein Codebuch, eine Karte mit den Überflugzeiten sowjetischer Nachrichtensatelliten, eine Liste der Kurzwellenfrequenzen, die er laut KGB-Weisung abzuhören hatte, und andere von den Sowjets gelieferte Materialien auf.

Ewa weiß davon zu berichten, wie Nick abends spät aufblieb und höchst konzentriert vor dem Kurzwellenempfänger saß, den zu kaufen die Sowjets ihm aufgetragen hatten. Die verschlüsselten Signale, auf die er wartete, kamen aus Kuba, von einem Sender mit dem Decknamen »Michelangelo«, der KGB-Agenten in den USA und in Kanada mit Informationen versorgte. Die Sendungen, die jeder Besitzer eines Kurzwellenempfängers abhören konnte, ließen erkennen, daß der KGB in den USA und in Kanada zahlreiche Agenten sitzen haben mußte.»Michelangelo«, Verteiler dieser verschlüsselten Anweisungen, gab weiter, was er von der Moskauer KGB-Zentrale erhielt, ähnlich wie eine Taxifunkzentrale eingehende Bestellungen an die angeschlossenen Fahrer weitergibt. Es bereitete Schadrin keine Schwierigkeiten, Morsezeichen zu entschlüsseln. Als Seemann hatte er das gelernt. Der KGB ließ Schadrin wissen, daß der (vom FBI lang erwartete) »Illegale« sich demnächst telefonisch bei ihm melden werde. Wochen vergingen, ohne daß der Anruf kam. Dann, eines Abends, geschah es. Ewa Schadrin nahm den Hörer ab, woraufhin der Anrufer einhängte. Das wiederholte sich mehrere Male. Daraufhin ging Ewa in Nicks Arbeitszimmer am Ende des Korridors. »Er arbeitete an seinem Schreibtisch«, erzählt sie. »Ich sagte: ›Das ist komisch. Jemand ruft an, und immer wenn ich den Hörer abnehme, hängt er ein. Vielleicht nimmst du nächstes Mal ab.‹ Und beim nächsten Mal ging Nick hin und nahm ab, und ich war in der Küche und er in seinem Arbeitszimmer. Er sprach mit jemandem – ich weiß gar nicht mehr, ob es auf russisch oder auf englisch war –, aber es war eine sehr seltsame und sehr angespannte Unterhaltung. Nur ein paar Worte. … Ich ging auf Nick zu, als er aufgelegt hatte. … Und er sagte mir mit sehr komischem Ausdruck im Gesicht, er müßte gehen und werde bald zurück sein. Ich sagte: ›Wohin gehst du?‹ Und er sagte: ›Ach, ein paar Russen, sie sind auf der Lorcum Lane und haben Probleme mit dem Auto‹, und sie hätten ihn um Hilfe gerufen.« Ewa machte sich Sorgen; der Anrufer war ihr unheimlich. Sie bat Nick, nicht zu gehen. »Ich sagte: ›Nein, du gehst nicht. Du kannst nicht gehen. Das gibt keinen Sinn.‹ … Und Nick wurde sehr wütend und versuchte, Jim Wooten anzurufen, der nicht zu Hause war, und später noch Funkhouser.«

Wie Wooten zu wissen glaubt, konnte Schadrin mit der Anruferin – es war eine Frau – zunächst nichts anfangen. »Nick dachte erst, es handle sich um eine automatische Werbedurchsage, bis [die Anruferin] die ständige Funkstation [auf Kuba] erwähnte. … Nick forderte sie auf, das eine oder andere zu wiederholen«, erinnert sich Wooten. Tatsächlich klang das, was die Anruferin, die Frau des »Illegalen«, sagte, zunächst wie eine Werbedurchsage für ein Porträtstudio. Der Werbeslogan war jedoch ein verschlüsseltes Signal, das Schadrin zu verstehen gab, daß der Illegale ein Treffen mit ihm verabreden wollte. Da sich Ewa aber querlegte, sei er, so erzählte er Wooten später, nicht zu dem Treffen gegangen.

Die Anruferin, die sich an jenem Abend bei Nick Schadrin meldete, war die Frau von Ludek Zemenek, einem gebürtigen Tschechen, der als »Illegaler« für die Sowjets arbeitete. Der KGB hatte Zemenek auf den Namen Rudolph Herrmann umgetauft, unter Benutzung der Personalien eines verstorbenen deutschen Kriegsgefangenen.[8] Herrmann alias Zemenek, sein Sohn Paul und seine Frau waren allesamt KGB-Agenten. Herrmann war der illegale KGB-Resident für die gesamten Vereinigten Staaten. Das bedeutete, daß er im Moment eines Kriegsausbruchs oder beim Abbruch der diplomatischen Beziehungen, wo mit der Ausweisung aller »legalen« Spione zu rechnen war, der oberste sowjetische Agentenführer in den USA sein würde.

Wie Herrmann und seine Frau, die später vom FBI ausgehoben wurden, gestanden, gehörte es zu ihren Aufgaben, die Aufenthaltsorte von Überläufern wie Juri Nosenko im Raum Washington ausfindig zu machen. Bei seinen Verhören durch das FBI berichtete Herrmann, daß er Nosenko 1969 gefunden habe, rund vier Jahre vor dem Anruf bei Schadrin. Nach Aussage der FBI-Betreuer Schadrins ähnelten die Aufträge, die Herrmann zu erfüllen hatte, sehr denen, die Schadrin ungefähr um dieselbe Zeit auf Geheiß von Sokolow erledigte.

Trotz der Tatsache, daß das Treffen mit dem Illegalen nicht zustande gekommen und das an Schadrin gelieferte Funkgerät veraltet war, versorgte die CIA Nick nach wie vor mit einem ständigen Strom von Geheiminformationen zur Weitergabe an den KGB, und auch das FBI beschloß, die Operation weiterzuführen. Alle mit dem Fall befaßten FBI-Beamten bestätigen, daß Schadrin nie eine verwertbare Gegenleistung erbrachte. Aber niemand wollte das Risiko eingehen, KITTY HAWK zu verlieren.

Unter den Geheimdokumenten, die Schadrin an die Sowjets verriet, war eines, das er nicht auf offiziellem Weg von John Funkhouser erhalten hatte. In den frühen 70er Jahren startete die CIA ihr ehrgeizigstes technisches Projekt seit der Einführung der Spionagesatelliten. Die Entscheidung für den Versuch, ein sowjetisches U-Boot zu heben, das 1968 unweit von Hawaii gesunken war, gehörte zu den bestgehüteten Staatsgeheimnissen jener Zeit.[9] Das Projekt war indes zu groß und zu teuer für die Marine allein, und so wurden auch die anderen Geheimdienste eingeschaltet. Der Wunsch nach absoluter Geheimhaltung des Vorhabens machte es notwendig, der CIA einen wesentlichen Part in der Operation zuzugestehen.

Als es darum ging, die Pläne und die Mittel für den Hebungsversuch aufzutreiben, wandte sich die CIA, wie schon bei der Entwicklung der U-2, an die Privatindustrie. Die Firma Hughes Tool

Company erhielt, zusammen mit ihrer Tochtergesellschaft Summa Corporation, den Auftrag, ein geeignetes Bergungsschiff zu konzipieren. Schadrins alter Freund Tom Dwyer spielte bei der Operation eine Schlüsselrolle.[10] Das außergewöhnliche Schiff, das eigens für die Hebungsaktion gebaut wurde, die *Glomar Explorer*, erhielt, wie ein Geheimagent, eine regelrechte »Legende« verpaßt, der zufolge es für den Tiefseebergbau konzipiert war. Im Frühjahr 1974 waren die Vorbereitungen so weit gediehen, daß die *Glomar Explorer* grünes Licht für die Bergung des sowjetischen U-Boots erhielt, das 750 Seemeilen westlich von Hawaii auf dem Boden der Tiefsee lag – mit Atomraketen, Codebüchern und einer, wie man hoffte, intakten operativen Einrichtung an Bord. Der Bergungsaktion war freilich nur ein Teilerfolg beschieden. Das gesunkene Boot wurde gefunden und vertäut, und die *Explorer* brachte es auch ein gutes Stück weit Richtung Oberfläche, aber in einer Wassertiefe von rund 1500 Metern brach das Wrack in mehrere Teile auseinander. Ein ungefähr einem Drittel entsprechendes Stück des U-Boots konnte gehoben werden, dazu zwei Torpedos mit atomarem Sprengkopf.

Richard Oden erinnert sich daran, daß Schadrin Kritik daran übte, welche Unmengen von Geld für diese noch immer geheime Operation ausgegeben wurden. »Nick sagte [zur Marine und zur CIA]: ›Hört her, Jungs, ihr vergeudet eine Menge Energie und Ressourcen, weil die Sowjets zur Zeit mindestens zwei neue U-Boot-Generationen im Bau haben.‹«[11]

Diese Aussage Odens könnte bedeuten, daß Schadrin, wie John Paisley, vielleicht die Möglichkeit hatte, die Sowjets vorab über die *Glomar*-Operation zu informieren, so daß die Sache publik wurde, bevor die Amerikaner einen Versuch starten konnten, die noch fehlenden Teile des U-Boots, vor allem dessen Atomraketen, zu bergen. Nach Auskunft von CIA-Direktor William Colby war diese verfrühte Publizität der Grund dafür, daß ein zweiter Versuch, die Raketen – die wertvoller waren als das U-Boot selbst – zu heben, abgeblasen wurde.[12]

Die frühen 70er Jahre sahen einen stark beschäftigten Nick Schadrin. Die sowjetische Hochseeflotte feierte mit ihren ersten Manövern im Pazifik ein imposantes Debüt. Man beorderte Schadrin nach Pearl Harbor, damit er sein fachmännisches Urteil über dieses Manöver abgebe. Als dies jedoch vorbei war, kehrte in Schadrins Leben wieder die verhaßte Routine ein. Seine Rolle als Doppelagent schien sich in dem Maß zu verflüchtigen, wie KITTY HAWK immer mehr zu einer schemenhaften Erinnerung schrumpfte. Ein wütendes FBI mußte aus einer Depesche des State Department entnehmen, daß KITTY HAWK von der CIA auf einem Empfang der Internationalen Atomenergie-Agentur in Moskau gesichtet worden war, es aber versäumt worden war, diese Information weiterzugeben.[13] Nach Ansicht von Wooten war es offensichtlich, daß KH nicht die großen Auslandsreisen machen durfte, die er sich erhofft hatte.

1974 war Schadrin wieder in düsterer und bedrückter Stimmungslage. Sein Zweitberuf als amerikanischer Geheimdienstagent verlor aufgrund der Tatsache, daß der KGB in Moskau es offenbar mit ihm kein bißchen eilig hatte, sehr an Reiz. Nach Aussage von Richard Oden war Schadrin zu jener Zeit melancholischer, als er ihn je erlebt hatte.

Schadrin hegte nie irgendwelche Befürchtungen, daß die Sowjets ihm etwas antun könnten, ungeachtet der Tatsache, daß ein Todesurteil gegen ihn bestand. Er machte gern Witze darüber, daß sie ihn inzwischen vergessen hätten. Nach Auskunft von Ewa besuchten die Schadrins gelegentlich Freunde auf polnischen Handelsschiffen, die im Hafen von Baltimore ankerten, und blieben oft zum Abendessen bei ihnen. Jim Wooten sagt, er habe nichts davon gewußt, daß Nick und Ewa zu Gast auf Ostblockschiffen waren, die die Vereinigten Staaten anliefen.

Zu Hause, Ewa gegenüber, wurde Schadrin immer reizbarer, und die schlaflosen Nächte, die er verbrachte, wurden zahlreicher. 1974 geriet Schadrin in immer stärkere Abhängigkeit von Valium, das ihm wenigstens einen Ersatz für die fehlende innere Ruhe bescherte. Ewas Zahnarztpraxis im Haus machte es ihm leicht, sich das Medikament zu besorgen. Er war jetzt seit fünfzehn Jahren hauptberuflicher Überläufer, und die Folgen begannen sich zu zeigen. Auch gesundheitliche Probleme, darunter eine Operation im September 1974, machten ihm zu schaffen.

Leute, die Schadrin in dieser Zeit kennenlernten, erlebten ihn als brillanten Gesprächspartner mit überwältigendem Charme. Die CIA zeigte ihn als Musterbeispiel des gut integrierten Überläufers herum. Die akademische Arbeit, die er leistete, war fast makellos. Doch in seinen letzten in den USA verbrachten Jahren zeigten sich immer deutlicher Anzeichen für das, was wirklich in ihm vorging.

Peter Sivess weiß zu erzählen, daß Schadrin des amerikanischen Systems überdrüssig wurde:»Er war sehr kritisch gegenüber dem, was wir hier machten. Er war der Meinung, wie hätten hier zuviel Freiheit. Seiner Ansicht nach hätte uns mehr Disziplin not getan. Er hätte am liebsten den ersten Verfassungszusatz genommen und ihn ins Klo runtergespült.«[14]

Nach Erinnerung von Stanley Urynowicz gab es nicht viel, was Schadrin an Amerika mochte:»Er äußerte sich in keiner Weise anerkennend über unser System. ... Er hielt das sowjetische System für funktionsfähig [und glaubte], daß es mit den richtigen Leuten besser funktionieren könnte als das, was wir hier haben.«

In der zweiten Jahreshälfte 1974 bahnten sich revolutionäre Umbrüche an der Spitze der CIA an, die im Dezember auch zu einem Wiederaufleben der Operation KITTY HAWK führten, zumindest von seiten der CIA aus. Direktor Colby löste James Jesus Angleton als Chef der Spionageabwehr ab, woraufhin Angletons wichtigste Mitarbeiter ebenfalls ihren Abschied nahmen. Colby berief George T. Kalaris zum neuen CI-Chef. Erstmals nach vielen Jahren rekrutierte die CIA wieder offen sowjetische Agenten. Auch beim FBI vollzogen sich Veränderungen: Courtland Jones, Jim Wootens genialer Vorgesetzter, zog sich ebenso zurück wie Wootens erfahrener Kollege Bert Turner. Jim Wooten, über den Eugene Peterson sagt, er sei »in seinen Agenten vernarrt gewesen«, trug jetzt innerhalb der FBI die alleinige Verantwortung für die Operation KITTY HAWK. Erstmals seit der Montreal-Episode erwärmten sich die Beziehungen zwischen FBI und CIA wieder. George Kalaris schien willens, mit dem FBI zusammenzuarbeiten und in der Sache KITTY HAWK einen neuen Anfang zu machen.[15]

Nach Überzeugung Wootens war es an der Zeit, das Feuer der ausgebrannten Operation KITTY HAWK wieder anzufachen. Im Februar 1975 eröffnete Nick seiner Frau, daß sie demnächst zum

Skilaufen nach St. Moritz fahren würden. Da das FBI glaubte, Nicks Kontakte zu den Sowjets seien ganz eingeschlafen, wies Wooten ihn an, mit dem KGB in Wien aufs neue Verbindung aufzunehmen. William Lander erläutert diese Weisung: »Sie hatten ihm gesagt, er solle, wenn er den Kontakt mit ihnen vollkommen verlieren würde und keinen Weg sähe, wieder mit ihnen in Verbindung zu treten, entweder diese bestimmte Nummer [in Wien] anrufen oder einen Brief an die Konsularabteilung der sowjetischen Botschaft in Wien schicken. Also wurde vereinbart, daß Nick, um den Kontakt zu den Sowjets neu zu knüpfen, einen Brief nach Wien schreiben, diesen jedoch auf österreichischem Boden aufgeben sollte. Das war der einzige Zweck der Reise nach St. Moritz. Ewa Schadrin erinnert sich freilich daran, daß Nick vor ihrer Abreise einen Brief an einen Empfänger in Ostberlin namens »Rüdiger Lehmann« schrieb. Dies könnte ein Indiz dafür sein, daß Nicks Kontakte zu den Sowjets in Wirklichkeit gar nicht eingeschlafen waren.

Der Fall Schadrin stellte sich in diesem Frühjahr 1975 als ein Spiel mit wechselnden Rollen und alten Bekannten dar. Leonard V. McCoy, der einst als junger Berichtsoffizier in Angletons Büro marschiert war und ihn dafür gewonnen hatte, Schadrin nach Amerika zu lotsen, sah sich jetzt erneut mit dem Überläufer befaßt.

James Nolan empfand die Wiederbelebung der Operation Schadrin/KITTY HAWK als eine Katastrophe. Daß McCoy die Federführung hatte, machte die Sache seiner Überzeugung nach noch schlimmer: »Ich muß sehr offen sprechen«, sagt er. »Ich mag McCoy nicht. Ich habe keinerlei Respekt vor seiner Urteilsfähigkeit. Er hat null Ahnung von Spionageabwehr und weiß meiner Ansicht nach auch nicht sehr viel über die Sowjets.« McCoy hält ähnlich wenig von Nolan, über den er sagt: »Er hatte was gegen alle unsere Operationen.«

Wie sich Neil Sullivan, der Nachfolger von Courtland Jones, erinnert, begannen die ersten Diskussionen über Sinn und Zweck einer Begegnung zwischen Schadrin und dem KGB schon kurz nachdem er im Januar 1975 seinen Posten übernommen hatte. Andere setzen den Zeitpunkt ein wenig später an. Eindeutig scheint jedoch, daß sowohl das FBI als auch die CIA auf eine Wiederherstellung des Kontakts mit dem Phantom KITTY HAWK drängten. Das erste, was Leonard McCoy tat, als er die – nach seinen Angaben sehr dünne – Akte KITTY HAWK auf den Schreibtisch bekam, war, daß er Bruce Solie aus der Operation auszuschalten begann.[16] Solie meint dazu: »Ich war mit der Sache bis 1975 befaßt; dann wurden allmählich [andere] auf die Angelegenheit aufmerksam und zogen sie an sich.« Solie meint, daß sowohl Kalaris als auch McCoy »in diesem Geschäft Neulinge waren«.[17]

Jim Wooten nahm zwar dankbar zur Kenntnis, daß die CIA an einer Wiederbelebung der Operation KITTY HAWK interessiert war, befürchtete jedoch, die Geheimdienstler könnten in ihrem Übereifer versuchen, ihren Wunschagenten in Moskau zu kontaktieren, was ein höchst gefährliches Unterfangen sein würde. Anfang 1975 kam Wooten der Verdacht, daß sie genau dies bereits versucht hatten. »Neue Leute übernahmen die Sache. Es war für uns schwierig, einzuschätzen, … [ob sie] tatsächlich mit ihm Kontakt gehabt hatten. Meinem eigenen Gefühl nach war es so.«[18] Wootens Gefühl trog nicht. Die Kontaktaufnahme hatte in einem Zug der Moskauer U-Bahn stattgefunden. KH hatte einen Zettel in die Manteltasche eines CIA-Mannes praktiziert, mit einer vagen Botschaft darauf, in der er die Möglichkeit andeutete, vielleicht einmal ins Ausland reisen und sich dort mit jemandem treffen zu können. Wieder einmal erfreute sich der KGB der Zuwendung von FBI und CIA. Weshalb das starke Interesse an KH fortbestand, ist eine wichtige Frage. Igor Koslows einflußreiche Schwiegermutter war ein knappes Jahr zuvor an einem schweren Herzleiden gestorben, so daß er seiner wichtigsten Gönnerin und, was noch wichtiger war, seiner wichtigsten Quelle für hochkarätige Informationen und Klatsch beraubt war.

Im Frühjahr 1975 versammelten sich im Büro von Neil Sullivan in der Washingtoner FBI-Außenstelle die Herren Kalaris, McCoy, Wooten und Branigan und eine Frau namens Cynthia Hausmann. Die Sowjets hatten Schadrin für das verabredete Treffen die Städte Berlin, Helsinki und Wien zur Auswahl gestellt. Die CIA hielt Wien für den sichersten Ort. McCoy erklärte, Schadrin werde mit KH einen Termin vereinbaren und diesen an seine Agentenführerin Cynthia Hausmann weitergeben; diese wiederum werde sich mit Gus Hathaway in Verbindung setzen. Hathaway solle sich dann nach Wien in Marsch setzen und das Treffen mit seinem alten Bekannten Igor Koslow selbst wahrnehmen. Die Planungen für das Treffen in Wien zogen sich über mehrere Monate hin. Die Schadrins reisten im Frühherbst nach Spanien, und Nick rief von dort aus in Wien an, um den Russen sein Kommen verbindlich zuzusagen. Im November traf sich die US-amerikanische Arbeitsgruppe noch einmal, um letzte Details für das nunmehr für den 18. Dezember 1975 in Wien anberaumte Treffen zu besprechen. Zwei Wochen vor ihrer Abreise nach Wien bat Nick seine Frau, mit ihm einen Spaziergang zu machen. Nick war überzeugt, daß FBI und CIA sein Haus mit Abhörwanzen bestückt hatten. Wie Ewa sich erinnert, erzählte ihr Nick während des Spaziergangs, daß sich in seinem verkorksten Berufsleben einiges drastisch ändern würde, falls die Besprechungen in Wien gut verliefen. Er hoffte, im Anschluß daran eine Sicherheitsfreigabe zu erhalten und dann mit Aufgaben betraut zu werden, die ihn endlich voll fordern würden. Am gleichen Abend kam Jim Wooten zu Besuch und brachte eine hochgewachsene, sehr distanziert wirkende Frau mit. Ewa erinnert sich, daß sie ihr als Ann Martin vorgestellt wurde. Frau Martin würde, so sagte man Ewa, die Wiener Etappe ihrer Reise zusammen mit ihnen machen. »Ann Martin« war nichts anderes als der von Cynthia Hausmann für die Wiener Operation gewählte Deckname. Einige Tage nachdem Bill Branigan und die zuständigen CIA-Leute die letzten Details für das Wiener Treffen festgeklopft hatten, erhielt Branigans Stellvertreter Eugene Peterson einen beunruhigenden Anruf von Jim Wooten. Wooten eröffnete Peterson, daß »Bruce Solie aus dieser Operation ausgebootet worden war«.[19] Anstelle von Solie, der KITTY HAWK 1966 als erster einvernommen und abgeschätzt hatte, hatten die Spionageabwehrleute der CIA beschlossen, KHs alten Freund Gus Hathaway zu schicken. Hathaway, der KITTY HAWK/Koslow kennengelernt hatte, als beide in dienstlichem Auftrag in Pakistan weilten, verkörperte in den Augen von Wooten und Peterson ein gravierendes Sicherheitsproblem. »Den Sowjets war nämlich die persönliche Bekanntschaft zwischen Hathaway und KITTY HAWK sehr wahrscheinlich bekannt. Sicherlich wußten sie auch, wer Gus war. Er hatte sich schließlich jahrelang mit dem KGB herumgeschlagen. Ihn als Kontaktperson für KH nach Wien zu schicken war einfach zu gefährlich. Es konnte sogar Schadrin mit in Gefahr bringen.«

Während Wooten Peterson über das Hathaway-Problem aufklärte, führte Branigan eine Schlußbesprechung mit McCoy und Kalaris durch. Als er danach ins Büro zurückkehrte, berichtete Peterson ihm, was er von Wooten erfahren hatte. Branigan antwortete mit einem seiner berühmten Temperamentsausbrüche. »Mein Gott noch mal«, herrschte er seinen alten Freund Peterson an, »wir haben eine Vereinbarung getroffen, da kann ich solche Probleme nicht gebrauchen.« Als Peterson ihm aber das von Wooten erkannte Sicherheitsrisiko auseinandersetzte, besann Branigan sich kopfschüttelnd eines anderen und wies Peterson an, McCoy anzurufen und ihm unmißverständlich klarzumachen, daß Hathaway nicht akzeptiert werden könne. Peterson erläutert seine damalige Argumentation gegenüber McCoy wie folgt: »Wir befürchteten, daß die Sowjets, wenn sie Gus und KH zusammen sahen, zwei und zwei zusammenzählen würden. Es war ein Sicherheitsproblem. McCoy hatte keine andere Wahl, als zuzuhören.«

Das FBI kannte die Überlegungen nicht, die das CIA bewogen hatten, sich für Hathaway zu entscheiden. Hathaway und ein weiterer Agent hatten mit KITTY HAWK in den zurückliegenden zwei Jahren flüchtige Kontakte gepflegt. Diese Information wurde nie an das FBI weitergegeben, ein Verstoß gegen die Kooperationsvereinbarung zwischen den beiden Behörden. Für McCoy und Kalaris war ausschlaggebend, daß Hathaway in der Agentenarbeit vor Ort erfahrener war als Solie, der den Großteil seiner Laufbahn in den Vereinigten Staaten verbracht hatte.

Der nächste neuralgische Punkt betraf die Beschattung. Wie Cynthia Hausmann erläuterte, hatte die Wiener CIA-Station bereits Vorkehrungen für die Einrichtung eines stationären Beobachtungspostens getroffen. Branigan, der fürchtete, die Sowjets könnten diese Maßnahmen entdecken, ersuchte die Agency, nichts zu unternehmen. Branigan behauptet, niemand habe ihm erklärt, daß von den Fenstern des Wiener US-Konsulats aus die Treppe der Votivkirche zu sehen war, wo Schadrin sich mit seinem KGB-Kontaktmann treffen sollte. Die Bedingungen für eine stationäre fotografische Überwachung waren somit ideal. Eugene Peterson sagte, das FBI habe sich in diesen Dingen ganz auf das Urteil der CIA verlassen:»Was soll's, Wien ist eine Stadt an der Donau, und da gab es einen Typ, der Walzer komponierte. Das war alles, was wir über Wien wußten.« Branigan wurde noch deutlicher:»Nur ein Blinder hätte das mit dem Fenster nicht gemerkt. ... Jeder wußte das. Das einzige, worum es uns ging, war, daß wir nicht wollten, daß irgend jemand dort draußen auf der Straße herumknipst.«

KH hatte in seiner letzten Botschaft den Wienerwald im Westen der Stadt als den geeignetsten Ort für das Treffen mit Schadrin bezeichnet. Wie Wooten sich erinnert, hatte Nick daraufhin eine Karte der Umgebung Wiens studiert. Sullivan hatte Bedenken geäußert, die sich auf die fehlenden Beschattungsmöglichkeiten bei einem Treffen im Wald bezogen.»Es geht nicht an«, hatte er Wooten belehrt,»daß man einen Doppelagenten zu einem Treffpunkt mit einem Burschen von der Gegenseite in den Wald schickt und ihn dort allein läßt.«

Sullivan traf mit Schadrin wenige Tage vor dessen Abreise noch einmal zusammen und erinnert sich, ihn bei dieser Gelegenheit in sehr zuversichtlicher Stimmung angetroffen zu haben, was Sullivan sich nicht recht erklären konnte.»Einer, dem es bevorstand, mit so wenig Flankenschutz und Deckung nach Wien zu fahren, hätte eigentlich vor Angst bibbern müssen. Er hätte sagen müssen: ›Ich will nicht dahin; ich will nicht fahren.‹ Er aber freute sich darauf«, erzählt Sullivan.

Die letzten Tage vor ihrer Abreise verbrachten die Schadrins mit dem Besuch von Weihnachtspartys und mit Besuchen bei alten Freunden. Die Dwyers waren aus Hawaii eingeflogen, und als sie wieder abreisten und auf dem Washingtoner National Airport von den Schadrins Abschied nahmen, kam Nick Tom und seiner Frau äußerst niedergeschlagen vor.»Ich hatte ihn, außer in der allerersten Zeit, nie so bedrückt gesehen«, erinnert sich Dwyer. »Ich weiß nicht, worüber er sich Sorgen machte, aber er muß etwas geahnt haben.«

In seiner Schreibtischschublade im Büro hatte Schadrin einen Stadtplan von Wien, den er immer wieder studierte. Nach seinem Verschwinden fand Frank Steinert diesen Plan und entdeckte, daß einige Planquadrate aus dem Wienerwald herausgeschnitten waren.

In seinen letzten Tagen auf amerikanischem Boden zeigte Schadrin ein drastisch verändertes Verhalten. In der Arbeit zog er sich stundenlang in sein Büro zurück und diktierte bei geschlossener Tür etwas auf Band. Die jährliche Weihnachtsfete ließ er aus, doch zu einer Feier im kleineren Kreis unmittelbar vor seiner Abreise brachte er mehrere Flaschen russischen Wodkas mit. Eine der Flaschen schenkte er einer im Büro beschäftigten Frau, mit der er sich in den vergangenen Wochen oft gestritten hatte. Er gab ihr einen Abschiedskuß und wünschte ihr und ihrem Sohn ein glückliches neues Jahr. Ihr erschien dieses Verhalten reichlich seltsam.

Einige Tage vor seiner Abreise brachte er Frank Steinert eines seiner teuren Gewehre mit. »Als er [aus Wien] nicht zurückkehrte, hatte ich das Gefühl, ... daß dies sein Abschiedsgeschenk für mich war«, meint Steinert.

Maria und Richard Oden empfanden den Abschied von den Schadrins als besonders bewegend. Nick drängte Richard seine Pistole, eine teure Magnum, auf. Maria Oden gab Nick einen Abschiedskuß, woraufhin Nick zu ihr sagte: »Ich hoffe, wir sehen uns wieder.« Maria antwortete: »Nikolai, was redest du für ein Zeug? Du kommst doch wieder.« Sie erinnert sich, daß er keine Tränen in den Augen hatte, aber mit sehr belegter Stimme sprach.

Auf Peter und Ellie Sivess machte Nick vor seiner Abreise einen sehr nervösen und zerstreuten Eindruck. Darryl Du Bose, ein Nachbar der Schadrins, erinnert sich, daß Nick am Vorabend der Abreise nach Wien gegen 5 Uhr bei ihm hereinschaute. »Ich war allein zu Hause, und ... Nick kam herüber. Er wohnte direkt gegenüber. Ich fragte ihn: ›Willst du mit runtergehen und etwas trinken?‹ Und er sagte: ›Ja‹, und ging runter in den Hobbyraum, und ich wußte, daß er nichts trank außer Wein, und so sagte ich: ›Möchtest du einen Wein?‹ Er sagte: ›Bier‹, weil er wußte, daß ich Biertrinker bin. Er zündete sich eine Zigarette an, nahm ein paar Züge und legte sie weg, und wir redeten darüber, daß er am nächsten Morgen früh wegfahren würde nach Wien. ... Ich fragte Nick: ›Das ist doch gleich bei der Grenze zur Tschechoslowakei, nicht?‹ [Worauf er auswich und davon sprach,] daß er mit Ewa zum Skilaufen gehen wollte. Ich ließ es auf sich beruhen. Ein paar Minuten später kam meine Frau nach Hause ..., und er umarmte sie. Nun waren wir immer Freunde gewesen, aber so gute Freunde auch wieder nicht. ... Es war nicht Nicks normales Verhalten.« Ein paar Minuten später erschien auch Ewa, um sich zu verabschieden.

Kapitel 14

Schadrin: Nach Hause

Das erste Wort, das mir zu »Schadrin« einfällt, ist
Dilettantismus.

Generalleutnant Samuel V. Wilson

Wer weiß, vielleicht ist Nick aus Polen hergeschickt
worden ... aus Rußland, um ein polnisches Mädchen kennenzulernen, und ist mit ihr hierhergekom-
men und hatte eine Aufgabe, zwanzig Jahre lang hier
mit ihr zu leben. ... Und jetzt war es Zeit, nach
Hause zu gehen.

Maria Oden

Wien ist eine Stadt der politischen und moralischen Kompromisse.
Sie bietet dem Besucher die glänzende Oberfläche einer kultivierten, angenehmen Metropole mit einem reichen kulturellen und
geschichtlichen Erbe. Wien ist aber auch die Stadt, in der die
Geheimdienste ihre lautlosen Kriegsspiele austragen. Gäbe es für
diese eine Punktwertung, die östliche Seite läge weit in Front.
Wenn ein solches Spiel einmal in Gewaltakte mündet, versteht
sich die österreichische Polizei darauf, Peinliches unter den Teppich zu kehren; sie tut das mit dem Charme und der Eilfertigkeit
einer Bürokratie, die es früher gewöhnt war, Kaisern und Königen
zu dienen, und die heute mit derselben Unterwürfigkeit zwei
rivalisierenden Mächten zu Diensten ist, die beide in der Lage
wären, ganz Österreich an einem Nachmittag zu verputzen. Wenn
man hier die Wahl zwischen Wahrheit und Überleben hat, wählt
man letzteres.
Der erste CIA-Ankömmling in Wien war Bruce Solie. Er traf, als
Vorauskommando gewissermaßen, schon am Dienstag, dem

307

15. Dezember 1975, ein. Solie hatte bei diesem Auftrag ein ungutes Gefühl. Er wußte, daß er nur deshalb dabei war, weil das FBI auf seiner Mitwirkung bestanden hatte. Im Lauf des vergangenen Jahres war Solie zunehmend aus der Operation KITTY HAWK ausgeschaltet worden. Er hätte, wären da nicht die Freundschaft und das Vertrauen von Jim Wooten und anderen vom FBI gewesen, womöglich gar nichts von dieser Wien-Aktion mitbekommen. Zur neuen Spionageabwehrmannschaft der CIA hatte er kein gutes Verhältnis. Sein Instinkt sagte ihm, daß McCoy und Kalaris ihm und dem FBI Informationen vorenthielten.[1]

Solie war im Lauf seiner Karriere in vieler Hinsicht unterschätzt worden. Ohne es im geringsten darauf anzulegen, hatte dieser wortkarge Typ immer wieder im Brennpunkt von Kontroversen gestanden. Dabei war Solie loyal gegenüber seinen Freunden, ließ andere Meinungen gelten. Tatsachen zählten für ihn mehr als Theorien, und überhaupt entsprach er vom Naturell her mehr einem FBI-Agenten als dem eher intellektuellen Typus des CIA-Funktionärs.

Solie hatte nie die Absicht gehabt, in den politischen Schlagabtausch zwischen CIA-Direktor William Colby und James Angleton hineingezogen zu werden. Aber genau das geschah. Wie rückblickend klar wird, war es Solies engagiertes Plädoyer für den sowjetischen Überläufer Juri Nosenko, dessen Colby sich bediente, um Angleton aus der Agency zu boxen. Angleton, der beharrlich der Überzeugung war und blieb, daß Nosenko ein Provokateur sei, glaubte, Solie sei Nosenko persönlich zu nahe gekommen, um noch objektiv urteilen zu können.[2] Immerhin hatte Solie bei der Heirat Nosenkos als Trauzeuge fungiert und ihm geholfen, sich in die amerikanischen Verhältnisse einzufinden. Welche Ironie, daß ausgerechnet Solie, dem man ein»Mitverdienst« an der Abhalfterung von James Angleton bescheinigte, jetzt mit denen auf Kriegsfuß stand, die von der Ablösung Angletons profitiert hatten! Solie wußte, daß er die Tatsache, überhaupt mit der Operation KITTY HAWK befaßt zu sein, keinem anderen als Angleton zu verdanken hatte. Als Richard Helms an jenem Samstag morgen im Frühjahr 1966 den folgenreichen Anruf von »Igor« erhalten hatte, war es Angleton gewesen, der empfohlen hatte, Bruce Solie zur Kontaktaufnahme mit dem Anrufer zu schicken. Inzwischen hatte Solie bis zur Pensionierung nur noch ein paar Jahre vor sich. Seit zehn Jahren päppelte er KITTY HAWK, und noch immer war er sich dessen Echtheit nicht sicher. Er hatte nie aufgehört, dieser Frage nachzugehen; noch kurz vor seinem Abflug nach Wien hatte er Igor Orlow in dessen Ladenwerkstatt in Alexandria (Virginia) aufgesucht und ihm ein Bild zum Einrahmen gebracht. Von denen, die in die »Igor«-Operation ursprünglich eingeweiht gewesen waren, war Solie der einzige, der 1975 noch aktiv und für die Reise nach Wien verfügbar war.

Der spätnachmittägliche Berufsverkehr sorgte dafür, daß Solie bei seiner Besichtigungsfahrt durch Wien nur langsam vorankam. Als er in seinem Taxi den Donaukanal überquerte und in die Altstadt eintauchte, verspürte er ein nagendes Unbehagen, ein Gefühl, als ob an dieser Mission irgend etwas faul sei. Aber dieses Gefühl war nicht konkret genug, um ein Aufbegehren gegen seinen Auftrag zu rechtfertigen. Sein Job bestand darin, einfach bereitzustehen für den Fall, daß KITTY HAWK, alias Igor Koslow, in Wien auftauchen sollte.

Wegen einer frühwinterlichen Schlechtwetterfront, die weite Teile Europas und Österreichs im Schnee versinken ließ, landete das Flugzeug Schadrins mit zwanzigstündiger Verspätung auf dem Wiener Flughafen Schwechat. Genau zur selben Stunde saß ein kleiner, stämmiger, glatzköpfiger Mann in einem anderen Jet in Schwechat, der gerade zum Start rollte und ihn zu einem kurzen Weihnachtsurlaub in die Vereinigten Staaten zurückbringen sollte. Es war der Chef der Wiener CIA-Niederlassung, ein aus Ungarn gebürtiger amerikanischer Jude namens George Weisz. Weisz war Schadrin sehr ähnlich: Er war herrisch, brillant und hatte keine Skrupel, sich anderer Leute zu bedienen, um vorwärtszukommen. Weisz gehörte innerhalb der CIA zu den Originalen. Er war ein politischer Überlebenskünstler, ein Karrierist. In den 50er Jahren war er unter Bill Harvey in Berlin stationiert gewesen.[3] Gegenüber seinen der amerikanischen Ostküsten-Elite entstammenden, akademisch gebildeten Kollegen in der CIA machte er nie viel Aufhebens von seiner Herkunft aus dem osteuropäischen Judentum. Die meisten seiner Untergebenen in der Wiener CIA-Niederlassung mochten ihn nicht, und einige respektierten ihn.

Für George Weisz roch die Operation Schadrin nach Ärger. Just in dem Augenblick, als die KITTY-HAWK-Saga in ihre dramatische Schlußphase trat, entschwebte George Weisz in den Weihnachtsurlaub. Nichts hätte untypischer für diesen Spion mit Leib und Seele sein können. Er war als ein Mann bekannt, der stets dort zu finden war, wo die Post abging. Er hatte sich freiwillig nach Vietnam gemeldet. Weisz war nicht der Typ, der seinen Einsatzort verläßt, wenn eine größere Operation bevorsteht.

Die CIA ist eine klar strukturierte Behörde – die einzelnen Abteilungen und die einzelnen Mitarbeiter sollen nicht mehr als das wissen und erfahren, was sie brauchen, um ihrer speziellen Aufgabe gerecht zu werden. George Weisz hatte sein eigenes Prinzip: Er wollte immer möglichst viel wissen und erfahren.

Weisz hatte Informationen über Artamonow gesammelt. Er hatte Freunde in der CIA, die von Anfang an der Meinung gewesen waren, daß Artamonow ein »eingeschleuster Agent« sei.[4] Weisz hatte keine Lust, sich mit Fehlschlägen in Verbindung bringen zu lassen. Und er hatte kein Zutrauen zur neuen Spionageabwehrmannschaft der CIA. Als ihm Details des Planes bekannt wurden, den die CI-Novizen zusammen mit dem FBI ausgeheckt hatten, beschloß er, sich aus Wien abzuseilen. Dabei war ein Heimaturlaub das letzte, was er am 18. Dezember 1975 gebrauchen konnte. Er war, seit man ihn Ende September nach Wien versetzt hatte (zuvor hatte er die Auslandsnachrichtenabteilung der CIA geleitet), mindestens einmal pro Monat hin- und hergeflogen. Und sein amerikanisches Zuhause war für George Weisz 1975 kein besonders glücksträchtiger Ort. Er führte eine krisengeschüttelte Ehe und hätte gern mehr Zeit mit einer jungen Sekretärin der US-Botschaft in Wien verbracht.[5]

Die untrügliche Witterung für die Kunst des politischen Überlebens, die Weisz sich als Agent in Berlin in einer Zeit größter Anfechtungen und Gefahren erworben hatte, hieß ihn, das Flugzeug nach New York zu besteigen. Er hatte miterlebt, wie Agenten gehetzt und getötet worden waren. Er wußte, daß die Strafe für das Hereinfallen auf einen Scheinüberläufer draußen an der Spionagefront bezahlt werden mußte und nicht hinter den Linien, im sicheren Hauptquartier. Der Gedanke, daß Männer wie McCoy und Kalaris, die er als Dilettanten betrachtete, die Leitung der Spionageabwehr übernommen hatten, ließ ihm die Haare zu Berge stehen. Er dachte nicht daran, sich zum Sündenbock für ihre Fehler machen zu lassen.

Nichts von dem, was in den drei Wochen, seitdem Weisz von der geplanten Operation erfahren hatte, passiert war, konnte sein mulmiges Gefühl verscheuchen. Nachrichten und Meldungen, die auf das Bevorstehen einer größeren Operation in Wien hindeuteten, waren ungefähr ab Anfang Dezember in der Wiener Station eingegangen. Die Station wurde für die Operation in volle Alarmbereitschaft versetzt. Weisz ließ sämtliche Dienstfreistellungen und Urlaubsgenehmigungen für das Wochenende vor Weihnachten widerrufen. Nach Informationen aus verläßlicher Quelle innerhalb der CIA informierte Weisz auch den Geheimdienst eines anderen Landes über die Schadrin-Mission. Weisz arbeitete nämlich nicht nur für die CIA, sondern auch für den israelischen Geheimdienst MOSSAD. Wien war ein Knotenpunkt der internationalen Aktivität des MOSSAD. Von hier aus wurden Agenten in den Osten geschleust, und hier wurden sowjetische Juden nach ihrer Ausreise in den Westen verhört. Vom MOSSAD erhielt Weisz den Rat, sich für die Dauer der bevorstehenden Schadrin-Operation aus Wien abzusetzen und einen Heimaturlaub zu nehmen.

In dem als Mekka der Spione verschrienen Wien umfaßte die CIA-Station 1975 nicht einmal fünfzehn Mitarbeiter. Die ranghöchsten unter ihnen, George Weisz unmittelbar unterstellt, waren durchweg erfahrene, mit allen Wassern gewaschene Profis.

Die Tatsache, daß die Votivkirche als Treffpunkt ausersehen war, machte den Leuten von der Station das Leben erheblich leichter. Die Konsularabteilung der US-Botschaft befand sich zu jener Zeit in einem Gebäude, von dem aus man einen direkten Blick auf die Votivkirche hatte, die den baulichen Abschluß eines großen trapezförmigen Parkgeländes am Schottenring bildete. Diese örtlichen Verhältnisse würden die Aufgabe wesentlich erleichtern, die

Kontaktaufnahme Schadrins mit dem KGB zu überwachen. Malton, Dumaine und Weisz kamen überein, keine ambulante Beschattung durchzuführen. Nicht in Wien. Jeffers rechnete damit, daß die Sowjets aus Anlaß des Treffens bis zu zwanzig Abschirmagenten einsetzen würden. Auf sowjetische Überwachungsabwehrmaßnahmen konnte man sich, so Jeffers, so sicher verlassen wie »auf den morgendlichen Sonnenaufgang«.[6] Falls irgendeiner der sowjetischen Abschirmer CIA-Aktivitäten im Zusammenhang mit dem Treffen entdeckte, würde der kostbare amerikanische Doppelagent auffliegen und wahrscheinlich kurze Zeit später nicht mehr leben. Aber eine stationäre Überwachung würde kein Problem sein. Und den Männern und Frauen der Wiener CIA-Station schien sie auch geboten.

Am 17. Dezember um 9.30 Uhr traf Cynthia Hausmann in der amerikanischen Botschaft in Wien ein. Nachdem sie dem uniformierten Türhüter gesagt hatte, daß sie Miss Martin sei und eine Verabredung mit der »Berichtsabteilung« habe, wurde sie in den dritten Stock des Botschaftsgebäudes geleitet und ins Büro von George Weisz geführt. Weisz kannte Cynthia seit den späten 50er Jahren, als sie, als Studentin getarnt, in München eingesetzt gewesen war. Auch Jeffers kannte sie aus diesen gemeinsamen Münchner Dienstjahren.

Weisz' Büro war unpersönlich eingerichtet. An den Wänden hingen ein paar alte Landkarten, und in der Mitte des Raums standen dominierend ein großer leergeräumter Schreibtisch, eine ebenso große Couch und ein Sessel. Weisz forderte Cynthia mit einer Gebärde auf, in dem großen bequemen Sessel neben seinem Schreibtisch Platz zu nehmen. Nach zwanzig Minuten, die die beiden brauchten, um einander zu beschnuppern, geleitete der tadellos gekleidete Weisz Frau Hausmann zur »Blase«; es war dies ein speziell eingerichteter abhörsicherer Raum neben seinem Büro. Die »Blase« befand sich unmittelbar über dem Büro des Botschafters im zweiten Stock.

In der »Blase« versammelten sich Dumaine, Malton, Weisz und Hausmann. Cynthia machte ihren Gesprächspartnern bei dieser Unterredung eine schockierende Eröffnung: Sie teilte ihnen mit, das FBI bestehe darauf, daß in Sachen Schadrin keinerlei Überwachung stattfinden dürfe – in keiner Form, auch nicht von einem stationären Beobachtungsposten aus. Weisz gab sogleich zu bedenken, daß es töricht wäre, die Tatsache nicht auszunützen, daß der Treffpunkt von den Fenstern der Konsularabteilung aus direkt einzusehen war. Doch Frau Hausmann ließ sich nicht beirren. Das FBI habe gesagt: keine Überwachung. Niemand vom Stationspersonal fand sich kompetent genug und war in der Stimmung, ihr zu widersprechen. Sie gab ja nur die Anweisungen des FBI weiter, und die Operation Schadrin war offiziell FBI-Sache.

Was Weisz betraf, so war er in dem Augenblick, in dem sein Flugzeug am darauffolgenden Nachmittag vom verschneiten Wiener Boden abhob, politisch aus dem Schnee.

Wenn man vom Wiener Flughafen aus zur Innenstadt fährt, bieten sich zunächst keine verheißungsvollen Anblicke. Die Außenbezirke der Stadt sehen nicht attraktiver aus als die von bedeutenden Industriestädten wie Mailand oder Frankfurt. Erst wenn der Besucher den Bereich innerhalb der Ringstraße erreicht hat, produzieren die Bäume, die architektonisch interessanten Gebäude und die Prachtbauten im Zusammenwirken jenen Zauber, den wir mit dem Namen Wien assoziieren.

Nick Schadrin fühlte sich in Wien wie verjüngt. Für Ewa war die Reise eine wunderbare Abwechslung. Daß Nick hier ernste Geschäfte zu erledigen hatte, war für sie nur ein lästiger Nebenaspekt. Das Taxi schaffte die Fahrt vom Flughafen zur Innenstadt, gerade bevor der Berufsverkehr einsetzte, in einer halben Stunde. Als der Wagen über die Aspernbrücke dem Ersten Bezirk entgegenrollte, konnten die Schadrins mit dem Anblick der Wiener Altstadt Wiedersehen feiern. Der Stadtpark war schneebedeckt. Ein paar Häuserblocks weiter erstrahlte zur Linken das Hotel Imperial in seiner ganzen herrschaftlichen Pracht. Zusammen mit dem Sacher und dem Bristol gehörte das Imperial zu den besten Wiener Hotels. Was die Schadrins, als sie das Imperial passierten, freilich nicht wissen konnten, war, daß drinnen ein Mann von der Sicherheitsabteilung der CIA wartete, der sich brennend dafür interessierte, ob ihr Wien-Besuch erfolgreich verlief.

Die Schadrins stiegen im wenige hundert Meter weiter am Kärntner

Ring gelegenen Hotel Bristol ab. Dieses traditionsreiche Haus war nur einen Katzensprung von der Oper entfernt und bot einen ausgezeichneten Service. Was die Betreuer Schadrins vom FBI nicht wußten, war, daß mindestens vier Angestellte des Bristol auf der Honorarliste des KGB standen und diesem Informationen über diverse Gäste des Hotels lieferten.[7] Jeder Besucher, der bei Schadrin aufkreuzte, würde der Wiener KGB-Residentur gemeldet, und die Information würde über kurz oder lang in der Moskauer KGB-Zentrale landen und dort ausgewertet werden.

Es war nur noch eine Woche bis Weihnachten, und in der Stadt wimmelte es von Kauflustigen, die noch vor Ladenschluß fündig werden wollten und in die Kaufhäuser drängten. Die Ladenöffnungszeiten in Wien gehören zu den kürzesten in ganz Europa. Dank des frischgefallenen Schnees und des Weihnachtsschmucks bot die Stadt einen malerischen Anblick, der Ewa in Entzücken versetzte. Auch wenn Nick Russe und Ewa Polin war, erweckten die Österreicher in ihnen nicht das intensive Unbehagen, das sie gegenüber den Deutschen empfanden. Für die Deutschen hatte Schadrin, wie die meisten Russen, die den Krieg überlebt und darin Angehörige verloren hatten, wenig Sympathie. Die Österreicher jedoch hatten eine Sanftheit und Offenheit, für die Nick viel übrig hatte.

Nachdem die Schadrins sich im Hotel frisch gemacht hatten, nahmen sie einen kleinen Imbiß ein. Schadrin schien der Gedanke an seine Verabredung um 5 Uhr nachmittags nervös zu machen. Er hatte Ewa erzählt, er werde sich mit einem Sowjetbürger treffen, der seit vielen Jahren für die Vereinigten Staaten arbeite. Es sei derselbe Mann, mit dem er auch schon auf anderen Reisen zusammengetroffen war. Nick bereitete Ewa darauf vor, daß er nicht rechtzeitig zum Abendessen zurück sein werde. Es bereitete Ewa kein Kopfzerbrechen, daß ihr Mann – ein sowjetischer Überläufer – sich unter etwas mysteriösen Umständen im Ausland mit einem Sowjetbürger traf. Sie beruhigte sich damit, daß dies eben zu seinem Job gehöre. Nick arbeitete schließlich für das Verteidigungsministerium.

Ewa glaubte ihren Mann daher im Regierungsauftrag unterwegs, als er das Bristol verließ und der Türhüter ihm ein Taxi rief. Der

Treffpunkt, zu dem Nick Schadrin unterwegs war, eine alte Kathedrale namens Votivkirche, liegt mehrere Kilometer vom Hotel Bristol entfernt und abseits der normalen touristischen Besichtigungsrouten. Die Taxifahrt vom Hotel zur Votivkirche dauerte trotz des abendlichen Berufsverkehrs nur zehn Minuten. Schadrin kannte die Kirche von mehreren früheren Besuchen. Von der Stelle am Rand des Parks aus, wo das Taxi ihn absetzte, überquerte Schadrin die Straße und ging zum Fuß der flachen Treppen, die zum Eingang der riesigen, düsteren neugotischen Kathedrale hinaufführen. Der Schneefall hatte schon vor einer Weile aufgehört, und die Luft hatte eine fast angenehme Temperatur. Schadrin erklomm die Treppe, stellte sich mit dem Rücken an die Bronzetüren der Kirche und spähte von seinem leicht erhöhten Aussichtspunkt aus die Straße hinab. Im Park auf der anderen Straßenseite wurden Weihnachtsbäume verkauft. Zur Rechten schlossen sich Gebäude an, die zur Universität gehörten, zur Linken Büro- und Wohngebäude, die den gegenüberliegenden Park säumten, so weit das Auge reichte. Die Fenster des amerikanischen Konsulatsgebäudes waren dunkel.

Ungefähr acht Minuten, nachdem Schadrin eingetroffen war, fuhr eine viertürige dunkle Limousine vor. Der vordere Beifahrer stieß seine Tür auf, so daß die Innenbeleuchtung des Wagens anging. Dann zündete er sich eine Zigarette an. Schadrin erkannte Oleg Koslow, seinen alten Washingtoner Agentenführer. Schadrin ging die Stufen hinunter und kletterte vorsichtig auf den Rücksitz des Wagens. Die Limousine fuhr an und fädelte sich in den abendlichen Wiener Verkehr ein. Der Fahrer war Michail Iwanowitsch Kurischew. Schadrin kannte ihn fast ebenso gut wie Koslow. Die beiden Sowjets sprachen Schadrin nicht mit einem seiner angenommenen amerikanischen Namen an, sondern, bereits seinen neuesten KGB-Rang würdigend, als Oberst Artamonow. Sie begrüßten ihn herzlich und gratulierten ihm zu seiner Beförderung.[8]

Falls Nick sich an die Anweisungen Jim Wootens hielt, mußte er den Sowjets zunächst Fragen über seine Frau Elena und seinen mittlerweile 24jährigen Sohn stellen. Und wenn das Gespräch so weiterlief wie die früheren, würden die KGB-Leute ihrem Star-agenten versichern, daß mit Artamonow junior und seiner Mutter alles in Ordnung sei.

An diesem Punkt jedoch weicht das, was Schadrin später am Abend Cynthia Hausmann berichtete, stark von dem ab, was sich nach Angaben der Wiener Polizei und anderer westlicher und sowjetischer Geheimdienstquellen abspielte. Die nachfolgende Darstellung stützt sich auf noch unveröffentlichte Akten des österreichischen Innenministeriums sowie auf zusätzliches Material, das im Laufe von über zwölf Jahren nicht nur von westlichen Geheimdiensten wie dem israelischen MOSSAD, sondern auch von sowjetischen Quellen, mit denen die österreichischen Behörden in Verbindung stehen, zusammengetragen wurde. Daraus ergibt sich eine Abfolge der Ereignisse, die sich von dem, was bislang in amerikanischen und sowjetischen Publikationen zu lesen war, in erheblichem Maß unterscheidet.

Während die Limousine in den umliegenden Stadtvierteln kreuz-te, eröffneten die KGB-Leute Schadrin, seine langjährige Mission sei nunmehr zu Ende. Es sei an der Zeit für ihn, nach Hause zu kommen. Ewa sei nunmehr finanziell in der Lage, ohne ihn zu existieren. Die Sowjets mochten keine unabgeschlossenen Ge-schichten. Schadrin war klar, daß seine sowjetischen Betreuer wußten, daß er in den USA noch nie so viel Geld verdient hatte, wie Ewa es mit ihrer Zahnarztpraxis konnte.

Kurischew teilte Schadrin mit, die höchst erfolgreiche Operation mit Igor Koslow müsse aus Gründen, die mit politischen Entwick-lungen in der Sowjetunion zusammenhingen, beendet werden. Kurischew entschuldigte sich dafür, daß er nicht am gemeinsamen Abendessen teilnehmen könne. Die Wiener Behörden gehen davon aus, daß er sich nicht zurückzog, weil er fürchtete, erkannt zu werden, wie FBI und CIA es später vermuteten, sondern weil letzte Vorkehrungen getroffen werden mußten, um Schadrin über die Grenze in den Osten zu bringen. Schadrin hatte, wie immer, amerikanisches Geheimmaterial nach Wien mitgebracht, das an die Moskauer Zentrale weitergeleitet werden mußte. Kurischew verabschiedete sich eilig und stieg aus dem Wagen. Oleg Koslow setzte sich ans Steuer.

Kurz vor halb sieben kehrte Ewa von einem Spaziergang in ihr Hotelzimmer im Bristol zurück. Das Telefon klingelte. Die Frau, die ihr vor zehn Tagen als Ann Martin vorgestellt worden war, war am Apparat. Sie erklärte ihr, sie wohne nur ein Stück weiter im Hotel Imperial und würde gerne im Zimmer der Schadrins auf Nicks Rückkehr von seiner Geschäftsbesprechung warten. Auch wenn Ewa an Miss Martin wenig Gefallen gefunden hatte, erklärte sie sich mit ihrem Vorschlag sogleich einverstanden. Eine halbe Stunde später ließ sie die Frau, die sich Ann Martin nannte, in ihr Zimmer.

Cynthia Hausmann hatte Ewa vom Hotel Imperial aus angerufen, nachdem sie dort Bruce Solie aufgesucht hatte. Diesem war die ganze neue Spionageabwehrmannschaft der CIA unsympathisch, aber für Frau Hausmann galt dies ganz besonders. Sie gab ihm deutlich zu verstehen, daß seine Aufgabe einzig und allein darin bestehe, das Gespräch mit Igor Koslow zu suchen, falls dieser auftauchen sollte. Sonst nichts. Während Cynthia Hausmann anschließend zu Ewa Schadrin ins Bristol hinüberging, blieb Solie in seinem Hotelzimmer und wartete auf KITTY HAWK.

Obwohl Cynthia Hausmann und Ewa Schadrin die nachfolgenden drei Stunden zusammen verbrachten, kam zwischen ihnen keine persönliche Herzlichkeit auf. Die Hausmann war eine hochgewachsene, kantige Frau, die seit vielen Jahren als Spionageabwehrspezialistin für die CIA arbeitete. 1966 war sie, getarnt als Mitarbeiterin des Heeresministeriums, an der US-Botschaft in Mexico City eingesetzt gewesen.[9]

Nach Ansicht von Sam Wilson, Bruce Solie und vielen anderen hochrangigen Geheimdienstbeamten verstieß Frau Hausmann mit dem, was sie am Abend des 18. Dezember 1975 tat, gegen grundlegende geheimdienstliche Verhaltensmaßregeln. Zunächst einmal hatte sie Ewa von einem Hotel aus angerufen, dessen Personal, ebenso wie das vom Bristol, nicht darüber erhaben war, für ein paar Extradollars Informationen über Hotelgäste zu verscherbeln.[10] Da die Sowjets Ann Martins wahre Identität bereits kannten, mußten ihr Anruf bei Ewa Schadrin und ihr anschließender Besuch im Hotel Bristol sie in unmittelbaren Zusammenhang mit der Mission Schadrins bringen. Wenn Schadrin tatsächlich der tapfere Doppelagent war, als den CIA und FBI ihn darstellten, brachte Cynthia Hausmann ihn mit ihrem unerklärlichen Verhalten an jenem Abend in große Gefahr.

Nachdem es Ewa gelungen war, Cynthia Hausmann einige Angaben zu ihrer Person zu entlocken – wie beispielsweise, daß sie unverheiratet war und mit ihrer Katze in Georgetown lebte –, bohrte sie weiter. Frau Hausmann erzählte ihr daraufhin, sie habe als junge Frau in Deutschland studiert. Was sie ihr nicht verriet, war, daß sie seinerzeit an einer der schwierigsten und ungewöhnlichsten Spionageoperationen mitgewirkt hatte, die je in Deutschland durchgeführt wurden; vor allem mit dieser Arbeit hatte sie sich innerhalb der CIA einen Namen gemacht. Der betreffende Fall unterliegt bis heute der Geheimhaltung.

Oleg und Nick hatten über eine halbe Stunde gebraucht, um aus der Wiener Innenstadt in die Vororte zu gelangen. Nick hatte zwischendurch einen Blick auf ein Straßenschild erhascht und den Eindruck gewonnen, daß der Wagen in Richtung Flughafen fuhr, allerdings nicht auf der Autobahn. Schließlich bog Oleg in eine baumbestandene Auffahrt ein. Hundert Meter vor ihnen lag ein Restaurant, das unmittelbar an einem Kanal gelegen war. Oleg erklärte Nick, daß schon Nikita Chruschtschow hier gerne Karpfen gegessen hatte. Die Männer betraten das Lokal, gingen an der Bar vorbei und setzten sich in dem fast leeren Restaurant an einen rückwärtigen Tisch.[11]

Wodka wurde bestellt, dazu Karpfengerichte für Nick und Oleg. Nach dem ersten Glas prostete Oleg Nick zu und gratulierte ihm noch einmal zu seiner Beförderung zum Oberst und zur Beendigung seiner amerikanischen Mission. Nick fragte Oleg, wie seine Heimreise ablaufen werde. Die Antwort des KGB-Mannes schockierte ihn; sie besagte nämlich, daß eigens ein Reisebegleiter für ihn nach Wien eingeflogen worden sei, in dessen Gesellschaft er die Heimreise antreten werde.

Nick wollte es genau wissen: Wer war der Begleiter?

Oleg Koslow antwortete auf russisch:»Dein Sohn natürlich.«

Die Sowjets hatten Nicks Sohn aus folgendem Grund ins Spiel gebracht: Sie fürchteten, Artamonow, der so viele Jahre aus der Sowjetunion fort gewesen war, werde womöglich aus Angst vor der eigenen Courage oder aus Liebe zu Ewa im letzten Augenblick seinen Entschluß ändern. Die Sowjets waren sicher, daß dies nicht passieren würde, wenn Nick seinen Sohn in Wien wußte. Für Nick waren die ersten Jahre der Trennung von seiner Frau und seinem Sohn die schwersten gewesen. Erst 1966, nachdem Igor Koslow auf der Bildfläche erschienen war, hatte er erstmals wieder eine Nachricht von Frau und Sohn erhalten.[12] Es war völlig klar, daß Nicks Familie niemals so behandelt worden war wie die Angehörigen anderer Überläufer. Ihr Lebensstandard hatte sich im Gegenteil in den Jahren, die er in den USA verbrachte, stetig verbessert. Nachdem Schadrin sich offiziell bereit erklärt hatte, als sowjetischer Agent zu arbeiten, hatten ironischerweise auch Ewas Angehörige eine verbesserte Behandlung erfahren.

Als die Regierung Carter Jahre später eine Untersuchung des Falles Schadrin veranlaßte, erhielt der erfahrene Ermittler Burton V. Weides die Genehmigung, den gesamten auf den Fall bezogenen diplomatischen Nachrichtenverkehr durchzugehen. Zu seiner Überraschung fand er in diesen Unterlagen Hinweise darauf, daß sich zu der betreffenden Zeit tatsächlich ein junger Sowjetbürger, auf den die Beschreibung von Schadrins Sohn paßte, in Wien aufgehalten hatte. Nach Angaben von Weides kam in der betreffenden Depesche zum Ausdruck, daß »das Eintreffen des jungen Mannes als Überraschung« gewertet wurde. Weides erhielt Anweisung, in seinem Abschlußbericht für Präsident Carter die Depesche nicht zu erwähnen.

Oleg versprach Nick, man werde ihm nach seiner Rückkehr ausgiebig Zeit geben, darüber nachzudenken, was er in Zukunft tun wolle. Natürlich werde man ihn nicht mehr zu Einsätzen ins Ausland schicken, um ihn nicht etwaigen amerikanischen Repressalien auszusetzen. Es war für Nick alles in allem ein bedeutungsschwerer Abend.[13] Während sie aßen und tranken, wurde Nick von Oleg Koslow fachmännisch ausgefragt; vor allem wollte Koslow ausloten, ob der Staragent des KGB sich von den Amerikanern in irgendeiner Weise gegen das sozialistische Vaterland hatte einstimmen lassen.

Koslow fragte Nick nach seinen letzten Kontakten mit hochkarätigen amerikanischen Waffenexperten. Er wollte wissen, welche

Rekrutierungsperspektiven Nick in diesem Bereich sah. Nick erkundigte sich seinerseits nach der Situation von Igor Koslow. Oleg zögerte. Er erklärte, der Skandal um die Datscha von Koslows Schwiegermutter habe sich nach ihrem Tod rasch gelegt, und Igors Verbundenheit mit dem KGB scheine zu garantieren, daß die Familie keine Vergeltung zu fürchten hatte. Außerdem sei Igors Schwiegervater gut mit Andropow befreundet. Schließlich klebe an beider Hände ungarisches und tschechoslowakisches Blut.

Oleg Koslow forderte Nick auf, sich ein Auto zu mieten und sich mit dem Wiener Straßennetz vertraut zu machen. Er äußerte aber auch die Befürchtung, sie könnten, wenn sie sich am kommenden Samstag wieder träfen, Probleme mit Beschattern von der Wiener CIA-Station bekommen. Nick verstand diese Befürchtung sehr gut. Dennoch vereinbarten sie, sich in zwei Tagen um 19 Uhr wieder auf den Stufen der Votivkirche zu treffen.[14]

Nick und Koslow stießen auf den Abschluß einer der erfolgreichsten Missionen in der Geschichte des KGB an. Artamonow habe sich, so lobte ihn sein Tischgenosse, sehr mutig und ideenreich für Mütterchen Rußland geschlagen. Er habe dabei enorme persönliche Opfer in Kauf genommen. Oleg erläuterte Nick sodann, welche Tarngeschichte er sich für das Verschwinden Nicks aus Wien ausgedacht hatte. Die Sowjets würden, sagte er, einfach leugnen, daß sie etwas mit der Sache zu tun hatten oder etwas darüber wußten. Man werde die Möglichkeit einräumen, daß Nick versucht hatte, sich von Wien aus in den Osten abzusetzen, werde aber gleichzeitig den Verdacht ausstreuen, die CIA habe ihn irgendwie daran gehindert. Koslow eröffnete Schadrin, daß er in der Sowjetunion ein ruhiges Leben würde führen müssen, daß aber seine Amerikaerfahrungen bei der Ausbildung künftiger Agenten unschätzbare Dienste leisten konnten. Koslow schob Nick schließlich einen Briefumschlag zu und erklärte ihm, falls am Samstag etwas dazwischenkäme, würde er dieses Geld vielleicht brauchen, bis der KGB sich wieder um ihn kümmern könne. Der Umschlag enthielt 1000 Dollar in bar.

Koslow sagte, falls die Amerikaner gegen Nick Verdacht geschöpft hätten, sei die Gefahr nicht von der Hand zu weisen, daß sie versuchen würden, ihn noch vor Samstag abend zu töten. Schadrin lachte und antwortete, er glaube nicht, daß es da auch nur das kleinste Problem geben werde. Er verstaute den Umschlag in der Brusttasche seines Mantels. Koslow ließ Schadrin am Stubenring aussteigen, von wo aus er mit dem Taxi zum Hotel Bristol zurückfuhr.

Punkt 22 Uhr kam Nick ins Zimmer spaziert. Er berichtete der Hausmann, daß die Zusammenkunft sehr gut verlaufen sei. Er sagte wenig Konkretes, an das Ewa sich später erinnern konnte, außer daß man in einem ausgezeichneten Fischrestaurant außerhalb der Stadt gegessen habe. Das Restaurant sei keineswegs besonders exklusiv gewesen, aber nach drei doppelten Wodkas, die er mit seinem sowjetischen Gesprächspartner gekippt habe, habe der Karpfen sehr delikat geschmeckt. Ewa erinnert sich daran, daß die Hausmann an dieser Stelle der Unterhaltung einen Block und einen Stift herauszog und Nick bedeutete, mit ihr ins Badezimmer zu gehen. Ewa blieb unbeachtet zurück und erhielt keine Erklärung. Eine Viertelstunde lang drang das Zwiegespräch der beiden aus dem Badezimmer.

Nick bewunderte Jim Wooten, aber von einer Frau verhört zu werden war für ihn, den »männlichen Chauvinisten« mit der »großrussischen« Attitüde, eine entwürdigende Zumutung und bloß ein weiterer Beweis für den Niedergang und die Unfähigkeit des amerikanischen Geheimdienstsystems. Schadrin verriet der Hausmann nicht viel, außer daß er zum KGB-Oberst befördert worden und daß sein Ersuchen um Begnadigung geprüft und erfüllt worden sei.[15] Dann machte er Frau Hausmann die unerwartete Mitteilung, daß die Sowjets sich am Samstag abend noch einmal mit ihm treffen wollten. Er fügte hinzu, er halte es für denkbar, daß zu dieser Verabredung auch KITTY HAWK erscheinen werde.[16]

Nachdem Nick und Cynthia wieder aus dem Badezimmer herausgekommen waren, half Nick ihr in den Mantel. Sie zog einen Wiener Stadtplan aus ihrer Handtasche und erklärte Nick den Weg zu dem »sicheren Haus«, in dem sie untergebracht war und wo er sie aufsuchen sollte. Sie sagte ihm, sie erwarte ihn dort am Sonntag, dem Tag nach seiner Verabredung mit den Russen. Der

Termin bei Frau Hausmann wurde auf Sonntag nachmittag festgesetzt. Die Reisepläne der Schadrins sahen für Sonntag abend die Abreise ins österreichische Zürs vor, wo sie einen einwöchigen Skiurlaub gebucht hatten. Frau Hausmann gab Nick die Telefonnummer des Hauses, in dem sie sich aufhielt. Kaum hatte sie gute Nacht gewünscht und hatte das Zimmer verlassen, da wandte Nick sich an Ewa und vertraute ihr an, daß er seiner CIA-Betreuerin etliche Informationen vorenthalten habe. Er werde, so fuhr er fort, nach seiner Rückkehr nach Washington Jim Wooten erzählen, was der Russe ihm beim Abendessen gesagt hatte.

Den erfolgreichen Verlauf seines Treffens, über den Nick sich so hocherfreut äußerte, interpretierte Ewa dahingehend, daß er nun endlich seine Sicherheitsfreigabe erhalten und seinen entwürdigenden Job bei der Defense Intelligence Agency hinter sich haben würde. Sie hatte keine Ahnung, worum es wirklich ging.

Am Freitag, dem 19. Dezember, besuchten Nick und Ewa die Aufführung einer Strauß-Operette. Nach der Vorstellung kehrten sie ins Bristol zurück und ließen sich an der Bar nieder. Nick bestellte sich einen Cognac Martell, Ewa einen Kaffee. Nick zog fast übermütig einen Umschlag aus seiner Jackettasche und erklärte, darin befänden sich tausend Dollar. Er erläuterte Ewa, es handle sich um einen Geldbetrag, den er im Auftrag der US-Regierung seinem sowjetischen Gesprächspartner hätte aushändigen sollen; dieser habe sich jedoch geweigert, das Geld zu nehmen. Nick sagte, er werde am Samstag noch einmal einen Versuch machen, ihm das Geld zu übergeben.

Nick bestellte sich einen zweiten Cognac, Ewa eine zweite Tasse Kaffee. Ihr Gespräch wandte sich dem Thema Musik und dem bevorstehenden Skiurlaub zu, doch hatte Ewa das dumpfe Gefühl, daß irgend etwas nicht in Ordnung war.

Die beiden standen am Samstag vormittag spät auf, und Nick ging aus, um sich ein neues Hemd und eine Krawatte zu kaufen. Dies geschah, wie Ewa erklärte, in Befolgung des russischen Brauches, sich zum Jahreswechsel etwas zu kaufen. Nach Nicks Rückkehr wartete vor dem Hotel ein Mietwagen auf sie. Nick sagte, er wolle Ewa in das Fischrestaurant ausführen, in dem er und der Russe am Donnerstag abend gegessen hatten. Da er sich aber nicht mehr an den Namen des Lokals erinnern könne, würden sie es suchen müssen. Diese Argumentation erscheint merkwürdig, gab es doch zu jener Zeit am Donaukanal nur zwei Restaurants dieser Art, so daß der Hotelpförtner Nick sicherlich die richtige Adresse hätte sagen können. Aber Nick fragte ihn nicht. Sie irrten mit dem Wagen in Wien umher, fanden jedoch nicht, was sie suchten.

Die Wiener Polizei vermutet, daß Schadrin bei dieser Gelegenheit einen Abstecher in den Wienerwald gemacht hat, um sich mit dieser Gegend vertraut zu machen, und daß die Suche nach dem Restaurant lediglich als Vorwand diente. Irgendwann gaben die beiden ihre Suche auf und kehrten ins Hotel Bristol zurück. Es war jetzt nach 15 Uhr, und der Speisesaal war geschlossen. Anstelle eines prächtigen Karpfengerichts verdrückten die Schadrins an der Bar des Bristol eingelegten Hering und tranken dazu Wodka. Laut Polizeibericht hatten die Schadrins in ihrem Mietwagen an diesem Nachmittag nur 35 Kilometer zurückgelegt.[17]

Ewa fiel auf, daß Nick immer nervöser wurde, je näher der Zeitpunkt seines Rendezvous rückte. Er sagte ihr, daß wieder die Votivkirche als Treffpunkt abgemacht war. Er duschte und zog sich an. Er trug ein blaues Jackett von Pierre Cardin und darunter einen grauen Rollkragenpullover. Er steckte den Umschlag mit den Dollars, den er zwei Tage zuvor erhalten hatte, ein und gab Ewa einen Zettel, auf dem Cynthia Hausmanns Wiener Telefonnummer stand. Auf der Rückseite des Zettels stand in Schadrins Handschrift: »Ann wohnt bei Grimm.« Er schärfte Ewa ein, sie solle die Telefonnummer wählen, falls er nicht zurückkäme. Um sie aufzuheitern, sagte er ihr, falls er sich früh genug freimachen könne, wolle er sie zu einem Souper ausführen. Ungefähr um 18.20 Uhr verließ er das Hotel und machte sich auf den Weg zu seinem Rendezvous mit den Russen. Ewa Schadrin sollte ihren Mann nie wiedersehen.

Dieses Mal nahm die Taxifahrt zur Votivkirche nur sieben Minuten in Anspruch. Nick kletterte aus dem Wagen, bezahlte die Rechnung, stieg die Stufen hinauf und wartete. Ein Taxi hielt vor der Votivkirche. Der Fahrgast auf dem Rücksitz winkte und rückte auf die andere Seite. Oleg Koslow begrüßte Nick und wies den Chauffeur an, zum Westbahnhof zu fahren. In der Bahnhofs-

gaststätte erhielt Nick Schlüssel für einen vor dem Bahnhof ge-
parkten Kleinwagen und einen Zettel mit einer Adresse außerhalb
Wiens, Richtung Wienerwald. Man sagte ihm, er solle die Nacht in
diesem »sicheren Haus« verbringen und am Sonntag nachmittag
mit dem Kleinwagen zur Gaststätte Winter fahren, ebenjenem
Karpfenrestaurant am Donaukanal. Von dort aus werde dann
seine Heimreise in die Wege geleitet. Aus Sicherheitsgründen
werde es für ihn keine KGB-Kontakte mehr geben, bis er in
seinem Wagen auf dem Parkplatz des Restaurants Winter aufkreuzen würde.[18]

Um 18.45 Uhr verließ Ewa das Hotel, um sich im Opernhaus den
Zigeunerbaron anzusehen. Die Vorstellung dauerte bis 21.34 Uhr.
Vor der Oper hielt sie nach Nick Ausschau, aber es war nichts von
ihm zu sehen. Sie hatte auch nicht wirklich damit gerechnet. 1972
war Nick schon einmal eine ganze Nacht ausgeblieben, und sie
hatte das Gefühl, daß es auch heute spät werden würde. Ewa ging
ins Hotelzimmer zurück, machte es sich bequem und las. Obwohl
sie Hunger hatte, aß sie nichts. Sie hoffte, Nick werde so rechtzeitig zurückkommen, daß es noch zu einem Souper reichte. Als es
elf Uhr wurde, begrub sie diese Hoffnung, und sie beschloß,
schlafen zu gehen. Aber sie konnte nicht einschlafen, und je
länger sie wach lag, desto mehr wuchsen ihre Sorgen.

Nick brauchte fast eine Stunde, bis er das »sichere Haus« des KGB
gefunden hatte. Der Apartmentbau stand in einer der vornehme-
ren Vorstädte Wiens. Seinen Anweisungen folgend, öffnete er mit
dem Schlüssel das automatische Garagentor und parkte das Auto
unter dem Gebäude. Es war kurz vor 21.30 Uhr. Er fand die
Wohnungstür im zweiten Stock, fingerte den Schlüssel ins Schloß
und betrat die Wohnung. Eine karg möblierte Diele öffnete den
Blick in ein kleines Schlafzimmer. Schadrin mußte um eine Ecke
gehen, ehe er an einem Küchentisch einen gutaussehenden jungen
Mann in weißem Hemd und Krawatte erblickte, der aufstand, um
seinen Vater zu begrüßen.[19]

Um 1.35 Uhr war Ewa am Ende ihrer Nervenkraft. Alles in ihr
sträubte sich dagegen, bei Cynthia Hausmann anzurufen, aber sie
mußte erfahren, was vorging. Sie nahm den Hörer von dem
altmodischen Telefon, verlangte eine Amtsleitung und wählte die

Nummer, die Nick auf den Zettel geschrieben hatte. Sie kam durch und ließ es mehr als zehnmal klingeln; dann hängte sie ein und fühlte sich so allein wie nie zuvor in ihrem Leben. Um 1.55 Uhr wiederholte sie den Versuch. Dieses Mal ging Frau Hausmann ans Telefon. Ohne ein Wort der Begrüßung vorauszuschikken, fragte Frau Hausmann: »Haben Sie hier schon einmal anzurufen versucht?« Ewa antwortete, sie habe es einmal probiert, es habe aber niemand abgehoben. Frau Hausmann erklärte, sie sei soeben von einem Abendessen bei Freunden zurückgekommen. Aufgelöst berichtete Ewa, daß Nick noch nicht zurückgekehrt war und sie sich große Sorgen um ihn mache. Die Hausmann versuchte sie mit dem Hinweis zu beruhigen, daß es noch nicht allzu spät sei. Sie erinnerte Ewa daran, daß Nick auch am Donnerstag erst spät nach Hause gekommen sei. Es klang für Ewa nicht sehr beruhigend, daß Frau Hausmann sie anwies, ihre Zimmertür zu verriegeln und keinesfalls jemand anderen als Nick hereinzulassen.

Etwa um fünf Uhr morgens rief Frau Hausmann Charles Malton an und sagte ihm, Schadrin sei verschollen. Malton wies sie an, »unverzüglich Langley zu informieren«. Dies lehnte sie ab; sie wollte noch warten. Sie erklärte Malton, Schadrin habe sich schon des öfteren in Gesellschaft von Russen betrunken, und vielleicht stecke hinter seinem Ausbleiben lediglich eine durchzechte Nacht. Ewa rief die Hausmann um 5.30 Uhr nach einer tränenreichen Nacht an und sagte ihr, Nick habe sich noch immer nicht zurückgemeldet. Ewa Schadrin erinnert sich, daß Frau Hausmann ihr daraufhin in sehr zuversichtlichem Ton sagte, sie brauche sich keine Sorgen zu machen, sie, Cynthia, werde nach Washington telegraphieren. Noch einmal schärfte sie Ewa ein, die Zimmertür verriegelt zu halten und niemanden außer Nick hereinzulassen.

Ewa lauschte weiterhin, wie sie es die ganze Nacht über getan hatte, ungeduldig in den Korridor hinaus, Nicks Schritte erwartend; aber niemand kam an die Tür von Zimmer 361. Es wurde sieben Uhr. Schon hatten die Glocken der Augustinerkirche geläutet, doch für Ewa war ihr Klang kein Zeichen der Freude. Die Euphorie, in die Wien sie versetzt hatte, war verflogen. Endlich klopfte es an der Tür. Ewa war sicher, daß es Nick war. Sie raffte sich zusammen und ging zur Tür. Allein, alle ihre

Hoffnung schwand, als Cynthia Hausmann vor ihr – oder besser über ihr – stand. Ihre Stimme strahlte noch immer Zuversicht aus.

Sie sagte, sie rechne zwar »jeden Moment« mit Nicks Rückkehr, habe aber zur Sicherheit in der amerikanischen Botschaft angerufen und gebeten, man möge bei Polizei und Krankenhäusern anfragen, ob es in der Nacht Unfälle gegeben habe.

In dem Versuch, etwas Hilfreiches beizusteuern, machte Ewa den Vorschlag, sich an den Russen zu wenden, mit dem Nick sich ihres Wissens getroffen hatte. Sie erzählte der Hausmann, daß dieser Russe nach Angaben von Nick seit einem Vierteljahrhundert für die Vereinigten Staaten arbeitete.

Cynthia Hausmann erwiderte kühl, es gebe keine Möglichkeit, sich mit dem Mann in Verbindung zu setzen, den Nick getroffen hatte. Daraufhin herrschte Ewa sie an, wie es denn möglich sei, daß sie nicht wisse, wen Nick getroffen habe, wenn dieser Jemand doch für die US-Regierung arbeite. Während draußen ein kalter, schrecklicher Morgen dämmerte und Ewa vom Fenster aus zusah, wie Leute auf dem Weg zum Gottesdienst den Opernplatz überquerten, begann ihr zum ersten Mal zu dämmern, daß Nick ihr nicht die volle Wahrheit gesagt hatte.

Während die beiden Frauen auf Nick warteten, tätigte Frau Hausmann einen Telefonanruf nach dem anderen. Mit jeder Minute, die verging, wuchs in Ewa die Überzeugung, daß Nick sie für immer verlassen hatte. Jedesmal wenn das Telefon klingelte, hob Ewa erregt den Hörer ab, aber jedesmal fragte eine Stimme nach »Miss Martin«. Um zehn informierte Malton, nachdem er sich von Frau Hausmann hatte bestätigen lassen, daß Nick noch immer spurlos verschollen war, auf abhörsicheren Kanälen die CIA-Zentrale. Fast ein halber Tag war ins Land gegangen, ehe Washington die Nachricht erhielt, daß der amerikanische Vorzeigeagent Nick Schadrin vermißt war. Bruce Solie, einer der Topleute der CIA-Sicherheitsabteilung, saß derweil in seinem Wiener Hotelzimmer und wartete auf Nachricht über KITTY HAWK. Niemand hatte es für nötig befunden, ihm zu sagen, daß Nick Schadrin verschwunden war.

Während in Zimmer 361 Ewa Schadrins Verzweiflung zunahm und Cynthia Hausmann wartete und telefonierte, war draußen im

Korridor, eine Ecke weiter vor dem Aufzug, ein Mädchen beim Staubwischen. Ein Aufzug stoppte, die Tür öffnete sich, und ein lächelnder Nick Schadrin schaute heraus und fragte das Mädchen, ob Zimmer 361 besetzt sei. Das Mädchen bestätigte, daß dem so war und daß das Zimmer noch nicht gemacht sei. Sie ging wieder an ihre Arbeit, und der Mann verschwand.[20] Schadrin verließ das Bristol, kletterte in einen Wagen und fuhr über die Mahlerstraße und die Ringstraße Richtung Winterkanal. Dieses Mal nahm er die Autobahn und verließ sie an der Ausfahrt Neualbein. Nachdem er sich einmal verfahren hatte, fand er die Einfahrt zum Parkplatz der Gaststätte Winter. Seinen Anweisungen gemäß parkte er den Wagen unter einer großen Eiche und wartete. Der Parkplatz war verwaist.[21]

Als Nick Oleg Koslow und Michail Kurischew erblickte, stieg er aus dem Wagen und schloß ihn ab. Er nahm auf dem Rücksitz ihrer Limousine Platz, übergab Koslow die Schlüssel des Wagens und des »sicheren Hauses« und brachte seine Freude über das Wiedersehen zum Ausdruck. Kurischew händigte Schadrin einen offiziellen KGB-Paß und Ausweispapiere auf den Namen Nikolai Fjodorowitsch Artamonow aus. Dann erteilte er Schadrin mündlich genaue Anweisungen über seine Weiterreise die Donau hinab nach Bulgarien. Die Fahrt zur Bootspier dauerte weniger als eine Viertelstunde. Die Donau war noch nicht zugefroren, und Schadrin ging an Bord der Barke, die bald darauf langsam die winterliche Donau hinab Richtung Ungarn schipperte.[22]

Nach Ansicht vieler Geheimdienstbeamten, die für dieses Buch befragt wurden, eignete sich Frau Hausmann nicht für die Zusammenarbeit mit einem Mann von Schadrins Naturell, ganz abgesehen davon, daß ihr Inkognito längst gelüftet war. Wie sich am Ende erwies, leisteten die Vorgesetzten, die ihr die Durchführung dieser Operation übertrugen, damit ihrem beruflichen Ansehen einen Bärendienst, denn ihre Laufbahn war von da an mit dem Makel dieser Fehlleistung behaftet.

Am Dienstag vormittag wurde Ewa Schadrin von Cynthia Hausmann telefonisch angewiesen, zum Ticketschalter der PanAm zu gehen und für sich einen Platz in der nächsten Maschine nach Washington zu buchen. Es war ein indirekter Flug mit Umstieg in Frankfurt.

Es tat Ewa gut, auszugehen und ihr Ticket zu kaufen. Als sie ins Hotel zurückkehrte, wartete Cynthia Hausmann auf sie. Sie stellte mehrere Fragen über Nick, angeblich im Auftrag der Botschaft, und bat Ewa dann um Nicks Reisepaß. Zögernd händigte Ewa ihr den Paß aus. Sie dachte daran, wie schwer Nick sich getan hatte, diesen Paß und die US-Staatsbürgerschaft zu erhalten.

Alles, was ihr jetzt von Nick geblieben war, waren sein neues, noch ungetragenes Hemd und die ebenso neue Krawatte, seine von zu Hause mitgebrachten Kleider, seine Lesebrille und seine Bluthochdrucktabletten. Frau Hausmann teilte ihr mit, daß ein US-Regierungsbeamter auf dem Weg nach Wien war, der sie nach Hause begleiten sollte, denn man könne jetzt nicht mehr damit rechnen, daß Nick sich noch in Wien aufhielt. Sie ließ Ewa allein, damit sie packen konnte, und kehrte um halb ein Uhr mit einem Wagen zurück. Sie fuhren über den Ring zum Hotel Imperial, wo sie Bruce Solie abholten. Solie nahm auf dem vorderen Beifahrersitz Platz und machte die Fahrt zum Flughafen mit. Frau Hausmann hatte ihr auf der Fahrt zum Imperial eingeschärft, sie solle bis zum Passieren der Zollkontrolle in Frankfurt so tun, als ob sie Bruce nicht kenne.

Von Solie hatte Ewa den Eindruck, er sei inkompetent, grob und gefühllos. Er war der Inbegriff des Regierungsbürokraten – genau jener Typus, über den Nick so oft verächtlich die Nase gerümpft hatte. Sie konnte natürlich nicht ahnen, daß man Solie nach Nicks Verschwinden fast einen ganzen Tag lang unwissend gelassen hatte und daß er über Cynthia Hausmann eine ähnliche Meinung hatte wie Ewa. Ewa und Bruce verbrachten die Nacht in einem Hotel in der Nähe des Frankfurter Flughafens. Am nächsten Morgen flogen sie nach London weiter und stiegen dort in eine Maschine nach Washington um.

Zu Hause wartete auf Ewa Unerfreuliches: falsche Freunde, Absahner, ein Gewirr von Lügen, teure Gerichtsverfahren, die Entdeckung, daß ihr Mann Doppelagent gewesen war, und der Alptraum, vielleicht niemals zu erfahren, was wirklich mit ihm passiert und was aus ihm geworden war. Es war das erste in einer langen Reihe von Weihnachtsfesten, die sie in der Ungewißheit beging, ob Nick Schadrin lebte oder tot war.

Kapitel 15

Schadrin-Epilog:
Die Theorie von der Admiralsverschwörung

Ich glaube nicht, daß Schadrin – selbst wenn er
rekrutiert wurde, einen Tag bevor er sich das Boot
nahm und nach Schweden fuhr – mit allem, was er
sammeln mochte, auch nur halb soviel Schaden hätte
anrichten können, wie wir es durch die Art und
Weise, wie wir ihn einsetzten, fertiggebracht haben.

James E. Nolan jun.

Die nachfolgend dargestellte Theorie, abgeleitet in weiten Teilen
aus Material, das von westlichen Geheimdiensten in Europa
abgefangen und abgehört wurde, könnte eine Erklärung dafür
bieten, wie und warum Kapitän Nikolai Fjodorowitsch Artamonow nach Amerika kam. Diese Version ist nicht annähernd so
romantisch wie die Geschichte zweier junger Menschen, die sich
an den Gestaden der Ostsee unsterblich ineinander verlieben.
Dieser Theorie zufolge begann die Nick-Schadrin-Story wesentlich früher. Aus der Analyse des abgehörten Materials ergibt sich
nämlich, daß die Schadrin-Saga ihren Anfang nahm, ohne daß der
tatkräftige und gutaussehende Kapitän Artamonow überhaupt
etwas davon wußte, von einer persönlichen Mitwirkung ganz zu
schweigen.
Im Jahr 1956 gab es zwischen den Geheimdiensten der westeuropäischen Länder und der noch sehr jungen und sehr unerfahrenen
Central Intelligence Agency der USA nur einen begrenzten Informationsaustausch. In jenem Jahr indes fingen jene europäischen
Geheimdienste Bruchstücke eines bizarren Nachrichtenverkehrs
auf, der sich auf eine Konferenz sowjetischer Flottenadmiräle

bezog und sehr wohl den Beginn der Geschichte des Kapitäns Artamonow markiert haben könnte. Die Analyse dieses Funkverkehrs ergab Hinweise darauf, daß die Admiräle sich einer eigenartig verschlüsselten Sprache bedienten, als wünschten sie den Gegenstand ihrer Erörterungen vor den übrigen politischen Instanzen des Sowjetsystems und vor der eigenen Regierung geheimzuhalten. Bei der ersten Bewertung dieser seltsamen Funkbotschaften mutmaßten die westlichen Geheimdienste, es gehe um die Vorbereitung eines Militärputschs. Da sich aber aus dem abgehörten Material nichts für den Westen Bedrohliches entnehmen ließ, wandten die Spezialisten im Westen ihre Lauschantennen aktuelleren Dingen zu. Der bizarre Funkverkehr wurde aussortiert und unter dem Aktenzeichen »Admiralsverschwörung« abgelegt.

Einer späteren Analyse dieses Funkverkehrs zufolge, gewann das Szenario der Flucht Artamonows in den Westen seine ersten Konturen in den Köpfen einiger sowjetischer Flottenadmiräle, die vorhatten, die Sowjetunion zu einer der größten Seemächte der Welt zu machen. Ihr Plan enthielt einen besonders tollkühnen Gedanken: Die Admiräle beschlossen, einen fähigen Mann der sowjetischen Marine nach Amerika zu entsenden, damit er ihnen von dort aus bei der Verwirklichung ihres Ziels, des Aufbaus einer sowjetischen Hochseeflotte, behilflich sein konnte. Er sollte den Amerikanern gegenüber als Überläufer auftreten.

Das elektronische Beweismaterial legt die Vermutung nahe, daß dieser Plan bei einer Besprechung im Hauptquartier der sowjetischen Ostseeflotte bei Leningrad im November 1956 ausgeheckt wurde; kurz zuvor hatten Briten und Franzosen ihr Suez-Desaster erlebt, nachdem sie als Antwort auf die Verstaatlichung des Suezkanals durch Nasser zusammen mit den Israelis in Ägypten einmarschiert waren. Einberufen wurde die Konferenz bei Leningrad von Admiral N. G. Kusnezow. Unter den Teilnehmern waren Konteradmiral Boris D. Jaschin, Vizeadmiral Wasili D. Jakowlew und Admiral Wasili M. Grischanow. Der damalige führende Mann der sowjetischen Admiralität, Sergej Gorschkow, war durch eine schwere Krankheit ans Bett gefesselt und konnte nicht teilnehmen. Die Besprechung trug einen selbst nach sowjetischen

Maßstäben verschwörerischen Charakter. Ihr Ziel war, sich auf einen Plan zu einigen, der den Aufbau einer mächtigen sowjetischen Kriegsmarine langfristig sichern würde.

Der nunmehr der westlichen Kontrolle entrissene Suezkanal eröffnete der sowjetischen Marine im Prinzip die Chance, eine wichtige Rolle bei der Ausweitung des sowjetischen Einflusses im Nahen, Mittleren und Fernen Osten zu übernehmen. Auf dem Weg dahin galt es freilich zunächst, ein großes und sehr heikles Problem zu lösen: Es mußte erst einmal eine Kriegsmarine geschaffen werden, die diesen Namen verdiente. Um dies zu bewerkstelligen, sahen sich die Admiräle Kusnezow, Jaschin, Jakowlew und Grischanow genötigt, in den Vorhöfen der Kreml-Macht ein sorgfältig inszeniertes »Komplott« zur Durchführung zu bringen. Dieses »Komplott« zielte, ganz ähnlich wie die Machtintrigen innerhalb des US-Militärs, darauf ab, maßgebliche Mitglieder der politischen und militärischen Hierarchie für die Idee zu gewinnen, daß eine prächtige Hochseeflotte für die Sowjetunion eine notwendige und wünschenswerte Errungenschaft wäre. Die Admiräle wußten freilich, daß die Vorstellung und logisch-rationale Begründung dieses Gedankens allein nicht ausreichen würde, um das Politbüro und die höchsten militärischen Entscheidungsträger dafür zu gewinnen.

Die Geschichte der sowjetischen Kriegsmarine und ihrer zaristischen Vorläuferin ist reich an Tradition und arm an Leistungen.[1] Bis zum Zweiten Weltkrieg war sie nicht viel mehr als eine Prestige- und Paradewaffe, deren militärische Rolle sich auf den Schutz der sowjetischen Küsten und Häfen beschränkte. Ihr Offizierskorps war im großen und ganzen politisch neutral – oder tat jedenfalls so –, und dieser Tatsache verdankte es die Marine wohl, daß sie von den blutigen Säuberungen, mit denen Josef Stalin gegen Ende der 30er Jahre den sowjetischen Militärapparat überzog, weitgehend verschont blieb. Anders als die Rote Armee und in geringerem Grad auch die sowjetische Luftwaffe, konnte die sowjetische Marine sich im Zweiten Weltkrieg kaum nennenswerte Lorbeeren erwerben. Das wurmte viele der sowjetischen Admiräle, die darauf brannten, mit in der ersten Reihe zu stehen, wenn es darum ging, den sowjetischen Einfluß über die Landmasse der

UdSSR und die durch den Weltkrieg unter sowjetische Vorherrschaft geratenen Ostblockstaaten hinaus weiter auszudehnen. Das Jahr 1956 war für die Sowjetunion und ihre neue politische Führung von ähnlicher Bedeutung wie für eine spätere sowjetische Politikergeneration das Jahr 1988. Der Erste Sekretär der KP, Nikita Sergejewitsch Chruschtschow, war die beherrschende neue Kraft; er geißelte die Fehler der Vergangenheit und forderte Reformen. Auf dem 20. Parteitag im Februar 1956 hielt er eine große Rede, in der er die Exzesse Stalins verurteilte, den Delegierten zugleich aber die Peinlichkeit ersparte, die Kommunistische Partei und ihren Apparat selbst für diese Exzesse mitverantwortlich zu machen. Unabhängige Regungen ließ auch die neue, offenere Führung nicht zu. Die Unruhen im polnischen Posen wurden von polnischen Sicherheitskräften, die vom KGB dirigiert und unterstützt wurden, innerhalb von nur 72 Stunden niedergeschlagen. Erschreckender noch war die völlige Rücksichtslosigkeit, mit der die Rote Armee sich in die Niederschlagung des Ungarn-Aufstands im August 1956 einschaltete. Diese Aktion, bei der die sowjetischen Streitkräfte Hand in Hand mit KGB-Einheiten und unter der Leitung des damaligen sowjetischen Botschafters in Ungarn, Juri Andropow, operierten, war gleichsam die Feuerprobe, durch die Chruschtschow endgültig zum Nachfolger Stalins geweiht wurde. Damit war aber auch zugleich klar, daß Chruschtschow auf die Unterstützung der Streitkräfte und des KGB angewiesen war und bleiben würde.[2]

In scharfem Kontrast zur wirksamen Niederschlagung des ungarischen Aufstandes und zur Festigung der Machtposition Chruschtschows im Lauf des Jahres 1956 stand das militärische und diplomatische Debakel, in das Briten und Franzosen am Suezkanal schlitterten. Der Suez-Konflikt führte zu einer tiefgreifenden Verschiebung der Machtverhältnisse im Nahen Osten und öffnete den Sowjets ein »Fenster der Möglichkeiten«, das dem Westen, und namentlich den Vereinigten Staaten, bis heute schwer zu schaffen macht.[3]

Die »Verschwörer« trugen ihren Plan dem neuen Oberbefehlshaber der sowjetischen Kriegsflotte, Admiral Sergej Gorschkow, vor. Sie hatten Grund zur Zuversicht. Admiral Gorschkow hatte,

so erzählte man sich, über die Rolle einer Kriegsflotte in Friedens-
zeiten gesagt: »Sie ist eine politische Kraft zur See, die als politisches Instrument in den Händen von Großmächten nach wie vor
überragende Bedeutung haben wird.«[4] Er pflichtete ihnen darin
bei, daß die Sowjetunion in der Tat die Chance hatte, eine
Kriegsmarine aufzubauen, die es mit der der Vereinigten Staaten
würde aufnehmen können, und daß das britisch-französische Debakel am Suezkanal die politische Chance eröffnet hatte, im
Innern die Weichen für eine solche Entwicklung zu stellen. Für
Gorschkows weiteres persönliches Leben sollte die Entscheidung,
die er in diesem Augenblick traf, schwerwiegende Folgen haben.
Das Resultat der »Geheimkonferenz« von Leningrad im November 1956 und die danach eingeholte Rückendeckung von seiten
Admiral Gorschkows bildeten die Initialzündung für das in der
Folge einsetzende Bemühen darum, im Kreml genügend Akzep-
tanz und Unterstützung für den Aufbau einer Hochseeflotte zu
mobilisieren – und einen sowjetischen Marineoffizier zu finden,
der das Zeug hatte, sich in den Westen entsenden zu lassen und
dort für den Erfolg der neuen sowjetischen Flottenstrategie zu
wirken. Ein solcher Agent konnte unschätzbare Dienste leisten,
wenn es darum ging, die Reaktion der Amerikaner auf den
massiven Ausbau der sowjetischen Flottenmacht auszuloten und
zugleich soviel wie möglich über die US-Marine, ihre Schiffe und
ihre Waffensysteme in Erfahrung zu bringen. Die Admiräle wußten nur zu gut, daß ihrem Land die technischen Fähigkeiten
fehlten, um ihre Schiffe mit modernster Technik auszurüsten. Ein
Agent, wie sie ihn sich vorstellten, konnte ihnen dabei nützliche
Dienste leisten. Noch wichtiger war jedoch, daß er, wenn die
Sache geschickt eingefädelt wurde, in Erfahrung bringen konnte,
was die führenden Köpfe der amerikanischen Marine planten;
dies wiederum würde den Sowjets helfen, zu entscheiden, welche
Art von Flotte sie aufbauen wollten. Einen Agenten im Vorzimmer der gegnerischen Supermacht sitzen zu haben, darin sahen die
sowjetischen Admiräle den denkbar kürzesten Weg zum Erfolg.
Anfang 1958 fingen westliche Geheimdienste Berichte und Gerüchte auf, die besagten, in der Sowjetunion sei man auf der Suche
nach einem Marineoffizier oder nach einem GRU-Beamten, der

im Rahmen einer Sonderaufgabe in den Westen geschleust werden solle. In der NATO konnte man sich nicht auf den Stellenwert und die Bedeutung dieser Information einigen und erhielt auch nicht genügend bestätigende Informationen, um eindeutig bestimmen zu können, ob an den Berichten etwas dran und was der Zweck der angeblich geplanten Mission war. In der Folgezeit fingen sich im Nachrichtennetz der westlichen Geheimdienste keine Hinweise auf den Phantomagenten mehr, und so wurden die früheren Berichte als irreführend beiseite gelegt. Ein Grund dafür, daß westliche Geheimdienstexperten so schnell bereit waren, die Berichte als unseriös abzutun, war die Tatsache, daß übertriebene Prognosen über den Ausbau der sowjetischen Kriegsflotte im Westen schon mehrfach zu hören gewesen waren. In warnenden Berichten war von einer massiven Erhöhung der Zahl sowjetischer Kriegsschiffe die Rede gewesen. Unter derselben Rubrik wie diese »Gerüchte« heftete man auch die Hinweise auf den »Phantomagenten« ab.

Die Entscheidung, einen Agenten eigener Nationalität in ein gegnerisches Land einzuschleusen, gehört zum schwierigsten, was das Geschäft der Nachrichtenbeschaffung und der Spionageabwehr zu bieten hat. Wegen der Gefahr der Enttarnung und der Notwendigkeit, zu einer derart schwierigen Aufgabe nur besonders talentierte Kandidaten heranzuziehen, wird diese Entscheidung nie übers Knie gebrochen. Kein Geheimdienst der Welt kann aus dem vollen schöpfen, wenn es darum geht, Leute zu rekrutieren, die das Zeug haben, als eingeschleuste Agenten in einem fremden Land die Rolle eines »Schläfers«, eines »Provokateurs« oder eines »Einflußagenten« zu übernehmen.

Die Sowjets sind die unbestrittenen Meister dieses Faches. Es gibt in ihrem Geheimdienstjargon den Begriff des »Vertrauensagenten«. Darunter ist ein Agent zu verstehen, den man mit dem Auftrag ins gegnerische Lager schickt, sich in das Vertrauen von Personen einzuschleichen, die dort das Sagen haben. In Rußland sind die Methoden, mit denen dies erreicht werden kann, über Jahrhunderte hinweg entwickelt und kultiviert worden. Doch erst durch Felix Dserschinski, den Hüter der bolschewistischen Revolution, erhielt die Theorie und Praxis des Einsatzes von »Vertrauensagenten« ihren letzten Schliff. Dserschinski rief im Dezember 1971 die Allrussische Außerordentliche Kommission zum Kampf gegen Sabotage und Konterrevolution ins Leben, bekannt unter dem Kürzel Tscheka. Der KGB ist der umgetaufte Nachfolger der Tscheka.[5] Die Sowjets begriffen sehr schnell, daß Leute, die dem Kommunismus den Rücken kehren, im Westen mit jeder erdenklichen Unterstützung rechnen können, und machten sich dies zunutze. Das bedeutet nicht, daß es keine echten Überläufer aus der Sowjetunion gäbe. Es bedeutet lediglich, daß die Sowjets, indem sie aus dieser westlichen Haltung Kapital schlagen und Scheinüberläufer in die offenen Arme des Westens schicken, die die dort bestehenden offenen Nachrichtenquellen anzapfen können. Hier bieten sich in erster Linie die Gruppen von Emigranten und politischen Flüchtlingen an, die es in fast allen wichtigen westlichen Ländern gibt. Emigranten werden oft von den Geheimdiensten als Übersetzer angeheuert, und manche erhalten auf diesem Weg Zugang zumindest zu den Randbezirken des Geheimdienstmilieus. Ein eingeschleuster Agent, dem es gelungen ist, so weit zu kommen, hat damit bereits die Möglichkeit, an die eigentlichen Zielpersonen, auf die er als »Vertrauensagent« angesetzt ist, heranzukommen. Je hochkarätiger ein Agent ist, den die Sowjets als Scheinüberläufer ins Ausland schicken, das heißt zu je mehr Geheimnissen er Zugang hatte, desto strenger sind die Tests, mit denen die westlichen Geheimdienste seine Echtheit zu überprüfen versuchen. Aber wenn er diese Tests erst einmal überstanden hat, hat er alle Chancen, enorme Spionageerfolge einzufahren. Darauf setzten die sowjetischen Admiräle. Sie wußten sehr wohl um die Schwächen und Defizite, die es bei den westlichen Geheimdiensten im Bereich der »Echtheitsprüfung« von Überläufern gab. Der KGB und die GRU, die seit vielen Jahren unablässig versuchten, Agenten ins westliche Lager einzuschleusen, hatten viele Gelegenheiten gehabt, hier einschlägige Erfahrungen zu sammeln. Dieses Mal mußten die Admiräle jedoch ihren Plan selbst vor dem KGB geheimhalten. Sie fürchteten nämlich, die KGB-Führung werde die geplante Operation als das erkennen, was sie war – Bestandteil einer Machtintrige. Anstelle des KGB mußten die Admiräle versuchen, den militärischen

Nachrichtendienst für ihre Zwecke einzuspannen. Sie wollten, daß für die Rolle des »Vertrauensagenten« einer ihrer eigenen Leute ausgewählt wurde.

Der Erfolg der geplanten Agentenmission hing davon ab, ob es gelingen würde, maßgebliche Männer in der amerikanischen Geheimdiensthierarchie soweit zu bringen, daß sie, bildlich gesprochen, für die Glaubwürdigkeit des eingeschleusten Agenten – der als Überläufer posieren würde – die Hände ins Feuer zu legen. War dies erreicht, so würden die betreffenden Beamten in der Folge um fast jeden Preis an »ihrem« Überläufer festhalten, da sie im anderen Fall einen schweren Einschätzungsfehler zugeben mußten und damit ihre eigene Karriere aufs Spiel setzen würden. Die Admiräle kannten diese Gesetzmäßigkeit bürokratischen Verhaltens, die in allen hierarchischen Systemen gilt.

Nach den Vorstellungen der Admiräle sollte ihr Agent viel mehr sein als bloß ein Spion. Er sollte ein Verkaufsvertreter sein, ein Propagandist. Er sollte, gespickt mit Insiderinformationen, den Amerikanern beibringen, wie klein und häßlich die sowjetische Marine in Wirklichkeit war. Er sollte die Idee verkaufen, daß die sowjetische Marine zwar im Begriff war zu wachsen, daß sie aber keine Bedrohung für die Interessen der USA darstellte. Er sollte den Sowjets helfen, Zeit für den Ausbau ihrer Flotte zu gewinnen. Er sollte soviel wie möglich über die neuen U-Boote der USA herausfinden, die in der Lage waren, ballistische Raketen abzufeuern, eine Technik, die den Sowjets Rätsel aufgab und deren Beherrschung sie als unerläßlich für ihr eigenes nationales Überleben erachteten. Aber die wichtigste Aufgabe des Agenten sollte darin bestehen, herauszufinden, wer die wirklich wichtigen Persönlichkeiten in der Hierarchie der US-Marine waren, sich in ihr Vertrauen einzuschleichen und sie in dem beschriebenen Sinn zu beeinflussen.

Nach allem, was die sowjetischen Admiräle über die Vereinigten Staaten und die Leichtgläubigkeit vieler ihrer Funktionsträger wußten, waren sie zuversichtlich, daß ihre Strategie aufgehen würde. Die erfolgreiche Durchführung der Operation setzte freilich voraus, daß man für die Rolle des Agenten auch eine ideale Besetzung fand. Die Admiräle wußten, daß sie einen glaubwürdigen »Propagandisten« brauchten. Nach den Informationen westlicher Geheimdienste wurden vier, vielleicht auch fünf Offiziere der sowjetischen Marine in die engere Wahl gezogen und von den Admirälen, die als »Auswahlkommission« fungierten, persönlich befragt.

Wenn man einen geeigneten Kandidaten für die Rolle eines eingeschleusten Agenten sucht, genügt es nicht, das zentrale »Besetzungsbüro« des KGB anzurufen oder sich die besten Absolventen der KGB-eigenen »Manierenschule« in Bykowo nahe Moskau schicken zu lassen, wo der KGB Kandidaten für illegale Auslandsmissionen ausbildet.[6] Der Mann, nach dem die sowjetischen Admiräle suchten, mußte bestimmte unerläßliche Eigenschaften aufweisen. Zunächst einmal mußte er glaubwürdig die Rolle eines Marineoffiziers spielen können. Kleinere Retuschen an seiner tatsächlichen Marinelaufbahn konnten zur Verschönerung seiner »Legende« vorgenommen werden, aber die grundlegenden Fakten mußten stimmen und jeder Nachprüfung standhalten. Das bedeutete, daß er die Fähigkeit besitzen mußte, ein Schiff zu kommandieren. Was seinen Rang betraf, so mußte er auf der Stufenleiter weit genug oben stehen, um glaubwürdig zu sein, durfte andererseits aber auch keinen zu hohen Rang innehaben, da es ihm sonst schwerfallen würde, seine Entscheidung zur Flucht in den Westen nachvollziehbar zu begründen. Die Motive, die der Scheinüberläufer für seinen Entschluß zur Flucht geltend machte, mußten der US-Marine, dem Pentagon und der CIA glaubhaft erscheinen.

Zwei der fünf Kandidaten schieden aus dem Rennen aus, weil ihr beruflicher Hintergrund nicht stimmig genug war. Damit standen auf der Liste der sowjetischen Admiräle nur noch drei Namen: Nikolai F. Artamonow, Lew A. Wtorygin und Juri A. Jakowlew. Alle drei erfüllten die von den Admirälen zugrunde gelegten Auswahlkriterien, aber Artamonow hinterließ dank seines geschliffenen und selbstbewußten Auftretens den besten Eindruck. Die Admiräle erkoren ihn zum »Vertrauensagenten« der sowjetischen Marine.

Artamonow verfügte über einige Charaktereigenschaften, die ihn für die Admiräle zur ersten Wahl machten. Er besaß die Fähigkeit, andere zu manipulieren, ohne daß er ihre Gefühle wirklich ernst nahm. Er konnte einen Vertrauensbruch begehen, ohne deswegen Gewissensbisse oder Mitgefühl für den Leidtragenden zu empfinden. Wenn er noch nicht von sich aus in der Lage war, eiskalt zu lügen, so würde man ihm dies noch beibringen. Und schließlich war er ein genügsamer und ichbezogener Mensch, eine für einen Agenten, der längere Phasen deprimierender Einsamkeit zu gewärtigen hatte, äußerst wichtige Eigenschaft.

Wenn Artamonow vom Westen »angenommen« werden sollte, mußte man ihm eine Legende verpassen, die der Nachprüfung standhielt. Die Sowjets hatten seit über sieben Jahrzehnten Übung darin, solche Legenden zu kreieren.[7] Der KGB weiß natürlich, daß ein eingeschleuster Agent nicht etwa als Gehirnchirurg posieren kann, denn es könnte ihm ja passieren, daß er aufgefordert wird, eine Operation durchzuführen. Die Legende muß also die tatsächlichen Fähigkeiten der betreffenden Person berücksichtigen.

Wie lange konnte man den auserwählten Agenten draußen in der Kälte lassen? Die unter der Ägide der GRU agierende Admiralsclique entschied sich im Falle Schadrins für eine Missionsdauer von drei bis fünf Jahren.

Artamonow hatte bereits mehrere Prüfungen mit Glanz und Gloria bestanden.[8] Die erste hatte bereits 1956 stattgefunden, lange bevor die Admiräle wußten, daß Artamonow ihr Mann sein würde. Artamonow war im April 1956 als junger Offizier an Bord des sowjetischen Kreuzers *Ordschonikidse* gewesen, der Chruschtschow und Bulganin zu einem Staatsbesuch nach England gebracht hatte. Die *Ordschonikidse* war damals das Flaggschiff der neuen sowjetischen Marine gewesen und war schneller als vergleichbare westliche Schiffe. Schon im Jahr zuvor hatten die Briten versucht, in einem sowjetischen Hafen die Ursache für die bemerkenswerte Schnelligkeit des Schiffes zu ergründen. Doch mehrere Versuche, ein Mini-U-Boot in das Hafenbecken einzuschleusen, schlugen fehl. Als die *Ordschonikidse* in Portsmouth vor Anker lag, beschloß der MI 6, die Schiffsschraube von einem Taucher inspizieren zu lassen, um festzustellen, ob sie etwas mit der überraschend hohen Spitzengeschwindigkeit des Schiffes zu tun haben konnte. Die Mission endete damit, daß der Taucher, Fregattenkapitän Lionel »Buster« Crabbe, am nächsten Tag als kopflose Leiche in der Bucht trieb. Für die Briten war die Sache eine ziemliche Blamage.[9] Der *Ordschonikidse*-Zwischenfall zeigte den Admirälen, wie scharf der Westen auf Erkenntnisse über die Sowjetmarine war, und überzeugte sie davon, daß ein eingeschleuster Vertrauensagent gute Chancen haben würde, akzeptiert zu werden.

Es erfordert sicherlich eine intensive Spezialausbildung, einen sowjetischen Marineoffizier zum Agenten umzuschulen. Artamonow wurde allerdings nicht auf die KGB-Schule in Bykowo geschickt, auf der sowjetische »Illegale« geschult werden. Man ließ ihn auch nicht eine der spezielleren KGB-Schulen besuchen, an denen beispielsweise Attentäter und Attentatsplaner oder Terroristen und deren »Führungsoffiziere« ausgebildet werden. Und auch die Diplomatisch-Militärische Akademie der GRU kam für ihn nicht in Frage. Artamonow absolvierte vielmehr einen speziell auf seine Mission zugeschnittenen Lehrgang.

Artamonows geplante Mission war viel zu wichtig, als daß eine Schulung in traditionellem Spionagehandwerk für ihn ausgereicht hätte, ganz abgesehen davon, daß die Admiräle sich vom KGB nicht in die Karten schauen lassen wollten. Artamonow hatte, wie seine späteren Leistungen in den Vereinigten Staaten zeigten, eine phänomenale Auffassungsgabe. Seine fachliche Ausbildung und seine Erfahrung als Marineoffizier ermöglichten es ihm, die Vorstellungen und Visionen der Admiräle von einer zukünftigen sowjetischen Hochseeflotte mühelos und schnell zu absorbieren. Und was er einmal gelernt hatte, vergaß er nicht wieder. Dieses Eintauchen in die Gedankenwelt der sowjetischen Admiräle verlieh ihm jene Weisheit, die die Amerikaner später am meisten an ihm schätzten und die ihn für sie über Jahre hinweg so wertvoll machte. Wenn er von den Amerikanern etwas bekommen sollte, mußt er auch etwas haben, das er ihnen geben konnte, und die Admiräle versorgten ihn mit allem, was er brauchen würde, um sie zu beeindrucken. Diejenigen, die Artamonow begegneten, nachdem er sich in die USA abgesetzt hatte, empfanden sein Urteil in allen die weitere Entwicklung der sowjetischen Marine betreffenden Fragen als phänomenal und fast unheimlich treffsicher. Während der fünf Jahre, in denen er beim Marinenachrichtendienst ONI als Berater »unter Vertrag« war, wartete er mit beinahe hellseherischen Kenntnissen über eine sowjetische Marine auf, die sich gerade erst im Aufbau befand. In dem Maß, wie seine Voraussagen sich bewahrheiteten, schnellte das Prestige, das er in den Augen hochrangiger US-Militärs genoß, nach oben, zeitweise bis in unglaubliche Höhen. Er rechtfertigte also die große Mühe, die seine sowjetischen Ausbilder sich mit ihm gegeben haben müssen.

Artamonow war auch ein sehr gelehriger Schüler auf dem Gebiet des Charakterstudiums. Der Teil seiner Ausbildung, der sich hierauf bezog, war von besonders großer Bedeutung, weil er dadurch Zugang zu dem gesamten Wissen erhielt, das KGB und GRU über jene ranghohen US-Persönlichkeiten, deren Vertrauen er gewinnen sollte, gehortet hatten.[10] Zugleich ging er aber auch die Personalakten etlicher Schlüsselfiguren der Sowjetmarine durch, wobei das Schwergewicht auf jenen »kommenden Männern« lag, denen die Admiräle für die Zukunft eine Führungsrolle zutrauten. Dieser von der GRU als Führungsnachwuchs ausersehene Personenkreis mußte Artamonow geläufig sein, denn seiner eigenen Legende zufolge gehörte er selbst ja der Gruppe dieser besonders zu fördernden Hoffnungsträger an und mußte somit die anderen aus diesem Kreis kennen. Nur so konnte er später die in den Augen vieler US-Marineoffiziere »genialen« Voraussagen darüber machen, welche Männer in der sowjetischen Flotte als neue Führungsfiguren in den Vordergrund treten würden.

Nachdem Artamonow diesen Teil seines Lehrprogramms absolviert hatte, waren die Admiräle sich gleichwohl noch immer nicht sicher, ob er der richtige Mann für den Auftrag war. Das Faktenwissen, das man ihm aufgegeben hatte, beherrschte er, aber in der Frage, ob er psychisch stabil genug war, um mit der extreme Anforderungen stellenden Rolle des eingeschleusten Agenten über längere Zeit fertig zu werden, bestanden noch Zweifel. Es war nicht die Motivation Artamonows, die in Frage stand; er wollte diesen Auftrag unbedingt übernehmen und traute es sich ohne weiteres zu, den Amerikanern die Botschaft der sowjetischen Admiräle zu »verkaufen«. Seine Tutoren hielten es jedoch für ratsam, ihn erst einmal einer Feuerprobe zu unterziehen. Sie beschlossen, ihn mit einer Mission im westlichen Ausland zu betrauen, einer Art Generalprobe, bei der er zeigen sollte, wie gut er eine einstudierte Rolle spielen konnte.

Man verfiel auf eine Mission von zweiwöchiger Dauer, die Artamonow unter seinem wirklichen Namen, aber versehen mit einer vollkommen abweichenden Legende, übernehmen sollte. Er sollte in der Rolle eines sowjetischen Nuklearingenieurs einen Besuch bei der Internationalen Atomenergie-Agentur (IAEA) in Wien machen. Bestand er diesen Test, dann konnte man in die nächste Phase seiner Ausbildung eintreten. Ein Schlüsselelement dieser Generalprobe war die Frage, ob es Schadrin gelingen würde, das vielköpfige KGB-Kontingent in Wien zu täuschen. Die Internationale Atomenergie-Agentur ist unterwandert wie wenige andere internationale Institutionen. Es würde ein interessanter Test sein, zu sehen, wie Artamonow sich in einem zivilen Umfeld, wo andere ihn sehr aufmerksam unter die Lupe nehmen würden, aus der Affäre ziehen würde. Tatsächlich gelang es ihm, alle Welt zu täuschen, den KGB eingeschlossen. Er meldete sich mit einem Paß der IAEA als Nikolai Fjodorowitsch Artamonow im Hotel Nagler an. Er gab sich für zehn Jahre älter aus, als er war. Sein Paß, sein getürktes Geburtsdatum und sein echter Name wurden der österreichischen Meldebehörde zugeleitet und von ihr archiviert. Von ihr sollten die Vereinigten Staaten Jahre später erfahren, daß der Paß, dessen Artamonow sich seinerzeit in Wien bedient hatte, kein echtes Ausweispapier der IAEA war.[11]

Nicht lange nach seiner Rückkehr aus Wien brach Schadrin zu seiner polnischen Mission auf, die ihn, wie gesehen, schließlich nach Schweden führte. Wie aber hielt er Kontakt mit seinen sowjetischen Auftraggebern, nachdem er sich in die USA abgesetzt hatte? Wie erhielt er seine Anweisungen? Die Antwort ist interessant. Sie führt uns zu einem Mann, der in der Zeit, als Schadrin beim ONI tätig war, an der sowjetischen Botschaft in Washington als Stellvertretender Marineattaché amtierte. Dieser Mann hatte selbst auf der kurzen Kandidatenliste der Admiräle für die amerikanische Mission gestanden.

Da Schadrin während seiner Jahre am ONI als *die* Autorität in Fragen der sowjetischen Marine galt, suchten Admiral Taylor und andere eher operativ orientierte Mitarbeiter des Amts immer wieder seinen Rat. Wenn Schadrin auch weiterhin in der Rolle eines nie um eine weiterführende Antwort verlegenen Ratgebers brillieren und ein eingeweihter Teilnehmer am Prozeß der Informationsauswertung bleiben wollte, mußte er Insiderinformationen liefern, die die nackten Tatsachen, die sich aus den eingegangenen Dokumenten und Agentenberichten ablesen ließen, in einen höheren Zusammenhang stellten.

1961 teilte Nick der CIA mit, er habe einen ehemaligen Kameraden aus der sowjetischen Marine, Lew Wtorygin, in Washington auf der Straße gesehen. Bei den Spionageabwehrleuten der CIA ließ diese Nachricht einige Warnlampen aufleuchten. War Wtorygin, der beste Schütze der sowjetischen Marine, gekommen, um Schadrin zu erledigen?[12] Oder hatte Schadrin über die Begegnung berichtet, um sich für den Fall, daß er in Begleitung Wtorygins gesehen worden war, vorsorglich abzusichern? Die Antworten auf diese Fragen führen uns auf die Spur der Mittel und Methoden, deren die Admiräle sich bedienten, um mit Schadrin zu kommunizieren, ihm das Material, das er brauchte, zukommen zu lassen und im Gegenzug von ihm Berichte und Informationen zu erhalten.

Daß es den Admirälen möglich war, mit ihrem Washingtoner Einflußagenten Botschaften auszutauschen, hing mit den örtlichen Verhältnissen an seiner Arbeitsstätte und mit der Tatsache zusammen, daß seine Bewegungen nicht überwacht wurden. Der Hintereingang des alten Marineobservatoriums, den Schadrin und andere ONI-Mitarbeiter benutzten, führt auf die Wisconsin Avenue, die in die Observatory Road mündet. Schadrin parkte seinen Wagen entweder auf der Observatory Road oder auf der Wisconsin Avenue. Nur zwei Häuserblocks von der Kreuzung Observatory und Wisconsin entfernt, in der Tunlaw Street, unterhält die sowjetische Botschaft ein Wohngebiet für verheiratete Diplomaten und ihre Familien, zu dem auch ein separates Gebäude für das Dienstpersonal der Botschaft gehört. Eine Grundschule für die Kinder der Diplomaten und des Dienstpersonals befindet sich auf dem Gelände an der Tunlaw Street. Diese Schule wird zwar von Funktionären und Angestellten der sowjetischen Botschaft geführt, aber als Lehrer wirken dort zweisprachige US-Bürger, die als freie Mitarbeiter mit Zeitverträgen angeheuert werden.

Die Lage dieses sowjetischen Wohngebiets und die Kenntnis der täglichen Arbeitszeit der dort Beschäftigten versetzten Schadrin in die Lage, fast ohne Risiko der Entdeckung mit seinem alten Kameraden, Fregattenkapitän Wtorygin, und seinem Chef, Admiral Jaschin, zu kommunizieren. Beide Männer hatten naturgemäß großes Interesse an allem, was Schadrin am ONI machte und erfuhr. Fregattenkapitän Wtorygin wohnte nicht in der Anlage an der Tunlaw Street. Er hatte seine Wohnung in einem Block mit der Adresse Wisconsin Avenue Nr. 2800, vier Blocks von der Observatory Road entfernt. Wtorygins Arbeitsplatz war das Büro des sowjetischen Marineattachés in der mehrere Kilometer entfernten Belmont Road Nr. 2552.

Jeden Morgen pflegte Wtorygins Frau Eugenia ihre zehnjährige Tochter Elena zu Fuß in die sowjetische Schule an der Tunlaw Street zu bringen. Auf ihrem Weg durch die Wisconsin Avenue deponierte sie eine Nachricht an Schadrins geparktem Wagen. Die Chance, dies unbemerkt tun zu können, war dadurch gegeben, daß am ONI in den viereinhalb Jahren, die Schadrin dort arbeitete, nur noch recht lockere Sicherheitsmaßnahmen praktiziert wurden, nachdem man die geheimhaltungsbedürftigsten Unterlagen aus dem Marineobservatorium ins Sicherheitszentrum der Marine an der Ecke Massachusetts und Nebraska Avenue verlagert hatte. Kurz bevor Schadrin aus dem ONI ausschied, Ende August 1965, wurde Fregattenkapitän Wtorygin aus Washington abberufen und übernahm eine hochrangige Funktion in der Marineabteilung der GRU. Zufall?

Der hier vorgestellten Theorie zufolge stand Schadrin also bis 1965/66 in direkter Verbindung zu den sowjetischen Admirälen und damit unter ihrer Kontrolle; unter normalen Umständen wäre er zu diesem Zeitpunkt wohl in die Sowjetunion zurückberufen worden. Aber gerade in dieser Phase bekam in Moskau Jekaterina Furtsewa Wind von seiner geheimen Mission und bediente sich seiner im Interesse ihres Schwiegersohns, des sattsam bekannten

Phantom-Agenten KITTY HAWK. Schadrin fand sich plötzlich an der langen Leine des KGB wieder und mußte noch weitere neun Jahre in Amerika abdienen. Es gibt für die Theorie von der Verschwörung der Admiräle keinen direkten Beweis, wohl aber eine Vielzahl von Indizien.

Nick Schadrins alter Freund Robert Kupperman war auch ein guter Freund des Wiener CIA-Stationschefs George Weisz, der im Dezember 1975 rechtzeitig vor dem Verschwinden Schadrins die Fliege gemacht hatte. George Weisz kam im November 1982 unter ungeklärten Umständen zu Tode. Seine Leiche wurde in der Garage seines einsam gelegenen Farmhauses gefunden; er saß, mit einer Sonnenbrille auf der Nase und einer eine Woche alten Ausgabe der New York Times vor sich auf dem Lenkrad, im PKW seiner Tochter. Die Staatspolizei von Maryland stufte den Fall als Selbstmord ein. Merkwürdig war, daß bei der Autopsie der Leiche, durchgeführt am Gerichtsmedizinischen Institut des Staates Maryland – das vier Jahre zuvor auch den Leichnam von John Paisley autopsiert hatte –, das Vorhandensein einer intakten Gallenblase festgestellt wurde. Von George Weisz ist jedoch bekannt, daß er sich seine Gallenblase 1976 in Deutschland operativ entfernen hatte lassen. Vor seinem Tod hatte Weisz seinem Freund Kupperman anvertraut, daß seiner Überzeugung nach Nick Schadrin von Anfang an für die Sowjets gearbeitet hatte.[13]

Nach Schadrins Verschwinden setzte sich Richard Copaken, der Anwalt, der an Ewa Schadrins Seite lang und schwer darum gekämpft hatte, in Erfahrung zu bringen, was aus ihrem Mann geworden war, mit dem DDR-Anwalt Wolfgang Vogel in Verbindung. Über Vogel hoffte Copaken den Sowjets das Angebot unterbreiten zu können, einen in den USA inhaftierten sowjetischen Spion gegen Nick Schadrin auszutauschen, der sich seiner Überzeugung nach in sowjetischem Gewahrsam befand. Vogel hatte sich seit vielen Jahren und in vielen Fällen als Vermittler für Transaktionen dieser Art bewährt. Allein, wie Copaken bald einsehen mußte, hatte der damalige US-Außenminister Henry Kissinger kein wirkliches Interesse daran, Schadrin in die USA zurückzubringen. Copaken ist der Überzeugung, daß Kissinger damals alles vermeiden wollte, was möglicherweise die Entspannung zwischen den USA und der Sowjetunion hätte stören können.[14] Die Kontakte zu Vogel, für die Vertraulichkeit vereinbart war, wurden durch Indiskretionen von Kissinger-Mitarbeitern publik, was praktisch ihr Ende bedeutete. Jahrelang dachte Copaken, es sei in diesem Fall einfach nur darum gegangen, daß die Imperative der Entspannungspolitik gegen die Gebote der Menschlichkeit beim Umgang mit einem Spion und seiner unglücklichen Frau die Oberhand behielten.

Im Frühjahr 1988 fand im Nationalen Pressegebäude in Washington ein von der DDR veranstalteter Empfang statt. Copaken lief dort dem US-Botschafter in der DDR, Francis J. Meehan, in die Arme, der 1975, zum Zeitpunkt von Schadrins Verschwinden, zweiter Mann in der Wiener US-Botschaft gewesen war. Wie andere US-Regierungsvertreter hatte auch Meehan sich seit Jahren geweigert, mit Copaken über den Fall Schadrin zu sprechen. Jetzt aber grüßte er ihn und unterhielt sich mit ihm. Copaken fragte Meehan, ob er noch mit Wolfgang Vogel in Verbindung stehe. Meehan antwortete, er habe Vogel erst kürzlich im Zusammenhang mit dem Austausch der tschechischen Spione Hana und Karl Koecher gegen den sowjetischen Dissidenten Anatoli Schdaranski gesehen. Copaken erkundigte sich, ob Vogel irgend etwas über Nick Schadrin gesagt habe. Zur großen Überraschung Copakens erwiderte Meehan:»Wollen Sie wissen, welcher Meinung Wolfgang über diese Sache immer gewesen ist?«Copaken nickte, und Meehan fuhr fort:»Er hält es für möglich, daß [Schadrin] einen Auftrag erfüllt hat und nach Hause zurückgekehrt ist.«

Jim Wooten, der FBI-Agent, der jahrelang Nicks Betreuungsoffizier war und zugibt, ihm menschlich nahegestanden zu haben, bat das FBI um die Genehmigung, die Geschichte aus seiner Sicht erzählen und veröffentlichen zu dürfen. Als er dem FBI sein Manuskript vorlegte, erhielt er es mit der Aufforderung zurück, es zu vernichten.

Peter Sivess ist zutiefst davon überzeugt, daß sein Jagd- und Angelgefährte Nick Schadrin nicht tot ist.»In meinem Roman ist er noch am Leben«, insistiert er.

John Novak, Schadrins ehemaliger Vorgesetzter in der Übersetzungsabteilung der DIA, berichtet, Schadrin sei 1980 in Moskau gesehen worden. Andere Gewährsleute von der DIA bestätigen diese Information und behaupten, Schadrin sei auch noch bei weiteren Gelegenheiten gesichtet worden.

Im Juni 1988 erfuhren amerikanische Geheimdienstquellen Einzelheiten über Dinge, die sich am Rande der Beerdigung Sergej Gorschkows am 17. Mai 1988 in Moskau zugetragen hatten. Admiral Gorschkow, Oberbefehlshaber der sowjetischen Flotte, Mitglied des Zentralkomitees der KPdSU und Abgeordneter im Obersten Sowjet der UdSSR, war vor seiner Bestattung im Rote-Fahne-Saal des Zentralpalastes im Kreml aufgebahrt gewesen. Zahlreiche Menschen hatten sich dort eingefunden, um ihm die letzte Ehre zu erweisen. Für die Ehrengarde, die vor dem Katafalk Wache hielt, hatten sich ranghohe Funktionäre des sowjetischen Militärs und der KPdSU gemeldet.

Die Beerdigung von Admiral Gorschkow fand auf dem Nowodewitschi-Friedhof statt.[15] Dieser Friedhof ist den Familien der »Nomenklatura« vorbehalten. Nahe Admiral Gorschkows Grab befindet sich das von Nikita Chruschtschow. Auch Frau Furtsewa und ihr Mann Frol Koslow, der Vater von KITTY HAWK, sind auf dem Nowodewitschi-Friedhof begraben.

Im Rahmen der Bestattungszeremonie sprachen hochrangige Mitglieder des Generalstabs der Vereinigten Streitkräfte der UdSSR, Vertreter der Warschauer-Pakt-Staaten und Militärattachés von den Botschaften der sozialistischen Bruderländer der UdSSR. An einer Seite des Grabes standen, von der übrigen Trauergemeinde abgesetzt, vier Personen. Es waren die nächsten Familienangehörigen von Admiral Gorschkow. Schwarz gekleidet und tief verschleiert stand da, leise schluchzend, Frau Gorschkow, neben ihr, den Arm um sie gelegt, ihre Tochter, Frau Artamonow. Und neben dieser stand ihr Mann, Nikolai Fjodorowitsch Artamonow, in vollem Uniformputz. Der letzte der kleinen Gruppe war schließlich der Sohn der Artamonows, fast ein Doppelgänger des jungen sowjetischen Marineoffiziers, der drei Jahrzehnte zuvor von Gdingen aus zu einer rätselhaften Odyssee in den Westen aufgebrochen war.

346

Kapitel 16

Sigler:
Die Suche nach
GRAPHIC IMAGE

Am Anfang war ich wirklich naiv.

Ilse Sigler

Ralph Sigler glich den Zigtausenden anderen Einwanderern, die als Kinder in die Vereinigten Staaten gekommen waren und für sich und ihre Familie ein Leben aufbauten. Er machte eine ordentliche Karriere bei der U. S. Army. Er führte im Fort Bliss in El Paso (Texas) ein solides Leben. Oberflächlich betrachtet, wirkte er nicht gerade wie ein Held. 1966 jedoch wurde er unversehens Bestandteil der Geheimdienst-Geschichte. Bürokraten in Washington machten ihn zu ihrer Zielscheibe. Dieser kleine Mann sollte als Köder in einem tödlichen Spiel mit der Sowjetunion dienen.

Im Jahre 1966 wurde Ralph Sigler als »Trumpfkarte des nationalen Geheimdienstes« ausgewählt. Er wurde nicht aufgrund seines Talents oder seiner technischen Kenntnisse auserkoren, sondern weil seine Mutter hinter dem Eisernen Vorhang lebte, seine Frau aus Europa kam und er den Ruf eines zähen Kerls hatte. Die Jury dieses Wettbewerbes bestand aus Geheimdienstleuten des FBI und des Heeres. Als Großer Preis winkte die Chance, Doppelagent für die Regierung der Vereinigten Staaten zu werden.

Zunächst wurde die FBI-Liste auf 35 Namen ausgedünnt. Dann flogen John Schaffstall von der U. S. Army und Jack Radigan vom FBI nach El Paso und trafen sich mit einem dort lebenden

Mitarbeiter des Heeres-Geheimdienstes namens Carlos Zapata, um die endgültige Auswahl zu treffen.[1] Die Akte über Ralph Sigler war recht aussagekräftig. Sigler hatte es nicht leicht gehabt. Er konnte zäh wie Leder sein, hatte sich als Wehrpflichtiger ein gutes Dienstzeugnis verdient und schien eine vorgezeichnete Zukunft zu haben. Das Heer und das FBI suchten keinen James Bond. Sie suchten nach einem Mann, der den eigentümlichen Mut und die Nerven besaß, in die sowjetische Botschaft in Mexico City hineinzuschneien und wie ein Wurm am Haken eines Anglers darauf zu warten, daß der KGB oder die GRU anbiß.

Ralph Sigler kam für diese Köderaufgabe in Frage. Er war ein kleiner Mann, knapp 1,68 m groß, hatte braune Augen, kurzes brünettes Haar, einen tätowierten Tigerkopf auf dem linken Unterarm und eine Brille auf der Nase. Er war Katholik. Sigler sprach Tschechisch und Deutsch; er verstand Russisch und einige andere slawischen Sprachen. Was ihn für das FBI und die Army so interessant machte, war die Tatsache, daß Ralph zusätzlich zu seinem passenden »Profil« auch noch geistesgegenwärtig, aggressiv und selbstbewußt war. Er besaß ein gutes Gedächtnis und die Fähigkeit, sich an Einzelheiten zu erinnern – alles äußerst nützliche Eigenschaften für das Leben, das die beiden Behörden ihm zugedacht hatten.

Sigler neigte ein wenig dazu, andere zu korrigieren, wenn sie sich im Irrtum befanden, und er war der Meinung, daß die »alten Sitten« die besten waren. Das bedeutete, daß er mit den Sowjets in einer Sprache sprechen konnte, die sie verstanden. Der »Suchtrupp« stellte fest, daß er bei der Army etwa 860 Dollar im Monat verdiente. Er wohnte am Stadtrand in der Nähe von Fort Bliss. Seine Frau Ilse arbeitete in einem Kleidergeschäft. Die beiden hatten ein Kind, eine attraktive, junge Tochter namens Karin. Ralph konnte harte Getränke nicht gut vertragen; deshalb trank er nur Bier.

Was Ralph für den Army-Geheimdienst und für das FBI so interessant machte, war sein osteuropäischer Hintergrund. Seine Mutter lebte noch in der Tschechoslowakei. Ralph war am 24. Mai 1928 als Rudolph Ciglar im tschechischen Hertnik geboren. Als er sechs Jahre alt war, wanderte sein Vater in die

348

Vereinigten Staaten aus. Dort erfuhr Ralphs Vater, daß seine Mutter ein Verhältnis mit einem anderen Mann hatte. Als Ralph acht Jahre alt war, reiste sein Vater in die Tschechoslowakei und nahm ihn und seine ältere Schwester Anne mit sich nach Amerika. Die Mutter blieb in der Heimat zurück.

Ralph wuchs in Armut auf. Sein Vater Alex arbeitete, sooft es Arbeit gab, in den Kohlegruben von Ost-Pennsylvania. Wenn es dort keine Arbeit gab, verdingte er sich für zwei Dollar am Tag als Fleischergehilfe. Alex Sigler kaufte ein kleines Haus und baute sich Schritt für Schritt eine kleine Farm auf, wo er neben seiner anderen Arbeit Schweine züchtete.

Ralph holte von Krankenhäusern und Hotels in der Nähe die Abfälle ab, um sie an die Tiere zu verfüttern. Dann ging er zur Schule, und wenn er von der Schule nach Hause kam, machte er sich sofort wieder an die Arbeit. Das war nicht gerade eine rosige Kindheit. Seine Schwester Anne wurde mehr verwöhnt. Der Vater schickte sie auf eine private katholische Schule und ließ sie sogar ein College besuchen.[2]

Ralph wurde bald des autoritären väterlichen Regimes überdrüssig, auch vertrug er sich nicht mit den vielen »Hausmädchen« seines Vaters, die in Wirklichkeit dessen Freundinnen waren. Eine dieser Frauen ließ ihn 1944, als er 16 Jahre alt war, sogar verhaften und in eine Besserungsanstalt stecken.

Mit siebzehn gingen Ralph und einer seiner Freunde von der Oberschule ab und meldeten sich am 19. März 1946 freiwillig zur U. S. Army, um dem trostlosen Leben zu Hause und der ihrer Meinung nach hoffnungslosen Zukunft in Pennsylvania zu entgehen. Nach seiner Grundausbildung war der junge Sigler eine Zeitlang in der Trümmerlandschaft Nachkriegsberlins stationiert. Drei Jahre später, am 26. August 1949, wurde er im Range eines Stabsunteroffiziers ehrenhaft aus der Army entlassen und kehrte nach Pennsylvania zurück. Sein Vater hatte einen Verkehrsunfall gehabt und mußte von ihm gepflegt werden. Acht Monate später, am 5. Mai 1950, meldete sich Ralph wieder bei der Army und ging zurück nach Europa.

1951 war Ralph, mittlerweile 23, in der Nähe von Stuttgart stationiert, wo er die ein Jahr ältere Ilse Margarete Oehler kennenlernte. Da sie nicht Englisch konnte, fühlte sie sich in der Gesellschaft amerikanischer Soldaten wie Ralph nicht besonders wohl. Sie war eine sehr schöne rötlich-blonde Vierundzwanzigjährige. Sie war schlank und hatte strahlendblaue Augen. Ihre Freundin arbeitete in einem Nachtklub, der von amerikanischen Militärangehörigen besucht wurde. An einem Abend schleppte sie Ilse mit in den Klub. Als Ralph hereinkam, ging er zu ihr hin und fing ein Gespräch mit ihr an. Überrascht stellte sie fest, daß er fließend deutsch sprach. Er fragte sie, ob sie sich einmal treffen könnten. Sie sagte:»Ja. Sie können mich morgen abend wieder hier treffen.« Am darauffolgenden Abend kam Ralph rechtzeitig, aber Ilse versetzte ihn.

Ilse arbeitete tagsüber als Verkäuferin, und abends half sie von Zeit zu Zeit ihrer Freundin im Nachtklub. Als Ralph sich mehr und mehr für sie interessierte, wurde er eifersüchtig auf die anderen Männer, mit denen Ilse im Klub Kontakt hatte, und so versuchte er sie zu überreden, dort aufzuhören.

Als Ralph von Stuttgart nach Koblenz versetzt wurde, wurde ihm eine Unterkunft in der französischen Kaserne zugewiesen. Er wollte Ilse dazu bringen, mit ihm zu gehen. Anfangs reiste sie mit dem Zug hin und her, um ihn zu besuchen, aber schließlich mietete sie eine Wohnung in Koblenz, um ständig bei Ralph sein zu können. Es dauerte allerdings über zwei Jahre, bis ihm die Heirat genehmigt wurde. Nachdem Ralph Hauptgefreiter geworden war, traf er Vorkehrungen, um eine Einwanderungserlaubnis für Ilse zu beantragen. Am 4. Februar 1955 wurden sie in Stuttgart zweimal kirchlich getraut, einmal auf deutsch und einmal auf amerikanisch. Zwei Monate später kehrte Ralph in die Vereinigten Staaten zurück.

Als Ilse an Bord der USS *Randall* am 1. Juli 1955 die Freiheitsstatue und die Skyline von New York erblickte, war sie aufgeregt und nervös. Sie war eine Fremde in einem neuen Land und sollte zum ersten Mal die Familie Ralphs kennenlernen. Ilse und Ralphs Vater Alex mochten einander vom ersten Augenblick an. Alex war ein fröhlicher Mensch, der die Gesellschaft von Frauen schätzte. Geldschwierigkeiten und die Hoffnungslosigkeit einer attraktiven Arbeit im Kohlegebiet von West-Wyoming waren die

Gründe, warum Ralph wieder zur Army zurückkehrte, die für Rückkehrer Prämien anbot.

Nach einer sechswöchigen Ausbildung in Fort Benning in Georgia wurde Ralph ins Fort Gordon in Augusta versetzt. Am 28. September 1955 erhielt er die US-Staatsbürgerschaft, und aus Rudolph Ciglar wurde nun auch ganz offiziell Ralph Sigler.

In Augusta konnte Ilse sich eine Stelle in einem örtlichen Warenhaus verschaffen, aber sie stellte bald fest, daß zwischen einem Warenhaus im amerikanischen Süden und einem europäischen Kaufhaus ein gewaltiger Unterschied bestand. Hier in Augusta wurde Ilse erstmals Zeuge von Rassenvorurteilen gegen Schwarze. Getrennte Toiletten und Trinkwasserbrunnen für Schwarze und Weiße waren allgemein üblich.

Von Fort Gordon wurde Ralph Anfang 1957 nach Panama versetzt. Gut drei Jahre verbrachten die beiden in der Kanalzone. Ilse beantragte von hier aus erstmals die US-Staatsbürgerschaft. Und am 4. Juli 1958 brachte sie in Panama ihre Tochter Karin zur Welt. In Panama verbrachten die Siglers eine glückliche Zeit. Ilse hatte ein Mädchen, das das Haus putzte und auf Karin aufpaßte, während sie im PX-Laden ihres Stützpunkts arbeiten ging, wo sie sehr gut verdiente.

In der Hoffnung, wieder in Deutschland stationiert zu werden, kehrte Ralph nach Augusta zurück und verpflichtete sich für eine weitere Zeitspanne. Doch statt nach Deutschland versetzte die Army ihn nach Fort Bliss in El Paso.

Ilse war untröstlich. Ralph hatte noch Urlaub gut und sagte: »Komm, laß uns nach Washington fliegen. Wir fliegen rauf und gehen ins Pentagon. Ich werde dort fragen, ob sie mich nicht nach Deutschland schicken können.« Ralphs wagemutiger Versuch, den Stier der Pentagon-Bürokratie an den Hörnern zu packen, war tatsächlich von Erfolg gekrönt: Ralph wurde nach Deutschland versetzt. Freilich platzte die Familie, als sie 1961 in West-Berlin eintraf, mitten in die Krise um den Bau der Berliner Mauer. Die junge Familie blieb ein Jahr lang in Berlin, dann wurde Ralph für zwei weitere Jahre nach Bitburg versetzt. Dort wurde Ilse klar, daß Ralph auf dem Luftwaffenstützpunkt Bitburg zu streng geheimen Arbeiten, die etwas mit Raketen zu tun hatten, herangezogen wurde.

1965 wurden Ralph und Ilse wieder in die Staaten zurückversetzt und landeten wiederum in Fort Bliss in El Paso. Sie mieteten ein Haus in der Fairfax Avenue im Nordosten von El Paso, in der Nähe des Northgate-Einkaufszentrums. Ilse fand in der Stadt eine Stelle als Verkäuferin, und Ralph arbeitete als Elektroniker in Fort Bliss.

Ohne daß die Siglers etwas davon ahnten, war zu dieser Zeit das FBI dabei, ihre Vergangenheit durchzuforsten. Ralph war in die engste Auswahl für eine sehr wichtige Aufgabe genommen worden. Er stand ganz oben auf der Kandidatenliste für die Rolle des ersten Doppelagenten, den die Army im Rahmen eines Programms einsetzen wollte, dessen Ziel es war, die immer aggressiver werdenden, von Mexiko ausgehenden Operationen des KGB gegen die Vereinigten Staaten zu unterwandern.

Das Bureau beschloß, den Russen in Mexiko einen Agenten vor die Nase zu setzen, in der Hoffnung, daß sie anbeißen würden. Falls die Sache funktionierte und es dem amerikanischen Lockvogel gelang, als Doppelagent die Operationen der Russen in Mexiko zu unterwandern, würde sich das FBI ein besseres Bild von den Operationen der GRU und des KGB vor der amerikanischen Hintertür machen können. »Wir wollten Leute rekrutieren, von denen wir dachten, daß wir sie unter Kontrolle halten konnten, sie als Köder benutzen und sehen, was die Russen mit ihnen anstellten«, erklärt Eugene Peterson, ehemaliger Spionageabwehrchef des FBI.[3]

Das ursprüngliche Ziel des FBI war, festzustellen, was und wieviel die Sowjets von Mexiko aus inszenierten. Welche operativen Potentiale standen ihnen zur Verfügung? Würden sie Beamte nach Mexiko entsenden, um den neu rekrutierten Agenten zu führen, oder würden sie sich eines Illegalen bedienen? Ein weiteres Element des vom FBI ausgeheckten Plans war die Tatsache, daß ihr Agent die Sowjets verwirren würde. Da das Bureau wußte, daß es weltweit auch zahlreiche echte amerikanische Verräter aus dem militärischen Bereich gab (sogenannte »walk-ins«, das heißt Leute, die von sich aus Kontakt zur anderen Seite suchten und ihr ihre Dienste anboten), würde es den Russen viel Arbeit machen, herauszufinden, ob dieser neue Agent echt oder falsch war.

Nick und Ewa auf einer Party
kurz vor ihrer Flucht aus Polen.
(© Ewa Schadrin)

Nick und Ewa nach der kirchlichen
Trauung in Baltimore.
(© Ewa Schadrin)

Nick Schadrin, leicht verkleidet
während eines Verhörs vor
dem Senatsausschuß zur
Untersuchung kommunistische
Umtriebe.
(© Associated Press)

kes Bild:
a Schadrin, ihr Bruder und
k Schadrin in ihrem Haus in
_ean, Virginia. Der Hirschkopf
der Wand war eine seiner
dtrophäen. (© Ewa Schadrin)

htes Bild:
k und Ewa während eines Urlaubs
Südamerika. (© Ewa Schadrin)

e Panoramaansicht des Geländes
die Votivkirche in Wien, auf-
ommen aus dem nahegelegenen
äude des US-Konsulats. Heute
sperrt ein Gebäude die Sicht
die Kirche, das einige Jahre
h Schadrins Verschwinden
aut wurde.
Richard D. Copaken)

Oleg Sokolow. (© Washington Post)

Ewa Schadrin mit der Pistole ihres Mannes und dem Kurzwellensender, den Nick Schadrin während der KITTY-HAWK-Operation verwendete. (© Ewa Schadrin)

Die Dachkammer in Nicks Haus, wo er seinen Kurzwellensender, der ihm vom KGB zur Verfügung gestellt worden war, versteckte. (© Joseph Trento)

Ralph Sigler (mit Zigarette) im Kreis von Armeekumpels.
(© Ilse Sigler)

Ralph Sigler. Foto aus seiner
Zeit als Doppelagent für die
Army und das FBI.
(© US Army)

Das Haus der Siglers in
El Paso, Texas.
(© Joseph Trento)

Donald B. Grimes. (© Joseph Trento)

John Schaffstall. (© Joseph Trento)

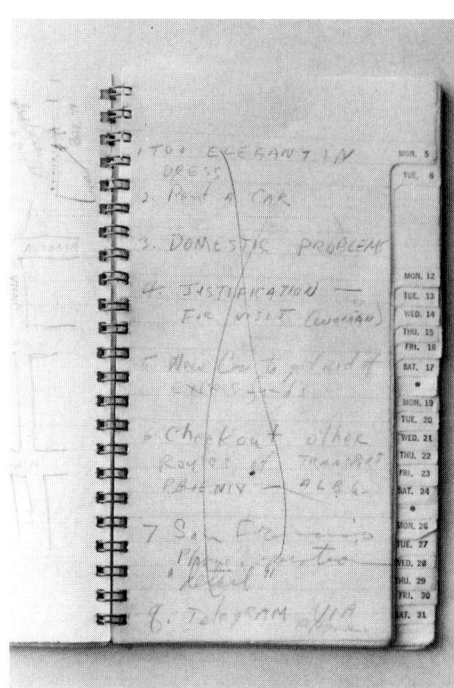

Die vom KGB gefälschten kanadischen Personalausweise (links) und eine Seite aus Siglers Notizbuch mit dem Hinweis auf ein Treffen mit den Sowjets in San Francisco, von dem die Army nichts wußte. (© Joseph Trento)

Mrs. Sigler mit dem schwarzen Aktenkoffer, in dem sie die Fotos fand, die ihn mit Breschnew und anderen hohen Sowjets zeigten. (© Joseph Trento)

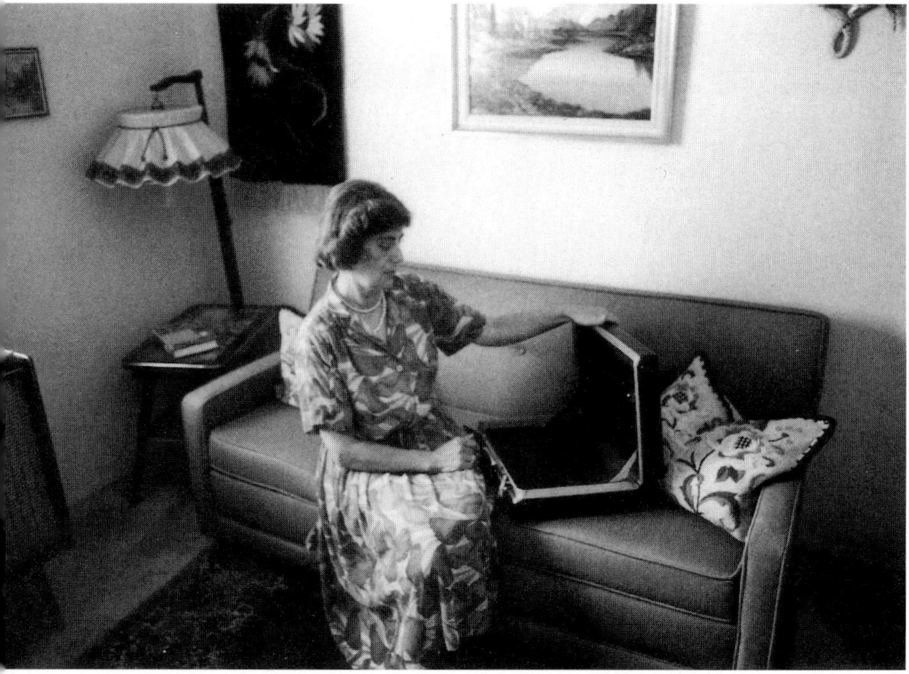

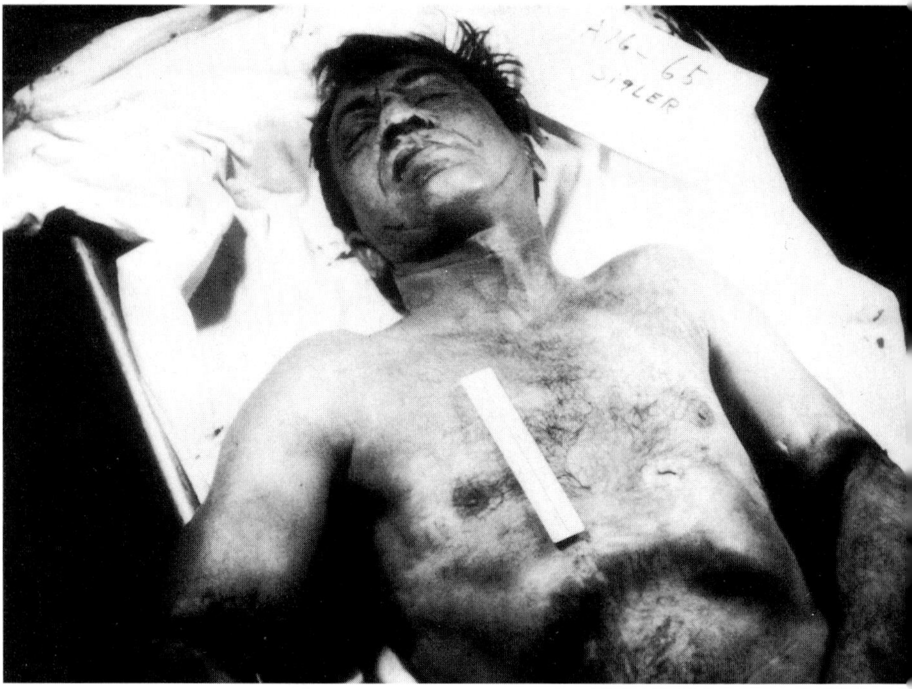

Der tote Ralph Sigler. (Man beachte die Gesichtsverletzungen.) (© Maryland State Police)

Die elektrischen Kabel, die fest um seine Arme gebunden waren. (© Maryland State Police)

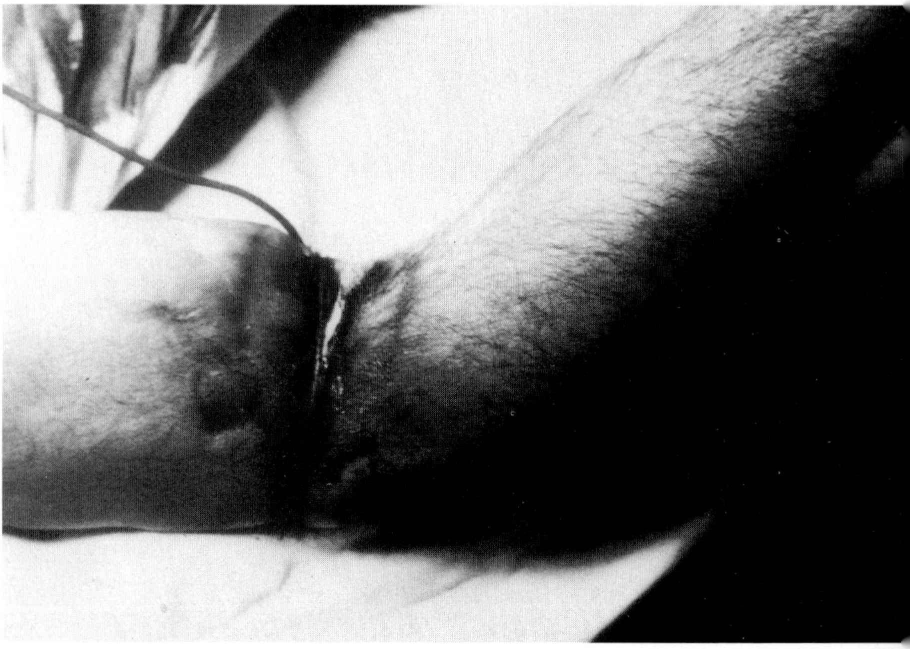

Die erste Frage, die sich das FBI stellte, war, wer für die Sowjets in Mexiko ein reizvoller Köder sein konnte. »Ein Zivilist, etwa ein Professor von der John-Hopkins-Universität, ein Gehirnchirurg? Nein, einer vom Militär wäre [für sie] interessant«, erklärt Eugene Peterson. Zu den Orten, an denen man nach einem geeigneten Armee-Angehörigen Ausschau hielt und wo man die Operation beheimaten wollte, gehörten das streng geheime Versuchsgelände des Heeres in White Sands (New Mexiko), der Army-Stützpunkt Fort Bliss, der der mexikanischen Grenze am nächsten lag, das Nationallabor der US-Atomenergiekommission in Sandia sowie verschiedene Einrichtungen der Luftwaffe. Aber nur das Heer zeigte sich für den Plan des FBI aufgeschlossen.

Im Hauptquartier des Heeresnachrichtendienstes, das sich damals in Baltimore befand, gab es ein Team unter Leitung von Stabsfeldwebel John Schaffstall, das schon eifrig nach Möglichkeiten suchte, mit Doppelagenten zu operieren. Als es vom FBI die Gelegenheit dazu erhielt, griff es bereitwillig zu. Die nächste Hürde, die es zu überwinden galt, war die Frage, wer die Operation leiten sollte. FBI-Direktor J. Edgar Hoover bestand auf einer alleinigen Kontrolle durch das Bureau. Die Army verlangte eine gemeinsame Kontrolle. »Der Knackpunkt war ... die Terminologie. Hoover wollte das Wort ›gemeinsam‹ nicht akzeptieren, darum mußten wir Purzelbäume schlagen, um ein Wort zu finden, aus dem er herauslas, daß ... dem Bureau die Kontrolle zustand. Das Bureau führte die Sache durch. Die Army unterstützte uns dabei. So drückten sie das immer aus. [Es] war eine FBI-Doppelagentenoperation, unterstützt vom Geheimdienst des Heeres«, sagt Peterson.

Als das Vorhaben genehmigt war, ging die Suche nach dem optimalen Agenten los. Jack Radigan, ein kompetenter Beamter der Washingtoner FBI-Außenstelle, reiste im ganzen Land umher und durchleuchtete viele Männer.[4] Schaffstalls Büro beauftragte den in El Paso stationierten Nachrichtenoffizier Carlos Zapata, die Personalakten von Fort Bliss durchzugehen. Zapata suchte nach Männern, die zäh und findig waren, technische Kenntnisse besaßen, Russisch konnten und in der Lage waren, den Russen eine maßgeschneiderte Legende zu verkaufen, und denen das schwierige und gefährliche Leben als Doppelagent Spaß machen würde. So nützlich Doppelagenten auch sein mögen, ihre Betreuer vertrauen ihnen selten, auch wenn sie sie persönlich mögen. Kaum sind sie an Ort und Stelle, geraten sie auch schon in Verdacht, da sich bei ihnen immer die Frage aufwirft:»Ist er auch noch auf unserer Seite?«

Als Zapata seine Liste der in Frage kommenden Kandidaten auf 35 Namen reduziert hatte, kamen Schaffstall, Hauptmann Al Daub und Jack Radigan, Rekruteur des FBI, nach El Paso, um die endgültige Auswahl zu treffen. John Schaffstall mochte Ralph Sigler, weil er Courage hatte. Er scheute sich nicht, auch einmal gegen die Regeln zu verstoßen. Und Ralph Sigler besaß noch weitere Eigenschaften, die ihn vor vielen anderen auszeichneten. »Er paßte einfach in das Profil. Er kam aus jenem Teil der Welt. Und er hatte eine Verwandte dort. Er paßte auf der ganzen Linie in die vorgegebene Form«, erinnert sich Oberstleutnant Donald B. Grimes, ehemaliger Chef der Spionageabwehr des Heeres.

Nachdem Army und FBI darin übereingekommen waren, daß Ralph Sigler ihr Mann sei, setzte eine Serie interner Sicherheitsüberprüfungen und Freigaben ein, die sich über die nächsten zehn Jahre fortsetzen sollte. Ralphs Familie und seine Freunde wurden allesamt durchleuchtet, analysiert und inspiziert. Nachdem Sigler diesen Ausleseprozeß erfolgreich durchlaufen hatte, wurde er in Fort Bliss von Zapata angesprochen. Ralph zeigte sofort Interesse an einer Karriere beim Heeresnachrichtendienst. Warum auch nicht? Er war 38 Jahre alt. Er war mit Unterbrechungen 20 Jahre lang bei der Army gewesen. Er arbeitete als Reparaturelektroniker mit dem Rang eines Obergefreiten in Fort Bliss – nicht gerade ein aufregendes Leben. Er glaubte, seinem Land etwas Gutes tun zu können, wenn er den Agentenjob annahm. Und es schmeichelte ihm, für eine so sensible Aufgabe ausgewählt worden zu sein. Es würde Prestige einbringen und aufregend sein.

Carlos ging mit Ralph in ein Hotelzimmer, wo sie John Schaffstall und die anderen trafen. John eröffnete Ralph, er werde für eine sehr sensible Mission im Dienst der US-Regierung in Betracht gezogen. Sie sprachen einige Stunden lang mit Ralph und flogen dann nach Washington zurück, um ihre Daten auszuwerten und sich mit ihren Vorgesetzten in den Hauptquartieren des Heeres und des FBI zu besprechen.

J. Edgar Hoovers Sorgen galten Ende der 60er Jahre in weitaus größerem Maße den wirklichen oder vermeintlichen Bedrohungen von innen (radikale Studenten, farbige Aktivisten und demonstrierende Kriegsgegner) als einer kommunistischen Bedrohung von außerhalb des Landes. Die FBI-Zentrale in Washington hatte nicht genügend Personal oder Geldmittel, um einen in Spionageabwehrdingen erfahrenen Agenten mit der Betreuung Ralphs zu beauftragen. Daher betraute sie Francis »Joe« Prasek, einen Beamten der FBI-Außenstelle El Paso, mit dem Fall.

FBI-Agent Joe Prasek war ein gutaussehender Mann, ungefähr 1,83 m groß, schlank, mit dunklem, lockigem Haar, klarem bräunlichem Teint und mit graugrünen Augen. Er war gut angezogen, mochte Pferde und wußte eine ganze Menge über Autos. Da er Tschechischer Abstammung war, verstand er sich mit seinem Landsmann Ralph von Anfang an hervorragend. Beide sprachen Tschechisch und hatten ähnliche Interessen.[5]

Für die meisten Amerikaner jener Zeit war ein FBI-Agent ein Held. Ralph glaubte, mit seiner Tätigkeit für das FBI einen Status erwerben zu können, den er mit seinem Job bei der Army niemals würde erreichen können. Er glaubte, das FBI sei für alles zuständig, was die Spionageabwehr anbelangte, und er würde mit den besten Leuten des Landes zusammenarbeiten. Das FBI in Washington, das für die neue Sigler-Operation noch keine organisatorische Schublade hatte, vertraute die Sache einer Abteilung an, die sowjetische Mitarbeiter und »Illegale« außerhalb der Vereinigten Staaten betreute.

Das das FBI in El Paso eigens einen Mann auf den Fall angesetzt hatte, war die Army der Meinung, auch sie müsse dort jemanden haben, der sich ausschließlich mit dieser Operation beschäftigen würde. Der Mann, auf den ihre Wahl fiel, sollte kontinuierlich über die Operation Sigler – und die Interessen der Army – wachen. Carlos Zapata, knapp 1,75 m groß, von mittlerer Statur, mit eckigem Gesicht und graumeliertem Haar, hatte mexikanische und amerikanische Vorfahren. Seine Aufgabe beim Nachrichtendienst des Heers bestand damals darin, dem Kommandanten von Fort Bliss alle für das Fort relevanten Informationen weiterzugeben, die zur Kenntnis des Heeresnachrichtendienstes gelangten. Es war keine besonders arbeitsaufwendige Beschäftigung. Die Betreuung eines Doppelagenten der Army war für Zapata eine neue und wichtige Aufgabe.

Am 9. Dezember 1966 erteilte Washington die endgültige Zustimmung zu der Operation, und John Schaffstall reiste wieder nach El Paso. Schaffstall, Carlos Zapata und Joe Prasek überbrachten Ralph die freudige Nachricht, daß er zum Doppelagenten auserkoren worden war. In einem Hotelzimmer in El Paso unterzog die Army Ralph seinem ersten Lügendetektortest, den er ohne Probleme bestand. Den internen Vorschriften des Heeresnachrichtendienstes gemäß würde er sich in seiner neuen Position künftig einmal im Jahr einem Lügendetektortest unterziehen müssen. In den ersten Jahren bestätigten diese Tests seine Aufrichtigkeit zur vollständigen Zufriedenheit seiner Agentenführer.

Carlos Zapata war der für Ralph operativ zuständige Betreuungsoffizier oder Agentenführer; Joe Prasek war sein Projektoffizier vom FBI und John Schaffstall dessen Pendant beim Heer. Die Army verpaßte Sigler den Codenamen GRAPHIC IMAGE. Ralph mochte diese Männer von Anfang an. Er vertraute ihnen. Carlos hatte den Auftrag, Ralph zu unterstützen, ihm alle Fragen zu beantworten, seine Reisen zu organisieren und alle sonstigen Alltagsaufgaben zu erledigen oder eventuell auftretende Probleme zu bewältigen. John Schaffstall, ein sanfter Mann mit angenehmer Stimme, der um jedes Detail der Operation besorgt war, war der für die Operation verantwortliche Heeresoffizier. John führte in seiner damaligen Funktion neun oder zehn Agenten, aber Ralph war immer sein bester und wichtigster Mann. Er sollte auch sein letzter Agent sein.

Bei ihrem nächsten Treffen in einem Motelzimmer in El Paso umriß John Schaffstall, was die Army von Ralph erwartete. Er sollte in Mexiko Kontakte zu den Sowjets knüpfen. Diese Aussicht fand Ralph aufregend, und er glaubte auch, einer solchen Aufgabe gewachsen zu sein. Das Heer und das FBI wußten bereits, daß er selbstsicher, furchtlos und sehr mutig war. Aber sie wußten genausogut, daß ihm Dutzende von Fragen durch den

Kopf gehen würden, und diese Fragen ging John eine nach der anderen mit ihm durch und beantwortete sie. Das erste, was Ralph sich fragte, war, wie er an die Sowjets herankommen sollte. Und wie sollte er sich verhalten? Er deutete an, daß er die Sowjets nicht mochte. Seine Fragen drehten sich primär um die operative Seite der Pläne. Niemals äußerte er Besorgnisse um seine eigene Sicherheit. John erklärte, man werde Ralphs ersten Kontakt mit den Russen in Form eines Besuchs in der sowjetischen Botschaft in Mexico City inszenieren.

Als der Zeitpunkt seiner ersten Mission näher rückte, stellte sich bei John Schaffstall eine wachsende Nervosität ein. »Ich glaube, es war für uns entnervender als für ihn«, erinnert sich Schaffstall. Er war weniger besorgt um Ralphs Sicherheit als um seine Befähigung, den Job durchzustehen. Wenn alle Stricke reißen würden, würde er seinen Schützling schon lebend aus der sowjetischen Botschaft herausholen, aber er war sich nicht sicher, ob Ralph der stählerne Mann war, für den man ihn hielt. Vielleicht würde er dem Druck der Aufgabe nicht standhalten. Die einzige Möglichkeit, dies festzustellen, war, ihn ins kalte Wasser zu werfen.

Kapitel 17

Sigler: Die Operation

Die meisten Menschen auf dieser Welt sind weder
gut noch böse, sondern repräsentieren Zwischenstu-
fen. ... Und wenn man an diese Dinge mit Formeln
wie »das ist gut« oder »das ist schlecht«, »er ist echt«
oder »er ist nicht echt«, »er ist ehrlich« oder »er ist in
den Händen des Feindes« herangeht, dann hat man
keine Ahnung von Spionageabwehr. Dann kann
man keinen Agenten führen. Ich glaube, man könnte nicht einmal eine Würstchenbude führen.

James E. Nolan jun.

Die Russen wußten, daß die CIA-Station in Mexico City genau
gegenüber ihrer Botschaft lag und daß die Agency jeden fotografierte, der dort ein und aus ging. Darum betrachteten sie jeden,
der zur Vordertür hereinkam, mit Mißtrauen. Gleichzeitig war
ihnen aber eine bestimmte Mindestzahl an Kontakten, die sie
knüpfen, und an Informationen, die sie sammeln sollten, vorgege-
ben. Als Ralph Sigler hereinkam, war der örtliche KGB-Resident
gerade mit dem Versuch beschäftigt, sich etwas einfallen zu lassen,
womit er der Moskauer Zentrale seine abnehmende Erfolgsquote
bei Neukontakten erklären konnte.
Als Ralph Sigler schlicht und einfach zur Vordertür der Sowjetbotschaft hereinspazierte, sorgte er damit für ziemliche Aufregung. Die Sowjets sagten ihm, er müsse aus der Botschaft verschwinden, wenn er nicht in Schwierigkeiten kommen wolle. Sie
führten ihn aus dem Hintereingang des Botschaftsgebäudes, legten ihn unter den Rücksitz eines Autos, breiteten eine Decke über
ihn und schafften ihn an einen anderen Ort.[1]

Ralph hatte seine taktischen Anweisungen intus und führte sie mit bewundernswerter Kaltblütigkeit aus. Er erzählte den Sowjets, er stecke in der U. S. Army fest und suche nach einer Möglichkeit herauszukommen. Er brauche Geld, um sich selbständig zu machen, um den Absprung vom Militär zu schaffen. Er sagte den Russen, er sei zu schlau für die Armee. Er sei nur Obergefreiter und warte schon lange auf eine Beförderung. Er sagte, die Army verkenne seine Begabung. Er beklagte sich in einem fort darüber, was er alles tun wolle und nicht könne und daß ihm die Armee nicht genug bezahle.

Mitte der 60er Jahre waren die Sowjets der Überzeugung, Amerikaner würden für Geld alles tun und seien Kapitalisten bis ins Mark. Selten gaben sie sich mit jemandem ab oder vertrauten ihm gar, der aus rein ideologischen Motiven zu ihnen kam. Dieser Grundsatz sollte sich in den folgenden Jahren als richtig erweisen.[2] Die Russen vertrauten Ralph auf Anhieb. Sie gaben ihm eine »Einkaufsliste«, auf der in sehr allgemeiner Form die Bereiche verzeichnet waren, aus denen sie sich Informationen wünschten, Informationen, für die sie einen guten Preis zu zahlen bereit waren. Ihre Wunschliste enthielt keine ganz speziellen Anforderungen, sondern breite Formeln wie: »Wir möchten Informationen über eure Steuerungssysteme« oder »Wir wollen alles, was mit Elektronik oder mit Raketen zu tun hat«. In den ersten Jahren drängten sie ihn nie, wirklich brisantes Material zu beschaffen. »Die fressen Abfälle. Die nehmen alles, was man ihnen geben kann. Wir hätten denen alles vorsetzen können, und sie hätten es genommen. Und sie hätten Ralph noch gesagt: ›Das ist gut‹«, erinnert sich John Schaffstall. »Ich denke, ihre Philosophie heißt: ›Alles nehmen, was man kriegen kann; aussortieren kann man es später noch.‹ Wenn etwas geheim war, dann wollten sie es. Wenn es nicht geheim war, nahmen sie es zwar auch, aber glücklich waren sie darüber nicht. Und manchmal sagten sie ›Du mußt besseres Material beschaffen, Ralph.‹ Aber sie sagten nie, was sie darunter verstanden.«[3] In diesen ersten Jahren der Operation war es Sache der Army, Ralph mit allen Informationen zu versorgen, die er brauchte, um die Sowjets beliefern zu können. Ihre Aufgabe bestand darin,

»Tarnung und Täuschung« zu betreiben, das heißt irreführende Informationen zu lancieren. Nach bestem Wissen der Army hat jedoch Ralph Sigler den Sowjets niemals Desinformationen geliefert. Es handelte sich immer um unfrisierte Geheiminformationen. Wie Schadrin und KITTY HAWK (der etwa zur gleichen Zeit anfing wie GRAPHIC IMAGE), war der Army ihr neuer Agent zu wertvoll, als daß sie seinen Verlust wegen der Lieferung unglaubwürdiger Informationen riskieren wollte. Anders als bei der Operation KITTY HAWK praktizierte die Army bei Sigler ein mehrstufiges Prüfungs- und Freigabeverfahren. Die meisten der Dokumente wurden von einem Sicherheitsausschuß der Army freigegeben, der eigens für diesen Zweck ins Leben gerufen worden war. In einigen Fällen waren die Informationen, die Ralph den Russen liefern sollte, derart sensibel, daß ein höheres Gremium, zusammengesetzt aus Angehörigen aller US-Geheimdienste, sie absegnen mußte.

Die Army mußte jedesmal, wenn sie Informationen zur Freigabe für GRAPHIK IMAGE empfahl, begründen, warum die Herausgabe der betreffenden Dokumente an die Sowjets die Sicherheit der Vereinigten Staaten nicht gefährden würde. In manchen Fällen wußte man aus anderen Quellen, daß die Russen über die besagte Information bereits verfügten, obwohl diese noch immer als geheim galt. Laut Siglers Agentenführer John Schaffstall waren die Ausschüsse eher zurückhaltend, wenn es darum ging, bestimmte Papiere für die Sowjets freizugeben. Üblicherweise war Noel E. Jones, Schaffstalls und Zapatas Vorgesetzter beim Heeresnachrichtendienst, derjenige, der für die Freigabe des jeweils vorbereiteten Materials plädierte.

Sigler übergab dem KGB geheime Dokumente über die Herstellung und Konstruktion keramischer Panzerungen, über die die Army für zukünftige Panzergenerationen nachdachte. Jahre später erfuhr die Army über Informationen der CIA, daß die Sowjets Panzer mit keramischer Panzerung gebaut hatten; die Fahrzeuge blieben dauernd liegen, und die Panzerung hielt nicht stand.

Selbst wenn die Sowjets den Verdacht hegen mochten, Ralph versorge sie vorwiegend mit Geheiminformationen über fehlgeschlagene Projekte der Vereinigten Staaten, schreckte sie das nicht. Nach Jahren voller Fehlschläge gelang es den Sowjets 1987 schließlich doch, brauchbare keramische Panzerungen zu entwikkeln.

Die Sowjets erprobten noch ein weiteres Ausrüstungsteil, über das Ralph ihnen berichtet hatte: eine mehrstufige Raketenabschußlafette, die sich automatisch auf Ziele einstellen und in Abschußposition rollen konnte. Die Army hatte versucht, ein solches Gerät zu entwickeln; als es sich dann als unbrauchbar erwies, wurde das Material an Sigler übergeben, der es den Sowjets verkaufte.[4]

Wie John Schaffstall zu berichten weiß, ließ diese Neuentwicklung sich »recht gut an, bis [eine Rakete] gezündet wurde und [die Lafette] nach hinten umkippte. Sie fanden kein Mittel, sie stabil zu halten«. Nachdem auch die Russen viele Millionen für Forschung und Entwicklung investiert hatten, gaben sie das Projekt schließlich auf. Um seine Glaubwürdigkeit nicht zu verlieren, gab Ralph später Dokumente weiter, die besagten, daß die früheren Konstruktionen, deren Pläne er den Sowjets geliefert hatte, fehlerhaft gewesen waren.

Ralph bekam für eine Dokumentenlieferung in der Regel 3000 Dollar. Das war zwar keine großartige Summe, aber er lieferte regelmäßig, normalerweise einmal im Monat, und die Zahlungen gingen ebenso regelmäßig ein. Im Lauf der Jahre verdiente er so über 400 000 Dollar. Die Russen dürften sich überlegt haben, daß einem Mann, der bei der Army weniger als tausend Dollar im Monat verdiente, diese Bezahlung recht fürstlich erscheinen müsse. Aber Sigler ging es nicht primär ums Geld. Wie Schaffstall meint, genoß Ralph vor allem den Nervenkitzel und die Herausforderung, ein Spion zu sein. »Er liebte die Gefahr«, sagt Oberst Grimes. Sigler genoß das erregende Gefühl, eine Operation durchzuziehen, und arbeitete hart daran, John, Carlos und Joe, den Männern, die er für seine besten Freunde hielt, lebhafte und abenteuerliche Einsatzbesprechungen zu bescheren.

Ralph benutzte jedes nur denkbare Argument, um den Sowjets klarzumachen, daß er mehr Geld brauche. Er erzählte ihnen, die Schulausbildung seiner Tochter koste ihn ein Heidengeld. Er machte ihnen weis, Karin habe Probleme, durch die ihm Kosten entstünden. Und er erzählte ihnen, seine Frau liebe Kleider und sein Haus müsse renoviert werden. Der Army gegenüber äußerte Ralph jedoch niemals ein Interesse daran, das Geld auszugeben, das ihm die Russen bezahlten. Schließlich mußten seine Betreuer ihn dazu drängen, etwas von dem Geld auszugeben, damit die Russen keinen Verdacht schöpften. Schließlich verwendete Ralph zögernd einen Teil des KGB-Geldes für bescheidene Renovierungsarbeiten an seinem Haus. Er trug den Rasen vor seinem neuen Haus ab und ersetzte ihn durch weißen Kies, einen für das sonnenverwöhnte El Paso weitaus geeigneteren »Belag«. Und als Ralph einmal eine besonders hohe Vergütung – 5000 oder 6000 Dollar – erhielt, wiesen seine Betreuer ihn an, den Sowjets zu erzählen, seine Tochter brauche ein neues Auto.

Vor jedem operativen Einsatz trafen sich John, Carlos, Joe und Ralph zu einer Besprechung. Diese Treffen fanden üblicherweise in einem Hotelzimmer in El Paso statt. Die Gruppe ging die Dokumente durch, und Ralph erhielt seine Instruktionen und sein Flugticket. John Schaffstall achtete sehr darauf, mit Ralph nach dessen Rückkehr von einem Einsatz nicht vor Ablauf von einem oder zwei Tagen zusammenzutreffen, um eine mögliche Beobachtung durch die Sowjets zu unterlaufen. Er wollte das Risiko, daß Ralph aufflog, möglichst gering halten. Falls der KGB ihn nach einem ihrer Treffen verfolgte und ihn zusammen mit Leuten von Army und FBI beobachtete, würde dies Ralph möglicherweise in ernste Gefahr bringen.[5]

Eine der ersten Handlungen, die Ralph nach einer Operation vornahm, bestand darin, seinen Betreuern das Geld zu übergeben, welches er von den Russen bekommen hatte. John und Carlos zählten das Geld, und Joe fotografierte es für das Bureau. Das FBI bestimmte dann aufgrund der Seriennummern, über welche Bank die Sowjets das amerikanische Geld beschafft hatten.[6] Normalerweise begann John die Einsatzbesprechungen mit der Aufforderung an Ralph: »Nun erzählen Sie uns einfach, was passiert ist. Führen Sie uns Schritt für Schritt durch das Geschehen.« Und dann spulte Ralph seinen Bericht über die jeweils letzte Reise nach Mexico City ab. Er mußte detaillierte Beschreibungen besonders der Persönlichkeitszüge der Leute abgeben, die er getroffen hatte. Dann wurden ihm Fragen gestellt. Diese Sitzungen dauerten jedesmal etwa zwei oder drei Stunden.[7] Anfangs lieferte Ralph den Russen stets Dokumente oder Kopien von Dokumenten. Niemals verwendete er Mikrofilme oder noch exotischere Formen von Datenträgern. Später schulten ihn die Sowjets in Fotografie und in noch raffinierteren Spionagetechniken. Manchmal brachte Ralph den Leuten vom KGB nur ein Dokument mit, manchmal waren es mehrere Handbücher. Das hing vor allem davon ab, wieviel Material der Army vor dem betreffenden Einsatz freigegeben wurde.

Die Army unterwarf Ralph weiterhin routinemäßigen Sicherheitsprüfungen, um sicherzustellen, daß er nicht von den Sowjets umgedreht worden war. Mitunter stellte sie ihm Dokumente zur Verfügung, die *nicht* freigegeben waren, um zu prüfen, ob er sie nicht trotzdem weitergab. Man wollte auf Army-Seite nicht das Risiko eingehen, einen eigenen Mann zur Beobachtung Ralphs abzustellen, wenn dieser sich mit den Sowjets traf. Auf eine ständige Überwachung Ralphs wurde erst recht verzichtet. Aber die Army postierte ihre Leute an bestimmten Punkten, die Ralph passieren mußte, wenn er sich in Mexiko aufhielt. Das FBI beschattete ihn, wenn er in grenznähere Orte wie zum Beispiel Ciudad Juarez reiste.

Die Army fürchtete sich davor, die CIA in Mexiko in Anspruch zu nehmen, da die Agency dort mit einheimischen Agenten arbeitete, von denen der Heeresnachrichtendienst einige verdächtigte, möglicherweise für den KGB zu arbeiten. Die Russen schienen nicht sehr daran interessiert, festzustellen, ob Ralph von amerikanischen Stellen beschattet wurde; jedenfalls gaben sie sich wenig Mühe, es herauszufinden. Gewiß, wenn er seine toten Briefkästen aufsuchte, bedienten sie sich sämtlicher Vorsichtsmaßnahmen und Techniken, die man in der Regel bei solchen Operationen anwendet, um ein Beobachtetwerden auszuschließen. Aber anders als beispielsweise bei Schadrin, waren die Anweisungen der Sowjets für Sigler nicht besonders kompliziert. »Es war einfach für ihn«, sagt John Schaffstall. »Die Sowjets hatten ihm gesagt: ›Du kommst her und läufst einfach so lange herum, bis wir dich ansprechen‹, und so geschah es dann auch. Oder: ›Wenn du an

einem Telefonmast vorbeikommst, dann kennzeichne ihn mit
einem X. Wenn du [auf dem Mast schon] ein kleines X siehst, dann
komm nicht.«[8]
Ralphs persönliche Notizen bieten einen einzigartigen Einblick in
die Prozeduren, die er befolgte, wenn er sich mit den Leuten vom
KGB traf:

Kathedrale 16. Sept.
Parken. Munter rum-
laufen ... 2000 oder
2300 in Chionoco Bar
falls nicht
frühstücken
bei 1000.
1800 (11. Sept) laufen zur
Mexicana Airline
(16. Sept) oder
2400 Hilton Bar
10. Sept
Sporthemd in Hose
O. K. kein Treffen bisher
Hemd aus der Hose
Treffen stattgefunden. Ist beendet.
Kamera tragen:
Treffen gehabt, werde aber noch eins haben.

Ralph pflegte sich einen Lageplan der Treffpunkte zu zeichnen.
Einmal drängten die Russen Ralph nach der Lieferung detaillier-
terer Informationen. Sie sagten: »Was du uns gegeben hast, gefällt
uns nicht. Es ist nicht gut genug.« Ralph entschuldigte sich und
erklärte, das sei alles, woran er im Moment herankomme. Als
dann aber die Zeit für sein nächstes Treffen mit den Sowjets nä-
herrückte, wurde er sehr besorgt. Die Army hatte überhaupt
nichts freigegeben, was er mitnehmen konnte. Angesichts der
Unzufriedenheit der Russen mit dem, was er bei den letzten
Malen geliefert hatte, wollte er nicht mit leeren Händen kommen.
Bei diesem Treffen gab er den Sowjets erstmals Materialien, die

die Army nicht freigegeben hatte. Es handelte sich dabei um ein Handbuch, das er aus Fort Bliss mitgenommen hatte. Bei der Einsatzbesprechung erzählte er John Schaffstall davon. Er sagte: »Ich hatte diesmal überhaupt nichts, was ich ihnen geben konnte, und ich brauchte einfach etwas. Und ich habe das als eine Krücke benutzt, um das, was mein Auftrag ist, weiter durchführen zu können.« Es tat ihm leid, aber er war der Meinung, keine andere Wahl gehabt zu haben.[9] Die Army ergriff keinerlei Sanktionen gegen Sigler. Er war zu der Zeit ihr wertvollster Doppelagent.

Im Juli 1967 begannen Ralph und Ilse mit dem Bau eines neuen Hauses in der Kenworthy Avenue in El Paso. Ilse mochte die vom Architekten vorgeschlagene offene europäische Bauweise, die im Gegensatz zu der traditionelleren, eher kolonialen und spanischen Architektur der anderen Häuser in der Gegend stand. Sie ließ die Fenster vergrößern und die Decken höher setzen, um mehr Licht hereinzulassen und damit ihre großen deutschen Möbelstücke besser zur Geltung zu bringen. Mindestens einmal im Jahr kamen Carlos Zapata und John Schaffstall hierher zu Besuch. Sie versicherten Ilse, daß, falls Ralph irgend etwas zustieße, der Staat für sie und Karin sorgen werde. Ebenso versicherten sie ihr, daß Ralph sich während seiner Dienstreisen nicht mit anderen Frauen traf und daß er von der Army gut geschützt werde. Und immer lobten sie Ralph und versicherten ihm, was für eine gute Arbeit er leiste.

Auf Anweisung der Sowjets und nach Genehmigung durch das FBI kaufte Ralph für einen Teil eines von den Sowjets empfangenen Geldbetrags eine 35-mm-Kamera von Olympus und ein Kopierstativ für Dokumente. Die Russen wiesen ihn ferner an, einen guten Kurzwellenempfänger zu kaufen, und gaben ihm zwei Frequenzen, die er abhören sollte. Sie hielten in der Folge über verschlüsselte Morsenachrichten Kontakt zu Ralph, die sie über Kurzwelle via »Michelangelo« auf Kuba sendeten. Dieser Sender war derselbe, den Nick Schadrin jeden Abend abhörte. Dem Bureau gelang es, die Person, die sich hinter »Michelangelo« verbarg, zu identifizieren, obwohl sie von Land zu Land gezogen war. Aber »Michelangelos« Verschlüsselungshandschrift war unverkennbar.[10]

366

Die Sowjets gaben Sigler auch Codelisten (das sind Listen mit zum einmaligen Gebrauch bestimmten Verschlüsselungscodes). Er benutzte sie, um die gemorsten Kurzwellenbotschaften zu entschlüsseln. Die Listen ähnelten kleinen Papierrollen. Wie John Schaffstall erklärt: »Sie sahen wie die kleinen Platzpatronenrollen für Kinder aus. ... Und sie gaben ihm eine Rolle mit den Codes, die er verwenden sollte. Und er riß sich einfach von der Rolle ein Stück ab und benutzte dann den Code. Und daraus entnahm er, wo und wann man sich treffen würde. Und sie ersetzten Zahlen durch Buchstaben und solche Dinge. Aber es war alles in Morseschrift.«

Ilse Sigler war die Routine vertraut: »Die Botschaften kamen einmal im Monat, und ich habe noch immer das Buch, in dem sie vermerkt sind. Er ging immer [zu den Treffs mit den Russen], nachdem die Botschaften eingetroffen waren. Zuerst stellte er seinen kleinen Kassettenrecorder [an]. Er schrieb all die fremdartigen Buchstaben auf [die verschlüsselten Nachrichten], und dann hatte er die Nachricht auf Band und schrieb alles [beim Abhören des Bandes] nochmals langsam mit, um sicherzugehen, nichts vergessen zu haben. Manchmal, wenn es etwas Dringendes war, ging er ans Telefon und rief Joe an. Joe war derjenige, der die Nachrichten [richtig] mitbekommen hatte, falls er [Sigler] einen Buchstaben nicht oder nicht richtig verstanden hatte.« Jede Zahl, die im Morsecode über Kurzwelle gesendet wurde, stand für eine bestimmte Anweisung. Sigler zeichnete sich eine Matrix aus Zahlen und Buchstaben auf und trug darin die Klartextbedeutungen ein:

1 Möchten mich nicht sehen
2 Nichts hinterlegen
5 Alles beenden, alles zerstören, 6 Monate abwarten
7 Weitermachen wie geplant
9 Gefahr, nach Österreich absetzen
0 Keine Nachricht

Und wie im Fall Schadrin und anderen, versprachen die Russen Sigler eine immer bessere Ausrüstung. Sie versprachen ihm einen

Impulsrichtfunksender. »Sie wollten ihm immer etwas viel Besseres besorgen, als sie es von der Technik her überhaupt gekonnt hätten«, weiß John Schaffstall. Sigler habe diese versprochenen Dinge jedoch, soweit die Army wisse,»niemals bekommen. Sie kamen statt mit dem Richtfunksender mit diesem Kurzwellenempfänger an«.

Sigler beherrschte den Morsecode nicht besonders gut, und so schickte ihn die Army zu einer Schulungseinrichtung nach White Sands, damit er sich für die Botschaften der Sowjets fit machen konnte. Die FBI-Leute waren besorgt, er könne möglicherweise eine für ihn bestimmte Nachricht versäumen, und so trafen sie Vorkehrungen, die Botschaften abzuhören und aufzunehmen, um sie später mit Siglers Deutung zu vergleichen.[11] Nachdem Ralph die Nachrichten übersetzt hatte, rief er Joe Prasek an, um die Notizen zu vergleichen. Dieses Vorgehen diente auch der Überwachung Siglers.

In den Jahren 1967 und 1968 traf sich Ralph zwölf- bis vierzehnmal im Jahr oder etwa einmal im Monat mit den Russen. Er traf sie immer irgendwo in Mexiko, entweder in Mexico City oder in Chihuahua oder in der ländlichen Umgebung dieser Städte. Auf Geheiß der Army versuchte er mehrmals, die Sowjets zu überreden, ihn in den Vereinigten Staaten zu treffen, aber sie lehnten dies immer ab. Das Äußerste, was er erreichte, war, sie bis knapp an die US-Grenze, nach Ciudad Juarez, zu locken, und das war erst nach hartem Kampf gelungen.

Die Woche über diente Ralph als ganz normaler Feldwebel in Fort Bliss. Niemand, der an diesem Stützpunkt mit ihm zusammenarbeitete, wußte von seinem geheimen Leben nach Dienstschluß. Normalerweise wußte nur der Kommandant des Stützpunktes von der Tatsache, daß Ralph für den Nachrichtendienst des Heeres arbeitete. Carlos Zapata hatte die Aufgabe, ihn ins Bild zu setzen. Aber niemand, nicht einmal seine Frau und seine Familie, wußte in jenen Anfangsjahren davon, daß Ralph sich an seinem Wochenende als einer der erfolgreichsten Doppelagenten der Army betätigte.

Im Lauf der Operation bekam Ralph es mit immer höherrangigen sowjetischen Kontaktleuten zu tun. Die Russen erzählten Ralph, er arbeite für die GRU, und in der Tat hatte er es immer mit Militärs zu tun. In Wirklichkeit handelte es sich jedoch um den KGB. »Der erste, mit dem er es zu tun hatte, war tatsächlich ein GRU-Mann gewesen; dann aber hatte der KGB ihn übernommen«, sagte Schaffstall. Einmal betrank sich einer von Ralphs sowjetischen Kontaktleuten bei einem Treffen in einer Stadt an der mexikanisch-amerikanischen Grenze. »Und Ralph steckte es seinem Nachfolger, wie der Bursche sich aufgeführt hatte. ... Wie auch immer – der nächste Russe, den er traf, war von ziemlich hohem Rang, ... einer aus Moskau«, erinnert sich Oberst Grimes.[12]

In der Anfangszeit suchte Ralph meist einen toten Briefkasten in Mexiko auf, um Dokumente zu hinterlegen oder eine Nachricht zu empfangen, und im Monat darauf fand dann ein persönliches Treffen statt. Einer seiner sowjetischen Führungsoffiziere trat unter dem Namen »Major Alexander« auf. Er reiste immer mit Chauffeur. Sie fuhren zu Picknicks aufs Land und versuchten, Ralph betrunken zu machen. Ralph berichtete, er habe den Eindruck gehabt, der Chauffeur sei ein wichtigerer Mann gewesen als sein Gesprächspartner. Alexander habe jedesmal, wenn er irgend etwas gesagt habe, den Chauffeur angesehen.[13]

Ralph hatte die Anweisung, sich von den Sowjets nie einschüchtern zu lassen. »Zeige dich als Persönlichkeit«, riet ihm John Schaffstall, und das tat er auch. Bei einem Treff in Chihuahua war er in Hochform. Er traf sich mit seinem sowjetischen Kontaktmann Major Alexander in einem Hotelzimmer. Der Russe fragte: »Hast du kein Motelzimmer bekommen?« – »Nein«, antwortete Ralph, »ich dachte, du würdest dich darum kümmern.« – »Nein, das habe ich nicht«, sagte Major Alexander. – »Also, ich weiß nicht, wo ich schlafen soll. Ich kenne diese Stadt nicht.« – »Nun, das ist dein Problem.«

Ralph beendete diese Debatte, indem er dem Russen sagte, »Schön. Dann werde ich hier bei dir schlafen.« Major Alexander und sein Chauffeur wußten nicht, wie sie reagieren sollten. »Oh, ich glaube nicht, daß das geht.« Ralph sagte: »Natürlich geht es. Wenn du nicht einverstanden bist, werde ich nicht mehr mit dir reden.«

Als es Zeit zum Schlafengehen war, sagte Ralph: »Hier. Ich lege alles, was ich besitze, auf diesen Nachttisch. Ich möchte, daß du das auch tust.« Ralph ging hinüber, leerte seine Taschen und legte seine Brieftasche auf den Tisch. Aber Alexander rührte sich nicht. »Traust du mir nicht?« fragte Ralph. »Nun, es ist meine Brieftasche. Ich weiß nicht. … Ich vertraue dir, was meine Brieftasche angeht, aber da sind Dinge drin, von denen ich nicht möchte, daß du sie siehst«, antwortete Alexander irritiert. Ralph ging zum Bett und sagte »Also, ich sag' dir mal was. Du kannst dir alles ansehen, was ich habe. Ich gehe jetzt schlafen.« Bevor er einschlief, scherzte Ralph: »Ich möchte dich jetzt nicht dabei erwischen, wie du meine Brieftasche durchsuchst.« Aber Major Alexander und der Chauffeur hatten keinen Platz zum Schlafen. Es gab nur ein Bett in dem Zimmer, und das hatte Ralph bezogen. Sie waren die ganze Nacht lang wach und hatten Angst davor einzuschlafen.[14]

Wie Nick Schadrin wurde auch Ralph mitgeteilt, er solle mit einem Mann in Wien Kontakt aufnehmen, falls er aus irgendeinem Grund den Kontakt zu den Sowjets verlieren sollte. Frau Sigler besitzt heute noch den Namen und die Adresse des Mannes in Wien, wie ihr Mann sie aufgeschrieben hat:

Herr Karl Rypar
Leber Straße 112–114
Post Fach 116
Austria 1114 VA Wienne

Die Spionageabwehrabteilung der Army in Fort Bliss teilte sich in zwei organisatorische Hauptgruppen: »Operationen« und »Ermittlungen«. Oberst Donald Grimes hatte die Oberleitung. Grimes ist ein Hüne von einem Mann; mit seinen 1,85 m Größe und über hundert Kilo Körpergewicht bietet er den Anblick eines Obersten alter Schule der U. S. Army. Er hat eine Glatze, blaue Augen, große Ohren und ein ovales Gesicht.

Grimes' Spionageabwehrteam umfaßte vierzehn Leute, die in fünf Gruppen unterteilt waren, wobei normalerweise zwei oder drei Männer eine Gruppe bildeten. Jede Gruppe war nach einer Farbe benannt und für die Beobachtung und Analyse sowjetischer Operationen in einem bestimmten Teil der Welt zuständig. Die Gold-

Gruppe, zuständig für die Operation GRAPHIC IMAGE, war auf die Sowjets in Mexiko angesetzt. Gruppenleiter war John Schaffstall. Gleichzeitig versuchte dieselbe Gruppe auch noch, rotchinesische Geheimdienste, die in Asien arbeiteten, zu unterwandern – keine leichte Aufgabe für nur zwei bis drei Mann. Oberstleutnant Noel Jones war Mitte der 70er Jahre als Stellvertreter von Grimes für Spionageabwehroperationen verantwortlich. Jones, der den Ruf eines mit allen Wassern gewaschenen Spionageprofis genießt, ist ein kräftiger Typ von mittlerer Größe mit einem runden Gesicht. Es war eine kleine, locker geknüpfte Gruppe, von Oberst Grimes am kurzen Zügel geführt. Sie wurde Sonderkommando des Heeresnachrichtendienstes für Spezialaufgaben (Army Intelligence Special Operations Detachment, kurz SOD) genannt. In Fort Meade arbeitete das Sonderkommando in einem schlicht eingerichteten schmalen Raum, der von Arbeitskabinen für jeden der operativen Offiziere gesäumt war.

Im Frühjahr 1968 erhielten die Siglers einige langersehnte Belohnungen: Am 20. März 1968 wurde Ilse Sigler endlich amerikanische Staatsbürgerin. Ralphs lange begehrte Beförderung zum Stabsfeldwebel wurde Wirklichkeit, Frucht einer Reihe bürokratischer Abkürzungsmanöver: Am 6. Mai wurde Ralph ehrenhaft aus der Army entlassen; es dürfte eine der kürzesten Ruhestandszeiten in der Geschichte des US-Heers gewesen sein, denn schon am 7. Mai wurde er als Stabsfeldwebel der Reserve reaktiviert. Dies war der Lohn für seine erfolgreiche Tätigkeit als Doppelagent.

In der Army wußte man, daß die Russen Verdacht schöpfen würden, wenn Ralph nicht, wie alle anderen Soldaten auch, turnusmäßig ins Ausland versetzt würde. 1968 stand Sigler zur Versetzung nach Übersee an. In Mexiko leistete GRAPHIK IMAGE so hervorragende Arbeit, daß die Army den Versuch unternehmen wollte, ihn auch in Europa einzusetzen. Als Ralph John und Carlos von seiner bevorstehenden Routineversetzung ins Ausland erzählte, zeigten sie sich bereits darüber informiert. Es wurde die Entscheidung getroffen, ihn wieder nach Deutschland zu schicken. Ilse freute sich sehr auf die Rückkehr in ihre Heimat. Sie beauftragte einen Makler, das Haus in El Paso zu vermieten. John Schaffstall übergab die Operation zeitweilig an seine Zentrale, den Heeresnachrichtendienst der Vereinigten Staaten in Fort Holabird in Baltimore, wo in der Folge Bill Solie und Bob Arnold die Berichte über Ralphs Geheimaktivitäten in Europa erhielten.

Sigler wurde Ende 1968 offiziell einer Kommandoeinheit der U. S. Army in Nürnberg zugeteilt. Der Familie wurde eine Wohnung in der Stadt zugewiesen. Ilse hatte den Eindruck, als sei Ralph mehr oder weniger auf sich alleine gestellt. Bald kam auf Ralph sein erster nachrichtendienstlicher Auftrag zu. An dem betreffenden Abend beobachtete Ilse von einem Fenster aus, wie Männer in Zivil in einem Mercedes vorfuhren und Ralph abholten. Als er wieder heimkam, fragte sie ihn, wo er gewesen sei. In der Schweiz, sagte er. Sie drängte ihn, ihr zu sagen, ob dies Teil seiner Kurieraufgaben sei. Und dann erzählte Ralph Ilse zum ersten Mal, daß er nicht nur ein Kurier war, sondern ein Agent. Sie verstand nicht ganz.»Heißt das, du bist ein Spion?« fragte sie. Ralph antwortete etwas ausweichend:»So was Ähnliches.«

Ilse war skeptisch. Sie begann, Ralph nach Einzelheiten zu fragen. »Wie wirst du deine Kontakte knüpfen? Du kennst dich da doch überhaupt nicht aus.« Ralph versicherte ihr, die Army erledige alle diese Einzelheiten für ihn. Ilse war nach eigenem Bekunden verblüfft. Sie fragte Ralph, für wen er denn in Wirklichkeit arbeite:»Etwa für die Tschechen?« In Osteuropa nahmen die Tschechen in Geheimdienstangelegenheiten dem KGB mehr und mehr das Heft aus der Hand. Aber Ralph setzte ihren Fragen ein Ende.»Nein. Und jetzt hör mal zu«, sagte er,»ich arbeite. Ich bin ein Geheimagent.«

Normalerweise erzählte Ralph Ilse nichts, was die Army ihm nicht erlaubte. Er offenbarte ihr dies alles nur, weil die Army künftig nicht nur Ralph, sondern die ganze Familie einspannen wollte; sie sollte den geplanten Operationen jeweils ein plausibles Alibi liefern. Anstatt Ralph am Wochenende alleine zu den Treffen mit den Russen zu schicken, wie sie es in El Paso praktiziert hatten, ließen sie ihn jetzt mit der ganzen Familie, mit Karin und Ilse, Wochenendausflüge machen. Manchmal begleitete sie sogar Ilses in Stuttgart lebender Bruder.[15]

Ilse war sehr glücklich, wieder in ihrer Heimatstadt Stuttgart, in einem Haus in waldiger Höhenlage, zu leben. Von hier aus fuhr Ralph einige Male in die Schweiz, nach Garmisch und in andere Städte. Er erzählte Ilse, sein Projektoffizier sei ein pensionierter Oberst, und er habe auch einen zivilen Vorgesetzten, der CIA-Mann sei. Eines Abends kam Ralph nach Hause und sagte, der Oberst und der Agent von der CIA wollten sie zum Abendessen einladen.

Ralph und Ilse fuhren zu einem kleinen Restaurant in einer Ortschaft nahe Stuttgart, wo der Oberst und der CIA-Agent auf sie warteten. Ralph stellte Ilse und die beiden Männer einander mit ihren Vornamen vor. Sie dankten Ilse für ihre Hilfsbereitschaft und Loyalität und lobten Ralph für die gute Arbeit, die er für sein Land leiste. Sie erzählten Ilse, daß, falls irgend etwas schiefgehen sollte, die Familie von der Regierung Hilfe bekommen würde. Und sie sagten ihr, sie solle sich keine Sorgen um Ralph machen. Er sei gut geschützt.

Im Juli 1970 wurde Ralph dann nach Vietnam versetzt. Zuerst war Ilse besorgt, aber er erklärte, die Army benutze diese Abkommandierung lediglich als einen Vorwand, um ihn wieder in die Vereinigten Staaten zurückzuholen; in Washington werde die Order geändert werden. Sie würden alle zusammen ein paar Tage in Washington bleiben und dort John Schaffstall treffen. Nach zwei oder drei Tagen in Washington reisten sie nach El Paso weiter und bezogen wieder ihr Haus in der Kenworthy Avenue.

Nicht lange nachdem die Leute, die das Haus gemietet hatten, ausgezogen und die Möbel der Siglers eingetroffen waren, kam Carlos Zapata zusammen mit einem Sicherheitsoffizier vorbei, um die Familie wieder zu Hause zu begrüßen und sie über ihre Zeit in Deutschland auszufragen. Ilses Verhältnis zu Ralphs Kollegen war immer sehr förmlich gewesen. Zapata bemerkte ein paar neue Möbelstücke, die sie in Deutschland gekauft hatte, und stellte fest, wieviel hübscher ihr Haus aussah als seines, das nur ein paar Häuserblocks entfernt lag. Ralph mußte Zapata die Kaufquittungen für die Möbel vorlegen und glaubhaft machen, daß er für sie nichts von dem Geld ausgegeben hatte, welches die Russen ihm in Europa gezahlt hatten.[16] Ein paar Wochen später kamen John

Schaffstall und Carlos wieder ins Haus, um Ilse zu versichern, alles sei in Ordnung, und falls irgendwelche Probleme auftauchen würden, werde der Staat für sie sorgen. Jetzt war wieder die ursprüngliche Mannschaft – John Schaffstall, Carlos Zapata und Joe Prasek – mit der Operation befaßt, und die Sache lief nach dem alten Muster ab: Ende 1970 und das ganze Jahr 1971 über fuhr Ralph etwa einmal im Monat freitags nach Mexiko, um sich dort mit den Russen zu treffen, und kam sonntagabends wieder nach Hause. Er untersagte Ilse, nach Mexiko zu fahren, während er sich dort aufhielt. John und Carlos kamen, wie früher, ab und an zu Besuch und erzählten Ilse, welch wertvolle Dienste Ralph seinem Land und dem Präsidenten leiste.

Die Russen drängten Ralph seit längerem, sich um eine bessere Stellung zu bemühen. Einmal schlugen sie ihm vor, sich bei einem Rüstungskonzern in Kalifornien zu bewerben. John Schaffstall teilte Ralph mit, das sei kein Problem. Die Army werde alles in die Hand nehmen, von der Suche nach einem Job bis zum Verkauf des Hauses und zum Kauf eines neuen. Carlos Zapata schien der Gedanke, Ralph könnte von El Paso weggehen, sehr zu beunruhigen. Die Russen verfolgten die Sache dann jedoch nicht weiter.

1972 ging mit der Operation eine einschneidende Veränderung vor. Oberst Grimes registrierte diese Veränderung: »Ich begann mir Fragen zu stellen. Spielte er auch kein falsches Spiel mit uns? ... Das war kurz bevor er nach Korea ging.«

Als Ralph im Mai 1972 von einem seiner Wochenenden in Mexiko heimkehrte, schien er beunruhigt. Er erklärte Ilse, daß ihn am Flughafen einige Zivilisten erwartet hätten, die er von Fort Bliss kenne. Sie seien auf ihn zugekommen und hätten ihn gefragt, wo er gewesen sei. Ohne viel zu überlegen, habe er geantwortet, er habe seinen Vater in Pennsylvania besucht. Das war seine Standard-Alibigeschichte, wenn er geheimdienstlich verreiste. Die Männer hätten, so berichtete er weiter, darauf bestanden, daß er mit ihnen noch auf einen Drink irgendwohin gehe. Es war ihm klar, daß es gegen die Vorschriften war, im Anschluß an eine Operation mit jemandem zu sprechen, aber er hatte keine Entschuldigung parat, warum er mit seinen Bekannten nicht einen trinken gehen konnte. Als er wieder zu Hause war, geriet er in

Panik. Er wußte, daß er sofort Carlos anrufen mußte, um ihm zu erklären, was geschehen war. Aber es gab noch etwas Wichtigeres, was ihm im Kopf herumging, etwas viel Beunruhigenderes als nur ein Verstoß gegen die Vorschriften der Army.

Ilse fragte ihn:»Was ist los?« Sie merkte, daß er in großer Bedrängnis war. Ralph schickte Karin zum Spielen auf die Straße und sagte dann zu Ilse:»Diesmal haben sie mich an einen Ort geschickt und mir etwas zu tun aufgetragen, was mir gar nicht gefallen hat.« Besorgt fragte Ilse:»Was mußtest du tun?« Ralph erklärte, er habe ihnen diesmal von seiner Mutter in der Tschechoslowakei berichten müssen, und er habe zugesagt, ihnen mehr Informationen zu liefern, falls sie sich seiner Mutter annähmen. Das FBI hatte entschieden, daß es zur Stärkung von Ralphs Position nun an der Zeit wäre, seine Mutter ins Spiel zu bringen. Ralph hatte Anweisung erhalten, den Russen zu sagen, er wolle ihr helfen. Ilse traute ihren Ohren nicht.»Wie konntest du das tun?« fragte sie.»Nun, das war mein Auftrag«, erwiderte Ralph. »Jetzt haben wir nur noch uns beide. Wir können mit niemandem darüber reden, wir haben nur noch uns.« Sein Vertrauen in den amerikanischen Geheimdienst begann abzubröckeln.

In den darauffolgenden Jahren hielten die Russen ständig Kontakt zu Ralphs Mutter. Sie setzten eine Agentin an, die sie in der Tschechoslowakei besuchte und ihr Geld brachte. Sie brachten Ralph Briefe von ihr, in denen sie sich für das Geld bedankte. Einmal schrieb sie:

Frau Maria Healy [eine sowjetische Agentin mit amerikanischem Namen] brachte mir 3600 Kronen und 100 Dollar. Mein lieber Sohn, bitte sei unbesorgt, ich werde Dir nicht mehr schreiben, aber ich bitte Dich um ein Foto von Deiner Tochter oder einen Brief, wenn Frau Maria wiederkommt. Mit freundlichen Grüßen – Deine Mutter.

Was die Army anging, so hatte sie nichts dagegen, daß man die Mutter benutzte. Ralph hatte nie irgendeine Gefühlsregung für seine Mutter gezeigt, die er 36 Jahre lang nicht gesehen hatte. »Nun, was immer mit ihr geschah, sie schien ihm scheißegal zu sein«, erinnert sich Oberst Grimes.[17]

Nick Schadrin hatte vom FBI die Anweisung bekommen, sich dem KGB gegenüber besorgt um seine Frau und seinen Sohn in der Sowjetunion zu zeigen. Um eine Frau und einen Sohn, von denen er sich nach Überzeugung seines Agentenführers vom FBI, James Wooten, gefühlsmäßig längst gelöst hatte. Die damaligen Topleute in der Spionageabwehr des Bureau geben offen zu, daß es beim FBI seinerzeit gängige Praxis war, den KGB glauben zu lassen, seine Agenten seien wegen des Vorhandenseins von Familienangehörigen im Machtbereich des KGB erpreßbar. Wie jedoch sowohl der Fall Schadrin als auch der Fall Sigler zeigen, birgt diese Praxis eine Menge unkalkulierbarer und nicht zu eliminierender Risiken.[18]

Ilse wußte, wie unangenehm es Ralph war, seine Mutter zu benutzen. Sie wußte, daß ihre Ehe nun einer großen Belastung ausgesetzt sein würde, und sie hatte Angst. Sie versuchte Ralph den Rücken zu stärken:»Warum steigst du nicht aus?« fragte sie. »Du bist jetzt seit über 20 Jahren in der Army. Du kannst da jederzeit heraus.« Aber Ralph schüttelte den Kopf und sagte »Nein. Ich kann nicht aussteigen. Das FBI würde mich nicht gehen lassen. Ich stecke schon zu tief drin. Ich kann überhaupt nichts tun. Ich glaube, ich sitze da in der Klemme.« Zum ersten Mal erwähnte er Ilse gegenüber Joe Prasek. Er erklärte,»Joe« sei sein Kontrolloffizier beim FBI und sei einer Begegnung mit Ilse aus Sicherheitsgründen bislang bewußt aus dem Weg gegangen. Joes Nachnamen nannte er seiner Frau nicht.[19] Und zum ersten Mal wurde Ilse klar, daß das FBI die Kontrolle über Ralph und die Operation ausübte und nicht der Nachrichtendienst des Heeres.

Ungefähr zu der Zeit bemerkte John Schaffstall einen entscheidenden Wandel in Joe Praseks Einstellung und in seinem Verhalten. Praseks Interesse an den Einsatzbesprechungen schien nachzulassen. Schaffstall sagte:»Er nahm das Geld, ohne es nachzuzählen, und solche Sachen. Und wir mußten prüfen, ob es richtig abgezählt war.«[20] Schaffstall beschwerte sich bei Noel Jones, seinem Vorgesetzten in Fort Meade, über Prasek, aber soweit ihm bekannt, wurde nie etwas unternommen.

Der Heeresnachrichtendienst und das FBI stritten sich unaufhörlich um die Federführung bei der Operation GRAPHIC IMAGE.

Eugene Peterson ist sich sicher, daß das FBI die Sache jederzeit vollständig unter Kontrolle hatte.»Er [Ralph] ist ein Mann der Army. Sie waren für seine persönliche Sicherheit verantwortlich und auch für die Auswahl der Materialien, die er weitergab und die sie ihm auch lieferten. Das war ihr Anteil, ... und wenn sie sich nicht einig waren, lösten wir das Problem in der Zentrale auf die eine oder andere Weise. ... Wer die Kontrolle hatte? Ganz klar, die hatten wir.« John Schaffstall denkt darüber anders.»Tatsächlich war ich der verantwortliche Agent«, sagt er.

Wenn Schaffstall in El Paso war, fühlte er sich verantwortlich. Aber er wußte, wenn er die Stadt verließ, übernahm Joe Prasek die Verantwortung. Carlos Zapata richtete sich nach den Weisungen von John Schaffstall, aber wenn der nicht greifbar war, sprang Prasek in die Bresche und gab Zapata die Anordnungen, die Sigler betrafen.»Er befolgte alles, was ich ihm auftrug. ... Er tat nichts von sich aus«, sagte Schaffstall über Zapata. Aber er versäumte es, Carlos zur Zurückhaltung mit Äußerungen gegenüber Prasek zu mahnen.»Ich glaube nicht, daß wir ihm so etwas gesagt haben, denn Prasek war immerhin ein Agentenführer des FBI«, räumt Schaffstall ein. In dieser Phase verschlechterte sich die Zusammenarbeit zwischen der Army und den Agentenführern Siglers vom FBI zusehends. Dies sollte für Sigler schwerwiegende Folgen haben.[21]

Aus Sicherheitsgründen sollte Joe Prasek nicht in der Nähe von Ralphs Haus oder zusammen mit ihm gesehen werden.»Unsere Vorschriften [d. h. die des Heeresnachrichtendienstes] sahen dies vor«, erklärt John Schaffstall.»*Niemand* außer Carlos trifft sich mit Ralph. Und der Grund dafür ist, ... daß Carlos ein Army-Mann und Ralph ein Army-Mann ist...«[22] Schaffstall beschwerte sich darüber, daß Prasek sich mit Ralph traf und dies der Army nicht mitteilte. Wie Eugene Peterson vom FBI dazu meint:»Ich erinnere mich, daß es einmal darum ging, daß Prasek zu oft bei dem Typ war. Nun, theoretisch war es nicht vorgesehen, daß er Einzelkontakte mit Personen hatte, die irgend etwas mit der Operation zu tun hatten. Wenn er also nur zu ihm ging, um zu fragen: ›Geht's dir gut? Wie steht's mit Ilse?‹, gab es keinen Grund, daß der andere Typ dabeisein mußte. Also sagten wir:

›Meine Güte, Don [Grimes], du bist zu kleinlich. Du machst aus einer Mücke einen Elefanten.‹«
John Schaffstall wußte, daß in Wirklichkeit das FBI die Entscheidungen traf, aber er gab sich große Mühe, einen Teil der Kontrolle in der Hand zu behalten. »Ich meine, wenn die [das FBI] das machen wollten, dann mußten wir zurücktreten und sagen: ›In Ordnung, die machen es, aber *wir* [die Army] machen es auch.‹«[23]
Der Machtkampf der beiden Bürokratien war enorm. »Die [das FBI] wollten uns [die Army] eigentlich nicht dabeihaben«, sagt Schaffstall. Das Bureau erwartete von der Army im Grunde lediglich, sich um Ralph zu kümmern und ihn mit dem Material zu versorgen, das er den Russen lieferte. Alles weitere sollten sie dem FBI überlassen. Sie interessierten sich vor allem für die Informationen, die Ralph von den Russen mitbrachte, mit denen er sich getroffen hatte, und dafür, wie sie operierten. »Richtig, Sie wollten alles. Und sie sagten, sie müßten es als erste bekommen. Sie verlangten tatsächlich, daß Prasek die ganzen Einsatzbesprechungen durchführte und nicht wir«, erinnert sich Schaffstall. »Die sollten alles Positive kriegen. Sie wollten das Geld. Sie wollten alles. Und wir sagten nein.«[24]
Nach Aussage von Schaffstall beschloß die Army, Sigler bei dessen nächster Versetzung dort ... hinzuschicken, wo er nicht in Kontakt mit denen [dem KGB] kommen sollte. Die Army wählte einen Raketenstützpunkt in einer abgeschiedenen Gegend in Korea, wo die Sowjets, soweit man wußte, nicht operierten. Das FBI hatte keine andere Wahl, als mitzuziehen. Es wäre den Sowjets verdächtig erschienen, wenn Ralph von den allgemein üblichen turnusmäßigen Versetzungen verschont geblieben wäre. Ralph verbrachte etwas über ein Jahr in Korea, von Juli 1972 bis September 1973. Schaffstall kam ihn dort einmal besuchen. Er sagte, Ralph habe sich gelangweilt und seine Heimkehr und die Wiederaufnahme der Operation kaum erwarten können.
Als Ralph im Herbst 1973 von seinem Auslandsdienst zurückkehrte, holte Ilse ihn vom Flughafen ab. Als er in den Wagen stieg, fragte er sie: »Hast du irgend jemanden gesehen?« Aber diesmal hatte sie niemanden gesehen. Sie sagte in sarkastischem Ton: »Nein, ich habe keinen deiner Kumpels gesehen.« In der ersten

Woche nach Ralphs Rückkehr aus Korea kamen Zapata und Schaffstall zu einer ihrer üblich gewordenen Besprechungen bei ihm vorbei. Offiziell wurde Ralphs Deckname GRAPHIC IMAGE in LANDWARD HO geändert. Aber Schaffstall benutzte weiterhin die Bezeichnung GRAPHIC IMAGE. John und Carlos spulten ihre übliche Lobeslitanei für die tolle Arbeit ab, die Ralph leiste, und versicherten Ralph, die Familie werde, falls irgend etwas passieren sollte, vom Staat jede Unterstützung erhalten. Und noch einmal hoben sie hervor, welch große Dienste ihr Mann seinem Land erweise.

Ralph frischte seine Kontakte zum KGB wieder auf, indem er eine verschlüsselte Postkarte an eine Adresse in Wien schickte. Mit dem Einwerfen dieser einen simplen Karte tauchte Sigler wieder tief in die Spionageszene ein.

Kapitel 18

Sigler: LANDWARD HO

Während er Doppelagent war, erzählte er mir: »Ich
leiste meinem Land einen guten Dienst.« Er vertraute ihnen, das ist richtig. Meiner Ansicht nach haben
sie ihn benutzt, bis sie ihn nicht mehr brauchen
konnten. . . . Wissen Sie, für die Großen wird die
große Zeremonie abgehalten. Um die Großen wird
ein großes Tamtam gemacht, und die Kleinen, die
werden einfach benutzt. Die werden ausgelaugt und
weggeworfen. . . . So kommt es mir vor.

Ilse Sigler

Um den Kontakt zu den Sowjets aufzufrischen, mußte Ralph nach
Mexico City fahren und durch den Chapultepec-Park gehen; ein
sowjetischer Kontaktmann sollte ihn ansprechen. Die Operation
war wieder in vollem Gange. Die Sowjets wiesen Ralph an, einen
Ort in der Wüste zu bestimmen, wo sie ihm einen Richtfunksender
zukommen lassen konnten. Offiziell weiß der Nachrichtendienst
des Heeres bis heute nicht, ob die Russen Ralph den Sender je
aushändigten. Bekannt war ihnen allerdings, daß Ralph schon
früher Anweisungen erhalten hatte, einen Kurzwellenempfänger
zu kaufen.[1] Eine von Ralphs Einsatznotizen zeigt, daß er in der
Tat einen Sender erhalten hat. In der Notiz heißt es:

Deutsche Pässe
Direkter Flug nach
Finnland
Bulgarien
Ostreich
[sic]

Werden Sendegerät stellen
Werden Telefonnummer geben
um sie über Änderungen im Bereitschaftszustand
zu verständigen. *Keine Übung*
Zukunft = werden Sendegerät für Satelliten stellen
detailliert erklärt   CTD

Ralphs Agentenführer von der Army und vom FBI glaubten den
Grund zu kennen, aus dem Ralph einen Richtfunksender benötigte: Der KGB wollte ihn mit einem Illegalen in Kontakt bringen.
Etwa einmal im Jahr mußte Ralph nach Washington. Bei einem
dieser Besuche erhielt er vom CIA-Direktor William E. Colby
einen Orden für seine gute Arbeit. Als er Ilse den Orden zeigte,
sagte er zu ihr, er dürfe ihn sonst niemandem zeigen. Er bewahrte
ihn in einer eigenen Schachtel auf, nicht bei seinen anderen
Auszeichnungen.
Ungefähr ein Jahr nach Ralphs Rückkehr aus Übersee nahm die
Operation eine ungewöhnliche Wende. Eines Tages kam Ralph
nach Hause und teilte Ilse mit, er müsse zu seinem bisher größten
Einsatz nach Europa. Die Russen hätten ihn um ein Treffen in
Wien statt in Mexiko gebeten. Im Sommer 1974 sollte Ralph
einige Tage mit ihnen verbringen. Ilse wurde gebeten, einen
Familienurlaub in Stuttgart zu planen.
Ilse erschien alles an der Reise nach Wien seltsam. Vor ihrer
Abreise fiel ihr auf, daß Ralph an seinem Koffer die Metallteile
abmontierte und dann wieder befestigte. Zum Flughafen fuhren
sie nicht auf direktem Weg, sondern nahmen einen Umweg über
Seitenstraßen und durch das Army-Gelände. Die Sicherheitskon-
trollen am Flughafen erschienen ihr strenger als gewöhnlich.
Als sie am Dulles Airport aus ihrer American-Airlines-Maschine
in ein Flugzeug der Deutschen Lufthansa umstiegen, stellte Ilse
fest, daß Ralph die Rolex nicht trug, die sie ihm in Panama
geschenkt hatte; er trug eine billigere Uhr und erzählte ihr, er
habe mit Zapata die Uhr getauscht. Sie sagte verärgert:»Mensch,
damals waren wir so arm, und ich habe dir die Uhr zum Geburtstag
geschenkt, und du tauschst sie mit Carlos.« Auf dem Flug nach

Deutschland hob der Mann auf dem Sitz vor den Siglers, der wie ein Spanier aussah, seinen Arm über den Kopf und legte ihn auf die Kopfstütze. Er trug Ralphs Rolex! Erregt rief Ilse:»Der hat deine Uhr!« Ralph antwortete:»Halte dich da raus, du wirst zu schroff.« Ilse vermutete, die beiden könnten etwas in ihren Uhren versteckt haben.

Ilse bemerkte eine kleine, schwarzhaarige,»polnisch aussehende« Frau, die sie und ihren Mann während des ganzen siebenstündigen Fluges zu beobachten schien. Sie stand nie auf, um sich zu bewegen oder auf die Toilette zu gehen. Aber als sie in Frankfurt ankamen, war die Frau nicht mehr da. Als sie dann in Frankfurt in eine Maschine nach Stuttgart umstiegen, tauchte die schwarzhaarige Frau wieder auf. Obwohl sie sich umgezogen hatte, erkannte Ilse sie wieder. Sie ging zu Ralph und machte ihn auf die Frau aufmerksam. Seine Antwort war:»Ja, wir sind auf beiden Seiten beobachtet worden.«

Nach einem kurzen Besuch bei Ilses Bruder in Stuttgart mieteten die Siglers ein Auto und machten sich auf den Weg nach Nürnberg, wo Ralph mit einem Hauptmann der Army die Einzelheiten der Operation in Wien durchsprechen sollte. Ralph bat Ilse, ein paar Tage mit Karin in Nürnberg zu bleiben und einen Einkaufsbummel zu machen und dann mit dem Zug nach Stuttgart zurückzufahren, wo er sie treffen wollte. Er sagte:»Falls irgend etwas schiefgehen sollte, falls ich nicht zurückkomme, solltest du mit dem Hauptmann Kontakt aufnehmen«, und er gab Ilse die Telefonnummer des Offiziers.

Als Ralph in Wien ankam, mietete er sich im Hotel Fuchs ein Zimmer. Wie Louis Martel, ein Kollege von Schaffstall beim Heeresnachrichtendienst, sagte, hatte Ralph »auf dieser Reise Probleme. Er erwartete die Leute vom KGB am falschen Ort. Er sagte, er habe etwa eine Stunde vor dem Tivoli-Theater im Regen gestanden«. In Wirklichkeit hätte er sich mit den Sowjets, wie vor ihm Nick Schadrin, auf den Stufen der Votivkirche treffen sollen. In diesem Fall wurde eine stationäre Überwachung des Treffens vorbereitet: Ein einsamer CIA-Agent behielt Ralph im Auge. Nachdem Ralph vom Regen durchnäßt war, wurde er endlich von KGB-Leuten abgeholt und zu einer Zementfabrik in der Breitenfurter Straße am westlichen Stadtrand gefahren. Von dort aus würde es, so erfuhr er, noch weitergehen. Diese nicht verabredete Fahrt beunruhigte die Leute vom US-Geheimdienst, aber es blieb ihnen nichts anderes übrig, als zu warten und sich darauf zu verlassen, daß Ralph die Mission korrekt erledigen würde. Die Leute vom KGB brachten Ralph im Auto in ein »sicheres Haus« – in der Tschechoslowakei. Ralph schrieb, sein KGB-Führer sei etwa 50 Jahre alt gewesen, 1,88 m groß, 105 kg schwer, mit braunen Haaren und ansonsten ohne besondere Kennzeichen. Er erzählte Ralph, er sei Chef der US-Abteilung des KGB und »mit Schlesinger persönlich bekannt«. (James Schlesinger war zu jener Zeit Direktor der CIA.) Der Fahrer war etwa ebenso groß, aber noch etwas schwerer. Er war um die 35, hatte hellbraune Haare und »eine ziemlich hohe Stimme«. Der Dritte im Bunde war ungefähr 50 Jahre alt, 1,88 m groß, schwarze Haare, wog 90 kg und sprach ein akzentfreies Deutsch. Sie setzten Ralph eine Sonnenbrille auf und lasen während der Fahrt Zeitung. Im Auto wurde nicht gesprochen. Die Fahrt vom Stadtrand Wiens zu einer »verlassenen Villa« dauerte etwa 30 Minuten.

Nach Ralphs Notizen übte er am 18. und 19. Juli von 8.30 bis 15.30 Uhr »Codes und Fotografieren ... Nachr [Nachrichten] werden für kürzeren Zeitraum mit 6 WpM übertragen« – ein geringes Tempo, da Sigler im Morsen noch nicht so bewandert war. Er schrieb: »Ich glaube, alles wurde aufgezeichnet.«

Die Leute vom KGB lobten Ralphs Arbeit. Zu Ralphs Bestürzung führten sie dann eine alte Frau ins Zimmer – seine Mutter. Sie umarmten sich, und sie überreichte Ralph ein kleines Päckchen mit Häkeldeckchen. Später am Nachmittag wurde Ralph in einem kleinen KGB-Jet nach Moskau geflogen. Der mächtigste Mann der Sowjetunion, Leonid Breschnew, ernannte ihn persönlich zum KGB-Oberst. Es war wie eine Neuauflage der Episode Schadrin. Breschnew verlieh Ralph einen Orden; die Szene wurde von einem Fotografen des KGB im Bild festgehalten. Ralph war als Doppelagent der höchsten Weihen teilhaftig geworden, die ein Agent sich träumen lassen kann. In Moskau erhielt er auch einen neuen Code für seine über Funk zu empfangenden Nachrichten.[2] Ralph und Karin kamen am 23. Juli 1974 wieder in El Paso an. Er wurde von John Schaffstall, Joe Prasek und Carlos Zapata am 25. Juli vernommen. Er gab achtzig Dollar an nicht verbrauchten Spesengeldern an Carlos zurück und erhielt für die sechstägige Dienstreise 247,80 Dollar.[3]

Allein in Stuttgart zurückgeblieben, genoß Ilse es, die Orte zu besuchen, wo sie als junges Mädchen verkehrt hatte. Aber es schien ihr, als ob sie überall verfolgt würde, wohin sie auch ging. Als sie einen Lampenschirm kaufte, stellte sich am Ladentisch ein Mann hinter sie. Er hatte etwas in der Hand. Schnell drehte sie sich um, und da rannte er die Hintertreppe hinunter. Sie hatte das Gefühl, er habe vorgehabt, sie umzubringen. Als sie eine Pause einlegte und eine Tasse Kaffee trank, kam eine Frau herein, setzte sich an einen Tisch und beobachtete sie. Als sie am 29. Juli wieder in El Paso ankam, war sie ein Nervenbündel und sehr, sehr verärgert. Und sie stellte Ralph zur Rede.

»Ich möchte jetzt endlich wissen, warum der Kerl hinter mir her war. Ein Glück, daß ich meine Tasche gepackt habe. Er hatte etwas in der Hand. Was, zum Teufel, ist da los?«

»Frag mich nicht!« erwiderte Ralph laut. Er erklärte, er treffe sich mit den Russen, und es sei etwas sehr Wichtiges eingetreten. »Halte dich aus meiner Arbeit heraus!« herrschte er sie an. Verletzt und aufgebracht schnauzte Ilse zurück: »Also gut, ich halte mich heraus.« Und eine Zeitlang stellte sie dann auch keine Fragen mehr.

John Schaffstall ist sich sicher, daß Ralph und seine Familie immer allein reisten und daß niemand vom Heeresnachrichtendienst sie je verfolgte oder sie überwachte. Natürlich könne er, so schränkt er ein, nur für die Army sprechen und nicht für das Bureau oder die CIA oder die Russen. Er meint, Ilse sei eine Frau, die »sich einiges zusammenspinnen konnte. ... Ralph sagte sogar, sie sei paranoid«.[4]

Nach der Reise von 1974 kam keiner der drei Männer mehr ins Haus. Carlos rief gewöhnlich an, wenn er Ralph wegen irgend etwas sprechen wollte. Er sagte immer: »Guten Abend, Ma'am, hier ist Carlos Zapata. Könnte ich bitte Ihren Mann sprechen?« Er fragte manchmal: »Wie geht es Ihnen?«, aber er kam nie wieder ins Haus.

In der Anfangszeit der Operation war das Geld, das Ralph von den Russen bekam, stets an die Army weitergegeben worden, die es abzählte und fotografierte und die Fotos dem FBI zuleitete. Jetzt aber behielt das FBI das Geld ein und fotografierte es für die Army. Die Army erhob dagegen keinen Einspruch, da laut Vorschrift bei Operationen dieser Art ohnehin keine Gewinne gemacht werden durften und das Geld an das Finanzministerium weitergegeben werden mußte. Für das FBI galten jedoch andere Vorschriften, denen zufolge das Geld für FBI-Operationen verwendet werden durfte. John Schaffstall weiß nicht, warum das FBI ihnen weiterhin die Fotos von dem Geld gab, »weil wir damit überhaupt nichts anfangen konnten. Wenn wir die Herkunft von Geldscheinen klären wollten, mußten wir zum Bureau gehen und es sie klären lassen«.

Ralph beklagte sich Ilse gegenüber, es gebe Probleme mit dem Geld. »Einmal sagte er, das FBI betrüge ihn um sein Geld, und in dem Zusammenhang sagte er auch: ›Wie kann man denen trauen? Das sind keine ehrlichen Menschen‹«, erinnert sich Ilse. Ralph fing an, von seinen Berichten selbst Kopien aufzubewahren, mit Angaben über die erhaltenen Beträge. »Er schrieb alles auf«, erzählt Ilse. Sie wußte, daß Ralph nie etwas von dem Geld behielt, das die Russen ihm gaben. Sie führten immer ein Kassenbuch und hatten einen bescheidenen Lebensstandard für seine Familie mit zwei Verdienern. John Schaffstall stimmt dem zu: »Wir hatten nie Grund zur Annahme, Ralph veruntreue das Geld.«

Eines Tages entdeckte Ilse während des Hausputzes einen kleinen schwarzen Koffer, in dem sie einen Umschlag fand. Sie öffnete ihn und zog einige 20 mal 25 cm große Hochglanzfotos heraus. Eines davon zeigte William E. Colby, den CIA-Direktor, der ihrem Mann eine Auszeichnung übergab. Dann betrachtete sie die anderen Bilder. Auf den ersten Blick sahen sie wie die Bilder aus, die Versicherungsgesellschaften von ihren wichtigsten Vertretern aufnehmen lassen: ein Schwarzer; ein Orientale; ein kleiner drahtiger Mann mit Brille; ein großer gepflegter Mann mit spitzem Haaransatz; noch ein Mann. Alle trugen Anzüge.

Der kleine Mann mit der Brille war Ilses Mann, ein bescheidener Obergefreiter der U. S. Army. Neben ihm stand der allmächtige

Führer der Sowjetunion, Leonid Breschnew, mit seinen unverkennbaren buschigen Augenbrauen. Es waren auch Bilder in dem Umschlag, die Ralph zusammen mit George Bush zeigten, als dieser noch CIA-Direktor, sowie welche, die ihn an der Seite von Juri Andropow zeigten, als dieser noch KGB-Chef war. Ilse war schockiert. Hastig stopfte sie die Bilder wieder in den Umschlag, legte den Koffer weg und wartete ungeduldig auf Ralphs Rückkehr.

An jenem Abend sagte Ilse zu Ralph: »Ich habe deinen kleinen Koffer aufgemacht. Was ist das da drin?«

»Hast du da hineingeguckt?«

»Ja. Wohin wird das alles noch führen?«

Ruhig und langsam sagte Ralph: »Ich möchte dir sagen, daß du diese Bilder *nie* erwähnen darfst. Du könntest umgebracht werden. Ich möchte nicht, daß du mir gegenüber *jemals* wieder diese Bilder erwähnst.«

Herausfordernd schoß Ilse zurück: »Dann solltest du sie nicht im Wandschrank aufbewahren. Karin bringt ihre Freundinnen mit zum Plattenhören. Jeder kann an den Koffer heran und ihn aufmachen.«

»Halte dich da bloß raus«, verlangte Ralph. »Ich habe dir gesagt, du sollst dich da raushalten!«

Ilse vermutet, daß ihr Mann sich mit den Leuten vom FBI traf, um ihnen die Bilder zu zeigen. Bei der Army heißt es, man habe von den Bildern nichts gewußt, bis Ilse sie im April 1976 abgeliefert habe. Aber es gibt Anhaltspunkte, die dafür sprechen, daß das FBI wußte, daß bei Reisen sowjetischer Agenten ins Ausland solche Fotos routinemäßig aufgenommen wurden.[5] Frau Sigler hat seither versucht, die Bilder auf dem Klageweg wiederzubekommen, aber die Army hat sie für geheim erklärt.

Eines Tages notierte Ralph sich, als er nach Hause kam, eine Autonummer. Er hatte gemerkt, daß er verfolgt wurde. Ilse wußte nicht, ob die Army ihm nicht mehr vertraute oder ob Ralph irgend etwas herausgefunden hatte. Am 17. November 1975 wurde er vorübergehend von Fort Bliss zum Raketenversuchsgelände White Sands in New Mexico, nördlich von El Paso, versetzt. Sein Dienst dort war bis zum 9. April 1976 befristet. Wie John Schaffstall sich erinnert: »Wir schickten Ralph da zur Morseschulung hin. . . . Er hatte Schwierigkeiten mit den Nachrichten, die ihm die Russen übermittelten.«

Kurz vor Weihnachten 1975 merkte Ilse, daß Ralph etwas an seiner Arbeit schwer bedrückte. Er war sehr aufgeregt. Unter anderem sagte er zu Ilse: »Ich kann meiner Umgebung nicht trauen. Niemandem. Dieser Kerl aus Griechenland, der CIA-Agent, und dann der aus Frankreich. Der einzige, dem ich nun noch vertrauen kann, ist der Mexikaner [Zapata].« Ilse fragte ihn: »Wie kannst du dem Mexikaner trauen?« – »Er ist ziemlich vertrauenswürdig«, erwiderte Ralph.

Oberst Grimes versteht Ralphs Gefühle. »Nun, Sie müssen daran denken, daß Ralph, daß er lange Zeit im Geschäft war. Vielleicht zu lange. Und man kommt an einen Punkt, wo man niemandem mehr trauen kann. Man kommt an einen Punkt, wo der einzige Mensch, dem man trauen kann, der eigene Agentenführer ist. . . . Und Ralph hatte keine Freunde.«[6]

In dem Augenblick, wo Schaffstall El Paso verließ, hatte Joe Prasek die Kontrolle über die Operation. Prasek beschwerte sich bei der FBI-Zentrale, daß die Army es Carlos Zapata nicht erlaubte, die Operation zusammen mit ihm zu leiten. Nach Schaffstalls Ansicht hätte Prasek ihn gerne vollständig von der Operation ausgeschlossen. Schaffstall gewann den Eindruck, daß Prasek sich bei den Army-Leuten in El Paso lieb Kind machte. Er und Carlos Zapata statteten den Kommißköpfen von Fort Bliss regelmäßige Besuche ab. Zapata hatte ein Büro in Fort Bliss, und laut Schaffstall hatte Prasek ihm einen Schreibtisch beim FBI verschafft.

Es war beim FBI bekannt, daß es mit Prasek Probleme gab. Laut William Branigan und Eugene Peterson, den Vorgesetzten Praseks in der FBI-Zentrale, hat Graham Van Note dem Hauptquartier mitgeteilt, es »stimme etwas nicht«. Aber es wurde nichts unternommen, um die Situation zu verbessern oder zu untersuchen.

Auf der inneren Einbandseite von Ralph Siglers Taschenkalender des Jahres 1976, wo das ganze Jahr im Überblick aufgelistet ist, sind der 24. April und der 8. Mai eingekreist. Auf der ersten und zweiten Seite finden sich zwei Skizzen von Straßen in Mexico City. An einem Punkt der Avenida del Churubusco steht die Bemerkung: »Zwischen Baum und Mauer (7. Baum) am 23. April oder 2 Wochen später.« Im Anschluß daran findet sich eine Liste mit Notizen von Ralph. Die durchnumerierten Punkte sind mit Bleistift geschrieben und sollten wohl als Gedankenstütze für sein bevorstehendes Treffen mit den Sowjets dienen; die letzte Bemerkung ist mit Tinte geschrieben und wurde wahrscheinlich nach dem Treffen notiert, zur Erinnerung an das, was vorgefallen war.

1. Zu elegant gekleidet
2. Ein Auto mieten
3. Häusliche Probleme
4. Rechtfertigung
   für Besuch (Frau)?
5. Neues Auto, um überschüssige Gelder loszuwerden
6. Andere Transportwege abchecken
   Phoenix – Albq.
7. San Francisco
   Telefonoperation
   »Detail«
8. Telegramm übers Telefon.

»Redete über meinen Vater – seine Beziehung zu meiner Mutter Geld usw.
sagte ihm auch Schwester«

Beim ersten Betrachten verstand John Schaffstall nicht, was die Notizen zu bedeuten hatten. Er fand es seltsam, daß Ralph sie niedergeschrieben hatte, weil beispielsweise der zweite Punkt auf der Liste, das offensichtliche Anmieten eines Autos in Mexiko, »gegen die Army-Richtlinien verstieß. Es war für unsere Agenten einfach zu gefährlich, dort unten allein zu fahren«.
Am 13. Januar von 18.30 bis 11.15 Uhr nahm Ralph im Hotel La Quinta, Zimmer 133, an einer Einsatzbesprechung mit Joe Prasek, Carlos Zapata, John Schaffstall und einem weiteren FBI-Agenten namens Murphy teil. Etwas Ähnliches wiederholte sich

am 17. Januar, nur daß bei dieser Gelegenheit nur Prasek und Zapata zugegen waren. Ralph unterschrieb Protokolle und Belege. Bei der Durchsicht der Notizen sagte Schaffstall:»Das verstehe ich einfach nicht. Es gab keinen Anlaß für ein weiteres Treffen, für eine zweite derartige Einsatzbesprechung.« Wenn Ralph wirklich Belege unterschreiben mußte, hätte er Zapata in Fort Bliss treffen können.

Wie sowohl Noel Jones als auch Louis Martel, die beide der Abteilung für Besondere Operationen in Fort Meade angehörten, sich erinnern, gab es ein ernstes Problem damit, daß das FBI den Mitarbeitern des Heeresnachrichtendienstes Anweisungen gab, ohne sich vorher mit der Army abzustimmen.»Die sprangen rücksichtslos mit unseren Agenten um. Es würde mich nicht überraschen, wenn sie das auch mit GRAPHIC IMAGE gemacht hätten«, meint Jones.

An einem Tag um diese Zeit, im Januar 1978, kam Ralph nach Hause und bat Ilse, ein weißes Stück Papier mit einem fremden Namen zu unterschreiben.»Wozu?« fragte Ilse. Ralph sagte:»Um unsere Namen zu ändern.« Ilse fragte Karin, ob sie je etwas für ihren Vater unterschrieben habe. Sie erwiderte, ja, das habe sie allerdings getan; Ralph habe sie gebeten, mit mehreren unterschiedlichen Namen zu unterschreiben.[7]

Noch im gleichen Monat erhielt Ralph nachts einen Anruf und verließ das Haus.[8] Eine halbe Stunde später kam er wieder und zog aus einem Umschlag drei kanadische Personalausweise. Er gab ihr zwei davon und behielt einen. Sie sagte:»Was sollen die Ausweise? Es wird mir jetzt zu bunt. Willst du aus mir eine Ethel Rosenberg machen?« Ralph antwortete:»Es wird ziemlich heiß. Wir werden wahrscheinlich mit dem Schiff weggebracht.« Ilse bat ihn erneut, aus seinem Agentenjob auszusteigen.»Im Juli bin ich sowieso draußen«, erklärte Ralph.»Ich klemme diese paar Monate noch dran.« Im Juli 1976 wollte sich Ralph nach 30 Dienstjahren bei der Army pensionieren lassen. Bis zum heutigen Tage beharrt John Schaffstall darauf, daß Ralph zwar seine Pensionierung von der Army plante, daß er jedoch vorhatte, weiterhin als Doppelagent zu arbeiten.[9]

Ilse fragte:»Wofür sind die Ausweise?« Ralph sagte ihr, es seien

Ausweise auf falsche Namen, für den Fall, »daß wir das Land verlassen müssen«. Auf den Ausweispapieren firmierten Ilse als »Elizabeth Marie Engler« und Karin als »Karin Anna Engler« aus Ottawa, und Ralph war »Howard Louis Rindler« aus Toronto. Bevor Ralph zum nächsten Treffen mit den Sowjets ging, sagte er zu Ilse: »Falls es irgendwelche Probleme geben sollte, wird sich Carlos bei dir melden.« Während der gesamten Operation hatte Ilse strikte Anweisung, niemals mit Zapata Kontakt aufzunehmen. Falls irgend etwas schiefgehen sollte, würde Carlos Ilse verständigen. In der Nacht, als Ralph heimkommen sollte, wurde es immer später. Ilse war sehr besorgt. Ein Oberst rief an, da Ralph zum Dienst erwartet wurde. Ilse sagte ihm, Ralph sei bei einem Sondereinsatz und werde diese Nacht zurückerwartet. Ralph kam um neun Uhr in El Paso an, wurde vom FBI abgeholt und zwei Stunden verhört, bevor er heimkam.

Laut John Schaffstall waren es die Russen, die Ralph bei einem Treffen im Januar in Mexico City die kanadischen Ausweispapiere gegeben hatten. Ralph übergab die Ausweise während seiner Abfragung an Joe Prasek, so daß man beim FBI die Namen und Nummern auf den Ausweisen unter Mithilfe der kanadischen Kollegen von der Royal Canadian Mounted Police abgleichen konnte. Schaffstall war der Meinung, die Russen hätten Ralph die Ausweise gegeben, weil er immer vorgab, sich darüber Sorgen zu machen, »was mit mir passiert, wenn ich geschnappt werde«. Die Sowjets gaben ihm die Ausweise und sagten ihm, er solle sie benutzen, wenn er das Land einmal schnell verlassen müsse. Auch andere von Schaffstalls Agenten hatten von den Russen schon Papiere erhalten, aber es waren noch niemals kanadische gewesen. Als er später Prasek nach den Ausweisen fragte, wich dieser den Fragen aus. »Nun, wir fragten ihn: ›Wo sind die Ausweiskarten?‹ Und er sagte: ›Macht euch keine Gedanken darüber.‹«[10] (Wie sich später zeigte, landeten die Ausweise schließlich in Siglers Besitz.)

Ralph saß 1976 wochenlang an seinem Wohnzimmertisch und tippte seine handschriftlichen Notizen ab. Gegen alle Regeln und Vorschriften führte er Buch über jede Operation. Manchmal nahm er seine Notizen mit zur Arbeit nach White Sands und tippte sie dort tagsüber ab. An einem Sonntag verfolgten Ralph und Ilse im Fernsehen eine Talk-Show, in der der ehemalige CIA-Direktor William Colby über seine Aussage vor dem Senatsausschuß diskutierte, der sich mit der Tätigkeit der US-Geheimdienste befaßte. Colby hatte sich geweigert, den Mitgliedern des Ausschusses gegenüber die Namen von Geheimdienstleuten preiszugeben. Ilse sagte zu ihrem Mann:»Jetzt werden sie deinen Namen auch herausfinden.« Ralph erwiderte scherzhaft:»Ach, ich habe so viele Namen, die werden nie auf mich kommen.« Dann sagte er sehr ernst:»Und wenn doch, habe ich alles in Memos festgehalten. Ich und Joe, oh, wir könnten ein Buch darüber schreiben, was die tun.«

Bei einem der letzten Treffen Ralphs mit den Russen in Mexiko händigten sie ihm 4700 Dollar aus. Die Army sollte Ralph eine Sondervergütung in irgendeiner Form gewähren, und es war davon die Rede, Ralph von dem vom KGB gezahlten Geld so viel zu geben, daß er sich davon in seinem Haus einen Kamin bauen konnte. Aber Ralph sagte, von dem vielen Herumfahren nach White Sands und zurück sei sein Wagen so mitgenommen, daß er dringend einen neuen brauche. Eines Nachts gegen Mitternacht erhielt Ralph einen Anruf von Zapata, der ihn anwies, einen neuen Wagen zu kaufen. Die Army wies ihn an, eine Sonderprämie in Höhe von 2500 Dollar für die Anzahlung zu verwenden. Aber Ralph wollte von Ratenzahlung nichts wissen. Er bat Ilse, von ihrem Sparkonto die Differenz zwischen dem Preis für den Neuwagen, dem Preis, den er für den alten Wagen noch erlöste, und den 2500 Dollar Prämie von der Army abzuheben. Am Samstag, dem 20. März 1976, kaufte Ralph einen nagelneuen, knallroten Pontiac TransAm.

Aus höhere politische Weisung führte die Army Mitte der 70er Jahre für die Mitarbeiter ihres Nachrichtendienstes obligatorische Tests mit einem Lügendetektor ein. Am 22. September wurde für Ralph Sigler ein Routinetest angesetzt. In der einschlägigen Anweisung stand:

Diese Polygraphenuntersuchung betrifft eine offensive Operation der Gegenspionage, die gemäß den Bestimmungen von AR

381-47 (S) gegen die Sowjetunion gerichtet ist und ein Treffen mit einem Informanten einschließt. Sie muß in einer Weise vorgenommen werden, die maximale operative Sicherheit gewährleistet. Die Verwendung von Gebäuden der Regierung als Treffpunkt würde die Sicherheit der Operation und der daran beteiligten Personen gefährden. Es ist unabdingbar, zu reisen, um diesen wichtigen operativen Test des Informanten zu ermöglichen.

Zwei Tage später, am 24. September 1975, erzählte John Schaffstall Ralph bei einer Routinebesprechung, an der auch Carlos Zapata und Joe Prasek teilnahmen, von dem Lügendetektortest. Ralph sagte:»Wenn es sein muß, mache ich ihn.« Aber aus zahlreichen Gründen wurde der Test bis März 1976 verschoben.[11] Es waren fünf Jahre vergangen, seit Ralph (am 12. August 1971, vor seiner Fahrt nach Korea) seinen letzten Polygraphentest gemacht hatte.[12] John Schaffstall rechnete damit, den Test im April 1976 durchführen zu können, nach der Rückkehr Ralphs von seinem Sondereinsatz in White Sands. Aber im Februar schlug Ralph vor, den Test Mitte März zu machen, da er diesen Termin besser in seinen Arbeitsablauf integrieren könne. Schaffstall wußte, daß der Test nicht in El Paso durchgeführt werden konnte, und fragte Ralph, wo er den Test absolvieren wolle. Ralph schlug San Francisco vor. John willigte ein. Er war der Meinung, Ralph könne einen kurzen Urlaub gut gebrauchen. Darüber hinaus hatte Ralph schon mehrmals den Wunsch geäußert, einmal San Francisco zu sehen. John wünschte sich auch einen Platz, wo er mit Ralph einmal unter vier Augen über dessen Pläne für die Zeit nach seiner Pensionierung sprechen konnte. Da die Russen sich noch immer für Ralph interessierten, hatte die Army die Absicht, die Operation so lange wie möglich fortzuführen. Das Militär traf Vorbereitungen für Ralph, nach seiner»offiziellen« Pensionierung für einen Rüstungskonzern zu arbeiten, und man plante die Fortsetzung der Operation. Noel Jones, der die Operation von Fort Meade aus überwachte, ist sich sicher, daß die Army plante, die Operation komplett an das FBI zu übergeben, sobald sich Ralph vom Militärdienst zurückgezogen haben würde. Jones sagte, es wäre der Army unmöglich gewesen –»um nicht zu sagen, illegal« –, Ralph nach seinem Ausscheiden aus dem Militärdienst noch als Agenten zu führen.

Am 1. März 1976 teilte Ralph Schaffstall mit, er werde vom 23. bis zum 27. März für seinen Polygraphentest zur Verfügung stehen. Was Schaffstall nicht erfuhr, war, daß Ralph San Francisco nicht als Ort für den Polygraphentest ausgesucht hatte, um sich dort zu entspannen, Krabben zu essen und die aufregende Stadt zu genießen, sondern weil er sich dort mit den Russen treffen sollte.»Na ja, wenn er sich dort mit ihnen [den Russen] traf, dann geschah das auf Anweisung Praseks«, meint John Schaffstall. Ralph trug in seinen Taschenkalender im Januar 1976 einen Vermerk über die »Operation« San Francisco ein.

Noel Jones sagt offen:»Wir in der Army wußten nicht, daß irgendwelche Treffen mit den Russen in San Francisco angesetzt waren.« Louis Martel, der schließlich die Spionageabwehroperationen der Army in San Francisco leitete, sagt:»Falls Ralph in San Francisco ein Treffen mit den Russen hatte, mußten die Leute vom FBI davon wissen, denn die kleben wie Kletten an den Sowjets dort.« Jones sagt, es könnte sein, daß Ralph *geglaubt* habe, sich mit Agenten vom KGB zu treffen, während es möglicherweise Agenten vom FBI waren, die sich als Sowjets ausgaben und versuchten, Sigler zu »testen«, bevor dieser nach seiner Pensionierung ganz für das FBI arbeiten würde.

Am 16. März 1976 wurden Ralphs Papiere für die fünftägige Fahrt vom 23. bis zum 27. März fertiggemacht, obwohl er John Schaffstall nicht vor dem 25. treffen würde.[13] Am 18. März erhielt Ralph seine Nachricht über Kurzwelle. In seinen Taschenkalender schrieb er:»Funk heute nacht«.[14]

Wie John Schaffstall und Oberst Grimes bestätigen, hat das FBI die ganzen Jahre lang keine Informationen über die Operation an die Army weitergegeben; die Army jedoch mußte dem FBI von allen ihren Berichten Kopien geben. Wenn Grimes seine Kollegen vom FBI um eine Kopie ihrer Berichte bat, lehnte Peterson dies immer ab.»Nun, wissen Sie, ich kann es nicht herausgeben, aber was wollen Sie wissen?« erinnert sich Grimes an die Reaktion des Bureau. Peterson bestätigt dies:»Wir gaben ihnen damals wohl keine Kopien, weil ... es keine gemeinsame Operation war.«

In Ralphs Taschenkalender steht, er sei am Dienstag, dem 23. März, nach San Francisco geflogen und habe ein Taxi vom Flughafen zur Travelers Lodge bei der Fisherman's Wharf genommen. Später am selben Tag wechselte er zum Vagabond Hotel an der Ecke Van Ness und Filbert Street, wo die Army auf seinen Wunsch hin etwas reserviert hatte. Er wohnte in Zimmer 442. John Schaffstall war überrascht, als er erfuhr, wo Ralph logierte; das Vagabond liegt nicht gerade in einer der besseren Gegenden San Franciscos. Später wurde in Siglers Haus ein kompletter Satz Grundrisse des Vagabond gefunden. Was Ralph im Vagabond-Hotel tat, ist der Army bis heute unbekannt.

Am Donnerstag, den 25. März 1976 um 8.06 Uhr traf Ralph John Schaffstall im Frühstücksraum des Bay Street Ramada Inn. Während ihres Gespräches schien Ralph ruhig und machte überhaupt nicht den Eindruck, sich vor den bevorstehenden Polygraphentests zu ängstigen. Nach dem Frühstück gingen sie nach oben ins Zimmer 377, das für den besonderen Zweck gemietet worden war, die Tests durchzuführen. Schaffstall stellte Ralph Odell Lester King vor, einen Polygraphentester des Heeresnachrichtendiensts, der aus Fort Meade angereist war.[15] Schaffstall hatte nicht den Eindruck, King gehöre zu den Besten seines Metiers. Wie er später rückblickend erklärte:»Wenn man einen schlechten Bediener kriegt, bekommt man Schwierigkeiten. ... Beim Lügendetektor kann man leicht einen Wurm hineinbringen. Ich war nie besonders begeistert davon.« Andere Agentenführer, darunter auch Louis Martel, pflichten Schaffstalls Urteil über King bei. Schaffstall ließ Ralph mit King alleine im Zimmer, um den Test durchzuführen. Förmlich wies King Ralph darauf hin, er werde weder verdächtigt noch beschuldigt, und dies sei eine freiwillige Polygraphenuntersuchung. King besprach mit Ralph die Fragen, die er ihm stellen würde, und fragte ihn, ob ihm eine davon unangenehm sei. Bevor King nach San Francisco fuhr, hatten Mitglieder der Gold-Gruppe ihn bei der Zusammenstellung der Fragen unterstützt. Er ließ Ralph auch die üblichen Einverständnisformulare unterschreiben, worin Ralph seinen Verzicht auf Rechtsmittel erklärte. Routinemäßig fragte King Ralph, ob er gegessen, wieviel er geschlafen habe und ob er am Vortag Medikamente, Drogen oder Alkohol zu sich genommen habe. Ralph erklärte, er sei in jeder Beziehung in Ordnung, und so nahm Ralph auf einem der hoteleigenen Stühle Platz, und King befestigte die Polygraphendrähte an seinem Körper. Von 9.00 bis 11.30 Uhr saß King an einem Tisch hinter Ralph, der ihn also nicht sehen konnte, und stellte ihm eine Serie von Fragen:

Ist heute der 25. März 1976?
Sind Sie bei der US-Army?
Haben Sie einen Führerschein?
Haben Sie jemals illegal Waren aus der Commissary [dem Supermarkt für Angehörige der US-Streitkräfte] veräußert?
Befinden Sie sich gerade im Staat Kalifornien?
Haben Sie jemals illegal Gegenstände veräußert?
Haben wir zur Zeit März 1976?

Ralphs Reaktionen waren völlig normal. Nach der Sitzung am Morgen trafen sich Schaffstall und Ralph zum Mittagessen. Ralph sagte, er habe keinen Hunger, daher gingen sie in ein Bistro in der Cannery bei der Fisherman's Wharf und tranken einen Kaffee. Schaffstall fragte, wie der Test bis jetzt verlaufe. Ralph antwortete: »Prima.« Sie redeten etwa eine Stunde lang über Ralphs Pensionierung, seine neuen beruflichen Vorstellungen und sein neues Auto. Auf ihrem Weg ins Hotel zurück übergab Ralph Schaffstall eine Kopie seiner Personalakte. Schaffstall deutete an, das FBI könne Ralph nach seiner Pensionierung möglicherweise eine Anstellung bei einem Rüstungskonzern oder in irgendeiner staatlichen Behörde beschaffen. Ralph ging dann wieder ins Motelzimmer zurück, um den Test fortzusetzen.
Bei der Untersuchung trat nichts Ungewöhnliches auf, bis King Ralph ein paar sehr allgemeine Fragen stellte, wie zum Beispiel »Haben Sie den Sowjets irgend etwas gesagt, was Sie uns nicht mitgeteilt haben?« Da schlugen die Nadeln des Polygraphen aus. »Da hat es bei ihm ausgehakt«, erinnert sich Schaffstall. Als King Ralph mitteilte, seine Antworten zeigten eine emotionale Reaktion, pflichtete Ralph ihm bei und sagte, er fühle sich wegen irgend etwas schuldig, wisse jedoch nicht, weswegen. Etwa um 15.00 Uhr

bat King Schaffstall herein. King und Ralph teilten Schaffstall mit, daß es ein Problem gebe. King erklärte, Ralphs Reaktionen wiesen auf eine Unwahrhaftigkeit in Ralphs Antworten auf Fragen aus einem bestimmten Bereich hin: ob er seinen KGB-Kontaktleuten außer den von der Army freigegebenen auch andere, nicht genehmigte Informationen geliefert habe. Schockiert fragte Schaffstall Ralph, was diese Schwierigkeiten verursacht habe. Ralph sagte, er wisse es nicht, und wiederholte, er fühle sich schuldig wegen etwas, könne aber nicht sagen, weswegen. Ralph versicherte Schaffstall, er habe den Sowjets gegenüber niemals seine Verbindung mit dem Army-Geheimdienst offengelegt. Allein, Sigler erwähnte weder in diesem Moment noch später etwas von seinem Treffen mit den Sowjets in San Francisco.

King ließ Schaffstall und Sigler alleine. Sie redeten eine halbe Stunde lang darüber, was den Polygraphen dazu veranlaßt haben könnte, eine Unwahrhaftigkeit anzuzeigen. Ralph sollte die Nacht über darüber nachdenken, was diese Reaktion verursacht haben könnte, und sie wollten sich am nächsten Morgen zum Frühstück treffen. Nervös ging Ralph in sein Hotelzimmer. Sobald er gegangen war, griff Schaffstall nach dem Telefonhörer und rief seinen Chef Noel Jones beim Heeresnachrichtendienst in Fort Meade an.[16]

Da Jones und Schaffstall keine abhörsichere Telefonleitung zur Verfügung hatten, sagte Schaffstall einfach: »Wir haben ein Problem mit GRAPHIC IMAGE.« Jones wußte sofort, was Schaffstall meinte. »Ich komme gleich rüber«, sagte er. Er war ziemlich aufgeregt. Schaffstall erinnert sich noch, daß Jones sagte: »Sieh zu, ob du herausfinden kannst, was sein Problem ist.« Als Jones seinem Vorgesetzten Oberst Grimes mitteilte, daß man ein Problem habe, begannen Wellen der Erschütterung durch den Heeresnachrichtendienst zu laufen. Einer ihrer wichtigsten und vertrauenswürdigsten Agenten war durch einen Lügendetektortest gefallen. Das konnte für sie alle einen Karrierebruch bedeuten.

Am Morgen des nächsten Tages, des 26. März, meldete sich Ralph beim Vagabond-Hotel ab. Er traf Schaffstall um 8.30 Uhr zum Frühstück im Ramada Inn. Ralph schien gut gelaunt, blieb aber eine Erklärung seiner Reaktionen vom Vortag weiterhin schuldig.

Ralph sagte, er habe ein »beklommenes Gefühl« in seiner Brust gespürt, sobald Fragen gekommen seien, die mit »Haben Sie...« begannen. Wieder ließ Schaffstall King mit Ralph alleine in Zimmer 377, wo der Test fortgesetzt wurde. Ralph machte einige kleinere Geständnisse, die jedoch nicht direkt mit den Problemzonen des Vortages zu tun hatten, und er teilte King mit, er habe an dem Morgen eine Tablette Dilantin zur Entspannung genommen. Er sagte, er nehme dieses Medikament immer unmittelbar vor seinen Treffs mit den Russen, weil es ihm dabei helfe, ruhig zu bleiben. Dann begann King mit dem Test.[17]

Als sie zu den Fragen über die Operation kamen, zeigten sich bei Ralph wieder Unwahrhaftigkeiten bei der Beantwortung. An einem Punkt räumte er King gegenüber ein, er könne möglicherweise seinem Vater von seiner Arbeit beim Nachrichtendienst der Army erzählt haben, und er erwähnte auch einen Vorfall im Jahre 1967, als er einem Kollegen gesagt hatte, daß er an einer Operation des Geheimdienstes beteiligt sei. Er gestand ein, daß viele Leute, mit denen er von 1968 bis 1970 in Europa zusammengearbeitet hatte, wußten, daß er etwas mit geheimdienstlicher Arbeit zu tun hatte, aber er behauptete, seine Tätigkeit für den Nachrichtendienst des Heeres in Europa nur einer einzigen nichtautorisierten Person offenbart zu haben: Seine Frau habe von Anfang an von der Operation gewußt. Seine Tochter hingegen wisse nichts darüber.[18]

Um 11.45 Uhr traf sich John Schaffstall mit Ralph zum Mittagessen, aber Ralph sagte, er müsse in sein Hotel zurück, um sein Gepäck abzuholen, da er das Zimmer am Morgen gekündigt habe. Er erzählte Schaffstall, er habe das Zimmer aufgegeben, da er damit gerechnet habe, bis zum Ende des Tages mit dem Test fertig zu sein. Die Fahrt zum Hotel, um Ralphs Habe abzuholen, und die Rückfahrt zum Ramada Inn nahm für Schaffstall und Ralph fast die gesamte Mittagspause in Anspruch. Als sie wieder im Motel angekommen waren, sagte Ralph, er habe keinen Hunger, und so gingen sie gleich wieder hinauf ins Zimmer. Neben seinem Gepäck hatte Ralph noch drei Bierdosen, die von einem Sechserpack übrig waren, bei sich.

Odell King bemerkte die Bierdosen. Ralph sagte zu ihm, er habe in der Mittagspause Bier getrunken und die Dosen seien noch vom Vorabend übrig. King erklärte, der Genuß von mehr als einem Bier könne möglicherweise seine Eignung zum Test negativ beeinflussen. Herausfordernd trank Ralph seine angebrochene Dose leer und riß eine zweite auf.

An diesem Punkt, meint Schaffstall, hätte King den Test abbrechen und sicherstellen müssen, daß Ralph sich von Substanzen fernhielt, die weitere Tests möglicherweise verfälschen würden. Aber King fuhr mit dem Test fort. Um 14.30 Uhr kam John vorbei, um sich über den Verlauf zu erkundigen. King bat Schaffstall herein. Während er ins Zimmer trat, begann Ralph gerade, die letzte Dose Bier zu leeren. King teilte Schaffstall vor den Augen Ralphs mit, es gebe noch immer Schwierigkeiten. Er sagte, das Problem scheine im Zusammenhang mit den Fragen zu Ralphs unerlaubter Preisgabe seiner Beziehung zum Nachrichtendienst der U. S. Army und möglicherweise auch mit einer unerlaubten Weitergabe von Informationen zu stehen.

Schaffstall schlug vor, eine Pause einzulegen, damit King ein paar neue Fragen vorbereiten konnte. King sagte zu Ralph, nach der Pause würden sie in eine neue Phase des Lügendetektortests eintreten. Schaffstall ging mit Ralph in die Bar, und die beiden tranken dort ein Bier. Ralph sagte zu Schaffstall:»Ich kann mir nicht vorstellen, warum ich versage.« Er sagte, er habe dieses Schuldgefühl, und sobald er bestimmte Fragen höre, fühle er eine Beklemmung im Brustbereich. Nach einigen Minuten ging Ralph wieder aufs Zimmer, um den Test fortzusetzen.

Ralph erzählte King, er habe in der Pause noch zwei Biere getrunken. Trotzdem setzte King den Test fort. Um 16.30 Uhr entschied King, Ralph sei nicht mehr in der Verfassung, weiter getestet zu werden. Schaffstall kam etwa zu dieser Zeit wieder, und King teilte ihm mit, Ralph habe noch immer Probleme. Schaffstall und Ralph verbrachten die nächsten zweieinhalb Stunden mit dem Versuch, herauszufinden, was los war.»Nun, ich ging mit ihm [Ralph] durch halb San Francisco und redete mit ihm. ›Kannst du dich an irgend etwas erinnern, das die Ursache dafür sein könnte?‹ Aber er sagte nein.« Ralph erzählte Schaffstall, er fühle sich »schuldig«, wenn King eine Frage nach den Russen stelle, aber er wisse nicht, warum. Er gestand ein, die Operation für sein Selbstwertgefühl zu brauchen, und bewertete seine Freundschaft zu Carlos und Joe als eine für ihn sehr wichtige Sache. Er erzählte Schaffstall, er sei bereit, Wahrheitsdrogen zu nehmen oder sich einer Hypnose zu unterziehen, um diese Angelegenheit zu klären; er werde alles tun, was die Army verlange, wenn er nur weiterhin in »die Operation« einbezogen bleiben könne. Schaffstall versicherte Ralph, die Army habe nicht die Absicht, ihn wegen irgendeines Fehlers, den er gemacht haben könnte, anzuklagen oder ihn vor ein Kriegsgericht zu stellen. Er riet Ralph, sich an diesem Abend einfach zu entspannen; der Polygraphentest würde am nächsten Morgen fortgesetzt.

Schaffstall ließ Ralph in dem Zimmer im Ramada Inn zurück und ging ins Foyer des Motels hinunter, um Noel Jones und Odell King ins Bild zu setzen. Jones war gerade mit dem Flugzeug von Fort Meade angekommen. Sie kamen zu dem Schluß, Jones solle mit Ralph sprechen, um herauszufinden, was die Probleme verursachte.[19]

Schaffstall ging mit Jones ins Zimmer hinauf. Jones kannte Ralph von zwei flüchtigen Begegnungen. Schaffstall machte sie miteinander bekannt und ging. Die folgenden 30 Minuten waren für Ralph sehr schwer. Er zeigte sich überrascht, Jones zu sehen, und sagte zu ihm, die Army müsse sich ja wirklich große Sorgen machen, wenn er den ganzen Weg geflogen sei, nur um mit ihm zu reden. Jones antwortete, man sei sehr besorgt und müsse diese Probleme aus der Welt schaffen. Im Gegensatz zu Schaffstall faßte Jones Ralph nicht mit Samthandschuhen an. Ralph versicherte ihm, die Operation sei ungefährdet, und die Army solle sich über seine Probleme mit dem Lügendetektor keine Sorgen machen.[20]

Nicht überzeugt und leicht gereizt, unterbrach Jones Ralphs Ausführungen und teilte ihm mit, er sei nicht gekommen, um zuzuhören, sondern um zu reden. Jones gab Ralph mit unmißverständlicher Klarheit zu verstehen, falls er über das hinaus, was er bereits offenbart hatte, zusätzliche »Geständnisse« zu machen habe, solle er dies gegenüber Schaffstall und King tun. Mit Nachdruck erinnerte er Ralph daran, daß die Army ihn ausgewählt und ihr Vertrauen in seine Integrität gesetzt habe, daß man ihm gegenüber mit Beförderungen und anderen Vergünstigungen immer großzügig gewesen sei und daß die Army ihn immer fair und ehrlich behandelt habe. Ralph wußte, daß Jones schwer enttäuscht, mißtrauisch und verärgert war. Er räumte ein, der Heeresnachrichtendienst sei stets »außerordentlich gut« zu ihm gewesen und habe ihn als Partner anerkannt. Er bemühte sich eifrig, Jones zu versichern, es gebe keine ernsthaften Probleme. Er wurde ganz aufgeregt und fragte, ob die Operation »vorbei« sei. Jones bat Ralph, die Operation als ausgesetzt zu betrachten, bis die Angelegenheit bereinigt sei.

Ralph wurde sehr nachdenklich. Zweimal begann er zu reden und bremste sich dann selbst. Schließlich sagte er: »Ich habe Ihnen im Moment nichts zu sagen.« Während des ganzen Gesprächs spürte Jones, daß Ralph ernsthaft mit dem Gedanken spielte, ihm eine große Offenbarung zu machen, dann aber doch nicht damit herausrückte. Ralph versicherte Jones immer wieder, er und Carlos Zapata und Joe Prasek seien in Ordnung, die Operation sei ungefährdet. Schließlich forderte Jones Ralph auf, die Sache noch einmal zu »überschlafen«. Er ermahnte Ralph, sehr sorgfältig darüber nachzudenken, was bewirkt haben könnte, daß die Lügendetektoren eine Unwahrhaftigkeit anzeigten, und ging dann weg.[21]

An jenem Freitag abend rief Ralph Ilse an. Er bat sie, ihn am darauffolgenden Tag vom Flughafen abzuholen. Ralph nahm dann zwei Beruhigungstabletten. Er brauchte sie. Er wollte noch zu einem Treffen mit den Russen gehen, einem Treffen, von dem die Army nichts wußte. Den Notizen in seinem Taschenkalender zufolge hatten die Sowjets ihm Anweisung gegeben, sich elegant zu kleiden. Sein Auftrag lautete, in einem Hotel in San Francisco ein »Interview« mit einem russischen Agenten zu führen und ihn zu fragen, wie es um den KGB stehe. Bei dem Treffen wurde Ralph nach seinem Ehestand und seiner häuslichen Situation gefragt. Er teilte beiden KGB-Männern mit, daß er gern für die Sowjets arbeite, auch wegen des Geldes, das er von ihnen erhielt. Als er einen der KGB-Leute, den er mit »Vladie« ansprach, fragte, ob die Arbeit für den KGB Spaß mache, antwortete Vladie, es sei eben ein Job, »so wie bei euch das FBI oder der Geheimdienst«.[22]

In dieser Nacht fand Ralph Sigler in seinem Zimmer im Ramada Inn keinen Schlaf. Am Samstag, den 27. März um 7.45 Uhr trafen sich Schaffstall und Ralph zum Kaffee. Ralph wirkte entspannt, aber nicht so jovial wie sonst. King begann den Lügendetektortest um 8.00 Uhr. Ohne John etwas davon zu sagen, übergab Ralph King eine Liste von »Geständnissen«, die er am vorangegangenen Abend in der Hoffnung aufgesetzt hatte, die Prüfung damit zu bestehen. Ralph sagte King, er habe in der vergangenen Nacht zwei Tabletten Dilantin genommen und nur zwei Stunden geschlafen.

Ist heute Samstag?
Befinden Sie sich derzeit im Staat Kalifornien?
Sind Sie mit dem Flugzeug nach San Francisco gekommen?
Haben Sie außer den bereits erwähnten jemals illegal Gegenstände aus PX-Läden der U. S. Army veräußert?
Besitzen Sie ein Auto?
Haben Sie außer den bereits erwähnten jemals illegal Waren aus der Commissary veräußert?
Haben Sie jemals mit Waren außer denen, von denen bereits die Rede war, auf dem Schwarzmarkt gehandelt?

Als King mit seinen Fragen die administrativen und unverfänglichen Bereiche verließ und in die Sphäre der Operation GRAPHIC IMAGE eintauchte – »Ist bei den Sowjets irgend etwas geschehen, wovon Sie uns nicht berichtet haben?« –, zeigten die Aufzeichnungsnadeln des Polygraphen einen Ausschlag. Als Schaffstall später ins Zimmer kam, um Ralph zum Mittagessen abzuholen, sagte ihm King, Ralph habe noch immer Probleme.[23] Da Ralph für diesen Nachmittag bereits einen Heimflug nach El Paso gebucht hatte, kamen Schaffstall und King darin überein, die Fortsetzung des Tests zu verschieben.
Nachdem King gegangen war, meinte Schaffstall, man brauche mehr Zeit, um die Probleme zu lösen, und fragte Ralph, ob er bereit sei, nach Washington zu kommen und an der Lösung zu arbeiten. Ralph antwortete, er wolle diese Schwierigkeiten unbedingt aufklären, weil ihm die Operation sehr viel bedeute. Schaff-

stall war besorgt, wurde jedoch durch Ralphs Bereitschaft zur Kooperation wieder etwas beruhigt. Er erklärte Ralph, daß für die aufgetretenen Probleme alle möglichen Ursachen in Betracht kämen: »Wenn du dich an nichts mehr erinnern kannst, was diese Reaktion verursacht haben könnte, dann mach dir darüber jetzt keine Gedanken, wir werden das später aufklären können. ... Diese erste Sache muß nicht unbedingt bedeuten, daß wir dich verdächtigen, irgend etwas Unrechtes getan zu haben.« Er riet Ralph, ein paar Tage Urlaub zu nehmen und sich zu entspannen, und sagte ihm, man werde alle Urlaubsantrags- und Reiseformalitäten für ihn erledigen. Es werde wohl eine Woche dauern, bis man ihn nach Fort Meade bei Washington werde holen können. Schaffstall schärfte Ralph ausdrücklich ein, falls ihm irgend etwas einfalle, das seine Reaktion am Polygraphen verursacht haben könnte, dann solle er es ihm und nicht Carlos oder Joe sagen.[24] Schaffstall beobachtete Ralph, als dieser vor dem Ramada Inn in ein Taxi zum Flughafen stieg. Es war offensichtlich, daß Ralph etwas zu verbergen suchte und daß die Army herausfinden mußte, was es war.

Kapitel 19

Sigler: Letzter Auftritt

Einmal wirst du erwischt. Egal, wie gut du bist, wenn
du zu lange bleibst, wirst du erwischt.

John Schaffstall

Ralph Sigler rief seine Frau Ilse an, um ihr anzukündigen, daß sein
Flugzeug in San Francisco mit Verspätung starten und entsprechend später ankommen werde. Als Ilse auf dem Flughafen von El
Paso vorfuhr, erblickte sie Ralph, der in einer Zelle telefonierte.
In der Hand hatte er eine Tasche mit der Aufschrift der Fluggesellschaft Continental. Als er in den Wagen stieg, fragte Ilse: »Was
hast du in der Tasche?« Ralph erklärte, sämtliche Passagiere
hätten von Continental eine Flasche Champagner geschenkt bekommen. Ralph war schlechter Laune und sagte zu Ilse: »Damit's
uns bessergeht, trinken wir gleich mal den Champagner.« Ilse fiel
auf, daß er auf der Heimfahrt und zu Hause sehr wortkarg war.
Am Montag vormittag trafen sich in Fort Meade Mitglieder der
Gold-Gruppe – John Schaffstall und Louis Martel – mit Noel
Jones und Odell King, um die Reaktion Ralph Siglers auf den
Lügendetektortest zu erörtern. Das über ihn vorliegende biographische Material wurde einer noch gründlicheren Analyse unterzogen. Später am selben Tag fuhr Ralph nach Fort Bliss und holte
sich die Formulare für seine ärztliche Pensionierungsuntersuchung ab.[1]
Ende März stellte Ralph sich in seinem Taschenkalender eine
Liste aller seiner Meinung nach in Frage kommenden Ursachen
für seine Probleme mit dem Polygraphen zusammen:

Geld
Goldmünze [diese Eintragung ist eingerahmt]
– Versprecher?
– Handbuch
– Über Geheimsachen gesprochen
– (Kann mich nicht an Details erinnern)
Schuldgefühle, Warten
auf Funkkontakt
Schäme mich, keinen Schnaps vertragen zu können
Angst?
Weshalb die Spuren?

Jede Eintragung auf dieser Liste repräsentierte eine Indiskretion
oder einen Vorfall, den entweder Ralph selbst in San Francisco
»gebeichtet« oder von dem die Army bereits vorher gewußt hatte.
»Geld« bezog sich nach Überzeugung Schaffstalls auf das Geld,
das der KGB an Ralphs Mutter überwies. »Goldmünze« stand für
einen länger zurückliegenden Vorgang: Die Sowjets hatten Ralph
einige Goldmünzen zukommen lassen, und er hatte Schaffstall
nichts davon gesagt, »aus Angst, daß wir sie ihm abnehmen
würden. Wir hätten sie aber nur unter die Lupe genommen und sie
ihm dann zurückgegeben«. Die Eintragung »Handbuch« bezog
sich darauf, daß Ralph ein geheimes Handbuch aus Fort Bliss
herausgeschmuggelt und es den Sowjets übergeben hatte, weil er
gerade über kein freigegebenes Spielmaterial verfügte. Zu seinen
in den Augen seiner Betreuer von der Army größten Schwächen
gehörte es, daß er, wie sich bei dem Vorfall mit Bruce McCain in
Korea gezeigt hatte, offenbar dazu neigte, »seine Eingeweide zu
spucken, wenn er zuviel getrunken hatte«.[2]
Louis Martel war nach diesem Vorfall zu McCain geschickt worden, um ihn zu bearbeiten. »Ich redete dem Burschen gut zu, und
ich glaube, er verstand, daß er über das, was Ralph ihm gesagt
hatte, nie mehr sprechen sollte«, erzählt Martel.[3] Schaffstall erinnert sich, daß Martel McCain ziemliche Angst einjagte.
Was die Army befürchtete, war, daß Ralph, wenn er mit den
Sowjets zusammengesessen hatte, hin und wieder zuviel getrunken und Informationen über die Spionageabwehroperationen der

Army ausgeplaudert haben könnte. »Ralph hatte eigentlich nicht zu vielen Geheiminformationen Zugang, abgesehen von denen, die er von uns erhielt«, meint Martel. »Aber wo er Schaden anrichten konnte, das war [mit Informationen über] unsere und seine Arbeitsweise. Er war so lange unser Stardoppelagent gewesen und wußte so viel.«

Eine der Eintragungen auf Ralphs Liste, die rote Warnlämpchen hätte aufleuchten lassen sollen, es aber nicht tat, war sein Hinweis auf »Schuldgefühle« beim Warten auf einen Funkkontakt. Nach Auskunft Martels ging man dieser Sache nicht richtig auf den Grund. Hätte man es getan, man wäre womöglich einem ganz anderen Bereich der Aktivitäten Ralph Siglers auf die Spur gekommen.

Am 30. März 1976 rief Carlos Zapata den Sicherheitsoffizier von Fort Bliss, Oberleutnant Robert L. Davenport, an und bat ihn, Ralph, der zu dieser Zeit befristet nach White Sands versetzt war, aus diesem Sonderauftrag zu entlassen. Am 31. März traf Davenport die notwendigen Vorkehrungen für die Rückkehr Ralphs nach Fort Bliss. In derselben Woche erhielt Oberst Webster, Ralphs Vorgesetzter in White Sands, einen Anruf von Bill Vaughn aus Fort Bliss mit der Bitte, Ralph für eine Woche freizustellen. Oberst Webster sagte: »Okay, damit kann ich leben.«

Am 1. April 1976 reichte Ralph seinen Beurlaubungsantrag für die Zeit vom 4. bis 10. April ein. Er gab darin an, er werde eine Woche bei seinem Vater in Pennsylvania verbringen. Am selben Tag begab er sich in Begleitung seiner Tochter Karin zur Untersuchung in die Krankenstation von Fort Bliss. Die Untersuchung ergab, daß er bei guter Gesundheit war. Es gelang ihm, unbemerkt eine Kopie des Untersuchungsbefunds mitzunehmen. Nach der Rückkehr nach Hause ging Ralph in die Garage, löste den Teppichbelag vom Boden des Kofferraums seines neuen Trans-Am, schob die Kopie seines Untersuchungsbefunds unter den Teppich und klebte diesen wieder fest. Man könnte dies dahingehend deuten, daß Ralph das Gefühl hatte, daß sich einiges gegen ihn entwickelte, und daß er, bevor er nach Fort Meade fuhr, eine objektive Bestätigung seines guten Gesundheitszustandes hinterlegen wollte.

Vor seiner Abreise nach Washington ließ er seinen Vorgesetzten, Oberst Webster, und seine Kollegen in White Sands wissen, er werde am 7. April wegen einer Routinesache, um die er sich kümmern müsse, zurückkommen.[4] Auch Ilse gegenüber erklärte er, er werde am 7. April zurück sein. Am Sonntag, den 4. April 1976 um 13.00 Uhr brachen Ilse und Ralph zum Flughafen auf. Er hatte ihr gesagt, er müsse zu einem Treffen mit dem KGB nach Washington. Es sei ein wichtiges Treffen. Von dem bevorstehenden Lügendetektortest erzählte er ihr nichts.

Kurz nachdem sie vom Haus weggefahren waren, setzte sich nach Angaben von Ilse ein von zwei Männern mit weißen Hemden und schwarzen Krawatten gefahrener roter Kleintransporter mit einem Aufkleber der U. S. Army, der aus einer Seitenstraße wenige Blocks von ihrem Haus entfernt herauskam, hinter sie und folgte ihnen bis zur letzten Abzweigung vor dem Flughafen. Während die Siglers hier links abbogen, fuhr der rote Transporter geradeaus weiter. Gleichzeitig setzte sich am Straßenrand ein weißer Kleintransporter in Bewegung, an dessen Steuer ein Mann saß, den Ilse wiedererkannte: Er war am Tag zuvor bei ihnen zu Hause gewesen und hatte mit Ralph gesprochen. Als Ralph vor dem Flughafeneingang vorfuhr, fielen Ilse gegenüber, auf der linken Straßenseite, zwei Männer in einem grünen Auto auf. Später sollte sie in einem Wagen, den Joe Prasek benutzte, das grüne Auto wiedererkennen, das sie am Flughafen gesehen hatte.

Beim Aussteigen sagte Ralph zu Ilse: »Leb wohl. Wir sehen uns am Mittwoch oder Donnerstag. Ich ruf' dich an.« Er holte sich sein Ticket ab und flog mit einer Maschine der American Airlines zum Friendship Airport von Baltimore/Washington. Er hatte ein Rückflugticket, und als Termin des Rückflugs nach El Paso war der 7. April 1976 eingetragen.

Nach der Ankunft in Baltimore/Washington fuhr Ralph mit einem Taxi zum Howard-Johnson-Motel, von wo aus er John Schaffstall zu Hause in Virginia anrief und sich mit ihm für den folgenden Morgen zum Frühstück im Speiseraum des Motels verabredete.[5]

Der Heeresnachrichtendienst hatte beschlossen, Ralphs Lügendetektortest nicht in Fort Meade vorzunehmen. Man betrachtete ihn, weil und solange seine Tarnung noch funktionierte, als intakten Agenten. Wenn sich seine Probleme mit dem Polygraphen ausräumen ließen, war man gewillt, die Operation bis zu seiner Pensionierung weiterlaufen zu lassen. Weil man fürchtete, in Fort Meade hätten sich sowjetische Unterwanderungsagenten eingeschlichen, wollte man das Risiko nicht eingehen, daß Ralph dort gesehen wurde, denn dies hätte das Ende der Operation GRAPHIC IMAGE/LANDWARD HO bedeutet.[6]

Am 5. April 1976 um 8.30 Uhr trafen sich Ralph und Schaffstall im Frühstücksraum des Howard-Johnson-Motels. Ralph machte einen gutgelaunten und sehr zuversichtlichen Eindruck. Beim Kaffee sagte er zu Schaffstall, er glaube, keine Problembereiche mehr zu haben, und sei bereit, sich dem Test zu unterziehen. Schaffstall und Ralph begaben sich zum Zimmer 404, das die Army für den Test gemietet hatte. Odell King erwartete sie schon. Wie in San Francisco hatte er drei Kategorien von Fragen vorbereitet. Die erste Gruppe umfaßte Fragen zur Verwaltungsroutine sowie triviale Kontrollfragen wie beispielsweise: »Ist heute der 5. April 1976?« Die zweite Kategorie umfaßte Kontrollfragen anderer Art, etwa zu Ralphs Biographie; sie waren wichtig für die Gesamtbewertung der Testergebnisse. Die Fragen der dritten Gruppe schließlich bezogen sich auf die Zusammenarbeit Ralphs mit den Russen. Schaffstall ließ King und Ralph alleine, damit sie in Ruhe arbeiten konnten. Nachdem King die notwendigen technischen Vorbereitungen getroffen und die üblichen einleitenden Fragen gestellt und Anweisungen erteilt hatte, begann die Testsitzung. Der vormittägliche Teil verlief ohne Auffälligkeiten. Nach einer Mittagspause ging es weiter.

Wieder zeigte Ralph in dem Augenblick signifikante emotionale Reaktionen, als King Fragen nach seinen Begegnungen mit den Sowjets zu stellen begann. Nach einer Testdauer von sechs Stunden und zwanzig Minuten konfrontierte King Ralph Sigler »sanft« mit seinen Antworten auf diese Frage. Ralph reagierte mit gesteigerter Nervosität. Er verkrampfte sich in seinem Sessel, und King sah die Anspannung auf seinem Gesicht. Zur Klärung der offengebliebenen Fragen konnte Ralph wenig beitragen.

Ungefähr um vier Uhr nachmittags kam John Schaffstall ins Howard-Johnson-Motel zurück und erfuhr, daß Ralph nach wie vor Probleme hatte. King verließ das Zimmer mit der Bemerkung, er werde zurückkommen. Er fuhr nach Fort Meade hinüber und setzte seine Vorgesetzten ins Bild. Bis spät in den Abend hinein gingen unterdessen Schaffstall und Ralph jedes einzelne Treffen durch, das Ralph mit den Russen gehabt hatte, und versuchten, die Ursache des Problems zu ergründen. Wie Schaffstall sich erinnert, schärfte er Ralph ein, »sich keinerlei Sorgen zu machen. Was auch dahintersteckte, wir könnten es aufarbeiten, es sei also kein Problem. Und ich sagte: ›Wir können normalerweise alles so hinkriegen, daß für Sie und für den Heeresnachrichtendienst noch etwas Gutes dabei herauskommt.‹ Und Ralph sagte: ›Ich weiß nicht, was es sein könnte.‹«

Bei dieser Unterredung beichtete Ralph, daß er einmal einem Offizierskameraden von der Army, Bruce McCain, von seiner nachrichtendienstlichen Mission erzählt und sich ihm gegenüber gebrüstet habe, daß er für die DIA arbeite und eine »nationale Trumpfkarte« sei. Er bestritt aber, den Russen verraten zu haben, daß er für den Heeresnachrichtendienst tätig war, oder ihnen gar die Namen seiner dortigen Kontaktleute offenbart zu haben. Dann jedoch erwähnte Ralph etwas, das bei Schaffstall wie ein Blitz einschlug: Er bemerkte ganz nebenbei, er habe vor seiner Abreise nach Maryland seine Aufzeichnungen durchgelesen und seine Gewißheit bestätigt gefunden, daß er den Sowjets keinerlei auf seine amerikanischen Geheimdienstkontaktleute bezogenen Informationen gegeben habe. Schaffstall, der krampfhaft versuchte, seine Bestürzung zu unterdrücken und gelassene Miene zu bewahren, fragte Ralph nach den erwähnten Aufzeichnungen. Ralph erwiderte mit gelassener Sachlichkeit, es handle sich um tagebuchartige Aufzeichnungen, die er in einem sicheren Versteck in seinem Haus aufbewahre. Solche Aufzeichnungen über geheimdienstliche Operationen anzulegen war einem Agenten selbstredend strengstens verboten, aber Ralph zeigte keinen Anflug von schlechtem Gewissen. Er erzählte Schaffstall, er und Joe Prasek hätten sich oft scherzhaft darüber verständigt, einmal zusammen ein Buch über die Operation zu schreiben. Manchmal hatte Ralph dabei den Eindruck gewonnen, daß Prasek es ernst meinte, doch bei ihm selbst sei das, wie er Schaffstall versicherte, nie so gewesen. Immer wieder beteuerte er, nichts getan zu haben, das der Operation abträglich sein könnte.

In der Abteilung für Besondere Operationen in Fort Meade herrschte zu diesem Zeitpunkt eine beinahe panische Stimmung. War es möglich, daß einer der besten eigenen Agenten für die andere Seite arbeitete? Was verschwieg Sigler? Jones und Grimes hielten die persönliche Beziehung zwischen John Schaffstall und Sigler für zu eng, als daß Ralph begangene Fehler Schaffstall gegenüber eingestehen würde. Wenn Sigler sich etwas zuschulden hatte kommen lassen, würde er sich, so glaubten sie, eher einem Fremden als einem Freund offenbaren. Allen Beteiligten war klar, daß die Unwahrhaftigkeiten, die der Polygraph in den Aussagen von Sigler registriert hatte, sich nicht eher würden ausräumen lassen, als bis er jemandem anvertraute, was in ihm vorging.

Als John Schaffstall sich an jenem Abend im Howard-Johnson-Motel von Ralph Sigler verabschiedete, konnte er nicht ahnen, daß wenige Stunden zuvor in Fort Meade Noel Jones und Donald Grimes beschlossen hatten, ihm den Fall zu entziehen. Schaffstall sollte Ralph nie wiedersehen.

Louis R. Martel wurde zu Ralphs neuem Projektoffizier ernannt. Martel hatte mit Schaffstall zusammengearbeitet und war mit der Operation GRAPHIC IMAGE vertraut, kannte aber Ralph nicht so gut wie Schaffstall. Er war Ralph nur einmal begegnet, 1974 in El Paso, kurz nach Siglers Treffen mit den Sowjets in Wien. »Lou war ... ein guter Mann«, erinnert sich John Schaffstall. »Alle mochten Lou. Genauer gesagt, er trank mit allen.«[7]

Am Morgen des 6. April 1976 fuhr Noel Jones mit Lou Martel zum Howard-Johnson-Motel hinüber. Sigler war überrascht, als die beiden kamen, hatte er doch mit Schaffstall gerechnet. »Warum ist John nicht da?« fragte er. Jones erklärte ihm, er werde John vorläufig nicht mehr sehen, dafür werde sich Lou um ihn kümmern. Ralph schien über diesen personellen Austausch weder erfreut noch enttäuscht.[8] Sie erörterten den gestrigen Lügendetektortest, und Ralph beteuerte wiederum, er könne sich seine Probleme mit dem Polygraphen nicht erklären. Die drei Männer diskutierten etwa eine Stunde lang. Martel und Jones betonten, Ralph könne ihnen rückhaltlos alles sagen, was er auf dem Herzen

411

habe. Die Army habe nicht die Absicht, ihm wegen irgendwelcher Dinge, die er vielleicht getan hatte, die Hölle heiß zu machen oder ihn zu belangen. Sie bauten ihm alle möglichen goldenen Brükken, um ihn zu veranlassen, sich ihnen zu öffnen. Aber Ralph leugnete kategorisch, irgend etwas Falsches getan zu haben. Schließlich bat Jones Martel, ihn mit Ralph allein zu lassen. Martel verließ das Motel, und Noel Jones nahm Ralph intensiv ins Gebet. Drei Stunden lang versuchte er, mit ihm gemeinsam zu ergründen, worauf seine Probleme mit dem Lügendetektor zurückgingen. Er versicherte ihm, niemand im Team des Heeresnachrichtendienstes glaube, er, Sigler, habe die Operation in irgendeiner irreparablen Weise beeinträchtigt. Er bot Ralph an, ihm eine schriftliche Garantie zu besorgen, daß er nicht rechtlich belangt werde – falls das ihn beruhigen würde. Aber Ralph antwortete, er glaube nicht, daß er eine solche Garantie nötig habe.

Während der gesamten Dauer dieser Sitzung beharrte Ralph kategorisch auf seiner Aussage, er könne überhaupt nicht verstehen, daß und warum er den Lügendetektortest nicht bestanden hatte. Einige Male, als Jones gerade drauf und dran war aufzugeben, verfiel Ralph in grüblerisches Nachdenken, und Jones hatte dann jedesmal den Eindruck, er sei kurz vor dem Entschluß zu einem Geständnis. Aber alle diese Situationen endeten damit, daß Ralph sich noch frustrierter zeigte und wiederum seine Ratlosigkeit in bezug auf die Ursache des Problems beteuerte.

Als Lou Martel zum Motel zurückkehrte, rief er in dem Zimmer an, in dem der Polygraph stand, und sprach mit Noel Jones. Jones berichtete ihm, daß er nicht weiterkomme und Ralph sich nach wie vor an seine alten Beteuerungen klammere. Weiterzumachen habe seiner Ansicht nach keinen Sinn, da sich keinerlei Fortschritte zeigten. Er werde sich jetzt von Ralph verabschieden und sich mit ihm für den nächsten Tag wieder verabreden.

Als Jones schließlich kam, teilte er Martel aufgeregt mit, er glaube, er sei jetzt der Lösung des Problems auf der Spur. Als er zu Ralph gesagt habe: »Okay, das war's für heute. Wir sehen uns morgen«, habe Ralph eine weitere Bombe gezündet.[9] Er habe nämlich erwähnt, daß er über seine Arbeit mit den Russen bereits

412

von FBI oder CIA verhört worden sei und der Army davon noch nichts gesagt habe.[10] Er scheine über dieses Geständnis erleichtert gewesen zu sein. Er habe erklärt, dies sei womöglich die Ursache dafür gewesen, daß er den Test nicht bestanden hatte. Jones habe ihm darin zugestimmt und ihm versichert, daß seiner Überzeugung nach die Army ihm aus seinem Verhalten keinen Vorwurf machen würde. Ralph habe diese Zusicherung dankbar zur Kenntnis genommen. Jones war sehr wütend, als er Ralphs Zimmer verließ. »Das FBI hatte uns schon mehrere Streiche dieser Art gespielt«, erklärte er. »Man stellt diese Burschen zur Rede, und sie sind schlicht nicht fähig, einem die Wahrheit zu sagen.« John hatte, bevor er Ralph allein ließ, diesem noch zu verstehen gegeben, daß er es am nächsten Tag mit Martel zu tun haben werde und daß wahrscheinlich ein weiterer Lügendetektortest unumgänglich sei.

Am 7. April 1976 traf Lou Martel gegen 10.30 Uhr im Howard-Johnson-Motel ein. Er hatte sich vorgenommen, von Ralph mehr über die stattgefundene Befragung zu erfahren, die Ralph am vorigen Abend offenbart hatte. Er hatte aus dem Büro einige Aktenvermerke über die Operation mitgebracht, um gegebenenfalls Ralphs Gedächtnis auffrischen zu können. Doch dann war bei Ralph wieder Fehlanzeige. Martel schärfte ihm wieder und wieder ein, er könne beruhigt alles sagen, die Operation werde auf jeden Fall wie geplant weiterlaufen. Die Army wolle lediglich herausfinden, was es war, das ihm solche Probleme bereitete.

Bei Martel hatte sich zu diesem Zeitpunkt die Überzeugung verdichtet, daß »Ralph beide Seiten gegeneinander ausspielte. ...Es ist für Agenten eine echte Versuchung, zu sagen, die Russen verlangen das und das und das. Dann geht er zu ihnen und sagt: ›Ich könnte für euch das und das und das besorgen, aber dafür müßt ihr soundso viel bieten.‹ ...Das hatte er meiner Meinung nach getan«.

Nach vier Stunden kündigte Martel dem zerknirschten Ralph Sigler an, daß Odell King mit ihm am nächsten Morgen wieder einen Lügendetektortest durchführen würde. Ralph reagierte auf diese Mitteilung mit einer neuen Offenbarung: Er erzählte Martel, er habe, nachdem die Sowjets ihn in den letzten Jahren zur

413

Lieferung von immer mehr und immer besseren Informationen gedrängt hätten, auf eigene Faust beschlossen, ihnen alles, was sie wissen wollten und was er beantworten konnte, zu sagen. Er erklärte, er habe dies getan, weil er geglaubt habe, die Sowjets würden andernfalls das Interesse an ihm verlieren, und die Operation müßte dann beendet werden.[11] Martel entgegnete, das sei schon gut, die Army könne damit leben. Er fügte hinzu: »Damit sind wir aus dem Schneider. Das wird alle unsere Probleme lösen.«

Alle Teilnehmer der nachmittäglichen Einsatzbesprechung – Noel Jones, John Schaffstall, Louis Martel, Odell King und Donald Grimes – waren sich in dem alles andere überragenden Wunsch einig, Ralph Siglers unglückliche Romanze mit dem Lügendetektor ein für allemal abzuschließen. Die Vorstellung, daß Ralph zu Hause Aufzeichnungen aufbewahrte, gefiel ihnen ganz und gar nicht. Andererseits hielten sie es für möglich, daß sich in diesen Aufzeichnungen Informationen fanden, die einen Beitrag zur Klärung der Probleme leisten konnten. Nach Angaben von Martel gab Odell King zu bedenken, daß weitere Lügendetektortests womöglich wenig Sinn hatten, da Ralph jetzt schon so viele absolviert hätte, daß die Resultate nicht mehr sinnvoll interpretiert werden könnten. Grimes und Jones waren jedoch anderer Meinung und überstimmten King. Am 8. April 1976 um 8.30 Uhr bestieg John Schaffstall auf dem Washingtoner Dulles International Airport eine Maschine nach El Paso. Während Schaffstall sich noch in der Luft befand, traf Odell King im Howard-Johnson-Motel ein, um den Detektortest durchzuführen. Für Ralph war King mittlerweile fast schon ein guter Bekannter. King erklärte, es gehe ihm hauptsächlich darum, jetzt die Mitteilungen, die Ralph gegenüber Noel Jones und Lou Martel über seine Befragung durch FBI oder CIA und seine Offenbarungen an die Sowjets gemacht hatte, mit Hilfe des Polygraphen zu verifizieren und dabei gleichzeitig sicherzustellen, daß das Verschweigen dieser Dinge die Ursache für Ralphs unbefriedigende Testresultate gewesen war. Ralph bestätigte im Verlauf des sich anschließenden Tests im wesentlichen die Aussagen, die er gegenüber Jones und Martel gemacht hatte, begann dann jedoch, seine Darstellung zu

414

variieren. King und Ralph erörterten einige der unklaren Fragen gründlich, um sie auch zur »Zufriedenheit« des Polygraphen zu klären.[12]

Nachdem King Ralph eine Reihe von Kontrollfragen gestellt hatte, analysierte er die Reaktionswerte. Er war nicht in der Lage, festzustellen, welche von Ralphs Antworten wahr und welche gelogen waren, und erklärte Ralph, dies könne ein Anzeichen dafür sein, daß er sich an diesem Tag nicht in einer testtauglichen Verfassung befinde. Ralph empfand dasselbe und erklärte, er habe die Nacht über wenig geschlafen und sei sehr müde. Er sah auch müde aus. Er sagte, er wolle nach Hause fliegen. King schlug ihm vor, er solle eine Mittagspause einlegen, einen Bissen essen und sich entspannen. Danach werde er, King, einen weiteren Kontrolltest vornehmen, um festzustellen, ob seine physische Verfassung vielleicht doch noch einen Detektortest zuließ. Ralph war einverstanden und ging von dannen.

Da King während der Mittagspause einige persönliche Dinge erledigen wollte, fuhr er nach Fort Meade zurück. Eine Dreiviertelstunde später kehrte er ins Motel zurück, wo Ralph ihn im Foyer mit sichtlicher Nervosität erwartete. Er sagte, er wolle mit ihm noch einmal über die Fragen sprechen, die sie zuvor erörtert hätten. Als sie wieder auf dem Zimmer waren, rückte Ralph von seinen zuvor gemachten Offenbarungen ab. Er sei sich, so behauptete er, nicht mehr sicher, ob die Darstellung, die er zuletzt gegeben habe, richtig sei. King, konsterniert, fragte nach dem Grund für diese neue Wendung. Ralph erklärte, er müsse sich wohl selbst eingeredet haben, daß die Dinge sich in der von ihm geschilderten Weise abgespielt hatten; jetzt sei er sich dessen jedoch nicht mehr sicher.

Nun war King klar, daß es zwecklos gewesen wäre, noch einmal einen Lügendetektortest anzuschließen, denn auf die entscheidenden Fragen würde Ralph in Anbetracht dessen, was er soeben gesagt hatte, sicher nicht mit einem klaren »Ja« oder »Nein« antworten können. King entschloß sich daher, die Sitzung zu beenden.

Enttäuscht rief King in Fort Meade an, teilte Martel mit, daß es Probleme gab, und bat ihn, ins Motel herüberzukommen. Konkreter wollte er sich am Telefon nicht äußern. Als Martel eintraf, erklärte King ihm zunächst, er sehe keine Möglichkeit, einen sinnvollen Test durchzuführen, da Ralph nur zwei Stunden geschlafen zu haben glaubte und zu müde sei. Solange Ralph in so schlechter physischer Verfassung sei, könne ein Test keine aussagefähigen Ergebnisse liefern.

Lou Martel wurde wütend; er war sich sicher, daß Ralph es mit seinem Verhalten bewußt darauf anlegte, dem Lügendetektortest auszuweichen. Als Martel von King erfuhr, daß Ralph jetzt auch noch seine jüngsten Offenbarungen halb und halb widerrufen hatte, ging er in Ralphs Zimmer hinüber und sagte:»Ralph, es hat fast zwei Tage gedauert, bis Sie diese Dinge zugegeben haben, und jetzt wollen Sie sie alle zurücknehmen. Was, zum Teufel, soll das?« Ralph hatte keine Antwort. King ließ Martel und Ralph allein im Hotel zurück und fuhr wieder nach Fort Meade in sein Büro.[13]

Martel versuchte noch eine Zeitlang, aus Ralph herauszubekommen, warum er von seinen letzten Offenbarungen wieder abrükken wollte. Schließlich jedoch sagte Martel sich:»Was soll's, das führt nirgendwohin. Er ist müde. Er ist fertig.« So wandte er sich an Ralph und sagte:»Wie wär's, wenn wir an die Bar runtergehen und ein Bier trinken und uns entspannen und eine Weile diesen ganzen Mist vergessen?« Ralph schien erleichtert und erklärte sich sofort einverstanden. Sie gingen nach unten und setzten sich an die Bar.

Dort ließ er Ralph für einige Minuten allein an der Bar zurück und rief Noel Jones an. Er teilte ihm in allgemeinen Worten mit, daß Ralph übermüdet sei und deswegen nicht »verarztet« werden könne. Jones erinnerte Martel daran, daß Schaffstall nach El Paso geflogen war; er wies ihn an, Ralph um sein Einverständnis dafür zu bitten, daß Schaffstall die in seinem Haus versteckten Aufzeichnungen sicherstellte. Martel legte auf, ging an die Bar zurück und trug Ralph die Bitte vor. Dieser antwortete:»Aber ja, klar, diese Aufzeichnungen helfen mir vielleicht, mein Gedächtnis aufzufrischen.« Martel hatte den Eindruck, daß diese Neuigkeit Ralph aufheiterte. Er ging wieder zum Telefon und berichtete Jones, Ralph werde gleich auf sein Zimmer gehen, seine Frau in El

416

Paso anrufen und ihr sagen, daß Schaffstall unterwegs sei, um einige Papiere aus dem Haus zu holen, und daß sie ihm dabei behilflich sein solle.

Nachdem sie das Zimmer betreten hatten, erklärte Martel: »Ralph, wir wollen diese Aufzeichnungen erst einmal aus keinem anderen Grund, als um Ihnen zu helfen. Wir werden sie nicht gegen Sie benutzen. Wir wollen sie analysieren.« Ralph entschuldigte sich dafür, daß er diese Aufzeichnungen überhaupt gemacht und aufbewahrt hatte. Martel versicherte ihm immer wieder, die Army wolle dieser Aufzeichnungen nur habhaft werden, um all die aufgetretenen Ungereimtheiten besser aufklären zu können. Ralph rief schließlich seine Frau an. Als Ilse an den Apparat kam, sagte Ralph in witzelndem Ton: »Hier ist dein liebender Gatte.« Er hatte diese Floskel Ilse gegenüber noch niemals benutzt. Heute glaubt Ilse, daß Ralph ihr damit irgendeine Warnung zukommen lassen wollte.[14]

Während des Telefonats hörte Ilse in der Leitung ein eigenartiges Hintergrundgeräusch, das sie an das Prasseln eines militärischen Funkempfängers erinnerte. Ralph klang, als habe er einige Drinks intus. Er sagte Ilse, Schaffstall werde am Abend vorbeikommen und ein paar Papiere abholen, die er, Ralph, im Haus vergessen habe. »Wo sind die Papiere?« wollte Ilse wissen. »In der Stereoanlage. John weiß Bescheid«, erklärte Ralph.

Martel erkundigte sich bei Ralph, weshalb er diese Aufzeichnungen überhaupt angefertigt habe, und dieser antwortete, er habe sie gemacht, um vor den Auswertungsbesprechungen sein Gedächtnis auffrischen zu können. Dann räumte er halb scherzhaft und halb ernst ein, daß er daran gedacht habe, einmal ein Buch zu schreiben, fügte aber hinzu, dies sei kein wirklich ernst gemeintes Vorhaben gewesen. Martel ließ Ralph wissen, er werde am morgigen Tag wiederkommen und wolle mit ihm dann noch über einige Dinge sprechen. Vielleicht würden, wenn sie sich einfach locker unterhielten, noch einige brauchbare Informationen zutage kommen, und dann könne man vielleicht für einen späteren Termin eine weitere Polygraphensitzung anberaumen.

Nachdem John Schaffstall in El Paso angekommen war, rief er Ilse

Sigler an ihrer Arbeitsstätte an und sagte ihr, er wolle im Haus die Papiere holen, die Ralph vergessen hatte. Ilse war einverstanden. Als Ilse nach Hause kam, bemerkte sie den in seinem Wagen auf ihr Eintreffen wartenden Schaffstall. Sie gingen ins Haus, und Ilse führte Schaffstall in das Gästeschlafzimmer, in dem Ralph alle seine Sachen aufbewahrte. Sie half ihm, die Stereoanlage von der Wand wegzurücken; er bemerkte, daß die Rückwand angeschraubt war. Er fragte Ilse nach einem Schraubenzieher. Sie ging weg und kam mit zwei Schraubendrehern wieder. John schraubte die Rückwand ab und spähte in das Gerät hinein. Zu seiner Überraschung fand er darin mehr als bloß ein paar Zettel mit Notizen. Im Lautsprechergehäuse fanden sich eine graue Metallkassette, ungefähr 25 auf 17 auf 12 Zentimeter messend und mit einem kleinen metallenen Handgriff versehen, ein großes weißes Ringbuch mit Plastikeinband, ein mit den Insignien der US-Regierung bedrucktes Kuvert, das handschriftliche Aufzeichnungen und zwei schwarzrote Notizbücher enthielt, eines mit der Aufschrift »Journal«, das andere mit der Aufschrift »Archiv«, jeweils in goldenen Lettern; schließlich ein weiterer Umschlag mit weiteren Aufzeichnungen und Skizzen darin. Die Metallkassette war abgeschlossen. Nach Aussage von Ilse suchte Schaffstall nach den Schlüsseln und fand sie auch – zwei Schlüssel. »Hier sind die Schlüssel«, sagte er und ließ sie vor ihrem Gesicht pendeln. Dann fügte er hinzu: »Ralph ist ein bißchen hinterlistig, manchmal zu hinterlistig.« So erinnert sich Ilse an diese Situation. Schaffstall behauptete in einem späteren Gespräch kategorisch, es seien keine Schlüssel da gewesen, und er habe die Kassette aufstemmen müssen.[15]

Er packte das gesamte gefundene Material zusammen in eine Papiertüte und ging zur Tür. Dort drehte er sich zu Ilse um und sagte: »Es war nett, Sie wieder mal zu sehen. Wir müssen bald einmal miteinander reden. *Sehr bald.*« Er kehrte in sein Hotelzimmer zurück, rief Joe Prasek an und bat ihn, zu ihm zu kommen und mit ihm die Materialien durchzusehen.

Gegen 20 Uhr kam Joe Prasek in John Schaffstalls Zimmer im Hotel La Quinta. Sie öffneten zunächst die graue Metallkassette und fanden darin entwertete Zugfahrkarten, eine Landkarte von

418

Mexiko und einen Stadtplan von Zürich, einige Fotografien, die Ralph in Wien bei seinem Aufenthalt dort gemacht hatte, zehn Pässe auf verschiedene Namen, die sowjetischen Codelisten, die Ralph für die Verschlüsselung seiner Botschaften benützte, ein kleines, leeres Adreßbuch und einige Fotografien, die Ralph mit drei oder vier verschiedenen Personen an einem Strand zeigten. John vermutete, daß es sich um einen Strand irgendwo in Mexiko handelte – es war jedenfalls ein tropischer Strand. Die Männer hatten Badehosen an und waren mit Handtüchern bewaffnet. John wunderte sich über diese Fotos. Wieso bewahrte Ralph sie in einer Kassette auf? Was hatten diese Bilder zu bedeuten? Außer Ralph kam keiner der Männer ihm bekannt vor. Was Schaffstall und Prasek in der Kassette nicht fanden, waren die kanadischen Personalausweise, die Ralph von den Russen bekommen hatte. Eigentlich hatten sie damit gerechnet, daß Ralph diese Papiere ebenfalls der Kassette anvertraut hatte.

Prasek nahm einen Geheimschriftblock, den Ralph von den Sowjets bekommen hatte, eine Rolle unbelichteten Mikrofilms (ebenfalls eine Gabe der Sowjets), die Liste mit den Sendezeiten der Funkbotschaften und die Codelisten an sich. Als er erfuhr, daß Ralph Probleme mit dem Lügendetektor hatte, zeigte er sich überrascht. »Er war der Meinung, die hätten den Test bloß falsch ausgewertet«, erinnert sich Schaffstall.

Am nächsten Morgen flog Schaffstall, das in Siglers Haus geborgene Material im Gepäck, nach Washington zurück. Am Washingtoner National Airport wartete Richard J. McGhee auf ihn, ein Kurier des Heeresnachrichtendienstes. McGhee nahm das Material an sich und brachte es nach Fort Meade.[16]

Der 9. April 1976 war in Washington ein schöner Frühlingstag. Lou Martel ging an diesem Morgen zu seinem Chef Noel Jones und machte ihm einen Vorschlag: »Wie wär's«, sagte er, »wenn ich ihn [Sigler] ausführe auf ein paar Gläser Bier? Wenn wir zusammen etwas trinken gehen?« Mehrfach im Verlauf der quälenden Polygraphensitzungen hatte Ralph zunächst Schaffstall und dann Martel angefleht: »Ihr Jungs, ihr müßt mir helfen. ... Da ist etwas – da ist etwas. Ich weiß nicht, was. Ihr müßt mir dabei helfen, daß es rauskommt. Reden wir darüber.« Deshalb hatte Martel sich überlegt, Sigler werde vielleicht »auftauen, wenn er in einer freundlichen Atmosphäre ein paar Gläser getrunken hat. Vielleicht ist der Alkohol das Treibmittel, das er braucht, damit es aus ihm herausbricht. Vielleicht will er es einfach nicht sagen, solange er vollkommen nüchtern ist oder sich vollständig unter Kontrolle hat. Aber nach ein paar Drinks kann er es vielleicht vor sich selbst so rationalisieren: ›Ich habe denen das nicht gesagt, solange ich meine fünf Sinne komplett beieinanderhatte.‹«

Schaffstall ist im nachhinein der Überzeugung, daß dieser Versuch zum Scheitern verurteilt war. »Ralph war mit den Sowjets zusammengewesen, und sie hatten versucht, ihn betrunken zu machen, und hatten nie etwas aus ihm herausgekriegt. ... In diese Art von Falle tappte er nicht. Ich glaube auch nicht, daß Martel es geschafft hätte, ihn betrunken zu machen. Ich glaube, daß Martel schneller als Ralph betrunken gewesen wäre.«

Aber Noel Jones ermunterte Martel, es zu versuchen. Alles andere hatten sie ja schon durchprobiert. Was hatten sie zu verlieren? Martel fuhr also zum Howard-Johnson-Motel hinüber und fragte Ralph, ob er Lust habe, mit ihm etwas trinken zu gehen. Martel sagte: »Es tut Ihnen vielleicht gut, und vielleicht kommt etwas dabei heraus. Sie brauchen sowieso eine Pause.«

»Okay, ich komme mit«, antwortete Ralph. Sie begannen also, die Bars in der Umgebung abzuklappern und sich etliche Biere zu genehmigen. Martel bemühte sich anfänglich, geheimdienstliche Gesprächsthemen ganz zu meiden. Er erging sich in allgemeinen weltpolitischen Betrachtungen. Nach ein paar Schlucken Bier indes wandte Ralph sich ihm zu und sagte ratlos: »Mensch, Sie müssen mir helfen, daß ich mich wieder erinnere. Ich weiß nicht, warum ich auf diesen Poly[graphen] so reagiere.« – »Das weiß ich auch nicht«, antwortete Martel. »Wir haben es doch durchgekaut. Es gibt eigentlich nichts mehr durchzuforsten, Ralph. Wir haben so ungefähr jeden Winkel abgesucht. Aber wenn Sie wollen, reden wir noch mal darüber.«

»Vielleicht hilft es doch etwas«, meinte Ralph. Zusammen rekapitulierten sie nochmals einige der Dinge, die sie die Woche über durchgesprochen hatten. Dann sagte Martel: »Ich weiß, daß man Ihnen diese Frage schon gestellt hat, aber ich werde sie noch einmal stellen ... [Die folgende Gesprächspassage wurde von der US-Regierung aus Gründen der nationalen Sicherheit nicht freigegeben.] [...] Ich glaube, daß wir in diesem Bereich Probleme haben.« Ralph wandte sich Martel zu und sagte:»Das ist es. Sie haben den Nagel auf den Kopf getroffen.« Martel war überrascht und dachte bei sich:»Jetzt, nach so langer Zeit, [sagt er], das ist es.« Er schlug Ralph vor, ins Freie zu gehen, wo man besser reden könne. Sie tranken ihr Bier leer, gingen zum Auto und fuhren um ein paar Blocks.

Ralph hatte Martel gestanden, daß er den Sowjets nicht freigegebene Informationen geliefert hatte. Darunter waren die Namen der Mitarbeiter des Heeresnachrichtendienstes, die seine Kontaktleute waren. »Er sagte, er habe nicht mehr getan, als die Namen zu erwähnen«, erklärt John Schaffstall. Er, Schaffstall, habe Ralph dies jedoch nicht geglaubt. »Mein Gefühl sagt mir, daß er den Sowjets eine Menge über uns erzählt hat. ... Ich glaube, daß sie ihn in die Enge trieben und daß er ihnen eine Liste der Geheimdienstbeamten gab, die er ... kannte. Vielleicht hat er mich und Zapata genannt.«

Solange sie umherkurvten, sprach Ralph weiter über die Operation. Er gab zu, zur »Verbesserung der Operation« und zur Befriedigung seines Selbstgefühls gewisse Dinge getan zu haben, die gegen seine Anweisungen verstießen. Ralph und Martel bestärkten einander in der Überzeugung, Ralphs letztes Geständnis berge nun tatsächlich den Schlüssel zur Ausräumung der rätselhaften Unstimmigkeiten in den Polygraphenresultaten Ralphs. Und Ralph war sich sicher, daß er jetzt, da dies aus ihm heraus war, beruhigt in einen neuen Polygraphentest gehen konnte. Zur Feier dieses Durchbruchs führte Martel Ralph in die Timbuktu-Bar, wo sie sich einige weitere Biere genehmigten. »Er war in einer zutraulicheren Stimmung«, erinnert sich Martel. »Er rückte mir, und nicht nur mir, verdammt nahe auf den Pelz.« Ralph flirtete mit den Kellnerinnen, Ralph unterhielt sich mit Martel, Ralph begann ein Gespräch mit zwei Männern am Nebentisch, die auf ihr Flugzeug nach Cleveland warteten und sich derweil betranken.[17] Martel ließ einen lachenden, rauchenden und Witze reißenden Ralph bei den beiden Männern zurück und ging zum Telefon, um

Noel Jones anzurufen. Aufgeregt erklärte er ihm, daß er die Lösung des Problems in den Händen zu halten glaube. Ralph habe endlich ausgespuckt, was ihm zu schaffen gemacht hatte. Kurze Zeit später sagte Martel:»Mein lieber Ralph, ich werde dich jetzt zurückbringen.« Ralph war betrunken, konnte aber noch gerade gehen. Er hatte sich unter Kontrolle, auch wenn man ihm ansah, daß er einiges geschluckt haben mußte. Auf der Rückfahrt zum Motel fiel Martel ein, daß er sich keinerlei Notizen über die Äußerungen Ralphs an diesem Tag gemacht hatte. Wie hätte er das auch bewerkstelligen sollen? Er hatte den Tag teils biertrinkend in Bars, teils am Steuer seines Wagens verbracht. Die konsumierten Biere hatten auch bei ihm ihre Wirkung getan. Seine Erinnerung an das, was Ralph ihm erzählt hatte, war ein bißchen verschwommen, und er wußte, daß er Ralph am morgigen Tag noch einmal zum Sprechen bringen mußte, um das, was er zuletzt gebeichtet hatte, konkret und detailliert festhalten zu können.

Am 10. April 1976 herrschte erneut schönstes Wetter. Am Vormittag gingen Schaffstall, Jones und Martel die Aufzeichnungen und das andere Material durch, das Schaffstall aus dem Siglerschen Haus geborgen hatte. Alle drei waren überrascht über die Ausführlichkeit der Aufzeichnungen. Was sie hier vor sich hatten, war praktisch eine vollständige Chronik der geheimdienstlichen Aktivitäten Ralphs, einschließlich der Namen seiner amerikanischen und sowjetischen Kontaktleute sowie der Termine und Orte seiner Begegnungen mit ihnen; Ralph hatte sogar detailliert aufgelistet, welche Informationen er den Sowjets bei diesen Begegnungen jeweils übergeben hatte.

Lou Martel, der es eilig hatte, ins Motel zu kommen, blieben nur wenige Minuten, um die Aufzeichnungen durchzuprüfen. Er konnte nichts entdecken, was Ralph nicht schon eingestanden hatte. Daß Ralph mit der Führung dieser Aufzeichnungen gegen alle Regeln der Agentenkunst verstoßen hatte, war ebenfalls schon geklärt und ausdiskutiert, so daß das Material, das Schaffstall aus El Paso gebracht hatte, nach Ansicht von Martel nichts wesentlich Neues enthielt. Martel konzentrierte sich daher auf Ralphs Eingeständnisse vom Vortag. Er hatte sich ausgedacht,

Ralph ein leeres Ringbuch hinzulegen und ihn zu bitten, alles am Vortag Besprochene, an das er sich entsinnen konnte, niederzuschreiben. Noel Jones beschloß, Martel zum Howard-Johnson-Motel zu begleiten. Sie fuhren zusammen hin, nachdem Martel ein leeres Ringbuch besorgt hatte.

Vor der Ankunft von Jones und Martel im Motel war Ralph aus seinem Zimmer ausgezogen und hatte per Kreditkarte seine Rechnung in Höhe von 132,22 Dollar bezahlt. Ralph wußte, daß die Benutzung einer Kreditkarte einen Verstoß gegen die Verfahrensregeln der Army darstellte. Ralphs Anweisung lautete, stets und überall in bar zu bezahlen. »Die Regel lautete: Zahle bar, zahle nie mit deiner Kreditkarte«, erläutert John Schaffstall. »Er hatte genügend Geld, um bar zahlen zu können. Und er wußte, daß er uns wiedersehen würde und daß er, wenn es ihm an irgend etwas mangelte, uns ohne weiteres um Geld bitten konnte.«[18]

Martel übergab Ralph das Ringbuch und ersuchte ihn, alles aufzuschreiben, was er ihm am Vortag anvertraut hatte, und dazu auch alles andere, was ihm einfallen mochte. Er solle dafür, meinte Martel, das Wochenende nutzen und die Sache gründlich machen. Er, Martel, werde sich das Ringbuch am Montag abholen. Ralph gab sein Einverständnis zu erkennen und sagte, auf diese Weise habe er wenigstens etwas zu tun. Auf Jones und Martel machte Ralph nicht den Eindruck, als bedrücke ihn das, was vorging, allzusehr; er schien jedoch die Eingeständnisse, die er im Verlauf der Woche gemacht hatte, zu bedauern. Man nahm Abschied voneinander, und Jones und Martel fuhren nach Fort Meade zurück.[19]

Um 10.57 Uhr mietete Ralph sich wieder im Howard-Johnson-Motel ein. Geheimdienstexperten, die für dieses Buch befragt wurden, bezeichneten es als eine unverzeihliche Sünde wider die Sicherheit, daß man Sigler eine Woche lang unter seinem eigenen Namen im Howard-Johnson-Motel wohnen ließ und dann auch noch erlaubte, daß er sich innerhalb einer Stunde ab- und wieder anmeldete. Es mutet merkwürdig an, daß Ralph auch im Hotel Vagabond in San Francisco ein ähnliches Wechselspiel praktiziert hatte.

Am Abend rief Ralph seine Frau an. Sie fragte ihn, wie es ihm gehe, und Ralph antwortete: »Gut.« Für Ilse klang dies jedoch nicht so, als stimmte es. Ralph machte einen erschöpften Eindruck. Seine Aussprache wirkte schleppend. Sie erkundigte sich, ob er die zu Hause vergessenen Materialien bekommen habe – die Sachen, die Schaffstall für ihn geholt hatte. Ralph antwortete: »Ja, die Papiere sind bei mir angekommen. Wie lange war John bei dir?« – »Bloß zehn oder fünfzehn Minuten«, erwiderte Ilse. Da es Samstag war, fragte sie: »Rufst du morgen wieder an?«, denn Ralph pflegte sie sonntags immer anzurufen, wenn er auf Reisen war. »Hängt davon ab, wie ich mich fühle«, war Ralphs seltsame Antwort. Dann fragte er sie: »Ach übrigens, wirst du am Montag zu Hause sein?« Er wollte sichergehen, daß sie auch am kommenden Montag, wie gewöhnlich, ihren freien Tag hatte. »Ja«, beruhigte sie ihn, erklärte jedoch, sie habe am Montag vormittag einen Arzttermin. »Von zehn an bin ich wieder zu Hause«, meinte sie.

Das Wochenende über kümmerte sich niemand vom Heeresnachrichtendienst um Ralph Sigler. Am Sonntag nachmittag rief Ralph bei John Schaffstall zu Hause an und teilte ihm mit, daß ihm erstens bald das Geld ausgehen werde und daß er zweitens eine Urlaubsverlängerung brauche. Er erzählte Schaffstall, daß Oberst Webster aus White Sands bei seiner Frau angerufen und sich erkundigt hatte, weshalb er noch nicht wieder zur Arbeit erschienen war. Schaffstall sagte Ralph zu, ihm Geld zukommen zu lassen; außerdem versprach er, Carlos Zapata werde sich mit Oberst Webster in Verbindung setzen und die Sache mit der Urlaubsverlängerung in Ordnung bringen. Er fragte Ralph, wie es ihm gehe, und Ralph antwortete, es sei soweit alles in Ordnung. Es war ein kurzes Telefonat. Ralph machte auf Schaffstall keinen aufgeregten oder niedergeschlagenen Eindruck.

Am Montag, den 12. April 1976 am frühen Vormittag trafen sich in Fort Meade Lou Martel, Noel Jones und Oberst Grimes zu einer Besprechung. Sie kamen überein, daß Ralph aus Sicherheitsgründen nicht länger im Howard-Johnson-Motel bleiben könne.

Später an diesem Morgen fuhr Louis Martel zum Howard-Johnson-Motel, und Ralph übergab ihm das Ringbuch. Martel sagte: »Übrigens, wir fahren jetzt zum Holiday Inn an der Route [Bundesstraße] 1. Wir ziehen hier aus.« Er erklärte, daß Sicherheitsgründe diesen Umzug notwendig erscheinen ließen. Ralph freute sich auf den Tapetenwechsel, bewohnte er sein jetztiges Zimmer doch schon seit über einer Woche. Martel händigte Ralph etwas Bargeld aus und ging zu seinem Wagen, während Ralph seine Sachen packte und die Motelrechnung beglich.[20] Anstatt bar zu bezahlen, wie er es eigentlich hätte tun müssen, legte Ralph wieder seine Kreditkarte vor. Martel und Schaffstall wunderten sich später sehr über diesen Regelverstoß Siglers, hatten sie ihm doch beide größere Bargeldbeträge für die Begleichung seiner Spesen ausgehändigt.

Zurück im Büro, ging Martel mit Jones und einigen anderen die Blätter durch, die Ralph beschrieben hatte. Sie kamen überein, daß es das beste wäre, wenn Martel wieder zum Holiday Inn fahren und den Text mit Ralph Punkt für Punkt besprechen würde. Sie hielten es für möglich, daß Ralph ergänzend zu dem, was er aufgeschrieben hatte, weitere Angaben machen oder zusätzliche Erläuterungen geben würde.

Martel äußerte bei der Besprechung die Meinung, daß die Fragen, die man Ralph im Rahmen des Lügendetektortests gestellt hatte, »zu vage« gewesen seien. Er schlug vor, Ralph statt dessen »eine konkrete Frage zu stellen, auf die er mit ja oder nein antworten mußte.... Mein Eindruck war, daß es jetzt an der Zeit war, ihn zu fragen, ob die Russen ihm in San Francisco eine Telefonnummer gegeben hatten, die er anrufen sollte.«

Noel Jones entschied sich dafür, Martel ein weiteres Mitglied der »Gold-Gruppe«, Peter Conway, als Begleiter mitzugeben. Martel könne, so schlug Jones vor, den Text aus dem Ringbuch vorlesen und Ralph Fragen dazu stellen, und Conway könne sich auf die Antworten und Äußerungen Ralphs konzentrieren und Stichworte und Kommentare festhalten, die der Aufmerksamkeit Martels möglicherweise entgehen würden.

Schaffstall konnte Peter Conway nicht leiden. »Er war keiner, den ich bei einer meiner Operationen gern dabeigehabt hätte. ... Ich hielt nicht viel von seiner Einstellung. Ein bißchen distanziert. Abrupt. Manchmal machte er sich über alles lustig, dann wieder sagte er kein Wort. ... Ich glaube nicht, daß er mit unserer Gruppe kompatibel war. Er war anders.«[21] Andere Mitarbeiter des Heeresnachrichtendienstes haben Conway als einen »Einzelgänger« in Erinnerung.

Peter Conway und Louis Martel fuhren zum Holiday Inn und gingen mit Ralph zusammen das Ringbuch Blatt für Blatt durch; die ganze Sitzung wurde auf Band genommen. Weder der Ringbuchtext noch die Anmerkungen, die Ralph an diesem Tag dazu machte, brachten irgend etwas Bedeutsames über das hinaus zutage, was Ralph nach Martels Erinnerung am vergangenen Freitag offenbart hatte. Als sie mit dem Text durch waren, schien Ralph erleichtert und guter Stimmung. Martel sprach ihn überhaupt nicht auf die Aufzeichnungen an, die Schaffstall aus El Paso geholt hatte, auch nicht auf den Inhalt der grauen Metallkassette, da Hinweise auf die Ursache der Probleme, die Ralph hatte, sich darin nicht fanden.

Martel eröffnete Ralph, daß für den folgenden Tag, Dienstag, den 13. April, eine weitere Polygraphensitzung geplant und daß er, Martel, sehr zuversichtlich sei, daß nun alle Probleme ausgeräumt seien. Ralph war der gleichen Meinung. Er sagte: »Ich werde es diesmal schaffen. Es wird keine Probleme mehr geben. Keine Probleme mehr.« Martel bekräftigte noch einmal sein gutes Vorgefühl, und als sie Abschied nahmen, sagte Ralph: »Ich glaube, wir haben es jetzt geschafft.« Martel antwortete: »Ja. ... Wir sind jetzt auf dem richtigen Weg.« Wie schon dreimal zuvor seit Ralphs Ankunft vor über einer Woche, ermahnte Martel ihn: »Ralph, bitte trinken Sie heute abend nichts, und versuchen Sie, gut durchzuschlafen. Ich bin sehr zuversichtlich, daß wir es jetzt geschafft haben und daß Sie jetzt eigentlich einen ruhigen Schlaf haben müßten. Sie haben alles offenbart. Sie sollten in der richtigen Verfassung für die Poly[graphen] sein. ... Sie sollten nichts trinken gehen.«[22]

Martel und Conway gingen, Ralph blieb in seinem Motelzimmer zurück. Die beiden beschlossen, noch etwas zu trinken. Sie suchten sich einen Platz in einer Nische der Cocktailbar des Hotels und bestellten sich Getränke. Gerade als die Kellnerin die Gläser brachte, betrat Ralph den Raum und ging an die Bar. Er sah die beiden Army-Männer in der Nische sitzen, schenkte ihnen jedoch keine Aufmerksamkeit. Er setzte sich auf einen Barhocker und bestellte ein Bier. Martel und Conway waren sprachlos; sie stürzten ihre Drinks hinunter, ließen Geld auf dem Tisch liegen, standen auf und verließen die Bar. Sie machten nicht einmal den Versuch, Ralph wegen seines Verhaltens zur Rede zu stellen oder ihn zur Rückkehr auf sein Zimmer zu bewegen.

Später am Nachmittag rief Ralph seine Frau an. Er erkundigte sich nach ihrem Blutdruck. Sie sagte, er sei niedriger als beim letzten Mal. Er wechselte das Thema. »Es ist ein Brief an dich unterwegs«, sagte er, wobei er jede Silbe betonte und ausdehnte. Ilse bat ihn, lauter zu sprechen. Er klang niedergeschlagen. »Gut, ich spreche lauter«, sagte er. »Ich bin in Schwierigkeiten, aber es betrifft nicht uns, es betrifft die anderen. Die wollen das nicht mehr machen.« Ilse fiel keine andere Antwort ein als »oh«. Ralph fuhr fort: »Wenn der Test gut verläuft, lassen sie mich morgen nach Hause.« Ilse fragte: »Wirst du über Ostern zu Hause sein?« Worauf Ralph mit sehr bedrückter Stimme antwortete: »Ich weiß noch nicht. Sei ein gutes Mädchen. Ich rufe dich an.« Sie war jetzt sehr beunruhigt.

Am frühen Dienstag vormittag trafen sich Mitarbeiter der »Gold-Gruppe« mit Noel Jones, Donald Grimes und Odell King und besprachen den bevorstehenden Lügendetektortest. Sie legten die Hauptthemen fest, die an diesem Tag mit Fragen abgedeckt werden sollten. Martels Frage nach der von den Russen angegebenen Telefonnummer in San Francisco war ebenso darunter wie einige andere konkrete Fragen über Ralphs Kontakte zu den Sowjets.

Ralph hatte die gesamte vergangene Woche über tröpfchenweise bislang ungemeldete Kontakte mit den Sowjets offenbart und andere Verfehlungen eingestanden: daß er es versäumt hatte, seine US-Betreuer über ihm von den Sowjets erteilte Aufträge zu informieren, daß er den Sowjets nicht freigegebene Informationen geliefert, daß er Geldzahlungen der Sowjets an ihn unkorrekt gemeldet und über einen Angehörigen der U. S. Army, den er den Sowjets als möglicherweise lohnendes Ziel eines Anwerbungsversuchs empfohlen hatte, unwahre Behauptungen aufgestellt hatte.[23]

An diesem Vormittag wurde der Brief, den Ralph am Vorabend im Telefonat mit seiner Frau erwähnt hatte, eingeworfen. (Er trägt den Poststempel vom 13. April 1976, vormittags.)

Da King nicht genau wußte, wo sich das Holiday Inn befand, bot Martel ihm an, ihm vorauszufahren. Vor ihrer Abfahrt rief Martel bei Ralph an, um sich zu vergewissern, daß dieser auch auf seinem Zimmer war. Dann fuhren sie im Konvoi zum Hotel. Während King den Polygraphen installierte, unterhielt Martel sich mit Ralph. Er sagte: »Gibt es noch irgend etwas, das Ihnen über Nacht eingefallen ist? Haben Sie gut geschlafen?« – »Ja, alles in Ordnung«, antwortete Ralph. – »Nicht zuviel getrunken gestern abend, oder?« wollte Martel wissen. – »Nein.« – »Okay, gut«, meinte Martel und wünschte Ralph für den Test alles Gute.

Martel blieb nur etwa eine Viertelstunde. Ralph schien in sehr guter Verfassung zu sein. Ebenso wie Martel, tat auch Odell King sein möglichstes, um Ralph Zuversicht einzuflößen. »Soweit ich mitgekriegt habe«, sagte er zu ihm, »stehen die Chancen sehr gut, daß wir das bereinigen können.« Martel verabschiedete sich von Ralph mit den Worten: »Ich lasse Sie in den fähigen Händen von Mr. King zurück.« Es war ziemlich genau 11 Uhr morgens am Dienstag, dem 13. April, als Martel das Hotelzimmer verließ, in seinen Wagen stieg und nach Fort Meade zurückkehrte. Er sollte Ralph Sigler nicht lebend wiedersehen.[24]

Kapitel 20

Sigler: Der letzte Test

Armer Ralph. Er hatte in jeder Beziehung Pech.

John Schaffstall

In einem von der Army eigens zu dem Zweck angemieteten Zimmer des Hotels Holiday Inn in Jessup (Maryland) unterzog sich Ralph Sigler am Dienstag, dem 13. April 1976, drei Stunden lang seinem letzten Lügendetektortest. Odell King, der den Test durchführte, stellte zunächst die gewohnten Formfragen: »Haben Sie etwas gegessen?« – »Wie lange haben Sie geschlafen?« – »Haben Sie irgendwelche Medikamente, Drogen oder Alkohol zu sich genommen?« Dann ließ er Ralph das Einwilligungsformular ausfüllen und unterschreiben, schloß die Meßsonden an Ralphs Körper an und begann mit dem Test.

Auch dieses Mal zeigten sich, als die ersten Fragen nach der Operation und nach den von Ralph zuvor eingestandenen Regelverstößen kamen, emotionale Reaktionen, die auf Unwahrhaftigkeiten hindeuteten. »Hatten Sie irgendwelche Kontakte mit fremden Geheimdiensten, von denen Sie uns nichts erzählt haben?« »Gibt es irgend etwas, wovon Sie uns nichts gesagt haben?« »Haben Sie je den Sowjets etwas [Unzulässiges] offenbart?« So oder ähnlich lauteten die Fragen, auf die Ralph mit Streßsymptomen reagierte. King wußte, daß er sich weitere Fragen zu diesen Punkten im Grunde sparen konnte. »Wenn einer auf eine [dieser Fragen] unwahrhaftig antwortet, wird er es auch bei den anderen tun«, erklärte John Schaffstall später. King stellte Ralph die von Louis Martel vorgeschlagene Frage: »Bekamen Sie in San Francis-

429

co von den Sowjets eine Telefonnummer, die Sie anrufen sollten?« Ralph antwortete mit nein; die Aufzeichnungsnadel machte einen Sprung.

Ralph schien nicht überrascht, als King ihm eröffnete, daß die Testresultate nicht sehr günstig für ihn aussahen. Er blieb ruhig und gelassen, als er sich die vom Detektor aufgezeichneten Reaktionskurven ansah. Er pflichtete King darin bei, daß die Kurven emotionale Streßreaktionen zeigten, betonte jedoch, er habe bei dem jetzigen Test ein besseres Gefühl als bei den vorhergegangenen. King räumte Ralph die Möglichkeit ein, eine eigene Deutung seiner aufgezeichneten Reaktionen zu geben, doch Ralph sagte, das könne er nicht. King vermied es, Ralph direkt der Lüge zu bezichtigen, drängte ihn jedoch, sich um eine Erklärung für seine Reaktionen zu bemühen; andernfalls bleibe nur der Schluß übrig, daß er, Ralph, nicht die vollständige Wahrheit gesagt habe. Ralph fragte, ob die Army vorhabe, ihm ein »Wahrheitsserum« zu verabreichen. King antwortete, ihm sei von einem derartigen Vorhaben nichts bekannt.

King rief in Fort Meade an und teilte Lou Martel mit, daß Ralphs Testergebnisse nach wie vor unbefriedigend waren. Das Problem wurde in Fort Meade kurz erörtert, und dann rief Noel Jones King zurück und wies ihn an, sein Gerät einzupacken und ins Fort zurückzukehren. Als King sich kurz nach 14.00 Uhr von Ralph verabschiedete, bat dieser ihn, ihm einen Sechserpack Dosenbier zu besorgen. King antwortete, dazu habe er leider keine Zeit. Er schlug Ralph vor, in die Hotelbar hinunterzugehen, wenn er ein Bier trinken wolle. Ralph sagte, er habe keine Lust, in die Bar hinunterzugehen. Außerdem sei das Bier dort teuer, und es sei nicht gestattet, von dort Flaschen oder Dosen mit aufs Zimmer zu nehmen. King versprach Ralph, seine Bitte gleich nach seiner Rückkehr nach Fort Meade an Louis Martel weiterzugeben; er sei sicher, daß Martel ihm dann Bier bringen werde, sofern er könne. Um 14.45 Uhr verließ Odell das Hotel. Er sollte Ralph nie wiedersehen.[1]

Ralph schrieb an diesem 13. April die folgenden Zeilen in seinen Taschenkalender:

Wieder nichts geklappt heute, warum?
Ich schätze, ich habe Angst
Verkaufe meine Knarren
Zu Hause anrufen und nach
hohem Blutdruck fragen
Meine Krankenblätter
im Auto.

In den hinteren Teil seines Kalenders trug er ein:

Nicht vergessen, mit Karin
Auto zu tauschen. Das alte
genügt mir. Sie braucht
etwas Blitzendes. Armes
Kind. Ich bin zu erdrückend.
Meine Papiere gehören
meiner Tochter. Sie soll wissen,
was ihr Vater war.
John
Ich wünsche mir Feuerbestattung

Nachdem Odell King wieder in Fort Meade eingetroffen war, hielten er, Jones, Schaffstall und Martel eine weitere Besprechung ab. Die Männer, die Ralph vor zehn Jahren angeworben hatten, die Männer, die ihn jetzt betreuten – sie alle sahen ihre weitere Karriere gefährdet. Falls es ihnen nicht gelang, das Problem zu lösen, das ihnen unter den Nägeln brannte, würde sich Ralph Sigler zu einem riesigen schwarzen Fleck auf ihrer professionellen Weste auswachsen. »Er sagte immer und immer wieder, er wisse nicht, warum. Aber er wolle mit uns kooperieren. Er wisse aber nicht, wie und warum, und so weiter. Und dann warf er uns alle diese Brocken hin. Jeden Tag ließ er ein bißchen mehr heraus. Und ... an diesem Punkt mußten wir uns sagen: ›Das könnte ewig so weitergehen‹«, erinnert sich John Schaffstall.
Wild entschlossen, herauszufinden, was es war, das Ralph ihnen verschwieg, beschlossen sie, ihn am folgenden Tag, dem 14. April, nach Fort Meade zu holen und ihn einem aggressiven Verhör zu

unterziehen. Es sollte in den eigens für diese Zwecke hergerichteten Verhörräumen der Abteilung für Besondere Operationen stattfinden. Ralph sollte keinerlei Vorabinformationen über diesen Plan erhalten. Es war höchste Zeit, ihn hart anzupacken. »Nun ja, da war eben gerade dieser Punkt erreicht. Ich brauchte Ergebnisse«, beschreibt Oberst Grimes seine Situation. Sie wollten Ralph ein bißchen in die Mangel nehmen, und sie hatten in Fort Meade auch den richtigen Mann für eine solche Aufgabe: Donnel J. Drake.[2]

Donnel Drake war ein Mann von furchteinflößendem Äußeren. Er war an die 1,90 Meter groß, hatte eine dunkle Gesichtsfarbe und einen ausladenden Schnurrbart. Er genoß in der geheimdienstlichen Welt den Ruf, ein harter und unnachgiebiger Fragensteller zu sein. Allein schon seine befehlsgewohnte Stimme war geeignet, selbst einem starken Widerpart Respekt einzujagen. In seinem Mundwinkel hing beständig eine Zigarre. Sein Kosename war »der Herzog«. Auf seinem Spezialgebiet war er der beste Mann der Army. »Daß wir Don Drake ins Spiel brachten, hatte den Grund, daß Drake ein Fremder war. Gegen Drake ist kein Kraut gewachsen, und wenn Ralph uns bewußt etwas verschwieg, war Drake der richtige Mann, ihn einzuschüchtern und es aus ihm herauszubringen«, erklärt John Schaffstall. »Und er konnte einen einschüchtern, bis man ein Häufchen Elend war.«

Drake war vom 1. bis zum 15. April von seinem Dienst in der Abteilung für Besondere Operationen beurlaubt gewesen. Am 13. April hatte sein Vorgesetzter Noel Jones ihn zu Hause in Arlington (Virginia) angerufen und ihm berichtet, Ralph Sigler sei am Lügendetektor gewesen, und die Resultate sähen nicht gut aus. Er fragte Drake, ob es ihm etwas ausmachen würde, seinen Urlaub um einige Tage zu kürzen und schon am folgenden Tag wieder nach Fort Meade zu kommen und Sigler einem aggressiven Verhör zu unterziehen. Drake sagte zu. Da er allein lebte, entschloß er sich, noch am selben Nachmittag nach Fort Meade zu fahren, wo er gegen 18 Uhr eintraf. Gegen 18.30 Uhr tauchte dort Noel Jones auf, der Drake sogleich in die Einzelheiten des neuesten, negativ verlaufenen Siglerschen Tests einweihte, dem zufolge nicht auszuschließen sei, daß Sigler den Sowjets ein wenig mehr als erlaubt offenbart und vermutlich auch Gelder unterschlagen hatte. (Ralph hatte indirekt zugegeben, daß er seinen US-Betreuern nicht alle erhaltenen Geldzahlungen offenbart hatte.) Ziemlich genau um diese Zeit – 18.30 Uhr in Washington, 16.30 Uhr in El Paso – klingelte im Hause der Siglers das Telefon. Karin Sigler ging an den Apparat. Es war ihr Vater. Er fragte sie, wie es ihr gehe, und sagte, er habe Ärger mit einigen Leuten, rechne aber damit, spätestens am 18. April zu Hause zu sein. Dann nahm seine Stimme nach Karins Eindruck einen seltsamen Klang an; er fragte sie, was sie in bezug auf ihre Zukunft zu tun gedenke. Sie fragte besorgt zurück, was denn schiefgelaufen sei, und er antwortete: »Na ja, ich bin ...« Dann war plötzlich die Leitung tot.[3] Karin geriet in Aufregung und rief ihre Mutter im Geschäft an. »Mama«, sagte sie, »Daddy hat angerufen. Er hat mich so komisch gefragt ... was ich in Zukunft mit meinem Leben machen werde.« Dann sei, gerade als er ihr etwas mitteilen wollte, das Gespräch unterbrochen worden.

Wenige Minuten später klingelte in Ilses Bekleidungsgeschäft das Telefon. Die Kassiererin rief Ilse herbei und sagte: »Ein Anruf von Ihrem Mann. Es klingt, als ob er ganz schwer atmet.« Ilse glaubte im ersten Augenblick, Ralph sei vielleicht schon in der Stadt. »Was ist los?« fragte sie ihn. Ralph forderte sie auf, das Gespräch am Nebenapparat im rückwärtigen Teil des Geschäfts entgegenzunehmen und den anderen Hörer aufzulegen. Seine Stimme klang extrem belegt, fast als würge er die Worte heraus und sei drauf und dran, sich zu übergeben. Sie hörte seinen schweren Atem. Viele Nebengeräusche drangen aus der Leitung. »Okay, dann gehe ich nach hinten zum Nebenanschluß«, sagte Ilse. »Sieh zu, daß die Kassiererin nicht mithört«, schärfte Ralph, immer noch schwer und tief atmend, ihr ein.

Ilse ging nach hinten, nahm den Hörer des Nebenanschlusses ab, und Ralph sagte: »Ein Brief an dich ist unterwegs.« Ilse fragte ein zweites Mal: »Was ist los?« – »Du sollst mir nur zuhören«, versetzte Ralph ungeduldig. »Ich möchte, daß du dir einen angesehenen Anwalt nimmst. Vielleicht kann dein Chef dir einen empfehlen. Verklage die U. S. Army. Ich werde sterben. Ich habe nie gelogen.« Ilse hörte ein Geräusch, als ob Ralph zusammengebrochen sei und zu schluchzen begonnen hätte. Sie wollte etwas sagen, aber dann war die Leitung tot.

Sie begann zu weinen. Sie mußte jemanden finden, der sie ablöste, damit sie nach Hause gehen konnte. Sie hatte das Bedürfnis, mit Karin zu reden. Zu Hause eröffnete sie ihrer hübschen siebzehnjährigen Tochter mit hochgradig erregter Stimme: »Die bringen deinen Vater um.« Karin erschrak zutiefst. Dann brach es aus Ilse heraus: »Er war ein Agent.« Sie erklärte ihrer Tochter, Ralph habe für die CIA und den Heeresnachrichtendienst gearbeitet, verschwieg freilich, daß er Doppelagent gewesen war. Karin wollte zunächst nicht glauben, was ihre Mutter ihr sagte, da ihr Vater nie ein Wort darüber verloren hatte. Aber je länger sie ihrer Mutter zuhörte, desto hysterischer wurde sie. Warum hatte es bis heute niemand für nötig befunden, sie einzuweihen? Ilse versuchte sie zu beruhigen. Sie stritten und sie warteten. Beide waren zutiefst erregt. »Kannst du nicht irgend etwas unternehmen?« fragte Karin schluchzend. Aber Ilse wußte, daß ihr nichts anderes übrigblieb, als auf einen Anruf von Carlos Zapata zu warten. Man hatte ihr stets eingeschärft, Zapata werde sich bei ihr melden, falls einmal irgend etwas schiefginge. Sie solle nicht versuchen, ihn anzurufen. Ilse und Karin warteten eine Stunde, aber Zapata meldete sich nicht. Endlich sagte Karin zu ihrer Mutter: »Wenn du jetzt nichts unternimmst, werde ich es tun.« Sie flehte Ilse an, Zapata anzurufen. Ilse wählte Carlos' Nummer, aber niemand nahm ab. Gegen 18.00 Uhr (Ortszeit El Paso) beschloß Ilse in ihrer Verzweiflung, Oberst Webster in White Sands anzurufen, der sich in der Vorwoche nach Ralphs Verbleiben erkundigt hatte. Vielleicht wußte er, wo Ralph zu finden war. Ilse erreichte Webster und erzählte ihm, ihr Mann habe angerufen und habe einen sehr aufgeregten und verzweifelten Eindruck gemacht. Sie sagte, sie fürchte um Ralphs Leben. Webster wußte nicht recht, wie er auf diese Mitteilung reagieren sollte. Er versuchte zunächst einmal, Ilse zu beruhigen. »Bitte glauben Sie mir, Frau Sigler, daß ich nicht weiß, wo Ihr Mann ist«, sagte er. »Er ist nicht in meinem Auftrag unterwegs. Ich werde mich mit jemandem in Fort Bliss in Verbindung setzen, der Ihnen vielleicht mehr sagen kann als ich.« Der Mann, an den Oberst Webster sie zunächst vermittelte, war

Bill Vaughn, der in Fort Bliss für die Beurlaubung Ralphs zuständige Offizier. Sie erklärte Vaughn, alles, was sie brauche, sei eine Telefonnummer, unter der sie Ralph erreichen könne. Falls Vaughn ihr damit nicht dienen könne, wolle sie die Telefonnummer des kommandierenden Generals; falls man ihr die nicht gäbe, werde sie, so kündigte sie an, im Pentagon anrufen. Vaughn versicherte ihr, Ralph sei wohlauf, sein Urlaub sei bis zum 18. April verlängert, und er halte sich im Augenblick im Hause seines Vaters auf. (Ralphs Vater in Pennsylvania fungierte stets als seine »Deckadresse«, wenn Ralph dienstlich auf Reisen war.) Ilse solle versuchen, ihn dort zu erreichen. »Das brauche ich gar nicht zu versuchen«, versetzte Ilse. »Ich weiß, daß er nicht dort ist.« Sie gewann schnell den Eindruck, daß Vaughn überhaupt nichts wußte.

Vaughn erbot sich, Ilse persönlich aufzusuchen, aber Ilse schlug dieses Angebot aus. Sie wußte, daß ihr Mann in todernsten Schwierigkeiten und daß die Army dafür irgendwie verantwortlich war. Sie wollte daher nicht, daß jemand von der Army zu ihr ins Haus kam. Vaughn nannte ihr den Namen seines vorgesetzten Offiziers und dessen Telefonnummer; zugleich versuchte er Karin, die das Gespräch am zweiten Apparat mitgehört hatte, davon zu überzeugen, daß mit ihrem Vater alles in Ordnung sei. Karin ließ sich jedoch nicht beruhigen. Sie erklärte Vaughn, ihre Mutter werde das FBI anrufen.[4]

Ilse wählte die Nummer, die Vaughn ihr gegeben hatte, aber der Oberst, der sich meldete, hatte weder brauchbare Informationen noch andere tröstliche Auskünfte zu bieten. Ilse legte auf und erkundigte sich bei der Auskunft nach der Telefonnummer des FBI. Sie hoffte, das FBI könne mit Ralphs Namen vielleicht etwas anfangen, da er doch neben der Army auch für diese Behörde arbeitete. Der diensthabende Beamte der FBI-Außenstelle El Paso erklärte ihr jedoch, er könne keine einen Militärangehörigen betreffende Vermißtenmeldung entgegennehmen. Sie müsse sich an die Militärverwaltung wenden. Ilse bat daraufhin Karin, den ranghöchsten Offizier von Fort Bliss, General Le Van, anzurufen. Die Frau, die den Anruf beim General entgegennahm, schrieb sich, da der General nicht zu Hause war, Ilses Namen und

Telefonnummer auf. Zu guter Letzt rief Ilse bei der Militärpolizei an und erstattete Vermißtenanzeige. In ihrem tiefsten Innern wußte Ilse zu diesem Zeitpunkt, daß Ralph nicht mehr am Leben war. Was sie nicht wußte, war, daß die Kunde von ihren verzweifelten Telefonanrufen nach Fort Meade drang.

So erfuhr Carlos Zapata aus Fort Bliss, daß Frau Sigler sich in großer Aufregung befinde. Er versuchte, Noel Jones in Fort Meade zu erreichen, um herauszufinden, was los war. Als Jones sich nicht meldete, versuchte er es bei Louis Martel, der auf dem Stützpunkt lebte. Martel sagte ihm zu, er werde »Jones ausfindig machen und ... Sigler ausfindig machen und ihn veranlassen, seine Frau anzurufen.«

Martel erreichte Noel Jones im Offiziersklub von Fort Meade. Er berichtete ihm, daß Frau Sigler in ganz El Paso herumtelefoniere und Alarm schlage, daß ihr Mann entführt worden sei. Jones rief Carlos Zapata zurück, um Näheres zu erfahren und um ihm Ralphs Telefonnummer im Holiday Inn zu geben, damit Frau Sigler ihn dort anrufen konnte.[5] Jones versuchte anschließend selbst, Ralph im Hotel zu erreichen, doch ging dort niemand ans Telefon.

Keine zehn Minuten nach dem Anruf des Generals klingelte bei Ilse Sigler wieder das Telefon. Sie nahm den Anruf im Arbeitszimmer entgegen, während Karin in ihrem Zimmer am zweiten Apparat mithörte. Der Anrufer war Carlos Zapata. »Wie ich höre«, sagte er, »machen Sie sich Sorgen um Ihren Mann. Es gibt keinen Grund zur Sorge. Es geht ihm gut.« Ilse glaubte kein Wort. »Was habt ihr mit ihm gemacht?« rief sie wütend. – »Ich habe noch heute nachmittag mit ihm gesprochen«, versicherte Carlos. »Vielleicht kommt er bald nach Hause. Vielleicht ist er in der Bar und trinkt etwas.« – »Jetzt hören Sie mal zu«, wies Ilse Zapata zurecht. »Er hat mich angerufen. Er liegt im Sterben. Ich will wissen, wo er ist.« – »Er ist im Holiday Inn in der Nähe von Fort Meade«, antwortete Carlos und gab Ilse die Telefonnummer des Hotels.

Zapata erstattete Noel Jones umgehend Bericht über sein Telefonat mit Ilse und Karin Sigler. Dann rief er Joe Prasek vom FBI an und setzte ihn ins Bild. Noel Jones hatte Zapatas letzter Anruf nachdenklich gemacht. Um 22.20 Uhr gab er Louis Martel und Donnel Drake Anweisung, Ralph im Holiday Inn aufzusuchen und ihm zu sagen, er solle seine Frau anrufen, sie beruhigen und ihr versichern, daß ihm keinerlei Gefahr drohte. Vor der Abfahrt zum Hotel versuchte Martel noch, Ralph telefonisch zu erreichen. Er ließ ihn zunächst vergeblich in der Bar ausrufen. Dann ließ er sich mit Ralphs Zimmer verbinden. Da er vermutete, Ralph habe sich betrunken und sei dann eingeschlafen, ließ er das Zimmertelefon lang klingeln, bis endlich der Mann an der Rezeption dazwischenging. »Offensichtlich ist keiner da«, sagte er und warf Martel aus der Leitung. Um 22.25 Uhr stiegen Louis Martel und Donnel Drake ins Auto und fuhren zum Hotel hinüber, wo sie um 22.45 Uhr eintrafen.[6]

Bevor sie das Hotel betraten, suchten sie den Parkplatz nach Autos mit Diplomatenkennzeichen oder nach anderen verdächtig aussehenden Fahrzeugen ab. Dies war eine Routinevorsichtsmaßnahme, die bei jedem Besuch im Hotel praktiziert wurde und deren Zweck darin bestand, etwa anwesende sowjetische Agenten oder Helfershelfer zu entdecken, die sich in der Umgebung des Hotels postiert haben mochten. Ilse Sigler versuchte unterdessen verzweifelt, ihren Mann unter der Telefonnummer, die Zapata ihr gegeben hatte, zu erreichen.

Ilses Anruf landete an der Rezeption; sie bat darum, mit Ralph Sigler verbunden zu werden. Das Gespräch wurde auf Ralphs Zimmer gelegt, und das Klingelzeichen ertönte. Ilse ließ es ewig klingeln, ohne daß die Rezeption sich wieder eingeschaltet oder die Leitung gekappt hätte. Schließlich legte Ilse auf, wählte die Nummer des Hotels von neuem und bat den Empfangschef, in Ralphs Zimmer nachzusehen. Sie sagte: »Der Name ist Sigler. Sein Name ist Sigler, und er liegt im Sterben. Wenn Sie doch bitte hingehen und in seinem Zimmer nachsehen könnten.« Der Mann antwortete: »Meine Dame, ich habe gar keinen Eintrag unter diesem Namen. Ich habe den Mann nie gesehen.« (Wegen des starken deutschen Akzents, mit dem Ilse sprach, hatte der Empfangschef den Namen zunächst nicht richtig verstanden.) Ilses Geduldsfaden spannte sich. »Könnten Sie nicht hingehen und an seine Tür klopfen?« bat sie. »Das ist gegen die Vorschriften«, sagte der Mann, »aber ich werde Sie verbinden.« Wieder klingelte das Telefon endlos, und niemand nahm ab. Und auch dieses Mal schaltete sich die Rezeption nicht wieder in die Leitung ein. Schließlich legte Ilse auf und wartete. Nachdem sie einen stundenlangen Kampf gegen die Windmühlen der Bürokratie geführt hatte, war sie jetzt am Ende ihrer Kraft.

Martel und Drake, die vor dem Holiday Inn im Wagen saßen, kamen überein, daß Drake ins Hotel gehen und nach Ralph suchen sollte. Er versuchte sein Glück zunächst in der Bar. Dort saßen fünfzehn bis zwanzig Gäste, aber Ralph war nicht darunter. Nach einigen Minuten kam Drake zum Wagen zurück und fragte Martel, ob Ralphs Aussehen sich verändert habe, seit er ihn vor Jahren zuletzt von Angesicht zu Angesicht gesehen hatte. Martel meinte, seinem Eindruck nach habe Ralph sich äußerlich in dieser Zeit nicht wesentlich verändert. Dann meinte Martel, es sei vielleicht besser, wenn Drake im Wagen blieb und er, Martel, hineinging und nach Ralph suchte. So geschah es; Martel ging ins Hotel, und Drake wartete – länger als eine Stunde.

Auch Martel suchte Ralph zunächst in der Bar; dann ging er zum Haustelefon und wählte die Nummer von Ralphs Zimmer. Er ließ das Telefon unzählige Male klingeln. Es nahm niemand ab. Martel kam zu dem Schluß, daß es das beste wäre, in Ralphs Zimmer nachzusehen, ob noch etwas von Ralphs Kleidern und seinen anderen Habseligkeiten dort war. »Ich vermutete wohl, daß er abgehauen war, daß er genug hatte«, erinnert sich Martel.

Martel ging zur Rezeption, wo William Henry Chapman Dienst tat, und erzählte eine erfundene Geschichte, um Chapman dazu zu bringen, Ralphs Zimmer aufzuschließen. (Die Geschichte besagt, daß ein Freund von ihm auf Zimmer 326 wohne, der ein Herzleiden habe und gleichzeitig Alkoholiker sei. Er, Martel, sei gekommen, um nach seinem Freund zu sehen, da dessen Frau sich Sorgen um ihn mache.) Chapman fand die Geschichte offenbar überzeugend genug, um sich mit seinem Generalschlüssel und einem Schraubenzieher – mit letzterem für den Fall, daß die Sicherheitskette vorgelegt war – zu bewaffnen und mit Martel zu Zimmer 326 zu gehen. Sie klopften zunächst an die Tür und riefen Ralphs Namen. Dann spähte Chapman durch das Gucklock, mit dem die Tür versehen war. Er sagte: »Da drinnen brennt Licht. Es muß jemand im Zimmer sein.« Er stellte dann fest, daß die Tür nicht nur zugeschnappt, sondern abgeschlossen war, und sagte: »Dafür muß ich einen anderen Schlüssel holen.«

Martel wartete vor der Tür, bis Chapman mit einem Spezialschlüssel zurückkehrte. Damit öffnete er die Tür, und als sie das Zimmer betraten, erblickten sie Ralph, der mit dem Gesicht nach unten auf dem grünen Teppichboden lag; seine Beine wiesen in Richtung Tür. Chapman, der als erster ins Zimmer ging, sagte zu Martel: »Sie hatten recht, er ist besinnungslos.« Martel trat näher und besah sich Ralph. Er sah, daß um dessen Oberarme, knapp oberhalb der Ellbogen, Elektrodrähte geschlungen waren, die offensichtlich einem aufgeschlitzten Lampenkabel entstammten. Ralphs Nacken war blutverschmiert. »Besinnungslos!« gab Martel zurück. »Großer Gott, er ist tot. Holen Sie einen Notarzt.«

Chapman rannte los, um die Polizei zu rufen. Er wollte dafür nicht das Telefon in Ralphs Zimmer benutzen, weil er fürchtete, nicht schnell genug eine Amtsleitung nach draußen zu bekommen. Martel bemerkte, daß die Elektrodrähte, die in Ralphs Oberarme einschnitten, noch unter Strom standen. Das aufgeschlitzte Kabel steckte noch in der Steckdose. Mit den Füßen riß er den Stecker aus der Dose. Es war ungefähr 23 Uhr, als Martel von Ralphs Zimmertelefon aus Noel Jones anrief. Er sagte: »Sie werden es nicht glauben, aber GRAPHIC IMAGE ist tot.« Martel hatte Ralph bisher nicht berührt, war sich aber sicher, daß er nicht mehr atmete. Jones entgegnete schockiert: »Was sagen Sie da?« – »Ich mache keine Scherze«, versetzte Martel. »Für mich sieht es so aus, als ob der Mann tot ist, und ich rate Ihnen, herzukommen, und ich rate Ihnen, sich mit einigen Leuten in Verbindung zu setzen.« »Ganz klar«, sagte Jones. Er wies Martel an, das Zimmer nicht zu verlassen. Er, Jones, werde gleich da sein.

Martel sah sich im Zimmer um. Alles wirkte sehr aufgeräumt. Keine leeren Bier- oder Schnapsflaschen waren zu sehen. Nichts deutete darauf hin, daß ein Handgemenge oder ein Kampf stattgefunden hatte. Auf dem Tisch lagen Ralphs Brieftasche, seine Brille, seine Uhr sowie Münzen und Papiergeld säuberlich nebeneinander. Und dann erblickte Martel einen Zettel und hob ihn auf.

Es war ein Blatt von einem Schreibblock des Holiday Inn, und darauf stand in Ralphs Handschrift:

Ich bin mir keiner Schuld bewußt
Warum dann die positiven Reaktionen
Verstellung
4) Lüge ich?
5) Kann ich nicht unterscheiden?
6) Pech!
Ich habe jede Hoffnung aufgegeben
Wenn ich doch nur wüßte, wenn ich doch nur wüßte.
Ich habe es zu sehr gewollt.
Ich bin tot.
Zu Hause anrufen 915-751-8171
John benachrichtigen 677-5801/5800

Ein Schwall von Gedanken durchfuhr Martel. Die Telefonnummer in der letzten Zeile war der Büroanschluß von John Schaffstall. Wenn irgend jemand anders den Zettel in die Hand bekäme, wäre es ihm ein leichtes, anhand dieser Nummer Schaffstall zu identifizieren. Er wußte nicht, wer alles in den nächsten Minuten in das Zimmer kommen würde, und hielt es für besser, die Tatsache, daß Ralph mit dem Heeresnachrichtendienst zusammenarbeitete, wenigstens bis zur Ankunft seiner Vorgesetzten geheimzuhalten. Also schob er den Zettel in seine Gesäßtasche. In diesem Augenblick hörte er Schritte. Die Zimmertür war angelehnt. Er spähte nach draußen: Es waren zwei Beamte der Staatspolizei von Maryland. Martel stellte sich ihnen als Freund des Toten vor. Wachtmeister William Nelson betrat den Raum als erster, beugte sich hinab und tastete am Nacken und unter dem Arm des leblosen Körpers nach einem Puls. Aber Ralph war tot. Der andere Polizist sagte zu Martel: »Würden Sie bitte das Zimmer verlassen.« Während Martel im Flur wartete, traf ein weiterer Beamter am Ort des Geschehens ein, der Martel später als Wachtmeister Roger Cassell vorgestellt wurde. Er ging ins Zimmer und sah sich um. Die Verbindungstür, die zum angrenzenden Zimmer 324 führte, war mit einem Sperrstift verriegelt. Der Lichtschalter direkt neben dieser Tür stand auf »an«. Cassell steckte das Kabel der Tischlampe in den Stecker unterhalb des Tisches, um zu sehen, ob sie funktionierte. Auf dem der Zimmertür näher gelegenen Bett lag ein geschlossener grauer Koffer. Auf dem Koffer lagen zwei Krawatten. Der auf einem drehbaren Ständer montierte Fernsehapparat stand mit dem Gesicht zu einer Sitzecke an der Fensterseite, die aus einem quadratischen Rauchtischchen mit Lampe darauf und zwei gelben Plastiksesseln bestand. Normalerweise bildeten das Tischchen und die Sessel eine symmetrische Anordnung; in diesem Fall war jedoch einer der Sessel verrückt worden.

In dem kleinen Kleiderschrank hingen verschiedene Kleidungsstücke. Im Badezimmer, auf der Ablage über dem Waschbecken, lag ein Naßrasurset. Daneben stand ein Eiswürfelbehälter aus Plastik, der zur Hälfte mit Wasser gefüllt war, neben diesem ein hoteleigener Trinkbecher. Duschbecken und Badewanne waren trocken. Die Lampe zwischen den beiden Betten brannte. Ein zwei Meter langes Stück des Lampenkabels war abgetrennt worden, die blanken Drahtenden der restlichen Zuleitung steckten in der Steckdose – offensichtlich hatte jemand Wert darauf gelegt, die Lampe wieder anzuschließen. Das abgeschnittene, zwei Meter lange Stück des Lampenkabels war aufgeschlitzt, die beiden Drähte entmantelt und Ralph Sigler um die Oberarme gebunden worden. Die Fenstervorhänge mit ihrem gelb-grün-weißen Blumenmuster waren zugezogen. Neben der Verbindungstür zu Zimmer 324 standen zwei aufeinandergestapelte Stühle. Um die Lehne des oberen, kleineren Stuhls, der zum Schreibtisch gehörte, war Ralphs Gürtel geschlungen, doch die Schnalle war nicht geschlossen. Ralph trug ein weißes Hemd, braun-weiß gestreifte Hosen, schwarze Soldatensocken und weiße Boxershorts.[7]

In Fort Meade hatte unterdessen Noel Jones Oberst Grimes berichtet, was vorgefallen war und daß er auf dem Sprung zum Holiday Inn sei. Grimes, der den weiteren Weg zum Hotel hatte, sagte, er werde so rasch wie möglich nachkommen. Jones fuhr los. Nach einiger Zeit kam Cassell aus dem Zimmer und begann Martel zu befragen. Martel, der sich mit Hilfe seines Militärausweises identifizierte, beantwortete die Fragen Cassells so, als wäre er nichts weiter als ein Freund des Toten. Bald darauf tauchte ein Mann auf, der sich als Charles William Garrett vorstellte und offenbar irgendwelche ärztlichen Werkzeuge mit sich führte. Allem Anschein nach hatte er durch Mithören des Polizeifunks von dem Leichenfund erfahren. Die Polizei gestattete ihm, den Leichnam zu untersuchen. Mr. Garrett stellte fest, daß der Tote wirklich tot war und keine ärztliche Kunst ihn mehr zum Leben erwecken konnte. Als Cassell Anstalten machte, zu seinem Streifenwagen zu gehen und den Todesfall über Funk zu melden, entschloß sich Martel, ihm seine wirkliche Identität und Funktion zu offenbaren und ihn zu bitten, Siglers Personalien nicht über Funk durchzugeben. Er kündigte das baldige Eintreffen seines Vorgesetzten an. »Ich wußte, daß die Russen immer den Funkverkehr abhörten, und wir wollten nicht, daß sie einen Hinweis darauf bekamen, was vorging«, erinnert sich Martel.

Um circa 22.30 Uhr traf Noel Jones am Ort des Geschehens ein. Im Zimmer und davor drängten sich Polizisten, Rettungssanitäter und Vertreter örtlicher Behörden. Martel machte Jones und Wachtmeister Cassell miteinander bekannt. Jones identifizierte sich als Mitarbeiter des Nachrichtendiensts der U. S. Army und gab ihm zu verstehen, daß auch Sigler für diesen Dienst gearbeitet hatte und daß sein Aufenthalt in der Nähe von Fort Meade mit seiner Agententätigkeit in Zusammenhang stand. Die Polizei erlaubte Jones, sich kurz im Zimmer umzusehen, und bat ihn und Martel dann, den Raum zu verlassen, damit Tatortfotos gemacht werden konnten. Martel fiel plötzlich etwas ein: »Großer Gott«, rief er, »Don sitzt drunten im Auto. Ich hol' ihn schnell.« Während Martel dies tat, machte der Polizeifotograf im Zimmer seine Aufnahmen.

Dr. T. F. Herbert, Gerichtsarzt des Staates Maryland, erklärte Ralph Sigler am 14. April 1976 um 0.10 Uhr für tot. Als er den Kopf des Toten bewegte, lief Blut aus der Nase. In Ralphs rechter Hand fand sich ein zerdrückter Pappbecher. Sein T-Shirt und seine Hose waren vorne naß. Seine Hosentaschen waren leer.[8]

Martel ging auf den Parkplatz hinaus und sagte zu dem im Wagen wartenden Drake: »Übrigens, wir haben dort droben ein Problem.« Er erzählte, was geschehen war. Drake sprang aus dem

Auto, und sie gingen zusammen hinauf. Als sie den Flur entlang-
gingen, kam Jones aus dem Zimmer und sagte: »Es wäre uns
recht, wenn ihr beide drunten warten würdet.« Er teilte ihnen mit,
daß er mit Oberst Grimes gesprochen habe, der auf dem Weg zum
Hotel sei. Die beiden Beamten machten also kehrt und gingen
wieder nach unten, um auf Oberst Grimes zu warten.

Während sie vor dem Haupteingang des Hotels standen, zog
Martel den Zettel, den er in Ralphs Zimmer eingesteckt hatte, aus
seiner Gesäßtasche und zeigte ihn Drake. Der erschrak und sagte:
»Lou, das ist ein Beweisstück. Du hättest es auf keinen Fall
wegnehmen dürfen.« Sie beschlossen, an der Bar auf weitere
Anordnungen zu warten. Ungefähr dreißig Minuten später kam
Jones die Treppe herunter. Grimes hatte ihm aufgetragen, Eu-
gene Peterson zu Hause anzurufen und ihm in verschlüsselten
Worten mitzuteilen, was vorgefallen war. Jones rief Peterson und
anschließend John Schaffstall und Carlos Zapata an und infor-
mierte sie mittels einer Konferenzschaltung über das Geschehene.
Nachdem Jones mit seinen Telefongesprächen durch war, gingen
die drei Männer wieder nach oben. Oberst Grimes trat ihnen im
Flur entgegen. Martel zeigte ihm das Notizblatt, das er aus Ralphs
Zimmer mitgenommen hatte, und sagte: »Sehen Sie her, ich habe
diesen Zettel genommen, und ich weiß, er gehört in die Hände der
Polizei, aber ich wollte, daß Sie ihn zuerst sehen; es steht nämlich
Johns Bürotelefonnummer darauf.« – »Nun ja«, erwiderte
Grimes, »wir werden [den Zettel] jetzt gleich der Polizei übergeben.« Und er nahm den Zettel, machte kehrt und ging mit Martel
zum Tatzimmer. Sie zeigten den Notizzettel einem Polizeibeamten. Der Beamte bat nicht um Überlassung des Originalzettels,
sondern schrieb sich lediglich den Text ab. Grimes fuhr anschließend nach Fort Meade zurück. Von seinem Büro aus rief er die
Sanitätsbereitschaft von Fort Meade an und bat sie, Siglers Leiche
abzuholen.[9]

Der letzte noch am Ort des Geschehens verbliebene Polizeibeamte begann mit der Erstellung einer Liste aller in Ralphs Zimmer
gefundenen Gegenstände. Noel Jones erbot sich, wie immer alle
Risiken erwägend, bei dieser Tätigkeit zu assistieren. Er fürchtete, es könne bei der Inventur etwas auftauchen, das sich auf die

Operation GRAPHIC IMAGE bezog. Da es schon weit nach Mitternacht war, nahm der übermüdete Polizeibeamte Jones' Angebot an. Jones rief Martel und Drake herbei und wies sie an, eine komplette Inventarliste des Zimmers zu erstellen. Der Polizeibeamte stellte sich Drake und Martel vor, und dann begannen sie alle zusammen, Ralphs persönliche Utensilien zu katalogisieren.

Um zwei Uhr morgens wurde die Leiche abgeholt. Der Tote lag noch genauso da, wie er gefunden worden war, mit den um die Arme gewickelten Lampendrähten. Die beiden Sanitäter hoben die Leiche, ohne sie auf den Rücken zu drehen, auf die mitgebrachte Trage und legten das freie Ende des Lampenkabels mit dem Stecker daran auf ihren Rücken. Das T-Shirt des Toten wies zu diesem Zeitpunkt kaum Blutspuren auf. Als die beiden jedoch den Toten gegen 3.00 Uhr in der Leichenkammer des Kimbrough Army Hospital in Fort Meade ablieferten, triefte das T-Shirt vor Blut, und auf der Bahre hatte sich ausgetretene Lungenödem-Flüssigkeit gesammelt, die abgewischt werden mußte. Der tote Ralph Sigler wurde, nach wie vor mit dem Gesicht nach unten, in der Leichenkammer deponiert und blieb dort in dieser Position, bis er am 15. April zur Autopsie ins Pathologische Institut der US-Streitkräfte im Walter Reed Army Hospital überführt wurde.

Unterdessen zeigte im Holiday Inn der letzte verbliebene Polizeibeamte Symptome von Erschöpfung. Als die Inventarliste fertiggestellt war, bat er um eine Kopie davon und verabschiedete sich. Kaum hatte der Polizist das Zimmer verlassen, als Jones, Drake und Martel sich auf die Betten stürzten, die Matratzen umdrehten und die Kissen- und Deckenbezüge wendeten. Sie suchten verzweifelt nach irgendwelchen Unterlagen oder anderen Anhaltspunkten, aus denen vielleicht zweifelsfrei hervorgehen würde, was Ralph ihnen in den letzten Tagen und Wochen verschwiegen hatte. Aber sie fanden nichts. Schließlich packten sie alle Dinge zusammen, die ihnen von Belang schienen.

Am folgenden Morgen gegen 8.30 Uhr – Karin Sigler war bereits in der Schule – erhielt Ilse Sigler Besuch von drei Männern aus Fort Bliss: Oberst Loeuffler, Hauptmann Cardwell und Kaplan Miller. Die drei ließen sich ins Haus bitten und standen zunächst einmal eine Minute lang wie Ölgötzen herum, ohne ein Wort zu sagen. Einer von ihnen brach endlich das Schweigen und sagte, man habe eine schlechte Nachricht für Frau Sigler. Ilse bat sie ins Wohnzimmer und sagte: »Falls Sie mir sagen wollen, daß mein Mann tot ist – das weiß ich schon. Er hat mich angerufen und mir gesagt, daß er sterben wird.« Oberst Loeuffler entgegnete: »Frau Sigler, Sie sollten sich lieber hinsetzen.« Ilse tat wie geheißen, woraufhin der Oberst sich neben sie setzte und sagte: »Ja, Ihr Mann ist tot.«

Hauptmann Cardwell, der Ilse gegenüber auf der Couch Platz genommen hatte, schlug einen Aktenordner auf und las vor: »Ihr Mann hat sich heute morgen in einem Hotelzimmer in Maryland das Leben genommen – im Holiday Inn in Jessup. Man mußte die Zimmertür aufbrechen.« Ungehalten fuhr Ilse dazwischen: »Ich glaube nicht an Selbstmord.« Sie berichtete Cardwell, was Ralph ihr am Telefon gesagt hatte – daß er sterben würde und daß die U. S. Army dafür verantwortlich sei und daß sie die Army verklagen solle. »Das war sein letzter Wunsch.« Die drei Männer, denen Ilses Aggressivität unbehaglich war und die eine weitere Eskalation fürchteten, beeilten sich, das Weite zu suchen.

Auf dem Weg zur Straße begegnete die abziehende Gruppe zwei gerade eintreffenden Besuchern, Carlos Zapata und Oberstleutnant Robert Davenport, dem ranghöchsten Sicherheitsoffizier von Fort Bliss. »Es tut mir leid, Madam«, sagte Zapata beim Betreten des Hauses. Er und Davenport nahmen im Wohnzimmer Platz, und Zapata erzählte Ilse noch einmal die Geschichte von Ralphs Selbstmord. »Ich glaube kein Wort davon«, war Ilses Antwort. Davenport setzte zu einer längeren Erklärung an, in der von Sicherheitsproblemen in Fort Bliss die Rede war, bei deren Behebung Ralph mitzuhelfen versucht habe. Ilse wandte sich an Zapata und fragte: »Wo waren Sie, als das passiert ist?« Er antwortete, er sei verreist gewesen und soeben erst zurückgekehrt.

Die ganze Episode nahm aus der Sicht Ilses immer seltsamere Züge an. Am gestrigen Abend hatte Zapata angerufen und ihr versichert, Ralph gehe es gut – er habe noch am Nachmittag mit ihm gesprochen. Ilse erinnerte Zapata daran, daß es vereinbarungsgemäß seine Aufgabe gewesen war, sie zu benachrichtigen, falls im Zusammenhang mit Ralphs »operativer« Tätigkeit Probleme auftauchten. Plötzlich sagte Zapata: »Wie ich weiß, hatten Sie und Ralph Probleme.« – »Was für Probleme?« versetzte Ilse. Carlos sagte, Ralph habe ihm von Problemen in seiner Ehe und mit seiner Tochter erzählt. »Ich habe ihm keine Probleme bereitet«, gab Ilse zurück. »*Sie* sind es, die *uns* die Probleme bereiten.« Carlos versuchte einzulenken: »Ich weiß, daß Ralph Sie sehr geliebt und daß er Karin sehr geliebt hat«, sagte er und fügte hinzu: »Hat er in letzter Zeit getrunken? Hatte er psychische Probleme?« Ilse zeigte sich erstaunt. »Sie sollten ihn kennen, er hat elf Jahre für Sie gearbeitet.«

Karin und Ilse waren sich sicher, daß die Regierung bei ihrer Selbstmordversion bleiben würde, die für sie unakzeptabel war. Beide wußten zwar inzwischen, daß Ralph in irgendwelchen Schwierigkeiten gesteckt hatte, aber das schloß die Möglichkeit irgendeiner faulen Manipulation nicht aus; die Behörden schienen sich darüber jedoch keine Gedanken zu machen. Jedenfalls war die Unterstellung, Sigler habe ein Alkoholproblem oder psychische Probleme gehabt, für Karin und Ilse unannehmbar.

In der Tat bezeugt auch John Schaffstall, daß Ralph weder die eine noch die andere Art von Problemen hatte. »Er trank gern Bier. Und er saß gerne mit den Jungs zusammen und hatte Spaß daran, uns zu erzählen, was vorging. Ich meine, er genoß das richtiggehend. ... Er hatte kein Alkoholproblem. ... Nein, ich habe ihn nie harte Sachen trinken sehen.«

Oberst Grimes und Noel Jones verbrachten den Tag in der FBI-Zentrale in Washington; sie unterrichteten dort hochrangige Heeresoffiziere aus dem Pentagon sowie FBI-Beamte – darunter Eugene Peterson – darüber, was GRAPHIC IMAGE zugestoßen war. Grimes, Jones, Martel und Schaffstall waren sich darin einig, daß nun darüber entschieden werden mußte, wie man die Sache den Russen »verkaufen« sollte. »Wir mußten uns entscheiden, ob wir sie glauben machen wollten, GRAPHIC IMAGE sei noch am Leben. Wir spielten sogar mit dem Gedanken, ein Double einzusetzen. ... Eine unserer Ideen war, zu dem bevorstehenden Treffen mit den Russen einen anderen Agenten zu schicken, der ihnen erklären sollte, daß IMAGE tot war, vor seinem Tod jedoch ihn als seinen Nachfolger für den KGB rekrutiert hatte«, erinnert sich Martel.

In El Paso erhielt Ilse Sigler um 16.20 Uhr Besuch von Major Richard Roy Ring, seines Zeichens Offizier für Hinterbliebenenbetreuung. Oberstleutnant Davenport hatte ihn vorgewarnt, daß Frau Sigler sehr schlecht auf die Army zu sprechen sei. Von seinem Vorgesetzten wußte Ring auch, daß Ralph für eine andere Regierungsbehörde gearbeitet hatte und daß er, Ring, sämtliche Äußerungen und Vorkommnisse, die sich auf diesen Bereich bezogen, in jedem Fall sofort an Oberstleutnant Davenport melden sollte. Major Ring stellte sich vor, nahm im Wohnzimmer Platz und begann einige grundlegende Erläuterungen zur Hinterbliebenenversorgung der U. S. Army herunterzuleiern. Ilse begriff rasch, daß Ring vom wahren Charakter der Tätigkeit Ralphs und von den Umständen seines Todes nicht die geringste Ahnung hatte. Sie setzte ihm also, in kriegerischem Ton, *en detail* die Begleitumstände auseinander, unter denen ihr Mann den Tod gefunden hatte. Ring hörte sich die haarsträubend faszinierende Geschichte an. Daß Ralph Agent des Heeresnachrichtendienstes gewesen war, behielt Ilse freilich für sich.[10]

Als Ilse geendet hatte, stellte Major Ring ihr eine Reihe von Fragen zu so praktischen Punkten wie, wo Ralph beerdigt werden solle. Ilse wußte, daß Ralphs Wunsch eine Feuerbestattung gewesen war, aber unter den bestehenden Voraussetzungen zögerte sie, dies zu veranlassen. Sie wollte ihren toten Mann sehen. Bei der Ausfüllung der Formulare fragte Major Ring Ilse nach ihrem und Ralphs vollen Namen, schrieb dann in eine der Zeilen das Wort »Selbstmord« und bat sie um ihre Unterschrift. »Ich unterschreibe gar nichts, kein einziges Blatt«, entgegnete Ilse. Kein Dokument, in dem Ralphs Tod als Selbstmord bezeichnet wurde, sollte ihre Unterschrift tragen. Ilse war überzeugt, daß Ralph, wenn er sich hätte umbringen wollen, dazu eine Schußwaffe benutzt hätte.

Abends rief Ilse ihren Schwiegervater und ihre Schwägerin an und mußte feststellen, daß die Army Ralphs Familie noch nicht benachrichtigt hatte. Es ist klar, daß Ilse Sigler von dem Moment an, als sie den ersten beunruhigenden Anruf von Ralph erhielt, von der Army schäbig behandelt wurde. Klar ist andererseits auch, daß sie in ihrer Wut für die Army-Beamten ein zunehmend schwierigerer Fall wurde. In einer emotional so schwierigen und strapaziösen Phase fiel es allen Beteiligten schwer, Haltung zu bewahren.

Am 15. April nahm Dr. Robert W. Hertzog, der im Range eines Oberstleutnants am Pathologischen Institut des Walter Reed Army Hospital arbeitete, an Ralphs Leiche eine Autopsie vor. Dr. Hertzog war ein Schüler Dr. Russell Fishers, dem amtlichen Leichenbeschauer des Staates Maryland, der im Paisley-Fall für den Leichenbefund zuständig gewesen war. Dr. Hertzog stellte an den sterblichen Überresten Ralph Siglers Verbrennungen an beiden Armen, an der Brust und an der rechten Hand sowie eine Schürfwunde an der Stirn fest. Der Alkoholgehalt, den Hertzog in Ralphs Blut feststellte, lag um das Dreifache über der gesetzlich festgelegten Trunkenheitsgrenze. Die Tatsache, daß Ralphs Mageninhalt einen höheren Alkoholgehalt aufwies als sein Blut, war ein Indiz dafür, daß er noch kurz vor seinem Tod Alkoholisches zu sich genommen haben mußte.

An diesem Tag erfuhr Ilse Sigler von Major Ring, daß zwei Telegramme an sie unterwegs seien, eines aus Fort Meade und eines vom Heeresminister.

Beide Telegramme erhielt Ilse Sigler am nächsten Morgen. Etwas später klingelte es erneut an der Tür. Es waren Carlos Zapata und Oberstleutnant Davenport, die sich zuvor telefonisch angemeldet hatten. Sie gingen ins Wohnzimmer, und Zapata setzte sich neben Ilse. Er sagte ihr, er fühle sich geehrt, daß sie ihn gebeten habe, den Transport der Leiche nach El Paso zu begleiten. Ilse entgegnete, sie habe es sich anders überlegt und wünsche sich jetzt nur noch, daß die Army die Leiche nach El Paso befördere. Sie war sehr aggressiv, warf Zapata vor, er wisse genau, was ihrem Mann zugestoßen sei, und sagte, es habe keinen Sinn, ihr irgendwelche Fragen zu stellen, da er die Antworten bereits kenne. Und sie fragte trotzig: »Können Sie mir sagen, was hier vorgeht, ... wer ihn umgebracht hat? Er ist von seinen eigenen Leuten getötet worden. Ich sage Ihnen, er hat für Washington gearbeitet, und ich werde etwas unternehmen. Ich werde hinfahren und werde etwas unternehmen.«[11]

Oberstleutnant Davenport warf ein, daß Beamte der Staatspolizei von Maryland und der Militärpolizei von Fort Meade am Tatort Ermittlungen angestellt und keine Hinweise auf ein fremdes Verschulden an Ralphs Tod gefunden hätten. Ilse äußerte ihre Überzeugung, daß ihr Mann nicht allein gewesen war, als sie mit ihm zuletzt telefonierte. Sie beschrieb das prasselnde Geräusch, das aus der Leitung gekommen war, und ihren Eindruck, daß andere Personen bei Ralph im Zimmer waren. Sie fragte Zapata, weshalb er ihr nicht verraten habe, wo Ralph sich aufhielt. Zapata antwortete, er habe geglaubt, sie wisse das, da Ralph keine Anweisung gehabt habe, ihr seinen Aufenthaltsort zu verschweigen.

Am 16. April rief ein Beamter der Staatspolizei von Maryland bei Ilse an und stellte ihr Fragen über den Tod ihres Mannes. Sie berichtete ihm über ihre Telefonate mit Ralph im Lauf der letzten Woche und erzählte, was sich am Abend seines Todes abgespielt hatte. Sie erkundigte sich, ob in Maryland Zeitungsberichte über den Fall erschienen seien. Der Beamte sagte: »Nein. Und ich darf Ihnen auch nichts über den Fall Ihres Mannes sagen.« Er ließ durchblicken, daß die Ermittlungshoheit an die Army übergegangen war. Dies weckte in Ilse die Befürchtung, sie werde die Wahrheit wohl nie erfahren. Ausgerechnet die Behörde, die zu verklagen Ralph ihr bei seinem letzten Anruf aufgetragen hatte, war jetzt Herrin des Ermittlungsverfahrens.

Ebenfalls am 16. April wurde der Leichnam von Ralph Sigler aus dem Walter Reed Hospital wieder nach Fort Meade überführt. Dort holte noch am selben Tag ein Bestattungsinstitut aus Baltimore (Maryland), mit dem die Army seit langem zusammenarbeitete, Ralphs sterbliche Überreste ab. Hier wurde der Leichnam gesäubert, hergerichtet und für den Transport und die Bestattung einbalsamiert. Die Army zahlte die Rechnung des Bestattungsinstituts in Höhe von 423 Dollar und stellte die Kleidungsstücke, die dem Toten angelegt wurden. Ein Offizier der Army begutachtete die eingekleidete Leiche und gab sie frei, woraufhin das Bestattungsinstitut sie am 18. April per Luftfracht nach El Paso schickte. Ilse wartete unterdessen noch immer auf den Brief, den Ralph ihr telefonisch angekündigt hatte. Sie hatte niemandem außer Karin etwas davon gesagt. Sie hatte Karin eingeschärft: »Erwähne nichts von dem Brief. Kein Wort.« Sie hatte den Verdacht, ihr Haus und ihr Telefon würden abgehört. Sie rief in einem Krankenhaus in El Paso an und erkundigte sich, ob es möglich sei, die Leiche ein zweites Mal zu autopsieren. Die Klinik erklärte sich bereit, für 400 Dollar eine zweite Autopsie vorzunehmen, falls Ilse einen amtlichen Totenschein vorlegen könne. Ilse versuchte in der Folge, über die Army und die Staatspolizei von Maryland an einen Totenschein zu kommen; es gelang ihr jedoch nicht.[12]

Am Samstag, dem 17. April, traf Ralphs Brief ein. Es war gleichsam ein Brief aus dem Reich der Toten. Ilse fiel auf, daß sich auf dem Kuvert zwei Briefmarken befanden. Die eine war am 13. April in Jessup (Maryland) abgestempelt, die andere, die sich auf der Rückseite des Umschlags befand, seltsamerweise am 15. April in Seattle (Washington). Auf der Umschlagrückseite stand außerdem das Wort »persönlich«. Der Brief selbst, auf Papier des Howard-Johnson-Motels geschrieben, hatte folgenden Wortlaut:

Liebe Ilse!   10. April 76
Sollte mir irgend etwas zustoßen, Selbstmord, Tod oder Unfall, verklage die U. S. Army als dafür verantwortlich; nenne insbesondere die folgenden als Beklagte:

Generalmajor C. J. Le Van
Generalmajor Aarons
Oberst Grines [sic]
Major Noel Jones
CW4 John Schaafstahl [sic]
CW4 Carlos Zapata
Agent Francis Paocek [sic] (FBI).

Verlange außerdem, daß alle von John Schaafstal [sic] am 9. April 76 abgeholten Unterlagen sofort an Dich zurückgegeben werden.

In Liebe *Ralph*

P. S. Nimm Dir einen angesehenen Anwalt, Dein Chef kann Dir sicher einen guten empfehlen.

R.

PPS Wenn nichts passiert und ich wiederkomme, gib mir dies[en Brief] zurück.

R.

533-7451 [Diese Telefonnummer fand sich unterhalb des zweiten Postskriptums; sie stand auf dem Kopf. Es war Joe Praseks Nummer.]

Getreu diesen brieflichen Anweisungen rief Ilse Sigler sogleich bei John Schaffstall in Falls Church (Virginia) an, um die Rückgabe der grauen Metallkassette zu fordern. Frau Schaffstall nahm ihren Anruf entgegen. Ilse stellte sich vor und sagte: »Ich möchte John sprechen.« Frau Schaffstall erwiderte: »Er ist in El Paso. Gerade heute nachmittag kommt er zurück.« Wie Frau Schaffstall erklärte, wollte ihr Mann um die Mittagszeit in El Paso abfliegen und gegen 17 Uhr wieder in Washington sein. In der Hoffnung, Schaffstall noch vor seinem Abflug in El Paso erreichen zu können, rief Ilse beim FBI an und verlangte Joe Prasek zu sprechen. Als man ihr mitteilte, er sei nicht da, sagte sie: »Es handelt sich um einen Notfall. Es handelt sich um den Fall Sigler. Er möchte mich bitte zurückrufen.« Zehn Minuten später war Joe Prasek am Telefon. Er versprach, sofort zu kommen. Kurz darauf traf er in Begleitung eines weiteren FBI-Beamten namens Murphy ein. Beide wiesen sich aus, und Ilse führte sie ins Wohnzimmer. »Kennen Sie Joe Prasek?« fragte Ilse den Beamten, hatte sie doch auf seinem Dienstausweis den Namen Francis Prasek gelesen. Der hochgewachsene, freundlich wirkende FBI-Mann versicherte ihr, er sei Joe Prasek. »So sehen Sie also aus«, bemerkte Ilse – nach zehn Jahren sah sie Joe Prasek endlich einmal von Angesicht. Prasek begann sogleich, im Haus herumzustöbern; er hob alles hoch, was nicht niet- und nagelfest war, auf der Suche nach versteckten elektronischen Abhörgeräten. Er unterzog das ganze Haus einer gründlichen Durchsuchung – die Garage, den Hinterhof, die Schlafzimmer, alles, sogar das Innere der Stereoanlage. Er fand Ralphs Pistole und auch eine Bandaufnahme, die Ilse ihm mitgab.

Als Joe mit seiner Hausdurchsuchung fertig war, kehrten er und Ilse ins Wohnzimmer zurück, um sich zu unterhalten. Prasek erzählte Ilse, daß Ralph 1966 aufgrund einer Computeranalyse ausgewählt worden war, weil er von seiner Biographie her dem Anforderungsprofil für die Agentenrolle entsprochen hatte. Dann fragte er sie:»Wissen Sie, ob er für beide Seiten gearbeitet hat?« Ilse geriet in Panik. Sie dachte nur noch an das Schweigegebot, das Ralph ihr eingebleut hatte. Sie wußte nicht, welche Antwort sie Prasek geben sollte. Sie hatte sich bislang gehütet, irgend jemandem zu sagen, daß Ralph Doppelagent war. Sie schüttelte den Kopf und sagte:»O nein, nein, nein.« Sie merkte sofort, daß sie einen Fehler begangen hatte – Prasek hörte auf, mit ihr über Ralphs Tätigkeit zu sprechen.[13]

Als John Schaffstall von seiner Reise nach El Paso nach Washington zurückkehrte, erfuhr er von seiner Frau, daß Ilse Sigler angerufen hatte. Er informierte zunächst Noel Jones in Fort Meade und rief dann Ilse zurück. Er sprach ihr sein Beileid aus; dann eröffnete ihm Ilse, daß sie die Kassette und die beiden Schlüssel, die er vor kurzem abgeholt hatte, sofort zurückhaben wollte. Sie sagte Schaffstall, sie mache ihn für die Rückgabe der Kassette verantwortlich. Schaffstall entgegnete, er habe keine Schlüssel mitgenommen. Ilse bestritt das und verlangte die Sachen zurück. Schaffstall sagte, sie befänden sich in sicherem Gewahrsam in Fort Meade, und er wolle sehen, was er tun könne.

Ralph Siglers Brief und sein Selbstmord geben John Schaffstall und seinem Chef Donald Grimes bis heute Rätsel auf.»Da schreibt er zum Beispiel ›Selbstmord, Tod oder Unfall‹. ... Die meisten Leute hätten gesagt: ›Falls ich sterben oder einen Unfall haben sollte‹. ...Aber erst etwas von Selbstmord zu schreiben, und dann sagt jeder, es war ein Selbstmord, da fragt man sich, ob ihn nicht jemand gezwungen hat, das zu schreiben. Auch weil er die Namen in vielen Fällen falsch schreibt. Mein Name ist falsch geschrieben, und ich weiß, daß er wußte, wie man ihn schreibt.

Und Grimes schrieb er mit einem n anstatt mit einem m. Und er sprach von Francis Prasek. Aber er nannte ihn immer Joe. ... Und er sagte so etwas wie ›benachrichtige John‹. Das war natürlich ein Punkt, wo ich immer gesagt habe: ›Tja, ich wundere mich, warum er mich verklagen will und gleichzeitig will, daß sie mich benachrichtigt. Dahinter bin ich nie so ganz gekommen. Er sagte ihr, sie soll mich verklagen, und dann, nach alldem – er schreibt über seine Probleme: ›Ich werde sterben‹, und dann heißt es da: ›Benachrichtige John.‹ Weshalb? Und weshalb hat sie mich nicht benachrichtigt?« fragt sich John Schaffstall. Donald Grimes pflichtet ihm bei:»Warum beschuldigt er die Army, sie hätte ihn reingeritten, wo er doch verdammt genau wußte, daß es nicht so war?«

Schaffstall versteht auch nicht, weshalb Ralph Ilse aufgefordert hatte, die Rückgabe der grauen Metallkassette zu fordern. Die einzigen in der Kassette enthaltenen Dinge, die Schaffstall nicht hatte identifizieren können, waren die Fotos, die Ralph und einige andere Männer in Badehosen an einem tropischen Strand zeigten. Schaffstall war ferner aufgefallen, daß sein Name in Ralphs Brief auf zwei verschiedene Arten falsch geschrieben war.

Am Abend des 19. April sprach Major Ring bei den Siglers zu Hause vor. Er teilte Ilse Sigler, ihrer Schwägerin und ihrem Neffen mit, daß Ralphs Leichnam an diesem Abend nach El Paso kommen werde. Ilse fragte ihn, wie Ralph aussehe. »Okay«, antwortete Ring,»außer daß er Blutergüsse auf der Stirn hat vom Aufschlagen auf dem harten Holzboden.« Ein Mitarbeiter des Bestattungsinstituts Mission in El Paso namens Moises Salazar holte den Leichnam etwa um 3.00 Uhr morgens am Flughafen von El Paso ab und transportierte ihn zum Bestattungsinstitut. Er deponierte den Sarg in der Garage und fuhr nach Hause.

Am 20. April um 7.30 Uhr öffnete Salazar den Sarg und stellte fest, daß der Sargdeckel Siglers Kopf berührt haben mußte, denn die kosmetischen Mittel, mit denen die Stirnwunden verdeckt worden waren, hatten sich abgerieben. Gegen 7.45 Uhr traf Major Ring im Bestattungsinstitut ein, um den Leichnam mit militärischen Auszeichnungen zu dekorieren. Salazar reparierte das ruinierte Make-up, so gut er konnte, doch blieb trotz aller Schminke ein bläulicher Schatten auf der Stirn zurück.[14]

Am Nachmittag dieses Tages kamen Karin und Ilse Sigler für zwei Stunden zum Bestattungsinstitut, um dem toten Ralph einen letzten Besuch abzustatten. Auch Ralphs Vater, seine Schwester und sein Neffe kamen mit, dazu noch Karins Freund Gary Mears. Der Sarg stand in der Kapelle des Instituts. Die obere Hälfte des Sargdeckels war geöffnet, die untere Hälfte geschlossen. Ralphs Hände waren über dem Bauch gefaltet. Karin und Ilse baten darum, allein gelassen zu werden, und die anderen verließen die Kapelle. Daraufhin nahmen die beiden Frauen den Leichnam sehr sorgfältig in Augenschein. Ilse war über den Anblick, den der Tote bot, schockiert. Zunächst wollte sie gar nicht glauben, daß es Ralph war. Es kam ihr so vor, als müsse ihr Mann schwer geschlagen und vielleicht sogar gefoltert worden sein, auch wenn die dick aufgetragene Leichenschminke die Blutergüsse weitgehend verdeckte. Ilse bemerkte künstliche Wimpern an seinem rechten Auge und eine Schnitt- oder Platzwunde an der rechten Gesichtsseite. Seine Augen wirkten so, als ob er geschlagen worden sei. In seiner Stirn klaffte ein tiefes Loch. Seine Nase sah aus, als sei sie eingeschlagen worden. Ilse konnte den Anblick nicht lange ertragen. Sie war zu erregt und nervös, um die Inspektion fortzusetzen. Sie ließ Karin und ihren Freund bei der Leiche zurück. Karin hatte in der Schule einen Biologieleistungskurs besucht und würde, so dachte Ilse, wissen, worauf sie zu achten hatte.

Karin fand in der Mundhöhle und am Hinterkopf des Toten Blutergüsse. Am Unterkiefer waren Zähne ausgeschlagen, das künstliche Teilgebiß, das Ralph im Oberkiefer gehabt hatte, fehlte. Karin zog dem Toten die weißen Handschuhe aus und krempelte ihm die Ärmel hoch. An den Armen waren Wundnarben. Sowohl Arme als auch Beine waren von Dutzenden von Einstichen übersät. Karin untersuchte den Leichnam so eingehend, wie es möglich war, ohne ihn aus dem Sarg zu heben. Dann zog und zupfte sie die Leichenkleider wieder zurecht, bis die Leiche einigermaßen unberührt aussah. Sie fragte Salazar nach dem Grund für die Handschuhe, worauf er ihr erklärte, daß die Hände des toten Wunden aufwiesen, die sich mit Schminke allein nicht retuschieren ließen.

Vor Beginn der Totenfeier fuhr Major Ring zum Flughafen, um Bruce McCain abzuholen, den er zuvor von Ralph Siglers Tod verständigt hatte. Bruce und Ralph waren in dem Jahr, das Ralph in Korea verbracht hatte, sehr enge Freunde geworden. McCain bezeichnete ihre Beziehung als ein Vater-Sohn-Verhältnis. McCain machte gegenüber Ring keinen Hehl daraus, daß er aufgrund seiner engen Freundschaft zu Ralph diesen keineswegs für den Typus eines Selbstmörders hielt. Als Ring sich erkundigte, ob Ralph ein Alkoholproblem gehabt hatte, erklärte McCain, Ralph habe zwar Alkohol getrunken, »aber kein Alkoholproblem gehabt«.

Während der Totenmesse klingelte das Telefon des Bestattungsinstituts; Salazar nahm das Gespräch entgegen. Es war ein Reporter der *El Paso Times*, und er stellte Fragen über Ralph Sigler. Ein »Gewährsmann« – der Reporter beschrieb ihn als einen Mann mit mexikanischem Akzent – habe der Zeitung die Empfehlung gegeben, die Traueranzeigen im Auge zu behalten; es werde demnächst ein Soldat beerdigt, dessen wahre Todesursache die Streitkräfte nicht offenbaren würden. Salazar rief Major Ring ans Telefon. Der Reporter bat zunächst darum, mit einem Mitglied der Familie verbunden zu werden. Ring erklärte ihm, daß dies wegen der laufenden Totenmesse nicht möglich und daß er der für die Betreuung der Hinterbliebenen zuständige Offizier sei. Daraufhin erklärte der Reporter, seine Zeitung wolle in Ergänzung der kostenpflichtigen Traueranzeige eine redaktionelle Geschichte über Ralph Sigler bringen. Ring war »von den Socken«. »Aus welchem Grund wollen Sie das?« fragte er. »Na ja, wegen der... Traueranzeige – daß er an einem anderen Ort gestorben ist und daß die Traueranzeige den Eindruck machte, als ob bestimmte Fakten weggelassen worden wären«, erklärte der Reporter. Ring antwortete: »Ich kann diese Entscheidung nicht treffen. Ich würde daher gern zunächst mit meinen Vorgesetzten sprechen, weil diese Aufgabe als Hinterbliebenen-Betreuer für mich neu ist und weil ich nicht über die Privatsphäre der Familie verfügen will.«

Ilse erinnert sich, daß Major Ring, als sie nach der Totenmesse mit ihm die Kapelle verließ, zu ihr sagte: »Es ist mir sehr peinlich. Da ist ein Reporter von unserer Zeitung für Sie am Telefon.« Ilse nahm den Hörer auf; in der Leitung war eine Frau, die erzählte, jemand habe bei der Zeitung angerufen und behauptet, die U. S. Army vertusche die Wahrheit über den Tod eines einheimischen Militärangehörigen. Die Frau fragte, ob sie die Siglers zu Hause besuchen und interviewen dürfe. Ilse Sigler lehnte dieses Ersuchen ab. Sie wollte weiterhin versuchen, sich mit der Army gütlich zu einigen.

Salazar nahm Major Ring beiseite und berichtete ihm, er habe eine Plastiktüte mit einer Hose und einem blutbefleckten T-Shirt darin; was er damit tun solle. Die Plastiktüte habe sich, als der Sarg angekommen sei, in demselben befunden. Major Ring, den es überraschte, wieviel Blut an dem T-Shirt klebte, wies Salazar an, die Plastiktüte aufzubewahren; es könne sein, daß die Army die beiden Kleidungsstücke später brauchen werde. Sie der Familie zu übergeben hielt er zu diesem Zeitpunkt für nicht richtig, handelte es sich doch offensichtlich um die Kleider, die Ralph im Moment seines Todes angehabt hatte.[15]

Am 21. April 1976, wenige Tage vor einem anberaumten weiteren Treffen mit den Sowjets, wurde Ralph Sigler auf dem Nationalfriedhof von Fort Bliss beigesetzt. Sein Grab befindet sich im hinteren Teil des kleinen Friedhofs. Ursprünglich war eine Feuerbestattung geplant gewesen, aber Ilse entschied sich anders, in der Überlegung, daß sie möglicherweise zu einem späteren Zeitpunkt eine Exhumierung der Leiche und eine neue Autopsie veranlassen würde. Es war eine gut besuchte Beerdigung, doch waren keine hochrangigen Beamten der Army oder des FBI anwesend.

Ilse Sigler hatte sich vorgenommen, nicht eher zu ruhen, als bis sie herausfinden würde, was ihrem Mann wirklich zugestoßen war. Sie war entschlossen, mit allen Mitteln für die Aufdeckung der Wahrheit zu kämpfen.

Kapitel 21

Sigler: Ilses Kampf

Die haben den Jungen bei lebendigem Leib gegrillt.
... Die Russen sind berühmt dafür, daß sie mit
diesem Zeug [Elektrizität] arbeiten. ... Ich glaube,
sie haben ihm zuviel verabreicht.

Harry Thompson

Ungefähr um die Zeit von Ralph Siglers Tod kam ein von beruflichem Glück nicht eben verwöhnter freier Mitarbeiter der in Upper Marlboro (Maryland) beheimateten Privatdetektei Arrow in El Paso an, um Ermittlungen in einem Fall anzustellen, der nicht das geringste mit Geheimdiensten oder mit Ralph Sigler zu tun hatte. Da Texas Detektivlizenzen anderer Staaten nicht anerkennt, nahm der angereiste Privatdetektiv, Harry Thompson, Kontakt mit einem ortsansässigen Berufskollegen namens Fred Duvall auf; er wollte ausloten, ob Duvall bereit war, ihm seine texanische Lizenz vorübergehend zu »leihen«.[1] Duvall ist mittelgroß, sehr schlank und braungebrannt, Kettenraucher, Brillenträger und mit seinen Jeans und Cowboystiefeln unverwechselbar ein Texaner. Er hatte von Harry Thompson bis dahin nie gehört, doch machte der Mann aus Maryland auf ihn den Eindruck eines ehrlichen, fleißigen und einsatzfreudigen Privatdetektivs. Thompson war einen halben Kopf größer und mindestens 20 Kilo schwerer als Duvall. Keiner von beiden war so spritzig, jung und gut aussehend, wie Detektive in Fernsehfilmen es gewöhnlich sind. Thompson wirkte verbissen, sehr schweigsam und unauffällig und war dabei durch und durch professionell. »Wir trafen uns also und unterhielten uns vielleicht eine Stunde, und er wirkte auf mich wie ein ehrlicher, gradliniger Typ, und ich sagte: ›Also dann okay, Harry‹«, erinnert sich Fred Duvall.[2]

Fred empfand Mitgefühl für Harry, der finanzielle Probleme hatte. Aber dieses Solidaritätsgefühl für einen vom Glück verlassenen Kollegen war es nicht allein, das Fred veranlaßte, sich mit Harry zu beschäftigen. Was ihn dazu bewog, Thompson zu helfen, war der Ermittlungsfall, dessentwegen der Kollege nach El Paso gekommen war. Wie Duvall berichtete, erzählte Harry ihm, er sammle Informationen über einen gemeinsamen Kollegen, den bekannten texanischen Privatdetektiv J. J. Armes, seit Jahren Duvalls Erzkonkurrent.

Duvall machte keinen Hehl aus der persönlichen Rivalität, die zwischen ihm und Armes bestand, und bot Thompson die Nutzung seiner texanischen Lizenz an, stellte aber bestimmte Bedingungen.»Ich sagte: ›Gut, wenn Sie mir erlauben, Ihnen ein wenig über den Burschen zu erzählen, dem Ihre Ermittlungen gelten, damit Sie sich nicht die Finger verbrennen, und wenn Sie auf mich hören, dann, ja, dann können wir die Sache machen.‹« Harry Thompson war, wie Duvall bestätigt, ein guter Detektiv, aber in Überwachungstechniken nicht sonderlich bewandert.

Harry bearbeitete seinen Auftrag denn auch nicht lange. »J. J. Armes kann einem schon Angst einjagen. ... Er [Thompson] arbeitete vielleicht zwei Tage daran, bis Armes ihn das Fürchten lehrte«, erinnert sich Duvall.»Und Harry rief mich an und sagte: ›Okay, ich verziehe mich. Ich bin mit den Ermittlungen hier fertig.‹« Fred legte Harrys Geschäftskarte in seiner Kartei ab, für den Fall, daß er einmal kollegiale Unterstützung bei einem Ermittlungsfall in Maryland brauchen sollte.

Auf der Suche nach Hinweisen auf mögliche Erklärungen für den Tod ihres Mannes begann Ilse Sigler Ralphs »Büro« im Gästezimmer und die Bücher in seinem Regal zu durchforsten. Als sie ein Handbuch für pensionierungswillige Army-Angehörige aufschlug, fielen die Photos, die Ralph mit Breschnew sowie mit diversen amerikanischen und sowjetischen Geheimdienstlern zeigten, heraus. Sie bekam es mit der Angst, fürchtete sie doch, für sie und Karin könnte es gefährlich werden, wenn die Sowjets von der Existenz dieser Bilder wußten. Sie schob sie eilig in ein Kuvert und nahm sich vor, sie der Army auszuhändigen. Was jedoch die von Ralph angefertigten Aufzeichnungen über die Operation GRAPHIC IMAGE betraf, die sie aus mehreren Verstecken im Haus geholt hatte – Lagepläne von toten Briefkästen, Taschenkalender, Tonbänder, Gedächtnisprotokolle von Besprechungen und Treffs –, so dachte sie nicht daran, dieses Material der Army zu übergeben. Sie hatte es in ihre Handtasche getan und trug es immer und überall bei sich, damit niemand anders herankonnte. Ihr Mißtrauen gegen die eigene Regierung und deren Behörden war so groß, daß sie auch Ralphs Krankenunterlagen, die sie unter dem Teppichbelag im Kofferraum des Wagens gefunden hatte, ständig mit sich führte.

Unter den Gegenständen, die Ilse im Verlauf ihrer häuslichen Suchaktionen fand (und die später abhanden kamen), waren die Ehrenmedaille, die Ralph von der CIA erhalten hatte, und ein vollständiger Satz von Grundrissen des Vagabond-Hotels in San Francisco. Nach Überzeugung von Schaffstall deutet dieser Fund darauf hin, daß Ralph im Vagabond in eine größere FBI-Operation einbezogen war.

Am 25. April 1976 reisten Frau Siglers Anwalt Tom Jennings und seine Frau Barbara (Ralphs Nichte) nach Fort Meade, um sich von Oberst Grimes über die Operation GRAPHIC IMAGE unterrichten zu lassen. Vorher suchten sie allerdings die Staatspolizei von Maryland auf, wo Polizeileutnant W. E. Brooks ihre bis dahin zusammengetragenen Erkenntnisse auf den letzten Stand brachte. Der Beamte Cassell, der den Fall Sigler für die Staatspolizei von Maryland bearbeitete, war bei der Besprechung zugegen. Die Polizei legte Jennings die folgende Darstellung vor:

Bei seinem Eintreffen im Holiday Inn fand er [Cassell] die Leiche von Ralph Sigler, bäuchlings in einer Blutlache liegend. An beiden Armen waren Kupferdrähte befestigt, die er [Sigler] von den im Zimmer vorhandenen Lampen abgemacht hatte. Die Kupferdrähte waren in eine Wandsteckdose eingeführt, die sich durch einen Lichtschalter aktivieren ließ. Unmittelbar neben diesem Lichtschalter standen zwei aufeinandergetürmte

Stühle; um den oberen war ein Gürtel geschlungen. Es sah so aus, als habe Sigler versucht, sich auf dem oberen Stuhl festzuschnallen, es aber nicht geschafft, weil der Gürtel zu kurz war. Als das nicht funktionierte, setzte er sich so auf den Stuhl und betätigte den Schalter. Sein Körper muß dann nach vorn geschnellt und vom Stuhl auf den Boden unmittelbar vor dem Lichtschalter gefallen sein.

Der Boden selbst ist von einem billigen Plüschteppich bedeckt; darunter befindet sich ein harter Betonboden. Als der Körper mit dem Gesicht nach unten auf dem Boden aufschlug, wurden Nase und Schläfe beschädigt. Das Blut, das sich unterhalb des Gesichts gesammelt hatte, stammte also aus der Nase. Es hat überdies den Anschein, als ob durch den elektrischen Strom, der durch den Körper floß, und dadurch, daß das Gesicht den Boden berührte, das [unter dem Kopf ausgetretene] Blut die Stirn und die rechte Gesichtsseite verbrühte. Beide Arme wiesen schwere Verbrennungsspuren auf, und aus den Tatortfotografien geht hervor, daß der Draht zumindest noch um den einen Arm gewickelt war, während die anderen Drähte hautnah bei dem anderen Arm lagen. Als die Leiche gefunden wurde, war der Oberkörper noch warm, während der Unterkörper bereits erkaltet war und die Totenstarre dort schon eingesetzt hatte. Man geht davon aus, daß der Oberkörper von der durch ihn strömenden Elektrizität warm gehalten wurde. Zu beachten ist, daß es nach Eintritt des Todes ungefähr zwei Stunden dauert, bis die Totenstarre einsetzt.

Die Staatspolizei von Maryland stellte Jennings gegenüber die seltsame Behauptung auf, Ralph Sigler sei »um etwa 9.20 Uhr am Morgen seines Todestags im Holiday Inn eingezogen«. Das war ihre Erklärung für die vergeblichen Versuche Ilse Siglers, ihren Mann an dem Abend, der sein letzter war, telefonisch zu erreichen. Leutnant Brooke bot Barbara und Tom Jennings anschließend an, sein Beamter Cassell werde sie nach Fort Meade chauffieren. Er machte sie darauf aufmerksam, daß sie das, was die Army ihnen dort erzählen würde, als »schockierend« empfinden würden.

Oberst Grimes nahm die Jennings' auf dem Parkplatz vor dem Hauptquartier des Heeresnachrichtendienstes in Empfang. Auf dem Weg zu seinem Büro sagte er, er wolle mit ihnen »alles ins reine« bringen. Sie mußten, ehe sie Grimes' Büro im zweiten Obergeschoß erreichten, eine ganze Reihe verschlossener Türen, computergesteuerter Schleusen mit Nummernkombinationen, telefonischen Identifizierungsprozeduren und anderen Sicherheitsbarrieren überwinden. Als sie endlich am Ziel waren, erzählte Grimes ihnen eine Geschichte, die sich viel faszinierender anhörte als jede erfundene Spionagestory.

Nach Darstellung von Jennings erklärte Grimes, Ralph sei in Wirklichkeit gar nicht als Elektroniktechniker tätig gewesen, sondern als Doppelagent des Nachrichtendienstes der U. S. Army; in dieser Eigenschaft habe er in den letzten zehn Jahren unter Aufsicht und Kontrolle des Heeresnachrichtendienstes Informationen über Radar- und Raketensysteme an die Russen verkauft. Als Gegenleistung für seine Informationslieferungen habe er beträchtliche Geldsummen erhalten, die natürlich in die amerikanische Staatskasse geflossen seien. Außerdem sei Siglers Mutter, die noch in der Tschechoslowakei lebe, mit einer Wohnung, Medikamenten, Geld und anderen Annehmlichkeiten versorgt worden. Grimes hob hervor, daß Sigler ein außerordentlich effektiver und fähiger Agent gewesen sei. Er wies darauf hin, daß der Army beispielsweise dank Siglers Tätigkeit die Identität von 14 hochkarätigen sowjetischen Agenten bekannt geworden sei, die man zuvor nicht hatte lokalisieren können. Grimes erklärte schlicht und einfach, Sigler habe sowohl für die Army als auch für sein Land ›verdammt gute Arbeit‹ geleistet, und man sei außerordentlich stolz auf ihn. Wie die Jennings von Grimes weiter erfuhren, hatte Ralph Kontakte zu Sowjets in aller Welt unterhalten und hatte mit einem von ihnen eine Verabredung für den 24. April. Außerdem habe er zu Hause Funkweisungen von den Russen erhalten ... und [erfahren], daß er am 28. April eine Mitteilung erhalten sollte – die die Army jetzt abhören würde.

In der Folge verbreitete sich der Oberst über die zehnjährige Geschichte der Operation GRAPHIC IMAGE, von den ersten Anfängen in Mexiko bis zu den nicht bestandenen Lügendetektortests in San Francisco und in Maryland, unweit von Fort Meade. Er erklärte, für die Army sei der Tod Ralph Siglers aus zwei Gründen tragisch: einmal weil man einen wertvollen Agenten verloren habe, und zum anderen, weil die Informationen, die er den Russen geliefert habe, mit ihm ins Grab gesunken seien. Die Army sehe sich nunmehr mit der »unlösbaren Aufgabe« konfrontiert, die letzten beiden Jahre der Operation zu rekonstruieren, um herauszufinden, was alles Sigler den Sowjets geliefert hatte. Wie Grimes erklärte, gab es mehrere Gründe, um die näheren Umstände des Todes von Ralph Sigler nicht viel Aufhebens zu machen. Zum einen könne man davon ausgehen, daß die Sowjets, wenn sie davon überzeugt waren und blieben, daß Ralph nur für sie gearbeitet hatte, dessen Mutter in der Tschechoslowakei weiterhin »versorgen« würden. Ebenso bestehe auch eine gute Chance, daß sie Ilse und Karin auf Lebenszeit unterstützen würden, wie sie es bei Angehörigen verdienter sowjetischer Agenten häufig taten. Das könnte beispielsweise über ein von Unbekannt eingerichtetes Bankkonto geschehen, das auf Ilse Siglers Namen lauten und regelmäßig aufgefüllt würde. Grimes sagte, von der Army aus würden gegen die Annahme solcher Zuwendungen keine Bedenken bestehen.

Fänden die Sowjets hingegen heraus, daß Ralph Sigler in Wirklichkeit Doppelagent gewesen war, würden sie es sich vielleicht in den Kopf setzen, herauszufinden, wieviel Ilse über die Operation wußte. Grimes versicherte jedoch, daß seiner Überzeugung nach weder für Ilse noch für Ralphs Mutter irgendeine Gefahr bestehe. Grimes klärte die Jennings' darüber auf, daß Ilse und Karin Sigler Anspruch auf alle Sozialleistungen hätten, die für Familien vorgesehen waren, deren Ernährer in Ausübung ihres Dienstes den Tod fanden. Zusätzlich dazu hielt er es für angemessen, ihr mindestens einen Teil der Gelder auszuzahlen, die Ralph im Lauf der Jahre von den Sowjets erhalten hatte. Sigler habe, so bestätigte Grimes, im Lauf seiner zehn Jahre als Doppelagent nach und nach einen »beträchtlichen« Geldbetrag in die Staatskasse gebracht. Nach Grimes' Ansicht hatte Ralph dieses Geld »verdient«, so daß der Finanzminister es ruhig an Frau Sigler auszahlen konnte. Ralph habe, so erklärte Grimes, während der gesamten Dauer der

Operation über ein unbeschränktes Spesenkonto verfügt, habe jährliche Prämienzahlungen erhalten, und auch sonst sei er dank Beförderungen, Sondermissionen und neuer Autos nicht schlecht gefahren. Er wies darauf hin, daß Ralphs hervorragende Arbeit schon vor zwei Jahren vom ranghöchsten Offizier des Heeresnachrichtendienstes, General Le Van, gewürdigt worden sei. Le Van habe Ralph gratuliert und Ralph im Namen der U. S. Army für die geleistete Arbeit gedankt.

Nach Ralphs Tod hatte die Army sich erboten, seiner Witwe die Umstände seines Todes zu erläutern. Ilse hatte mitgeteilt, sie werde eine solche Erklärung von keinem rangniedrigeren Offizier als General Le Van akzeptieren. Wie Grimes jetzt den Jennings' eröffnete, war für Samstag, den 1. Mai 1976, für Frau Sigler und ihre Tochter ein Termin im Pentagon anberaumt. Carlos Zapata werde alle erforderlichen Vorbereitungen für diese Unterredung treffen.[3]

Am Donnerstag, dem 29. April 1976, flog Ilse Sigler nach Washington. Die Army hatte ihr zwei Flugtickets zur Verfügung gestellt, so daß Karin sie begleiten konnte; aber Ilse wollte das Haus nicht unbewacht lassen. »Sonst bricht vielleicht jemand ein«, sagte sie zu Karin. »Paß auf, daß niemand das Haus betritt.«

Dazu kam, daß Karin noch immer zu erregt über den Tod ihres Vaters war, um an einer Besprechung im Pentagon teilnehmen zu können. Ilse sagte den Armyleuten, Karin sei nicht gesund. Sie hatte den Verdacht, die Army habe ihnen die Tickets mit dem Hintergedanken geschickt, wenn Ilse und Karin auf Reisen seien, könnten ihre Agenten in aller Ruhe das Haus durchsuchen. Ilse wollte nicht, daß irgend jemand sich Ralphs Krankenunterlagen unter den Nagel riß.

Am Samstag, dem 1. Mai 1976, schritt Ilse Sigler durch einen Pentagon-Korridor, vorbei an den Porträts ehemaliger US-Präsidenten, und trug sich in das Besucherbuch ein. Dann wurde sie zu einem großen Büro geleitet, wo man ihr aus einer silbernen Kanne Kaffee in eine Tasse aus feinem Porzellan goß. Aber sie war zu nervös, um Kaffee zu trinken und Konversation zu machen. Wenige Minuten später kam ein General in voller Montur herein und begrüßte Ilse. Sie warf einen Blick auf sein Namensschild.

Dort stand »Aaron«. Ilse erschrak zutiefst. Aaron, das war einer der Namen, die Ralph ihr in seinem letzten Brief genannt hatte, enthalten in der Liste derer, die sie verklagen sollte. Von Anfang an war Ilse daher klar, daß sie diesem Mann nicht trauen konnte.[4] An der Unterredung nahmen außerdem Oberst Grimes, General Tenhet, Oberst John L. Heiss und Ilse Siglers Anwalt Tom Jennings teil. General Aaron sprach kurz über die Hintergründe und Anfänge der Operation und betonte die Geheimhaltungsbedürftigkeit dessen, worüber man sich unterhalte. Er beschwor Ilse, die mit der Operation verbundenen Geheimnisse zu bewahren, wie auch Ralph es getan habe, weil jede Indiskretion zu Nachteilen für Ralphs Mutter in der Tschechoslowakei führen könne. Aaron bestätigte, daß Ralph als Doppelagent gearbeitet hatte, und äußerte sich zu weiteren Aspekten seiner Tätigkeit. Ilse erinnert sich, daß Aaron unter anderem einen Spionagefall in New York erwähnte, bei dessen Klärung Ralph wertvolle Hilfe geleistet habe. Er sagte auch, daß Ralph zugegeben habe, im Telefonvorwahlbereich 202 (Washington, D. C.) einen sowjetischen Kontaktmann zu haben, sich aber geweigert habe, der Army dessen Telefonnummer zu verraten. (Dies war der zweite Fall dieser Art, nachdem Sigler der Army in San Francisco die Nummer eines sowjetischen Kontaktmannes offenbart hatte.)[5] Diese Nummer hätte Sigler, so behauptete Aaron, anrufen sollen, falls er einmal in akute Schwierigkeiten geriet und Hilfe brauchte. Aaron bat Ilse, der Army eine Aufstellung aller von Ralph notierten Telefonnummern zur Verfügung zu stellen.

General Aaron kam dann auf die Lügendetektortests in San Francisco und in Maryland zu sprechen, in deren Verlauf Ralph offenbart hatte, daß er zu Hause operationsbezogene Aufzeichnungen aufbewahrte. Ilse erklärte, Ralph habe ihr gesagt, er wolle eigene Aufzeichnungen bei der Hand haben, falls etwas passierte und er sich rechtfertigen oder verteidigen müsse. Sie zeigte Aaron ihre April-Telefonrechnung. »Bewahren Sie die Unterlagen über seine Telefonrechnungen auf?« wollte General Aaron wissen, und Ilse entgegnete: »Diese eine, ja.« Der General musterte die Rechnung, entdeckte das R-Gespräch aus San Francisco und fragte Ilse danach. Sie erklärte, dieser Anruf stamme aus dem

Zeitraum, als Ralph in San Francisco zu einem Treffen mit KGB-Leuten ein Hotel aufsuchen habe müssen. Sie hatte keine Ahnung, daß die Army ein solches Treffen nie arrangiert hatte, und wußte auch nichts von der Vermutung des Heeresnachrichtendienstes, daß das FBI sich hinter dem Rücken der Army Ralph Siglers bedient hatte.

Die Reihe kam dann an Ilse, die Ereignisse von Ralphs letzter Lebenswoche zu rekapitulieren – seine Anrufe, den Besuch John Schaffstalls. Sie hatte zahlreiche unbeantwortete Fragen, die die Mitarbeiter von General Aaron notierten und demnächst zu beantworten versprachen. Eine der Fragen, die sie stellte, lautete: Weshalb hatte Ralph so erregt darüber gesprochen, daß das FBI ihn in bezug auf die von den Sowjets empfangenen Gelder betrogen habe? Was Ilse Sigler und ihr Anwalt verlangten, war eine gründliche Untersuchung des Todesfalles Ralph Sigler. »Ich bin Amerikanerin, habe meinen Patriotismus bewiesen und habe eine Erklärung verdient«, sagte Ilse zu General Aaron. »Ich möchte, daß allen Namen in dem Brief nachgegangen wird, und Ihrer ist auch mit dabei!« Sie forderte, daß alle aus dem engsten Kreis der mit der Operation GRAPHIC IMAGE Befaßten sich dem Lügendetektor stellen sollten, wie Ralph es hatte tun müssen.

General Tenhet sagte: »Wenn wir die betreffenden Personen überprüfen würden, würden Sie unsere Ermittlungsergebnisse akzeptieren?«

»Ja«, entgegnete Ilse Sigler, »ich bin loyal«. Sie wiederholte, daß sie auf einer gründlichen Untersuchung und auf der Klärung der von Ralph behaupteten finanziellen Diskrepanz bestehe. Sie schilderte eingehend, wie das FBI ihren Mann aus Sicherheitsgründen stets unmittelbar bei seiner Rückkehr von Treffen mit den Sowjets in Empfang genommen hatte, so daß Unstimmigkeiten in bezug auf die Geldsummen eigentlich ausgeschlossen gewesen seien.

General Aaron betonte, daß man bei den Ermittlungen auf Ilses beständige Mitarbeit angewiesen sein werde, beispielsweise darauf, da sie jegliches schriftliche und andere Material, das sich noch in ihrem Haus befinden mochte, abliefern würde. Ilse nahm dies zum Anlaß, um dem General in einem zugeklebten Umschlag die Fotografien zu übergeben, die ihren Mann mit Breschnew und mit hochrangigen CIA- und KGB-Mitarbeitern zeigten. »Ich gab Aaron diese Bilder. Ich hatte Angst, daß sie mich das Leben kosten könnten«, erinnert sich Ilse. »Ich war blöd. Ich gab ihnen die Originalabzüge. Ich hatte sie dabei. Ich hatte es ja mit dem Staat zu tun. Ich dachte mir, vielleicht ist General Aaron jetzt ganz lieb zu mir und erzählt mir [, was mit Ralph geschehen ist].« Wenn Ilse Sigler heute an jene Besprechung zurückdenkt, hat sie das Gefühl, daß es »falsch war, da hinzugehen«. Keine fünf Minuten nachdem Aaron die Bilder angeschaut hatte, verließ er den Raum mit den Worten: »Nun gut, wir werden diese medizinischen Unterlagen [Ralphs ärztliche Atteste usw.] durchgehen und prüfen müssen, ob er psychische Probleme hatte.«

Ilse wußte, daß Ralph schlau genug gewesen war, vorauszusehen, daß die Army, wenn ihm etwas zustoßen sollte, versuchen würde, ihn unter Hinweis auf seine Krankengeschichte zu diskreditieren. Sie bewahrte die ärztlichen Unterlagen, die Ralph in Karins Auto versteckt hatte, an einem sicheren Ort auf. Diese Unterlagen zeigten, daß er sich am Vorabend seines plötzlichen Todes bei guter Gesundheit befunden und keine Symptome psychischer Leiden oder eines Alkoholproblems aufgewiesen hatte.

Sodann fuhr Ilse Sigler zum Präsidium der Staatspolizei von Maryland. Hier traf sie auf Polizeileutnant Brooks, von dem sie erfuhr, daß die Army die Polizei zunächst ersucht hatte, sie, Ilse, nicht vor dem 24. April, dem Termin von Ralphs nächstem Treffen mit den Sowjets, von seinem Tod zu benachrichtigen.[6] Ilse bat darum, ihr die Tatortfotos zu zeigen. Brooks machte sie darauf aufmerksam, wie unappetitlich die Bilder seien, und deutete an, Ilse werde den Anblick vielleicht nicht ertragen können. »Ach, wissen Sie«, entgegnete Ilse, »ich habe im Krieg mit angesehen, wie Menschen von Bomben zerrissen wurden. Schlimmer kann das auch nicht sein.« Als Brooks Ilse die Bilder zeigte, sagte sie: »Er liegt zu ›sauber‹ da. Mein Gott, sehen Sie nur, seine Arme. Aber er liegt zu ›sauber‹ da.« Nach der Position der Stühle auf den Fotos zu urteilen, mußte Ralph in der Luft einen regelrechten Salto geschlagen haben, um dann so auf dem Boden zu landen, wie er lag, als man ihn fand. »Unmöglich«, fuhr Ilse fort. »So ist er nicht gestorben. Er liegt zu ›sauber‹.«

Frau Sigler fragte, weshalb denn im Zimmer keine Spirituosenflaschen gefunden worden seien, wenn Ralph doch angeblich stark betrunken gewesen war. Die Polizei erklärte, Ralph habe sich im Howard-Johnson-Motel betrunken und sei dann die paar Kilometer zum Holiday Inn zurück zu Fuß gegangen. Dummerweise konnte die Polizei keinen einzigen Zeugen präsentieren, der Ralph im Howard-Johnson-Motel trinken oder ihn zu Fuß zum Holiday Inn hatte gehen sehen.

Nach Aussage von Tom Jennings bot General Aaron Frau Sigler nach Ralphs Tod eine hohe Abfindungssumme an. Er soll sich bereit erklärt haben, ihr die 400 000 Dollar auszuzahlen, die Ralph im Lauf der Jahre von den Sowjets bekommen hatte, dazu weitere Beträge für Karins Ausbildung und andere Aufwendungen. Als Ilses Anwalt redete Tom Jennings ihr gut zu, das Army-Angebot anzunehmen. Aber Ilse lehnte ab. Sie wollte wissen, was ihrem Mann zugestoßen war. Sie sah in der angebotenen Abfindung einen Versuch, ihr ihr Bemühen um die Ergründung der Wahrheit abzukaufen, und dieses korrupte Spiel wollte sie nicht mitmachen.

Die Andeutung, die Oberst Grimes gegenüber Tom Jennings gemacht hatte – daß die Sowjets womöglich ein Konto für Ilse eröffnen würden –, machte sie nervös. Wie sie sich erinnert, erhielt sie mehrere Monate nach Ralphs Tod von der Northgate-Bank, bei der sie ein Konto hatte, die Mitteilung, Ralph habe bei einer ihrer Zweigstellen ein weiteres Konto unterhalten. Ilse ging zu der betreffenden Zweigstelle, um Näheres zu erfahren. »Sie werden es nicht glauben, aber die haben das Konto nicht gefunden«, erzählt sie. Was ihr wirklich Kopfschmerzen bereitete, war die Vermutung von Grimes, der KGB könne versuchen, sich diskret mit ihr in Verbindung zu setzen.

Ilse geriet freilich nur einmal in eine Situation, in der sie es tatsächlich mit einer Kontaktaufnahme von seiten der Sowjets zu tun zu haben glaubte. In den ersten Wochen nach Ralphs Beerdigung war sie täglich auf den Friedhof gegangen. Nach einigen Monaten besuchte sie das Grab dann nur noch an Sonntagen. An einem Sonntag im Herbst folgte ihr auf dem Weg zum Friedhof ein Mann in einem Cadillac. Er parkte seinen Wagen und beobachtete sie dabei, wie sie zu Ralphs Grab ging. Weiter weg erblickte sie einen weiteren Wagen mit zwei Männern auf den Vordersitzen und zwei Frauen im Fond. Der Fahrer des Cadillac stieg aus und begann in ihre Richtung zu gehen. Sie beugte sich nieder, um die Blumen auf dem Grab zu gießen. Als sie sich wieder aufrichtete, stand der Mann direkt neben ihr. Er kam ganz nahe an sie heran und fragte: »Ist das Ihr Mann?« Ilse antwortete: »Ja.« – »Wie ist er umgekommen?« wollte der Fremde wissen. »Ein Unfall«, sagte Ilse nervös. »Heben Sie die Blumen hoch«, wies er sie an. Ilse schickte sich schon an, den Blumenstrauß vom Grab hochzunehmen, als der Mann noch einmal sagte: »Heben Sie die Blumen hoch.« Sie hatte Angst, er wolle sie erstechen, und sagte: »Ach, ich habe ihnen schon Wasser gegeben.« Trotz ihrer Angst fixierte sie den Mann aufmerksam, um ihn später eventuell wiedererkennen zu können. Er ging zu seinem Wagen zurück und fuhr weg. Ilse fiel auf, daß er ein Kennzeichen aus Ciudad Juarez in Mexiko am Wagen hatte. Die andere Limousine mit den vier Leuten darin folgte ihm, als er den Friedhof verließ.

Am 7. Mai 1976 wurde die Weisung, den Tod des Stabsfeldwebels Ralph Joseph Sigler zu untersuchen, unterzeichnet. Oberst Carey G. Tomlinson vom Amt des Inspector General wurde mit der Durchführung der Ermittlungen beauftragt. Als er in El Paso die Kollegen des Verstorbenen befragte, konnte er für die Selbstmordtheorie der Army nicht viele Punkte sammeln.

Als Tomlinson Major Ring über die Vorgänge im Anschluß an Ralph Siglers Tod befragte, berichtete Ring, was ihm Ralphs unmittelbarer Vorgesetzter in White Sands, Major John Ellis, gesagt hatte: »Major Ellis war als einer, der Herrn Sigler von der Arbeit her kannte, der Überzeugung, daß es kein Selbstmord war. Er sagt, Ralph sei in ausgezeichneter Verfassung gewesen, als er abreiste. Er hatte seine Pensionierung vor sich. Bei MICOM [einer Rüstungsfirma] wartete ein Job auf ihn, als Reparaturtechniker oder so. ... Er hatte alles ziemlich gut eingefädelt. Seine Leute mochten ihn nach wie vor als guten Chef. [Ellis] konnte nicht glauben, daß es Selbstmord gewesen sein soll.«

In den Monaten nach Ralphs Tod kam es mehr als einmal vor, daß Ilse Sigler nachts hochschreckte, geweckt vom Öffnen oder Schlie-

ßen ihres Vorgartentores. Einmal sah sie einen Mann davonge-
hen. In einer Nacht, es war kurz vor dem 13. Mai, begann ihr
Pudel Nicky um Mitternacht wütend zu bellen. Als sie aufstand,
um zu sehen, was mit dem Hund los war, lief er zur Tür des
Heizungskellers und bellte. Es war ein sehr warmer Abend, und
Ilse hatte die Klimaanlage auf volle Kraft geschaltet. Sie öffnete
die Tür des Heizungsraums und sah, daß ihr Ölbrenner in Flam-
men stand. Sie lief in die Küche, entriß der Waschmaschine
feuchte Kleider, stürmte wieder in den Heizungsraum und versuchte, das Feuer zu ersticken.

Ilse rannte dann in die Küche und alarmierte die Feuerwehr. Da
das Haus voller Rauch war, warteten Karin und Ilse in ihren
Morgenmänteln vor dem Haus, bis die Feuerwehr kam und den
Brand löschte. Die Feuerwehrleute konnten die Brandursache zu
ihrem eigenen Erstaunen nicht feststellen.

Nicht lange nach diesem Vorfall fand Ilse, als sie eines Nachmittags von der Arbeit nach Hause kam, ihren Pudel Nicky tot vor.
Jemand hatte ihn vergiftet.

Am 13. Mai 1976 wollte Oberstleutnant Tomlinson in Begleitung
eines weiblichen Offiziers in Ilses Haus, um sie für die heereseige-
ne Untersuchung des Falles zu befragen. Der Oberst kramte ein
Tonbandgerät aus seinem Gepäck und fragte, ob er die Befragung
auf Band nehmen dürfe. Frau Sigler lehnte dies ab – sie wollte
nicht, daß ein Band mitlief, es sei denn, es würden zwei Tonband-
geräte mitlaufen, und sie, Ilse, erhielte ein Exemplar der Bandaufnahme.

Oberst Tomlinson lehnte wütend ab.

Ilse war zu dieser Zeit psychisch schon ziemlich geschafft. Das
Rechten mit der Army über die Verhältnisse, unter denen Ralph
gelebt hatte, und die Umstände, unter denen er gestorben war,
versetzte sie in einen Zustand gesteigerter Erregung und Nervosität. Tomlinson suchte, bevor er El Paso wieder verließ, ein zweites
Mal das Gespräch mit ihr, aber sie gebärdete sich wieder so
aggressiv und gab so ungereimte Antworten, daß er daraus kaum
Aufschlüsse für seine Ermittlungsarbeit ziehen konnte.

Tomlinson sprach in El Paso mit Bekannten Ralph Siglers in Fort
Bliss und White Sands, mit Leuten vom Bestattungsinstitut und

vom Einkaufszentrum sowie mit Polizeibeamten, um herauszufinden, was an einigen der von Ilse Sigler erhobenen Vorwürfe dran war. Zurück in Washington, befragte er Kollegen und Vorgesetzte von Ralph in Fort Meade, ferner den Fahrer des Rettungswagens, den Pförtner des Holiday Inn, den Leichenbeschauer und den Pathologen, um die Todesumstände Ralph Siglers möglichst genau zu rekonstruieren. Seine gesammelten Erkenntnisse verarbeitete er zum amtlichen Untersuchungsbericht des Inspector General.

In einem vom 22. Juni datierten, in El Paso abgestempelten Brief teilte das Heeresministerium Ilse Sigler mit, zu welchen Schlußfolgerungen die offiziellen Ermittlungen zum Todesfall Ralph Sigler geführt hatten. Angeführt war in dem Schreiben unter anderem die Meinung eines Psychiaters, der Ralph nie gesehen hatte:

Bei Todesfällen mit ungewöhnlichen Begleitumständen werden ... die medizinischen Sachverständigen aus dem Amt des Surgeon General als Gutachter beigezogen. Sie gelangten zu der Auffassung, daß Ihr Mann zum Zeitpunkt der Tat, die zu seinem Tode führte, nicht im Vollbesitz seiner geistigen Kräfte war.

Zu diesem Urteil – psychisch nicht verantwortlich – kamen die medizinischen Gutachter nach der Prüfung aller vorhandenen Unterlagen, einschließlich des Autopsieberichts und der von Ihrem Mann kurz vor seinem Tod niedergeschriebenen Texte. Es wurde des weiteren ein Gespräch mit einem Vertreter der vorgesetzten Behörde Ihres Mannes geführt. Es hat demnach den Anschein, daß Ihr Mann unter akuten und schweren Depressionen litt und vor seinem Tod schon über Stunden, wahrscheinlich sogar einige Tage hinweg mit dem Gedanken an Selbstmord spielte. Der Impuls zur Selbstzerstörung läßt sich als Symptom und Produkt der krankhaften Depression deuten. Wir gehen davon aus, daß die akute krankhafte Depression zu einem Zustand psychischer Umnachtung geführt hat, in dem die Fähigkeit verlorenging, sich gemäß der gewöhnlichen Normen von Rationalität zu verhalten.

Was die Todesursache betraf, so kam der Untersuchungsbericht des Inspector General vom 11. Juni 1976 zu der folgenden amtlichen Schlußfolgerung: »Ralph Joseph Sigler verübte Selbstmord durch Elektroschock.« Weiter hieß es in dem Bericht:

Die Personen, die in Kontakt mit Frau Sigler kamen, äußerten sich fast ausnahmslos dahingehend, daß sie ihnen in brüsker, herausfordernder Weise gegenübertrat und ihren Wunsch bekundete, die Army und alle zuständigen Personen zu verklagen, falls sie nicht eine sie befriedigende Antwort auf die von ihr gestellten Fragen erhielt. Frau Sigler beschwerte sich über die Verzögerung, mit der sie Dokumente wie den Autopsiebericht, den Totenschein, den Polizeibericht und die persönliche Habe [des Toten] zugestellt erhielt, wie auch über [Verzögerungen bei der] Überführung der Leiche zur Bestattung nach El Paso. Frau Sigler unterstellte der Army, sie wolle den Leichnam nicht vor dem 26. April herausgeben.

Das Fazit des Untersuchungsberichts lautete: »Das Personal des Heeresnachrichtendienstes ist für den Tod Siglers in keiner Weise mitverantwortlich.« Was das Motiv für den angeblichen Selbstmord Ralph Siglers betraf, so wurde unterstellt, er habe sich umgebracht, weil er um keinen Preis gestehen wollte, daß er den Sowjets nichtfreigegebene Informationen geliefert hatte. Eine der »Mahnungen« an die Adresse von Ilse Sigler, die der Bericht enthielt, besagte, daß »im Falle einer Zivilklage ... zwangsläufig öffentlich bekannt würde«, welche Art von Tätigkeit Ralph Sigler ausgeübt hatte.

Ilse Sigler verstand die Welt nicht mehr. Die Ermittlungen der Army hatten keine Antworten auf die von ihr eingereichten Fragen erbracht, sondern die Army von jeglicher Verantwortung reingewaschen. Ralph war diesem Bericht zufolge illoyal, psychisch unzurechnungsfähig und ein Säufer gewesen. Der Bericht enthielt sogar Kritik an Ilses Verhalten und deutete Zweifel an ihrer geistigen Gesundheit an.

Die Staatspolizei von Maryland bestätigte in einem eigenen Ermittlungsbericht die Befunde der Army. Nach ihren Erkenntnissen hatte Ralph Sigler irgendwann zwischen 18.00 und 22.30 Uhr aus einem abgeschnittenen Kabelstück einer Lampe die Kupferdrähte herausgeschält, sie sich um die Oberarme gebunden, sie an eine (abgeschaltete) Wandsteckdose angeschlossen, sich auf den oberen von zwei aufeinandergestapelten Stühlen gesetzt, die Stellen, an denen die Drähte auf der Haut auflagen, mit Wasser benetzt und dann mit dem Ellbogen den Lichtschalter betätigt, um die Steckdose und damit die Kupferdrähte und damit sich selbst unter Strom zu setzen. Was bei dieser Darstellung unberücksichtigt bleibt, ist die Tatsache, daß Ralph laut Autopsiebericht so viel Alkohol im Blut hatte, daß er vermutlich kaum in der Lage gewesen sein dürfte, Stühle aufeinanderzustapeln, geschweige denn eine technisch ausgeklügelte Selbstmordvorrichtung aufzubauen und zu betätigen.

Frau Siglers erster Anwalt, Tom Jennings, glaubte der Darstellung der Army und der Staatspolizei von Maryland.[7] Daß und wie Jennings mit diesen Behörden kooperierte, geht aus einem Aktenvermerk der Army hervor:

Familie von Stabsfeldwebel Sigler hat einen Anwalt namens Thomas W. Jennings aus Philadelphia (Pennsylvania) als ihren rechtlichen Vertreter engagiert. Mitarbeiter des Nachrichtendienstes der U.S. Army haben mit Herrn Jennings bei der Beschaffung von Informationen über Siglers Tätigkeit für den Heeresnachrichtendienst und über die Umstände seines Todes zusammengearbeitet. Herr Jennings hat sich auch insoweit kooperativ gezeigt, als er mithalf, allfällige Bedenken der Familie, daß bei Siglers Selbstmord nicht alles mit rechten Dingen zugegangen sein könnte, zu entkräften.

Trotz der kaum verhüllten Warnungen der Army, die öffentliche Resonanz auf ein Klageverfahren könne für das Ansehen Ralph Siglers abträglich sein und seiner Mutter in der Tschechoslowakei schaden, glaubte Ilse Sigler, keine andere Wahl zu haben, als sich einen anderen Anwalt zu nehmen und die Army zu verklagen. Es war schließlich der Letzte Wille ihres verstorbenen Mannes gewesen. Zwei Anwälte, die sie aufsuchte, weigerten sich, sie in dieser

Sache zu vertreten. Einer von ihnen sagte: »In dem Augenblick, wo ich Ihren Fall übernehme, stehe ich auf der Liste. Die Steuerprüfung wird mich auseinandernehmen.«

Allein gelassen, ratlos und verzweifelt, blätterte Ilse Sigler die Gelben Seiten durch und stieß auf die Privatdetektei D&N. Ihr Anruf dort brachte sie in Kontakt mit Fred Duvall. Sie bat ihn, ihr bei ihrem Klagevorhaben zu helfen. »Na ja, sehen Sie, sie wußte nicht, wem sie überhaupt noch vertrauen sollte«, erinnert sich Duvall. »Natürlich, wenn mich irgend jemand anruft, gehe ich hin und höre mir die Sache an. ... Warum nicht? Das ist mein Geschäft.«

Duvall wurde bald klar, daß er in der Sache nicht ohne »Amtshilfe« in Maryland, wo sich der »Tatort« befand, weiterkommen würde. Er ging seine Kartei durch und fand Harry Thompsons Geschäftskarte. Da Upper Marlboro nicht weit von Fort Meade und dem Holiday Inn in Jessup entfernt lag, schlug Duvall Frau Sigler vor, Harry Thompson als detektivischen Mitarbeiter für den in Maryland abzuwickelnden Teil der Ermittlungen zu engagieren.

Eine der ersten »Amtshandlungen«, die Fred Duvall vornahm, bestand darin, daß er einen El Pasoer Pathologen aufsuchte und sich bei ihm erkundigte, wieviel dokumentierte Fälle von Selbstmord durch Elektroschock bekannt waren. Der Pathologe gab die Anfrage an einen seiner Forschungsassistenten weiter, und dieser fand heraus, daß unter den mehreren hundert Selbstmordfällen, über die Unterlagen vorlagen, kein einziger Fall von Selbsthinrichtung durch Elektroschock war. Nach Überzeugung von Duvall ist es höchst unwahrscheinlich, daß ein Angehöriger eines Nachrichtendiensts sich mit der Schußwaffe oder gar durch Elektroschock umbringt: »Diese Leute schießen sich nicht eine Kugel in den Kopf, sie schlucken eine Pille oder tun es mit Kohlenmonoxid. Methoden, die nicht weh tun. ... Und noch dazu, wenn einer für eine staatliche Behörde gearbeitet hat, wo man sich alles beschaffen kann, was man will. ... Und dann kann man doch nicht einmal sicher sein, daß 110 Volt das gewünschte Ergebnis bringen.«

Der Pathologe klärte Duvall darüber auf, daß bei einem Elektroschock das Herz elektrische »Störspannungen« erhält, die bewirken, daß die Herzklappen sich schließen. »Anders gesagt«, interpretiert Duvall die Erklärung des Pathologen, »kann nach einem Elektroschock kein Blut außer blutigem Schleim aus dem Mund austreten.« Aber Ilse Sigler zeigte Duvall Ralphs blutgetränktes T-Shirt und die Boxershorts, die er als Unterhose getragen hatte. Und Harry Thompson besorgte sich ein Stück von dem billigen grünen Plüschteppichboden aus dem Zimmer des Holiday Inn, in dem Ralph gestorben war. Das Hotelpersonal hatte den Blutfleck, den Ralph hinterlassen hatte, nicht wegbekommen und daher einen Teil des Teppichbodens herausgeschnitten und ersetzt. »Ja, diese ganze Elektroschocktheorie ging in dem Augenblick baden, als wir die anderen Bilder, die, soviel ich weiß, die Verkehrspolizei von Jessup von ihm machte, vorlegten. Und ich habe mit vielen Ärzten geredet, und es stimmt. Er hätte nicht geblutet.«

Duvall sah in dem T-Shirt und den Boxershorts einen sehr interessanten Aspekt des Falles. Er ließ mehrere Proben getrockneten Blutes von einem Chemiker analysieren. Der Chemiker stellte fest, daß das T-Shirt mit zweierlei Blut getränkt war. Eines davon entsprach der Blutgruppe nach dem Blut Ralph Siglers. Wie Duvall berichtet, fand der Chemiker ferner heraus, »daß, wenn man die Boxershorts auf die beim Militär übliche Weise zusammenlegte, die Blutflecken auf der Unterseite sich mit den Blutflecken auf der Oberseite deckten. Anders gesagt: Mit den blutigen Shorts wurde Blut aufgewischt, sie befanden sich nicht am Körper des Blutenden«. Am Innenfutter der Hose, die Ralph nach Polizeiangaben anhatte, als man ihn fand, waren keine Blutspuren. Eine Untersuchung der Socken, die Ralph trug, erbrachte keine Spur von irgendwelchen kleinen Löchern oder anderen Spuren von Stromdurchfluß.

Duvall hielt es für ratsam, das T-Shirt und die Boxershorts sicher in einem Schließfach einer Bank in El Paso aufzubewahren. »Ich tat das, als ich merkte, daß ich die ganze Zeit einen Begleiter hatte«, sagt er. Wenn er zu Ilse Siglers Haus fuhr, folgte ihm ein Mann in einem alten verbeulten Auto. Duvall weiß noch, wie der Mann aussah: »Er hatte hellbraunes, fast rötliches Haar, war breitschultrig, könnte so gut über 1,80 Meter gewesen sein. Große Hände, die konnte ich auf dem Lenkrad sehen. Und genau der

Nullachtfünfzehntyp des CIA- oder FBI-Mackers, wie der kleine Hans ihn sich vorstellt.«

Duvall ließ sich von der Tatsache, daß er beschattet wurde, nicht einschüchtern. »Es machte Spaß, wenn die mich verfolgten und ich dann den Spieß umdrehte und ihnen nachstellte. Irgendwann guckten sie in ihren Rückspiegel, und da war ich.« Duvall notierte sich das Kennzeichen des ihn verfolgenden Wagens und ging damit zum Kfz-Registeramt des Staates Texas. »Aber dieses Kennzeichen war nicht registriert«, erzählt er.

Außer der Verfolgung passierten noch andere seltsame Dinge, die Duvall zu denken gaben. Als er versuchte, sich die Vermißtenanzeige vorlegen zu lassen, die Ilse Sigler an Ralphs Todestag in Fort Bliss erstattet hatte, sagte man ihm, es gebe darüber kein schriftliches Protokoll. Eines Morgens fühlte Duvall sich, als er in sein Büro kam, so schlecht, daß er, anders als sonst, weder einen Kaffee aufsetzte noch sich eine Zigarette anzündete. Dann merkte er plötzlich, daß das ganze Büro voller Gas war. »Ich rief bei der Gasversorgung an, bei der Feuerwehr und allen anderen und schlug Alarm. Da war ein großes Regelventil direkt neben unserem Büro, und das hatte offenbar einen rätselhaften Defekt, der dazu geführt hatte, daß Gas in unser Büro strömte.«

Duvall machte auch die Entdeckung, daß Ilse Siglers Post geöffnet wurde. Wie er feststellte, waren Briefe an sie, die nicht in Fensterkuverts steckten, geöffnet und wieder zugeklebt worden. Wie Frau Sigler zu berichten weiß, verriet ihr Postbote ihr Jahre später, daß ihre Post nach wie vor geöffnet wurde.

Die Theorie von der Selbsthinrichtung durch Elektroschock war nicht der einzige Aspekt des Todesfalls Sigler, wo die Tatsachen der amtlichen Version widersprachen. Nach Ansicht von Duvall hatte die Behauptung, niemand könne das Hotelzimmer betreten oder verlassen haben, reinen Beschwörungscharakter. »Was wirklich eine glatte Fehlleistung war, ... [auf die sie] alles andere stützten – daß er sich in dem Zimmer eingeschlossen und den Sicherheitsriegel vorgeschoben hatte, so daß niemand unbemerkt das Zimmer verlassen hätte können. Falsch. Alle Holiday Inns sind gleich eingerichtet und im wesentlichen mit Türen gleicher Bauart bestückt, und um diesen Sicherheitsriegel zu betätigen, braucht man bloß einen Magneten.«

Im Lauf des Sommers ging Duvall in die Redaktion der *El Paso Times* und erkundigte sich, weshalb die Zeitung Kontakt zu Ilse Sigler gesucht hatte. Ilse hatte ihren früheren Entschluß, der Presse nichts zu erzählen, revidiert und war jetzt bereit, ihre Geschichte öffentlich zu machen. Die Zeitung setzte ihren Reporter John Starke auf die Geschichte an. Starke verfaßte eine mehrteilige Reportage, in der er sich weitgehend die Ansicht Ilse Siglers zu eigen machte, daß die Army irgendwie für den Tod Ralphs verantwortlich sei.

Die Feststellungen Duvalls in bezug auf die Kleider, die Ralph in der Nacht seines Todes angeblich getragen hatte, deckten sich mit Informationen, die Harry Thompson in Maryland auftat. Eine Schlüsselrolle spielte dabei die fehlende Hose aus dem Reisegepäck Ralph Siglers. Tom O'Brien, Hotelboy im Holiday Inn, vertraute Thompson an, er habe Polaroidnegative gesehen, auf denen ein nackter Ralph Sigler, auf dem Boden liegend, zu sehen gewesen sei. O'Brien behauptete, er habe beim Saubermachen auf dem Hinterhof des Hotels neben den Mülltonnen Fotonegative gefunden, wie sie von Polaroidbildern abgezogen werden; er habe sie aufgenommen und angeschaut. Dies sei zu einem Zeitpunkt gewesen, da die Polizei sich noch im Tat-Zimmer befunden und Spurensicherung gemacht habe. Die Leiche sei bereits fortgeschafft gewesen.

Als Privatdetektiv Harry Thompson das Todeszimmer besichtigte, nahm er den kleineren Schreibtischstuhl und stülpte ihn auf den anderen Stuhl. Die beiden paßten ineinander, aber Thompson konnte sich nicht erklären, aus welchem Grund Ralph sich die Mühe gemacht hatte, einen Stuhlturm zu bauen – er kam dadurch weder der Wandsteckdose noch dem Lichtschalter näher. Die Staatspolizei von Maryland hatte behauptet, Ralph habe einen Stuhl auf den Kofferständer neben dem Schreibtisch gestellt. Aber dann wäre es ihm unmöglich gewesen, mit dem Arm oder dem Ellbogen den Lichtschalter zu erreichen. Der Nachtportier William Henry Chapman bestätigte, daß nur einer der Stühle auf dem Kofferständer stand, als er das Zimmer betrat, und daß der Kofferständer »ein bißchen näher zur Tür hin gezogen« war. Später behauptete die Polizei, die beiden Stühle seien, aufeinandergetürmt und Richtung Tür weisend, unmittelbar neben dem Kofferständer gestanden und nicht darauf. Dafür hatte sie auch fotografische Belege.

Die Stehlampe, deren Kabel Ralph zweckentfremdet hatte, befand sich, als Harry Thompson seine Ermittlungen vor Ort aufnahm, im Lagerraum des Holiday Inn. Das ursprünglich knapp drei Meter lange Zuleitungskabel war auf etwas weniger als einen Meter Länge gekürzt worden. An der Schnittstelle waren die beiden Drähte blank gemacht und verzwirbelt worden, wie ein Elektriker es tut, wenn er zwei Drähte zusammenkleben möchte. Harry holte zur Begutachtung der elektrischen Anlage im Todeszimmer einen Fachmann. »Ich ließ von einem Experten testen, wieviel Saft aus dieser Steckdose kam, und es war nicht genug, um einen umzuhauen. Genug, um einem die Haare zu Berge stehen zu lassen, aber nicht, um einen umzubringen. Der Experte sagte: ›Ich will nicht eine Viertelstunde damit verbringen, aber ich werde dranfassen und Ihnen zeigen, daß es nicht tödlich ist.‹« Thompson zeigte dem Elektriker auch Fotos von Ralphs Leiche. »Ich habe diesem selben Mann dieses Bild hier gezeigt. Er hat gesagt, es ist unmöglich, daß 115 Volt deine Haut so verkohlen können.«

Auf Harry Thompson machte der gesamte Tatort einen verdächtigen Eindruck. »Ein Mann, der sich anschickt, Selbstmord zu begehen, der Brillenträger ist, nimmt die Brille ab, legt sie, schön zusammengeklappt, weg, nimmt alles Münzgeld aus seinen Taschen und stapelt es säuberlich auf dem Schreibtisch. Angeblich war er stockbetrunken, aber die Betten waren gemacht, kein Fältchen darin. Koffer liegen ordentlich da, obwohl er doch angeblich stockbetrunken ist. Und dann die Art, wie er sich selbst verdrahtet hat, als Elektronikfachmann. Er wußte doch, wie es viel einfacher gegangen wäre: sich in die Badewanne zu stellen und ein unter Strom stehendes Kabel ins Wasser werfen; er hätte sich die ganze ausgeklügelte Elektroschockvorrichtung sparen können.« Thompson war der Meinung, wenn man sich an den Autopsiebericht halte, dem zufolge Ralph mit Alkohol vollgepumpt gewesen sei, sei es kaum zu glauben, daß Ralph von den Stühlen hochgeschnellt sein, sich in der Luft um die eigene Achse gedreht haben und auf dem Boden aufgeschlagen sein könne, ohne die Stühle mit umzureißen. Louis Martel, der zusammen mit Chapman die Leiche fand, erschien es ebenfalls »rätselhaft«, daß der Tote »kerzengerade dalag«.

Obwohl Ralph Sigler dem Autopsiebericht zufolge dreimal soviel Alkohol im Blut hatte, als es der gesetzlichen Trunkenheitsgrenze entspricht, fanden sich im Zimmer keine Spirituosenflaschen. Wenn Ralph sich das Leben genommen hatte, wo waren dann die Bierdosen oder Schnapsflaschen geblieben? Thompson zog aus dieser Ungereimtheit den Schluß, daß Sigler in einem anderen Zimmer des Hotels getötet und die Leiche dann in Zimmer 326 gebracht worden sein muß. Wie er richtig erkannte, ist es kaum denkbar, daß ein Mensch, der soviel Alkohol im Blut hatte, eine technisch so subtile Selbsttötungsvorrichtung installierte (wie die Army und die Polizei sie beschrieben) oder die nicht wenigen Kilometer vom Howard-Johnson-Motel zum Holiday Inn zu Fuß zurücklegte (wie die Staatspolizei von Maryland es unterstellt). Dr. Hertzog, der die Autopsie durchführte, räumte ein, daß Ralph Siglers Blutalkoholgehalt Fragen aufwarf. Dr. Hertzog vertraute Ilse Sigler bei einer Gelegenheit an, seiner Meinung nach sei es höchst unwahrscheinlich, daß Sigler sich auf die von der Army und der Polizei unterstellte Weise umgebracht haben konnte. Bei seinem Promillewert sei es zweifelhaft, ob er noch in der Lage gewesen wäre, ins Bett zu kriechen, geschweige denn zwei Stühle aufeinanderzutürmen, sich die Kupferdrähte um die Arme zu binden und den Schalter zu betätigen. »Seine motorischen Funktionen waren so stark beeinträchtigt, daß er den von der Polizei beschriebenen Selbsttötungsmechanismus nicht hätte betätigen können. Meiner Ansicht nach war sein Tod kein Selbstmord.«

Wie aus den Autopsiebildern hervorgeht, muß Ralph Sigler vor seinem Tod schwer mißhandelt worden sein. Als John Schaffstall die Bilder sah, sagte er: »Ich hätte Ralph nicht wiedererkannt. Er war fast bis zur Unkenntlichkeit zugerichtet worden; sein Gesicht ähnelte dem eines mitgenommenen Preisboxers in der letzten Runde eines verlorenen Kampfes.« Nach Aussage von Dr. Hertzog rührten die Gesichtsverletzungen nicht vom Sturz auf den teppichbespannten Betonboden her, sondern von »weitaus gewaltsameren Einwirkungen. Die Fallhöhe war nicht so groß, und er wirkte eher wie ein Mann, der geschlagen worden war«.[8]

Was Dr. Hertzog letzten Endes davon abbrachte, den Tod von Ralph Sigler als Selbstmord zu bewerten, waren seine Überlegungen zur Zugänglichkeit des Todeszimmers. Der Nachtpförtner William H. Chapman führte Harry Thompson vor, wie man es anstellte, den Sicherheitsriegel mittels des Zimmerschlüssels von außen ein Stück weit zu bewegen, so daß es aussah, als sei die Tür von innen zugeriegelt. Wie Chapman ferner erläuterte, pflegen Gäste, die es für nötig halten, ihre Zimmertür zu verriegeln, in aller Regel auch die Sicherheitskette einzuhängen, die zusätzlichen Schutz vor Eindringlingen verspricht. Als Chapman sich in der Todesnacht Zutritt zu Ralphs Zimmer verschaffte, war die Sicherheitskette nicht vorgelegt. Und Ralphs Zimmerschlüssel war nicht unter den Gegenständen, die im Zimmer sichergestellt wurden.

»Ich machte wohlweislich keine Aussage darüber, ob [der Elektroschock] ein [von Sigler] selbst herbeigeführter war«, erklärte Dr. Hertzog. Wegen der offenen Fragen zur »Sicherheit des Zimmers« und wegen des hohen Blutalkoholgehalts könne er »die Möglichkeit nicht ausschließen, daß jemand ihn, offen gesagt, dorthin gelegt hat. Aber die hohen Werte warfen die Frage auf, ob nicht jemand Sigler betrunken gemacht und ihn dann an die Drähte angeschlossen hatte«.[9]

Wie Harry Thompson bekundete, fühlte er sich von dem Augenblick an beschattet, als er mit seinen Ermittlungen zum Fall Sigler begann. Wie Fred Duvall notierte er sich das Kennzeichen des Verfolgungsfahrzeugs. »Und ich schrieb mir die Nummer auf und gab sie einem Freund bei der Polizei, und dann kam die Meldung zurück: ›Noch kein Kennzeichen mit dieser Nummer ausgegeben.‹«

In den ersten Polizeiberichten war vom angrenzenden Zimmer überhaupt nicht die Rede. Thompson versuchte, den Mann ausfindig zu machen, der laut den Hotelunterlagen in der Todesnacht das Zimmer neben dem von Ralph gemietet hatte; es gelang ihm nicht. Weder sein Name noch der der Versicherung, für die er angeblich arbeitete, ließen sich irgendwo finden. Als Harry Näheres über Ralphs mehrtägigen Aufenthalt im Howard-Johnson-Motel in Erfahrung zu bringen versuchte, sagte man ihm dort, die betreffenden Unterlagen seien vernichtet worden.

Thompson erhielt auch Hinweise darauf, daß Ralph sich durch einen Sturz vom Stuhl wohl kaum einen Nasenbeinbruch und ein Loch in der Schläfe hätte zuziehen können. Wie der Geschäftsführer des Holiday Inn ihm erzählte, waren schon öfter Kinder aus dem Bett gefallen und hatten sich dank des weichen Teppichbodens nicht weh getan.

Thompson fragte sich, weshalb Chapman nach der Entdeckung der Leiche zum Telefonieren das Zimmer verlassen hatte und nach unten gegangen war, anstatt das Telefon im Zimmer zu benutzen. Chapman gab an, dies auf Anweisung Martels getan zu haben. Martel sagte, er habe Chapman aus dem Zimmer geschickt, um Noel Jones anrufen und verständigen zu können.

Thompson befragte auch das Zimmermädchen, das an Ralphs Todestag Dienst gehabt hatte. Sie sagte, er habe auf sie einen sehr nervösen Eindruck gemacht. Um 8.00 Uhr morgens habe er sie gebeten, sein Bett zu machen und sein Zimmer herzurichten, da er wichtigen Besuch erwarte. Wie sie Thompson erzählte, erwähnte Ralph, daß ein Mann – er benutzte die Worte »er« oder »Herr Soundso« – zu ihm kommen würde. Während sie noch dabeigewesen sei, das Zimmer zu machen, sei Ralph Sigler hereingekommen; daraufhin habe sie ihn gebeten, draußen zu warten, bis sie fertig war, da nach den hotelinternen Vorschriften männliche Gäste sich nicht mit weiblichen Angestellten im Zimmer aufhalten durften. Sigler habe das Zimmer verlassen und sei im Gang auf und ab gegangen. Er habe auf sie gewirkt wie ein von großen Sorgen gequälter Mensch. Nachdem sie ihre Arbeit getan und ihn wieder ins Zimmer gelassen hatte, habe er das Schildchen »Bitte nicht stören« an die Tür gehängt.

Der Ehemann des Zimmermädchens arbeitete ebenfalls im Holiday Inn, und zwar als Reparaturtechniker. Als er sah, daß seine Frau und Ralph Sigler Worte wechselten, fragte er sie, ob sie mit dem Gast Ärger hatte. Sie schilderte ihm Siglers Verhalten, und so schenkte auch er in der Folge diesem Gast gesteigerte Aufmerksamkeit, der so aufgeregt einem Besucher entgegenzufiebern schien.

480

Beim Aufräumen des Zimmers sah das Mädchen keine Flaschen oder Gläser. Als jedoch das Zimmer einige Tage nach Ralphs Tod zur Reinigung freigegeben wurde, fand sie mehrere Kaffeetassen, Trinkbecher, eine Colaflasche, eine Sprite-Dose und eine Ginger-Ale-Dose. Unter dem Bett lag ein Zettel, auf dem etwas geschrieben stand und den sie, zusammen mit den Getränkedosen, in den zimmereigenen Abfalleimer warf. Thompson fand es höchst verwunderlich, daß die Polizei weder eine gründliche Spurensicherung vorgenommen noch den Tatort versiegelt hatte. Nach Aussagen von Chapman drängten sich nach der Auffindung der Leiche so viele Leute in dem Zimmer, daß es jedermann ein leichtes gewesen wäre, Dinge zu verändern.[10]

Weder das Zimmermädchen noch der Hotelboy Tom O'Brien wurden von der Polizei je vernommen. Wie im Fall Paisley trug die Staatspolizei von Maryland auch im Fall Sigler nichts zur Aufklärung von Ungereimtheiten bei. Sie überließ es dem Nachrichtendienst der Army, eine Inventarliste zu erstellen und Siglers sämtliche Habseligkeiten sicherzustellen und nach Fort Meade zu bringen.

Thompson und Duvall arbeiteten zunächst Hand in Hand. Aber bald begann Thompson direkt mit Ilse Sigler zu kommunizieren. Nach monatelangen Ermittlungen gelangte Harry Thompson zu dem Schluß, daß Ralph Sigler vom KGB »eliminiert« worden war. Duvall empfahl Ilse einen in El Paso als Strafverteidiger praktizierenden Anwalt namens Gibson. Gibson empfahl sie jedoch an einen Kollegen namens Sidney J. Diamond weiter. Am 13. September 1976, kurz nachdem Diamond sich bereit erklärt hatte, Ilse Sigler in dem Fall zu vertreten, schrieb Duvall ihm: »Wir haben Ermittlungen im Zusammenhang mit dem Tod von Ralph Sigler angestellt. Obwohl wir nur einen minimalen Zeitaufwand investiert haben, sehen wir gute Gründe, der von Frau Sigler vertretenen Auffassung darüber, was ihrem Mann zugestoßen ist, Vertrauen und Glauben zu schenken.«

Duvall und Diamond kamen von Anfang an nicht richtig miteinander klar. »Sid wollte, daß ich nur genau das tun sollte, was er mir sagte. Und ich sagte: ›Mann, das kann eigentlich nicht gutgehen.‹ ... Es ist mir nie zuvor passiert, daß ein Anwalt mir sagt: ›Du tust nur das, was ich dir sage.‹« Diamond wollte nicht, daß Duvall irgend jemanden von der Army oder vom FBI kontaktierte. Diamond verfügte über ausgezeichnete persönliche Kontakte zur FBI-Außenstelle El Paso und glaubte, die Zusammenarbeit mit dem Bureau sei in seinen Händen am besten aufgehoben.

Wie für Duvall, zog auch für Diamond die Übernahme des Falles Sigler einige seltsame Konsequenzen nach sich. Zweimal versuchte jemand, in sein Haus einzubrechen. Beim ersten Mal ertappte ein Nachbar einen Mann bei dem Versuch, durch die Vordertür ins Haus einzudringen. Es kam zu einer Verfolgungsjagd. Beim zweiten Mal versuchte der Einbrecher sein Glück am Hintereingang, wurde jedoch, so glaubt Diamond, von seinem Hund, einem alaskischen Husky, verscheucht. Zur gleichen Zeit drangen »einer oder mehrere Leute einige Male in das Büro ein«, berichtet Diamond. »Die Akten wurden durchforstet. Ich bin nicht sicher, wonach sie suchten. Wonach auch immer, sie fanden es nicht.«

Frau Sigler rechnet es Sid Diamond als Verdienst an, daß er mit Hilfe von Klageverfahren nach dem Gesetz über Informationsfreiheit (Freedom of Information Act, gelegentlich auch FOIA abgekürzt) wichtige Informationen zu den Hintergründen des Falles ausgraben konnte. Besonders ein Foto, an das er auf diese Weise herankam, wird er nie vergessen. »Ich denke, eine der unabweisbaren Sachen war [das Foto], wie Sigler und Colby [der damalige CIA-Direktor] sich die Hände schütteln und Sigler die Medaille bekommt – die berühmten Medaillen-Fotos. Der Heeresnachrichtendienst hat die Existenz dieser Fotos bestritten. Doch das Bild tauchte in einer FOIA-Lieferung auf.«

Von einem Exmitarbeiter des Heeresnachrichtendienstes bekam Diamond zu hören, es sei »ausgeschlossen«, daß Sigler Selbstmord begangen haben könne. Derselbe Mann erklärte, Folterung und Tötung durch das »Verdrahten« des Opfers, wie im Fall Sigler geschehen, sei eine von »bestimmten Mächten« praktizierte Methode – ein Hinweis auf die Sowjets, wie Diamond erklärt.[11]

Am 30. September 1977 rief John Starke, der Reporter der *El Paso Times*, im Pentagon an und bat um einen amtlichen Kommentar zu seinem Bericht über Ralph Sigler. Die *Washington Post* schickte einen Reporter zum Recherchieren nach El Paso. Und als sei das noch nicht genug der öffentlichen Neugier, forderte am 5. Oktober 1976 der Vorsitzende des Geheimdienstausschusses des Senats, der demokratische Senator Daniel K. Inouye (Hawaii), die Army auf, einen »umfassenden Bericht über die Details des Todes von Army-Stabsfeldwebel Ralph Sigler vorzulegen«. Für die Army wurde es ihr schlimmster Alptraum. Zum ersten Mal in der Geschichte ihres Nachrichtendienstes mußte sie vor einem Ausschuß des Kongresses Rechenschaft über ihr Tun ablegen. Außer dem Geheimdienst forderte auch der Streitkräfteausschuß Aufklärung. John Schaffstall hatte Verständnis für den öffentlichen Wellenschlag. »Der springende Punkt war, daß wenn die Sowjets das aus irgendeinem Grund getan hatten [nämlich Ralph Sigler getötet], dann hatten sie es getan, um die Army zu kompromittieren, ... was ihnen gelungen ist. Die Auswirkung war die, daß man sich fragte, ob man je wieder eine Operation durchführen konnte, wegen des Senats. Die verpflichteten uns, zum Kontrollausschuß zu gehen, ... was sie vorher nicht verlangt hatten.«

Nachdem die von der Army durchgeführte Untersuchung Frau Siglers Fragen nicht beantwortet und Presse und Parlament begonnen hatten, ihr zuzuhören und einige Ermittlungen anzustellen, verlegten sich einige Funktionäre, um die eigene Karriere und den eigenen Ruf zu retten, auf den Versuch, Ralph Sigler zu diskreditieren. Sie schürten übertriebene Vorstellungen von der Menge an unautorisierter Information, die Sigler den Russen geliefert hatte, und stellten seinen angeblichen Selbstmord als Folge der Tatsache dar, daß sie ihm auf die Schliche gekommen waren. Sie suchten ihn als depressiven Trinker hinzustellen. Von mancher Seite wurde gar angedeutet, er sei ein Landesverräter gewesen.

Am 18. Februar 1977 erfüllte Ilse Sigler den letzten Wunsch ihres verstorbenen Mannes: Sie reichte beim US-Bezirksgericht in El Paso Klage gegen die Männer ein, die Ralph in seinem Brief genannt hatte: gegen H. R. Aaron, C. J. Le Van, Donald Grimes, Noel Jones, Carlos Zapata, Joe Prasek und John Schaffstall sowie gegen Louis Martel und Carey Tomlinson, die im Auftrag der Army die »Sonderuntersuchung« durchgeführt hatten.

In der Klagebegründung hieß es, die Beklagten hätten, »individuell und gemeinschaftlich, in verschwörerischem Zusammenwirken Ralph J. Sigler entweder getötet oder ihn in eine extreme Gefahrensituation gebracht und es verabsäumt, ihn zu schützen«, und dieses Verhalten seitens der Beklagten habe »zum Tod von Ralph J. Sigler unter Verletzung des Fünften Verfassungszusatzes« geführt. Zusätzlich hätten die Beklagten, so der Klagetext, unter Verstoß gegen den Vierten Verfassungszusatz »illegal Papiere, persönliches Eigentum und Andenken von Frau Sigler sichergestellt und sie gesetzeswidrig einbehalten«.[12]

Die folgenden fünf Jahre sollten sich als nervenzehrender, endloser Alptraum entpuppen, nicht nur für Ilse Sigler, sondern auch für die Beklagten. Wie John Schaffstall einräumt, litten seine Karriere und die seiner Kollegen unter dem Verfahren.

Die meisten Beklagten ersuchten das Justizministerium um Rechtshilfe. Nach Prüfung der Sach- und Rechtslage entschied das Justizministerium, daß die direkte anwaltliche Vertretung der Beklagten durch Juristen des Ministeriums einen Interessenkonflikt darstellen würde; es gestattete den Beklagten jedoch, auf Kosten des Staates private Anwälte zu engagieren.

Die Aussagen der Beklagten waren für Anfang 1978 anberaumt. »Zwei Tage vor dem Termin der Einvernahme von Zapata trat R. John Seibert [ein Jurist aus der Zivilrechts-Abteilung des Justizministeriums] auf den Plan und erbot sich, einen Vergleich herbeizuführen. Er muß vom FBI um seine Mitwirkung gebeten worden sein«, vermutet Ilse Sigler. Ohne sich vorher mit allen Beklagten und ihren Anwälten ins Benehmen zu setzen, flog Seibert nach El Paso und traf sich zu einer Unterredung mit Sid Diamond und Ilse und Karin Sigler. Nicht einmal Ilse hatte ein Angebot, wie er es ihnen jetzt unterbreitete, erwartet. »Als erstes hieß es, die Army sei bereit, Ralph voll zu rehabilitieren«, erinnert sie sich. Ihr Anwalt Sid Diamond hatte telefonisch die Zusage erhalten, daß die Regierung zusätzliche Informationen über die Umstände von Ralphs Tod herausrücken werde. Außerdem habe die Regierung eine Vergleichszahlung von rund 250 000 Dollar angeboten. Diamond riet Ilse zu, dieses Angebot anzunehmen.[13]

»Ich will kein Geld, ich will die Wahrheit«, war Ilse Siglers

Antwort auf die Offerte. »Wenn die mir nicht sagen, was wirklich passiert ist, will ich [das Geld] nicht.« Frau Sigler ließ sich nichts von ihrer Überzeugung abhandeln, daß ihr Mann ermordet worden war. Die Army und die individuellen Beklagten wiederum erklärten, sie würden keinem Vergleich zustimmen, solange Frau Sigler den Ausdruck »Mord« gebrauche.

In einem Brief vom 6. März 1978 an Richter Sessions machte Seibert das Interesse der US-Regierung an dem Fall deutlich und kündigte an, daß das Justizministerium sich in die bevorstehenden Vernehmungen einschalten werde. Doch noch bevor die ersten Aussagen gemacht wurden, am 29. Juni 1978, wurde der Fall aus Texas an das US-Bezirksgericht in Baltimore (Maryland) überwiesen. Dort übernahm Richter Edward S. Northrop das Verfahren. Die Verteidiger der Beklagten jubilierten. Sie verkündeten ihren Mandanten, Richter Northrop sei im Zweiten Weltkrieg beim Marinenachrichtendienst gewesen und werde daher, so glaubten sie, »für die Notwendigkeiten einer geheimdienstlichen Mission Verständnis haben«.

Ilse Sigler entzog Sid Diamond das Mandat und sah sich nach einem Anwalt in Maryland um. Harry Thompson empfahl ihr James E. Kenkel. Kenkel praktizierte in einem Vorort von Washington als Anwalt für allgemeines Recht und machte auf Ilse Sigler einen aufrichtigen und fairen Eindruck. »Im ersten Vertretungsvertrag berechnete er nur Gebühren und Spesen. Im zweiten verlangte er ein bißchen mehr.«

Die Anwälte der Beklagten behielten mit ihrer Einschätzung von Richter Northrop recht. Er gab dem Antrag der Verteidigung statt, die Vernehmung der Beklagten bis zur Entscheidung über den weitergehenden Antrag auf Abweisung der Klage auszusetzen. Diesen Abweisungsantrag hatten die Verteidiger unter Berufung auf ein Grundsatzurteil gestellt, das der Oberste Gerichtshof der Vereinigten Staaten in der Sache *Feres gegen die Vereinigten Staaten* gefällt hatte. Darin war festgestellt worden, daß Schadensersatzklagen, die sich auf »in Ausübung militärischer dienstlicher Tätigkeiten erlittene Verletzungen« bezogen, unzulässig seien. Am 7. Januar 1980 wies Richter Northrop alle Klagen gegen Joe Prasek ab – den einzigen unter den Beklagten, der nicht dem

485

Militär angehörte. »Tja, ich weiß nicht, wie er [Prasek] da herauskam. Ich kann es mir nicht erklären«, meint John Schaffstall dazu. Am Sonntag, dem 12. Oktober 1980, lief im Rahmen des CBS-Fernsehmagazins *60 Minutes* ein Beitrag über Ralph Sigler. Dan Rather war der Berichterstatter. Auf der juristischen Ebene machte Frau Siglers Klageverfahren keine so günstigen Fortschritte wie auf der publizistischen. Bis Ende Oktober 1980 wies das Gericht die Klage in sämtlichen ursprünglich vorgebrachten Punkten ab – die Vorwürfe der Körperverletzung, des Mordes, der Freiheitsberaubung und andere wurden als unbegründet zurückgewiesen. Das einzige, was noch zu verhandeln übrigblieb, waren einige von Kenkel nachträglich eingereichte Klagepunkte, betreffend das Eindringen von Army-Mitarbeitern in das Haus der Siglers, die Mitnahme von Material aus Siglers Besitz und den Anspruch der Familie auf Rückerstattung dieses Materials. Jetzt, da die Klage in den gewichtigsten Punkten abgewiesen war, drängten die Verteidiger der Beklagten erneut auf einen Vergleich. Unsicher, ob sich das Blatt nicht vielleicht wieder zugunsten von Ilse Sigler wenden würde, wollten die Anwälte der Gegenseite einer weiteren gerichtlichen Klärung nach Möglichkeit aus dem Weg gehen.[14]

Am 30. Januar 1981 lud einer der Verteidiger der Beklagten den Anwalt von Ilse Sigler zu einer Tasse Kaffee ein. Anwalt Kenkel hatte durchblicken lassen, daß er die Zusammenarbeit mit Frau Sigler zunehmend als unerfreulich empfand und zu einem Vergleich bereit war. Der Vertreter der Verteidigung glaubte, die Sache nunmehr mit einer Zahlung von höchstens 70 000 Dollar zum Abschluß bringen zu können; doch Frau Sigler beharrte nach wie vor auf einer ihren Mann voll rehabilitierenden Erklärung.

Im Herbst 1981 bot die Army Frau Sigler an, die Sache durch Zahlung von 25 000 Dollar »aus der Welt zu schaffen«. Anwalt Kenkel setzte eine Forderung von 43 000 Dollar dagegen. Schließlich wurde für den 19. April 1982 eine Vergleichsverhandlung angesetzt. Die Army hatte in der Zwischenzeit unter Berufung auf Belange der nationalen Sicherheit alle Versuche von Frau Sigler vereitelt, die gerichtliche Vernehmung der Beklagten zu erzwingen. Im Januar 1982 wurden die Details des sich abzeichnenden

Vergleichs ausgehandelt. Die Army würde Frau Sigler ein Schreiben übergeben, das einer Ehrenerklärung für Ralph Sigler gleichkommen würde; es würde praktisch eine Kopie der Begründung sein, mit der man Ralph seinerzeit den Orden »Legion of Merit« verliehen hatte. Frau Sigler würde ferner 43 000 Dollar Schadenersatz erhalten. Diese Summe würde nicht einmal die Kosten decken, in die Ilse Sigler sich bei dem Versuch, herauszufinden, was ihrem Mann wirklich zugestoßen war, bis zu diesem Zeitpunkt gestürzt hatte.

Am 25. März 1982 verkündete Richter Northrop seinen förmlichen Entscheid, keine der eingereichten Klagen zuzulassen. Zugleich sprach er Ilse Sigler eine Entschädigungssumme von 42 608,90 Dollar zu. Nach Abzug der Anwaltsgebühren und anderen Verfahrenskosten blieben für Frau Sigler 28 400 Dollar übrig, die sie mit ihrer Tochter teilte. Ilse Sigler hatte nach eigenen Angaben bis dahin für Anwalts- und Detektivhonorare über 50 000 Dollar aus eigener Tasche ausgegeben. Sie hatte Ralphs gesamte Lebensversicherungssumme und andere Gelder aus der Hinterbliebenenversorgung für die Ermittlungen und das Klageverfahren aufgewendet. Ilse Sigler hatte nie die Absicht gehabt, sich mit einem Vergleich abspeisen zu lassen, aber sie konnte es sich nicht leisten, weiter hart zu bleiben. Die Army hatte sie kleingekriegt.

Was die Beklagten betraf, so kostete sie die Sache keinen Pfennig. Für alle ihre Auslagen kam der amerikanische Steuerzahler auf. Nach fünf Jahren voller Frustrationen, schmerzlicher Demütigungen und finanzieller Entbehrungen mußte Ilse Sigler die Hoffnung begraben, die ersehnten Antworten auf die Fragen zu erhalten, die sie peinigten, Antworten auf die nach wie vor ungeklärte Frage, wie und warum ihr Mann Ralph gestorben war.

Kapitel 22

Sigler-Epilog: Der Illegale

Ich glaube wirklich nicht, daß die Army weiß, was
sich abspielte.... Wir haben vom Bureau nie etwas
erfahren. Wenn etwas schiefläuft, stiehlt das Bureau
sich davon.

John Schaffstall

Eugene Peterson war einer der Spitzenleute in der Spionageabwehrabteilung des FBI und als solcher fast zwangsläufig knapp an
Mitteln und Mitarbeitern, überarbeitet und gewöhnt, mit wenig
Anerkennung zu leben. Er hatte Hunderte von Fällen am Hals
und konnte sich nur ganz wenigen Problemgebieten konzentriert
zuwenden, und dies auch nur jeweils für kurze Zeit. Er hatte nicht
die Muße, sich Gedanken darüber zu machen, was bei dieser oder
jener Operation passieren oder schiefgehen mochte. »Ich hatte
noch 400 andere Fälle außer diesem [dem Fall Sigler], darunter
mindestens 50, die vielleicht genauso wichtig waren«, erinnert sich
Eugene Peterson.

Als Peterson diesen Job Anfang 1976 übernahm, hatten sich die
Akten über Ralph Sigler und Nick Schadrin in einem Aktentresor
befunden, den man ihm ins Büro gerollt hatte. Da jedoch diese
beiden Operationen, soweit er wußte, bis zu diesem Zeitpunkt gut
und ohne echte Probleme gelaufen waren, hatte er die Akten
zunächst dort gelassen, wo sie waren; so waren sie monatelang
ungelesen geblieben.

Dem KGB stehen im Gegensatz zu den westlichen Geheimdiensten unbegrenzte Ressourcen zu Gebote, genießt er doch ein
höheres Maß an Prestige und Anerkennung als jede andere sowje-

tische Staatsbehörde. Seine Aufgabe besteht schließlich darin, die Kommunistische Partei und den Staat zu schützen und zu verteidigen. Die Leute vom KGB verfügen über die Zeit, das Geld und die Fähigkeit, jede Operation mit der Sorgfalt eines Schachspielers zu planen und durchzuführen.

Zu den angesehensten und am meisten bewunderten KGB-Offizieren gehörten schon immer jene Frauen und Männer, die darauf trainiert wurden, illegal in die Vereinigten Staaten einzureisen und sich in die amerikanische Gesellschaft einzuschleichen. Solche Leute leben unter falschem Namen in Städten und Gemeinden in allen Teilen der USA und posieren als amerikanische Durchschnittsbürger, wobei sie sich in der Regel politisch höchst konservativ und antikommunistisch geben. Sowjetische Agenten dieses Typs wurden und werden als »Illegale« bezeichnet.

Ein moderner Illegaler wird im Grunde nur für Aufgaben einer bestimmten Art gebraucht: für »feuchte Angelegenheiten«. Man bedarf ihrer, wenn es gilt, Morde und Sabotageakte zu begehen, bei ihrer Ausführung mitzuhelfen oder sie zu überwachen. Der Illegale muß ein ausgesprochenes Doppelleben führen: Auf der einen Seite muß er den normalen, hart arbeitenden Durchschnittsamerikaner mit Familie mimen, der jeden Morgen aufsteht und wie alle anderen zur Arbeit geht. Auf der anderen muß er klammheimlich ein Netz von Nachrichtenverbindungen zur KGB-Zentrale unterhalten, damit seine wirklichen Chefs ihm jederzeit Anweisungen für Geheimaufträge erteilen können.

1955 rekrutierte der KGB, wie als erster John Barron in seinem Buch *KGB Today: The Hidden Hand* enthüllte, einen jungen Tschechen namens Ludek Zemenek und bildete ihn zum Illegalen aus.[1] Niemand konnte damals vorhersehen, daß sich 20 Jahre später die Wege von Ludek Zemenek mit denen eines tschechischen Landsmannes kreuzen würden, der als Kind in die USA gekommen war – Ralph Sigler. Wie Zemenek war auch Sigler in den Zeiten der großen Wirtschaftskrise aufgewachsen, und so war beiden die Notwendigkeit harter Arbeit nicht fremd. Beide hatten einen dominierenden Vater gehabt, der ihnen eingebleut hatte, daß man eine Aufgabe, die man übernommen hat, zu Ende bringen muß. Als die beiden Jungen das Jünglingsalter erreichten, war es mit der Ähnlichkeit jedoch zu Ende. Ralph rebellierte, ließ die Schule sausen, riß von zu Hause aus und ging zum Militär. Ludek hingegen entwickelte sich, nachdem die Sowjets die Tschechoslowakei von der deutschen Herrschaft »befreit« hatten, zu einem überzeugten Kommunisten. Er paukte in der Schule brav marxistisch-leninistische Philosophie. Mit 17 wurde er Mitglied der Kommunistischen Partei; das Studium in Prag absolvierte er als einer der besten seines Jahrgangs. Nach kurzem Militärdienst wurde Ludek von den Sowjets als KGB-Kandidat ausgewählt und in der Folge auf eine Reihe von Lehrgängen geschickt, in denen er das Agentenhandwerk erlernte und auf ein Leben als Illegaler vorbereitet wurde.

Der KGB dachte sich für Ludek Zemenek eine »Legende« aus, eine getürkte Lebensgeschichte. Zunächst verlieh man ihm eine neue Identität: die eines Deutschen namens Rudolph Herrmann, der 1943 in der Sowjetunion verstorben war und von dem keine engen Familienangehörigen mehr lebten. »Rudi«, wie Ludek sich jetzt nennen ließ, fand Arbeit in einem kleinen Autozubehörgeschäft in einer Stadt unweit von Frankfurt. Mehrere Jahre lang lebten er und seine Frau unbehelligt als Deutsche in der Bundesrepublik Deutschland. Ende Februar 1961 erhielt Rudi Anweisung, als Tourist nach Kanada und in die USA zu reisen und zu schauen, ob er dort würde leben können. Herrmann sah sich also in Kanada um und fuhr anschließend nach Detroit und New York. Er teilte dem KGB danach mit, er habe den Eindruck, in beiden Ländern leben und effektive Arbeit leisten zu können.

Rudi und seine Frau beantragten und erhielten ein Einwanderungsvisum für Kanada, übersiedelten nach Toronto und eröffneten ein Feinkostgeschäft. Von Kanada aus in die USA einzuwandern würde ihnen später keine Schwierigkeiten bereiten. Ebenso wie sie zuvor gute, loyale, fleißige Bundesrepublikaner gewesen waren, wurden sie jetzt vaterlandsliebende Kanadier. Rudi verkaufte irgendwann das Delikatessengeschäft und stieg in die Werbefilmbranche ein. Im Februar 1967 erhielten die Herrmanns die kanadische Staatsbürgerschaft. Zehn Tage später wies der KGB Rudi an, sich um ein Visum für den Umzug in die Vereinigten Staaten zu bemühen.

Als Rudi 1968 sein US-Visum erhielt, wählte er zu seinem neuen Wohnsitz auf Weisung des KGB das rund 25 km nördlich von New York City gelegene Städtchen Hartsdale. Dort etablierte er sich mit seiner Firma, die alsbald Ausbildungs- und Verkaufsfilme für IBM und andere namhafte Kunden lieferte. In seinem zweiten Leben führte er die Anweisungen des KGB aus. So schickte er im März 1969 einen Brief nach Cape Canaveral, in dem er mit einer Sabotageaktion gegen den nächsten bemannten Mondflug drohte. Er erhielt auch Anweisung, einen sowjetischen Überläufer – vermutlich Juri Nosenko – auszuspähen, der vor den Türen Washingtons in Arlington (Virginia) lebte. Es gab zeitweilig auch Kontakte zwischen Herrmann und Nick Schadrin.

Wichtiger war indes, daß Rudolph Herrmann jetzt auch mit der Aufgabe betraut wurde, tote Briefkästen in der Nähe amerikanischer Militärstützpunkte zu bedienen. Herrmann wußte aus seiner Agentenausbildung, daß die Existenz solcher toten Briefkästen ein Indiz dafür war, daß der KGB die betreffenden Stützpunkte infiltriert hatte und daß seine dort aktiven Agenten über keine anderen Kommunikationsmittel verfügten.

Mitte 1975 erhielt Herrmann vom KGB den Auftrag, in einem bestimmten Gebiet in der Nähe von El Paso (Texas) zwei langfristig benutzbare tote Briefkästen einzurichten. Die Anforderung besagte, daß die Briefkästen zum kontinuierlichen Gebrauch und zur Ablage von Materialien bis zu ihrer Abholung, notfalls auch über längere Zeiträume, geeignet sein sollten. Herrmann war sofort klar, daß die Russen in der Gegend von El Paso einen Agenten sitzen haben mußten, wahrscheinlich in einem Militärstützpunkt, lag doch die Stelle, an denen sie sich die toten Briefkästen wünschten, unweit des Raketenversuchsgeländes von White Sands und unweit von Fort Bliss. An einem Septembertag kurvte Rudi stundenlang durch El Paso, immer auf der Suche nach irgendwelchen Anzeichen dafür, daß er unter Beschattung stand; als er sich schließlich sicher und unbeobachtet fühlte, nahm er Kurs auf die Wüste. Einmal fuhr er sogar ein Stück Weges zurück, um nach etwaigen Verfolgerautos Ausschau zu halten. Einmal glaubte er von oben das Knattern eines Hubschraubers zu hören, doch sagte er sich, daß dies in der Nähe eines militärischen Stützpunktes nichts Besonderes war.

Er wählte für den ersten toten Briefkasten eine Stelle unterhalb einer Gaspipeline aus, wo ein Behälter sich so verstecken ließ, daß er über mehrere Jahre hinweg benutzbar bleiben würde. Als zweite Lokation wählte er auf einem wenige Kilometer entfernten Friedhof den Grabstein eines Kindes, das im Alter von drei Jahren gestorben war.

Am 4. Mai 1977 wurde Rudolph Herrmann in New York vom FBI, das ihm seit längerer Zeit auf der Spur gewesen war, gestellt. Das Bureau stellte ihn vor eine Alternative: Entweder würden er und seine Familie ins Gefängnis wandern, oder er entschied sich, für das FBI und gegen den KGB zu arbeiten; für diesen Fall versprach das FBI, ihn und seine Angehörigen mit einer neuen Identität auszustatten und ihnen an einem neuen Ort irgendwo in den USA ein Leben in Sicherheit zu gewährleisten. Herrmann erklärte sich bereit, mit dem FBI zusammenzuarbeiten, knüpfte seine Bereitschaft aber an Bedingungen; so erklärte er beispielsweise, er wolle »niemals jemanden ermorden«. Darauf erwiderte einer der FBI-Leute: »Der KGB bringt Leute um, wir nicht.«

Wie im Verlauf der Vernehmung Herrmanns deutlich wurde, kannte das FBI seine toten Briefkästen in der Nähe von El Paso. Herrmann gewann den Eindruck, daß das FBI über seine Aktivitäten mindestens schon seit Anfang 1975 und vielleicht sogar noch länger im Bilde war. Und er hatte das Gefühl, daß nur ein »rechtmäßiger« Benutzer dieser toten Briefkästen das FBI auf seine Spur gebracht haben konnte.[2] Noel Jones behauptet, Herrmann sei überhaupt nicht dank irgendeines gelungenen Spionageabwehrcoups des FBI ins Netz gegangen, sondern als Zufallsopfer einer Überwachungskamera, die auf einen toten Briefkasten nahe der Grenze zwischen Alabama und Tennessee gerichtet war. Der reguläre Benutzer dieses toten Briefkastens war nach Auskunft von Jones ein im nahe gelegenen Huntsville stationierter Doppelagent der U. S. Army gewesen.

Als Herrmann sich nicht mehr vollständig an die Telefonnummer erinnern konnte, die er in El Paso gewählt hatte, verabreichten die FBI-Leute ihm Natriumpentothal. Ein ehemaliger hochrangiger FBI-Mitarbeiter hatte mittlerweile bestätigt, daß Rudolph Herrmann in El Paso mit Ralph Sigler Kontakt hatte. Rudi traf sich mit

diesem Gewährsmann zufolge an denselben Orten mit denselben KGB-Offizieren wie Ralph Sigler: in Mexico City, im Chapultepec-Park, in Wien und in anderen osteuropäischen und sowjetischen Städten. Die Reisepapiere, mit denen die Sowjets Ralph ausstatteten, waren kanadische Personalausweise und nicht die normalerweise benutzten Reisepässe. In Ralphs kanadischem Personalausweis war als Wohnsitz Toronto angegeben, wo Herrmann mehrere Jahre gelebt hatte. Erinnern wir uns daran, daß General Aaron Frau Sigler und ihrem Anwalt von dem wertvollen Beitrag erzählte, den Ralph zur Klärung eines Spionagefalles in New York geleistet habe. Herrmann hatte zu der Zeit seinen Sitz in New York und stand unter FBI-Überwachung. Und er bediente zwei tote Briefkästen in der Nähe von El Paso. In Ralphs papierener Hinterlassenschaft fanden sich Lageskizzen ebendieser beiden toten Briefkästen. Der eine war als Langzeitdepot charakterisiert und befand sich der Beschreibung zufolge in der Nähe eines Kraftwerks, der andere war durch ein Grabkreuz bezeichnet, das große Ähnlichkeit mit dem von Herrmann beschriebenen aufwies. Vom Anfang bis zum Ende der Doppelagentenkarriere Ralph Siglers hatte es um die federführende Rolle bei dieser Operation ein Gerangel zwischen FBI und Army gegeben. »Das war ein Streit zwischen uns und dem Bureau, der sich über Jahre und Jahre und Jahre hinzog. Wenn wir eine Operation in Gang setzen, sollten wir sie auch leiten. Schlicht und einfach«, erklärt Oberst Donald Grimes. »Sie können sich mit dranhängen, wenn sie wollen.« Das FBI war da anderer Meinung. »Man richtet sich nach dem, was zu der Zeit, als die Sache in Gang gesetzt wurde, übliche und bewährte Praxis war. Und sie sah so aus, daß das FBI-Sache war, mit Unterstützung von seiten des Militärs. Und so sollte es auch gehandhabt werden«, erklärt Eugene Peterson.
Nach Ralph Siglers Tod erfuhr die Animosität zwischen dem FBI und der Army noch eine Steigerung. »Er verübte Selbstmord. Es war ein Problem der Army. Sie waren für seine persönliche Sicherheit verantwortlich und kümmerten sich offenkundig nicht darum«, meint Peterson. Die Army wiederum wollte einmal die kanadischen Personalausweise überprüfen, die die Russen Ralph gegeben hatten. Das FBI gab zu, im Besitz dieser Ausweise zu

sein, lehnte es aber ab, sie der Army zur Verfügung zu stellen. »Prasek und das FBI hatten diese kanadischen Personalausweise. Das waren solche Sachen, bei denen sie dann komisch wurden. Es gab Dinge, die sie hatten und in die sie uns nicht einmal im nachhinein Einblick gewährten«, erzählt John Schaffstall.

Allein, Prasek und das FBI hatten die Personalausweise gar nicht, konnten sie nicht haben. Einige Jahre nach Ralphs Tod kaufte sich Ilse einen neuen Teppichboden für ihr Wohnzimmer. Als die Teppichverleger ein großes hölzernes Wandpaneel entfernten, fielen die Ausweise heraus. Ralph hatte sie versteckt, und sie sind bis heute in Ilses Besitz.

Die zuständigen Mitarbeiter des Heeresnachrichtendienstes – John Schaffstall, Donnel Drake, Donald Grimes, Lou Martel, Noel Jones – fragen sich bis heute, was der Grund für Ralphs Versagen beim Lügendetektortest war. Die Army behauptet, sie habe keinerlei Motiv gehabt, Ralph zu töten, habe sie doch zu dieser Zeit alles darangesetzt, herauszufinden, was er möglicherweise verbrochen hatte. Schaffstall glaubt allerdings auch nicht, daß bei Ralph ein Selbstmordmotiv vorhanden war.

Schaffstall ist ferner der Überzeugung, daß Ralph keinen Grund hatte, der Army zu mißtrauen. »Wir waren nie unaufrichtig mit ihm gewesen. Wir hatten ihm immer alles gesagt, was wir wußten, wir hatten immer unsere Zusagen eingehalten. Wir hatten ihm gesagt, wann er befördert werden würde. Wir halfen da auch ein bißchen nach. Wir taten alles Mögliche. Und wir machten ihm nie etwas vor. Wenn wir ihm also versicherten, daß ihm nichts [geschehen] würde,... mußte das für ihn klar sein.«

Wie die Army-Leute beteuern, mußte Ralph wissen, daß, was immer er auch den Russen verraten haben mochte, ihm nichts Schlimmeres passieren würde als allenfalls der Abbruch der Operation GRAPHIC IMAGE. »Sie können mir glauben, daß er wußte oder zumindest viele, viele Male darüber belehrt worden war, daß es gleich war, was, zum Teufel, er gesagt oder getan hatte, solange er es uns wissen ließ«, stellt John Schaffstall mit Nachdruck fest.

Grimes antwortet auf die Frage, ob er es jemals für möglich gehalten habe, daß die Sowjets Ralph umgedreht hatten und er in

Wirklichkeit für sie arbeite: »Nein, nie. Ich glaubte nie, daß er für die bösen Jungs arbeitete, aber er muß für irgend jemanden gearbeitet haben. ... Und das konnte eigentlich nur das Bureau sein. ... Manchmal dachte ich, daß er nebenbei für das Bureau arbeitete.« Noel Jones ist derselben Meinung: »Ralph Sigler hat nie für die Russen gearbeitet.«

John Schaffstall kam nie auf den Gedanken, dem Bureau ein paar harte Fragen zu stellen. »Aber wir überprüften Ralph in mehrfacher Weise auf das Vorhandensein irgendwelcher [nichtautorisierter] Sowjetkontakte, ... die er haben könnte. Aber wir fanden nie etwas. Wir haben jedoch nie dem FBI auf die Finger geguckt. Das war mein Fehler.«

In die Geschichte der amerikanischen Spionageabwehr wird Ralph Sigler als der erste »offensive« Spionageabwehragent des FBI und der Army eingehen, der den Sowjets mit Erfolg »zum Fraß vorgeworfen« wurde. »Der Fall Sigler [war] der primäre oder erste Versuch der Spionageabwehr, der Gegenseite einen Köder anzubieten, um zu sehen, wie sie reagieren würde«, sagt Peterson. »Es war unser Pilotprojekt.«

Insofern stellte das Sigler-Projekt auch für das FBI Neuland dar. »Das war also der Grundgedanke. Wir suchen uns einen guten Burschen heraus und werfen ihn dann [den Sowjets] als Köder vor und warten ab, wie sie ihn einsetzen. Und wenn sich daraus ... eine für die Army nützliche Aktion entwickelt, wunderbar. Man möchte ihnen dann vielleicht Material zuspielen, das echt sein kann oder auch nicht, wunderbar. ... Dann steigt also dieser kleine Versuchsballon, und die Sache funktioniert tatsächlich. Es wird eine erfolgreiche Operation daraus, und man sagt: ›Mensch, ihr werdet nicht glauben, was wir hier letzte Woche fertiggekriegt haben.‹ Laßt uns die Sache mit einem zweiten Mann probieren. Und so entwickelte sich das«, erklärt Peterson.

Die anfänglichen Ziele des FBI – die Trumpfkarten und Arbeitsweisen des KGB in Mexiko und die Art seines Hineinwirkens in die USA kennenzulernen – waren bald erreicht. Andere Zweige der US-Streitkräfte, insbesondere die Air Force, die von den Avancen des FBI zunächst nichts hatten wissen wollen, waren, als sie erfuhren, wie gut Ralph Sigler eingeschlagen hatte, erpicht darauf, selbst ähnliche Operationen zu starten. »Als sie dann sahen, wie gut es lief, wollten sie daraus einen Exportschlager für die ganze Welt machen. Sie zogen alle diese verdammten Operationen auf ... und wir sagten: ›Mein Gott, die überreizen das Spiel‹«, plaudert Peterson aus der Schule.

Nachdem das Bureau kurzfristig zahlreiche ähnliche Doppelagentenoperationen initiiert hatte, dauerte es nicht lange, bis die FBI-Zentrale das Interesse an Ralph Sigler verlor. »Nach einer Weile stellten wir jedoch fest, daß das, was wir bekamen, nicht dem entsprach, was wir investierten«, sagt Peterson. Die Army lieferte Sigler das Material für die Russen, doch das FBI hatte den Eindruck, daß es keine nennenswerte Gegenleistung dafür erhielt, gemessen an den selbstgesteckten Zielen jedenfalls. Gleichwohl weigerte sich das Bureau, die Kontrolle über die Operationen aus der Hand zu geben. »Er [Eugene Peterson] erhob selten Einwände gegen irgend etwas, wollte aber gleichwohl das Heft in der Hand behalten. Darauf bestanden sie. Und sie kämpften immer darum, daß dies eine Operation des FBI war«, erinnert sich John Schaffstall.

Nach Petersons Meinung stellte das eigentliche Problem in der Sache der vor Ort auf den Fall angesetzte FBI-Agent dar. Joe Prasek wurde von einer FBI-Zentrale, die zu sehr mit anderen Dingen beschäftigt war, um ihrem Agenten in El Paso große Aufmerksamkeit zu widmen, kaum kontrolliert. Grimes hält es für wahrscheinlich, daß Prasek und Ralph in irgendeiner Sache zusammenarbeiteten, von der sie der Army nichts sagten. »Ich denke, das FBI setzte ihn auf irgendwelche Dinge an, von denen wir nichts erfuhren.«

Prasek ließ über seinen Anwalt erklären, daß er sich keinen Verstoß gegen FBI-Vorschriften habe zuschulden kommen lassen; sich für dieses Buch befragen zu lassen, lehnte er mit der Begründung ab, daß er dabei Gefahr liefe, das ihm vom FBI auferlegte Schweigegebot zu verletzen. Dadurch, daß Prasek sich unter Berufung auf das Schweigegebot jeder Stellungnahme entzieht, macht er sich freilich selbst zum wohlfeilen Sündenbock für jedwede Fehler und Versäumnisse seiner Vorgesetzten vom FBI im Fall Sigler.

Nach dem Tod Ralphs hatte Joe Prasek die Siglers aufgesucht, ohne die Army hiervon zu verständigen. Er hatte das Haus durchsucht – nach Auskunft seiner Vorgesetzten ohne Genehmigung der FBI-Zentrale. »Das war unter dem unmittelbaren Eindruck . . . , das könnte der Zeitpunkt gewesen sein, an dem Prasek aus dem Ruder zu laufen begann«, erinnert sich Peterson. Er hatte den Eindruck, daß Prasek »sich für das Orakel von Delphi und für den Experten schlechthin hielt und auf niemanden sonst hören wollte. Er war unfehlbar. Er ließ sich nichts sagen«.

Grimes hielt es für ohne weiteres denkbar, daß Ralph von den Sowjets einen Richtfunksender bekommen hatte und damit einem Illegalen wie Rudolph Herrmann Hilfsdienste leistete. »Ich hatte zu der Zeit nicht den Eindruck, daß sie [die Sowjets] an irgendwelchen Dingen, die Ralph hatte oder ihnen hätte liefern können, großes Interesse hatten. . . . Vielleicht wollten sie ihn nur als [Relaisstation für einen Illegalen] einsetzen. . . . Es war zur Routine geworden, daß Ralph ihnen Dokumente besorgte, aber wenn sie ihn als [Relaismann] für einen Illegalen benutzen konnten, wäre er in ihrer Wertschätzung ein ganzes Stück höher gestiegen. Er spielte seine Rolle im übrigen so gut, daß sie, da bin ich sicher, keinerlei Zweifel an ihm hatten.«

Als Jahre später John Schaffstall die Dokumente zu sehen bekam, die Ilse Sigler in den Jahren nach Ralphs Tod in verschiedenen Verstecken gefunden hatte, kamen viele davon ihm nicht bekannt vor. Er sagt dazu: »Es sah Ralph ähnlich, noch ein zweites heimliches Leben als Spion für das FBI zu führen. . . . Trotz aller Verhöre und der gesamten Lügendetektorgeschichte enthielt er uns diese Information vor. Noel Jones erklärte sich die Tatsache, daß Ralph in diesem Punkt schwieg und dabei das Risiko in Kauf nahm, in den Augen seiner alten Freunde von der Army als illoyal dazustehen, damit, daß das FBI ihm die Überzeugung eingeimpft hatte, er habe eine höherwertige Mission zu erfüllen – die Enttarnung eines leibhaftigen sowjetischen Illegalen.

Bei der Durchsicht der von Ralph hinterlassenen, geheimen, operativen Aufzeichnungen stieß Schaffstall auf einen Zettel, den er einige Minuten lang studierte. Dann sagte er: »Ralph, du kleiner Schlingel. . . . Er hat den Richtfunksender von den Russen

tatsächlich bekommen. Das ist es – die Bedienungsanleitung für
den Richtfunksender.«

APS	'	APOSTROPH
UML	..	UMLAUT
	.	PUNKT
	,	KOMMA
	-	BINDESTRICH
ZA		ZAHLEN (20)
		Nr/
S/T		SILBENTRENNUNG
WDH		

1 mit Strich
Letztes Quadrat leer
Erste und letzte Gruppe wird
bedeutungslos sein und Zahlen sind gleich
erster und letzter Gruppe in Überschrift

Daß sich in Siglers operativen Aufzeichnungen auch die Daten zu
seinen Treffs in San Francisco fanden, war für Noel Jones ein
klarer Hinweis darauf,»daß er im Auftrag des FBI dort gewesen
sein muß«.
Vermutlich erteilte der KGB Ralph Sigler genau den Auftrag, den
Grimes, Schaffstall und Jones vermuten – technische Dienstlei-
stungen für den KGB-Illegalen Rudolph Herrmann zu erbringen.
Aus diesem Grund erhielt Sigler vom KGB den Richtfunksender,
und aus diesem Grund durchsuchte Prasek nach Ralphs Tod das
Siglersche Haus in El Paso. Da die Army nichts von der Herr-
mann-Operation und dem Richtfunksender wußte und auch nicht
davon erfahren sollte, mußte das FBI versuchen, sowohl den
Sender als auch alle darauf bezogenen operativen Aufzeichnungen sicherzustellen.
Die bemerkenswerte Geschichte vom makabren Ende des Agenten GRAPHIC IMAGE findet sich in der »Autopsie« des Falles
Sigler, die Bestandteil der 3000 Blatt umfassenden FBI-Akte
Sigler ist. Nach Auskunft von FBI-Gewährsleuten räumt das FBI
in dieser Nachbearbeitung selbst ein, daß Ralph Sigler für die

Durchführung der Operation Herrmann benutzt wurde. Wie sich auch im Fall Schadrin gezeigt hat, schreckt das FBI vor fast nichts zurück, wenn es die Chance wittert, einen sowjetischen Illegalen zu fangen. Im Fall Sigler zeigte sich dies ein weiteres Mal. Weil das FBI der Army verschwieg, wie und wofür es Sigler in Wirklichkeit benutzte, und weil er gegenüber dem FBI ein Schweigegelübde abgelegt hatte, mußte Ralph Sigler sterben.

Wir glauben allerdings, daß Ralph Sigler nicht von der Army oder vom FBI getötet wurde, sondern vom KGB.

Dem KGB wurde irgendwann klar, daß Ralph genug über Herrmann wußte, um ihn ans Messer zu liefern. Sie wußten, daß er in telefonischem Kontakt mit Herrmann gestanden hatte. In dem Augenblick, als klar wurde, daß Sigler aggressive Verhöre drohten, daß man ihn »grillen« würde, um ihm sein kostbarstes Geheimnis zu entreißen – seine Mitwirkung an der Operation Herrmann –, wußten seine KGB-Kontaktleute, daß sie Gefahr liefen, den Agenten zu verlieren, der nach Einschätzung des FBI ihr ranghöchster illegaler Resident in Amerika war. Dieses Risiko konnten und würden sie keinesfalls auf sich nehmen. Zehn Jahre lang hatte Ralph den KGB an der Nase herumgeführt. Das sollte ihm nicht wieder gelingen.

Zehn Tage lang hatte Ralph der Versuchung widerstanden, der Army von seiner heimlichen FBI-Mission zu erzählen. Doch den Lügendetektor hatte er nicht überlisten können. Da er dem FBI versprochen hatte, den Army-Leuten nichts von der Geheimoperation Herrmann zu sagen, nahm er es auf sich, vor den Augen der Army als unwahrhaftig zu erscheinen. Er verhielt sich so, als habe er vollstes Zutrauen dazu, daß das FBI ihn aus seinem Dilemma herauspauken würde, falls es hart auf hart gehen sollte. Wahrscheinlich machten die FBI-Leute ihn darauf aufmerksam, daß er in den Augen der Russen eher noch an Glaubwürdigkeit gewänne, wenn die Army Verdacht gegen ihn schöpfte.

Was das FBI nicht wußte, war, daß die Sowjets im Herzen des Heeresnachrichtendienstes in Fort Meade einen Informanten sitzen hatten. Der KGB befahl die Ermordung Siglers in dem Augenblick, als er aus Fort Meade erfuhr, daß Jones und Grimes beschlossen hatten, auf Ralph Sigler ihren härtesten Verhörspezialisten, Donnel Drake, anzusetzen. Drake sollte Ralph in den »Schwitzkasten« nehmen, und zwar in Fort Meade, wo keine andere Partei mehr Zugang zu ihm haben würde.

In den Stunden, nachdem Odell King Ralphs letzten, erfolglosen Lügendetektortest abgebrochen hatte, muß der KGB-Killer Ralph seine Aufwartung gemacht haben. Es ist denkbar, daß er sich als Gast im Holiday Inn einquartiert hatte. Wir halten es für denkbar, daß irgend jemand Ralph zu einem Treffpunkt lockte. Da Louis Martel in Ralphs Hotelzimmer keinen Geruch von verbranntem Fleisch wahrnahm und da niemand im Hotel etwas von einem Stromausfall oder auch nur einer Spannungsschwankung bemerkte, kann man die Möglichkeit, daß Ralph in seinem eigenen Zimmer »elektrikutiert« wurde, als unwahrscheinlich ausschließen. Der oder die KGB-Killer könnten Sigler an einem andern Ort gefoltert und ihn dabei gezwungen haben, die Anrufe bei seiner Tochter und seiner Frau zu tätigen und seinen Brief an Ilse – mit der Anweisung, die Army zu verklagen – zu schreiben. Auf diese Weise ließe sich die Tatsache, daß sich in seinem Blut jede Menge Alkohol fand, in seinem Zimmer jedoch keine Spuren von Alkoholkonsum, ebenso erklären wie seine Gesichtsverletzungen, die nach Auffassung des Gerichtsmediziners viel zu schwer waren, als daß sie vom Sturz auf einen teppichgepolsterten Estrichboden hätten herrühren können.

Diese Theorie böte auch eine Erklärung für das Fehlen einer seiner Hosen. Die aus der Mülltonne gefischten Polaroidnegative, die Ralphs nackte Leiche zeigten, fänden in diesem Szenario ebenfalls ihren Platz: Sie könnten von Fotos stammen, die der Mörder anfertigen mußte, um seinen Auftraggebern beweisen zu können, daß er Sigler weisungsgemäß liquidiert hatte. Dann ist da noch die Sache mit Siglers »Brief aus dem Jenseits« mit der in Seattle abgestempelten Briefmarke und der fehlerhaften Schreibweise von Namen, die Ralph seit Jahren geläufig waren. John Schaffstall fragt sich bis heute, ob dieser Brief nicht irgendeine letzte verschlüsselte Botschaft darstellt, die Ralph zu übermitteln versuchte.

Eugene Peterson hatte recht mit seinem Hinweis darauf, daß die Army für Ralph Siglers Sicherheit verantwortlich zeichnete. Wie aus den Aussagen von Donnel Drake und Lou Martel hervorgeht, glaubten die beiden, ihrer diesbezüglichen Verantwortung dadurch Genüge zu tun, daß sie auf dem Parkplatz nach Autos mit auswärtigen oder Diplomatenkennzeichen Ausschau hielten. Tatsächlich machte sich die Army keine Sorgen um Siglers Sicherheit – man nahm nicht an, daß er sich in Gefahr befand. Tatsache ist, daß man Ralph sowohl in Howard-Johnson-Motel als auch im Holiday Inn die meiste Zeit allein und unbeaufsichtigt ließ. Er war unter seinem eigenen Namen gemeldet, zahlte seine Motel-Rechnung mit Kreditkarte – gegen alle Vorschriften – und nahm Anrufe unter eigenem Namen entgegen. Wenn der KGB ihn ausfindig gemacht hatte, war der Rest – ihn unter Beschattung zu halten und ihn in eine Falle zu locken – für die sowjetischen Spezialisten ein Kinderspiel.

Wie aber konnte es dazu kommen? Wer war der Maulwurf innerhalb des Heeresnachrichtendienstes? Der ehemalige FBI-Spitzenmann James Nolan antwortete auf diese Frage: »Ich werde Ihnen einen Roman zur Lektüre schicken.« Er sprach von einem bestimmten Roman, dessen Verfasser Jack Fuller ehemals ein enger Mitarbeiter von Justizminister Edward Levi gewesen sei und dessen Story sich als eine verschlüsselte Darstellung des Falles Sigler interpretieren lasse. *Convergence* war das Gegenteil eines Bestsellers.[3] Die Lektüre ergab, daß die Story keinerlei Ähnlichkeit mit dem Fall Ralph Sigler aufweist. Hatte Nolan sich also nur einen Scherz erlaubt oder den Nebel, in dem wir herumstocherten, noch dichter zu machen versucht? Wir gaben das Buch John Schaffstall. Er las es und bestätigte, daß darin keinerlei operative Information über den Fall Sigler verarbeitet war. Aber dann wurde Noel Jones auf das Buch aufmerksam. Wie er uns auseinandersetzte, ist der Roman nichts anderes als die kaum verbrämte Geschichte von Richard A. Smith, der in den Jahren der Operation GRAPHIC IMAGE unter Jones in Fort Meade arbeitete. Und Richard Smith hatte in der Woche, in der Ralph Sigler starb, Bürodienst in Fort Meade gehabt.

Nach Auskunft von Noel Jones begann seine Zusammenarbeit mit Smith 1974 in Tokio, als der junge Wehrpflichtige Jones fragte, ob er ihm wohl eines Tages einen Job in der Abteilung für Besondere

Operationen besorgen könnte, so daß er, Smith, auch einmal »mit den großen Jungen spielen« könne. Richard A. Smith war ein cleverer junger Draufgänger, der genau über die Bildungsvoraussetzungen und Sprachkenntnisse verfügte, die Jones sich für seine Abteilung wünschte. Als Smith zu Anfang der 70er Jahre nach Fort Meade kam, hatte er sich als subalterner CIA-Angestellter bereits seine ersten Geheimdienstsporen verdient. Smith bearbeitete in Fort Meade selbständig Fälle und ließ sich, wie alle anderen Projektoffiziere, von Zeit zu Zeit über GRAPHIC IMAGE informieren. Wie Louis Martel sich erinnert: »So waren die Verhältnisse. Es war ein kleiner Laden, und jeder half dem anderen aus. Man machte sich nicht die Mühe, irgend etwas vor den Kollegen geheimzuhalten. GRAPHIC IMAGE war der unbestrittene Star unter allen Fällen, die unsere Abteilung bearbeitete. Er war die Nummer eins.«

Smith beklagte sich bei Noel Jones darüber, daß sein Sold als Hauptgefreiter für die Ernährung seiner jungen Familie nicht ausreiche; woraufhin Jones sich nach seinen eigenen Worten »für den Burschen ins Zeug legte und dafür sorgte, daß er in die zivile Gehaltsgruppe GS-9 transferiert wurde«. Jones, Martel und Schaffstall räumen übereinstimmend ein, daß Smith die Möglichkeit hatte, sich während der Woche, in der Sigler seine letzten Befragungen und Polygraphentests absolvierte, über alle in dem Fall laufenden Aktivitäten zu informieren.

Smith gehörte im Fall Sigler nie zum Kreis der Verdächtigen. Niemand hatte es je als bemerkenswert befunden, daß Ralph wenige Stunden, nachdem der Entschluß gefaßt worden war, ihn ins Fort Meade zu holen und einem aggressiven Verhör zu unterziehen, eines gewaltsamen Todes starb. Nur jemand, der zu dieser Zeit in der Zentrale des Heeresnachrichtendienstes arbeitete, konnte von besagter Entscheidung wissen.

Vier Jahre nach Ralph Siglers Tod ging Smith im Auftrag von Noel Jones nach San Francisco, um das dortige Büro der Abteilung für Besondere Operationen zu leiten. »Wieder legte ich mich für den Schuft ins Zeug«, kommentiert Jones, »[und] übertrug ihm diese Aufgabe unter Übergehung vieler anderer, die dienstälter waren als er.« Als Smith Jones bat, ihm noch einen Assistenten zu bewilligen, erfüllte Jones, der hoffte, es könnten sich in San Francisco einige erfolgreiche Operationen gegen die Sowjets entwickeln, ihm auch diesen Wunsch.

1980, gerade sechs Monate nachdem er den Job in San Francisco angetreten hatte, schmiß Smith den Laden plötzlich hin. Jones konnte es nicht fassen. Wutschnaubend flog er nach San Francisco und gab Smith 30 Minuten, um sein Büro zu räumen. »Ich war so sauer, daß ich es im Büro nicht aushielt, sondern wegging und eine Tasse Kaffee trank«, erzählt Jones. Louis Martel ging als Nachfolger von Smith nach San Francisco. Bei der Durchforstung der Büroakten stieß er eines Tages auf einen Brief Smith' an seine Frau, der nicht zur Post gegeben worden war. Martel zitiert den Wortlaut des Briefes aus dem Gedächtnis wie folgt: »Ich steige in eine gefährliche Operation ein. Wenn ich nicht zurückkomme – ich liebe Dich, aber ich muß Dir sagen, daß unsere Schulden größer sind, als Du es Dir vorstellen kannst.« Martel stellte Nachforschungen an. Smith war mit keiner gefährlichen Mission betraut worden. In Fort Meade erörterte Martel den Brief mit seinen Kollegen, und die meisten machten sich »darüber lustig, weil ›Craig‹ [Smith' Spitzname] über eine überaus fruchtbare Einbildungskraft verfügte«. Nach Angaben von Martel waren Smith' Urlaubsreisegewohnheiten nie überprüft worden. Hätte man das getan, so wäre man auf häufige Reisen nach Japan aufmerksam geworden. Unbegreiflicherweise wurde der nicht abgesandte Brief an seine Frau nicht zu den Personalakten genommen, sondern vernichtet.

Noel Jones hörte einige Jahre nichts mehr von Richard »Craig« Smith, bis er 1983 unversehens vom FBI vorgeladen und unter dem Verdacht vernommen wurde, Smith Beihilfe bei der illegalen Weitergabe geheimer Dokumente geleistet zu haben.[4] Jones leitete zu diesem Zeitpunkt noch immer die Spionageabwehrabteilung in Fort Meade. Als bekannt wurde, daß Jones dem FBI schon vor einiger Zeit empfohlen hatte, Smith unter die Lupe zu nehmen, wurden die Vorwürfe gegen ihn fallengelassen.

Der damals 42jährige Smith wurde verhaftet und wegen der Weitergabe geheimer Informationen an die Sowjets angeklagt. Im einzelnen warf man ihm vor, er habe dem KGB bei Treffs in Tokio

504

die Namen von sechs Doppelagenten des Heeresnachrichtendienstes verraten. In der Anklageschrift hieß es, Smith' KGB-Kontaktmann sei Viktor Okunjew von der sowjetischen Handelsmission in Tokio gewesen.

Der Prozeß zog sich aufgrund von Verfahrensverzögerungen über mehrere Jahre hin und endete schließlich mit einem Freispruch für Smith, der die ihm zur Last gelegten Verstöße zwar einräumte, sie aber damit entschuldigte, daß er sie im Auftrag der CIA begangen habe. Ein CIA-Mitarbeiter namens Charles Richardson, der die Aufsicht über Smith' bizarre Aktivitäten gehabt hatte, wurde wegen »Fehleinschätzungen« gefeuert.

Schaffstall und Martel halten es für möglich, daß Smith, sei es unter Anleitung der CIA oder auf eigene Faust, die Russen schon lange vor 1980 mit Informationen beliefert hat.[5] In den Augen von Schaffstall ist die Theorie, daß Ralph Sigler vom KGB liquidiert wurde, die erste Erklärung, die einer Reihe bislang absonderlich erscheinender Vorgänge aus seinem Leben einen gewissen Sinn verleiht. »Ich kannte Ralph seit vielen Jahren. Und die Dinge, die er tat und über die ich Bescheid wußte – der Mann hatte eine Menge Mut. ... Wenn er sich hätte töten wollen, hätte er diesen gemacht. [Schaffstall setzte sich die Hand wie eine Pistole an die Schläfe.] Nicht mit elektrischem Strom. ... Ralph fühlte sich wohl in seiner Haut. Das ist ein anderer Grund dafür, daß ein Selbstmord meiner Ansicht nach nicht zu Ralphs Naturell paßte. ... Ralph hatte keinen Grund, sich umzubringen.«

Nicht lange nachdem Schaffstall von seiner Reise nach El Paso zurückgekehrt war, wo er Carlos Zapata und Joe Prasek über Ralphs Tod ins Bild gesetzt hatte, wurde er von seinen Vorgesetzten und Kollegen in Fort Meade aus den Ermittlungen ausgeschaltet. »Ich fühlte mich wie ein Ausgestoßener«, erinnert er sich. Wie zuvor Frau Sigler, versuchte die Army nun auch ihn davon zu überzeugen, daß Ralph Sigler Selbstmord begangen hatte. »Ich glaube nicht, daß er sich umgebracht hätte. Ich habe nie daran geglaubt.«

Im Mai 1976, einen Monat nach Ralph Siglers Tod, schied John Schaffstall auf eigenen Wunsch aus dem aktiven Dienst. Joe Prasek wurde nach Siglers Tod aus El Paso ins FBI-Büro in

Phoenix (Arizona) versetzt und ließ sich kurze Zeit später pensionieren. Er hat sich seither konsequent geweigert, über den Fall Sigler zu sprechen. Oberst Grimes, der zum Zeitpunkt des Todes von Ralph Sigler an Übergewicht und zu hohem Blutdruck litt und »wie ein Schlot« rauchte, erlitt später einen Schlaganfall und ging in den Ruhestand. Lou Martel ließ sich ebenfalls pensionieren und lebt heute in Florida. Auch Donnel Drake ist nicht mehr im Dienst: Er lebt in Las Vegas. Noel Jones verfaßte eine 600seitige Analyse des Falles Sigler, mit der die Army nicht einverstanden war. »Die wollten von diesem Fall nichts mehr wissen, als ich damit ankam. Ich versuchte ihnen klarzumachen, daß wir daraus lernen könnten. ... Ich wurde behandelt wie der Betrunkene auf der Party«, erzählt Jones. Er reichte seinen Abschied 1988 ein. Carlos Zapata löste das Büro des Heeresnachrichtendienstes in El Paso auf und schied 1978 aus dem Army-Dienst aus.

Ilse Sigler lebt noch heute in dem Haus in El Paso, das sie und Ralph sich vor 22 Jahren bauten. Sie hat in den 13 Jahren seit dem Tod ihres Mannes nicht viele Veränderungen im Haus vorgenommen. Sie besitzt noch Ralphs Funkgerät und die Tonbänder mit den verschlüsselten Botschaften, die er im Lauf der Jahre erhielt. Ein Foto von Ralph steht auf einem Tisch im Wohnzimmer, dekoriert mit seinen Medaillen. Ilse Sigler sagt, sie sei auch deshalb bewußt nicht aus El Paso fortgezogen, weil sie der Army keinen Anlaß liefern wollte, zu glauben, man habe sie kleingekriegt. Nichts von den vielen Dingen, die sie in ihrem Leben mitgemacht hat – die Kriegs- und Nachkriegsjahre in Stuttgart, die Berlin-Krise, die Jahre als Ehefrau eines Doppelagenten –, vermittelte ihr je so alptraumhafte Erfahrungen wie der Versuch, die Wahrheit über den Tod ihres Mannes zu ergründen.

Das Gerichtsverfahren, die Kosten, die privaten Ermittlungen, all dies machte die Geschichte nur noch rätselhafter und frustrierender. Weil Ralph in seinem letzten Brief es so verlangt hatte, konzentrierte sie den Großteil ihrer Energien auf die Army. Aber der Schlüssel zu der Frage, was mit Ralph Sigler an jenem Abend in einem Hotelzimmer in Maryland geschah, befindet sich nicht im Besitz der Army. Es gibt eine Behörde, die es bis heute abgelehnt hat, irgend etwas zur Aufklärung des Falles beizutragen. 1987 trafen sich Ilse Sigler und Carlos Zapata in einem Großmarkt nicht weit vom Haus der Siglers in El Paso und kamen auf Ralph zu sprechen. Carlos sagte ihr: »Das FBI weiß genau, was Ihrem Mann zugestoßen ist. Es steht in ihren Akten.«

Nach Ralph Siglers Tod wollte das FBI möglichst nicht mehr mit dem Fall in Verbindung gebracht werden, und es hatte dafür ein gutes Motiv: Schuldbewußtsein. Das Bureau wurde niemals mit Fragen behelligt, nicht von den Privatdetektiven, nicht von der Staatspolizei von Maryland, nicht von den Ermittlern der Army, nicht von den Reportern, nicht von den Kongreßausschüssen, nicht vom Gericht. Das FBI blockt bis heute alle Anträge auf Herausgabe von Informationen über den Fall Sigler ab.

Es gibt Anzeichen dafür, daß das FBI ein höchst politisches Motiv für seinen Wunsch hatte und hat, nicht mit dem Fall Sigler in Verbindung gebracht zu werden. Es gibt beim Nachrichtendienst der Army Leute, die der Überzeugung sind, daß die Verhaftung von Richard »Craig« Smith einen Versuch darstellte, die Aufmerksamkeit von einer für das US-amerikanische Geheimdienstwesen viel fataleren Möglichkeit abzulenken – daß die FBI-Zentrale sowjetisch unterwandert ist. Daß dem so sein könnte, wurde 1983 durch einen vom Heeresnachrichtendienst rekrutierten sowjetischen KGB-Offizier enthüllt, der seine Betreuer von der Army darauf aufmerksam machte, daß den Sowjets aus der FBI-Spitze hochkarätige operative Informationen zugespielt würden.

Das Beispiel, das dieser KGB-Gewährsmann den Army-Leuten nannte, bezog sich auf einen amerikanischen Army-Offizier, der, ganz ähnlich wie Sigler, als Doppelagent für die Army tätig und dazu ausersehen sei, als Transportbegleiter sämtliche Lieferungen von Bauteilen für das unselige neue amerikanische Botschaftsgebäude in Moskau zu überwachen. Seine Aufgabe bestand darin, für seine Auftraggeber herauszufinden, an welchen Stellen des Gebäudes die Sowjets ihre unvermeidlichen Abhöreinrichtungen plazieren würden. Der KGB-Gewährsmann teilte der Army mit, der KGB habe das Spiel dieses Doppelagenten durchschaut, wisse also, daß er primär für die Amerikaner arbeite; falls man ihn nach Moskau schicke, werde das seinen Tod bedeuten.

Nur eine Handvoll Spionageabwehrspezialisten von FBI und Army war in diese Mission eingeweiht. Und doch war die Kunde davon keine drei Wochen, nachdem die Sache in einem abhörsicheren FBI-Büro beschlossen worden war, bis zur Moskauer KGB-Zentrale durchgedrungen. Ende 1983 beauftragte Präsident Ronald Reagan persönlich das Heeresministerium, zu untersuchen, ob das FBI vom KGB unterwandert sei. Die Mission des enttarnten Doppelagenten, betreffend das Botschaftsgebäude in Moskau, wurde abgeblasen. (1988 ordnete Präsident Reagan den Abriß des Rohbaus der neuen US-Botschaft in Moskau an, nachdem deutlich geworden war, daß das Bauwerk fatale Sicherheitsmängel aufwies.)

Im Rahmen der vom Nachrichtendienst des Heeres durchgeführten Untersuchung des FBI wurde hochrangige Beamte der FBI-Spionageabwehr unter Verwendung des Lügendetektors befragt. Wie bei den meisten Untersuchungen dieser Art, die der Ermittlung undichter Stellen in einem bürokratischen System dienen, konnte die Quelle der Indiskretionen nicht festgestellt werden. Man gestattete dem FBI in der Folge, seinen Stall selbst auszumisten. Die FBI-internen Untersuchungen mündeten schließlich in der Verhaftung eines Beamten der FBI-Außenstelle Los Angeles namens William Miller. Mindestens ein Exmitarbeiter des Heeresnachrichtendienstes ist freilich der Meinung, daß die Exponierung Millers, wie zuvor die von Smith, nichts anderes war als die Zündung einer Rauchbombe. Wie der Betreffende im Brustton der Überzeugung erklärt: »Die Sowjets hatten einen Mann im FBI sitzen, und es kann sein, daß er noch immer da ist.«

Ilse Sigler besucht nach wie vor regelmäßig den Nationalfriedhof in Fort Bliss. Nichts geändert hat sich nach ihren Angaben daran, daß ihre Post geöffnet und sie selbst überwacht wird. Einsam sitzt sie in El Paso, in der Überzeugung, daß ihr Mann ein Held war. Um den Beweis hierfür zu liefern, schlug sie Hunderttausende von Dollars in den Wind. Manchmal denkt sie daran, was Ralph ihr antwortete, als sie ihn vor vielen Jahren fragte, weshalb er Doppelagent geworden sei. Seine Antwort lautete: »Weil ich etwas Nützliches für mein Land tun möchte.«

Epilog

> Wenn jemand mich bitten würde, eine bestimmte
> Gruppe von Menschen zu bezeichnen, einen Typus,
> eine Kategorie von Menschen, die ich für die miß-
> trauischste, ungläubigste, unvernünftigste, schäbig-
> ste, unmenschlichste, sadistischste, hinterhältigste
> Bande von Bastarden auf Gottes Erdboden halte,
> ich würde, ohne zu zögern, sagen: die Leute, die
> Abteilungen für Spionageabwehr leiten.
>
> Eric Ambler, *Light of Day*

All denen, die sich bei der Lektüre dieser drei Episoden aus der
Geschichte der westlichen Spionageabwehr mit dem Gedanken
getröstet haben, daß unsere Geheimdienste aus diesen Erfahrungen sicher etwas gelernt haben, sei hier noch die Geschichte von
der Witwe Igor Orlows erzählt.[1]

Am 6. Januar 1988 war Eleonore Orlow in ihrem Bilderrahmengeschäft in Alexandria (Virginia) mit Aufräumen und Ordnungma-
chen beschäftigt. Sie hatte den psychischen Schock noch nicht
ganz verwunden, den der Verlust zahlreicher persönlicher Habseligkeiten bei einem Brand vor einigen Monaten ihr zugefügt hatte.
Das letzte, was ihr an diesem Samstag nachmittag in den Sinn
gekommen wäre, war die alptraumhafte Zeit Mitte der 60er Jahre,
als ihr Mann unter dem Verdacht, der sowjetische Agent SASHA
zu sein, unter ständiger Beobachtung gestanden hatte.

Eleonore Orlow, eine zierliche, sanfte Frau inmitten der vielen
hübsch eingerahmten Bilder in ihrem Laden, dachte daran, wie
verbittert Igor geworden war. Noch nach Abschluß der langwierigen FBI-Untersuchung gegen ihn hatte er sich jahrelang geweigert, das Haus zu verlassen. Er mußte es auch nicht unbedingt –
Laden und Wohnung befanden sich im selben Gebäude, die eine

über dem anderen. Das FBI hatte nie einen Beweis gefunden, der ausgereicht hätte, um Igor Orlow verhaften oder ihn gar anklagen zu können. Als er am 1.Mai 1982 an Krebs starb, glaubte seine Frau, der Alptraum sei vorüber.

An diesem Samstag nachmittag nun klopfte es an der Ladentür. Die junge Frau, die Einlaß begehrte, stellte sich als Stephanie P. Gleason, »Spezialagentin des FBI«, vor. In ihrer Begleitung befand sich Charles K. Sciarini, seines Zeichens ebenfalls FBI-Agent von der Außenstelle Washington. Die beiden waren, wie Fräulein Gleason der Hausherrin eröffnete, gekommen, um »das Gebäude zu durchsuchen«.[2] Spezialagentin Gleason ließ Frau Orlow wissen, das FBI sei in den Besitz wichtiger und überzeugender Informationen gelangt, die besagten, daß Igor Orlow KGB-Agent gewesen sei und seine beiden Söhne – George und Robert – für den KGB rekrutiert habe. Exakt zur gleichen Zeit wurden in Chicago George Orlow und in Boston sein Bruder Robert, der sich mit seinen Kindern auf einem Familienausflug befand, von FBI-Agenten angesprochen.

Wie sich herausstellte, hatte keiner dieser Agenten eine richterliche Vollmacht bei sich, und keiner schien einen Blick in die Zehntausende von Seiten umfassende Akte über Igor Orlow und seine Familie im Archiv des FBI geworfen zu haben. Den Anlaß für die bizarre Polizeiaktion hatten hinterlassene Behauptungen des in den Osten zurückgekehrten Überläufers Juri Jurtschenko geliefert – desselben Überläufers, der der CIA weisgemacht hatte, Schadrin sei 1975 in Wien vom KGB versehentlich umgebracht worden.

Frau Orlow bekam Angst. Wie die Agenten ihr eröffneten, bestand der Verdacht, daß sich in Verstecken in ihrem Haus oder auf ihrem Grundstück Hunderttausende von Dollars in bar und andere nicht rechtmäßige Effekten befänden. Fräulein Gleason und Herr Sciarini baten Frau Orlow um die Erlaubnis, ihren Hinterhof aufgraben zu dürfen. Sie sagte ihnen, dort sei außer einer toten Katze nichts begraben.

Frau Orlow erklärte sich mit diesem Wahnwitz einverstanden, weil die beiden Agenten, wie sie sich erinnert, durchblicken ließen, daß andernfalls die Sicherheitsfreigabe ihres Sohnes

George widerrufen werden könnte. Also durchsuchten die beiden ihr Haus und verhörten sie. Sie gruben in ihrem Hinterhof, fanden aber nichts. Der Alptraum, der ihrem Mann das Leben vergällt hatte, holte jetzt auch sie wieder ein. Frau Orlow verdient mit ihrem Laden keine Riesensummen. Wie viele Bilder kann denn auch eine alleinlebende alte Dame pro Tag einrahmen? Spezialagentin Gleason hielt es dennoch für geboten, die Geschäftsunterlagen aus den letzten dreißig Jahren zu beschlagnahmen. Inzwischen ist das FBI dabei, die Kunden der Bilderrahmenwerkstatt Orlow einen nach dem anderen daraufhin durchzuchecken, ob er (oder sie) ein sowjetischer Agent sein könnte.

Das FBI ist vielleicht doch nicht die großartige Spionageabwehrorganisation, für die wir alle sie halten. Es hat den Anschein, als ob die Kunst, Ermittlungen so zu führen, daß Unschuldige dabei keinen Schaden nehmen, neuerdings in Quantico nicht mehr gelehrt wird.

Man fragt sich, wie wohl Dutzende von FBI-Agenten, darunter etliche mit viel mehr Berufserfahrung als Fräulein Gleason und Herr Sciarini, sich fühlen werden, wenn sie merken, daß man ihnen auf den Zahn fühlt, weil sie ihre Bilder bei der Galerie Orlow haben einrahmen lassen. Man kann sich lebhaft ausmalen, wie der Sicherheitsfanatiker Bruce Solie reagieren wird, wenn Spezialagentin Gleason ihn aufsucht und ihn fragt, weshalb er ausgerechnet wenige Tage vor seiner Abreise nach Wien im Dezember 1975, zur letzten Mission Nick Schadrins, der Galerie Orlow ein Bild zum Rahmen gab. Wahrscheinlich hat Spezialagentin Gleason aber noch nie etwas von Bruce Solie und der Operation KITTY HAWK gehört.

Die Agenten Sciarini und Gleason beschlagnahmten auch die Englischlehrbücher ihres verstorbenen Mannes. Richtig, dieselben Lehrbücher, die einst die CIA ihm zur Verfügung gestellt hatte. In ihren Augen versprachen offenbar auch gewisse Andenken an die Kindheit der Knaben George und Robert – Batterien, Briefe, Nägel, ein Schuljahrbuch – wichtige Aufschlüsse im Hinblick auf die Aufklärung eines hochkarätigen Spionagefalls zu erbringen.

Erstaunt ob der Tatsache, daß plötzlich das FBI in sein Leben trat, erklärte Robert Orlow den Agenten, die ihn an diesem Samstag nachmittag heimsuchten, wenn sie ihn sprechen wollten, werde er gerne einen Termin mit ihnen vereinbaren. George Orlow in Chicago hingegen, der sehr genau wußte, welchen Einfluß auf seine berufliche Laufbahn das FBI nehmen konnte, wenn es wollte, war skeptisch genug, um die dortigen Agenten zu einem erschreckend unprofessionellen Verhalten zu zwingen. Um ihm klarzumachen, wie ernst es ihnen war, baten sie ihn, sie in ihr Büro zu begleiten. Dort überreichte ihm Agent Vincento Rosado einen dreiseitigen Protokollauszug aus der Vernehmung Jurtschenkos. Um die Wirkung dessen, was George Orlow da zu lesen bekam, noch zu verstärken, spielten sie ihm einen Bandmitschnitt derselben Vernehmungssequenz vor.

»Jurtschenko identifizierte meinen Vater als KGB-Agenten«, berichtet George Orlow. »Er bezeichnete Igor Orlow als einen Agenten, der in Arlington lebt und zwei Kinder hat, die in Boston zur Schule gehen und die er beide rekrutiert hat. Einer davon reist viel. Einer lebt in Boston. Einer lebt in Chicago. Der aus Chicago war schon in San Diego, San Francisco, und zählt alle Städte auf, in denen ich gewesen war. Er sagte, mindestens einer von uns hätte sich rekrutieren lassen, und wir seien beide für den KGB tätig.«[3]

Wie George Orlow weiter berichtet, unterzog er sich einem Lügendetektortest, weil das »die einzige Möglichkeit war, mich von dem Verdacht zu befreien«. (Sein Vater hatte sich einem halben Dutzend solcher Tests unterzogen und doch nie die Schatten des Verdachts abzuschütteln vermocht.) Wie sich herausstellte, hatte das Bureau die Familie Orlow schon seit 1985, als Jurtschenko seine ersten Anschuldigungen erhoben hatte, beschattet und überwacht. Die Post der Orlows wird vom FBI routinemäßig geöffnet, und ihre Telefone sind angezapft. Und das alles nur, weil ein Überläufer mit stark angeschlagener Glaubwürdigkeit die Behauptung kolportiert, Igor Orlow habe seine Söhne rekrutiert. Ähnlich wie zwei Jahrzehnte früher KITTY HAWK, der mit seinen Sirenengesängen das Bureau so becircte, daß es Personal und Energie, die es gebraucht hätte, um die handgreifliche Bedrohung durch sowjetische Agenten abzuwehren, die den Vereinigten Staaten seine technologischen Geheimnisse unter der Nase wegstehlen, für eine Phantomjagd vergeudete, war es 1985 Jurtschenko, der mit seinen »Enthüllungen« CIA und FBI in den Bann schlug. Wenn man aber irgendeinen der höherrangigen FBI-Beamten, die sich eingehend mit der Operation KITTY HAWK befaßt haben, fragt, ob ihrer Ansicht nach KITTY HAWK real war, wird kein einziger mit Ja antworten.

Heute, da die neuerliche SASHA-Jagd in ihr viertes Jahr geht, hat das Bureau es, wie Spezialagent Rosado aus Chicago erklärt, noch nicht einmal für nötig befunden, mit den ehedem auf den Fall angesetzten FBI-Agenten oder den Spionageabwehrleuten der CIA zu sprechen.[4] Für den KGB muß es immer wieder eine verblüffende Erfahrung sein, zu sehen, wie wenig wir aus Erfahrungen der Vergangenheit lernen und wie leicht wir zu manipulieren sind.

Was für ein Gefühl ist es, in einen Verdacht zu geraten, den man nicht versteht, und dem FBI beweisen zu sollen, daß man Dinge, die einem unterstellt werden, nicht getan hat, hat George Orlow selbst beschrieben: »Sie folgen mir jetzt schon seit einer Reihe von Jahren, zum Haus meiner Schwiegereltern in Princeton. Sie folgen mir beim Joggen und beim Radfahren. Am Institut für Fortgeschrittene Studien in Princeton ging ich immer zum Joggen. Es gibt dort einen wunderbar weichen, unbefestigten Waldlaufpfad. Zwei Agenten hefteten sich dort an meine Fersen. Als ich vom Lauf zurückkam, sagten sie mir, da seien einige rote und blaue Nylonbindfänden an Zaunpfähle gebunden, und das seien Hinweiszeichen auf tote Briefkästen. Ich sagte: ›Wie bitte? Ihr Jungs steht wohl unter Drogen.‹«

Auch zu Hause in Chicago verfolgten FBI-Leute George Orlow bei seinen täglichen Dauerläufen, und »sie sagten, sie hätten auf einer Brücke eine weiße Kreidemarkierung gefunden, nachdem ich drübergerannt war. . . . Sie ließen sie analysieren. Sie sagten, es sei Speckstein, und fragten mich, ob ich wüßte, was Speckstein sei. Ich sagte: ›Ja, das ist Geometerkreide.‹ Sie sagten: ›Ja, genau die Kreide, die Sie an Ihrem Arbeitsplatz benutzen.‹ Sie sagten auch, ich sei zu schnell gefahren, ein Anzeichen dafür, daß ich Verfolger abzuschütteln versuche und dergleichen.

Ein Grund dafür, daß sie mich für einen KGB-Agenten hielten, war, daß ich einmal in Washington nach einem Dauerlauf ... im zweiten Stock des Hauses meiner Mutter stand und hinuntersah und zufällig im selben Augenblick ein sowjetischer KGB-Agent zu mir heraufblickte. Ich wußte nicht, daß er da war, aber das ist offensichtlich ein Erkennungszeichen, wie man mir erklärte.« Nachdem George Orlow seinen Lügendetektortest »bestanden« hatte, lud ein peinlich berührter Vincente Rosado ihn zum Essen ein.

Frau Orlow, eine Frau, die daran gewöhnt ist, von Behörden in die Mangel genommen zu werden, unterzog sich im Mai 1988 in einer vom FBI angemieteten Suite des Hotels Morrison House in Alexandria (Virginia) einem Lügendetektortest. Wie sie erzählt, erklärte sie sich zu dem Test unter der Bedingung bereit, daß das FBI alle Fragen stellte, die es in petto hatte, und daß es der letzte Test sein würde. Das FBI war einverstanden. Frau Orlow absolvierte den Test und bestand ihn. Nachdem die Autoren dieses Buches sich beim FBI nach den Ermittlungen in Sachen Orlow erkundigt hatten, erhielt Frau Orlow einen Anruf von Spezialagentin Gleason – ob sie bereit sei, sich einem weiteren Test zu stellen. Offenbar waren dem FBI noch ein paar Fragen eingefallen, die sie beim letzten Mal zu stellen vergessen hatten. Dieses Mal verweigerte sich Frau Orlow.

Alles, was sich Frau Orlow wünscht, ist, daß man ihre Söhne in Ruhe läßt. Ihr Mann hatte sich gewünscht, daß nach seinem Tod seine Asche nach Rußland geschickt und in den Birkenwäldern seiner Heimat ausgestreut würde. Doch seine Witwe hat Angst, der sowjetischen Botschaft diesen letzten Wunsch eines Toten vorzutragen. Das FBI könnte es in die falsche Kehle bekommen. Die Asche von SASHA ruht bis heute in einer Urne auf dem Kaminsims der hübschen kleinen Bilderrahmengalerie in Alexandria (Virginia).

Danksagung

Wir haben dieses Buch in dem Bemühen geschrieben, den Bürgern der westlichen Demokratien zu zeigen, welch eine schwierige und strapaziöse Aufgabe es ist, den sowjetischen Nachrichten- und Geheimdiensten den Zugriff zu unseren Staats- und Wirtschaftsgeheimnissen zu verwehren. Was wir herausarbeiten wollten, war die Tatsache, daß wir bei der Erledigung dieser Aufgabe offenbar manchmal die Unterschiede zwischen unserem Gesellschaftssystem und dem sowjetischen aus den Augen verlieren. Immer wenn uns das passiert, bringen wir uns damit in nationale Schieflagen, werden wir zu einer Bedrohung für uns selbst.

Dieses Buch hat mit dem Gegenstand, von dem es handelt – der Kunst der Spionageabwehr –, einiges gemein. Zu den Wesensmerkmalen der Spionageabwehr gehört es, daß man nie die ganze Wahrheit erfährt und deshalb darauf angewiesen ist, Erkenntnisbruchstücke wie verstreute Teile eines Puzzles zusammenzufügen, in der Hoffnung, ein ungefähres Bild davon zu erhalten, was wirklich vorgegangen ist.

Wir haben für dieses Buch über fünfhundert Gespräche geführt. Viele unserer Gesprächspartner haben uns gebeten, ihren Beitrag nicht durch Nennung ihres Namens publik zu machen, und selbstverständlich respektieren wir diesen Wunsch. Die Betreffenden werden sich bei der Lektüre wiedererkennen, und sie können sich unseres Dankes gewiß sein. Unser Dank gilt in gleichem Maß denen, die sich uns gegenüber ohne Diskretionsbedingung geäußert haben. Viele von ihnen haben für mehrere Gespräche mit uns Tage ihrer Zeit geopfert. Vielen Dank an Ilse Sigler, Ewa Schadrin, Richard Copaken, Leonard V. McCoy, William Branigan, Eugene Peterson, Paul Garbler, George Kisevalter, Edward Paisley, Clarence Baier, Donald Burton, William Tidwell, Philip Waggener, John Novak, Bruce Solie, William Lander, Peter Kapusta, Noel E. Jones, Louis Martel, John Schaffstall, Donnel Drake, Carlos Zapata, James Wooten, Eleonore Orlow, George Orlow, Lt. Gen. Samuel V. Wilson, Mark Bowen, Col. Donald B. Grimes, Gen. C. J. Le Van, Stanley K. Jeffers, Carl Bernstein, Bob Woodward, John T. Funkhouser, Capt. Thomas und T. C. Dwyer, Jack und Peggy Leggat, Richard und Maria Oden, Ellie und Peter Sivess, Helen und Robert Kupperman, Jerry Edwards, Stanley und Janka Urynowicz, Darryl Du Bose, William E. Colby, Gen. Richard Stilwell, John Bross, Britt Snider, John Hall, Etta Jo Weisz, Nicolaine Weisz, Peter Stockton, Dale Young, Herb Kouts, Larry O'Donnell, Robert Maheu, Giselle Breuer Weisz, Suzanne Weisz, Sidney Diamond, Fred Duvall, Frank Steinert, Burton Weides, David S. Sullivan, Courtland J. Jones, Samuel Papich, Ambassador James E. Nolan, Jr., Cornelius G. Sullivan, Robert T. Crowley, Captain William und Mary Louise Howe, Patrick und Katherine Lenahan, Dale und Mary Paisley, Victor Marchetti, Gladys Fishel, Richard und Mary Jo Bennett, Norman und Barbara Wilson, Col. Gordon Thomas, Betty Myers, Leonard Masters, William Miller, Gen. Daniel Graham, Henry »Hank« Knoche, Clare Edward Petty, Paul O'Grady, William Brock, Ernest Meyers, Adm. Stansfield Turner, Adm. Thomas Moorer, William Mazzoco, Harold M. Kramer, Col. Guy Kent Troy, Raymond Wannall, Walter Sedoff, John C. Mertz, Philip A. Parker, Vincente Rosado, John Taylor, Capt. Rufus L. Taylor, Jr., Martha Mautner, Ambassador Robert T. Hennemeyer, Elisa-eietta Ritchie, Col. H. A. Aplington, William G. Miller, William T. Bader, Senator Birch Bayh, Howard Leibengood, Dawn Mann, Michel Patu, Henry Shapiro, Egil Krogh, John Ehrlich-man, Ken Ludden, David Thomas, Brig. Gen. Robert C. Richard-son, Robin W. Winks, Laughlin A. Campbell, John Sherwood, Col. Roger G. Charles. A. D. Llewelyn, Thomas Kimmel, Col. George Connell, Fred I. Edwards, Frank Lyons, Capt. Albert Graham, Larry Patterson, J. Y. Smith, Alan Reed, Lothar Met-cel, Bernard I. Weltman, Frank Sheraton, Lucy Breathett, John Picton, Douglas Wheeler, Thomas Hirschfeld, Thomas Koines,

516

Col. Richard M. Johnson, Tom Sippel, Sam McDowell, Leonard M. Brenner und E. Alex Costa.

Unseren Dank abstatten wollen wir darüber hinaus Mary Lou Domres für ihre Mithilfe beim Recherchieren; unserer unglaublich geduldigen und engagierten Phonotypistin Linda Durdall; unserem Freund Richard Sandza, der stets bereitstand, um mit Rat und Tat zu helfen; unserer literarischen Agentin Jane Cushman und den phantastischen Leuten vom Verlag Crown Press, allen voran James O'Shea Wade, Jane von Mehren und Katie Towson.

Maulwürfe ist, wenn man so will, eine Fortschreibung vorausgegangener Arbeiten anderer Autoren: David Martins bahnbrechendes Buch *Wilderness of Mirrors* und Henry Hurts *Schadrin: The Spy Who Never Came Back* sind hier an erster Stelle zu nennen, ebenso die ausgezeichneten Bücher von Seymour Hersh, Edward Jay Epstein und John Barron. Wie Hurt uns sagte, als wir uns auf dieses Projekt einließen: »Unsere Arbeit sollte immer ein Gerüst sein, auf das der nächste Autor steigen kann.« Wir haben mit diesem Buch den Versuch unternommen, die »Frontlinie« des investigativen Geheimdienstjournalismus ein Stück weit vorzuschieben. Wir können nur hoffen, daß es uns gelungen ist, ein Gerüst zu bauen, von dem aus künftige Autoren weitere und tiefere Einblicke nehmen können.

Eine letzte Anmerkung: Sowohl die CIA als auch das FBI lehnten eine Kooperation mit uns für dieses Buchprojekt ab. Bei der CIA hatten wir mit einer solchen Haltung gerechnet, nicht jedoch damit, daß das FBI, nachdem es uns zunächst monatelang seine Mitteilungsbereitschaft beteuert hatte, sich schließlich doch aufs Mauern verlegte. Weshalb, wurde uns allmählich klar, je mehr wir darüber erfuhren, wie das Bureau die Fälle KITTY HAWK, Herrmann und Sigler gehandhabt hatte. An dieser Stelle sei erwähnt, daß unser besonderer Dank Dr. Robert Smialek gilt, dem gerichtsmedizinischen Sachverständigen des Staates Maryland, der uns die unter Verschluß gehaltenen Dokumente und Fotos zugänglich machte, die bei der Identifizierung der Leiche John Paisleys eine Rolle spielten.

Mit welcher grundsätzlichen Schwierigkeit die westliche Spionageabwehr konfrontiert ist, hat Sam Papich, altgedienter Verbindungsoffizier des FBI zur CIA, prägnant auf den Punkt gebracht, indem er sagte: »Es gibt eine Schwachstelle bei den Versuchen der USA, die Sowjets – und besonders die Sowjets in der Geheimdienstsphäre – einzuschätzen. Nur ganz, ganz wenige von uns wissen etwas über die gottverdammte Geschichte, die Sprache, die Psychologie [der Sowjets]. ...Ich kann einem Russen erklären, was mein Begriff von Freiheit ist, von Gerechtigkeit, und er funkt auf einer völlig anderen Welle.«

William R. Corson
Susan B. Trento
Joseph J. Trento

Washington, D. C
Herbst 1988

Quellen

Kapitel 1

[1] Die übrigen Stationen befanden sich in London, Paris, Rom, Kairo, Lissabon und Shanghai.

[2] Michael Straight wurde von Sir Anthony Blunt, einem sowjetischen Maulwurf im britischen Geheimdienst, in den 30er Jahren für die Sowjets rekrutiert, während beide in Cambridge studierten. Siehe Peter Wright und Paul Greengrass, *Spycatcher*, New York 1987. Siehe hierzu auch Straights eigenes Buch sowie John Costello, *Mask of Treachery*, New York 1988.

Kapitel 2

[1] Gespräch mit Donald Burton am 14. Oktober 1987.

[2] Details und Kolorit des Lebenslaufs von Paisley basieren auf Gesprächen mit seiner Schwester Katherine Lenahan, ihrem Mann Pat, seinem jüngeren Bruder Dale Paisley und seiner Schwägerin Mary, die am 10. und 11. August 1987 in Newport (Oregon) geführt wurden.

[3] Gespräch mit Dale Paisley und Katherine Lenahan am 11. August 1987 in Newport (Oregon).

[4] Gespräch mit Mary Paisley am 11. August 1987.

[5] Gespräch mit Katherine Lenahan am 11. August 1987 in Newport (Oregon).

[6] Ebd.

[7] Ebd.

[8] Die Personalakten John Paisleys aus seiner Zeit bei der US-Küstenwache und der Handelsmarine stellte uns die Küstenwache der Vereinigten Staaten aufgrund eines Antrags nach dem Gesetz über Informationsfreiheit zur Verfügung. In diesen Dokumenten sind die »Fahrscheine« für seine Reisen mit der Handelsmarine und weitere Zeugnisse seiner früheren Berufsjahre enthalten.

[9] Aus den Paisley von der Atomenergiekommission vorgelegten Fragebögen, die Paisley 1961 ausfüllte, und die von der CIA nach einer von J. Edgar Hoover angeordneten Untersuchung des FBI beglaubigt wurden. Nach dieser Prüfung seiner Zuverlässigkeit wurde Paisley die Unbedenklichkeitsbescheinigung »Q« für atomare Geheimnisse erteilt.

[10] John Paisleys FBI-Akte, freigegeben nach dem Gesetz über Informationsfreiheit.

[11] John Paisleys Antrag auf Einstufung in die Geheimnisträgerklasse »Q« (für atomare Geheimnisse) aus dem Jahr 1961.

[12] Maryann Paisley, Aussage unter Eid vom 5. November 1980, *Maryann Paisley gegen Travelers Insurance Company*.

[13] Gespräch mit Mary Paisley am 11. August 1987 in Newport (Oregon).

[14] Gespräch mit Katherine Lenahan am 11. August 1987 in Newport (Oregon).

[15] Während seiner Zeit an der Universität von Chicago arbeitete Paisley nach CIA-Sicherheitsberichten für die Lickenback Steamship Company in Brooklyn (N. Y.), die Olsen Steamship Company in San Francisco und die Keystone Shipping Company in Philadelphia.

[16] Maryann Paisley, Aussage unter Eid vom 5. November 1980, *Maryann Paisley gegen Travelers Insurance Company.*

[17] Ebd.

[18] Ebd.

[19] Gespräche mit Mr. und Mrs. Leonard Masters im November 1987 und 1988.

[20] Eine Geschichte der Komintern oder der Dritten Kommunistischen Internationale findet sich in *The New KGB, Engine of Soviet Power* von William R. Corson und Robert T. Crowley, New York (William Morrow Inc.) 1985.

[21] Gespräch mit Robert T. Crowley am 1. Juli 1988.

[22] Gespräch mit Katherine Lenahan am 11. August 1987 in Newport (Oregon).

[23] Ebd.

[24] Gespräch mit William Tidwell am 5. Oktober 1988.

[25] Aktenvermerk der Sicherheitsabteilung der CIA über Paisley vom 22. November 1978, freigegeben aufgrund des Gesetzes über Informationsfreiheit.

[26] Gespräch mit Clarence Baier am 7. Juli 1988.

[27] Gespräch mit Henry Knoche am 18. Februar 1988 in Denver (Colorado).

[28] Gespräch mit Gladys Fishel am 3. November 1987.

[29] Gespräch mit Katherine Lenahan am 11. August 1987 in Newport (Oregon).

[30] John Paisleys biographisches Profil, dessen Herausgabe Maryann Paisley gerichtlich durchsetzte. Paisleys Dienstnummer bei der CIA war 14496.

[31] Paisleys CIA-Akte enthält zahlreiche anerkennende Briefe, die seine Tätigkeit in diesen Bereichen lobend erwähnen. Sie stammen von COCOM und CHINCOM, beides internationale Exportüberwachungsorganisationen.

[32] CIA,»Standard Assessment of Paisley«, 14. Mai 1957, freigegeben aufgrund des Gesetzes über Informationsfreiheit.

[33] J. Edgar Hoover, FBI-Memorandum vom 8. August 1961, freigegeben aufgrund des Gesetzes über Informationsfreiheit.

[34] Gespräch mit Katherine Lenahan am 11. August 1987 in Newport (Oregon).

[35] Ebd.

[36] Gespräch mit Peter und Ellie Sivess am 19. Januar 1988. Sivess »bearbeitete« wahrscheinlich mehr Überläufer als irgend jemand sonst in der CIA.

[37] Gespräche mit Kollegen von Paisley: Victor Marchetti, Clarence Baier, Donald Burton und Peter Sivess.

[38] Gespräch mit Betty Myers am 20. August 1987 in Cumberland (Maryland).

[39] Das Testament wurde am 17. Februar 1968 aufgesetzt. Nach seinem Tode wurde es am 3. Juli 1979 notariell beglaubigt. Sein Gesamtvermögen wurde auf 36 806,86 Dollar festgesetzt. Darin waren jedoch die Aktien, die er bei Pace Technologies hielt, nicht enthalten. Es handelt sich hierbei um einen von einem alten Freund der CIA, Eugen Leggett, geleiteten Computerkonzern.

[40] Gespräch mit Hans Knoche am 13. Februar 1988 in Denver (Colorado).

[41] Maryann Paisley, Aussage unter Eid am 5. November 1980, *Maryann Paisley gegen Travelers Insurance Company.*

[42] Gespräch mit Generalleutnant Samuel V. Wilson am 14. Juni 1988. Edward Proctor ließ die Bitten der Verfasser um ein Gespräch unbeantwortet.

[43] Gespräch mit Victor Marchetti am 17. Februar 1988 und mit Clarence Baier am 3. März 1988.

Kapitel 3.

[1] Gespräch mit Phil Waggener am 22. Juli 1988.
[2] Maryann Paisley, Aussage unter Eid vom 5. November 1980, *Maryann Paisley gegen die Travelers Insurance Company*.
[3] Ebd.
[4] Das Imperial Defense College bildet auch heute noch CIA-Personal aus. Obwohl der Lehrplan von Jahr zu Jahr etwas variiert, hat er sich seit der Zeit, als John dort war, nicht wesentlich verändert.
[5] Gespräch mit Edward Paisley am 30. Oktober 1987 in Washington, D. C.
[6] Die Existenz dieses Postfaches wurde entdeckt, als der Autor Joe Trento, der damals Reporter beim *Wilmington News-Journal* war, erfuhr, daß Paisley im Briefverkehr mit der Universität von Chicago das Postfach in Greenham Common benutzt hatte.
[7] Gespräch mit Edward Paisley am 30. Oktober 1987 in Washington, D. C.
[8] Keiner der Kollegen Paisleys und nichts in seinen uns zugänglichen Akten vermag zu erklären, warum er in London so gehetzt arbeitete, wie Maryann es beschreibt, oder weshalb er dieses Postfach benötigte.
[9] Gespräch mit Dale und Mary Paisley und Patrick und Katherine Lenahan am 11. August in Newport (Oregon).
[10] Edward Paisley ist davon überzeugt, daß sein Vater während dieser Zeit von den Sowjets angesprochen und von der CIA beauftragt wurde, das Spiel mitzuspielen. Dies könnte eine Erklärung für die Vorfälle von London sein; Paisleys Vorgesetzte bestreiten jedoch, daß diese Erklärung den Tatsachen entspricht.
[11] Gespräch des Autors Joe Trento mit Bruce Clarke im November 1978. Gespräch mit Hank Knoche am 13. Februar in Denver (Colorado).
[12] SALT = Strategic Arms Limitation Treaty (Vertrag über die Begrenzung der strategischen Rüstung).
[13] Erstmals veröffentlich durch World News Tonight (ABC-TV) am 5. März 1979.
[14] Gespräch mit Edward Paisley am 30. Oktober 1987.
[15] Ein großer hagerer Mann mit leuchtendrotem Haar, der sogar Präsident Johnson überragte, wurde mit der Leitung von CHAOS beauftragt. Richard Ober war als Berater zum Mitarbeiterstab des Nationalen Sicherheitsrats gestoßen. Diese Position verschaffte ihm unmittelbaren Zugang zum Präsidenten und zum Stab des Weißen Hauses, um sie über die Fortschritte von CHAOS beim Aufspüren von Verbindungen zwischen dem KGB und der Friedensbewegung auf dem laufenden zu halten. Da im Laufe der Jahre, in denen das Programm lief, wenn überhaupt, dann nur sehr wenige Verbindungen dieser Art zutage gefördert wurden, konnte man annehmen, daß die Operation bei Nixons Amtsantritt ad acta gelegt werden und Ober als einer der ersten wieder nach Langley zurückversetzt würde. Aber das genaue Gegenteil trat ein. Ober kam schnell mit Nixon in direkten Kontakt; seine Position wurde aufgewertet, nicht geschwächt. Ein ehemaliger Offizier, der für das Weiße Haus unter Nixon arbeitete, drückte es so aus: »Als Haldeman und Ehrlichman hierherkamen,

sprach dieser Mann ihre Sprache und schien ihnen beim Überwinden der Hindernisse behilflich zu sein, mit denen sie bei der CIA rechneten.« Nixon übernahm die Liste seiner Feinde aus den CHAOS-Akten. Nachdem sie nur fünf Monate im Amt war, begann die neue Administration mit Abhörprogrammen zur Belauschung von Beratern des Weißen Hauses und Reportern, die sie für nicht vertrauenswürdig hielt. Diese Abhöraktionen waren eine Reaktion darauf, daß den Medien detaillierte Informationen über die geheime Bombardierung von Kambodscha durch die Regierung Nixon zugespielt worden waren. 1971 kursierten innerhalb der CIA Gerüchte, ein massives Überwachungsprogramm sei für das Inland geplant, und die Geheimdienste sollten daran in irgendeiner Weise beteiligt werden. Tatsächlich hegte man den Verdacht, CHAOS sei lediglich ein Anhängsel des Spionageabwehrladens von James Jesus Angleton. Dies war jedoch nicht der Fall. Richard Helms, der einen Großteil seiner späteren Karriere mit dem Versuch verbrachte, zwei Präsidenten davon zu überzeugen, daß die CIA nicht mehr veranlaßt werden dürfe, gegen das gesetzliche Verbot der Inlandsaufklärung zu verstoßen, erlaubte die Fortführung von CHAOS, da er keine andere Wahl zu haben glaubte. Er handelte unter dem Befehl des Präsidenten. Natürlich bekam Angleton von CHAOS Kopien aller Vorgänge, die seinen Geschäftsbereich, die Spionageabwehr, berührten.

[16] Young war Kissinger erstmals im Rockefeller-Wahlkampf von 1968 begegnet. Nach der Wahl Nixons bot Young ihm seine Dienste an und wurde Rechtsberater beim Nationalen Sicherheitsrat (NSC). Mit großen Hoffnungen begann Young im Jahre 1969 seine Tätigkeit für Kissinger. Wie andere NSC-Berater von damals sagen, suchte Young Kissingers Anzüge und Hemden aus, während Youngs Frau sich um Kissingers Wäsche kümmerte. John Lockwood, ein Freund Kissingers, regte an, Young könne einen guten Rekrutierungssekretär für den Nationalen Sicherheitsrat abgeben. Nach Mitteilung Kissingers kam Young jedoch weder mit Alexander Haig zurecht, noch bewährte er sich als Kissingers Rekrutierungssekretär. Kissinger schickte ihn zur »Aktenarbeit« in den Lageraum des Weißen Hauses. Wurde Young wirklich »abqualifiziert«, wie Kissinger behauptete, oder blieb er eine mysteriöse Kraft im Mitarbeiterstab Kissingers? Der Reporter und Pulitzer-Preisträger Seymour Hersh schreibt in seinem Buch über Kissinger, *The Price of Power*, Young sei weiterhin zu den sensiblen Beratungen innerhalb der Nixon-Administration zugezogen worden, auch nachdem er zur »Aktenarbeit« verdonnert worden war. Ein Beispiel, das Hersh anführt, ist, daß Young zusammen mit den obersten Beamten der Atomenergiekommission an einer Sitzung teilnahm, die sich mit der Sicherheitsüberprüfung einer Firma in Pennsylvania beschäftigte, die im Verdacht stand, 200 Pfund hochangereichertes Uran nach Israel verkauft zu haben.

[17] Diese ganze Geschichte wird in einem Aktenvermerk des Washingtoner FBI-Büros ausführlich beschrieben, der seinerseits auf einem Gespräch vom 3. Juli 1972 mit David Young basiert. Dieses Gespräch war Bestandteil der ersten Watergate-Ermittlungen des FBI, die offenbar am Wesentlichen vorbeigingen.

[18] Insbesondere unternahm die Regierung angestrengte Versuche, kompromittierende Informationen über die Kennedy-Administration bezüglich der Schweinebucht, der Kubakrise und des Niedergangs der Regierung Diem in Südvietnam zu verbreiten. All dies zielte darauf ab, dem Mann, den Nixon für seinen Hauptrivalen hielt, die Waffen aus der Hand zu schlagen – Senator Edward M. Kennedy. Obwohl Kennedys Präsidentschaftsambitionen schon durch seine

Verstrickung durch den Chappaquiddick-Autounfall zerstört waren, der das Leben einer jungen Wahlhelferin gekostet hatte, war Nixon noch immer von den Kennedys besessen. Colson und Young begannen, alle möglichen Informationen aufzustöbern, die Abträgliches über die Kennedys und ihre Mitarbeiter enthielten. Einige Regierungsstellen, darunter auch das Außenministerium und die CIA, wurden angewiesen, solches Material zur Verfügung zu stellen. Die CIA sperrte sich jedoch gegen das Ansinnen der Nixon-Regierung, ihr pauschale Einsicht in alle einschlägigen Akten zu gewähren. Die Agency händigte dem Weißen Haus nur das aus, was ausdrücklich angefordert wurde. Solange man nicht wußte, wonach genau man suchen sollte, kam man an die abträglichen Dokumente, von deren Existenz Colson überzeugt war, nicht heran. Colson wies Howard Hunt an, verfügbares Material, darunter auch die Pentagon Papers, zu untersuchen, um Dokumente aufzuspüren, die dem Ruf der Kennedys schaden konnten. Gleichzeitig begannen Young und Colson damit, Personen direkt zu befragen, die in bestimmte Operationen eingeweiht waren, in der Hoffnung, auf jemanden zu stoßen, der gewillt war, »aus der Schule zu plaudern«. Hunt befragte alte Kollegen von der CIA, die am Sturz von Diem in Saigon beteiligt gewesen waren. Während Young die CIA bearbeitete, die Kennedys belastende Akten freizugeben, gab man sich große Mühe, die Freigabe jeglichen Materials zu unterbinden, das geeignet schien, Nixon und sein Wirken seit seiner Zeit als Vizepräsident unter Eisenhower in ein schlechtes Licht zu setzen.

[19] Gespräch mit William Branigan, dem früheren Spionageabwehrchef der CIA.

[20] Diese Information stammt von drei ehemaligen Mitarbeitern von James J. Angleton. Clare Edward Petty sagte in einem Gespräch am 21. Juli 1988, er könne sich an jemanden erinnern, »der wegen des Problems mit den undichten Stellen ins Weiße Haus hinübergeschickt wurde. ... Helms hätte sich in einer solchen Sicherheitsangelegenheit hundertprozentig an Angleton gewandt. So ging er immer mit diesen Dingen um.«

[21] Laut CIA-Memorandum vom 30. September 1971. Darüber hinaus wird dies in einer Reihe von Memoranden von Peter Earnest vom Office of Legislative Counsel des CIA an Robert Gambino, den Sicherheitsdirektor des CIA, der mit Paisleys Verbindung zu den Klempnern zu tun hatte, erwähnt.

[22] Aktennotiz des Weißen Hauses vom 20. August 1971 von Bud Krogh und David Young an John Ehrlichman.

[23] (Donald Burton)

[24] Siehe Bob Woodward und Carl Bernstein, *The Final Days*. New York 1976, S. 24.

[25] Gespräch mit Robert Maheu im Februar 1988.

[26] Gespräch mit William Colby in seinem Haus in Washington, D. C., am 6. Juni 1988.

[27] Eine Reihe von Leuten aus CIA und FBI glauben, er trage die unverkennbare Handschrift eines bestimmten erstklassigen Ex-FBI-Profis. Dieser Mann, der in den vergangenen Jahren mehrmals mit dem Gesetz in Konflikt gekommen ist, ließ uns über seinen Anwalt wissen, daß er sich in keiner Weise zur Romaine Street oder zu Folgen bezüglich einer eventuellen Zusammenarbeit mit den »Klempnern« oder mit Paisley äußern werde.

[28] Gespräch mit Dale und Mary Paisley am 11. August 1987 in Newport (Oregon).

[29] Diese Reisedokumente wurden aufgrund des Gesetzes über Informationsfrei-

heit teilweise freigegeben und geben Aufschluß über eine Reihe von Reisezielen Paisleys in den Jahren 1972 und 1973.

[30] Gespräch mit Katherine Lenahan vom 11. August 1987 in Newport (Oregon).
[31] Im Registeramt von Washington (Virginia) befinden sich die Grundbuchauszüge und Firmenprotokolle, die den Kauf der Hütte dokumentieren. Der Beamte dort sagte, vor dem Besuch des Verfassers habe sich noch nie jemand für diese Akte interessiert.
[32] Die ersten, die die Koecher-Story eingehend aufarbeiteten, waren Rudy Maxa und Phil Stanford im *Washingtonian Magazine* vom Februar 1987.
[33] Nach Angaben zahlreicher in diesen Dingen sachkundiger CIA-Mitarbeiter.
[34] Die Details zu diesem Fall basieren auf Gerichtsakten (Aktenzeichen Nr. 38430), die in Fairfax (Virginia) archiviert sind.
[35] Gespräch mit Donald Burton am 14. Oktober 1987 in Alexandria (Virginia).
[36] Gespräch mit Carl Bernstein am 12. Dezember 1987.
[37] Gespräch mit Bob Woodward am 11. Februar 1988.
[38] Joseph Trento, Reporter beim *Wilmington News-Journal* und Co-Autor dieses Buches, war der Journalist, mit dem Tim Robinson sich traf. Robinson erhielt bald nach diesem Treffen ein Stipendium an der Juristischen Fakultät der Yale University und wurde Chefredakteur des *National Law Journal*.

Kapitel 4

[1] Gespräch mit Clare Edward Petty am 21. Juli 1988.
[2] Peter Wright, *Spycatcher*, New York 1987, S. 303.
[3] Gespräch mit James Jesus Angleton im Juni 1977 im Army Navy Club in Washington, D. C.
[4] Zu *Sasha* und den späteren Ermittlungen in dieser Sache siehe: David Martin, *Wilderness of Mirrors*, New York, 1980, und Henry Hurt, *Schadrin: The Spy Who Never Came Back*, New York 1981.
[5] Gespräch mit Frau Eleonore Orlow am 10. Juli 1988 in Alexandria (Virginia).
[6] Oberstleutnant Alexander Sogolow ist tot; somit war es uns nicht möglich, seine Version der Geschehnisse einzuholen. Nicholas Kozlow sagte uns, er wolle sich zu dem Thema nicht äußern, da er nach wie vor im Dienst der US-Regierung stehe.
[7] Nach Aussage seiner Frau Eleonore hatte Igor Orlow sich für seine Deckidentität »Alexander« als ersten Vornamen zugelegt; »Sascha« ist im Russischen die gebräuchliche Koseform für Alexander. (Daß Agenten unter Decknamen operieren, ist allgemein üblich.)
[8] Gespräch mit Clare Edward Petty, 22. Juli 1988.
[9] Gespräch mit Generalleutnant Samuel V. Wilson am 14. Juni 1988.
[10] Gespräch mit Robert T. Crowley am 7. Juli 1988 in Washington, D. C.
[11] Ebd.
[12] Gespräch mit Clare Edward Petty am 5. April 1988 in Annapolis (Maryland).
[13] Gespräch mit William E. Colby am 6. Juni 1988 in Washington, D. C.
[13] Eine umfangreiche Darstellung des Falles Nosenko findet sich in: Edward Jay Epstein, *Legend: The Secret World of Lee Harvey Oswald*, New York 1978.
[15] Was er dabei nicht bedachte, war, daß sein Bericht möglicherweise von Hunt auf ein Fazit von wenigen Zeilen Länge reduziert worden war, das Angleton nicht

ernst nahm. Da Hunt und Angleton nicht mehr leben, müssen wir uns mit Pettys Version der Geschichte begnügen.

[16] Die beste Darstellung der Böcke, die in der Philby-Affäre geschossen wurden, findet sich bei Peter Wright, *Spycatcher*, New York 1987.

[17] Raymond Rocca wurde von den Autoren kontaktiert, war aber zu einer Unterredung nicht bereit.

[18] Teddy Kollek, der später Bürgermeister von Jerusalem wurde.

[19] Zur Geschichte der *Venona*-Entschlüsselung siehe Peter Wright, *Spycatcher*, New York 1987.

[20] Siehe David Martin, *Wilderness of Mirrors*, New York 1980; dort wird geschildert, wie Philby von William King Harvey enttarnt wurde.

[21] Nach Aussage William Colbys räumte Angleton sein Büro im ersten Stock des CIA-Hauptquartiers erst im Oktober 1975, obwohl er schon im Dezember 1974 aufgefordert worden war, seinen Hut zu nehmen. Wie Leonard McCoy berichtet, mußte sein Vorgesetzter George Kalaris, der Nachfolger Angletons als Chef der Spionageabwehr, schließlich in Angleton dringen, ihm sein Büro frei zu machen.

Kapitel 5

[1] Gespräch mit David S. Sullivan, 1. Juli 1988.

[2] Gespräch mit David S. Sullivan, 23. Juni 1988.

[3] Ebd.

[4] Gespräche mit Norman Wilson und Gordon Thomas, 25. April 1988.

[5] ABC-TV, *World News Tonight*, 5. März 1979.

[6] Gespräch mit Clarence Baier, 3. März 1988.

[7] Siehe Thomas Powers, *The Man Who Kept the Secrets: Richard Helms and the CIA*, New York 1979.

[8] *Maryann Paisley gegen Travelers Insurance Company*, Aussage von Maryann Paisley, 5. November und 4. Dezember 1980.

[9] Maryann Paisley erklärte dies in mehreren Gesprächen mit Joseph Trento in den Jahren 1978–79 und wiederholte es 1980 in ihrer eidlichen Aussage. Siehe *Maryann Paisley gegen die Travelers Insurance Company*.

[10] Gespräch mit Leonard McCoy, 11. März 1988.

[11] Gespräch mit William E. Colby am 6. Juni 1988 in Washington, D. C.

[12] *Maryann Paisley gegen die Travelers Insurance Company*, Aussage von Maryann Paisley, 5. November und 4. Dezember 1980.

[13] Gespräch mit Norman Wilson am 25. April 1988 in Lusby (Maryland).

[14] Gespräch mit Clarence Baier, 3. März 1988.

[15] Diese Darstellung folgt den Gerichtsakten über den Hergang des Autounfalls im Gerichtsarchiv von Fairfax (Virginia), Aktenzeichen Nr. 325748 und 34684.

[16] Gerichtsakten zum Verfahren gegen Edward Paisley, Archiv des Gerichts von Fairfax County (Virginia).

[17] Gespräch mit Hank Knoche am 13. Februar 1988 in Denver (Colorado).

[18] Gespräch mit David E. Sullivan, 23. Juni 1988.

[19] Gespräch mit Generalleutnant Samuel V. Wilson am 14. Juni 1988 in Rice Virginia).

[20] Gespräch mit Dale Paisley am 11. August 1987 in Newport (Oregon).

21 Gespräch mit Richard und Mary Jo Bennett am 18. Oktober 1987 auf ihrem Hausboot *The Last Gasp*.
22 Gespräch mit Generalleutnant Samuel V. Wilson, 14. Juni 1988.
23 Gespräch mit Hank Knoche, 13. Februar 1988.
24 Gespräch mit Barbara Wilson am 25. April 1988 in Lusby (Maryland).
25 Gespräch mit Gladys Fishel.
26 U. S. Congress, Senate Select Committee on Intelligence, *Report of the Subcommittee on Collection, Production and Quality*, 16. Februar 1978.
27 Der Harvard-Professor Richard E. Pipes, der eines der B-Teams leitete, bestätigte, daß Paisley »unser Zwischenträger zur CIA war«.
28 Gespräch mit David S. Sullivan, 1. Juli 1988.
29 David Binder, interviewt von Joseph Trento für das *Wilmington News-Journal*, 24. Juni 1979.
30 Aussage von Michael Yohn am 25. September 1980, *Maryann Paisley gegen die Travelers Insurance Company*.
31 Aussage von Gretchen Yohn am 1. Oktober 1980, *Maryann Paisley gegen die Travelers Insurance Company*.
32 Aussage von Maryann Paisley am 5. November und 4. Dezember 1980, *Maryann Paisley gegen die Travelers Insurance Company*.
33 Interview mit Seymour Weiss für das *Wilmington News-Journal*, 23. Juni 1979.
34 Das Vogt- und das Graham-Zitat sind einem Artikel entnommen, der am 27. Juni 1979 im *Wilmington News-Journal* erschien.
35 Wie Yohn 1980 in seiner Aussage im Verfahren *Maryann Paisley gegen die Travelers Insurance Company* erklärte, hatte er Binder im Hinblick auf dessen Artikel vom 11. Juni 1979 mit Betty Myers zusammengebracht. Binder erzählte Joseph Trento am 24. Juni 1979, er habe sich nur deshalb berechtigt gefühlt, Paisley als seinen Gewährsmann zu enthüllen, weil Betty Myers ihm die Überzeugung vermittelt habe, daß Paisley sich umgebracht hatte. Yohn sorgte dafür, daß Betty Myers David Binder Tonbandaufnahmen zugänglich machte, auf denen Paisley seine Unlust am Leben äußerte.
36 *National Foreign Assessment Center*, Dokument Nr. 271 vom 28. Dezember 1976, gerichtet an Mr. John Rizzo von der CIA und unterzeichnet von John A. Paisley.
37 Siehe Kapitel 11 und 12.

Kapitel 6

1 Gespräch mit David S. Sullivan, 1. Juli 1988.
2 Gespräch mit Leonard V. McCoy, 1. Juli 1988.
3 Gespräch mit David S. Sullivan, 1. Juli 1988.
4 Gespräche mit David S. Sullivan, Juni und Juli 1988.
5 Gespräch mit Phil Waggener, 22. Juli 1988.
6 CIA, *Aktenvermerk vom 26. Juli 1978*; Herausgabe nach dem Gesetz über Informationsfreiheit erwirkt.
7 Gespräch mit Maryann Paisley, 11. August 1987.
8 Gespräch mit Mary Paisley, 11. August 1987.
9 Gespräch mit Katherine Lenahan, 11. August 1987.
10 Gespräch mit Dr. K. Wayne Smith, 20. Juni 1988.

[11] Aussage von Maryann Paisley am 5. November und 4. Dezember 1980, *Maryann Paisley gegen die Travelers Insurance Company*.

[12] Aussage von Kay Fulford, 16. September 1980, *Maryann Paisley gegen die Travelers Insurance Company*.

[13] Aussage von Maryann Paisley am 5. November und 4. Dezember 1980, *Maryann Paisley gegen die Travelers Insurance Company*.

[14] Der sowjetische Überläufer Juri Nosenko lebte zu jener Zeit in North Carolina.

[15] Nach Bekundung zahlreicher Freunde und Mitarbeiter John Paisleys, darunter Norman und Barbara Wilson (im Gespräch mit den Autoren am 25. April 1988). Ähnliche Aussagen machten die Wilsons und andere gegenüber der Staatspolizei von Maryland.

[16] Admiral Stansfield Turner lehnte es ab, sich für dieses Buch als Gesprächspartner zur Verfügung zu stellen, und beschränkte sich auf einen schriftlichen Austausch mit den Autoren. Wir zitieren aus seinen Briefen, wo es erforderlich erscheint.

[17] Robert Gambino lehnte eine Befragung für dieses Buch ab.

[18] Gespräch mit David S. Sullivan, 1. Juli 1988.

Kapitel 7

[1] Der betreffende Reporter bestritt 1979 in einem Gespräch mit Joseph Trento, FBI-Informant zu sein, aber aus FBI-Unterlagen geht eindeutig hervor, daß er dem Bureau Informationen lieferte. George Beveridge, der damalige stellvertretende Geschäftsführer und Personalvertrauensmann des *Washington Star*, erklärte gegenüber Trento, er habe keine Ahnung, auf wen das FBI sich in seinen Dokumenten beziehe; er räumte allerdings ein, daß der betreffende Redakteur der einzige Reporter der Zeitung war, der den Fall Paisley bearbeitete.

[2] Diese Passage beruht auf FBI-Dokumenten über Paisley, die den Autoren im Rahmen eines Aktenherausgabeverfahrens nach dem Gesetz über Informationsfreiheit zugänglich gemacht wurden. Der erste der FBI-Aktenvermerke, die die Anrufe beim *Washington Star* bestätigen, trägt das Datum des 21. September 1978. Erstaunlicherweise hieß es in der FBI-Aktennotiz, dies sei der Tag gewesen, an dem Paisley verschwunden sei. In Wirklichkeit verschwand er am Sonntag, dem 24. September.

[3] Aussage von Maryann Paisley am 4. November und 5. Dezember 1980, *Maryann Paisley gegen die Travelers Insurance Company*.

[4] Ebd.

[5] Thomas eröffnete das Gespräch, das die Autoren mit ihm am 25. April 1988 im Haus von Norman Wilson führten, mit der Frage: »Sie wissen doch, daß dieser Ort das ›Nest der Dunkelmänner‹ genannt worden ist?«

[6] Staatspolizei von Maryland, Protokoll eines Verhörs mit Gordon Thomas und seinem Sohn Richard vom 10. Oktober 1978, sowie Gespräch der Autoren mit Oberst Thomas, 25. April 1978.

[7] Gespräch mit Gordon Thomas, 25. April 1988.

[8] Gespräch mit Michael Yohn, 1979.

[9] Gespräch mit Michael Yohn am 25. September 1980, *Maryann Paisley gegen die Travelers Insurance Company*.

[10] Nach Angaben Yohns und seiner Frau trennten sich die beiden einen Monat nach Paisleys Verschwinden. *Maryann Paisley gegen die Travelers Insurance Company.*

[11] Staatspolizei von Maryland, Verhör von Frau Gretchen Yohn, 16. Oktober 1978.

[12] Staatspolizei von Maryland, Verhör von Schellhas, 12. Oktober 1978.

[13] Aussage von Ray Westcott, 19. Dezember 1980, *Maryann Paisley gegen die Travelers Insurance Company.*

[14] Bericht der Staatspolizei von Maryland, gestützt auf Aussagen der Inhaber von Chaw Rippon's Crabhouse und anderer Bootsbesitzer am 13. Oktober 1978.

[15] Joseph Trento, ›The Spy Who Never Was‹, *Penthouse* (März 1979).

[16] Staatspolizei von Maryland, Bericht CIR-J-8308353, gestützt auf die Aussage von Robert McKay vom 6. Oktober 1978.

[17] K. Wayne Smith trug bei Coopers eine enorme Verantwortung. In dieser Firma operierten die einzelnen Abteilungen nahezu wie eigenständige Organisationen. Wie aus einem dem Senatsausschuß für die Geheimdienste vorgelegten FBI-Aktenvermerk vom 2. März 1979 hervorgeht, hatten Smith und Paisley sich schon früher kennengelernt, als ersterer noch im Verteidigungs- und Geheimdienstbereich für die Regierung arbeitete. Er hatte viele von Paisleys Analysen gelesen und war von seinem Scharfsinn und seinen literarischen Qualitäten beeindruckt gewesen. Sowohl Paisley als auch Smith fungierten nach wie vor als externe CIA-Berater, und beide saßen im Military Economic Advisory Panel (MEAP).

[18] Staatspolizei von Maryland, Bericht vom 10. Oktober 1978.

[19] Gerald J. Sword, dienstlicher Bericht des Maryland Park Service (IR-45–78-268) und Aussage vom 16. September 1981, *Maryann Paisley gegen die Travelers Insurance Company.*

[20] Staatspolizei von Maryland, Bericht von Corporal John L. Murphy vom 20. Oktober 1978.

[21] Der Bericht der Naturschutz-Polizei trägt das Datum des 25. September 1978. Er ist mit dem handschriftlichen Vermerk versehen: »Nicht weitergeben«.

[22] Gespräch mit Yeoman Maxton und seinen Kollegen von der US-Küstenwache am 5. Oktober 1978, sowie diverse dienstliche Akten der Küstenwache, freigegeben aufgrund des Gesetzes über Informationsfreiheit.

[23] Gespräch mit Joseph Haraburda und Archie Alston, 1978.

[24] Bestätigt wurden diese Informationen in einem Memorandum des CIA-Sicherheitsdirektors Robert W. Gambino für den damaligen FBI-Direktor William Webster vom 28. September 1978.

[25] Gespräch mit Betty Myers am 20. August 1987 in Cumberland (Maryland).

[26] Gespräch mit Phil Waggener, 22. Juli 1988.

[27] Gespräch mit James Maxton, 5. Oktober 1978.

[28] Central Intelligence Ageny, Aktenvermerk von Sicherheitsdirektor Robert W. Gambino, 22. November 1978.

[29] Der Bericht wurde am 28. September 1978 dem FBI übermittelt; er enthielt lediglich einen knappen Abriß von Paisleys CIA-Vergangenheit. Im übrigen befaßte er sich mit den Umständen von Paisleys Verschwinden.

[30] Zur Erinnerung: Der Pensionär Paisley war reaktiviert und mit der Leitung dieses Experiments beauftragt worden, bei dem festgestellt werden sollte, ob ein Team von Außenseitern (Team B) zu ähnlichen Urteilen über die strategische

Stärke der Sowjets gelangen würde wie die CIA-Experten (Team A), wenn sie Zugang zu denselben Erkenntnissen erhielten. Die Mitglieder des B-Teams kamen zu der einhelligen Auffassung, daß die CIA die strategische Stärke der Sowjets erheblich unterschätzte.

[31] Maryann hatte ihre Gespräche mit der todkranken Clara Paisley aufgezeichnet.

[32] FBI, Akte über Ghawzi Ullah, freigegeben aufgrund des Gesetzes über Informationsfreiheit.

[33] Robert W. Gambino (Sicherheitsdirektor der CIA), Denkschrift.

[34] Aussage von Ken Rupach am 16. September 1980, *Maryann Paisley gegen die Travelers Insurance Company.*

[35] Nach Angaben der ehemaligen FBI-Spitzenbeamten und Spionageabwehrfachleute Courtland Jones, William Lander und William Branigan.

Kapitel 8

[1] Gespräch mit dem Informanten, 3. Mai 1980.

[2] Aktennotiz vom 5. Februar 1978; sie lag den Aktenkopien bei, die an William O. Cregar übersandt wurden, den Stellvertretenden Leiter der Aufklärungsabteilung des FBI.

[3] CIA, Reisedokumente von John Paisley, freigegeben aufgrund des Gesetzes über Informationsfreiheit.

[4] Die Leiche trieb unweit des Waffenerprobungsgeländes Patuxent River der U. S. Navy.

[5] Corporal John Murphy, Ermittlungsprotokoll vom 3. Oktober 1978, zur Verfügung gestellt von der Staatspolizei von Maryland.

[6] Gespräch mit Harry Lee Langley sen., 27. Juni 1978.

[7] Gespräch mit Dr. George Weems, 27. Juni 1979.

[8] Edward Paisley äußerte sich überrascht über den Fund einer 9-Millimeter-Kugel durch Wilson auf der *Brillig*. Er behauptet, die *Brillig* während ihrer Überführung nach Lusby zurück gründlich durchsucht und keine Kugel gefunden zu haben.

[9] Bericht der Staatspolizei von Maryland, 10. Oktober 1978.

[10] Die Darstellung folgt dem amtlichen Autopsiebericht über John Arthur Paisley (Aktenzeichen Nr. 78-1628).

[11] Sowohl FBI als auch CIA behaupten, in ihren Akten keine Fingerabdrücke von Paisley gehabt zu haben. Das FBI teilte mit, es habe alle Fingerabdrücke von Staatsbediensteten Jahre zuvor aus Datenschutzrücksichten gelöscht, und die CIA behauptet, keine Fingerabdrücke von Mitarbeitern zu archivieren.

[12] Diese Pionier-Berichte erschienen im *Wilmington News-Journal*. Ihr Verfasser war Joseph Trento.

[13] Interview mit Katherine Lenahan für *Wilmington News-Journal*, 28. Juni 1979.

[14] Sicherheitsabteilung der CIA, Aktenvermerk vom 22. November 1978.

[15] Gespräch mit Dr. Russel Fisher, 26. November 1978. Der Autopsiebericht bestätigt diesen Sachverhalt.

[16] Leichenbeschauer des Staates Maryland, Unterlagen über John Arthur Paisley.

[17] Die Reporter waren Joseph Trento und Richard Sandza vom *Wilmington News-Journal*.

[18] Aussage von Maryann Paisley, 5. November und 4. Dezember 1980, sowie von

Norman L. Wilson, 2. Oktober 1980, *Maryann Paisley gegen die Travelers Insurance Company.*

[19] Eine Darstellung der Episode aus erster Hand findet sich in: Judy Chavez, *Defector's Mistress,* New York 1979.

[20] Schewtschenko lehnte es ab, sich für dieses Buch interviewen zu lassen.

[21] Nach Aussage von Bob Porterfield, Generaldirektor des Bestattungsinstituts Colonial in Falls Church (Virginia), enthalten die Unterhalten zum Fall Paisley eine von Frau Maryann Paisley unterzeichnete Erklärung, der zufolge sie die Leiche ihres Mannes gemäß den Gesetzen des Staates Maryland identifiziert hatte. Da Frau Paisley es ablehnte, sich für dieses Buch befragen zu lassen, war es den Autoren nicht möglich, eine Erklärung dafür zu finden, weshalb sie Reportern gegenüber und in einer eidesstattlichen Aussage behauptet hatte, die aus der Bay geborgene Leiche nie gesehen zu haben.

[22] Aussage von Maryann Paisley, 5. November und 4. Dezember 1980, *Maryann Paisley gegen die Travelers Insurance Company.*

[23] Ebd.

[24] Ebd.

[25] Fensterwald leitete eine Organisation, die sich »Ausschuß zur Untersuchung der Attentate« nannte.

[26] Brief von Maryann Paisley an Admiral Stansfield Turner, 16. Januar 1979.

[27] Gespräch mit Dr. K. Wayne Smith, 20. Juni 1988.

[28] Der Kassenbeleg ist dem amtlichen Bericht der Staatspolizei von Maryland beigeheftet.

[29] *The Wilmington News-Journal,* 23. Januar 1980.

[30] *The Wilmington News-Journal,* 20. Mai 1979.

[31] *The Wilmington News-Journal,* 25. April 1980.

Kapitel 9

[1] *The New York Times,* 26. Juni 1959.

[2] Henry Hurt, *The Spy Who Came Back,* New York, 1981.

[3] Diverse Gespräche mit Ewa Schadrin und ihrem Anwalt Richard Copaken in den Jahren 1987 und 1988.

[4] Ewa Gora war am 18. Juli 1937 im polnischen Gdingen als Tochter des Zygmunt Gora und seiner Frau Jadwiga, geborene Lenardt, geboren. Ihre Ausbildung bestand aus sieben Jahren Grundschule, vier Jahren Oberschule und einem fünfjährigen Studium an der Gdingener Akademie für Medizin, das sie im Mai 1959 abschloß. Sie verbrachte fünf Wochen in Belgrad, um sich auf ihr Zahnmedizin-Studium vorzubereiten, und war zuvor auch schon in der Tschechoslowakei und Ungarn gewesen.

[5] Gespräch mit Ewa Schadrin am 24. Februar 1988.

[6] Die Sowjets hatten sich deshalb entschieden, die Übergabe der Schiffe an die Indonesier in Gdingen und nicht im 35 Kilometer östlich davon gelegenen Danzig vorzunehmen, weil Gdingen aus ihrer Sicht mehr Sicherheit versprach. In Danzig gab es noch einige Widerstandsnester, Überbleibsel der drei Jahre zuvor aus Solidarität mit den Aufständischen von Posen aufgeflammten Unruhen. Der KGB glaubte – übrigens zu Unrecht –, in und um Danzig operierten westliche Nachrichtendienste. Aus diesen und anderen Gründen unternahmen

die Sowjets alles mögliche, um auch in Gdingen möglichst wenig Kontakte zwischen ihrem Flottenpersonal und den potentiell aufmüpfigen Polen zuzulassen.

[7] Henry Hurt, *The Spy Who Never Came Back*, New York, 1981. S. 32.

[8] Gespräche mit Ewa Schadrin, 1987 und 1988.

[9] Es mag in diesem Zusammenhang von gewissem Interesse sein, daß die Sowjets in Schweden die Behauptung in Umlauf setzten, Artamonow habe sich abgesetzt, weil die sowjetischen Behörden ihm die Scheidung von seiner Frau nicht bewilligt hätten und weil Ewa eine so starke erotische Anziehung auf ihn ausgeübt habe, daß er seinen sozialistischen Realitätssinn verlor.

[10] Das Hauptquartier befand sich in einem modernen neunstöckigen Bürogebäude in der Stockholmer Innenstadt, Banergatan Nr. 62. Der Marinegeheimdienst hatte seine Büros im sechsten und siebten Stock dieses Gebäudes. Auf dieser Etage standen abhörsichere Räume zur Verfügung, und Artamonow wurde sukzessive von einem in den anderen bugsiert und von einem jeweils anderen Spezialisten der schwedischen Marine ausgefragt.

[11] Im politischen Klima der fünfziger Jahre war die Zusammenarbeit zwischen der CIA und den Militärattachés an den Botschaften bestenfalls schleppend. Wenn die Militärattachés Dinge, die zu ihrer Kenntnis gelangt waren, an die CIA weitergaben, mußten sie oft die Erfahrung machen, daß keine Informationen zurückkamen. 1959 war es auch noch an vielen US-Botschaften Usus, daß der Botschafter nicht wußte, welcher seiner Mitarbeiter der örtliche CIA-Resident war. Kennedy versuchte dies nach seiner Amtsübernahme per Verordnung zu ändern, aber gegen die eifersüchtige Geheimnistuermentalität der CIA-Leute war kein Kraut gewachsen.

[12] Gespräch mit Paul Garbler, April 1988.

[14] Zwischen Schweden und den USA bestand ein Abkommen über den nachrichtendienstlichen Informationsaustausch, dessen Bestimmungen zufolge die Informationen, die Artamonow den Schweden lieferte, letztlich dem Militärattaché an der Stockholmer US-Botschaft zugänglich gemacht würden. Dieser wiederum würde sie an die Zentrale des US-Marinegeheimdienstes in Washington weitergeben, von wo aus sie schließlich an andere interessante Stellen innerhalb des Netzes der Geheimdienste ausgestreut würden. In der Praxis war es freilich so, daß die CIA nicht untätig warten würde, bis Fregattenkapitän Caputo und seine Kollegen die betreffenden Informationen gemäß diesem Verfahren auf den Weg brachten.

[15] Wenn Botschaften mit dem Attribut »NIP« eingehen, ist gewährleistet, daß sie im CIA-Hauptquartier sorgfältig geprüft werden. Der Grund liegt auf der Hand: Die von einer so eingestuften Person gelieferten Informationen könnten von Relevanz für die außerordentlich wichtige Frage sein: »Stehen feindselige Aktionen unmittelbar bevor?« Natürlich gibt es Prozeduren, die befolgt werden müssen und gewährleisten sollen, daß möglichst wenig Desinformation in das geheimdienstliche Kommunikationssystem eindringt. Werden diese Prozeduren nicht befolgt, können unabsehbare Verwirrungen entstehen. Im Fall Artamonow wurde von Anfang an gegen die NIP-Verfahrensregeln verstoßen, mit völlig voraussehbaren Folgen.

[16] Hartnäckige Gerüchte besagen, Olof Palme sei während seiner Studienzeit am Kenyon College für die CIA angeworben worden und von da an in ihrem Sold gestanden. Dieses Gerücht läßt sich derzeit weder verifizieren noch widerlegen;

der Wortlaut der Dulles-Botschaft suggeriert allerdings eine Art persönlicher Vertrautheit. Auffällig viele hochrangige CIA-Beamte rühmen sich langjähriger persönlicher Beziehungen zu Palme. Die Tatsache, daß die Einbürgerungskommission die Bearbeitung des Antrags von Artamonow und Ewa beschleunigte, ließe sich ebenfalls als Hinweis darauf deuten, daß Palme den Amerikanern über das durch diplomatische Höflichkeit gebotene Maß hinaus zu Diensten war.

[17] Im Zuge ihrer Betreuung durch die CIA wurden sie unter strengen Sicherheitsvorkehrungen in die US-Botschaft gebracht, um dort ihre Visumanträge auszufüllen. Unmittelbar mit der Bearbeitung dieser Anträge befaßt war Sara L. Andren, eine Beamtin der Konsularabteilung, die während des Zweiten Weltkriegs beträchtliche Erfahrung in nachrichtendienstlicher Arbeit gesammelt hatte und sich im Umgang mit »Visumanträgen besonderer Art« gründlich auskannte. Worauf es dabei besonders ankam, war, den Antrag mit einer verschlüsselten CIA-spezifischen Nummer zu versehen. Eine solche Nummer auf dem Antrag sorgte dafür, daß der Vorgang im State Department besonders zügig bearbeitet und die relevanten Daten rasch den zuständigen Sachbearbeitern bei der CIA zugeleitet wurden.

Kapitel 10

[1] Frankfurt war zwar nicht mehr der Brennpunkt des Geheimdienst-Krieges zwischen den USA und der UdSSR, aber der Geheimdienst der DDR, der Staatssicherheitsdienst (SSD oder Stasi), war in der Region Frankfurt äußerst aktiv. Hervorragend geleitet von Markus Johannes, einem Schützling von General Aleksander Semjonowitsch Panjuschkin, dem Leiter der Ersten Hauptabteilung des KGB, hatte der SSD der CIA in Deutschland schon viele Schnippchen geschlagen.

[2] Die Frankfurter CIA-Station war 1959 nur noch ein Schatten ihrer selbst. Der einstige Strom von Überläufern aus Ostdeutschland und den anderen Ostblockstaaten war zu einem Rinnsal geschrumpft, und damit entfiel ein wesentlicher Faktor für die Existenzberechtigung dieses Stützpunkts.

[3] Hinter dem Decknamen »Westport« verbarg sich eine Einrichtung, die die offizielle Bezeichnung »Empfangszentrum für Überläufer« trug. Es war ein Konglomerat aus Bürotrakten, abhörsicheren Verhörzentren und Wohnungen für siebenhundert bis achthundert Mitarbeiter der Frankfurter CIA-Station sowie für die vorübergehende Unterbringung von Überläufern und Flüchtlingen, die auf dem Weg zu ihren eigentlichen Bestimmungsorten in den USA, in Israel oder anderswo in Deutschland Station machten. Von 1945 bis 1955 befand sich das Hauptquartier der amerikanischen Besatzungstruppen in Frankfurt. In diesen Jahren war Frankfurt in vielerlei Hinsicht ein »paradiesischer« Einsatzort gewesen, weil man dort für Zigaretten fast alles bekommen konnte. Zum »Westport«-Programm wurde auch alliiertes Militärpersonal abkommandiert. Von 1955 an wurden die Dienststellen des militärischen US-Hauptquartiers sukzessive nach Heidelberg verlegt, und die Kontrolle über die »Westport«-Einrichtungen ging weitgehend in die Hände der CIA über.

[4] Während große Teile der Frankfurter Innenstadt im Zweiten Weltkrieg durch alliierte Bombenangriffe in Schutt und Asche sanken, war das elfstöckige I. G.-Farben-Hauptgebäude völlig unversehrt, als die siegreichen US-Truppen nach

Kriegsende die Stadt besetzten. Die US-Armee machte das Gebäude denn auch prompt zu ihrem Hauptquartier. Es war ein sehr imposanter und zweckmäßiger Bau, und die amerikanische Militärführung lernte es über mehrere Wachablösungen hinweg zu schätzen, daß die Inhaber der I. G. Farben ihr ein so schönes Hauptquartier hinterlassen hatten. Zum Zeitpunkt der Flucht Artamonows waren die Generäle ausgezogen, und in dem geräumigen und prachtvollen Gebäude hatten sich die CIA-Station und einige andere US-Behörden breitgemacht. George Carroll residierte im obersten Stockwerk und konnte von den Fenstern seines Büros aus das deutsche »Wirtschaftswunder« in Gestalt der wiederaufgebauten Frankfurter City begutachten. In späteren Jahren pflegte er Freunden gegenüber die rhetorische Frage zu stellen, wer nun eigentlich den Krieg gewonnen habe.

[5] Näheres über David Murphy, den James Angleton einmal verdächtigte, sowjetischer Agent zu sein, und dessen Leistungen innerhalb der CIA umstritten sind, findet sich bei John Ranelagh, *The Agency: The Rise and Decline of the CIA*, New York 1986.
Der gebürtige Russe George Kisevalter gilt als einer der besten Agentenführer und Überläuferspezialisten in der Geschichte der CIA. Er war maßgeblich an der Betreuung und Befragung der Überläufer Popow, Penkowsky und Nosenko beteiligt, wurde aber häufig von ehrgeizigeren, wenn auch vielleicht weniger fähigen Kollegen überstimmt oder aus Entscheidungsprozessen hinausgedrängt.

[6] Gespräch mit George Kisevalter, 19. April 1988.
[7] Gespräch mit George Kisevalter, 19. April 1988.
[8] Gespräch mit Ewa Schadrin, Juni 1988.
[9] Gespräch mit Thomas Dwyer, 19. Januar 1988.
[10] Ebd.
[11] Tad Szulc, ›The Schadrin Affair: A Double Agent Double Crossed‹, *The New York Times Magazine*, 8. Mai 1978.
[12] Die zitierte Äußerung stammt von William Abbott, dem Spionageabwehrdirektor des ONI.
[13] William R. Corson ist einer der Autoren dieses Buchs.
[14] Rufus Lackland Taylor avancierte 1963 zum Direktor des ONI. Er übte dieses Amt drei Jahre lang aus und wurde dann, unter Beförderung zum Vizeadmiral, zum Stellvertretenden Direktor der DIA berufen. Gerade drei Monate später, am 20. September 1966, berief Präsident Johnson ihn zum Stellvertretenden Direktor der CIA und verlieh ihm den Rang eines Admirals. Am 1. Februar 1969 stellte Admiral Taylor sein Amt zur Verfügung und ging in den Ruhestand.

Kapitel 11

[1] Rufus Taylor war zu diesem Zeitpunkt Stellvertretender Direktor des ONI.
[2] Schadrin bekam einen Beratervertrag, der ihm ein Honorar garantierte, das in etwa einem Offiziersgehalt der Stufe GS-11, Grad 5 entsprach; 1960 bedeutete das einen Jahresverdienst von rund 9000 Dollar.
[3] Gespräch mit Thomas Dwyer, 19. Januar 1988.
[4] U. S. Congress, House, *Testimony of Captain Nikolai Fedorovich Artamonow (Former Soviet Naval Officer)*, Hearing Before the Committee on An-American

Activities, 86th Congress, 2nd Session, 14. September 1960, Washington (U. S. Government Printing Office) 1960.

5 »Legende« ist der in Geheimdienstkreisen übliche Begriff für eine der Tarnung dienende falsche Lebensgeschichte und Identität.

6 Siehe Fußnote 4.

7 *The New York Times*, 15. September 1960.

8 Siehe Fußnote 4.

9 Foreign Broadcast Information Service (FBIS), *Nachrichtenzusammenfassung*, 26. September 1960.

10 Nick Schadrin, persönlicher Lebenslauf, Kopie aus dem Besitz von Ewa Schadrin.

11 Henry Hurt, *Schadrin: The Spy Who Never Came Back*, New York 1981, S. 330.

12 Gespräch mit Kapitän Albert Graham, 21. März 1988.

13 Elena Skrkilabina, *Siege and Survival: The Odyssey of a Leningrader* (aus dem Russischen übersetzt und mit einem Nachwort versehen von Norman Luxembourg), Carbondale (Ill.) 1971, S. 52–59. Siehe auch Leon Goure, *The Siege of Leningrad*, Stanford 1962, sowie in russischer Sprache: *Weltkrieg 1939–1945, Sowjetunion*, persönliche Schilderungen; *Belagerung Leningrads 1941–1944*, persönliche Schilderungen, beide erschienen im sowjetischen Staatsverlag.

14 Siehe Fußnote 4.

15 Nick Schadrin, persönlicher Lebenslauf, Kopie aus dem Besitz von Ewa Schadrin.

16 Gespräch mit Frank Steinert, 23. März 1988.

17 Henry Hurt, *Schadrin: The Spy Who Never Came Back*, New York 1981, S. 32.

18 Oberst Artamonows militärische Laufbahn verlief recht erfolgreich. Am 17. Oktober 1943 wurde er für die Überquerung des Dnjepr mit der sowjetischen Heldenmedaille ausgezeichnet; dazu war er Träger eines Lenin-Ordens und zweier Rote-Fahne-Orden. Zum Zeitpunkt seines Todes am 9. Juli 1944 war er Kommandeur der 25. Panzerbrigade des 7. Nedschin-Garde-Panzerkorps der 60. Armee, die im mittleren Frontabschnitt operierte. Schadrin, der die wahre Identität seines Vaters nie öffentlich enthüllte, ließ im geselligen Gespräch mit Walter Onoschko und einem weiteren CIA-Mitarbeiter die obengenannten Tatsachen anklingen und behauptete, sein Vater sei »Gardegeneral« gewesen – *in vino veritas*, oder andernfalls eine ziemlich kühne Übertreibung.

19 Schadrin erhielt seinen Magistergrad im Juni 1964. In seiner Magisterarbeit befaßte er sich mit bestimmten Problemen in der amerikanischen Schiffbauindustrie. Es war einer erstklassige Arbeit, die den modernsten Stand des Denkens in bezug auf die Containerbauweise reflektierte, die zu jener Zeit in der Sowjetunion stark forciert wurde.

20 Gespräch mit William und Mary Louise Howe, 12. Januar 1988.

21 Der Gesetzentwurf hatte folgenden Wortlaut: »Der Senat und das Repräsentantenhaus der USA, im Kongreß versammelt, mögen beschließen, daß Nikolai Artamonow, dem am 22. August 1959 eine rechtsgültige dauerhafte Aufenthaltserlaubnis für die Vereinigten Staaten gewährt wurde, in die Kategorie von Einbürgerungsbewerbern aufgenommen wird, die von den Bestimmungen des Artikels 313 (a) des Einbürgerungs- und Nationalitätengesetzes ausgenommen sind, wie in Artikel 313 (c) des nämlichen Gesetzes ausgeführt.« 30. April... 1964 (Bericht Nr. 1571). Vom Senat am 24. September 1964 verabschiedet. Der Gesetzesvorlage lag eine »Tatsachenfeststellung« bei, in der es unter

anderem hieß: »Der Nutznießer dieser Vorlage ist ein 36jähriger gebürtiger Bürger der UdSSR, der sich heute als staatenlos bezeichnet. Er hat seinen Wohnsitz gegenwärtig in Arlington (Virginia) und ist seit 1. Juni 1960 als Berater für das US-Marineministerium in Washington tätig. Er und seine Frau erhielten am 22. August 1959 eine bedingte Einreiseerlaubnis in die Vereinigten Staaten, die nachträglich in eine vom selben Datum an gültige rechtmäßige ständige Aufenthaltserlaubnis umgewandelt wurde.«

Kapitel 12

[1] Gespräch mit Courtland Jones, 14. April 1988.
[2] Gespräch mit Sam Papich, 19. Februar 1988.
[3] Nach Darstellung vieler Kollegen Turners wurde das Unvermögen des FBI, in den Tagen nach dem Attentat auf Präsident Kennedy die in seinem Archiv befindlichen Akten über Oswalds Vorleben zu finden und vorzulegen, von Außenstehenden dahingehend ausgelegt, daß das Bureau etwas zu vertuschen gehabt habe. Turner mußte hierfür als Sündenbock herhalten und wurde aus seiner vielversprechenden Position in der Zentrale abberufen und in die Washingtoner Außenstelle versetzt – wo er, wie das Leben so spielt, alsbald wieder mit dem Fall Oswald konfrontiert wurde.
[4] Julia Helms ist mittlerweile verstorben.
[5] Helms reagierte auf die Bitten der Autoren um ein Gespräch nicht.
[6] Gespräch mit William Branigan, 27. Januar 1988.
[7] Gespräch mit Courtland Jones, 14. April 1988.
[8] Elbert »Bert« Turner praktiziert inzwischen als Anwalt in Solomons (Maryland). Er wies das Ersuchen der Autoren um ein Gespräch brüsk zurück.
[9] Gespräch mit Bruce Solie, 28. Januar 1988.
[10] Gespräch mit William Branigan, 27. Januar 1988; Gespräch mit Courtland Jones, 14. April 1988; Gespräch mit William Lander, 27. Februar 1988.
[12] Gus Hathaway arbeitet nach wie vor für die CIA. Zu dem Zeitpunkt, als dies niedergeschrieben wurde, hatte er Angletons alte Stellung als Leiter der Spionageabwehr inne. Das Ersuchen der Autoren um ein Gespräch beantwortete er nicht.
[13] Gespräch mit Ex-FBI-Mitarbeiter James E. Nolan jun., 7. März 1988.
[14] Gespräch mit Eugene C. Peterson, 28. Juli 1988. Peterson war in der fraglichen Zeit Mitarbeiter von William Branigan und rückte später zum Abteilungsleiter für Spionageabwehr beim FBI auf.
[15] Gespräch mit William Lander, 27. Februar 1988. Lander ist mit der kompletten FBI-Akte über Schadrin vertraut.
[16] Zu Nikolai Kozlow siehe Kapitel 4.
[17] Gespräche mit Eugene Peterson, 31. Mai und 28. Juli 1988.
[18] Aus den geheimen Ermittlungsakten des President's Foreign Intelligence Advisory Board in Sachen Schadrin in den Jahren 1978–79.
[19] John Paisley war zu dieser Zeit der zweite Mann im OSR.
[20] John T. Funkhouser lehnte es ab, sich zur Operation KITTY HAWK oder zu John Paisley zu äußern. Die einzige Aussage, zu der er bereit war, lautete: »Nick Schadrin war ein feiner Mensch.«
[21] Gespräch mit James Wooten, 23. März 1988.

²² Gespräch mit Peter Kapusta, März 1988.
²³ Aus den Akten von Richard Copaken.
²⁴ Gespräch mit Richard und Marie Oden, 10. Februar 1988.
²⁵ Gespräch mit John Novak, 29. März 1988.
²⁶ Gespräch mit Maria Oden, 10. Februar 1988.
²⁷ Gespräch mit Richard Oden, 10. Februar 1988.
²⁸ Gespräche mit James Wooten, 23. März 1988, und mit Frank Steinert, 1988.
²⁹ Nick Schadrin legte seine Zwischenprüfungen im Juli 1969 ab, wobei er in politischer Theorie beim ersten Versuch durchfiel. Im Februar 1970 erhielt er die Zulassung zur Doktorprüfung. Seine Dissertation mit dem Titel *The Development of Soviet Maritime Power* war von September 1964 bis 1970 »in Arbeit«. Er legte seine Doktorprüfung am 11. Juli 1972 ab und erhielt seinen Titel im September.

Kapitel 13

¹ Sokolow begann seine Mission in den USA 1966 als Zweiter Botschaftssekretär. Zu seinen Aufgaben gehörte die »Betreuung« des US-Kongresses, Rekrutierungen für den KGB eingeschlossen. Mit seiner diplomatischen/geheimdienstlichen Karriere ging es zügig vorwärts. Als er im Herbst 1987 Washington verließ, trug er den Rang eines Konsulargesandten bzw. eines KGB-Generalmajors. Er blieb nicht viel länger als ein halbes Jahr in Moskau. Heute amtiert Oleg Sokolow, der perfekt Englisch spricht, als sowjetischer Botschafter auf den Philippinen; er hat die dortige kommunistische Aufstandsbewegung NPA voll unter Kontrolle.
² Dazu gehörte die Einrichtung von toten Briefkästen im Innern von Strom- und Telefonmasten, die Verwendung unsichtbarer Schriften und die Wahrnehmung von Verabredungen außerhalb des normalen und zugelassenen Aktionsradius sowjetischer Diplomaten in der Region Washington. Wie William Lander vom FBI sich erinnert, gestalteten »die Sowjets die Kontaktaufnahme für Schadrin so kompliziert wie nur denkbar. ... Schadrin, der ein sehr intelligenter Mensch war, tat sich schwer, mit allen Anweisungen klarzukommen.«
³ Gespräch mit James E. Nolan jun., 7. März 1988.
⁴ Das Schadrin-Rendezvous war nicht die einzige Probe, auf die Bennett von der CIA und der RCMP gestellt wurde.
⁵ Gespräche mit Leonard V. McCoy, 1987 und 1988. Siehe auch McCoys für die CIA verfaßte Besprechung des Buches *Spycatcher* von Peter Wright.
⁶ Die CIA kam 1966 in Deutschland an einen sowjetischen Impulsrichtfunksender heran. Auf diese Weise fand das Bureau schließlich heraus, daß der an Schadrin gelieferte Sender ein Modell älterer Bauart gewesen war.
⁷ Gespräch mit Eugene Peterson, 31. Mai 1988.
⁸ Die Geschichte des Falles Herrmann erzählt John Barron in seinem Buch *KGB Today: The Hidden Hand*, New York 1987. Siehe dazu auch Kapitel 22.
⁹ Siehe Clyde W. Burleson, *The Jennifer Projekt*, London 1979.
¹⁰ Tom Dwyer hat bestätigt, daß dies zutrifft und daß Schadrin ihn in dieser Zeit auf Hawaii besuchte. Er betont jedoch, daß er nichts von der Verwicklung Schadrins in diese Operation gewußt und ihm bewußt auch nichts davon gesagt habe.
¹¹ Gespräch mit Richard Oden, 10. Februar 1988.
¹² Siehe William E. Colby, *30 Ans de CIA*, Paris 1978. S. 331–35.

[13] Gespräch mit William Branigan, 27. Januar 1988.
[14] Gespräch mit Peter Sivess, 19. Januar 1988.
[15] George Kalaris lehnte es ab, sich für dieses Buch befragen zu lassen.
[16] Gespräche mit Leonard V. McCoy 1987 und 1988.
[17] Gespräch mit Bruce Solie, 28. Januar 1988.
[18] Gespräch mit James Wooten, 23. März 1988.
[19] Gespräch mit Eugene Peterson, Juni 1988.

Kapitel 14

[1] Gespräch mit Bruce Solie, 28. Januar 1988.
[2] Gespräch mit James Jesus Angleton, Juni 1977.
[3] Die Informationen über George Weisz stammen aus über hundert Gesprächen mit Kollegen, Familienangehörigen und Freunden sowie aus persönlichen Unterlagen, die uns seine Witwe Etta Jo Weisz zur Verfügung stellte.
[4] Gespräch mit Dr. Robert Kupperman, 22. Januar 1988. Einer dieser Freunde war Paul Bellin, der im Verhörzentrum Westport die ersten Lügendetektortests mit Artamonow durchgeführt hatte.
[5] Diese Angaben sind einem Bericht der Staatspolizei von Maryland entnommen, dem das Protokoll eines Verhörs der betreffenden Sekretärin wegen des angeblichen Selbstmordes von George Weisz beigeheftet ist.
[6] Gespräche mit Stanley Jeffers, Frühjahr und Sommer 1988.
[7] Gespräch mit Gewährsleuten von der Wiener Staatspolizei, Mai 1988.
[8] Diese Informationen stammen von den FBI-Betreuern Schadrins und aus den geheimen Protokollen der Befragung Schadrins durch Cynthia Hausmann am gleichen Abend.
[9] Die Angaben über Frau Hausmann stammen von Ewa Schadrin, ihrem Anwalt Richard Copaken, Kollegen von ihr bei der CIA sowie von FBI-Beamten, die mit ihr in Kontakt kamen. Cynthia Hausmann selbst reagierte auf wiederholte Interviewwünsche nicht. Sie ist inzwischen mit dem ehemaligen Chef des rumänischen Geheimdienstes verheiratet, einem Überläufer, den sie in ihrer aktiven CIA-Zeit betreute und mit dem sie heute irgendwo in den Vereinigten Staaten lebt.
[10] Nach Angaben österreichischer Behörden.
[11] Aus den Geheimakten des President's Foreign Intelligence Advisory Board.
[12] Die Darstellung in dieser Passage schließt sich, wo nicht ausdrücklich anderes vermerkt ist, an die Rekonstruktion der Ereignisse durch die Wiener Behörden an. Viele Details des hier behaupteten Sachverhalts sind von James Wooten und anderen FBI-Beamten bestätigt worden.
[13] Wiener Beamte, die nur unter dem Siegel der Verschwiegenheit bereit waren, ihre Aktendeckel zu öffnen und zu sagen, was sie wußten, präsentierten diese Darstellung als den von ihnen vermuteten Hergang der Ereignisse.
[14] Diese Details entsprechen weitgehend dem, was sich in den Geheimakten von CIA und FBI über den weiteren Verlauf der ersten Zusammenkunft Schadrins mit Oleg Koslow findet.
[15] Aus Cynthia Hausmanns geheimem Bericht über das erste Zusammentreffen.
[16] Dieses Detail entstammt einem Bericht über die Befragung, den der verstorbene George Weisz im März 1977 Ewa Schadrins Anwalt Richard Copaken übergab.

¹⁷ Dies entspricht den Angaben, die George Weisz mehrere Monate nach Nick Schadrins Verschwinden gegenüber Frau Schadrins Anwalt Richard Copaken machte.

¹⁸ Nach Informationen aus Wiener Geheimdienstkreisen.

¹⁹ Ebd.

²⁰ Dieses Zimmermädchen vom Hotel Bristol wurde zweimal von der österreichischen Polizei verhört. Beide Male erzählte es dieselbe Geschichte von dem Mann, der im dritten Stock aus dem Aufzug trat und genauso angezogen war wie Schadrin am Abend seines Verschwindens. Die Polizei äußerte in ihrem Bericht die Vermutung, Schadrin sei womöglich auf gut Glück zurückgekehrt, in der Hoffnung, unbemerkt seine Bluthochdruck-Medikamente, die er vergessen hatte, aus dem Hotelzimmer zu holen, da es vielleicht keine Möglichkeit geben würde, auf dem Weg in die Sowjetunion solche Medikamente zu besorgen. Auch seine Lesebrille wollte er bei dieser Gelegenheit vielleicht holen. Nachdem die junge Frau ihre Aussagen vor der Polizei beschworen hatte, distanzierte sie sich 1980 davon, als der Autor Henry Hurt sie für sein Schadrin-Buch befragte.

²¹ Nach dem Bericht der Wiener Polizei.

²² Nach Akten des österreichischen Innenministeriums.

Kapitel 15

¹ Vizeadmiral W. D. Jakowlew, *Die Sowjetische Kriegsflotte*, Moskau 1969 [in russischer Sprache].

² Siehe William R. Curson und Robert T. Crowley, *The New KGB: Engine of Soviet Power*, New York 1985, S. 265–70.

³ Siehe Chester L. Cooper, *The Lion's Last Roar: Suez, 1956*, New York.

⁴ Nicholas George Schadrin, *The Development of Soviet Maritime Power*, Dissertation, George Washington University, Washington, D. C., 1972. Der Verfasser Schadrin gibt für dieses Zitat weder eine Quelle noch ein Datum an, aber sein Gehalt steht im Einklang mit öffentlichen Erklärungen und Schriften Gorschkows.

⁵ Siehe Corson und Crowley, *The New KGB*, S. 31–80.

⁶ Siehe Corson und Crowley, *The New KGB*, S. 191f.

⁷ Die offenste sowjetische Darlegung der Kriterien, die ein einzuschleusender Agent erfüllen muß, findet sich in: *Agenten für die Militärische Spionageabwehr: 60 Jahre KGB-Sonderabteilung VChK*. Redaktionskollegium: E. K. Zinew (Chefredakteur), N. A. Duschin (Redakteur) u. a.; I. W. Seliwanow (Dokumentation), Moskau 1978.

⁸ Um sich zu qualifizieren, hatte Kapitän Artamonow zeigen müssen, daß er als Kapitän eines Schiffes in der Lage war, Jagd auf ein nuklear angetriebenes U-Boot älterer Bauart zu machen.

⁹ Eine interessante Darstellung dieser Episode findet sich in Peter Wright, *Spycatcher*, New York 1987, S. 72–75.

¹⁰ Gespräch mit Courtland Jones, 14. April 1988.

¹¹ Die Akten von Ewa Schadrins Anwalt Richard Copaken enthalten das Protokoll einer Unterredung mit Robert Barry von der Sowjetabteilung des State Department, bei der Barry von der Entdeckung des falschen IAEA-Passes im Jahr 1976 berichtet. Details über den damaligen Wien-Aufenthalt Artamonows finden sich in einem von der österreichischen Staatspolizei am 13. Februar 1976 erstellten Bericht.

Die Amerikaner leisteten 1958 in Wien leider so schlampige nachrichtendienstliche Ermittlungsarbeit, daß die Wiener CIA-Station nicht einmal in den Besitz der Einreiseunterlagen Artamonows gelangte, die ein Warnsignal für die geplante Einschleusung eines Scheinüberläufers hätten sein können.

[12] Nach Auskunft von Tom Dwyer ging Wtorygin der Ruf voraus, der zielsicherste Schütze der gesamten Sowjet-Marine zu sein.

[13] Gespräch mit Robert Kupperman, 22. Januar 1988.

[14] Aus einer Reihe ausführlicher Gespräche mit Richard Copaken.

[15] Nowodewitschi bedeutet »Jungfrauen«. In zaristischer Zeit grenzte der Friedhof an ein Kloster. Die Klostergebäude wurden nach der bolschewistischen Revolution von 1917 zur Heimstatt einer Mädchenschule. Ihr hat der Friedhof seinen Namen zu verdanken.

Kapitel 16

[1] Die Darstellung in dieser Passage stützt sich auf Gespräche mit William Branigan und Eugene C. Peterson (beide frühere Spionageabwehr-Direktoren beim FBI) und Oberst Donald Grimes, ehemaliger Mitarbeiter des Army-Geheimdienstes.

[2] Gespräche mit Ilse Sigler, 1982 und Juni 1987, sowie *El Paso Times*, 17. Oktober 1976.

[3] Gespräch mit Eugene Peterson, 31. Mai 1988.

[4] Nach Aussage von Radigans damaligen Vorgesetzten beim FBI.

[5] Gespräche mit John Schaffstall, Januar, März und April 1988. Die Autoren wandten sich brieflich an Joe Prasek und trugen ihm die Äußerungen und Wertungen einiger seiner Kollegen vor. Das nachfolgende Antwortschreiben seines Rechtsanwalts Alan I. Baron aus Baltimore, datiert vom 10. Mai 1988, lautete:
»Wie Ihnen zweifellos bekannt ist, legte Herr Prasek bei seiner Pensionierung einen Verschwiegenheitseid ab, der es ihm verbietet, auf Ihre Briefe in der von Ihnen angestrebten Weise zu antworten. Wir machen Sie jedoch darauf aufmerksam, daß Sie und Ihr Verlag, falls die in Ihrem Brief aufgestellten Falschbehauptungen veröffentlicht werden, Gefahr laufen, für die Verunglimpfung eines Mannes, der seinem Land mutig und ehrenhaft gedient hat, erhebliche Wiedergutmachung leisten zu müssen.«

Kapitel 17

[1] Gespräche mit John Schaffstall, 12. Januar und 21. März 1988.

[2] Grundlagen dieser Darstellung sind Artikel von Joseph Trento im *Wilmington News-Journal* und von Robert Lindsay in der *New York Times*.

[3] Gespräch mit John Schaffstall, 21. März 1988.

[4] Gespräche mit John Schaffstall, 12. Januar und 21. März 1988.

[5] Gespräch mit John Schaffstall, 21. März 1988.

[6] Auf Empfehlung von Eugene Peterson, der diese Prozedur für eine kostspielige Zeitvergeudung hielt, stellte das FBI schließlich seine Bemühungen um die Klärung der Herkunft der Geldscheine ein.

[7] Gespräch mit John Schaffstall, 20. Januar 1988.
[8] Gespräch mit John Schaffstall.
[9] Ebd.
[10] Gespräch mit John Schaffstall, 21. März 1988.
[11] Ebd.
[12] Gespräch mit Donald B. Grimes, 25. März 1987.
[13] Gespräch mit John Schaffstall, 21. März 1988.
[14] Gespräche mit John Schaffstall, 12. Januar und 21. März 1988.
[15] Gespräche mit Ilse Sigler, 1982 und Juni 1987.
[16] Ebd.
[17] Gespräch mit Donald Grimes, 25. März 1988.
[18] Aussagen von Eugene Peterson, William Branigan und anderer von den Autoren befragter Personen.
[19] Gespräche mit Ilse Sigler, 1982 und Juli 1987.
[20] Gespräch mit John Schaffstall, 20. Januar 1988.
[21] Gespräch mit John Schaffstall, 21. März 1988.
[22] Ebd.
[23] Ebd.
[24] Ebd.

Kapitel 18

[1] Gespräch mit John Schaffstall, 21. März 1988.
[2] John Schaffstall, Aktenvermerk vom 1. Juni 1976.
[3] Gespräche mit Ilse Sigler; John Schaffstall, Aktenvermerk vom 1. Juni 1976.
[4] Gespräch mit John Schaffstall, 21. März 1988.
[5] Akten des Heeresministeriums, freigegeben aufgrund des Gesetzes über Informationsfreiheit.
[6] Gespräche mit John Schaffstall, 12. und 20. Januar 1988.
[7] Gespräche mit Ilse Sigler, 1982 und Juni 1987.
[8] In einem Presse-Interview sagte Ilse Sigler, der Anrufer sei Joe Prasek gewesen.
[9] Gespräche mit John Schaffstall, 12. Januar und 21. März 1988.
[10] Ebd.
[11] Gespräche mit John Schaffstall, Januar, März und April 1988; Gespräch mit Oberst Donald Grimes, 25. März 1988; Akten des Heeresministeriums, freigegeben aufgrund des Gesetzes über Informationsfreiheit; John Schaffstall, Aktenvermerk vom 21. April 1976.
[12] Untersuchungsbericht des Inspector General, Aussage von Odell King; John Schaffstall, Aktenvermerk vom 21. April 1976.
[13] Akten des Heeresministeriums, freigegeben aufgrund des Gesetzes über Informationsfreiheit.
[14] Gespräche mit John Schaffstall, 20. Januar, 21. März und April 1988.
[15] Untersuchungsbericht des Inspector General, Aussage von John Schaffstall.
[16] Aussagen von Odell King, John Schaffstall und Noel Jones im Verfahren Ilse Sigler gegen die USA; Untersuchungsbericht des Inspector General, Aussage von Odell King; Gespräch mit John Schaffstall, 21. März 1988, John Schaffstall, Aktenvermerk vom 21. April 1976.
[17] Odell King, Antworten auf Frageliste; John Schaffstall, Aktenvermerk vom 21. April 1976.

¹⁸ John Schaffstall, Aktenvermerk vom 21. April 1976.
¹⁹ Aussagen von Odell King, Noel Jones und John Schaffstall; John Schaffstall, Aktenvermerk vom 21. April 1976.
²⁰ Aussagen von Noel Jones und John Schaffstall. In seiner Aussage für den Untersuchungsbericht des Inspector General behauptete Schaffstall, das Gespräch zwischen Ralph Sigler und Noel Jones habe am Abend des 26. März stattgefunden.
²¹ Aussagen von Noel Jones und John Schaffstall; John Schaffstall, Aktenvermerk vom 21. April 1976.
²² Gespräch mit Ilse Sigler; Dokumente der U. S. Army, freigegeben aufgrund des Gesetzes über Informationsfreiheit; Ralph Sigler, Taschenkalender für März 1976.
²³ Untersuchungsbericht des Inspector General, Aussagen von Odell King und John Schaffstall.
²⁴ Gespräche mit John Schaffstall, 12. Januar und 21. März 1988; siehe auch Untersuchungsbericht des Inspector General, Aussage von John Schaffstall.

Kapitel 19

¹ Ralph Sigler, Taschenkalender, März 1976; Odell King, John Schaffstall und Noel Jones, Antworten auf vorgelegte Fragelisten.
² Gespräch mit John Schaffstall, 5. August 1988.
³ Gespräch mit Louis Martel, 5. August 1988.
⁴ Untersuchungsbericht des Inspector General.
⁵ Gespräch mit Ilse Sigler, 13. Juni 1987; Kopie von Ralph Siglers Flugticket; Kopie von Ralph Siglers Motelrechnung (Howard Johnson); Gespräch mit John Schaffstall.
⁶ Telefoninterview mit Donnel Drake.
⁷ Gespräch mit John Schaffstall; Aussage von Louis Martel im Klageverfahren Ilse Siglers gegen die U. S. Army.
⁸ Aussage von Louis Martel in Ilse Siglers Klageverfahren gegen die U. S. Army.
⁹ Aussage von Noel Jones in Ilse Siglers Klageverfahren gegen die U. S. Army.
¹⁰ Untersuchungsbericht des Inspector General, Zeugenaussage von Odell King.
¹¹ Untersuchungsbericht des Inspector General, Aussage von Odell King; General Aaron, Liste der zu besprechenden Themen für Aarons Unterredung mit Frau Sigler im Mai 1976.
¹² Untersuchungsbericht des Inspector General, Aussage von Odell King; John Schaffstall, Aktenvermerk vom 20. April 1976.
¹³ Ebd.; siehe auch Aussage von Louis Martel in Ilse Siglers Klageverfahren gegen die U. S. Army.
¹⁴ Gespräche mit Ilse Sigler; Untersuchungsbericht des Inspector General, Aussage von Ilse Sigler, 13. Mai.
¹⁵ Untersuchungsbericht des Inspector General, Aussage von Schaffstall; Gespräch mit Ilse Sigler, 13. Juni 1988; Gespräch mit John Schaffstall; Aktenvermerk von John Schaffstall.
¹⁶ Untersuchungsbericht des Inspector General, Aussage von John Schaffstall; Gespräch mit Ilse Sigler, 1982.
¹⁷ Aussage von Louis Martel in Ilse Siglers Klageverfahren gegen die U. S. Army; Untersuchungsbericht des Inspector General.

[18] Gespräch mit John Schaffstall; Ralph Siglers Motelrechnung (Howard Johnson); Bericht der Staatspolizei von Maryland.
[19] Untersuchungsbericht des Inspector General, Aussage von Louis Martel; Noel Jones, Antworten auf Frageliste.
[20] Aussage von Louis Martel in Ilse Siglers Klageverfahren gegen die U. S. Army.
[21] Gespräch mit John Schaffstall. Oberst Grimes teilt Schaffstalls Ansichten über Conway. Peter Conway lehnte es ab, sich für dieses Buch befragen zu lassen.
[22] Aussage von Louis Martel in Ilse Siglers Klageverfahren gegen die U. S. Army; Telefoninterview mit John Schaffstall, 12. Januar 1988.
[23] General Harold R. Aaron, *Information Memorandum*.
[24] Aussage von Louis Martel in Ilse Siglers Klageverfahren gegen die U. S. Army.

Kapitel 20

[1] Untersuchungsbericht des Inspector General, Aussage von Odell King; Antworten Kings auf vom Gericht vorgelegte Fragelisten.
[2] Gespräche mit Donnell Drake und Oberst Grimes; siehe auch Untersuchungsbericht des Inspector General, Aussage von Odell King.
[3] *El Paso Times*, 20. Oktober 1976.
[4] Gespräche mit Ilse Sigler, 1982 und Juni 1987; Untersuchungsbericht des Inspector General, Aussagen von Bill Vaughn.
[5] Untersuchungsbericht des Inspector General; Jones teilte Zapata diesem Bericht zufolge mit, daß Sigler im Holiday Inn das Zimmer Nr. 136 bewohnte.
[6] Noel Jones, Antworten auf Fragelisten; Untersuchungsbericht des Inspector General, Aussagen von Louis Martel und Donnel Drake.
[7] Untersuchungsbericht des Inspector General; Aussage von Louis Martel. Siehe auch Bericht der Staatspolizei von Maryland.
[8] Im Bericht der Staatspolizei von Maryland heißt es, der Becher sei in Siglers linker Hand gefunden worden; die Autopsiefotos zeigen jedoch, daß es die rechte Hand war.
[9] Untersuchungsbericht des Inspector General, Aussagen von Donnel Drake; Noel Jones, Antworten auf Frageliste; Aussage von Louis Martel.
[10] Untersuchungsbericht des Inspector General, Aussage von Major Ring; Gespräche mit Ilse Sigler.
[11] Gespräche mit Ilse Sigler; John Schaffstall, Aktenvermerk vom 22. April 1976.
[12] Untersuchungsbericht des Inspector General; Gespräch mit Harry Thompson; Gespräche mit Ilse Sigler und Privatdetektiv Fred Duvall. (Duvall, der für Ilse Sigler arbeitete, fand in ihrem Haus Teile einer elektronischen Abhöreinrichtung.)
[13] Die Versuche der Autoren, einen Gesprächstermin mit dem ehemaligen FBI-Agenten Joseph Prasek zu bekommen, blieben ergebnislos. Prasek nahm sich einen Anwalt, der den Autoren schriftlich mitteilte, sein Mandant könne sich nicht befragen lassen, weil er sich dem FBI gegenüber eidlich verpflichtet habe, niemals Einzelheiten aus seiner Arbeit zu offenbaren. Der Brief des Anwalts enthielt die allgemeine Versicherung, Prasek habe sich im Falle Sigler keinerlei unvorschriftsmäßiges Verhalten zuschulden kommen lassen.
[14] Gespräche mit Ilse Sigler, 1982 und Juni 1987; Untersuchungsbericht des Inspector General, Aussage von Moises Salazar.

[15] Gespräch mit Ilse Sigler, Juni 1987; Untersuchungsbericht des Inspector General, Aussage von Major Richard Roy Ring.

Kapitel 21

[1] Harry Thompson ist verstorben. Joseph Trento führte mit ihm jedoch einige Jahre vor seinem Tod ein Gespräch und nahm es auf Band auf.
[2] Gespräch mit Fred Duvall, 12. Juni 1987.
[3] Tom Jennings, Aktenvermerk vom 27. April 1976.
[4] General Aaron ist verstorben. In seiner Erklärung vor Gericht bestritt er jegliches Fehlverhalten im Zusammenhang mit dem Fall Sigler.
[5] John Schaffstall bezeichnet dies als »Unsinn«. Ralph habe sich »nie geweigert, uns etwas zu geben. Vielleicht verschwieg er uns Dinge – aber etwas erst zuzugeben und dann nichts weiteres zu sagen war nicht seine Art. Das ist einfach nie vorgekommen.«
[6] Gespräch mit Ilse Sigler. In einem Artikel der *El Paso Times* vom 23. Oktober 1976 wird Brooks mit der Aussage zitiert: »Es (d. h. die Bitte der Army, bis zum 24. April die Angehörigen Siglers nicht zu benachrichtigen) sollte nicht der Vertuschung von irgend etwas dienen oder dergleichen. Es hatte etwas mit der nationalen Sicherheit dieses Landes zu tun, mehr kann ich dazu nicht sagen.«
[7] Tom Jennings lehnte es ab, sich für dieses Buch befragen zu lassen.
[8] Autopsiebericht; Bericht der Staatspolizei von Maryland; Gespräch mit Dr. Robert W. Hertzog, 1982.
[9] Artikel von Kay Miller, *Prince George's Journal*, 19. Februar 1977.
[10] Harry Thompsons Ermittlungsbericht; Gespräch mit Harry Thompson; CBS-TV, *60 Minutes*, Dan Rathers Interview mit William H. Chapman.
[11] Artikel von Phil McCombs in der *Washington Post*, 8. Februar 1977.
[12] Klageschrift im Verfahren Ilse und Karin Sigler gegen die U. S. Army.
[13] Nach Erinnerung von Ilse Sigler und Sid Diamond bewegte sich das Vergleichsangebot der Army zwischen 250 000 und 300 000 Dollar. Die in diesem ersten Vergleichsvorschlag enthaltenen Bedingungen waren laut Schriftwechsel mit dem Gericht:

1. Die U. S. Army würde eine Zahlung in Höhe von 130 000 Dollar leisten, wovon die Siglers $ 100 000 und Sid Diamond $ 30 000 erhalten würden.

2. Bestimmte nicht unter die Geheimhaltung fallende Materialien und Gegenstände aus dem Besitz von Ralph Sigler würden an Frau Sigler zurückgegeben werden.

3. Die U. S. Army würde die folgenden Erklärungen abgeben:
a. daß Ralph Sigler zu keiner Zeit unautorisierte Informationen an die Russen geliefert hatte;
b. daß Ralph Sigler nie irgendwelche Alkohol- oder psychische Probleme gezeigt hatte;
c. daß die Army nie seine Loyalität in Zweifel gezogen hatte;
d. daß Ralph Sigler in Erfüllung seiner Pflicht den Tod gefunden hatte und daß die Diagnose »Selbstmord« aus seinem Totenschein entfernt würde.
e. daß Carlos Zapata sich bei den Siglers entschuldigen würde.

[14] Anwalt Kenkel lehnte es ab, sich für diese Sendung der Kamera zu stellen. Frau Sigler bat ihn, sich befragen zu lassen, aber er weigerte sich mit der Begründung, er wolle ein Publikwerden des Falles vermeiden. »Alle kamen zu Wort, ... aber er wollte nicht«, sagte Frau Sigler.

Kapitel 22

[1] John Barron, *KGB Today: The Hidden Hand*, New York 1983.
[2] Ein Teil des Materials über Rudolph Herrmann wurde dem Buch *KGB Today: The Hidden Hand* von John Barron entnommen. Das FBI erteilte uns nicht die Genehmigung, Herrmann über seine toten Briefkästen in El Paso und seine Beziehungen zu Ralph Sigler zu befragen. In einem Schreiben vom 16. Juni 1988 teilte das FBI uns mit: »Oberst Herrmann wurde auf Ihre Veranlassung hin kontaktiert und über Ihr Anliegen und die Sie interessierenden Themen unterrichtet. Nach gründlicher Überlegung machte er jedoch deutlich, daß er Ihrem Ersuchen nicht nachkommen konnte.«
[3] Jack Fuller, *Convergence*, New York 1982. Fuller arbeitet heute als Redakteur bei der *Chicago Tribune*. Auf *Convergence* angesprochen, erklärt er, er habe beim Schreiben dieses Buches keinen bestimmten der Fälle im Auge gehabt, die ihm während dieser Zeit als Assistent Levis untergekommen seien.
[4] Gespräch mit Philip A. Parker, 9. August 1988. Der ehemalige FBI-Beamte Parker bestätigt, daß die unautorisierte Vernichtung des Briefes auch Gegenstand der nachfolgenden Ermittlungen im Falle Smith war.
[5] Smiths Anwalt A. Brent Carruth reagierte nicht auf die wiederholten telefonischen Bitten der Autoren, ihnen ein Gespräch mit seinem Mandanten zu vermitteln.

EPILOG

[1] Siehe Kapitel 4.
[2] Wir erreichten Fräulein Gleason in ihrem FBI-Amtszimmer; nach der Durchsuchung des Orlowschen Hauses gefragt, erklärte sie, sie sei nicht befugt, über den Fall Auskunft zu geben.
[3] Gespräch mit George Orlow und FBI-Agent Vincente Rosado.
[4] Telefoninterview mit Spezialagent Vincente Rosado am 5. August 1988.